QUANGUO
NVJIANCHAGUAN
ZHENGWEN
HUODONG
HUOJIANG WENJI

修改后诉讼法贯彻实施中的检察工作研究

——全国女检察官征文活动获奖文集

中国女检察官协会/编

中国检察出版社

《修改后诉讼法贯彻实施中的检察工作研究》编委会

主　　　编：胡泽君

副 主 编：莫文秀

编委会主任：胡泽君

编委会副主任：莫文秀

编委会委员：（按姓氏笔画排序）

万　春　　王洪祥　　王守安

阮丹生　　那艳芳　　李雪慧

陈国庆　　赵　扬　　胡卫列

傅　侃　　韩晓黎　　穆红玉

序　言

　　2013年1月1日，修改后的刑事诉讼法和民事诉讼法正式实施。最高人民检察院也相应修订了两个诉讼规则和《检察机关执法工作基本规范》，印发了《关于深入推进民事行政检察工作科学发展的意见》。刑事诉讼法和民事诉讼法的修改不仅对检察机关提升执法理念、完善执法机制、改进执法方式、规范执法行为、提高司法效率、化解社会矛盾提出了新的要求，也对检察人员的执法能力也提出了更高的要求。为了促进全国女检察官深入学习"两法"，准确理解"两法"，更好地贯彻实施"两法"，中国女检察官协会牵头并联合国家检察官学院、检察日报社一起于2013年5月开始举办了"女检察官学习贯彻落实两法征文活动"。

　　此次征文活动面向全国检察机关的女检察官和女职工干部。活动以"学习贯彻落实修改后的刑事诉讼法和民事诉讼法，全面提高执法办案能力和法律监督能力"为主题。活动的开展，得到了全国各级女检察官协会的高度重视，他们组织并引导女检察官以征文活动为契机，密切关注"两法"的实施，总结法律实施中的重大问题。全国女检察官特别是女检察官中的领导干部、检察业务专家和业务骨干都纷纷带头参加活动，踊跃投稿，为全国检察工作的体制机制创新和工作创新建言献策，对实现检察理论创新发展并用以指导实践、推动检察事业的科学发展和检察制度的不断完善做出了新的贡献。在全国各级女检察官协会和广大女检察官的共同努力下，活动取得了圆满成功。至2013年底，征文活动共收到各省级女检察官协会推荐的征文稿3512篇，经过初评、复评和定评三个严格的评审环节，共评出一等奖10名、二等奖20名、三等奖30名、优秀奖99名，并且根据各地来稿的数量、质量和活动组织效果，在省级女检察官协会中评选出了优秀组织奖 10 个。

为了进一步巩固和宣传女检察官的实践经验积累和理论研究成果，中国女检察官协会将在本次征文活动中荣获一、二、三等奖的 60 篇优秀文章结集成《修改后诉讼法贯彻实施中的检察工作研究——全国女检察官征文活动获奖文集》一书在中国检察出版社出版。本书根据此次活动的征文主题，以内容为线索，把文章归类为七个专题，分别是：检察工作机制；检察监督；刑事证据；强制措施；检察实务热点（包括职务犯罪侦查实务、公诉实务、职务犯罪预防实务和涉检信访实务）；女性、未成年人犯罪和民事诉讼法修改。经过重新编排，本书不仅充分展示了全国女检察官在检察理论领域和检察实践上的深刻见解，同时也呼应了两法修改后的关注热点，为广大读者朋友学习和研究修改后的"两法"提供了更为便捷的索引。

本书的出版并不仅是一次活动的总结，更是广大女检察官深入学习法律和提升业务工作的契机。希望广大女检察干警在此基础上，继续加强理论研究和实践探索，为全面提高执法办案能力和法律监督能力，进一步提升严格规范公正文明执法水平做出应有的贡献。

胡泽君

2014 年 7 月 19 日

目 录

聚焦刑事诉讼法修改·检察工作机制

新刑事诉讼法实施中检察工作面临的问题及对策 ……… /甄　贞（ 3 ）

基层检察人才培养的最优路径：职业导师制
　　——以江苏省南京市玄武区人民检察院为蓝本 … /张　前　马　卉（ 17 ）

检察环节保障律师执业权利工作机制研究
　　——安庆市区律师涉检业务执业权利保障情况调研 … /夏　璐　张　锋（ 30 ）

检察权运行司法化的边际概览与可能方式 ……………… /孙　静（ 46 ）

从对抗到合作
　　——以玉林市检察机关适用检调对接机制为样本 ……… /唐小华（ 58 ）

浅析当代中国权利冲突的原因 ……………………………… /乔　丽（ 69 ）

司法公信力背景下检察文书的制度完善 …………………… /曾秀维（ 77 ）

聚焦刑事诉讼法修改·检察监督

刑事诉讼法再修改视角下的刑事诉讼监督规范化 ………… /卢　希（ 87 ）

新刑事诉讼法背景下检察机关强化诉讼监督问题研究 ……… /刘宝霞（ 96 ）

我国行政检察监督的制度构想 ……………………………… /吴婷婷（106）

禅城区检察院刑事立案监督工作调研报告 ………………… /陈海燕（114）

减刑假释检察监督问题研究 ………………………………… /关　宁（125）

法律监督立法效用考察兼谈绩效考评工作的导向作用
　　——以北京市检察机关的司法实践为样本 ……………… /李　斌（134）

浅谈对"终结本次执行程序"的检察监督 ………………… /孙路遥（147）

聚焦刑事诉讼法修改·刑事证据

试论刑事诉讼中的瑕疵证据补正规则 …………………………… /张丽如（155）

论非法证据排除规则的适用范围 ………………………………… /苏　欢（162）

论瑕疵证据之转化
　　——以新刑事诉讼法的适用为背景 ………………………… /程晓燕（170）

不得强迫自证其罪原则在我国的实践困境与出路 ……………… /吴玉莲（180）

民事诉讼证据与刑事诉讼证据的差异与适用 …………………… /安　颖（189）

检察环节证据合法性审查实证研究 ……………………………… /董艳梅（195）

存疑不起诉案件的证据问题实证研究 …………………………… /周　利（204）

逮捕的证明标准探析 ……………………………………………… /贾晓蕾（213）

新刑事诉讼法背景下完善刑事鉴定制度的思考 ………………… /王　曦（219）

聚焦刑事诉讼法修改·强制措施

关于新刑事诉讼法第七十九条曾经故意犯罪应当逮捕规定的
　　探讨 …………………………………………………………… /王　邯（231）

指定居所的监视居住制度探析 …………………………………… /张　弛（235）

浅谈逮捕条件中的"社会危险性"认定 ………………………… /付方远（244）

试述审查逮捕程序诉讼化模式的构建 …………………………… /陆　莉（250）

论捕后羁押必要性审查机制在侦查阶段的贯彻实施 …………… /梁方元（258）

对监视居住措施适用的实践思考 ………………………………… /冯彩艳（265）

聚焦刑事诉讼法修改·检察实务热点

一、职务犯罪侦查实务

新刑事诉讼法实施与职务犯罪侦查面临的问题及对策研究 … /刘莉芬（273）

新刑事诉讼法中关于技术侦查措施适用的问题和建议 ……… /谭香萍（286）

加强延长侦查羁押期限必要性审查的思考与实践
　　——以绍兴市检察院的实践为视角 ………………………… /李晓男（295）

二、公诉实务

附条件不起诉制度具体适用问题探析 …………… /翁明朱 汪珊珊 (301)
庭前会议制度相关问题研究 ……………………………… /吴小倩 (309)
庭前会议制度的适用争议研究 …………………………… /何林霞 (317)
浅论附条件不起诉配套机制的构建 ……………………… /郑 君 (326)
量刑规范化问题研究 ……………………………………… /孙瑞峰 (333)
附条件不起诉的司法适用 ………………………………… /闫默涵 (342)
从公诉实务角度探析庭前会议制度 ……………………… /郭 娟 (350)
针对新刑事诉讼法"庭前会议"制度的若干公诉实务问题探
　讨 ……………………………………………………… /王 惠 (358)
对公诉案件适用简易程序的调查分析 ………… /李 婷 张若然 (364)
论检察机关量刑建议
　——从A区故意伤害罪公诉案件切入 ……… /周 雯 谭建霞 (375)

三、职务犯罪预防实务

从农村基层自治组织廉洁状况调查到建立椎体四度反腐治本措
　施检验标尺 …………………………………… /王秀华 杨桂芹 (381)
行贿犯罪情况分析及预防对策
　——兼议行贿犯罪档案查询系统之不足与完善 ………… /刘翠芳 (393)

四、涉检信访实务

论涉检信访制度的完善 …………………………………… /徐红平 (403)
涉检信访办理工作机制改革研究 ………… /朱春莉 唐江平 潘有丰 (414)

聚焦刑事诉讼法修改·女性、未成年人犯罪

女性犯罪心理浅析 ………………………………………… /谢 菲 (427)
试论当前我国农村女性犯罪特点、心理及其对策 ……… /程 雨 (437)
女性职务犯罪与预防对策 ………………………………… /杨 静 (447)
未成年人刑事案件附条件不起诉制度的理论和实践 …… /卢绪美 (457)
浅议未成年人附条件不起诉制度 ………………………… /陈 琳 (463)

在检察环节建立未成年人心理评估和干预机制探讨 ………/邝健梅（471）
我国未成年人涉嫌犯罪后个人信息披露之思考 …………/肖素云（478）
合适成年人参与刑事诉讼规定之理解与适用 ……………/吴　玥（484）
以国际公约为视角评我国未成年人刑事诉讼制度 ………/吴春波（494）

聚焦民事诉讼法修改

民事审判程序的检察监督标准与方式探析
　　——以民事审判的程序性和民事检察监督的功能为视角 …/姚　红（505）
对民事抗诉中"新证据"的若干思考 ………………………/米　蓓（518）
民事诉讼法修改后民事执行检察监督的制度架构 ………/胡卫丽（526）
民事调解检察监督程序论 …………………………………/张晓华（535）
实践中的行动者
　　——我国民事检察监督发展进路的思考与选择 ………/谷　涛（548）

聚焦刑事诉讼法修改

检察工作机制

新刑事诉讼法实施中检察工作面临的问题及对策

甄 贞[*]

2012年刑事诉讼法的修改通过，汇聚了多年刑事司法改革的成果。曹建明检察长指出，"刑诉法是规范刑事诉讼活动的基本法律，是保证刑法正确实施的重要法律规范。检察机关执法办案涉及刑事诉讼全过程，刑诉法修改对检察工作影响深远、意义重大。"[①] 理论界学者认为，"虽说刑诉法是一个涉及诉讼资源分配和司法职权配置的法律，各相关主体力争多获诉讼资源，检察系统亦不例外，但本次法律修改对检察权的强化，主要原因并不在几个主体间的'博弈'，而是贯彻中央司法改革加强监督基本指导思想的结果。"[②] 刑诉法对检察权的强化既是检察工作的发展机遇，也给检察工作带来了重大挑战。

一、实施新刑事诉讼法检察机关面临的主要挑战

新刑诉法对检察权的强化，有利于检察机关更好地发现、突破和指控犯罪，有利于强化检察机关对诉讼活动的法律监督，有利于优化检察机关执法的外部环境，为检察工作的发展提供了良好契机。但检察工作在实践中也面临一系列重大问题的挑战。

（一）传统检察执法理念偏离了社会主义法治的发展方向

"理念是行动的指南，是指导实践的思想基础。贯彻实施修改后刑诉法，检察机关面临的挑战很多。应当充分认识到，首先是执法理念的挑战。这次刑诉法修改，反映了社会各界在注重保障人权、体现程序正义、维护司法公正等

---

[*] 作者单位：北京市人民检察院。
[①] 曹建明：《牢固树立"五个意识"着力转变和更新执法理念，努力做到"六个并重"确保刑诉法全面正确实施》，载《检察日报》2012年7月23日。
[②] 龙宗智：《理性对待法律修改，慎重使用新增权力》，载《国家检察官学院学报》2012年第3期。

诸多基本问题上达成的广泛共识，充分体现了我国经济社会发展和社会主义法治文明进步的客观要求。"① 但在司法实践中，检察机关"重打击、轻保护"，"重实体、轻程序"的问题还较为普遍，这体现出检察机关传统执法理念相比于法治发展的滞后性，影响到了新刑诉法的正确、顺利实施。

第一，重打击、轻保护的执法观念依然根深蒂固，与新刑诉法着力贯彻人权保障原则的立法意图相抵牾。惩罚犯罪与保障人权共同构成刑事诉讼的基本理念，并存于我国刑事诉讼法的任务之中，两者是有机统一的，缺一不可。但长期以来，由于受重打击、轻保护观念的影响，检察机关在办案过程存在不依法告知犯罪嫌疑人、被告人权利，阻碍律师依法行使权利，过度使用批捕权导致逮捕率过高等问题，收集、审查、运用证据也侧重于有罪、罪重部分，对无罪、罪轻证据则表现地较为冷漠，提起抗诉也往往是"抗轻不抗重"，检察工作似乎主要是为打击、惩罚犯罪服务，忽视了对人权保障的关注。在新刑诉致力于进一步全面深入贯彻落实人权保障理念的时代背景之下，"重打击、轻保护"的传统检察执法理念不仅不符合时代潮流，而且会阻碍刑诉法的实施，进而对检察工作造成消极影响，乃至损害检察机关法律守护人的形象。有学者认为，"检察机关作为国家的追诉机关，较之作为审判机关的人民法院来说，具有更为强烈的揭露和惩罚犯罪的使命感和责任感。有些检察人员在采用违反法定程序、侵害被追诉者合法权益的方法完成揭露犯罪的任务时理直气壮，似乎由于目的正当手段变得无关紧要；当其发现指控犯罪的证据有疑问或证据不充分而有可能导致错案时，对于放纵坏人的担忧往往超过了对于可能冤枉一个无辜者的担忧。"②

第二，重实体、轻程序的执法观念尚未发生根本转变，新刑诉法确立的程序规则依然面临让位于实体真实的风险。实体公正和程序公正是司法公正的重要组成部分，二者相辅相成，不可或缺。程序公正是实现实体公正的重要手段和保障，同时程序公正还有其自身的独立价值。在司法实践中，一些检察人员重实体、轻程序的倾向还较为突出，例如为追求客观真实，检察机关不履行法定义务或者违法行使职权，忽视对办案期限、强制措施等程序规则的遵守，阻碍非法证据排除等程序规则的有效实施。新刑诉法进一步细化和明确了强制措施、调查取证、证人鉴定人出庭作证、侦查期间的辩护等程序，使程序公正、

---

① 曹建明：《牢固树立"五个意识"着力转变和更新执法理念，努力做到"六个并重"确保刑诉法全面正确实施》，载《检察日报》2012年7月23日。

② 李建明：《刑事错案的深层次原因：以检察环节为中心的分析》，载《中国法学》2007年第3期。

程序价值得到了更加充分的体现，对检察机关严格执法提出了新的要求。然而，"对于遵守法律程序必要性的认识不足以及存在程序工具主义的观念，在造成公检法官员违反法律程序方面固然起到重要的作用，但是，真正促使警察、检察官、法官不遵守法律程序的，则更主要的是那些实实在在的利益因素。……一旦被认定在错案的形成上负有责任，检察官、法官就有可能因此受到各种行政纪律处分，至少会造成各方面利益和机会的损失。错案追究制度的实施，在很大程度上促使检察官、法官在刑事诉讼中更关心案件的裁判结果，而不重视遵守法律程序问题。"① 根据最高人民检察院1998年6月发布的《人民检察院错案责任追究条例（试行）》的规定，错案是指检察官在行使职权、办理案件中故意或者重大过失造成认定事实或者适用法律有错误的案件，或者在办理案件中违反法定诉讼程序而造成处理错误的案件。换言之，程序性违法行为必须造成"处理错误"（实体错误）才能引起错案追究程序，这进一步强化了检察人员重实体、轻程序的观念。

（二）检察机关对证据的收集、审查与运用落后于刑事诉讼法关于证据制度的新要求

证据是诉讼的核心和基石，对于保障办案质量、正确定罪量刑、实现司法公正具有关键作用。新刑诉法明确了举证责任分配，细化了证明标准，规定了非法证据排除和证人出庭程序，进一步健全了我国的刑事证据规则体系，对检察机关的证据能力提出了新要求。然而，检察机关在司法实践中对证据的收集、审查与运用模式却呈现出与新刑诉法规定的不适应性，主要表现在以下几个方面：

第一，口供中心主义侦查模式因被告人频繁翻供而亟待转变，但新型侦查模式尚未确立。口供又称犯罪嫌疑人、被告人供述，在证据分类中属于直接证据、言词证据，对证明案件事实具有得天独厚的优势，也因此在我国的刑事证据体系中长期占据核心位置。但言词证据的易变性与直接证据的稀缺性，决定了口供本身也存在特定的缺陷，需要其他证据加以补强。在新刑诉法实施后，律师会见难的问题基本得到解决，律师与犯罪嫌疑人沟通的障碍基本消除。但同时多数贿赂案件的犯罪嫌疑人在律师会见后就翻供的问题，也摆在了检察人员的面前，这不仅使办案人员的立案更加慎重，立案率下降之外，而且更意味着侦查机关过于倚重口供的侦查模式已经不再适应司法实践的需求。但是实践中仍然有一些检察人员过于依赖口供尤其是有罪供述，对案件的细节不够重视，或者不及时查证补强口供，忽视对间接证据的收集和运用，导致被告人翻

---

① 陈瑞华：《程序性制裁理论》，中国法制出版社2010年版，第40页。

供后因案件存疑而无法定罪。检察机关如何克服侦查尤其是职务犯罪侦查对言词证据过度依赖的现实困难，指导侦查机关重视对口供之外的其他证据的收集，并提高自身的证据收集能力，从而应对庭审翻供所带来的诉讼风险，是检察工作面临的一大难题。

第二，检察机关担任庭前非法证据排除的裁断主体与承担取证合法性的证明责任，对其工作提出了更高的要求，但实践执行效果一直不够理想。检察机关在审前依职权排除非法证据，有利于及时纠正侦查机关的违法取证行为，阻止违法取证对犯罪嫌疑人的持续伤害，阻断非法证据与法庭的联系，但这要求"检察人员应当具备较高的法律素养和执业技能，在审查起诉过程中保持较高的法律敏感性，及时发现并排除非法证据。"① 现实的主要障碍则在于，"监督侦查机关违法的问题上，检察机关本身是控诉机关，需要证据来支持指控打击犯罪，由检察机关去监督违法、排除非法证据，能不能下得了手，会不会睁一只眼闭一只眼？"② 新刑诉法规定，在对证据收集的合法性进行法庭调查的过程中，检察机关应当对证据收集的合法性加以证明。"要求控方承担取证行为合法性的证明责任会在一定程度上影响指控意图的实现，特别是在该证据属于关键证据的情况下，一旦检方不能证明该证据取证合法导致证据被排除，往往就会出现放纵犯罪的后果。"③ 而实践中仍有一些检察人员过于重视对证据客观性的分析，忽视对证据合法性的审查，消极履行庭前非法证据排除职责，导致公诉证据经不起庭审中关于取证合法性的检验，最终因证据被排除而无法达到公诉预期的结果，降低了公诉的整体水平。

第三，"案件事实清楚、证据确实充分"这一证明标准的具体化，要求检察机关进一步提升证据审查和运用能力，强化公诉证据体系，但检察机关证据能力不足的问题依然突出。新刑诉法规定证据确实、充分，应当符合以下条件：一是定罪量刑的事实都有证据证明；二是据以定案的证据均经法定程序查证属实；三是综合全案证据，对所认定事实已排除合理怀疑。上述三项条件等于明确规定了疑罪从无原则，检察机关提起公诉与法院作出有罪判决皆必须达到案件事实清楚、证据确实充分的证明标准，对于无法排除合理怀疑的，

---

① 汪建成：《刑事证据制度的变革对检察工作的挑战及其应对》，载《国家检察官学院学报》2012 年第 3 期。

② 龙宗智：《理性对待法律修改，慎重使用新增权力》，载《国家检察官学院学报》2012 年第 3 期。

③ 汪建成：《刑事证据制度的变革对检察工作的挑战及其应对》，载《国家检察官学院学报》2012 年第 3 期。

检察机关应当作出不起诉决定，法院应当作出无罪判决。实践中一些检察人员满足于对侦查机关所收集证据的分析，主动取证和指导取证意识不够，过分依赖退回补充侦查的取证手段，致使案件取证不及时、不充分，证据分析基础不牢靠，经不起法庭推敲，产生疑罪的问题，导致无罪判决率呈现上升的趋势。而无罪判决的作出意味着公诉的失败，构成对检察工作的负面评价，影响到检察机关的考评业绩与检察人员的工作积极性。因此，疑罪从无原则的确立对检察机关证据能力提出的新要求也是检察工作必须着力解决的问题。

（三）检察机关的大控方思维与新型控辩关系中公诉人与救济人的双重身份相冲突

新刑诉法通过确立全案卷宗移送主义，增加证据合法性审查与附条件不起诉制度，强化了检察机关的公诉权。通过建立证人、鉴定人出庭作证制度，增设调查、辩论所有与定罪、量刑有关的事实、证据等程序，提升了控辩双方的对抗性。同时，为保障辩护人、诉讼代理人依法履行职责，新刑诉法规定辩护人、诉讼代理人法定诉讼权利受到侵犯的，有权向检察机关申诉或控告，检察机关查证属实的，应当通知有关机关予以纠正，确立了检察机关对辩护人、诉讼代理人的司法救济权。公诉人与救济人身份的重合，体现出法律对检察机关履行客观义务的期待，同时也意味着检察机关在办案过程中应当秉持客观公正义务，兼顾公诉与救济职能的平衡，确保两者均不越界而侵蚀到另一职能。然而，检察机关应辩护人、诉讼代理人申请纠正违法的对象在某些情况下就是自身或者下级检察机关，公诉与救济职能之间发生冲突的可能性也无法完全避免，毕竟救济职能通过保障辩护人、诉讼代理人依法行使诉讼权利，强化了辩护力量，在一定程度上会影响到胜诉结局的达成。而过度追求胜诉的目标反过来也可能导致检察机关忽视对救济职能的履行，一门心思为胜诉而努力，使公诉角色对救济角色形成压倒性的优势。

客观义务要求检察机关在追诉犯罪的同时应当捍卫法律的尊严，成为平衡检察机关公诉人与救济人身份，调和诉讼职能冲突的理论资源。"但实际上，无论是负责侦查和批捕的检察官，还是直接作为公诉人的检察官，几乎都有着强烈的追诉犯罪并获得胜诉的欲望，他们属于名副其实的刑事原告和当事人。"[①] 在司法实践中，检察机关的公诉人角色依然十分强势，面对辩护人、诉讼代理人的司法救济申请，如果经查证明显损害到公诉利益，检察机关往往会表现出消极处理的态度，或者干脆就不启动调查程序，以避免因此影响到公

---

① 陈瑞华：《程序性制裁理论》，中国法制出版社2010年版，第52页。

诉的效果。另外，辩护人、诉讼代理人申诉或控告一般须经检察机关案管部门登记、控申或者侦查监督等部门处理，案管部门还应全程跟踪处理进度，也考验着检察机关应对工作量增加的能力。因此，如何把握新刑诉法实施的良好契机，缓和以及消除检察机关公诉与救济的角色冲突，真正理顺控辩关系，是检察机关必须面对的问题。

（四）新刑事诉讼法强化诉讼监督职能与专门机关分工负责、互相配合、互相制约的关系有待协调

新刑诉法拓展了诉讼监督的范围和渠道，完善了监督程序，丰富了监督手段，全面强化了检察机关的诉讼监督职责，赋予了检察机关新的工作任务。特别是检察机关的监督方式在某些领域由过去的事后监督转变为事中监督，即在专门机关行使职权的过程中，检察机关就可以履行诉讼监督职能，这有利于确保监督的及时性和有效性，却也难免不会干预专门机关依法行使职权。事实表明，在司法实践中，检察机关轻视监督、越权监督、不善监督的现象还在一定范围内存在，影响到了诉讼监督职能强化与专门机关分工负责、互相配合、互相制约之间的协调。

第一，当前的侦检模式考验检察机关对立案与侦查监督的积极性与有效性。"从侦查一直到审查起诉、提起公诉、支持公诉，甚至提起抗诉，公安机关与检察机关都在动态的意义上追求着'胜诉'的结局，这些活动有着内在一致的目标，也有着相互补充、相互保障的作用，构成宏观意义上的刑事侦控或者刑事追诉活动的具体环节和组成部分。"[①] 由于实践中一些检察人员监督意识和能力不强，加之在侦控一体化的诉讼构造驱动下，形成了较为强烈的追诉犯罪的欲望，主动放松对侦查机关违法行为的监督，导致不愿监督、不善监督、监督不到位、重点不突出等现象依然较为普遍，侦查机关的立案与侦查程序中存在的违法行为得不到及时纠正，在一定程度上抵消了诉讼监督职能强化的效果。"由于我国公检配合制约模式的基本特点是公检关系的平等性和制约的双向性，因此，检察院对公安机关的监督、控制力度有限，公安机关往往脱离检控的要求自行其是，造成刑事侦查不能按照检控的要求实施，甚至双方'扯皮'、'内耗'，减损了检控的能力。"[②] 另外，指定居所监视居住、羁押必要性审查等新型监督职能的履行面临经验缺乏的难题。总的来看，检察机关当前对侦查机关的立案和侦查监督面临主动性不足与实效性欠缺的双重难题。检

---

① 陈瑞华：《刑事诉讼的前沿问题》，中国人民大学出版社 2005 年版，第 530 页。
② 谢佑平、万毅：《分工负责、互相配合、互相制约原则另论》，载《法学论坛》2002 年第 4 期。

察机关在司法实践中能否采取必要措施破解难题，提高自身对监督的主动性，并确保监督产生相应效果，是判断新刑诉法强化诉讼监督职能的立法意图能否得以实现的重要标准，同时也关系到侦检关系的协调发展。

第二，诉讼监督权不当行使可能影响检察机关与法院的分工协作。法学界一些学者认为，"对于法官而言，检察官既代表国家追诉犯罪，又代表国家监督法院的审判活动，难免使法官为防止检察机关的监督而在庭审中产生偏袒控方的心理，这无形中破坏了法官的中立性。"① "实践中，法院在证据不足的情况下几乎总是要商请检察机关撤诉，而很少直接作出无罪判决，这与法院担心检察机关会以法律监督为名进行干预是分不开的。"② 但从理论上来判断，诉讼监督与独立审判制度本身是具有兼容性的，所谓检察机关的"报复性监督"是否对法院产生威慑力，归根结底还在于法院的审判活动本身是否合法、合理，无罪判决的存在更进一步说明了诉讼监督权并不一定会产生干预法院依法独立行使职权的结果。实践中两者发生冲突的原因在于一些检察人员对诉讼监督权存在错误的认识，通过违法行使监督权干预了法院正常的职权行使活动。新刑诉法扩大简易程序、二审、再审开庭审理范围，并要求检察机关依法出席庭审，大幅增加了检察机关的工作量，如何克服这一难题对于检察机关履行法律监督职责，并协调好检法关系至关重要。

二、实施新刑事诉讼法检察机关应对挑战的举措

（一）转变"重打击、轻保护"与"重实体、轻程序"的执法理念

检察机关不仅应当从思想上充分认识到重打击、轻保护与重实体、轻程序等传统执法理念对法律实施与社会公平正义的巨大危害性，更应在实际行动中通过转变办案方式、完善工作机制等切实有效的措施转变和更新执法理念。

第一，检察机关应当牢固树立人权意识，切实转变重打击轻保护的倾向，坚持惩治犯罪与保障人权并重。"如果片面强调惩治犯罪，忽视保护公民合法权利，就会滥用司法权、扩大打击面，造成冤假错案。从某种意义上说，在诉讼过程中，滥用国家司法权，侵犯公民的合法权益，比犯罪行为侵犯人权的影响更坏。……如果片面强调对人权的保护，导致司法权力不能发挥应有的对犯

---

① 朱孝清：《检察机关集追诉与监督于一身的利弊选择》，载《人民检察》2011年第3期。

② 谢佑平：《冲突与协调：检察监督与审判独立》，载《法学家》2006年第4期。

罪的惩治作用，其结果是放纵了犯罪，助长了犯罪，从而人权也得不到保障。"① 因此，必须强调惩治犯罪与保障人权并重。检察机关作为法律监督机关，在保障人权方面无疑应发挥模范带头作用，既要注重准确及时地惩治犯罪，又要依法保护公民的人身权利、财产权利、民主权利、诉讼权利不受侵犯；既要注重保护被害人的合法权利，又要依法保护犯罪嫌疑人、被告人的权利，特别是要着力防止刑讯逼供、暴力取证、违法限制涉案人员人身自由等行为，避免出现涉案人员非正常死亡等办案安全事故，防止违法扣押、冻结、处置涉案款物，全面加强刑事诉讼中的人权保障。

第二，检察机关应当牢固树立程序意识，切实转变重实体轻程序的倾向，坚持实体公正与程序公正并重。"忽视程序公正，不严格执行程序法，往往导致冤错案，实体公正的实现就根本无法保证，而且会使当事人及其亲友、社会公众对司法产生不信任，甚至仇恨社会，给社会长久稳定带来隐患。从这个角度讲，坚持程序公正，也是维护社会长久稳定的需要。"② 因此，程序公正对于提升检察机关的执法公信力具有重要意义，检察机关应当把程序公正的要求落实到检察工作的全过程，不断加强执法规范化建设，真正使每一个执法办案环节都符合程序规范的要求。检察机关还应当深化检务公开工作，适应办案工作日益公开化、透明化的趋势，以公开促公正，以公开赢公信。通过充分发挥案件管理在统一受理、结案审核、办案期限预警、办案程序监控、涉案款物监管、办案事务管理等方面的积极作用，进一步加强案件管理机制和信息化建设，实现对办案活动的流程管理、过程控制和动态监督，为程序公正的实现提供可靠的机制保障。

为达到惩治犯罪与保障人权并重、实体公正与程序公正并重的目的，我们必须重新审视检察机关的绩效考核制度，以科学的考评机制引导检察机关转变和更新执法理念。对于检察机关侵犯当事人、辩护人诉讼权利和实体权利，以及其他的程序性违法行为，应当采取行之有效的程序性制裁措施，使检察人员面临利益和机会方面的损失，强化检察人员践行人权保障理念和遵守程序规则的主动性与紧迫性。同时，考虑到实体公正与程序公正发生冲突的可能性，以及程序公正容易量化的特征，一旦案件实体方面被证实存在错误的，应当综合导致实体错误产生的主客观因素来决定，特别是应当以检察人员在办案过程中

---

① 胡锡庆：《实现惩治犯罪与保障人权的统一》，载《华东政法大学学报》2000年第5期。

② 宋英辉：《程序与实体，缺一都称不上诉讼公正》，载《检察日报》2012年8月3日。

是否存在程序性违法行为作为启动错案追究机制的依据。

(二) 落实证据制度新要求，加强对证据的收集、审查和运用

第一，突破口供中心主义的桎梏，应对翻供的诉讼风险。翻供在本质上是犯罪嫌疑人、被告人对自身利益的重新抉择。"作为一个基于自身利益的自主决定者，随着刑事程序由职权主导向对抗制主导的逐渐推进，其自主表示空间的日趋扩大，那么从过去不利自身的违心陈述中解放出来，也就成了每一个当事人的可能选择。"[①] 因此，只要有口供存在，翻供就始终具有发生的可能性。"翻供作为口供的一种，对指控事实也具有直接的证明作用，如果被查证属实，则应当作为定案的重要根据。另外，翻供的证据价值还体现在对犯罪嫌疑人、被告人是否遭受刑讯逼供具有证明作用。若翻供是侦查人员刑讯逼供所致，经查实，翻供就是证明刑讯逼供存在和追究行为人法律或者行政责任的证据。"[②] 检察机关应当认识到翻供对认识案件事实、证明刑讯逼供是否存在所具有的证据价值，肯定翻供的合理性，并努力弥补翻供所指向的证据漏洞，完善证据体系。物证、书证等实物证据客观性强，不易受主观因素影响，是检验口供是否真实的依据，也是应对翻供的重要手段。因此，检察机关应当指导侦查机关重视对口供之外的物证、书证、视听资料、电子数据等客观证据的收集，形成直接证据与间接证据、实物证据与言词证据密切衔接的证据体系，减少翻供的情形发生。或者在翻供发生时，能够以实物证据证实翻供的虚假性，维护指控证据体系的稳定性。

第二，加强证据合法性审查，坚决依法定职权排除非法证据，忠实履行取证合法性的证明责任。非法证据是侦查机关违法行使职权的后果，检察机关负有法律监督职责，有义务确保侦查取证的合法性，在庭前程序中及时排除非法证据。但非法证据并非一律排除也是现代多数法治发达国家的通例，检察机关在履行非法证据排除职责时，也应当分清绝对排除与相对排除的界限。对于非法言词证据，必须绝对排除，避免虚伪供述造成冤假错案。收集实物证据不符合法定程序，可能影响司法公正的，从追求客观真实的目的出发，应当允许进行补正或者作出合理解释。在非法实物证据不能补正或者作出合理解释的情形下，才应当予以排除。由于检察机关在确认证据为非法取得时，才能决定是否排除，故而必须强化证据合法性审查的能力。一方面，检察机关要通过提讯犯罪嫌疑人，了解侦查机关是否可能存在非法取证行为；另一方面，驻所检察室

[①] 欧卫安：《翻供的证据法意义》，载《法学论坛》2007年第1期。

[②] 周国均、史立梅：《翻供之辨析与翻供者人权保障》，载《中国刑事法杂志》2005年第5期。

应认真查看犯罪嫌疑人入所体检登记、调取同步录音录像资料，分析证据之间是否存在矛盾，核实非法取证的线索。辩护方在庭审中提出取证非法的主张时，若法庭要求控方承担证明责任，检察机关应当根据非法取证的相关线索，通过有针对性地提供录音录像资料、申请讯问人员出庭作证等方式予以证明。需要注意的是，"录音录像片段不能证明整个审讯过程合法，有罪供述笔录、《自我供述》与情况说明也不具有单独证明取证合法的能力。"① 因此，检察机关应当将庭审过程中有关非法证据的证明与裁判作为"审判之中的审判"②来认真对待，遵循诉讼证明的一般规则，运用具有证据能力和证明力的实物证据和言词证据来证明取证的合法性。

第三，准确理解提起公诉的证明标准，提升支持公诉的能力。侦查、起诉、审判是刑事诉讼依次递进的三个阶段，理应适用不同的证明标准。因为"在不同的诉讼阶段，其直接任务、诉讼主体及其采取的诉讼行为均有不同。这些因素要求对不同阶段诉讼行为的证明要适用不同的证明标准。……对案件事实的证明也必须遵循认识论的一般原理，逐步地、渐进地由感性认识上升到理性认识。从证明标准的角度来考察，也必然是由低到高，逐步达到定案所要求的标准。"③ 因此，证明标准是有层次性的。检察机关在审查起诉阶段应当确保提起公诉的案件均达到事实清楚、证据确实充分的标准，但不能强制性地要求公诉与定罪标准完全达成一致，更不能要求侦查与公诉奉行同一标准。从诉讼阶段论与证明过程论来判断，提起公诉后无法定罪是一种正常现象，不应盲目地以无罪判决来否定检察机关的公诉。但是，我们也应当看到，检察机关公诉的主要目的是定罪求刑，而非换取无罪判决。为达成这一目的，检察机关一方面要强化庭审指控能力，确保提起公诉的案件均能建构起坚实的指控证据体系，以科学严密的举证、质证为手段，引导法官心证的形成；另一方面，检察机关应当正确看待因检法认识分歧而无法定罪的问题，积极协调召开检法联席会议，解决检法认识上的分歧，以便达成共识。

（三）切实履行客观义务，兼顾公诉与救济职能

修改后刑诉法确立的新型控辩关系赋予检察机关公诉与救济的双重角色，强调以客观义务履行为基础，保障辩护人、诉讼代理人的合法权益，以免公诉

---

① 甄贞：《非法证据证明责任的履行与保障措施》，载《人民检察》2013 年第 4 期。
② 关于"审判之中的审判"，参见陈瑞华：《程序性制裁理论》，中国法制出版社 2010 年版。
③ 李学宽、汪海燕、张小玲：《论刑事证明标准及其层次性》，载《中国法学》2001 年第 5 期。

职能淹没救济职能。为实现这一目的，检察机关应努力做好以下两个方面的工作：

第一，建立检察机关与律师群体的定期沟通交流机制，化解公诉与救济职能的冲突。检察官与律师同为法律职业共同体的成员，对"无救济则无权利"等法律问题的本质有着趋同的认识，权利受到侵犯时是否应当救济、应当如何救济可以达成基本共识。本着在权利救济问题上增进理解、构建共识的目的，检察机关应努力搭建检察官与律师对话的平台，使双方都意识到控辩救济关系是在控辩平等这一基础关系之外形成的一种衍生性关系，既是控辩平等的延伸，也是控辩平等的保障。由于权利人在申请救济时，权利是否受到侵犯往往只是基于自身认知的一种主观判断，救济请求能否得到满足还须有权机关作出认定。因此，检察机关没有理由也不应当阻碍律师提出申诉、控告的申请。在律师提出申诉、控告的申请之后，检察机关应当从查明客观事实与维护公平正义的目标出发，进行相应的调查工作，核实、确定是否存在侵犯权利的问题，并据此采取必要的救济措施。已经发生的实践表明，检察机关具有履行客观义务的动力，能够以客观事实为依据作出有利于犯罪嫌疑人、被告人的决定。[①]所谓公诉与救济的角色冲突也只在特定范围内存在，并且往往是由于双方认识上的分歧所造成的，这种分歧是可以经过双方的沟通交流加以解决的。此外，检察机关通过履行救济职能，特别是在对律师申诉、控告的对象、事由、后果作出类型化的分析和归纳之后，还可以及早发现侦查等程序中的违法行为，积极履行法律监督职责，消除公诉障碍，降低公诉风险。如果以此来判断的话，检察机关忠实履行救济职能对控辩双方来说无疑是共赢的选择。

第二，明确辩护人、诉讼代理人申诉、控告的程序规则，方便救济权的行使。刑诉法赋予检察机关对辩护人、诉讼代理人的申诉、控告提供救济的职权，但是对于检察机关这一整体来讲，救济的职责具体由哪个部门来履行则尚不明确，如此将不利于权利救济规则的落实，甚至引发实践处理中的推诿现象。因此，关于检察机关内部对申诉、控告的救济职责划分问题，可作如下设计："由于检察机关对辩护权的保障贯穿于侦查、审查起诉、审判等整个诉讼阶段，那么，就应该按照诉讼环节和对该环节的监督职责来划分具体的受理部门。对于提请审查逮捕及移送审查起诉环节的案件，应分别由侦查监督和公诉部门来受理辩护律师的控告申诉；对于刑事拘留、未提请逮捕的取保候审、监视居住期间的案件，则可以由专门的检务接待中心受理后移交侦查监督部门处

[①] 参见《北京市首次抗诉量刑过重，转变重打击轻保护观念》，载 http://news.sohu.com/20070516/n250040104.shtml，访问日期：2013年6月24日。

理。受理部门应当以规章制度的形式列明律师申诉、控告的方式（口头或书面），申诉、控告材料应当列明的事项（受害权利的类型、必要的证据），决定受理后须履行的手续（回执），答复的时间与效力等。"① 检察机关各负责部门对于律师申诉、控告的具体事项、处理进度、处理结果等信息皆应及时报案件管理部门备案，辩护人、诉讼代理人有权获得检察机关的明确答复。

（四）以诉讼监督权强化为契机，协调公检法关系

检察机关必须进一步强化监督意识，在加强同公安、法院在刑事诉讼活动中相互配合，共同履行惩罚犯罪和保障人权责任的同时，针对人民群众反映强烈的执法不严、司法不公问题，敢于监督、善于监督、依法监督、规范监督，切实维护司法公正。

第一，对公安机关的监督。检察机关应当充分认识到监督公安机关依法行使职权对于提高公诉水平、树立公安司法机关良好形象、维护社会公平正义的重要意义，优先从思想上解决监督权行使主动性不足的问题。但是，"从监督的方式上看，检察机关的法律监督主要是提出纠正意见，是否纠正以及如何纠正完全取决于被监督者对检察机关纠正意见的认识和态度。"② 为提升对公安机关监督的有效性，检察机关可考虑通过"软性"的立案前定向沟通交流机制与"硬性"的立案后审查批捕、审查起诉等环节，推进通知立案、检察建议、纠正违法等监督方式的贯彻执行，建构监督说理机制，做到以理服人，引导公安机关自觉接受监督。另外，检察机关还应当重视对新型诉讼监督职能的经验积累与推广。对于指定居所监视居住、羁押必要性审查等新增的监督职能，检察机关应当采取"试点调研—总结经验—召开推进会—出台规范性文件"的模式，稳步推进对这些监督职能的落实。

第二，对法院的监督。"在社会主义国家实行国家权力不可分割的体制下，以检察权来对审判权进行法律监督，是权力制约规律在刑事诉讼中的必然体现，也是适应社会主义国家国体和政体的不可或缺的国家监督形式。"③ 理论界许多学者认为，检察机关的法律监督与公诉职能相冲突，法律监督损害了法院的审判独立性和权威性。实际上，"如果将检察机关定位于法律监督机关，那检察机关就应以法律监督来统领所有职能，所有职能都应统一于法律监督，所有职能的行使如果与法律监督发生矛盾，就应服从并服务于法律监督。在履行追诉职能时，检察机关就应受法律监督属性的规制和约束，秉持中立立

---

① 甄贞：《论中国特色的新型控辩关系》，载《河南社会科学》2012 年第 7 期。
② 张智辉、黄维智：《控辩平等与法律监督》，载《法学》2006 年第 8 期。
③ 邓思清：《论审判监督的理论基础》，载《法律科学》2003 年第 3 期。

场，认真履行客观公正义务，既依法追诉犯罪，又切实保障人权，从而保证国家法律的统一正确实施。"① 做到以监督职能引领公诉职能，较好地协调两者的关系，显示出检察机关集监督与公诉为一身的积极意义。检察机关履行监督职能必须以相应的监督能力为基础，"加强检察机关的法律监督能力建设是切实提高检察机关履行宪法职能，减缓和消除当前检察工作面临的现实矛盾，保证检察工作长期健康发展，使检察工作有效地融入党的中心工作，维护党的执政地位、保证国家长治久安的根本途径。"② 为应对新刑诉法实施后工作任务加重所导致的监督能力不足问题，北京市检察院及时总结推广海淀等试点院"审诉分离、轮值出庭"办案模式，高效、合理配置办案资源，推动全市检察机关简易程序出庭率在 2012 年 10 月就达到了 100%，2013 年一季度出席简易程序庭审 2406 件。克服时间紧任务重的压力，严格执行 1 个月的二审阅卷期限，一季度审查二审案件 178 件 348 人，同比上升 93%和 143.6%，审结率达到 91.7%。

第三，对自身的监督。作为法律监督机关，检察机关有责任监督其他国家机关依法行使职权，但检察权的公权力属性决定了检察机关自身也必须接受监督。曹建明检察长在全国检察机关内部监督工作座谈会上强调："强化内部监督，是坚持和完善中国特色社会主义检察制度的必然要求，是推进检察机关惩治和预防腐败体系建设的必然要求，是推进高素质检察队伍建设的必然要求。"③ 内部监督是检察机关各部门之间的监督，主要体现为：侦查监督部门以立案为重点，对自侦部门是否应当立案进行监督；公诉部门以引导侦查为目的，对自侦部门取证的合法性进行监督。另外，检察机关还应当接受外部监督，因为相比内部监督自我约束在许多情况下的软弱无力，外部监督更易摒弃情感因素，具有无可比拟的优势。目前，检察机关所接受的外部监督也形成了一个立体化、动态性的整体布局，人大、政协、人民监督员、社会舆论的全方位、多层次监督，对于督促检察机关文明、规范执法发挥了重要作用，上级检察院对下级检察院办案活动的长期性、动态化监督，对于指导下级检察院提升业务技能、正确行使检察权更是功不可没。检察机关应当自觉地接受外部监督，将外部监督作为建设高素质检察队伍、巩固检察机关社会威信的重要举措。

---

① 朱孝清：《检察机关集追诉与监督职能于一身的利弊选择》，载《人民检察》2011 年第 3 期。
② 张巍等：《论法律监督能力》，载《人民检察》2005 年第 6 期。
③ 肖玮等：《强化检察机关内部监督制约，确保严格公正文明廉洁执法》，载《检察日报》2009 年 7 月 4 日。

三、结语

刑诉法修改对检察机关带来了重要而深远的影响,从检察工作的长远发展来看,刑诉法修改的机遇大于挑战,但当前由于检察机关自身的认识和水平与刑诉法修改所带来的新形势和任务还不相适应,挑战要大于机遇。检察机关只有不断转变和更新执法理念,强化"人权意识、程序意识、证据意识、时效意识、监督意识",坚持惩治犯罪与保障人权并重、实体公正与程序公正并重、全面客观收集审查证据与坚决依法排除非法证据并重、坚持司法公正与司法效率并重、强化法律监督与强化自身监督并重、严格公正廉洁执法与理性平和文明规范执法并重,主动自觉地完善工作机制,转变办案方式,提升证据能力和监督能力,正确处理控辩关系、公检法关系,才能顺应发展变革的需求,牢牢抓住机遇,正确应对和克服刑诉法修改带来的挑战。

(本文荣获女检察官学习贯彻落实"两法"征文活动一等奖)

基层检察人才培养的最优路径：职业导师制

——以江苏省南京市玄武区人民检察院为蓝本

张 前 马 卉[*]

一、问题的缘起——检察人才流失

2012年7月中下旬，检察日报连续登载基层检察院招聘在职人员公告，其中不乏发达地区基层院，新一轮的人才"争夺战"悄然上演，长期困扰基层检察"人才引进难、人才留住难"的问题进一步凸显。作为江苏省省会城市南京中心区域的玄武区院，也面临同样问题。

据统计，2002年以来10年间，玄武区院陆续调进人员44人，调出26人；从2008年至今的4年间，招录8人，调离7人，调离人数占招录人数的87.5%。人才流失速度加快、比例进一步增大，并且呈现以下特点：一是显性流失与隐性流失并存。前者是指人才因竞岗等原因离开另谋高就，后者是指因激励机制缺乏等原因，使一些可为人才的人失去工作积极性，造成后备人才枯竭。二是具有检察官资格和较强业务能力者流失居多。调离的26人中，具有检察官任职资格的21名，占调离总人数的80.7%。调离人员均有5年以上的工作经验，大都能独当一面，其中10人为中层或中层以上干部。三是年轻化、高学历者流失居多。该院近5年来，调离干警18人，其中35岁以下13名，占调离人数的72%。18人均为本科以上，其中研究生学历4人。截至2012年9月，该院应有政法专项编制数为86人，实有政法专项编制70人。

在人才为第一资源的今天，人才流失对检察事业发展带来的负面冲击已不容忽视。尽快及早提出人才短缺的应对之策，找出一条符合基层实际、切实有效可行的"生才"、"养才"道路，对于树立和落实中央提出的正确的人才观，实施"人才强检"战略，加快检察官队伍职业化建设，实现公平正义主题，

---

[*] 作者单位：江苏省南京市玄武区人民检察院。

为全社会提供优质法律服务,比以往任何时候都显得更为突出和更加紧迫。

二、路径的探索与抉择——职业导师制的介入

尽管玄武区院人才流失较为严重,但总体而言,人力资源总量得到充实,10年间进44人出26人,新增18人。同时,无论是检察人员的年龄结构还是学历层次都得到改善,人员的优化配置进一步得到强化。[①] 如果把现今这些人力资源放到检察机关恢复重建之时,可以说都是人才资源。这一方面告诉我们社会对人才需求是不断变化更新的,另一方面提醒我们人力资源和人才资源是互相转换的,把现有人力资源开发好、培养好、运用好,使之变化转换成人才资源,走内生人才发展之路,不正是我们解决人才短缺、进行人才储备、应对人才流失行之有效思路。沿着这个方向思路,我们在设计"生才""养才"制度时前,先期至少要探求解决三个问题:一是何为检察人才观;二是为什么说现有检察人员能够转变为需要的人才;三是什么培养模式最有利于检察人才的生成。

(一)检察人才观对检察人才培养模式的导向性

1. 人才的标准和定义。不同时期,社会对人才的评判标准不同,大致经历三个阶段:1987年前,人们认可人的出身,很多情况下"成分"成为人是否先进的象征;改革开放后,学历成为衡量人是否为人才的唯一标尺;党的十六大以后,有能力和贡献的人为人才,注重以实绩认英雄。对于人才的定义也没有统一表述,但主旨相同。《现代汉语词典》定义为"德才兼备的人,有某种特长的人";[②] 《领导科学词典》解释为"人才指各种社会实践中具有一定专门知识、较高技能和能力,能够以自己创造性的劳动,对认识、改造自然和社会做出较大贡献的人,是人群中的精华"。《国家中长期人才发展规划纲要(2010—2020年)》提出人才的概念,指"具有一定的专门知识或专门技能,进行创造性劳动并对社会做出贡献的人,是人力资源中能力和素质较高的劳动者"。这个新概念将掌握一定的知识或技能作为人才的最基本条件,作为衡量人才的能力和素质的标准,对传统人才只强调职业身份或只强调知识水平是一个突破。同时也为我们正确把握检察人才内涵,培养什么样的检察人才提供理论基础。

[①] 全院80人中本科学历以上有70人,全日制本科占21.4%,有16人获法律(学)硕士;具有检察官等级50人中有45人从事检察业务工作;50岁以下的58人,40岁以下的26人中青年检察官比例达52%。

[②] 参见吕叔湘、丁声树主编:《现代汉语词典》,商务印书馆1996年版,第106页。

2. 树立科学的检察人才观。检察事业的发展是全面的，决定我们需要的人才是多方面的，人才的成长是多渠道的。我们需要领域里的"引军人才"，但不能将事业的发展寄希望于一两个"全才"人身上，更多的是依托"'泥土堆'里的人才"，"数以亿计的具有高素质和实用技能的初中级人才。"① 因而，首先，应坚持以现有人员为根本的检察人才观，充分体现以人为本，彰显人的全面可持续发展的人才思想。其次，树立人人皆可成才的思想理念。胡锦涛同志在全国人才会议上提出："要牢固树立人人都可成才的观念"，给我们指明了方向。在检察机关的人才观念上，我们要脚踏实际、面对根本，不能好高骛远。过高的、不切实际的人才标准会挫伤人们的成才愿望，不能调动人的积极性和内在的创造性，影响实践中整体工作"争先创优"的氛围。最后，要坚持德才兼备的原则，把品质、知识、能力和业绩作为衡量人才的主要标准，不唯学历、职称、资历和身份，为人人成才搭建平台、提供舞台。

3. 检察人才的"生成"出路。我们认为，检察人才的根本出路在于内部"挖潜"。目前，就玄武区院而言，主要有两类人员可培养并成为需要的人才：一是前些年进入工作岗位的人员和年龄偏大的同志；二是新近录取的人员。前者需要知识、能力进一步更新；后者需要将知识转化能力。这两类人群有个共同的特点，都需要进行在职培训。着眼内部人力资源，利用现有的专家型专门型人才优势，建立与上述两类人员之间的持续性培训关系，为相应人员在提升自我水平、适应工作能力、融入检察发展等方面提供帮助与指导，走通过实践传承的道路，为检察事业发展提供大批的可用人才，不失为一条内生驱动的"生才"道路。

（二）检察人力资源转化为检察人才的可能性

1. 人的潜能是可开发可挖掘的。有关研究表明，人类大脑绝大部分潜力没有开发，普通人仅仅使用大脑能力的4%，高达96%的潜力没有开发，即使是爱因斯坦，也只用了大脑能力的10%。美国著名心理学家麦克利兰于1973年提出人才素质冰山模型理论，他认为，人员个体素质的不同表现形式划分为表面的"冰山以上部分"和深藏的"冰山以下部分"。上部包括知识和技能，是容易了解与测量的部分；下部包括角色定位、价值观、自我认知、品质和动机等，是更深层次的素质，这些特点决定每个人的发展潜力。这个理论告诉我们，人的能力就像海水中的冰山，还有大量潜能可以挖掘培养。人的潜能是相对无限性的，尤其是创造性的潜能是取之不尽、用之不竭的科学论断，告诉我们，只要充分开发人的创造潜能，人人都有可能成为可用之才。

---

① 秦建军：《知识经济时代的人才强国战略》，中国社会出版社2011年版，第252页。

2. 人才成长过程是不断学习实践的过程。当代社会，科学技术和文化知识更新越来越快，一次性学校教育已远不能满足人们更新知识的需求。据有关资料表明，一个人从学校所学知识只占个人总量的10%，90%的知识都是走上工作岗位后学来的。因而，"从人才的培养角度看，对学校毕业后的劳动者或现有劳动者进行持续不断教育培养，称之为人才职后培养。"① 人才成长的过程更是实践的过程，通过社会实践不断学习新知识、新技能，努力提升人的综合素质和实践能力。"各类人才都是在生产活动、技术革新、科学发明等实践活动中成长起来的，人的聪明才智也是在实践中不断发挥出来的。"② 这些再次说明，人才多数是在职后的实践中逐步培养而成的，也再次验证，为什么用人单位偏爱有知识又有工作经历的人员。可见，进行职后培养和实践锤炼，是现有人力资源向人才资源转换的基础条件。

3. 检察人力资源的可塑性。在一些同志眼里，普通干警不是人才，面对检察人才流失束手无策，老是想着有所谓的"领军人才"改变发展现状，忽视人才来自群众。其实，只要我们转换观念，认识群众中蕴藏着大量的人才，通过一定的方式方法，把每个人的潜能和价值都充分发挥出来，就不愁没有人才。这是检察人力资源向人才资源转换的前提条件，离开了它根本不可能走内生人才之路，更遑论人力资源可塑的意义。其次，经过近二三十年的检察事业发展，特别是司法考试的改革，强化了职业准入条件，为检察人才的培养储备了大量资源。就玄武区院来讲，80名在编干警有70名本科以上学历的干警，其中有法律硕士学位15人（法律硕士研究生6名），博士学位1人；学历为全日制本科以上15人，约占21%。所有人员都有自己工作的岗位，或从事反贪、侦监、公诉等业务工作或在综合部门从事保障工作，或多或少有一定的工作经历。如果说这些人员为人力资源，那么无论是知识层面还是实践层面，基本符合可开发培养为人才的条件，其中不乏有领军人才的元素。那么，面对大量优质"金属矿藏"，我们究竟采用怎样的职后培养方式进行"开采"，让他们尽快发光出彩，走一条适合检察工作实际的内生养才用才之道，值得思索！

（三）检察人才培养模式的现实考量

1. 检察人员培养模式之简况。由于历史原因，早期的检察人员不需要太多的业务，干警行使职权往往靠政策文件和领导会议精神，因而，对检察人员基本不需要培训。改革开放后，全国法检两家开展为期十余年的学历培训，走内部聘请授课和社会函授相结合的模式。此后，不少干警在单位的鼓励下，向

---

① 徐坚成：《人才国际竞争力研究》，上海社会科学院出版社2011年版，第6页。
② 本书编写组：《科学人才观简明读本》，江苏人民出版社2005年版，第3页。

法律硕士等更高一级学位进军，采取在职定期去高校学习的方式。同时，为了适应新形势下检察工作发展需要，近年来，上级检察院（以省、市为主）也采取不同的培训方法，加大对口、条线业务培训业务，着力提高实战技能，检察人员业务素质得到了一定的提高，推动了检察业务的发展。对近几年玄武区院检察人才培养模式进行梳理，主要方式包括：（1）参加上级检察机关组织的政治理论学习、业务学习；（2）南京市检察院对新任检察人员的入职培训；（3）初任检察官培训和拟任命为高级检察官培训；（4）新任检察人员的导师制培训；（5）其他业务条线的专项培训；（6）其他培训方法模式。

2. 现行人才培养模式存在的不足。一是动力不足，培训效果不佳。对上级检察机关组织的各种形式的政治教育、业务培训愿望很好，但是这些培训大都带有行政任务性质，政治学习往往形式陈旧、内容重复，干警缺少兴趣；业务学习常常表现在新法出台或者法律修正后而做的专题培训，是适用法律的应急之举，但对骨干检察人才培养的作用非常有限。二是知识传授多，个性化不强。近年来，我院通过公务员考试招录和军队干部转业安置的新任检察人员，入职之初，都要参加南京市院为期三天的新任检察人员培训，培训由南京市院组织，各业务部门的业务骨干主讲。三天时间里，主要是介绍各业务部门的主要工作性质、内容、特点并初步涉及工作方法，但对每个个体发展缺少明确方向。三是缺少互动，潜能发掘"短路"。初任检察官一般要通过国家检察官学院江苏分院的初任检察官培训，培训为期十天左右，主要由江苏省院教育处选聘高校教师，法、检两院部门领导及业务骨干授课，十天的培训涵盖了政治教育、检察纪律教育和检察业务部门的全部教育内容，很大程度上也都是入门知识的讲解和各业务模块的总体性介绍，教与学之间缺少互动，长期接受指点关爱成长的环境更是缺失，影响潜能的开发和创新的激情。四是时间短，系统性差。南京市院各业务条线也会有一些条线内的教育培训，但一般时间较短，并非系统的知识、技能培训，参加学习的干警往往又将这样的学习当作了难得的休息放松的机会，实际培训效果也打了折扣。

3. 职业导师制培养在职检察人员的模式优势。综观国内外，人才培养模式大致有几种：（1）德国的"双元制"模式。以企业为主的校企分工协作形式，确立以职业活动为核心的阶梯式课程结构。（2）以美国、加拿大等国为代表的CBE模式。核心是"从职业岗位需要出发，以能力为培养目标，设置课程"。（3）联合国推荐使用的MES模式。意为"模块式技能培训"，主要以社会对人才的需求为导向,与企业生产紧密相连。① 中国目前多数院校提出"以素质教育为基础,以能力为中心"的"双师型"模式。无论是何种模式,都有以下共同点:一是注重实践,重视实践培养人的技能、技巧;二是注重在用人单位、培训机构以及受教育者之间进行沟通,相互促进。通过上节对检察人才培养模式存在问题的讨论,现实中培训效果考察,以及上述不同职业教育模式的对比,我们发现,就检察人才培养现有方式方法而言,尽管各种培训对提高队伍素质有一定作用,但对于人才培养开发这个系统工程而言,还不是相符的,缺少遵循系统性、循序性、实践性、创造性的规律。而职业导师制,从形式上看拥有实践第一要素,指导者与受导人之间易于长期交流沟通,能够贴近单位对人才的需求,同时也有利在职人员的个体发展,是符合职后人才培养模式具有的共同特征,能克服目前培训方式带来的不足与缺陷,是走内部培养检察人才可行的一种模式,从而,最终解决人才流失问题。

三、职业导师制介入检察人才培养的理论和实践基础

(一)职业导师制概述

1. 关于概念内涵与检察职业联系。根据百度百科上解释,导师制是一种现代学校研究生教育制度,它要求在老师和学生之间建立一种"导学"关系,针对学生的个性差异,因材施教,指导学生的思想、学习、生活。导师制从制度上规定教师有育人的责任,使教师在从事科教研以外,将对学生进行多方面教育和指导。导师制由来已久,在英国19世纪,就实行这个制度,其最大的特点是师生关系密切。在我国虽然没有早期大学教学式的导师制,但有更早的师傅带徒弟"传帮带"的历史。我们认为,其实质内涵是一致的,② 兼有从业和做人双重任务。职业导师制作为一种培训与开发方式,已经得到国内外各大企业的重视。财富500强中的大多数企业都已正式实施这项培训方案,并且其数量也在不断增加;国内也有许多企业结合自身特点推出了新员工导师辅导制度,着手建立正式的职业导师培训体系。这些企业让资深人员协助新员工或者资历较浅的员工,将专业知识传授给他们,并使他们熟悉企业的文化和愿景,从而降低他们的焦虑情绪,使他们能早日融入组织和胜任自己的工作。检察干

---

① 参见时宁国:《国内外高职与高专人才培养模式的比较》,载《甘肃广播电视大学学报》2006年第16卷第1期。

② 不少文章的观点认为两者有本质区别,西方导师制兼有启发思辨,国人"师徒"只是学技艺。其实,每个师傅在教徒时不但模拟技艺,也开导心智,"青出于蓝而胜于蓝"即为证,只不过大学更全面丰富而已。

警与单位之间的关系不同于企业与员工,但检察工作具有很强的专业性,能力、技巧也大多来自实践经验,"法律的生命不在于逻辑,而在于经验"①。因而,高素质的检察职业群体如同专业医生一样离不开经验的积累,离不开互相促进、互相提高的"传帮带"。只因为职业导师制对人才培养的诸多特征和途径与检察人才特点相符,而且与教育模式创新的内在要求标准"学思结合"、"知行统一"、"因材施教"是统一的。人们才逐步重视职业导师制,并把它引入作为对检察人才的培养重要手段。

2. 检察导师制的现实功能。确定检察采用导师制人才培养模式,无疑将会对单位在人力资源的培训、开发、使用等方面起到了有效的作用,这些作用将在受导者、导师与单位三方的层面上体现出来。一是体现在检察导师层面。这些导师来自本单位,最熟悉单位需要培养什么人才,能解决发展中遇到的问题,并且随着工作情况、任务目标的变化而适时调整,因而这种以单位需求为导向培养检察人才,有利于导师在培养方向、培养措施上作出及时调整,真正建立人才培养结构与单位需求相适应的动态调控机制。二是体现在受导者层面。一般指新进人员和需要进一步更新知识的人员②,他们的岗位不同,个人的专长和喜好不同,通过不同的检察导师跟踪指点,在心理上更有信心,在实践上更为成熟,不断拓宽视野取得新业绩后,自身的潜能也会进一步得到激发,有利于多层次多元化人才格局的形成。同时,这一层面的人员较年轻、好上进,加上本身知识教育程度高,只要引导得当、使用得当,就有可能成为具有某方面专长的人才,也是一些领导渴望的一定层面的"领军人才"。三是体现在单位组织层面。通常来讲,单位是实施职业导师制的最大受益者。首先,导师制可以通过提高导师和被指导者的岗位胜任能力,使得其个人绩效和检察整体绩效能够更好地结合起来。其次,通过导师制还可以形成坦率开放、互助学习的团体氛围,有利于建构学习型机关。在导师指导被指导者的过程中,直接或间接地传递了检察职业的价值观和文化,增强了其对检察文化的认知、感受和融合。最后,职业导师制与其他培训方式相比,培训成本较低而且效果比较好,是一种较有效的人才培养模式。

(二)职业导师制培养人才的理论依据

与传统的培训不同,这种导师关系能鼓励被指导者主动与经验丰富的指导者沟通和互动,从而获取某项任务或领域的内隐知识并提高其综合素质。哈佛大学教授 McClelland 把在某一个职业中绩效非常突出的人员特征统称为综合素

---

① 美国近代著名法官霍姆斯的名言,在司法界得到公认。
② 根据人终身需要学习的理论,某种程度上说,检察全体人员均应是培训对象。

质。这些特征包括：第一，某个职业的基础或者专门的知识要求；第二，能力，包括体力要求与脑力要求；第三，品质，例如精力的充沛程度与某种个性类型；第四，影响个体采取某种行为方式的动机或者需要；第五，对自己的工作角色的成功程度的印象与信心。职业导师制的方式适合综合素质的培养以及隐性知识的传递，就需求或者心理上来说，我们认为有三个依据。

1. 心理认同——检察人员成长的心理需求。在人的成长过程中尤其是新进人员被一个团体接纳很关键，是个体获得机会与成功的前期条件。职业心理学家普遍认为，人的职业发展是个终生过程，分为探索、建立、维持、消退四个阶段。新任检察人员是处于探索阶段的从业者，走出校门不久，面对的是全新的社会，将要从事的是充满挑战的职业，缺少导师这样的领路人，或多或少会让他们感到孤军奋战的孤独，没有归属感就没有认同感。此外，从社会心理功能角度讲，导师制度还可以给新任检察人员提供包含角色模范、接纳、认可、咨询以及友谊在内的活动。换句话说，导师还能够给予徒弟关怀和心理支持，提供工作或人际互动方面的建议，并为被指导者提供职业生涯指导和支持，从而帮助其在激烈的社会竞争中尽快进入角色、站稳脚跟。当然，就广义而言，社会每个个体都需要别人的认可，这其中包括职业检察导师工作被上级领导和被指导者的认同。

2. 价值认同——检察人员个体发展的社会需求。职后人员都希望通过自己创造性劳动来满足自我、他人、群体及社会的需求，从而实现个体的社会价值。在这当中，首先自己的工作业绩要被单位认可，通过单位岗位平台，将自己潜在的、隐性的个体价值，转化为现实的、显性的社会价值。因而，对于每个个体检察人员来说，内心非常渴望在职途中有人帮助，有人关心指点，不断创造出更多的成果，让同事、单位和社会认可。导师制既具有助推个体价值实现的功能，导师能将自己的技能和工作经验通过实际工作传授给被指导者，能使被指导者在较短的时间内迅速掌握并运用到实际工作中，提高其工作岗位胜任的能力，又具有心理支持安抚功能，导师能够给予徒弟关怀和心理支持，提供工作或人际互动方面的建议，引导尽快实现自我价值。

3. 职业认同——互相提升共同进步的需要。上面论及过，检察职业是实践性很强的职业，检察人员职后培训也应当伴随职业生涯，职业导师也不例外，他在与被指导者间是个互动的学习过程。导师往往处在职业高原期或中年危机期，通过参与师带徒计划，他们可以有效运用自身的专业知识与经验，从而提高自己的工作满意度，同时也提高了导师的责任感、使命感、自我价值感与稳定性，能够有效降低这类核心员工的流失率。此外，被指导者也能够为导师事业发展服务。徒弟可以为导师搜集多方信息、拓宽沟通渠道和分担一定的工作压力；导师也能从徒弟身上学习新的工作知识与创意，并获得徒弟的人际支持。

（三）检察职业导师制的现实基础

1. 职业导师制施行简况。2010年，玄武区院引入了职业导师制度，目前"一对一"导学共有4对。在每一位新任检察人员入职时，该院即安排一名业务骨干作为新任检察人员的职业导师，导师带领新任检察人员逐步接触各类检察业务，讲解工作中的各种注意事项、工作技巧，通过办案实践向新任检察人员传授执法办案中如何理解和适用法律、如何制作法律文书、如何与各类当事人沟通。这种密切的师徒关系有助于业务知识、技能的传授，也能够将检察品格在共同的工作、学习中潜移默化地传承下去。新任检察人员也能够从最简单的业务细节入手，从导师的言传身教中成长，成为一名合格的检察人员，逐步满足检察工作的要求。可以说，导师制是目前该院新任检察人员最核心、最主要的培养方式，也是新任检察人员业务成长的核心途径。职业导师制度的设计目标就是让新任检察人员在最短的时间内适应办案工作需要，通过快速提高新任检察人员素质促进检察事业的发展。从运行情况看，职业导师制基本达到了制度设计的目标。这种一对一传授知识技能与解疑答惑的培养机制充分尊重人的个性差异，将学与用紧密结合，这种在干中学、学中干的学习模式既能够紧密贴合检察工作实际，又能让新任检察人员始终有学习的新鲜感和保持紧张的学习状态。新任检察人员在导师的带领下熟悉业务，融入检察集体，实现角色转变，快速适应了检察工作需要，但仍然有很多需待改进的地方。

2. 职业导师运行中存在的不足。（1）层面不广。在全院80人中，仅有8人从事"一对一"结对帮导，而且被导者全部为新进人员，存在对在职人员需要继续培训提高的短缺。而正是这一部分人员的"提档升级"，常常是检察人力资源向人才资源转变的关键。（2）目标不明。培养的目标是什么？检察人才如何界定？导学成功的标准是什么？都要进一步细化、明确。（3）手法单一。受导者和导师都是固定在同一个部门，导师为部门负责人，受导者只有被动接受组织安排，没有选择的余地。（4）激励缺乏。对导师的权利义务没有规定，或者只是落在书面纸叶上，更没有激励机制。（5）考评缺失。导师工作好坏没有评价标准，对导师和被导干警之间的成效、业绩缺乏考核，导学互动与否全然不知。这些问题的存在，不是职业导师制本身的不适，而是单位在实施制度时配套不足。这些不足或许在有责任心的导师对新进检察人员岗位培训上影响不大，但对已有一定工作经历的检察人员知识技能提升影响巨大。因为，高层次人才的生成更多的是基于人才自我实现的需要，每个人都有发挥自我潜能，实现自我价值的欲望，这是人才跨越式发展的心理基础。如果检察院不强化组织措施,通过导师制平台,促进个体成才欲望的实现,突破环境对个人心理产生的自我制约,那么,就不可能培养自己的人才,不但解决不了人才流失问题,反而让人产生不重视人才培养的"假象",导致"孔雀东南飞"心态更重。

四、检察职业导师制进一步完善的对策建议

在总结实施职业导师制的经验不足基础上,针对其实施中遇到的问题,本文提出以下五方面的对策建议。

（一）选好导师

注重导师的选择与确定,这是职业导师制实施的基础性工作。它关乎两个方面:一是选好全院的导师,这是组织价值层面;二是受导者选好自己的导师,这是个体价值层面,前者是基础、条件,后者是个性化目标实现的一个途径。首先,导师应该是那些认同检察价值观、富有责任心事业心要求的人员,这样所培训出来的人员才能为事业发展奠定坚实的根基;其次,导师应该具有丰富的工作经验,并多数是检察业务或者技术骨干;最后,要求导师具有亲和力、执行力,要求导师具有较高的情商和较强的语言表达能力,这对于建立开放式的、双向式的培训关系十分重要。由于导师在被指导者面前扮演的是组织的代言人,他的言行举止将对被指导者形成较大的影响,因此在导师选定后需要对导师传达包括政法干警核心价值观、单位发展方向、检察文化等方面的内容,从而保证导师制管理达到预定的培训目标。具体做法上,可通过干警推荐、个人自荐、组织决定等方式,在征得准导师同意后,以单位的名义发放正式导师聘书,从事"带徒"养才育才工程。这里面有个硬性要求,就是单位的班子成员必须是自然担当导师,除非党组决议同意本人不能参加指导的请求以外。

（二）定好目标

培养怎样的检察人才,是包括职业导师制在内的人才培养模式所要解决的核心问题,也是制度内在价值的体现。通过导师制培养,受导人员能够提高知识,在"品行、个性化、能力、创造性"[①] 方面有所发展,即可谓达到目标。我们完全认同这个目标,但在实际中仍需具体化,我们认为解决三个问题即可实现培养人才的目标。一是解决做人的问题。某种意义上说,培训教育对有一定文化的检察人员来讲首先是一种价值引导,现时就要确立"平和、理性、

---

① 程光旭:《努力实现人才培养模式改革的新突破》,载《中国高等教育》2009年第1期。

公正、文明"和"忠诚、为民、公正、廉洁"的价值观,坚持用"五个意识""六个并重"等现代法治理念指导检察实践工作。将在职检察人员培养成为具有现代理性精神和独立的法律人格的人才,而不仅仅是工具型人才。[1] 当然,日常做人包括对单位、团队的"忠诚"品格是题中应有之义。二是解决思维方式的问题。让受导者学会分析问题、解决问题的思维方法,以进一步促使其获得自我发展的能力。三是解决做事的问题,即满足职业的要求。首先是掌握职业需求的知识,其次是素养和技能,包括大局意识、政治意识、群众观念等。

(三)找好方法

检察工作对人才的需求也是多方面、多层次的,因而,目前单一结对方式亟须完善。一是院领导必须带头导学。领导既有经验、方向、技能的优势,又有人脉、位子、资源的优势,还有让受导者变压力为动力、加速成才的变数。二是导师可跨越部门指导。跨部门、跨专业授导既能扩展知识面,也能培养复合型人才,防止人员流失后部门的工作停滞不前,更不致影响全局。三是受导者可自主选择导师。在不影响全局整体导学均衡配置的情况下,允许干警自主选择自己希望发展的专业特长和导师,也可让受导干警一人选择多个导师,充分发挥个人的自由发展潜力与空间。四是引进外援培养高端人才。发挥玄武高校众多智力资源丰富的禀赋,通过走出去请进来的"双导制"方式,培养高端人才。一方面,根据导师的建议,请高校老师为学员深度发展专训,形成"双师双导";另一方面,将部分资深优秀的检察官包括职业导师,送到高校有关院所做兼职讲师,进一步开阔视野,培养高层次的检察人才。

(四)做好保障

人才培养如植树,人才开发如造林。植树造林既要遵循规律,又要做好投入保障工作。通过职业导师制培养和造就检察事业所需的人才,关键在于做好各项制度运行的保障工作。一是思想保障。党组班子成员要确实树立人才第一资源观念,把导师制作为培养开发检察人才的最优手段,带头当好导师带好学徒,循序渐进走"用系统方法开发人才、按发展规律用好人才、靠环境结聚人才"的内生育才养才之路,形成各类人才辈出、拔尖创新人才不断涌现的局面,彻底解决人才流失问题。二是组织保障。在院政治处成立以院领导为负责人的导师制办公室,制定导师制的实施办法,规定导师的权利义务,制定导学课题或者部署研究任务,处理导学日常事务,构建以导师制为主的检察人员终身受教育体系,包括聘请离任检察官为导师的工作方法。三是经费保障。基

---

[1] 参见方志梅、冯志敏:《正确处理创新人才培养中的几个关系》,载《中国高等教育》2008年第23期。

于"人才投资是效益最大、收效最快的投资"① 的认识,不遗余力加大检察人力资本尤其培养人才的导师制投资。可以院领导为团队单元设立基金,加大对人才培养的投入,对于干警参加的学历(如第二学位、硕士、博士等)、知识技能(如司法考试、外语、审计、侦查等)培训符合院要求的,给予一定比例的经济补助,对于被评入选各级检察人才库,或者各级"十佳公诉人"、"十佳侦查员"等荣誉的给予一定的物质奖励,改变传统均摊福利型资金投入方式。四是机制保障。协同机制,尽力保证被指导者与导师相匹配,形成和谐团队式导学模式;激励机制,可以把对被指导者的绩效考核情况作为考核导师工作绩效的一部分,并以此作为晋级晋升奖励的依据;使用机制,坚持以用为本的价值导向,导师有推荐人才的义务,单位应树立以使用来激励人才的导向,让各类人才尤其导师极力推荐的被导者尽快发挥价值,形成人尽其才、人尽其用的生动局面。

(五) 搞好考评

职业导师制能否充分发挥对检察人才培养主渠道的作用,恰当的考核评价是关键。它既是检验指导成效的重要标准,也是测试该项制度引入效果的最终指标,同时也是完善体系科学评价的依据。既包括对受导者的考核,也包括对职业导师的考核,还包括制度实施的考评。一是对受导者的考核。职业导师要协助单位加强对新任和在职检察人员的管理和考核,在指导期间,对新任检察人员的思想政治表现、工作态度、工作完成情况以及能力提高进度进行考核,形成报告反馈给人事教育部门;对职后提高创新人员,以业绩和发展方向为主报告给人事部门。指导期满后,职业导师对所指导的对象要作出全面评议,评议结果将作为干部使用和年度考核的主要依据。二是对导师的考核。导师考核既通过导师自身反馈给单位的信息进行评定,也依据受导者反馈的信息作为根据,以受导者的进步情况、导师工作态度、导师制的执行情况等作为指标进行考核。对于职业导师不称职或不认真指导的,将及时予以调整。三是对导师制效果的评估。院导师办公室根据年度或周期培训辅导计划,定期对培训过程和效果进行监督和评估,不断充实培训内容(包括上级和本院的年度重点调研课题、检务经验总结、新法实施对接问题研究、实务中遇到的新型案件处理以及全院性的工作难题等),在"一对一"导学模式为主的基础上丰富方法方式。

人才的培养是个系统、循序渐进的过程,不是一蹴而就的。因而,需要我

---

① 桂昭明:《人才贡献率——我国人才理论与实践的重要创新》,载《中国人才》2012 年第 12 期。

们基层检察院特别是"一把手"以战略的眼光对待检察人才流失问题,遵循系统培养人才开发规律,一以贯之在检察机关推行职业导师制,走出一条"内生驱动"培养人才的道路,最终解决检察人才流失问题。我们相信,在解决检察发展人才瓶颈问题上,只要严格制度设置,严把导师选任标准关、严格考核,检察职业导师制能担当这一重担,并会促进检察队伍建设、文化建设和制度建设迈上一个新的台阶。

(本文荣获女检察官学习贯彻落实"两法"征文活动一等奖)

检察环节保障律师执业权利工作机制研究

——安庆市区律师涉检业务执业权利保障情况调研

夏 璐 张 锋[*]

一、前言

律师制度是国家民主法制的产物和体现。律师执业权利的保障程度和律师执业环境状况的好坏是一个国家民主法治建设良好与否的重要标尺。《中华人民共和国律师法》(以下简称《律师法》)第3条明确规定:"律师依法执业受法律保护,任何组织和个人不得侵害律师的合法权益。"最高人民检察院也曾制定了《关于人民检察院保障律师在刑事诉讼中依法执业的规定》,明确指出要依法维护诉讼参与人的合法权益,进一步保障律师在人民检察院直接受理案件立案侦查、刑事案件审查起诉工作中依法执业,促进人民检察院严格、公正执法。检察机关构建保障律师执业权利的工作机制,是维护法律尊严和正确实施法律的要求,也是深化检察改革、创新检察工作、提升执法水平和提高办案质量的良好契机。

二、调研概况

(一)调研的背景与意义

2007年10月28日第十届全国人民代表大会常务委员会第三十次会议修订通过了《律师法》,对律师的权利和义务作了完善,并于2008年6月1日起施行。这部《律师法》实施至今已有4年,但由于其与现行《刑事诉讼法》脱节,很多条款与现行《刑事诉讼法》的相关规定不一致,使得《律师法》在司法实践中往往会面临被规避和架空的问题。

2012年3月14日,十一届全国人大五次会议表决通过了全国人民代表大

---

[*] 作者单位:安徽省安庆市迎江区人民检察院。

会《关于〈修改中华人民共和国刑事诉讼法〉的决定》，新《刑事诉讼法》将于 2013 年 1 月 1 日起施行。新《刑事诉讼法》吸收了《律师法》的相关规定，完善了辩护制度，明确了律师执业权利，基本实现与律师法的无缝隙对接。如何在今后的检察工作中贯彻新《刑事诉讼法》的法律精神，将《律师法》和新《刑事诉讼法》关于律师执业权利的规定落到实处，将是新形势下检察机关面临的新课题。

在上述背景下，笔者将理论研究和实务调查相结合，通过走访安庆市区 12 家律师事务所，以 2008 年《律师法》施行为时间起始点，调查了解 2008 年以来我市市区律师的执业环境状况和在检察环节中执业权利保障情况，并结合即将施行的新《刑事诉讼法》的相关规定，科学、合理、可行地提出检察机关关于构建保障律师执业权利工作机制的建议。

（二）调研对象

考虑到市区 12 家律师事务所的律师执业地域范围相对广，案件业务量大的特点，能够较为客观、真实地反映出本地律师执业状况，因此笔者选择了这 12 家律师事务所的执业律师作为调研对象。

（三）调研方法

1. 资料查阅：通过互联网信息搜索和图书馆文献查阅的方式，了解涉及本课题的相关法律法规及其他规范性文件，运用当前关于这一课题的最新理论成果，进行借鉴或参考。

2. 比较分析法：比较《律师法》与现行《刑事诉讼法》、新《刑事诉讼法》中关于律师执业权利方面的规定，概括总结出律师执业权利的范围。

3. 问卷调查：2012 年 4 月 21 日至 5 月 10 日，笔者先后走访了安庆市区 12 家律师事务所，向各所执业律师（专职律师）发放调查问卷。问卷回收后，笔者对问卷数据进行了系统的统计和分析，获得了较为翔实的第一手信息材料。

4. 访谈调查：在走访过程中笔者采访了 12 名执业律师，从其执业经历和感受入手，力求客观全面地掌握律师执业权利落实和保障的情况。

（四）调查问卷反馈及访谈情况

本次调研共发放调查问卷 116 份，收回 105 份，收回率为 90.51%，问卷发放基本覆盖了在市区律师事务所执业的专职律师，回收的问卷均填写完整，问卷反馈情况较为合理。此外，笔者选择了 12 名律师作为采访对象，这 12 名律师的业务量和执业水平在当地都具有一定的代表性，他们向笔者讲述了近四年来各自的执业经历和切身感受，并对检察机关如何保障律师执业权利积极献言建策。

三、律师执业权利概述

（一）律师权利与律师执业权利

律师权利是律师从事律师职业所享有的所有权利的总称。律师权利并不简单等同于律师执业权利。以律师是否从事业务活动为临界点，可以将律师权利划分为执业权利和非执业权利。律师执业权利，是指律师在从事法定业务，履行职务行为的过程中所应当享有的各种权利的总称。非执业权利主要是律师在律师行业自治组织和司法行政管理活动中所享有的权利。如参加律师协会的权利、作为律师协会成员所享有的选举权、被选举权以及批评建议权等。

另外，按律师执业权利的权利来源来划分，律师执业权利可以分为我国法律规定的律师执业权利和法学理论上的律师执业权利。

就律师执业权利的地位而言，由于律师在维护当事人的合法权益、维护法律正确实施，推动我国社会主义法治建设方面发挥着重要作用，而律师作用的发挥主要是通过律师的具体执业行为来完成的。因此，律师的执业权利是律师权利的核心组成部分。

（二）我国法律所规定的律师执业权利

构建法学体系，是法学研究的基本方法之一。在法学研究中，对律师权利的研究更是普遍采用之。在我国，关于律师执业权利的明文规定散见于《律师法》、各类诉讼法及相关立法司法解释中（见图表1）。由于篇幅所限，本文选择了"会见权、阅卷权、申请检察机关调查取证权"这三项有代表性的律师执业权利为研究范围，从立法现状和司法实践两个角度，重点阐述检察机关保障这三项律师执业权利的机制建设问题。

1. 会见权。律师会见权是指在刑事诉讼过程中，接受犯罪嫌疑人、被告人及其近亲属委托或法院指定的律师，自犯罪嫌疑人被侦查机关第一次讯问或者采取强制措施之日起，依法与犯罪嫌疑人、被告人会见，了解犯罪嫌疑人、被告人涉嫌的罪名及有关案件情况，听取犯罪嫌疑人、被告人对指控犯罪的意见和理由，为犯罪嫌疑人、被告人提供法律帮助以保护犯罪嫌疑人、被告人合法权益的诉讼权利。

2. 阅卷权。所谓阅卷即查阅、摘抄、复制案卷及有关的材料，能帮助律师全面、详细地了解案情、掌握证据。律师阅卷是律师在诉讼中从事刑事辩护或代理活动的基础工作。

3. 申请检察机关调查取证权。调查取证是律师获取案件证据材料的重要方式之一。我国法律不仅授予了律师自行调查取证权，也赋予了其申请检察机关调查取证的权利。由于检察机关是代表国家的公权力机关,在调查取证方面具有相对优势,故而在自行调查取证受阻时,一些律师往往选择向检察机关申请调查取证。

图表1:

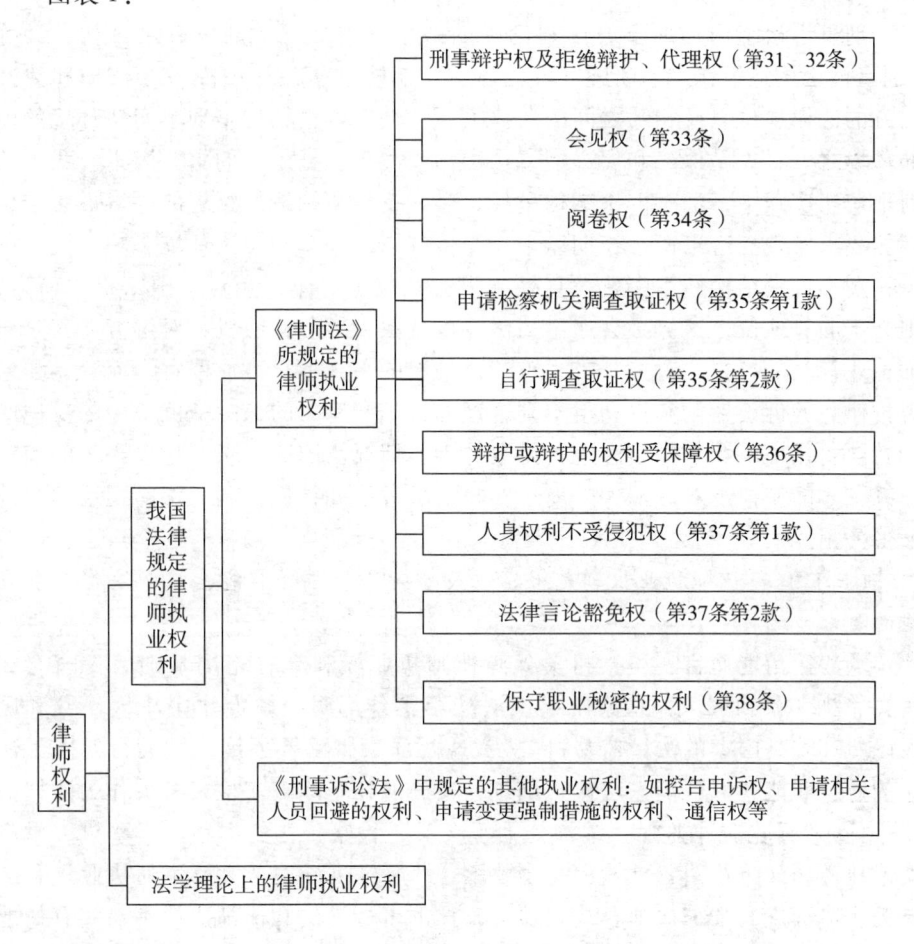

```
律师权利
├─ 我国法律规定的律师执业权利
│   ├─ 《律师法》所规定的律师执业权利
│   │   ├─ 刑事辩护权及拒绝辩护、代理权(第31、32条)
│   │   ├─ 会见权(第33条)
│   │   ├─ 阅卷权(第34条)
│   │   ├─ 申请检察机关调查取证权(第35条第1款)
│   │   ├─ 自行调查取证权(第35条第2款)
│   │   ├─ 辩护或辩护的权利受保障权(第36条)
│   │   ├─ 人身权利不受侵犯权(第37条第1款)
│   │   ├─ 法律言论豁免权(第37条第2款)
│   │   └─ 保守职业秘密的权利(第38条)
│   └─ 《刑事诉讼法》中规定的其他执业权利:如控告申诉权、申请相关人员回避的权利、申请变更强制措施的权利、通信权等
└─ 法学理论上的律师执业权利
```

四、保障律师执业权利的必要性

(一)保障律师执业权利是客观现实之必然

尽管法律法规和司法解释中明确了一些律师的权利,但在现实中律师在执业过程中依然面临很多问题。基于检察机关和律师在控辩上的对抗关系,律师在办案过程中,往往受到有关部门的刁难,他们给律师办案设置各种障碍,导致很多律师抱怨"三难问题",即"会见难、阅卷难、取证难"。另外,在采访中,部分律师反映一些检察人员往往以"《律师法》是规范律师行为的部门

33

法，《刑事诉讼法》才是规范刑事诉讼活动的基本法"为由，拒绝执行《律师法》的相关规定，导致律师的执业权利得不到保障。

（二）保障律师执业权利是构建合理刑事诉讼结构，保障和促进司法程序公正的需要

刑事诉讼结构是刑事诉讼理论中的一个基本概念。刑事诉讼结构，又称"刑事诉讼构造"或者"刑事诉讼形式"，意指刑事诉讼中控诉、辩护和裁判三方的法律地位以及相互之间的法律关系。刑事诉讼结构是刑事司法环境的内部环境之一，也是保障和促进刑事司法活动程序公正运行的重要因素。我国的刑事司法实践中，刑事诉讼结构呈控、辩、审三角构造。合理的刑事诉讼结构必然要求实现控辩平衡。长期以来，受传统司法理念和司法环境影响，检察机关在刑事诉讼结构体系中就一直处于强势地位，而律师相对于国家机关而言，则处于弱势地位，这势必会产生司法专横现象，导致检察机关对辩方尤其是律师执业权利的漠视，对控、辩、审三角构造的平衡稳定造成侵害。而且，如果辩护律师的诉讼地位和权利得不到合理的认识和有力的保障，诉讼中的辩护职能就会弱化，不利于全面客观挖掘案件事实情况。因此，只有建立平等的控辩关系，才能使控辩双方最大限度地参与刑事诉讼并行使权利，保障司法程序的公平公正。

（三）保障律师执业权利是检察机关履行法律监督职能，维护法律正确实施的要求

从法律角度而言，检察机关保障律师执业权利具有宪法基础。我国《宪法》第129条和《人民检察院组织法》第1条都明确规定"中华人民共和国人民检察院是国家的法律监督机关"。这两部法律赋予了检察机关行使国家法律的监督职能和保证国家法律正确统一实施的神圣职责。检察机关作为法律监督机关，"强化法律监督，维护公平正义"是检察工作的主题，检察机关更应模范地遵循《刑事诉讼法》和《律师法》，严格执行关于保障律师执业权利的有关法律法规，维护律师合法权益，确保刑事诉讼法和律师法得到切实有效地贯彻实施。

（四）保障律师执业权利是检察机关适应新时期的司法工作，保障人权、促进社会和谐稳定的要求

随着新《刑事诉讼法》的出台，刑事诉讼的体系和规则有了更为精细、科学的设计，这也对检察机关的工作提出了更严格的要求。检察机关要站在保障人权，维护法律尊严，站在全面落实依法治国基本方略、推进社会主义法治国家建设的高度，依法严厉打击各类刑事犯罪，强化诉讼监督，确保有罪的人受到应有的惩罚，无罪的人受到公正的保护。在刑事诉讼中，检察工

作人员作为司法工作者,不能简单地以追求办案量、胜诉率为己任,而是要在心中始终树立公正的天平,严格执法,查清案件事实真相,维护当事人的合法权利。检察工作人员要正确处理好与律师的关系,把他们从定位为"对手"转变为"帮手",认真听取他们对案件处理的意见,以求客观、全面地审视案件,作出公正的处理结论,为社会的和谐稳定提供强大的法律后盾。

五、我市检察机关保障律师执业权利工作的现状分析

（一）律师执业环境的总体评价

图表2：2009～2012年期间,您办理了多少件刑事案件？

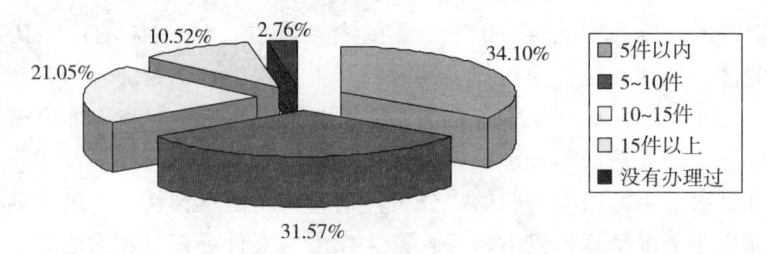

- 5件以内 34.10%
- 5~10件 31.57%
- 10~15件 21.05%
- 15件以上 10.52%
- 没有办理过 2.76%

图表3：2009～2012年期间,您办理了多少件民行申诉案件？

- 5件以内 42.10%
- 5~10件 5.68%
- 10~15件 1.23%
- 15件以上 0%
- 没有办理过 50.99%

图表4：在检察环节,您认为律师的诉讼地位、权利在现实中是否得到了足够的尊重和保障？

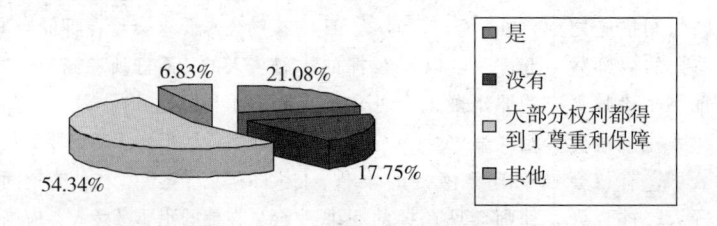

- 是 21.08%
- 没有 17.75%
- 大部分权利都得到了尊重和保障 54.34%
- 其他 6.83%

图表5：在办案过程中，如果您的人身权利、诉讼权利遭到人民检察院工作人员的不合理限制后，您会对其进行投诉和控告吗？

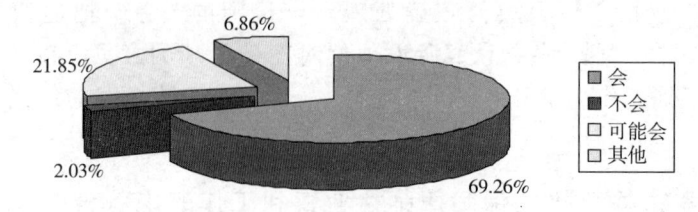

6.86%
21.85%
2.03%
69.26%

会
不会
可能会
其他

从图表2和图表3来看，2009~2012年期间，绝大多数律师所代理的刑事案件量都在15件以内，也有极少数律师这4年来没有办理任何刑事案件；而对于民行申诉案件，50.99%的律师表示没有办理过，办理了5件以内的民行申诉案件的律师也只占42.10%。从图表4来看，54.34%的律师认为律师的诉讼地位、权利在现实中得到了足够的尊重和保障，而持完全否定意见的律师只占17.75%。图表5则表明了绝大多数律师如果人身权利、诉讼权利遭到人民检察院工作人员的不合理限制后都会或可能会对其进行投诉和控告。

通过对以上4幅图表的归纳、分析并结合采访的反馈情况，笔者认为我市市区律师执业情况呈现出以下特点：第一，刑事案件办理量相对均衡，差异不大；第二，民行申诉案件业务量很小，大部分律师没有办理或者办理了极少量的民行申诉案件；第三，律师对本地律师执业环境评价较好，律师执业环境日益改善；第四，律师对自身执业权利保护和维权意识增强。

(二) 当前律师执业权利和执业环境方面存在的问题

1. 会见权

图表6：

《律师法》	1996年《刑事诉讼法》	新《刑事诉讼法》
第33条规定：犯罪嫌疑人被侦查机关第一次讯问或者采取强制措施之日起，受委托的律师凭律师执业证书、律师事务所证明和委托书或者法律援助公函，有权会见犯罪嫌疑人、被告人并了解有关案件情况。律师会见犯罪嫌疑人、被告人，不被监听。	第36条规定：辩护律师自人民检察院对案件审查起诉之日起……可以同在押的犯罪嫌疑人会见和通信。第96条规定：涉及国家秘密的案件，律师会见在押的犯罪嫌疑人，应当经侦查机关批准。	第37条规定：辩护律师持律师执业证书、律师事务所证明和委托书或者法律援助公函要求会见在押的犯罪嫌疑人、被告人的，看守所应当及时安排会见，至迟不得超过48小时。危害国家安全犯罪案件、恐怖活动犯罪案件、特别重大贿赂犯罪案件，在侦查期间辩护律师会见在押的犯罪嫌疑人，应当经侦查机关许可。上述案件，侦查机关应当事先通知看守所……辩护律师会见犯罪嫌疑人、被告人时不被监听。

图表7：对于人民检察院自侦部门办理的职务犯罪案件，您会见在押犯罪嫌疑人时，是否需要经过自侦部门批准？

凭律师执业证书、律师事务所证明和委托书即可会见，不需要经自侦部门批准	62.10%
部分案件需要，自侦部门会告知案件涉及国家秘密，会见犯罪嫌疑人需要经过自侦部门批准	12.59%
非涉及国家秘密的案件，会见犯罪嫌疑人也需要经过自侦部门批准	4.26%
其他	21.05%

图表8：对于人民检察院自侦部门办理的职务犯罪案件，您会见在押犯罪嫌疑人时，自侦部门是否会主动派员在场？

经常派员在场	18.84%
偶尔派员在场	23.58%
没有派员在场	46.13%
其他	11.45%

图表9：在审查起诉阶段，您会见在押犯罪嫌疑人时，人民检察院是否主动派员在场？

经常派员在场	6.05%
偶尔派员在场	11.79%
没有派员在场	74.43%
其他	7.73%

图表10：在您的执业经历中，您作为代理律师会见被监视居住的犯罪嫌疑人、被告人时，是否需要经过人民检察院批准？

不需要	26.37%
有时需要	14.88%
每次都需要	0%
其他（大部分为"没有遇到这种情况"）	58.75%

图表11：在您和犯罪嫌疑人会见后，您是否遇到过人民检察院自侦部门要求您将会见的谈话内容告知侦查人员的情况？

没有遇到过这种情况	87.68%
经常遇到过这种情况	0%
偶尔会遇到这种情怠	5.08%
其他	7.24%

从法律规定可以看出，《律师法》和新《刑事诉讼法》都增设了律师凭"三证"自由会见犯罪嫌疑人并且会见不被监听的规定，同时新《刑事诉讼法》中也作了保留性规定，即三类案件辩护律师在侦查期间会见在押的犯罪嫌疑人，应当经侦查机关许可。

但在司法实践中，律师"会见难"的问题一直为理论界和律师界所困扰。律师会见权的行使障碍主要体现在以下几个方面：

第一，律师持"三证"会见犯罪嫌疑人程序并未完全得到执行。虽然律师在侦查环节会见犯罪嫌疑人的状况整体良好，但也存在着少数以涉及国家秘密等为借口阻挠律师会见的情况（见图表7）。值得一提的是，新《刑事诉讼法》第37条删除了"涉及国家秘密的案件，律师会见在押的犯罪嫌疑人，应当经侦查机关的批准"的表述，这将有效防止今后在司法实践中一些办案人员仅从有利于自己办案的角度出发，随意以"涉及国家秘密的案件"为由不正当的限制律师的会见权。

第二，律师会见内容的保密性难以得到保障。这主要表现在两个方面：

一是律师会见过程中不被监听的规定没有完全得到贯彻，结合图表7～9来看，就侦查环节的会见状况而言，18.84%和23.58%的律师认为检察机关经常或偶尔会主动派员在场；而在审查起诉环节中，也有6.05%和11.79%的律师认为在会见中经常或偶尔出现这种情况。究其原因，这在于检察机关和律师对"不被监听"的理解并不统一。"由于立法对'监听'一词并未进行释义，所以操作中有极大的随意性，狭义上讲，监听一般是指使用监听设备对律师会见当事人的过程进行秘密窃听。派员在场似乎不属于监听的范畴，但司法实践中，由于侦查机关派员在场，对律师与犯罪嫌疑人的交谈进行全程监督，并能够制止或停止会见，其实际效果尤胜于监听。"笔者认为，从立法精神上讲，"不被监听"是为了保障辩护律师与犯罪嫌疑人会见的秘密性，促进他们之间建立相互的信任关系。如果法律对律师会见不允许监听却同意派员在场，那么"不被监听"也将失去本身的意义。故而，"不被监听"不仅仅是检察人员不通过监听设备监视、偷听律师的会见内容,也包括检察机关不主动派员在场。

二是在实践中存在少数"检察机关要求律师将会见内容进行告知"的情况,在图表11中,5.08%的律师称在执业过程中偶尔会遇到这种情况。我国法律并没有要求律师必须将会见内容告知检察机关的规定,这类做法是变相对律师与犯罪嫌疑人会见的秘密性的侵犯,没有任何法理基础和法律依据。

第三,关于律师在会见被监视居住的犯罪嫌疑人时是否需要检察机关批准的问题,58.75%的律师表示在执业过程中没有遇到这种情况,这主要由于检察机关在司法实践中采取监视居住强制措施的情形非常少。14.88%的律师表示在会见被监视居住的犯罪嫌疑人时,有时需要检察机关批准。

2. 阅卷权

图表12:

《律师法》	1996年《刑事诉讼法》	新《刑事诉讼法》
第34条规定:受委托的律师自案件审查起诉之日起,有权查阅、摘抄和复制与案件有关的诉讼文书及案卷材料;自案件被人民法院受理之日起,有权查阅、摘抄、复制与案件有关的所有材料。	第36条规定:辩护律师自人民检察院对案件审查起诉之日起,可以查阅、摘抄、复制本案的诉讼文书、技术性鉴定材料……	第38条规定:辩护律师自人民检察院对案件审查起诉之日起,可以查阅、摘抄、复制本案的案卷材料。

图表13:在您所办理的刑事案件中,自人民检察院对案件审查起诉之日起,您可以查阅、摘抄、复制哪些案件材料?

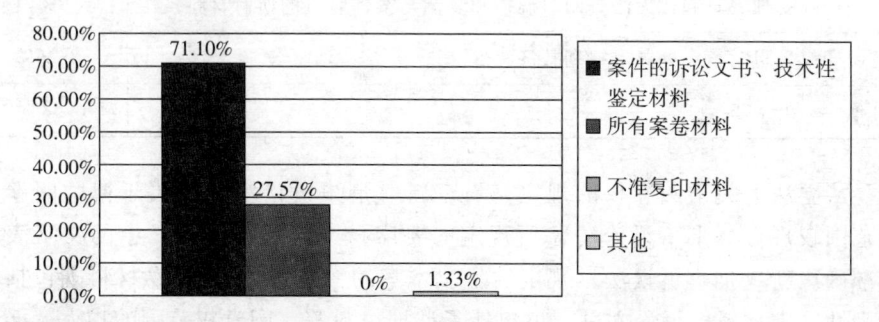

- 案件的诉讼文书、技术性鉴定材料: 71.10%
- 所有案卷材料: 27.57%
- 不准复印材料: 0%
- 其他: 1.33%

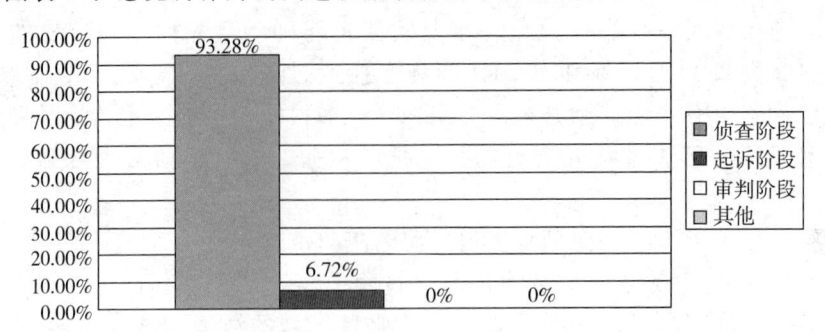

图表14：您觉得律师的阅卷权应该在哪个阶段施行？

侦查阶段 93.28%
起诉阶段 6.72%
审判阶段 0%
其他 0%

图表15：您在人民检察院复制案件材料时，工作人员是否会向您收取费用？

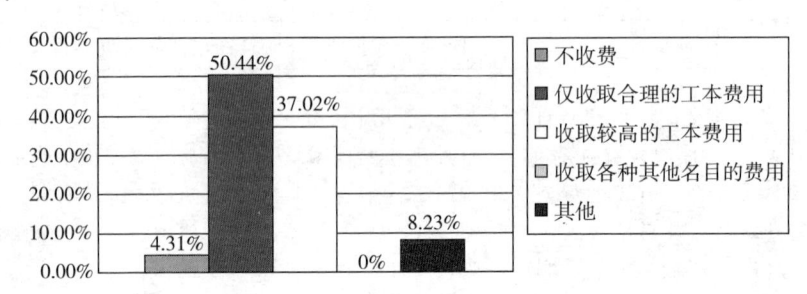

不收费 4.31%
仅收取合理的工本费用 50.44%
收取较高的工本费用 37.02%
收取各种其他名目的费用 0%
其他 8.23%

图表16：关于阅卷权，您在执业过程中遇到的最大阻碍是下列哪一项：

审查起诉阶段无法查阅、摘抄和复制与案件有关的诉讼文书及案卷材料	5.16%
人民法院受理之日起，无法查阅、摘抄和复制与案件有关的所有材料	0%
在阅卷权受阻时，无处寻求权利救济	88.26%
其他	6.58%

从立法上关于阅卷权的规定来看，新《刑事诉讼法》中关于律师阅卷权的范围较现行《刑事诉讼法》所规定的要广，也比《律师法》中的文字表述要准确。新《刑事诉讼法》规定的是"本案的案卷材料"，案卷材料既包括了技术性鉴定材料、诉讼文书，也包括了证据材料等，阅卷权范围的扩大，能让律师客观、全面地掌握控方证据，有利于其切实履行辩护职责，更好地维护被追诉人的合法权益。

从调研结果来看，律师的阅卷权基本得到了较好的保障，没有任何一名律师在执业过程中遇到检察机关拒绝阅卷的情形。但是，律师在行使阅卷权过程中仍然存在着问题：一是律师在审查起诉阶段的阅卷范围受到限制，仅仅局限于起诉意见书等诉讼文书材料。在图表13中，律师能在审查起诉阶段查阅、摘抄和复制与案件有关的所有材料的比例仅为27.57%，而查阅、摘抄和复制诉讼文书、技术性鉴定材料的比例则高达71.10%。二是律师阅卷费用过高的问题。在图表15中，有37.02%的律师认为在阅卷时检察机关工作人员向其收取了较高的工本费用。采访中，一些律师提出检察机关复印材料费用过高，有时复印费用高达1~2元每张纸。三是当律师阅卷权受到不合理限制时，却没有相应的救济途径。从图表16来看，有88.26%律师认为，律师阅卷权行使的最大阻碍是"在阅卷权受阻时，无处寻求权利救济"，这也是阅卷权没有得到有效保障的根本原因。

3. 申请检察机关调查取证权

图表17：

《律师法》	1996年《刑事诉讼法》	新《刑事诉讼法》
第35条规定：受委托的律师根据案情的需要，可以申请人民检察院、人民法院收集、调取证据或者申请人民法院通知证人出庭作证。	第37条规定：辩护律师……可以申请人民检察院、人民法院收集、调取证据，或者申请人民法院通知证人出庭作证。	第39条规定：辩护人认为在侦查、审查起诉期间公安机关、人民检察院收集的证明犯罪嫌疑人、被告人无罪或者罪轻的证据材料未提交的，有权申请人民检察院、人民法院调取。第41条规定：辩护律师……可以申请人民检察院、人民法院收集、调取证据，或者申请人民法院通知证人出庭作证。

图表18：就您所办理的案件过程中，当您向人民检察院申请收集、调取证据，是否有过人民检察院工作人员对此予以拒绝的情况？

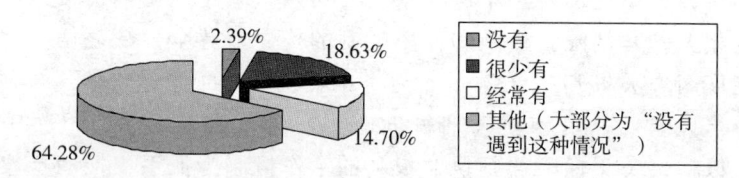

- 没有 64.28%
- 很少有 18.63%
- 经常有 2.39%
- 其他（大部分为"没有遇到这种情况"）14.70%

图表19：对人民检察院工作人员拒绝您收集、调取证据的申请时，是否会向您说明充足的理由？

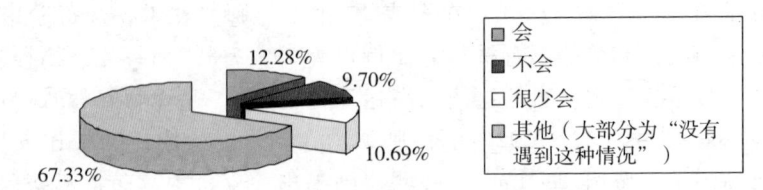

- 会 12.28%
- 不会 9.70%
- 很少会 10.69%
- 其他（大部分为"没有遇到这种情况"）67.33%

就三部法律的规定而言，新《刑事诉讼法》在原有的关于律师申请调查取证规定的基础上，增设了在侦查、审查起诉期间申请调取无罪或者罪轻的证据材料的规定，对律师申请调查取证的内容进行了完善。

在司法实践中，由于律师自行调查取证常常受阻，申请检察机关调查取证往往成为其最后一道保障。从图表18来看，64.28%的律师表示在刑事辩护过程中没有申请检察机关调查取证的经历。在采访中，一些律师指出，由于申请检察机关调查取证在实践中并不容易操作，即使检察机关同意调查取证，有些单位和个人也未必配合，调查取证效果也不一定理想，所以律师往往放弃了申请检察机关调查取证的权利。另外，14.70%的律师表示经常遇到检察机关拒绝其调查取证申请的情形。而且，在拒绝调查取证申请时，检察机关也往往不会告知其充足的理由（见图表19）。另外，就目前的法律规定而言，如果申请调查取证被拒绝，由于没有复议的程序规定，司法救济权很难实现。

六、关于检察机关构建保障律师执业权利工作机制的思考

《律师法》的实施，赋予了律师更加广泛的执业权利，而新《刑事诉讼法》的出台，进一步明确和强化了对律师在执业过程中行为与自由的保障。律师执业权利的实现取决于《律师法》、新《刑事诉讼法》在实践中得到落实的程度。而"任何法律制度的有效实施都是一项系统工程，是若干因素的有机结合，其不仅需要基本法律条文的明确、细化并得到执行，同样需要与该制度相关的其他配套措施和保障机制的构建、健全，缺乏任一因素都易于使该制度因失去根基和支撑而成为空中楼阁"。面对新形势、新要求，检察机关应当以学习、贯彻新《刑事诉讼法》为契机，以创新检察工作建设为目标，以构建关于保障律师执业权利的工作机制为抓手，推动检察工作科学发展。

（一）建章立制，确保律师在刑事诉讼中依法享有执业权利

早在2003年，最高人民检察院就出台了《关于人民检察院保障律师在刑

事诉讼中依法执业的规定》，对律师会见犯罪嫌疑人、查阅复制案件材料、申请调查取证以及听取律师意见、处理律师投诉等方面做出了具体规定。《律师法》和新《刑事诉讼法》实施后，律师的执业权利的内容较之前有了很大的扩展。我们应当顺应这一变化，针对新的法律要求、新的社会价值期望和新的社会环境，再次就律师执业权利的行使问题制定具有可操作性的具体规则，并在司法实践中不断完善，保障律师在检察环节中依法享有执业权利。

（二）完善程序规则，着力解决"会见难、阅卷难、申请检察机关调查取证难"的问题

1. 完善律师会见权

第一，由于新《刑事诉讼法》删除了"涉及国家秘密的案件"这种没有统一认定标准的模糊表述，而从维护国家安全、公共安全和反腐败的需要考虑，明确规定"危害国家安全犯罪、恐怖活动犯罪、特别重大贿赂犯罪案件"这三类案件，辩护人在侦查阶段会见在押的犯罪嫌疑人应当经过侦查机关的许可。从检察机关自侦部门的办案情况来看，案件有可能会涉及"特别重大贿赂犯罪案件"，因此检察机关有必要对"特别重大贿赂犯罪案件"范围认定制定一个统一的规定，防止在实践中出现认定标准不一致的情况。侦查机关在立案时应当界定案件是否属于"特别重大贿赂犯罪案件"，在犯罪嫌疑人被羁押时，应通知羁押机关，并委托其在律师准备会见时告知律师会见应取得侦查机关的许可。

第二，依据新《刑事诉讼法》的有关规定，进一步制定规则明确律师会见被羁押的犯罪嫌疑人时，检察机关不主动派员在场、不要求律师告知会见内容、律师会见被监视居住的犯罪嫌疑人无须检察机关批准的制度。

2. 完善律师阅卷权

第一，严格执行新《刑事诉讼法》第38条关于律师阅卷范围的规定，即辩护律师自人民检察院对案件审查起诉之日起，可以查阅、摘抄、复制本案的案卷材料。在实践过程中，更为重要的是要明晰"案卷材料"的范围，如职务犯罪类案卷中有关举报材料、请示报告、领导批示等检察内卷就不应该属于律师阅卷的案卷材料范围。

第二，明确律师阅卷过程中复印材料的收费规定，检察机关可以参照当地的市场价格复印费标准收取律师复制案卷材料的费用。

第三，配备专人负责律师阅卷和阅卷时的复印、扫描等问题，并向律师告知阅卷时应当遵守的相应行为规范，如不得将卷宗带出阅卷室，不得污损、涂改、毁弃卷宗材料原件等，对于违反上述规定的，应该终止阅卷，并向律协反映相关情况。

3. 完善律师申请检察机关调查取证权

当律师向检察机关提出调查取证申请时，检察机关应该审查，作出同意与否的决定，并及时告知律师。另外，从诉讼原理上看，任何制度的创制都必须辅之以必要的救济和保障性措施。因此笔者建议参考民事诉讼中最高人民法院《关于民事诉讼证据的若干规定》第19条的规定，建立复议机制，如果律师对检察机关不同意调查取证的决定不服，可以向上级人民检察院书面申请复议一次。

（三）构建检察机关与律师协会、律师事务所的沟通交流机制，建立检察人员与律师的良性关系

在刑事诉讼活动中，检察机关依法行使侦查权和公诉权，打击犯罪，而律师则行使辩护权，为犯罪嫌疑人的定罪量刑提供辩护。从表面上看，由于职责和角色不同，检察机关和律师的工作是对立的，但是这种对立并不是绝对的，两者都统一于法律职业共同体，统一于我国社会主义法律体系，统一于维护法律正确实施和维护社会公平和正义的目标，这种统一性就是检察人员与律师构建沟通交流机制、建立良性关系的基础。

1. 检察机关可以与当地的律师协会、律师事务所建立长期联络协作机制，设立联络员，由专人负责双方日常具体问题的协调处理事宜。

2. 定期组织检察机关业务部门工作人员走进律师事务所，与律师进行交流，听取律师对检察机关工作的意见、建议。

3. 以业务学习交流为目的，以会议、讲座、论坛为载体，打造双方的沟通平台，促进双方相互尊重、相互理解。

4. 开设网上信息平台，开辟控辩双方的沟通渠道，扩大网上服务功能，在线解决律师们对案件办理过程中的质疑。

5. 完善听取律师意见的相关机制。当律师提出犯罪嫌疑人不构成犯罪、无逮捕必要、不适宜羁押、侦查活动有违法犯罪情形等书面意见及证据材料的，检察人员应当认真审查，并将律师的书面意见存档装卷。必要时，检察人员可以当面听取律师的意见。对律师提出的意见及证据材料，检察人员应当在检察机关内部文书中说明是否采纳的情况和理由。

（四）构建律师执业权利侵权救济机制，为律师执业权利的实现提供救济途径

当前，律师执业权利难以得到保障，其深层次的原因在于《律师法》、新《刑事诉讼法》中没有规定律师权利的救济程序，而最高人民检察院《关于人民检察院保障律师在刑事诉讼中依法执业的规定》中关于"律师投诉的处理"的规定也过于宽泛，故而当律师权利受到侵犯时，往往救济无门，投诉效果不

佳。为切实保障律师的执业权利，落实和细化新《刑事诉讼法》第47条关于律师控告申诉权的规定，检察机关应当尽快建立健全一套系统周密的律师执业权利侵权救济机制。

1. 明确律师执业权利侵权救济机制的主体。从目前检察机关的机构设置和职责来看，控告申诉检察部门可以作为实施律师执业权利侵权救济机制的救济部门。

2. 考虑到律师执业权利侵权救济的特殊性，可以建立一套"投诉控告→审查受理→调查核实→处理答复"的工作机制。具体而言，当律师的执业权利受到检察机关工作人员违法违规限制、侵害时，律师可以向该工作人员所在的检察机关或上级检察机关控告申诉部门提出投诉控告，要求进行调查处理并给予答复，以维护其合法的执业权利。控告申诉检察部门则对律师的投诉控告进行初步审查，审查该投诉控告是否符合受理条件，即该投诉控告所反映的情况是否属于违法违规限制、侵害律师执业权利的情形，该投诉控告是否有明确的线索指向或基本的证据证明。若该投诉控告不符合受理条件，则应给予申请人不予受理的书面决定；若符合受理条件，则应登记并受理。受理之后，控申检察部门应派员调查核实该控告申诉中所反映的相关情况，如律师反映的情况属实，则对被投诉控告的对象进行处理，包括批评教育、责令纠正、赔礼道歉等，并将处理结果书面告知申请人。

3. 细化完善律师执业权利侵权救济机制的具体内容。如明确控告申诉检察部门审查受理、调查核实、作出决定等期限；设立复核程序，对该控告申诉检察部门的处理决定不服的，可以向其上级检察机关控告申诉检察部门提出复核申请，要求启动复核程序。

随着我国刑事司法制度的不断发展，今后我国律师的执业权利无疑会逐步扩大，检察机关要以此次学习贯彻新《刑事诉讼法》为契机，做好相关工作的应对，构建保障律师执业权利的长效配套工作机制，逐步提升自身的侦查能力和公诉水平。

（本文荣获女检察官学习贯彻落实"两法"征文活动二等奖）

检察权运行司法化的边际概览与可能方式

孙 静[*]

权力的性质决定权力的行使方式,权力的行使方式反映着权力性质。但在检察权性质尚存行政权说、司法权说、双重属性说、法律监督权说等观点纷纭而又未定论的情况下,[①] 检察权的运行方式也在不断的探索与改革。暂且不论这些权属观点的支持理由,现实中检察权在其运行上既有行政性表现,也有司法性表现。随着新刑事诉讼法实施已步入正轨,越来越多检察权表现出司法性,或者说很多权力要求检察机关在客观中立的立场作出判断,其司法属性越来越强。因此,探讨检察权运行司法化的边际与可能方式就显得很有必要。比如司法的核心特征是什么、检察权运行方式为什么要司法化、现有运行方式中有哪些是与司法属性是不相符合的、检察权中哪些权属是可以司法化的等。

一、司法权的核心特征

现代意义上的司法制度、司法权是伴随着西方三权分立、分权制衡等思想的不断深化而发展来的。虽然司法制度会因国情不同而不同,会因国家和社会发展程度不同而呈现不同样态,但司法活动中所表现出的规律性是不会随着国体政体差别而差异太大。综观目前关于司法权特征的研究,有观点认为司法权具有独立性、被动性(消极性)、裁决的终局性(权威性)、运行方式的交涉性。[②] 有观点从司法权与行政权相区分的角度,认为行政是以管理为本质,司法是以判断为本质,并进而得出行政与司法的重大区别:行政权在运行时具有主动性,而司法权则具有被动性;解决社会矛盾时行政权具有鲜明的倾向性,而司法权则具有中立性;行政权更注重权力结果的实质性,司法权更注重权力过程的形式性;行政权在发展与变化前具有应变性,司法权则具有稳定性;行

---

[*] 作者单位:上海市奉贤区人民检察院。
[①] 参见孙谦主编:《检察理论研究综述》,中国检察出版社2009年版,第45~63页。
[②] 参见刘瑞华:《司法权的基本特征》,载《现代法学》2003年第3期。

政权在运行方式具有主导性,司法权运行方式上的交涉性等。[1] 有观点认为司法权的本质属性为判断性,由判断而衍生出独立性和专业性、裁决争端上的权威性三个特征。[2] 还有观点认为司法权主要有职权特定性、活动专业性、过程程序性、裁决强制性、结果文书性五个特征,有公正、独立、平等、责任、事实为根据法律为准绳四大原则。[3] 还有学者承担课题时,对他人关于司法特征概括后认为司法具备:合法性、中立性、被动性、专业性、程序性五大显著特征。[4]

由是观之,司法特征的论述不一而足。但笔者认为,最能代表司法特征的东西是不会变的,从这些特征中我们可以总结出司法的核心特征。所谓核心特征,即指司法现象和司法过程内在的、本质的必然联系,体现了司法活动的必然趋势。综合来看,公正性、被动性、中立性、终局性、交涉性可以作为司法的核心特征。在此,公正性、被动性、中立性含义自不待言。需要特别注意的就是终局性、交涉性。所谓终局性就是相关机关作出的决定有决断效力,无新的事实与理由就不得再申请裁决。所谓交涉性就是指裁决"必须在当事人参与诉讼过程并充分举证、辩论说明其主张和理由的前提下才能作出判断的一种权力运行方式。"[5] 简言之,交涉性主要指"控"、"辩"展开抗辩,"审"在听取双方意见后再公开最终的处理结果。确定检察机关哪些行为可以司法化及如何司法化可以将此五个特征作为标准。

二、检察权运行为什么需要司法化及司法化现状

近一年来,随着新刑事诉讼法的实施,上海检察机关逐渐探索了法律监督宣告、审查逮捕公开听审等制度,改变了以往检察工作封闭运行、执法透明度和说理性不够、行政化审批色彩较重等工作特点,致力于工作的司法化、公开化。[6] 这些动向也代表了今后部分检察工作在方式上司法化的变革趋势。不

---

[1] 参见孙笑侠:《司法权的本质是判断权——司法权与行政权的十大区别》,载《法学》1998年第8期。
[2] 参见韩钢:《司法权基本属性解析》,载《宁波大学学报》(人文科学版)2011年第4期。
[3] 参见徐永康主编:《法理学导论》,北京大学出版社2006年版,第234~243页。
[4] 参见曹全来:《历史、理论与实践中国国情与司法改革》,人民法院出版社2011年版,第77~96页。
[5] 参见刘瑞华:《司法权的基本特征》,载《现代法学》2003年第3期。
[6] 参见周越强:《审查逮捕致力于司法化、公开化》,载《检察日报》2013年8月2日第3版。

过，由此也产生了一系列问题：检察工作中为什么要加强司法化、检察机关现有工作方式有哪些是与司法属性不相符合的、检察权中的哪些权属是可以司法化的？

（一）检察权运行为什么需要司法化

在检察权性质仍存争议的情况下，认为检察权运行司法化或多或少会存在理论上的争议。不过，从检察机关在法律体系中的立法定位、工作属性等实然层面，我们认为检察权运行司法化确实存在迫切性。

1. 实体法定位要求检察权运行司法化。在目前法律体系中，检察机关被定性为司法机关，要求其工作方式尽可能地体现司法属性。比如《宪法》在第三章国家机构第七节将人民法院、人民检察院规定于同一节，并对二者在组织形式，运作方式上作了较为类似的规定。再比如，《检察官法》第1条规定："为了……依法独立行使检察权，保障司法公正，根据宪法，制定本法。"再比如，《人民检察院组织法》第27条又规定"各级人民检察院根据需要可以设司法警察"。另外，中共中央自十五大开始每5年推进的新一轮司法改革，均是将检察院与法院放置在一起加以推进的。综观看来，检察机关的司法属性定位要求其行使的权力要尽可能体现与定位相符的司法化运作方式。

2. 检察机关任务职能等要求其工作方式司法化。检察工作中有很多工作即属于终局性、裁判性，这些工作要求检察工作方式尽可能司法化。审查逮捕决定之逮捕与不逮捕、审查起诉决定之起诉与不起诉、控告申诉决定之立案与不立案、民事申诉决定之抗诉与不抗诉，都体现了终局性与裁判性。对于需要做出裁判的终局性工作，均需要以公开公示的方式取信于社会，取信于民。而要能取信于民，其首先工作就是打破封闭式的行政性工作方式，让过程与结果以看得见、信得过的方式实现。

3. 检察工作效果要求其工作方式司法化。目前检察业务工作中除了民事行政诉讼监督外，主要工作仍是刑事案件办理。任何案件办理都需要检察官履行客观义务，即"检察官必须站在客观的立场，追求案件的事实真相，不偏不倚地全面收集证据，审查案件和进行诉讼。"[①] 但现实看来，检察机关在工作过程中会不自觉地站在追诉人的角度，或多或少的会与公安机关通过电话沟通来增加控诉工作的成功率。虽然在检务公开或检察工作宣传上，会表现自己的客观立场，但社会各界仍然认为检察机关是与公安、政府属于同一战线，因此为消除社会公众的疑虑或偏见，加强检察工作方式的改革，强化其司法属性就显得很有必要。

---

① 曾献文：《确立"中国式"检察官客观义务》，载《检察日报》2007年7月19日。

（二）司法化现状：与司法核心特征不相符

目前，虽然检察工作在司法化方面不断努力，但由于检察官的角色身份使然，工作中时有不符合中立性、被动性、交涉性的地方。

1. 检察工作偏离中立性，背离客观义务的表现较多。在较为典型的具有裁决性、终局性的不起诉工作、不批捕工作中，检察官具有较强的追诉愿望或逮捕愿望。近些来年，广受争议的不起诉率过低，逮捕率过高；"捕诉联动"工作机制、"侦捕诉联动"工作机制就是检察官偏离客观义务的一个侧写。

2. 检察工作偏离被动性，主动出击的现象较为普遍。在检察工作中，对于追捕率、追诉率追捧，使得办案人员具有明显的主动出击意识，工作中往往会顺藤摸瓜，扩大战果。一些地方检察机关对"保障民生，服务大局"的理解发生偏差，主动出击以起诉的人数多寡作为评价工作优良的标准。

3. 内部行政审批或与公安相互合作的现象较多，违背了司法交涉性要求。目前审查起诉工作与审查批捕工作在方式均上是内部行政式审批，捕与不捕，诉与不诉，领导说了算。即便有犯罪嫌疑人、被告人或辩护人提出辩护意见，在向领导汇报后也未必能得到重视，领导更看重地区政府保平安、维稳定、打犯罪的要求。在理想的司法状态中，"司法过程中程序参与者之间保持相对独立性，并进行充分的对话与交涉，才能使裁判结果……成为所有参与人共同作用的相对客观的结果。"① 而我国行政式审批式的办案方式，逮捕决定的行政方式使犯罪嫌疑人一方仍处于较为弱势的地位，对于是否应当逮捕，是否有继续羁押必要，犯罪嫌疑人一方往往无法充分表达自己的意见，陈述其正当理由。

三、检察权运行的司法化边际概览：哪些检察权可以司法化

强调检察工作方式司法化并不是要求所有工作方式都司法化，而只有那些具有终局性、中立性和交涉性等较强司法属性的工作方可以司法化。据此，笔者认为下列检察职权在实施的工作方式上可以采取司法化。

（一）审查起诉权

我国审查起诉权主要包括立案决定权或者立案控制权、提起公诉权、决定不起诉权、出席法庭权、变更起诉权、抗诉权、申请再审权等。所有这些权力中，不起诉决定特别是相对不起诉具有裁判终局的特点，是对嫌疑人是否犯罪所作的实体处理，这种权力是最有司法属性的。即便放眼域外，在德国，检察官制度受法官法调整，检察官具有超越当事人的司法官或"准司法官"地位。

---

① 刘瑞华：《司法权的基本特征》，载《现代法学》2003年第3期。

因此法律制度要求其超越控方当事人的角色限制，在起诉决定中保持中立性和"客观义务"。在英美法系中，提起公诉的权力是交给大陪审团做决定的，这是典型的司法表现。因此，对于具有终局性、中立性特点的司法决定，应当采用一种司法性程序来作出，以保证其实体的正确与程序的公正。

（二）审查逮捕决定权

审查逮捕本质上是检察机关对侦查机关实施严厉强制措施的一种司法审查。在国外以及我国台湾地区，是否逮捕一般由预审法院作出。因此，在侦查机关提请逮捕，嫌疑人及其辩护人提出申辩时，检察机关应居中审查决定是否批准逮捕。新《刑事诉讼法》第79条细化了逮捕必要性的条件、第86条明确了审查逮捕中听取律师意见、询问证人等诉讼参与人，以及会见犯罪嫌疑人的选择性或强制性要求等，这些对辩护人诉讼权利的扩展，在一定程度上改观了以往侦查程序中辩方的弱势地位。不断崛起的辩护权也为构造三方司法结构提供了条件，要求今后的检察工作中检察官在履行职责过程中客观中立，不偏不倚地审查证据，作出决定。

（三）羁押必要性决定权

新《刑事诉讼法》第93条增加了羁押必要性审查制度，要求在犯罪嫌疑人被逮捕后，检察院仍应当对羁押的必要性进行审查。对不需要继续羁押的，应当建议予以释放或者变更强制措施。有关机关应当在10日以内将处理情况通知人民检察院。从此规定看来，羁押必要性审查要求检察官摆脱以往追诉犯罪、打击犯罪的立场，对侦查机关一方及犯罪嫌疑人及其辩护人为另一方关于是否羁押的争辩意见予以审查，居中作出裁判。因此，羁押必要性制度的实施，要求检察机关对传统的行政审批色彩较浓的审查方式作出革新，体现了明显的司法属性。

（四）控告申诉检察权

传统理解的控告申诉是指公民向检察机关提供职务犯罪人的相关线索，由检察机关职务犯罪侦查科审查后作出立案的决定。职务犯罪侦查人员即便在既收集不利于嫌疑人的证据，又收集了有利于嫌疑人的证据，作出立案或不立案决定后，若控告申诉人（信访人）仍然提出控告的，就需要检察机关的控告申诉部门以客观公正的立场对控告人的诉求作出回应。此时，控告申诉部门的决定就明显地具有司法属性。

另外，新刑事诉讼法赋予了检察机关对违反诉讼程序的司法审查权。新《刑事诉讼法》第47条规定："辩护人、诉讼代理人认为公安机关、人民检察院、人民法院及其工作人员阻碍其依法行使诉讼权利的，有权向同级或者上一级人民检察院申诉或者控告。人民检察院对申诉或者控告应当及时进行审查，情况属实的，通知有关机关予以纠正。"第 115 条又规定："对于司法机关及其工作人员采取强制措施法定期限届满，不予以释放、解除或者变更；应当退还取保候审保证金不退还的；对与案件无关的财物采取查封、扣押、冻结措施的；应当解除查封、扣押、冻结不解除的等五种情形，当事人和辩护人、诉讼代理人、利害关系人有权向相关机关申诉或者控告。对相关处理决定不服的，可以向同级人民检察院申诉。人民检察院对申诉应当及时进行审查，情况属实的，通知有关机关予以纠正。"上述两条属于刑事诉讼法的新规定，给予了检察机关在受理申诉或者控告工作中的最后决定权，其判断体现终局性。从国外立法看，这一权力在其他国家均为法院享有。新刑事诉讼法赋予检察机关对公权机关是否侵犯辩方诉讼权利的最后审查权，明显地体现了司法化的要求。

（五）民事行政检察权

新《民事诉讼法》第 14 条规定："人民检察院有权对民事诉讼实行法律监督。"在第 208 条中明确规定了检察机关对已经发生法律效力的判决、裁定、调解书等发现确有错误的，有权提出抗诉。民事抗诉针对的是法院生效裁判，其审查的对象、范围为审判活动是否合法、正当，实体裁判是否正确，检察机关应当做到客观、中立，超然于当事人双方的利益之争，超脱于原审，因而具有客观性、中立性、终局性的典型特征。另外，新《民事诉讼法》第 210 条规定："人民检察院因履行法律监督职责提出检察建议或者抗诉的需要，可以向当事人或者案外人调查核实有关情况"，赋予了检察机关调查核实权，这也符合司法工作程序中的法庭调查，检察机关能以亲历性的手段进行独立判断，从而有效地保障了信息获取的全面性和及时性，体现了检察行为司法化的需求。

四、检察权运行司法化的可能方式

（一）检察权运行的司法化方式的现状

在理论层面，从比较法角度而言，以逮捕为例，英国对于审前羁押的构造为听审程序，即由治安法官根据警察提交的指控文书签发传票，由犯罪嫌疑人来法庭应诉，在警察将嫌疑人逮捕后羁押时间满 36 小时后，警察如果认为还有必要对嫌疑人继续进行羁押的，必须向治安法院申请签发"进一步羁押的令状"的情况下进行。经过听审，治安法官们可以做出批准或者不批准延长羁押期间的结论。[①] 法国实行预审制度，预审制度中规定了羁押对质程序，对

---

① 参见陈瑞华：《问题与主义之间——刑事诉讼基本问题研究》，北京大学出版社 2011 年版，第 133 页。

质即指在预审法官的主持下，由检察官、被指控人到场后由控辩双方对被控人是否应先行羁押进行质证，然后由预审法官作出决定。① 在我国香港地区对羁押与否也实行控辩对抗制，在嫌疑人被逮捕后应立即提交法官，由法院按照控辩双方平等对抗居中裁判的原则，就嫌疑人是否应当继续羁押、是否应保释等问题作出决定。②

考虑到我国检察权属中不仅包括决定逮捕与否，还包括决定起诉、决定申诉、决定抗诉与否的权力复杂性，单一的以逮捕式双方控辩、检察官居中裁判的司法模式扩大适用到所有检察权的司法化，可能并不适合。

在实践层面，带有司法化属性的检察工作方式较为零散，表现形式不一而足。从诸多的公开报道中，我们注意到目前全国各地检察机关存在的居中裁判的具有司法属性的程序就有逮捕公开听审、第三方介入、涉检涉诉信访听证、法律监督宣告等，但每一种工作机制都有特定的适用对象，具有很大的局限性，并不能扩大适用到笔者所认为的五种检察权。

（二）检察权运行司法化的共性

笔者认为不妨可以从这几种工作方式的共性入手，以其共性来构建一种适用于所有检察权司法化的工作方式。

1. 逮捕公开听审。所谓逮捕公开听审指办理逮捕案件时，公开集中听取侦查机关、犯罪嫌疑人及辩护律师、被害人及其诉讼代理人意见，并在此基础上依法定程序决定是否批准逮捕的办案方式。这种工作方式是上海市检察机关随着新刑事诉讼法实施，探索改进审查办案方式，建立检察机关居中听审、公安机关和辩护律师参与对审的三角形司法审查结构，据报道有128件审查逮捕案件专门听取辩护律师意见，对32名犯罪嫌疑人的审查逮捕实行公开听审。③

2. 第三方介入。所谓第三方介入是指检察机关邀请特定无利害关系的第三方人士介入检察工作，增加自身工作的透明度、公正性、中立性。第三方介入的工作方式一般均是听证。比如山东省检察院控申处建立的"第三方介入"机制，明确规定了控申部门办理涉检信访案件过程中应当邀请人民监督

---

① 参见叶青、张少林：《法国预审制度的评析和启示》，载《华东政法学院学报》2000年第4期。

② 参见周伟：《中国大陆与台港澳刑事诉讼法比较研究》，中国人民公安大学出版社2001年版，第73~74页。

③ 参见林中明：《上海上半年对32名嫌犯实行公开听审》，载《检察日报》2013年7月19日。

员监督的三类案件及可以邀请人民监督员监督的六类案件，通过人民监督员介入进一步增强执法办案公信力，促进信访人息诉罢访。①上海市奉贤区检察院对闹访、缠访以及其他信访人对检察信访答复不服由第三方介入人员范围上更加广泛，扩大到人大代表、政协委员、法学教授、律师参与信访答复、听证活动，对检察信访答复的合法、合理性进行评判、提出意见，为信访人提供法律咨询、开展释法析理和化解矛盾工作。

3. 涉检信访听证。听证是指公权部作出决定前，由非本案调查人员主持会议，听取调查人员提出当事人违法的事实、证据、法律依据和处理意见，并听取利益相关当事人的陈述、举证、质证和申辩及意见的程序活动。听证主要运用于行政领域。但在检察活动中也越来越流行。早期听证主要运用于涉检信访领域，对于信访人不服检察机关信访答复的，一般可以通过召开听证会形式终结信访人的信访。但最近从《检察日报》、正义网等主流媒体报道来看，听证应用的范围更加广泛，如还被用于检察活动中的不服检察机关不批准逮捕处理决定、羁押必要性听证、附条件不起诉听证、刑事申诉案件听证。

4. 法律监督宣告。所谓法律监督宣告是指检察人员在类似于法庭一样的特定场所，向法律监督相对方或其他利益相关方，以公开、透明的方式宣告法律监督的工作结果、结论。专门用于此项工作的场所叫法律监督宣告室。当然，宣布告知法律监督工作结果之前的调查、听取意见、听证事宜也可以在此场所进行。法律监督宣告对于强化检察权司法化、法律监督程序规范化和恪守检察礼仪具有重要意义。②

综观这些改革成果，我们可以发现检察机关探索司法化的工作方式无外乎是想通过构造"控、辩、审"三方结构来体现部分工作的司法属性。综合来说，提倡检察权运行司法化就是要改变检察工作中单向式的命令式结构为三方式的三角结构。

(三) 基于目前司法化工作方式共性的体系性司法化建议

1. 内设的司法化工作机构应当跟随检察机关现有内设机构命名，但应当体现司法属性。现有基层检察机关内设机构一般为部、局、科、室、队，带有明显的行政化痕迹。从长远看，这些机构应当是要改革的。但从现阶段看，内设的司法化工作机构应当跟随检察机关现有内设机构命名，如设为听审科、听

---

① 参见贾富彬：《山东省检察院"第三方介入"机制提升执法办案公信力》，载 http://www.jcrb.com/procuratorate/highlights/201308/t20130805_1173604.html。

② 参见龚培华：《法律监督宣告室的创设及运用》，载《人民检察》2013年第4期。

审室。但要体现其与一般内设机构名称不一样，又可以设为检察审理庭、检察公审室等。

2. 司法化工作机制的名称。目前，全国检察机关在司法化工作方式改革的浪潮下，百花齐放。如前所述，有的叫公开审查，有的叫公开听审，有的叫公开宣告，有的干脆直接叫听证。

笔者认为，检察机关司法化工作机制的名称各不相同说明各地都在积极探索，但从长远来看，应当在三方面加以注意：第一，现有称谓中有些不合时宜的，应当及时叫停。比如，听证诞生于行政领域，其原有的含义与外在的偏见不易剔除，应当予以叫停。原因在于听证活动中，行政主体仍然是行政主体，行政相对人仍然是相对人，其原先社会角色不变，一般不实行意见交涉，而是行政单向命令，行政机关召开听证仅仅是表明一种态度，而且，现实中行政"听证会"已经沦为"论证会"，并遭受多数批评。因此，检察机关司法化工作既然要构造交涉性的机制，就不适宜称谓为"听证会"。第二，有研究者提出"对审听证"概念，认为从比较法上考察，"对审制"诉讼程序是当今欧陆法系尤其德日法国家普适的诉讼程序构造方式，也是与英美法系国家普遍采用的对抗制诉讼程序并驾齐驱但意趣有别的程序构造方式，对审制是在对抗与听审之间寻求公正与公开的价值。[①] 检察机关应该"适度司法化的改革，就案件办理方式，需要引进对审听证程序要素。"[②] 笔者认为，现阶段将检察机关司法化工作方式的名称称为"对审听证"并无不可，既可以区别于行政机关的听证，也可以区别于法院的庭审。第三，检察机关司法化工作机制的名称在现阶段可以百家争鸣，但长久来看，全国必须统一称谓，这也是出于法律统一实施的要求考虑。

3. 司法化的场所。在检察工作司法化方面，上海检察机关走在全国前列，于 2013 年 6 月下发了《上海市检察机关司法办案区建设指导意见》，对司法办案用房的主要功能及设施配置提出了指导意见，要求各区县院建立使用面积一般不小于 60 平方米的听证、宣告室（兼用），其功能是对不起诉案件、附条件不起诉、信访等案件举行公开听证。现笔者将规划用图展示如下：

---

① 参见陈瑞华：《刑事审判原理论》，北京大学出版社 2003 年版，第 48~49 页。
② 参见龙宗智：《检察机关办案方式的适度司法化改革》，载《法学研究》2013 年第 1 期。

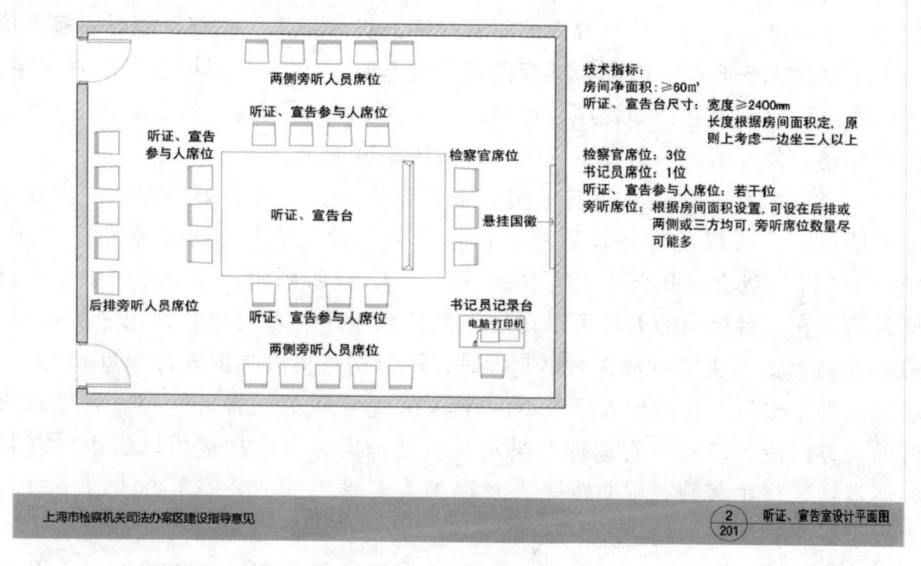

听证、宣告场所示意图

虽然目前规划的场所主要用作为不起诉案件公开审查的场所，但该场所也可以用于对逮捕或继续羁押必要性审查案件、民事申诉案件、控告申诉案件的公开听审。场合内的具体布置为：墙面上要悬挂国徽，摆放长方形会议桌式听证、宣告台，在国徽的正下方为检察官席位，检察官席位要与参与人座椅有所区别，一般为3个座席。在检察官席位的左右两侧分别为听证、宣告参与人席位，一般右边为侦查人员或被害人的席位，左边为辩护人的席位，在检察官席位的正前方为犯罪嫌疑人的席位。书记员记录台及席位在检察官席位的左侧单独摆放，在两侧和后排为旁听人员席位。同时在听证、宣告室内配备音响、电脑、同步录音录像以及可供播放多媒体演示的设备，必要时装有报警设施。

4. 司法化的程序不必像法院庭审那样严格。经笔者与相关人员探讨，有观点认为既然是构造类似于法庭审判的"控、辩、审"三分格局，那在程序上就可以比照法庭审理的程序在庭审前、庭审中、庭审后三方面加以构造。比如在庭审前，可以设立送达告知程序、申请回避、证据开示等程序；庭审中可以设置申请回避、休庭、延期再审、双方陈述、公开辩论等程序；庭审后可以设置告知送达、公开答复、定期答复等程序。

笔者认为，检察权司法化在程序上大可不必如此繁琐，检察权运行的主格调毕竟仍然是在内部行政化工作模式下，适当兼顾部分工作的司法属性，以适

55

当公开的方式取信于民,其仍然要追求效率、行政领导性等特性。比如要设置回避程序的话,那同一检察院内的所有检察人员因工作关系都可能要回避,检察工作也将无法开展。因此检察权的司法化程序不宜全盘照抄法庭审查程序,可以适当简化。设立告知程序、申请第三方列席听证制度、第三方答疑制度、公开陈述、公开示证、公开辩论、公开裁决制度即可。

5. 检察权司法化要营造控、辩、审三方格局,介入的第三方介入应处于辅助地位。司法权运行方式中总是存在"控、辩、审"三方基本角色分工。"控"、"辩"双方展开交涉、抗辩,"审"一方兼听则明,并借此居中作出理性判断。在笔者倡导的五种可以司法化的检察权中,都可以构造出三方格局:(1)审查起诉在决定对被告人不起诉时,可以构造出以听审方(承办检察官)居中裁判,被告人及辩护人要求不诉(辩方)、公安、被害人(控方)要求起诉的三方构造。(2)审查逮捕在决定是否逮捕时,可以构造出以听审方(承办检察官)居中裁判,犯罪嫌疑人及辩护人要求不捕、公安承办人(或被害人)要求批捕的三方构造。(3)继续羁押必要性在决定是否对犯罪嫌疑人继续羁押时,可以构造出以听审方(承办检察官)居中裁判,犯罪嫌疑人及辩护人要求释放、公安承办人(或被害人)要求继续羁押的三方构造。(4)控告申诉检察权在作出决定时,可以构造出由控告申诉科承办检察官居中裁判,信访人、缠访人、闹访人为诉求方与检察机关的相关承办人(包括自侦的立案与不立案、违反诉讼程序的决定维持)为答复方的三方构造。(5)民事行政检察部门在决定是否抗诉时,由民行部门承办人居中裁判,民事行政裁判的申诉人为控方、作出判决的相关法院工作人员作为辩方的三方构造。

第三方介入在检察权司法化的构造中处于何种地位?实务中有不少观点认为其可以作为主张诉求一方的代理人。但笔者认为,第三方介入毕竟仅仅是增强检察机关居中办案公证的一个"媒介",旨在宣传检察机关办案无私,是检察执法公信的一个"宣传员"。因此,其在检察权司法化中的地位应当仅仅是见证者。其作用主要是在必要时对检察信访答复的合法、合理性进行评判、提出意见或建议,为信访人提供法律咨询、开展释法析理和化解矛盾工作。

6. 适当限制司法化的工作对象。有些检察权的行使具有很强的时限性,比如审查逮捕的时限一般为7日,要在7日内对多数案件召开公开听审,在现有的基层办案压力下,明显力不从心。出于办案效率考虑,对于那些犯罪嫌疑人、被告人对犯罪事实无异议,根据法律能够作出合法合理结论的,也没有必要召开公开听审。因此建议将检察权司法化的对象主要选择在那些时限较长、事实争议较大、性质特殊、敏感、社会影响较大,而且时限相较充裕的案件。

分析至此，我们可以对检察权运行司法化问题作一个总结：检察权运行司法化要建立在对检察权内在权力多样性的准确把握上，根据司法的核心特征找准可以司法化的检察权。在构造检察权司法化的具体模式上，要注意到检察权自身的特殊性，不宜照搬照套法院的庭审模式。从长远来看，检察权司法化既要有自己的机构、工作机制名称、场所，也要有具体的程序设计与主要工作对象。

（本文荣获女检察官学习贯彻落实"两法"征文活动二等奖）

从对抗到合作

——以玉林市检察机关适用检调对接机制为样本

唐小华[*]

加强和创新社会管理,建设和谐社会,是给检察机关提出了新的课题。中共中央《关于进一步加强人民法院、人民检察院工作的决定》指出,要注重法律效果与社会效果相协调,在严格、公正执法的同时,更要立足于社会稳定,及时化解矛盾纠纷,减少社会对抗,切实提高化解社会矛盾的能力。我国法学理论界对恢复性司法进行了积极的研究和探讨,认为"恢复性司法"的核心要义在于促进社会关系的恢复,使得那些因为犯罪的发生而遭到破坏的社会关系得到真正的修复。[①] 修复性司法与构建和谐社会的要求相一致,也与维护公平正义的检察主题是一致的。在实践中,认识到法律效果与社会效果同等重要,也基于恢复性司法理论基础的"检调对接"机制也就应运而产生,这成为玉林市检察机关立足检察职能、化解社会矛盾的重要司法手段。[②]

所谓的检调对接机制是指检察机关在依法履行法律监督职能的同时,依托社会矛盾纠纷大调解机制,以和谐司法的理念和调解的方式,在法律规定的框架内,有效化解检察环节各类矛盾纠纷的工作机制。一般包括刑事申诉息诉和解、民事申诉息诉和解,通俗地说是检察机关利用第三方力量调解,经双方当事人达成谅解后,可以根据受损关系修复状况、悔改态度、谅解程度等情节,

---

[*] 作者单位:广西壮族自治区玉林市人民检察院。

[①] [美]霍华德·泽赫:《恢复性司法》,章棋等译,载狄小华、李志刚主编:《刑事司法前沿问题——恢复性司法研究》,群众出版社2005年版,第46页。

[②] "检调对接"作为正式文本提出,最初源于江苏省检察院关于印发南通市检察院《关于'检调对接'机制》的三个工作意见。2007年7月25日最高人民检察院《简报》进行了专项报道,最终得到最高人民检察院的认可。2010年,最高人民检察院在贯彻中央政法委提出的"三项重点工作"时,"检调对接"得到推广。

依法作出撤销案件、不起诉决定、向法院提出从轻、减轻处理的量刑建议等处理结果，从而推动恢复性司法，促进人与人的和谐，人与社会的和谐。检察机关在检调对接中所起的作用包括两方面内容：一是建议、协助调解；二是对调解进行监督。

检调对接机制是对传统司法理念和实践的创新和发展，既能体现宽严相济原则，又能妥善处理当事人之间的纠纷，消除矛盾隐患，有利于实现社会效果和法律效果的统一。玉林市检察机关尝试将调解机制引入轻微刑事案件、民事申诉案件的处理过程中，对"检调对接"机制进行了积极探索，取得了一定的成绩，积累了不少经验，但也从中发现了一些问题。

一、玉林市检察机关适用检调对接机制的现状

1. 目前，我市适用检调对接模式有两种：一是控申、民行、公诉等职能部门负责对归属于本部门的一般性检调对接案件的调处；二是大调解机制，其组织方式是检察院在司法局、信访局、公安局等单位组成大调解中心，即"社会矛盾纠纷调处中心"，设立检察工作站，或在乡镇一级设立派驻乡镇检察室，处理检调对接案件的调处。玉林市检察院明确了检调对接工作机构，成立了检调对接工作办公室，作为指导检调对接工作、研究出台相关政策的专门机构，由检察长任组长，其他三名副检察长任副组长，侦查监督、公诉、民行等业务部门负责人为成员，领导小组下设办公室，公诉科科长兼任办公室主任。

2. 玉林市检察机关将检调对接机制引入业务中后，和解案件数逐年上升。2010年以来，以刑事案件和解和民事申诉和解为例：[①]

表1：刑事案件和解表

年度	全市受理刑事案件总数	刑事和解案件数	刑事和解案件占全市受理案件比例（%）	处理结果		
				酌定不起诉（件）	量刑从轻或减轻处罚（件）	侦查机关撤案数（件）
2010年	2686	107	4.0	56	50	1
2011年	3082	184	5.9	92	90	2
2012年	3446	224	6.5	120	104	0

---

① 这是由传统模式的一般性检调对接案件（以玉林市检察机关的报表为参考数据）。

表 2：民事申诉和解表

年度	全市受理民事申诉案件总数（件）	民事和解案件数（件）	民事和解案件占全市受理案件比例（%）
2010 年	120	2	1.7
2011 年	197	4	2.0
2012 年	160	6	3.6

从表1、表2可以看出，玉林市检察机关办理的检调对接案件成功案件数量逐年增加，特别是2012年上半年玉林市人民检察院出台《玉林市人民检察院审查起诉环节处理轻微刑事案件委托人民调解委员会调解实施办法》、《玉林市人民检察院关于开展刑事和解的实施意见》等规范性文件后，并要求每个基层院符合刑事和解案件的尽量和解。刑事和解占全市案件受理案件比例上升至6.5%。民事申诉和解虽然成功和解的案件数较少，但也是处于翻倍上升阶段。

3. 检调对接中的刑事和解案件罪名分布不均，主要集中在几个罪名上，民事申诉和解案件形式多样。刑事和解案件主要集中在故意伤害、交通肇事、盗窃这三个罪名上，这三个罪名占了98%；民事申诉和解案件则分布较广，只要是争议不大或标的较小，当事人有和解诚意而无抗诉必要，都可以纳入调解，如医疗纠纷、租赁关系、借贷关系、相邻纠纷等。刑事和解案件分布如下：

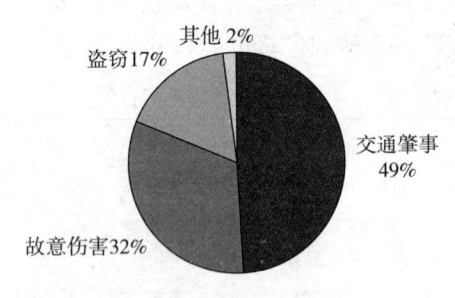

其他 2%
盗窃 17%
交通肇事 49%
故意伤害 32%

4. 检调对接中的刑事和解案件的主体大多数为未成年人、在校学生、女性。如2010年，玉林市检察机关在所办理的刑事和解案件中，未成年人占了63.5%、在校学生占50.2%、女性占37.5%。虽然近两年，刑事和解的主体比例有所变化，但仍然以未成年人、在校学生、女性为主。这三者的分布如图所示：

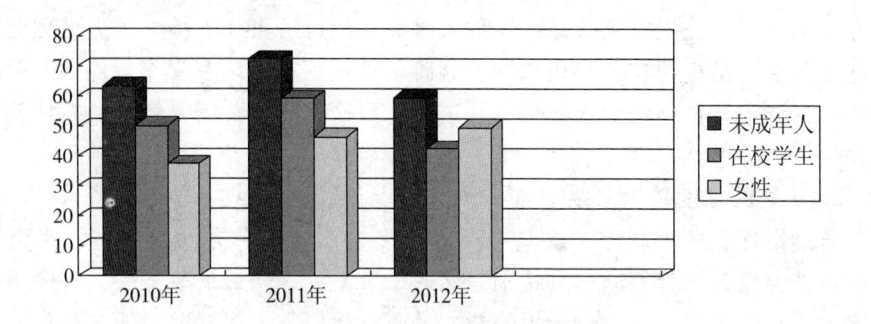

5. 检调对接中的刑事和解的处理方式呈多样性发展。玉林市检察机关在2010年以前办理轻微刑事案件时，能进行刑事和解的，处理方式一般是退回侦查机关撤案、酌定不起诉这两种。在全国推行量刑建议后，有些案件作撤案和酌定不起诉不足以惩治犯罪，在检察机关的协助下，双方当事人进行刑事调解，检察机关起诉到法院后，当庭提出从轻或减轻处罚的量刑建议。量刑建议的处理方式既是刑事和解处理方式的一种，既能惩治犯罪，又能挽救当事人。目前，玉林市检察机关将检调对接机制引入刑事案件，不单在公诉环节体现，已慢慢延伸到批捕阶段。在批捕阶段，如果是犯罪情节轻微，危害不大，且当事人赔礼道歉、赔偿经济损失等，双方达成谅解，检察机关可以作出不批捕的决定。作出不批捕决定的这种处理方式，是将检调对接机制引入处理案件的一种方式，达到了法律效果和社会效果的统一。

二、玉林市检察机关适用检调对接机制面临的现实困境

1. 适用检调机制的案件少。虽然这几年来，将检调机制引入业务中案件处于上升阶段，但相对全市案件还不够多。一方面是由于检察机关办案人员对调解工作重视程度不够。他们对被委托调解人的能力、对委托调解的成效存在疑虑，或者担心委托调解增加了调解的复杂性、加大了调解的成本、延长了案件处理的时间，认为既无法律规定，也没有明确的操作程序，一旦出了问题会受到错案追究，承担不必要的风险，于是就很难积极主动地去委托调解，从而使检调对接机制没有充分发挥作用。[①] 这方面的原因导致能适用检调对接机制的案件没有适用，如2010年玉林市检察机关办理的刑事案件中，轻微刑事案件占了全市案件的59.3%，而适用刑事和解的检调机制的案件只有4.0%。另

---

① 参见孙贯杰、袁爱君：《基层检察院"检调对接"机制运行现状分析——以登封市院探索检察环节民事权益和解现状为视角》，载《中国检察官》2011年第8期。

一方面的原因是公安机关移送的案件大多数是调解后可作不捕、不诉处理的轻微刑事案件。由于现在公安机关在侦查阶段也特别重视调解工作,他们一般也会先自行调解,再移送到检察机关,这样,到检察环节再需要调解的案件就相对较少。

2. 调处的难度较大。从目前的调处情况看,调处成功率并不高,特别是民事申诉案件,更难调解。这其中原因是多方面的,一方面是加害方无力赔偿、被害方漫天要价等原因。特别是交通肇事案件、轻微刑事案件,一般都是侵害方由于经济能力有限,无力赔偿。另一方面侵害方愿意赔偿的主要目的是获得检察机关的从轻处理,但调解人员毕竟不是案件的承办人员,对检察机关宽严相济的度不一定把握得准,这也增加了调解的难度。

3. 社会公众思想观念没有改变,错以为"检调对接"就是"以钱赎罪"。从形式上看,检调对接具有以经济赔偿换取刑事宽大处理的表象,因此,容易在部分社会公众中造成"花钱消灾"的错觉。因此,要必须对调解监督、保障机制加以完善。

4. 未建立检调对接长效机制。目前,由于"检调对接"机制处于探索阶段,有很多方面的规章制度还没有建立,比如说进入检调对接案件,是否有统一的表格填写;调解成功的调解协议书是否有统一的模式;案件受理和告知程序是否明确规定;进入调解后不成功的案件,是否要制定《调解程序终止意见书》等。这些都应该出台一系列的规章制度,这是检调对接工作规范化、有序性、长期性的有力保障。

三、完善适用检调对接机制的对策及建议

1. **立法上确定检调对接机制的法律地位**

检调对接机制已经经过了一段时间的理论和实践探索,形成了一种新型纠纷解决机制,该机制也是符合法律的立法本意和实践的需求的。任何一项法律制度的形成,都根源于理论和实践的不断探索和完善。虽然最高人民法院相继出台了一些有关调解工作的司法解释,但规定得过于原则,关于如何开展检调对接、如何操作、组织结构等都没有明确的规定。由于没有统一的模式,缺乏规范性操作,各地的做法也不一样,因此要尽快完善检调对接的立法,确定其法律地位。在立法中,不但需要对检调对接的主体、原则、程序、期限、范围等作出规定外,还需具体到如何开展检调对接,对具体操作、组织结构等作出具体规定,使得检调对接机制有法可依。

2. **适用检调对接机制由单一阶段向多阶段延伸**

一般而言,适用检调对接机制是在公诉阶段的刑事和解,民事申诉阶段,

其处理方式也一般是公安机关撤案、不起诉、量刑建议等。随着发展，我们可以学习先进地区如上海、北京的做法，在批捕阶段也适用检调对接机制。在审查批捕阶段，针对轻微刑事案件，当事人自愿达成协议，检察干警对和解协议进行审查，结合案情，实在无逮捕必要的，可以作出不批准逮捕。如玉林市检察机关出外学习先进地区的做法后，2012年上半年，在审查逮捕阶段，经过双方当事人达成和解协议，共作出23件不批准逮捕的案件，这样有利于避免犯罪嫌疑人受到刑事追诉所产生的负面影响，有利于减小加害者回归社会的压力和难度。针对控申部门的信访纠纷，在信访接待和法律监督过程中，以服务民生为宗旨，主动帮助协调政府、公安、法院等机关或部门，妥善解决民事赔偿问题，积极开展司法救助，签订"息诉罢访承诺书"，保证息诉罢访。

3. 适用检调对接机制由传统模式向创新模式发展

传统模式是民行、公诉等职能部门负责对归属于本部门的一般性检调对接案件的调处。玉林市检察院在工作实践中体会到，为了进一步化解社会矛盾，有必要在一些容易产生矛盾纠纷的重点领域设立检察工作站，或在信访量较大的中心乡镇设置派驻乡镇检察室，作为检察机关参与化解社会矛盾、构建和谐社会的前沿窗口，以满足人民群众的新期待、新要求。在这一思路指导下，玉林市检察机关本着"前移检察窗口，运用检调对接机制，化解矛盾纠纷"的原则，先后在当地道路交通事故纠纷调处中心、劳动人事争议调处中心、医疗纠纷调处中心设立检察工作站和在中心乡镇设立乡镇检察室，切实转变思维，积极打造检察机关运用"检调对接"机制，化解社会矛盾的新平台。这是由传统的检察院内设部门运用"检调对接机制"调处案件向运用"社会矛盾纠纷调处中心"调处案件转变。

（1）积极发挥检察工作站的作用。玉林市检察机关会同法院、公安、司法行政等机关先后在道路交通事故调处中心、医疗纠纷调处中心、劳动人事争议调处中心设立检察工作站19个。2010年7月至2012年，全市检察机关共成功参与调解道路交通事故纠纷、劳动人事争议、医疗纠纷案件458件。而按照传统模式，2010年至2012年，全市共调处475件案件。相比较下，工作站调解的案件数与全市按照传统模式进行"检调对接"方式进行调解的案件数几乎对等。因此要好好利用检察工作站这个平台进行"检调对接"。

检察工作站推行检调对接机制始终要坚持三个原则：一是落实宽严相济刑事政策，重点促进刑事和解。进一步明确检察环节刑事和解的原则和范围，提前介入交通肇事等轻微刑事案件，引入恢复性司法的理念，督促交通事故肇事者积极履行赔偿义务，努力修复各种受损害的社会关系，对符合条件的案件分别作出不批捕、不起诉和向法院提出从轻处理的量刑建议的决定，实现由对犯罪的惩罚转向对犯罪的矫正，从而减少社会对抗，促进社会和谐。从2010年7月至今，对涉嫌交通肇事犯罪贯彻宽严相济刑事政策不予逮捕12人，作相对不起诉处理13人，提出从轻量刑建议13人。二是积极转变执法理念，重点促进民事和解。对公安机关、人民调解委员会、人民法院邀请参与调解的案件依法提供协助，切实加强内外联动，形成公、检、法、司和行政（行业）主管部门互相配合，共同化解矛盾纠纷的"五位一体"整体合力。尤其注重开展释法说理、情绪疏导、心理安抚以及化解当事人对执法办案部门不信任感等工作，依法引导当事人接受民事调解。三是发挥检察职能优势，重点促进息诉和解。对当事人申请参与调解的案件提供有效服务，按照"引导不主导、参与不干预"的原则准确定位，站在中立的立场，强化对调解活动的法律监督，确保调解自愿、合法，实现和谐公正的双赢，确保案件达到自愿息诉、自愿履行、和谐结案的目的。

（2）充分利用乡镇检察室这个平台。据统计，全国已设立基层检察室1895个，2011年1~8月，全国基层检察室直接受理群众来信来访1.87万件，调解矛盾纠纷7900余件。① 玉林市检察机关2011年1月至2012年11月，全市两级院现正式挂牌成立的有7个，（获得编委批准正在着手筹建的有4个派驻乡镇检察室），每个乡镇检察室配备人员2~3名。共接待群众来访咨询800多人次，依法妥善化解各类矛盾纠纷156件。这说明乡镇检察室在化解社会矛盾方面取得重大成效。乡镇检察室设立在农村，服务农村改革发展，与农民直接接触，能第一时间化解村民矛盾。玉林市检察机关派驻乡镇检察室可以与辖区法庭、派出所、交警中队、司法所、工商所、国土资源所、税务所等部门建立工作联系制度。乡镇检察室对当事人具有和解意愿的轻微刑事案件、民事申诉案件，通过邀请辖区乡镇维稳中心工作人员进行调解。乡镇检察室对调解过程进行监督，对调解协议进行形式审查后可以作出相对不起诉或者从轻、减轻处罚的量刑建议、不抗诉的建议，再与派出院的相关部门相对接。在调解中乡镇检察室干警坚持事前防范，事中疏导，事后处理的"三位一体"方法。这种调解方式引入了中间力量，由中间力量主持、促成刑事当事人刑事和解、民事申诉和解，乡镇检察室只起到对中间力量进行监督和协助调解，对达成的协议进行合理性、合法性审查。如玉林市派驻民安检察室成功调解的例子：民安镇松石村某石场发生了一起炮工死亡事故。死者家属与石场老板因赔偿金额无法达成一致，将尸体留在石场内。检察室干警知道这件事后，来到民安镇松石

---

① 参见徐日丹、李轩埔：《延伸法律监督触角取得显著成效》，载《检察日报》2011年10月14日第1版。

村村委会，协同民安镇政府、民安镇司法所、劳保所等部门一起组织双方进行调解。在调节过程中，由民安镇维稳中心主持，检察室干警在旁进行监督，并协助双方进行释法说理，经过长达7个多小时的思想工作，双方最终就赔偿问题达成一致，当场签订了协议书。

这种方式实际也是新模式的检调对接方式，借助"社会矛盾纠纷调处中心"这个平台来实现案件的调解，因此要好好利用乡镇检察室与基层直接接触这个平台，在第一线解决农民矛盾，既省时间又省力气，达到法律效果和社会效果的统一。

4. 建立检调对接长效机制

虽然玉林市检察机关已经出台了《玉林市人民检察院审查起诉环节处理轻微刑事案件委托人民调解委员会调解实施办法》、玉林市人民检察院《关于开展刑事和解的实施意见》等一些文件，但还必须更深入出台一系列规章制度、表格来确保"检调对接"工作全面深入开展。一是把好"五关"，即案件范围关、自愿申请关、程序衔接关、协助调解关和督促落实关；规范"四表"，即办案审批表、案件受理表、移送调处申请表、处理结果反馈表；出具"三书"，即检察机关向双方当事人发放《权利义务告知书》，由侵害方向受害方出具《道歉书》，由受害方出具《接受道歉意见书》，确保"检调对接"过程的实体合法化、程序规范化和效益。① 总之，每一步骤都要有相关的制度来限定。二是形成各种配套工作机制。（1）工作例会制度。各职能部门每月召开一次工作人员会议，各职能部门负责人每季召开一次检调对接工作会议，交流工作情况，总结经验。（2）情况通报制度。检调对接工作中心办公室每月对当个月的检调对接工作进行整理，向全市检察机关通报。（3）落实责任人制度。办理检调对接案件的办案人员，要对该案负责，实行责任追究制度。

5. 完善相对不起诉制度

相对不起诉是检调对接机制的一种重要处理方式。在实践中，业务部门处理检调对接案件，有一半以上是适用相对不起诉的处理方式的。为了充分发挥相对不起诉制度的价值作用，可以从两方面来完善。一是把握好相对不起诉的适用条件。公诉机关的不起诉主要审查侦查机关提供的犯罪事实与量刑事实的基础之上，缺乏犯罪嫌疑人社会危险性的充足材料，因此适用相对不起诉。因此，公诉机关要严格审查案件材料，符合相对不起诉条件的案件，尽量适用相对不起诉。二是简化相对不起诉程序。在不少基层院，尤其是玉林的基层检察

---

① 参见许同禄：《创建"检调对接"工作机制有效化解矛盾纠纷》，载《人民检察》2007年第24期。

院存在人少案多的矛盾，面对繁琐、低效的相对不起诉程序，在符合相对不起诉条件的情况下，承办人往往会选择以简易程序提起公诉，也不愿作出相对不起诉处理。因此，在这个层面上，我们可以建议相对不起诉由分管公诉的检察长决定，疑难案件时可以经过检委会决定即可，这样既能监督承办人办理案件，又能提高效率。

6. 注重对检调对接案件的追踪回访

在处理每件"检调对接"案件，检察机关都要针对该案做追踪回访，以此保证"检调对接"工作的实效性。一是要强化社区矫正。对达成刑事和解的加害人的处理情况向其所在社区通报，在督促社区强化帮教措施的同时，全力配合社区做好对加害人的感化教育工作，促使其认错悔罪，知法懂法，自觉与人为善，融入社会，巩固"检调对接"工作的成果。① 二是要落实回访制度。办理每件"检调对接"的检察人员，要在结案的固定期限内，对本案的当事人要进行回访。特别是针对未成年犯罪，更加要注意事后的追踪回访。一般可以设置在1个月内，检察人员回访时，主要看协议履行的情况；社会关系修复得如何；在履行调解协议书时，有没有新矛盾出现等。针对未成年人，一般都是在校学生多，主要看未成年人在学校的表现如何，要教育当事人不要再犯错误，同时也开导不要有犯罪的阴影，全方位实现"检调对接"的工作目标。

7. 设立人民监督员能动参与检调对接机制

为了进一步发挥外部监督对检调对接机制的作用，要充分发挥人民监督员参与到检调对接机制中来。建立玉林市人民检察机关《关于人民监督员参与"检调对接"工作办法（试行）》，一是明确了人民监督员参与"检调对接"工作的原则、范围、程序等内容。人民监督员有权对检察人员在参与大调解过程中的言、行、举、止是否廉洁、公正、文明、得体进行监督；有权直接向办案干警提出纠正意见。二是明确参与检调对接权。人民监督员有权灵活选择随时介入，或者全程跟踪参与检调对接工作；有权向当事人讲解法律法规。三是明确直接与检察长对话权。人民监督员发现问题，无须预约，有权直接向检察长反映有关问题、提出意见建议。四是明确效果检查权。有权对存在问题的整改情况进行回访考察，并随时向检察长通报考察结果。建立人民监督员介入检调对接机制时，突破了过去人民监督员只介入自侦案件监督的监督范围，拓展了对检调对接机制的监督空间，使群众对人民监督员在检察工作中的地位及检

---

① 参见许同禄：《创建"检调对接"工作机制有效化解矛盾纠纷》，载《人民检察》2007年第24期。

调对接机制有了初步认识，同时也加强了对检调机制的监督。

8. 加大检调对接机制的宣传，普及民众对检调对接机制的认识和理解

民众针对当事人得以宽大处理，往往有用钱可以赎罪的心理想法。针对"检调对接"案件的特点，一般都是调解一些邻里纠纷、琐碎纠纷或是当事人的过失行为引起的。检察机关在办理"检调对接"案件时，要注重扩大"检调对接"工作的教育性，注重收集"检调对接"中的典型案例，将这些类的案例普法拓展。检察机关要深入社区、街道和乡镇，以制作宣传栏，给村民上法制课，发宣传单等方式，从案件谈法理，宣传"检调对接"的社会效果，也同时告诫群众不要犯法，起到预防和震慑犯罪。

9. 提高检察人员对检调对接的能力和素质

狠抓队伍建设，提高检察人员应对检调对接的能力。首先，要加强培训，由于检调对接是个新事物，很多检察干警平时都没有接触过，一旦进入检调对接，很多干警都无从入手。因此，可以邀请专家、学者来授课，加强理论学习。其次，安排干警到社会矛盾纠纷调处中心锻炼，要求干警定期到街道、社区接访，使干警深入群众，提升帮群众处理矛盾的能力。最后，要坚持法律专业化与群众路线相结合，要求干警在处理群众矛盾时，要用"群众语言"来与当地群众沟通，用群众能接受的语言和方式进行调解办案。

[参考文献]

[1]［美］霍华德·泽赫：《恢复性司法》，章棋等译，载狄小华、李志刚主编：《刑事司法前沿问题——恢复性司法研究》，群众出版社2005年版。

[2] 孙贯杰、袁爱君：《基层检察院"检调对接"机制运行现状分析——以登封市院探索检察环节民事权益和解现状为视角》，载《中国检察官》2011年第8期。

[3] 许同禄：《创建"检调对接"工作机制有效化解矛盾纠纷》，载《人民检察》2007年第24期。

[4] 徐日丹、李轩埔：《延伸法律监督触角取得显著成效》，载《检察日报》2011年10月14日第1版。

[5] 彭新华：《"枫桥经验"语境下的"检调对接"工作机制之探索》，载《中国刑事法杂志》2010年第10期。

[6] 陈瑞华：《司法过程中的对抗与合作——一种新的刑事诉讼模式理论》，载《法学研究》2007年第3期。

[7] 许旎娜：《广州市荔湾区人民检察院浅论检调对接机制的理论依据与

实践状况——以广州市荔湾区人民检察院检调对接刑事和解实践为视角》，载《法制与经济》2011 年 11 月。

[8] 北京市门头沟区人民检察院课题组：《民事申诉案件检察和解相关理论难题的解析及规则构建设想》，载《法学杂志》2010 年第 2 期。

[9] 张顺：《检调对接机制实证研究》，载《国家检察官学院学报》2011 年第 19 卷第 6 期。

[10] 张闪闪：《检察机关创立了"检调对接"工作机制，轻微刑事案检调对接工作机制的探索与创新——公诉部门与基层检察室"部门联动"刑事和解工作探析》，载《法制与经济》2012 年 7 月。

（本文荣获女检察官学习贯彻落实"两法"征文活动二等奖）

浅析当代中国权利冲突的原因

乔 丽[*]

在现代社会，每个人都是权利主体，当我们行使自己的权利时会不可避免地与来自其他人行使的权利相碰撞。不可避免地会出现权利冲突问题。而长期以来，权利冲突问题也一直是中国法学界关注的焦点问题。

理论界认为，权利必须具有合法性、正当性。两个法定权利之间发生冲突是典型的权利冲突现象，这在学术界是毫无疑问的。那么权利冲突是否仅存在于法律规范之中？非法律领域之外就无权利可言了吗？答案是否定的。因此我这里讲权利冲突不仅指"法定权利"冲突，除明显的法定权外，还有推定权利、道德权利、自然权利、习惯权利。至此，我们在借鉴别人关于权利冲突定义的合理成分，我认为权利冲突是指两个或两个以上合法的正当的权利之间相互对抗，相互排斥和相互抑制的状态。

马克思曾说："权利永远不能超出社会经济结构以及由经济结构所制约的社会文化的发展。"① 这句名言道出了权利的本质，权利是不同的利益和不同的价值的体现和产物。尽管权利冲突的表现形式有多种多样，但归结起来，权利冲突的实质是利益和价值的冲突。

基于上面的论述，我对当代中国权利冲突的原因作简要分析。

一、社会个体利益的不合理膨胀

（一）个体利益的冲突

把权利与利益相连的观念由来已久。18世纪初，以边沁为代表的功利主义学派已注意到法律是对各种利益的衡定以及权利和义务的功利主义基础。奥斯汀甚至明确指出："权利之特质在于给所欲者以利益"，"授权性规范的特质

---

[*] 作者单位：吉林省舒兰市人民检察院。
① ［德］马克思：《马克思、恩格斯选集》（第3卷），人民出版社1972年版，第12页。

在于各种限制条件对实际利益进行划分"。① 不过,清晰地透视出权利背后的利益基础,并明确把利益作为权利概念的指称范畴,当首推德国法学家耶林。他认为任何一种权利都表征了某种利益(一种合法的利益),义务的设定就是为了保障权利人的某种利益。

每一种权利都代表着每一种具体的利益。这种利益可能是物质的,可能是精神的,② 也可能是物质和精神兼而有之的。并且,在社会生活中尤其是在具体的个案中,利益都是具体的,看得见摸得着的,而非抽象的。它们可能是金钱、财产、物质、人身、生命,也可能是名誉、信誉、人格、肖像、隐私,等等。利益冲突是权利的产生之源。即所谓利益冲突,就是利益主体基于利益和利益矛盾而产生的利益纠纷和利益争夺的状态。

权利的实质是法律承认和保护的社会个体利益,即法定的个体利益。个体在追求和实现其利益时,常常表现出两面性。一方面,因社会经济、政治、文化的发展程度以及个体掌握社会资源的限制,个体利益单靠个人很难得到满足,甚至根本无法获取,因而他必须寻求合作,借助集体的力量来达到其目的。为此,他要与集体利益保持协调乃至一致。另一方面,任何个体在道德上并非都是至善完美的,人性是有缺陷的。西方学术界普遍认为,贯穿西方法治的一条主线是对人性和权力的不信任。即"人的本性是恶的,权力更加恶,是恶的平方。"私法之设,一方面是为了抵御公共权力对社会个体权利的侵犯,另一方面是为了防止社会个体权利的滥用。③ 个人主义认为,从道德本性上说,道德目的全在于增进自我利益。个人主义发展到极端,就会出现庞德所说的人的扩张性本能,这种"扩张性的或自我主张的本能使他只顾自己的欲望与要求,并克服一切对这些欲望与要求的阻力。"④ 任何个体都有自身独特的欲望和要求,这体现了个体利益的特殊性乃至与其他个体利益的对抗性。而权利作为社会个体利益的法律存在形式,个体在追求自身利益的最大化满足时,往往只是把法律作为实现自身利益的工具,而不是把法律视为立法者精心设计的、对公民个体具有价值导向作用的载体,因而可能自觉或不自觉地超越

---

① [英]约翰·奥斯汀:《法理学的范围》,刘星译,中国法制出版社2002年版,第140页。

② 精神也是一种利益,这应该成为我们的一种新认识。过去一谈到利益,人们很容易把它同物质联想起来,而很少想到精神也是一种利益的体现和现象。

③ 参见郝铁川:《"性善论"对中国法治的若干消极影响》,载《法学评论》2001年第2期。

④ [美]罗斯科·庞德:《法理学》(第1卷),邓正来译,中国政法大学出版社2004年版,第81页。

法律的限制，使自己的权利与他人的权利产生矛盾或抵触，权利冲突也就产生了。例如，居民楼底层餐馆因营业产生浓烈的油烟和严重的噪声而影响楼上居民的休息，就是餐馆业主行使经营权不当而与居民的休息权产生了冲突。

也有学者认为，权利冲突是一个不现实的或是自己假设的问题，是人们把权利本位绝对化导致的；只要守望权利边界，就不会发生权利冲突。① 问题恰恰在于，人的这种自利本性以及在现代社会中自我利益的不合理膨胀决定了社会中千差万别的个体不可能规规矩矩地守望权利边界，权利冲突研究的意义在这一方面就意味着如何通过制度设计防范权利冲突以及一旦出现权利冲突该如何解决。

（二）个体价值的冲突

当两个权利在一个点上并相互竞争，此消彼长间呈现反向的关联，彼长则此消，此长则彼消。当不同权利在特定场合处于竞合状态时，权利冲突相应的表现为价值冲突。我还举个例子，比如说钢琴弹奏出来的声音是否是噪声呢？一方认为："钢琴声是美妙无比的音乐，它可以把人们从苦闷中解脱出来，琴声根本不是噪声。"另一方则认为再美妙的音乐声，不分时间地点在你耳边萦绕，就是噪声。基于这个例子，权利主体人是处于社会关系中的有思想、有灵魂的人，在认识上对同一件事情可能会产生不同的认识而存在着差异性，甚至是对立性。这种差异性在微小和微弱的情况下，尚不足以产生和形成冲突；但当这种差异性达到了一定的和剧烈的对立的程度，便会导致权利冲突的发生。

二、权利自身的特性是导致权利冲突的潜在因素

（一）权利具有模糊性

权利的模糊性是指，权利只是表示法律对某种个体利益的承认和保护，是法律所确认的实现某种个体利益的可能性，如何把这种可能性转化为现实，在很大程度上取决于权利主体。任何一种权利的行使和实现在复杂的社会生活中都是千变万化、形态各异的，权利主体在实现自我利益时因环境条件、行为内容、方式乃至强度等方面的差异，再加上主体往往主观地排斥外界甚至法律对他的限制，因而会产生千姿百态，甚至与自身愿望相违背的实际效果。而法律不可能对权利行使的微观情形作出详尽无遗和清晰的规定。法律仅仅肯定了权利内含之个体利益的合法与正当性，并为权利的行使确定了一个大致的范围和尺度，至于法定个体利益的具体实现方式，法律给权利主体留下了宽泛的空间。可以这样说，权利不强迫人做任何事，它给人提供的是自由选择的行为方

---

① 参见郝铁川：《权利冲突：一个不成为问题的问题》，载《法学》2004 年第 9 期。

式。在公民休息权与娱乐权相冲突的情形中，双方权利都是合法的正当的，但公民如何具体行使上述权利，法律除了规定公民在行使自由和权利的时候不得损害其他人的合法的自由和权利外，无法作出精细的规定。就娱乐权来看，法律没有规定娱乐权的行使条件。不同地区因经济发展程度不同，行使娱乐权的条件也不同。即使在同一地区，也会因时间、场合等条件的不确定性，与其他权利主体的休息权产生冲突。

（二）权利具有不平衡性

这是指，法律作为社会生活的主观反映，在分配权利方面，很难做到一视同仁，使权利分配均衡化。立法者在对各种利益进行筛选、确认和分配时，由于受到他所代表的阶级利益、自身的认识水平和把握社会发展趋势的准确度的限制，自觉或不自觉地会产生偏差。例如古希腊梭伦立法改革时，先按财产数量把社会成员分为四个等级，然后按照等级分配权利和义务。封建社会的法律在土地私有制和地租经济关系的基础上，把全社会的成员划分为各个等级，然后按等级进行不平等的权利分配。资本主义社会的法律在商品经济关系的基础上，把全体社会成员看成平等的主体，然后进行形式上平等事实上不平等的权利分配。即便法律体系日益完善和健全的今天，由于立法观念、立法技术等诸多因素的制约，权利的分配在公民个体之间仍然是不平衡的。这种不平衡的权利分配也是导致权利冲突的因素之一。

三、法律体系的不完善是导致权利冲突的法律因素

（一）法律的有限性

人权的存在形态可归纳为：应有权利、习惯权利、法律法规权利和现实权利。[①] 应然权利因为没有明确的权利界限，与之相对应的义务不确定，从而缺乏安全保证，当人们的社会需求凝结为一种强有力的价值观念体系的时候，法律就必须适时地将利益内化为权利的形态，以国家强制力的背景来对之加以保护和维护，如果该应然权利与其他法定权利相互冲突而得不到保护的话，冲突的激烈程度可能会影响秩序安宁。因此，只有使该应然权利上升为法定权利，划定明确的界限，才会减少冲突的发生。

（二）法律的保守性

马克思明确指出："人们自己创造自己的历史，但是他们并不是随心所欲地创造，并不是在他们自己选定的条件下创造，而是在直接碰到的、既定的、

---

① 参见刘晓霞：《权利冲突的产生和化解的法理思考》，载《社会纵横》2003 年第 4 期。

从过去继承下来的条件下创造。"① 这一论述表明，人类社会的发展都是因袭相承的，是在继承过去历史阶段中的既定成分，在先人创造与遗留的既存的历史中生活，这就从根本上决定了法律发展的保守性。"只要那些延续下来的生活条件在现实的社会中具有普遍意义，那么反映这些生活条件的既有规则就会或多或少地被继承下来并被纳入到新的法律体系之中。"②

通过对法的发展历程的考察，我们也不难发现，由于习惯法与习俗在法律与社会实际生活中强大力量，使即使是最激进、最革命的法律也不得不在传统的力量面前屈服，最终使法律的发展无一例外地都带上了保守性的烙印。

而法的保守性具体而言应包括以下三点：

1. 法律并不轻易破坏自发形成的秩序，甚至可以认可自发秩序，将其纳入法律之中，构成法律的组成部分。

2. 重视法律实践中的经验，而不是理论的预先设计，对理性的万能报怀疑的态度，不轻易否定过去，不轻易设计未来，将法律本身看成人类不断积累的生活经验的表达和总结。

3. 赞同法律的渐进改革，从现实出发，对不合理的部分要逐步改革，以求实效，要防止激进变革带来的社会动荡和法制的破坏。

这三点是相互关联的，共同构成了保守性完整的内容。

（三）法律的滞后性

一国国内法律、行政法规、部门规章、地方性法规和单行条例构成一个复杂的法律体系，由于法律自身的特点、立法技术滞后或缺乏立法编纂，法律体系内部极容易产生规则冲突，如著作权法规定摄影者对其摄影作品中的底片拥有著作，而消费者权益保护法则规定作为摄影者的经营者扣留胶片底片属于附加不合理交易条件的经营行为，由此产生的规则冲突直接导致了权利冲突。

1. 法是对统治阶级的根本利益和有利于统治阶级的社会秩序的肯定，统治阶级如果不是为自己的特殊利益是不会轻易容许废除和改变法律的。法律作为肯定现存利益关系的工具，当变更某些利益关系时，往往遭到现在利益者的反对。这些都构成了法律发展的阻力。法必须保持一定的稳定性，而不能频繁变动，更不能朝令夕改，但社会生活又是易变的、多变的，因而法有可能落后于社会生活的发展，如果严格按落后于社会生活的法办事，法就有可能成为社

---

① 马克思、恩格斯：《马克思、恩格斯全集》（第8卷），人民出版社1972年版，第121页。

② 马克思、恩格斯：《马克思、恩格斯全集》（第1卷），人民出版社1972年版，第603页。

会进步和发展的阻碍。鉴于此，亚里士多德告诫人们宁可忍受不合理的稳定的法律，也不要随便任意改变法律。法律必须具有稳定性，它意味着法律是一种不可以朝令夕改的规则体系。然而，法律所调整的社会生活中的各种利益关系却是不断发展的，而且社会关系的发展往往比法律的变化快，由于立法者自身及其他方面的原因，便产生了法律的稳定性和社会发展的矛盾。"法律是稳定的，可是它又不能静止不动。因此所有的法学家都为了协调法律稳定性和法律变迁性而苦思冥想。"① 法律的发展跟不上现实社会发展要求的这种局限性，我们把它称作法律的滞后性。

2. 法律的滞后性产生的原因还可以追溯到立法的局限性上。如立法者在认识的局限性上，由于受阶级倾向和阶级情感的影响，立法者在立法时常排斥形式上不符合本阶级意志的东西或者立法技术滞后、缺乏立法编纂等，这些都极易造成权利之间的冲突。

（四）法律的不确定性

法的确定形式是文艺复兴以来逐步形成的现代法治观念之一，传统自由主义法学家怀抱着法的确定性梦想：人类通过理性的努力不但可以制定出完美无缺的法律，而且运用形式逻辑还可以保证法律推理、法律适用的确定性。他们企图建立一个穷尽所有权力，定义各项权利并明确其范围又切实可行的法律权利体系，那么就不会再产生权利冲突。近现代各国的宪法和法律都从各自不同的权利价值学说和法律观念出发，为确立权力明确具体的界限而对权力进行了种种不同的规范限制。其目的就在于使权利与权利之间有明确的界限，以有利于各种社会生活的正常进行。这些对权利进行规范、限制的法律制度包括权利主体制度、内容制度、权利实现制度。

总体来说，法律的不确定性主要归因于以下：

1. 法律概念的不确定性

词语是法律表达的载体，法律必须通过词语来向社会公众表示其含义。词语本身有普通含义和专门含义，几乎每个人用来对生活和周围世界的各种特征进行分类的普通用语，都会存在边际模糊的情况。语言是极为丰富的，特别是汉语言，一个词语随着人类社会发展的过程被赋予不同的含义，即使同一时代的词语甚至有高达十几个语义，正如老舍所言："经验的具体性是无穷的，而最丰富的语言资源也是有严格的限制。"法律规范本身的目的，在于确定行为的模式从而达到法的指引作用，而语言的不确定使法律概念具有了不确定性，造成了法律词语的语义不清。

---

① 昔世凤：《浅论法的社会价值》，载《中山大学学报论丛》2003 年第 4 期。

2. 法律规则的不确定性

法律规则由法律概念构成，法律概念的不确定性导致法律规则的不确定性。同时，法律规则的不确定性还受到法律原则的影响。法律原则是指可以作出规则的基础或本源的综合性、稳定性原理和准则。它无任何确定的、具体的事实状态，没有规定具体的权利义务，更没有规定确定的法律后果。法官在适用法律原则时享有的是广泛的自由裁量权，法律原则在适用过程当中有很强的张力，因此，一般情况下，只有法律没有规定的情况下，才有适用的余地，但它对个案来讲，却具有很强的不确定性，法律原则在适用中是可能相互冲突的。法官必须在分析具体案件的情况下，选择某一项原则。如王海案件中，不同的法院基于不同的价值考虑而作出不同的选择。判决王海败诉的法院认为打假不是公民个人的职责，而是国家的职责，知假而买假不受《消费者权益保护法》第49条的保护；而支持王海的法官则认为在我国市场经济的建设中，假货太多，同时政府打假投入的人力、物力是有限的，应鼓励公民自发地进行打假。因此，在规则不确定时，法律适用主体的价值选择是导致法的适用的不确定性因素之一。

3. 法律事实的不确定性

法官在案件事实的审理上，涉及对证据的采信，法官对证据的采信必须受证据规则的约束。证据具有不确定性。案件是千差万别，纷繁复杂的，而作为表现案件事实的证据更为复杂，因为所有的证据不都表现事实的真相，有的表现假象。在对证据的认识过程中，受认识能力的限制、科学技术的限制和认识主体意识的限制。

权利来源于法律，其界限依靠与法律的规定有没有和能不能给权利划定界限。因此法的不确定性就是权利缺乏确定的边界成为可能。由此我们发现权利是交叉、重叠的，在两个权利之间无法找到一个互不侵犯的界限。当权利缺乏明确的界限时，人们行使权利就失去了确定的指引，行使权利时由于时间、空间条件的限度不确定加上人类认识的有限性难以尽知权利的限制条件，这样就会造成权利的滥用，因此产生权利冲突便不可避免。

四、结语

通过对权利冲突的界限、实质及原因等基本问题的探讨，为我们思考权利冲突的解决提供了一个崭新的视角，至少是有力地论证了权利冲突不仅仅是某一个方面的问题，而是一个关于社会、经济、法律、道德等多角度、多方向的社会问题。体现文明的良好的法律制度和道德要求可以协调各种价值、综合机制的运用才是促使权利冲突良性循环的根本之道。目前，中国社会的权利冲突现象已向现行制度的完善提出了迫切要求，我们必须有清醒的认识。在考虑权利冲突的解决思路时，我们应该承认权利冲突原因的多元性，为此要解决现实中广泛存在的权利冲突，不得不需要就个案进行具体的价值衡量。本文从现实角度探讨了权利冲突的原因，从而为更好地保障和解决权利冲突作了前提性的条件和努力。

［参考文献］

［1］张文显：《法理学》（第 3 版），高等教育出版社 2007 年版。

［2］张文显：《法哲学范畴研究》，中国政法大学出版社 2001 年版。

［3］周旺生：《法理探索》，人民出版社 2005 年版。

［4］[美] 博登海默：《法理学——法哲学与法律方法》，邓正来译，中国政法大学出版社 1999 年版。

［5］[法] 孟德斯鸠：《论法的精神》（上、下册），张雁深译，商务印书馆 1982 年版。

［6］[德] 耶林：《为权利而斗争》，郑永流译，法律出版社 2007 年版。

［7］马克思：《马克思、恩格斯选集》（第 3 卷），人民出版社 1972 年版。

［8］李秀清：《法律格言的精神》，中国政法大学出版社 2003 年版。

［9］刘作翔：《权利冲突一个应该重视的法律现象——权利冲突典型案例分析》，载《法学》2002 年第 3 期。

［10］刘作翔：《权利冲突的几个理论问题》，载《中国法学》2002 年第 2 期。

［11］王克金：《权利冲突一个法律实证主义的分析》，载《法制与社会发展》2004 年第 2 期。

［12］苏力：《秋菊打官司案、邱氏鼠药案和言论自由》，载《法学研究》1996 年第 3 期。

［13］赵杨：《权利冲突之原因分析》，2006 年中国优秀硕士学位论文。

（本文荣获女检察官学习贯彻落实"两法"征文活动三等奖）

司法公信力背景下检察文书的制度完善

曾秀维[*]

在司法公信力建设的诸多方面中,司法文书的问题在许多人看来或许只是一个细节问题,但实际上它对于司法公信力的意义远不止细节这么简单。司法文书是司法程序的体现,本身承载着司法的程序价值,也集中体现了司法的最后结果。对于公众而言,往往是通过司法文书管中窥豹来认识司法、了解司法。在我国司法权的配置体系中,检察权具有非常突出的地位,本文选择检察文书这样一个切入口,来探讨司法公信力的问题。

一、检察文书在司法公信力建设中的地位厘定

司法公信力,是司法权通过自己的司法行为来赢得公众对司法的信任和信赖的能力。从根本上说,司法公信力的建设依赖于司法权本身的良好运行,这一点是通过司法机关对各类诉讼案件和非诉讼事件的处理来保证的。[①] 司法活动依法展开,最终体现为在各个程序上所制作的司法文书。大多数民众终其一生,对司法的了解或许都来自一张或两张司法文书。因此,从社会实证的角度上,司法文书对于建设司法公信力实际上具有举足轻重的意义。

检察文书,是指由检察院在履行法定职责的过程中,根据法律所规定的权限和程序,依法所出具的司法文书。检察机关依法行使检察权,从检察权力启动,到检察权力的运行,再到检察权力的终结,都最终以检察文书的方式确定下来。当检察权力的运行需要以文书开始、以文书终结的时候,检察文书实际上对于检察权力起到了重要的程序功能。由此,给检察权力以法律文书的形式设定严格的运行程序,是将检察权力关进笼子,防范检察权力滥用的重要方式。当检察权力以检察文书的方式固化下来,则民众可以清晰地通过检察文书,监控检察权力的运行轨迹。以此为途径了解检察权的行使,并从检察权的

---

[*] 作者单位:广西壮族自治区灵川县人民检察院。
[①] 参见郑成良、张英霞:《论司法公信力》,载《上海交通大学学报》2005年第5期。

规范、合法运行中,进一步信任司法的最终结果,建构司法对于民众的公信力。

此外,在我国的司法权配置上,检察权的地位在整个司法体制中极为重要,它至少包含三大权能,即公诉权、诉讼监督权、检察侦查权。因此,检察机关在我国司法体制中,实际上承载的是法律监督机关的角色。[①] 相应地,检察文书也在某种程度上对其他司法文书起到了监督的作用。不必讳言,在当下的司法权配置格局下,检察文书拥有对抗其他司法文书、监督其他司法文书甚至否决其他司法文书拘束力的强大监督力。从这个意义来说,扮演监督角色的检察文书实际上是裁判文书和其他文书的监督者,是保障其他司法文书合法性、规范性的"执剑人"。检察文书不仅通过自我规范,体现检察文书本身的拘束力,而且通过监督其他司法文书的合法性,从而确保司法权的全程合法运行,从而进一步保障整个司法权力运行过程中司法文书的拘束力,并以此为基础构建司法公信力。

二、检察文书推动司法公信力建设的实现路径

司法公信力最终要通过司法权本身的运行来实现,但在这一实现过程中,司法文书的作用不容忽视。考察检察文书对司法公信力建设的推动,主要从以下四种方式体现出来:

(一)检察文书通过促进司法公正,推动司法公信力建设

检察机关是法定对刑事犯罪提起公诉的机关,承担着打击犯罪的国家职能。检察文书以文字形式记载了检察机关依法进行各种检察活动的过程和结果。其根本作用在于,它是检察机关具体实施法律的手段和重要工具。通过检察文书将检察权力运行程序固化下来,从而对检察权力提供了一种制度上的制约机制。这对于实现检察权自身的公正,具有重要意义。

此外,基于检察机关所承担的法律监督功能,检察文书实际上对其他司法权力的运行也起到了相当程度上的节制作用。对于侦查权,检察机关通过控制逮捕权和证据审查权,防范侦查机关的权力滥用。对于审判权,检察机关通过掌握抗诉权和再审监督权,对审判机关的权力进行监督。以上对其他司法权力的监控,最终都是以检察文书为启动依据和结果。由此,检察文书不仅能对自身权利进行程序性的规制,而且通过法律监督,形成对其他司法权力的压力,进而从整体上促进司法自制力,推动司法公信力建设。

---

① 参见李建明:《优化权能结构:检察权优化配置的实质》,载《河南社会科学》2011年第2期。

（二）检察文书通过维护程序公正，推动司法公信力建设

此外，更重要地，检察文书是维护法律程序公正的工具。检察文书的程序价值是法的程序价值的有机组成部分，因此程序价值是检察文书的基础价值。它是调节各种法律关系或规则的手段，是确保社会秩序免遭非法破坏和干扰的有力证据，起着引导人们行为标准、规则和尺度的重要作用。没有程序的价值，检察文书的正义、效率就无从实现，法的价值也无从谈起。如前所述，检察文书既是检察程序启动、运行和结束的依据，它严格地体现和承载了检察程序进行的每一步，同时，检察文书也是检察程序运行的必然结果。在整个检察权力的运行过程中，对检察程序的每一步都作出检察文书的严格要求，并以检察文书反过头来制约、监督检察权力的运行。检察权力运行程序的不合法，将会直接导致检察权力运行结果的不合法。在检察权力运行中检察机关的违法行为，将会直接决定着犯罪嫌疑人和其他司法对象能否得到公正的程序权利。因此，实际上检察文书程序的公正是司法程序公正的体现。

（三）检察文书通过保障法律实施，推动司法公信力建设

检察文书是适用法律的工具，依据我国法律的严格要求，它的制作内容必须以案件的事实为根据，以国家的法律为准绳，必须准确地适用法律，准确地体现现代司法理念，体现法律精神，其根本作用就是保证法律的具体实施。在法律规则越来越充沛完善的今天，我国检察程序的每一步都有相关的法律法规依据，检察文书实际上是每一步检察程序的细致体现，以自己的方式发挥作用，将检察权力控制在法律法规限定的范围中。从这个意义上说，检察文书是检察权力运行的承载体，是检察权力具体发生法律效力的载体。此外，检察机关依据法律的授权，承担着执行法律的重大职能，而检察机关执行法律的结果，最终仍然体现为检察文书。这就意味着，检察文书同时也是法律法规最终实现法律拘束力的方式，它是将法律文本最终转化为现实拘束力的重要工具。通过具体实现检察权力以及法律的拘束力，检察文书体现以及保障法律实施，推动司法公信力建设。

（四）检察文书通过承载检察活动，推动司法公信力建设

法律运行的结果，不仅要体现实体正义，而且还要体现程序正义。从某种意义上说，后者是前者实现的方式与途径。而检察文书对检察权力的控制，主要是从程序的价值层面体现出来。当检察权力运行的每一个步骤都体现为检察文书，那么，检察文书实际上就承载和还原了检察权力运行的完整过程。这不仅可以一定程度上保障检察权力运行的规范性，而且也使得检察权力表现为看得见、摸得着的有形过程，是外界尤其是民众了解检察信息的基本依据。

权力应当在阳光下运行。在我国，每一个案件从侦查机关立案，到检察机

关审查起诉，再到法院的司法审判，法律都尽量把每一个过程规定得详尽、细致，做到有法可依。检察阶段不仅连接侦查与审判，而且对这两种司法权力进行监督，由此，检察权力运行是否规范，对于绝大多数刑事案件以及部分民事案件都具有至关重要的影响力。甚至于，检察权力运行的规范性，一定程度上决定了公众对案件审判结果的信任度和信服度。因此，整个司法程序的合法，检察程序的合法性是其中极其重要的一环。审判人员通过考察检察文书的规范性和合法性，来判断案件审理前的程序是否完备、合法，从而获得公正审判的基础。当事人也通过检察文书的规范合法，判断整个司法权力的运行是否依法进行，从而得出对司法信任的结论。由此可见，检察文书是检察活动的记录者和检察权力运行的承载者，是司法公信力建设的重要环节。

三、我国当前检察文书普遍存在的问题

毋庸讳言，我国检察文书仍然普遍存在着较为严重的问题，这些问题，对我国司法权的公信力建设造成了深刻的影响。

（一）我国当前的检察文书严重缺乏释法说理

检察文书不仅是对检察权力运行的简单记载，同时也是连接法律规范与具体案例的纽带。检察文书的核心功能，是将案件的事实部分与法律的规范部分结合起来，最终将法律规范转化为现实拘束力，实现法律的效力。在我国当前的检察实践中，普遍地存在检察文书不重视释法说理，将检察文书视为简单程序性要求的倾向。基于成文法的封闭、不周延以及法律语言的模糊性，法律中必然存在大量的弹性条款，检察文书应当对法律的适用以及实施的认定做出相应的说明，解释法律规范与具体事实之间的对应关系何以成立。即便法律规范清楚明白，对于案件的当事人及社会公众而言，了解法律的适用过程和推理过程，对于理解法律运行，并对检察工作及司法权力产生认同和信服，是极为重要的。检察文书缺乏释法说理，这将最终对检察文书的说服力产生影响，并最终影响到司法公信力的建设。

（二）我国现行的检察文书种类繁杂但格式简单

我国对检察文书的类型和格式有统一的法律规定，依据是 2002 年由最高人民检察院颁发的《人民检察院法律文书格式（样本）》。相比起最高检过往的检察文书版式，现行的文书版式有较大进步，但随着社会发展以及检察实践的检验，也体现出来不少问题。

首先，我国现行的检察文书种类繁多，但往往结构简单，从形式结构上限制了检察人员认定和判断事实过程的记载。这使得我国现行的法律文书往往内容贫乏，很难对案件的事实以及法律适用进行详尽的描述。内容简陋的直接后

果是，外界纵然能从检察文书构建的体系中还原案件办理的法律程序，但无法从中窥探办案人员对事实部分和法律部分的思考过程，这大大降低了检察文书的说服力，也制约了检察文书体现司法客观公正的功能。

其次，在众多的检察文书中，"填充式"的法律文书占了很大比例。总结起来，只有刑事起诉书等寥寥十余种重要的检察文书不能填充完成，其他的基本上只需要办案人员简单填写即可。甚至于在这些检察文书对法条的援引也只需要罗列即可，而无须说明适用法律法规的理由，更不需要进行论证分析。随着社会发展加速，案件类型也日益复杂，这种简单的文书格式一定程度上与社会脱节，从长远来看，必然会对检察权力运行的权威性和公信力造成影响，进而影响司法公信力。

(三) 我国现行的检察文书，对认定事实和采信证据，皆缺乏应有的分析

事实与证据，是检察工作中对案件进行事实认定的两个基本部分，也是正确适用法律的逻辑前提。但案件事实是法律事实，而并非客观事实。案件已经发生，绝对精确还原几乎不可能，这就需要检察人员通过主观能动性，在结合证据的基础上，利用逻辑推理得出法律层面的事实认定结论。但现实的检察工作中，往往对这一部分缺乏应有的重视，并不阐明对案件事实的还原过程和认识依据，而仅仅简单地把证据罗列出来。从文书的写作中，窥探不出办案人员的思维和推理过程。即便是存在具有一定分歧的证据，也很少对分歧进行分析甄别，对证据取舍不做说明。有些案件比较复杂，证据繁多，而检察官也很少阐明证据链条如何构建。甚至于，检察实践中还有许多案件，证据列举形式化，仅笼统列出证据名目，连证据的内容都不做说明。以上这些，在检察工作中普遍存在。

四、司法公信力导向下我国检察文书的制度完善

从以上的论述中，我们可以得出结论：检察文书并不仅仅是检察权力运行的简单记录，实际上还承载着深刻的法理价值，对于司法公信力建设而言，检察文书具有举足轻重的功能和促进作用。因此，将检察文书设定到司法公信力的高度，反照我国检察文书的制度构建，以此为逻辑，审视我国检察文书制度存在的问题，并加以改进。这个过程，从本质上说，同时也是司法公信力构建的过程。因此，从制度上完善我国的检察文书，对于司法公信力建设具有重要意义。总的来说，包括以下几个方面：

(一) 完善我国检察文书的释法说理机制

释法说理，是检察文书应当坚持的核心问题之一，要达成这一点，应当保证检察文书在事实认定以及法律适用这两个方面做出充分的理由阐释，并详细

列出法律适用依据。在西方学者眼里,"陈述判决理由是公平的精髓"。[①] 说明适用理由是法律文书的灵魂,是将事实和结果有机联系的纽带。我们要做到公正,就要对法律适用进行合理说明。应结合个案事实,对具体适用法律某一条款作为裁判依据的理由予以解释,必要时要对法律条款进行详尽的解释,以向当事人昭示所选用法条的原因及其内涵,达到明理的目的。在具体处置上,要对其选择作出详尽说明,而不能简单列出裁判依据的法律条款。

检察文书应当注重法理分析,它决定着绝大部分刑事案件和部分民事案件的诉讼程序推进,对当事人来讲至关重要,因此,检察文书释法说理必须能起到说服当事人的作用,起码让这些当事人看得懂,并进一步体现文书的说服力。要达成这一点,一则应当在检察文书中阐明法律适用的理由,将客观事实认定与法律适用之间的逻辑关系清楚地表述出来。"司法审查中的定性就是把查明的事实(客观事实)解释成法律规范设定的事实(规范事实),因而,法律文书说理的重点就在于:为什么把客观事实解释、抽象成某一法律规范设定的事实,即证明客观事实与法律规范设定的事实之间存在同一性的置换关系。"[②] 此外,倘若在适用法律的过程中存在争议,还应详细说明何以采用相关观点和解释的理由,让当事人清楚明白。

检察文书的法理分析,应当注重法理的逻辑性和规范性。一方面,要尽量做到案件事实与法律之间的内在逻辑关系;另一方面,也应保持法理分析语言的准确和清晰,针对不同的个案,体现法理分析的针对性。[③]

此外,还应当保证检察文书中适用法律的准确性。基于检察文书对当事人权力至关重要的影响力,在适用法律的时候,应当做到全面、具体并且准确,无论是实体法还是程序法,只要有直接联系,就必须引用。凡是用法律、法规、规章对认定事实的各项内容做出解释的都必须引用;凡是要引用的法律、法规、规章必须有针对性地引用到条、款、项、目;凡是引用的法律条款,必须与案件事实和性质相适应。

(二)完善我国检察文书对事实认定的阐述机制

在理想状态上,检察文书所认定的案件事实应当符合客观真实,但实际上

[①] 彼得·斯坦:《西方社会的法律价值》,中国人民公安大学出版社1990年版,第90页。

[②] 刘星:《司法中的法律论证资源辨析:在"充分"上追问——基于一份终审裁定书》,载《法制与社会发展》2005年第1期。

[③] 方工、冯英菊:《释法说理:检察法律文书的改进与规范》,载《人民检察》2007年第12期。

这一点已被论证为不可能。检察文书能够获取的案件事实，只可能是检察官通过侦查程序中获取的证据，依据证据的推理规则还原的法律真实，它跟客观真实具有一定区别。因此，检察文书所认定的案件事实，只能是依据证据法则推导出来的结论。这就对检察文书的事实阐述提出了必要性的要求。检察文书应当注重对案件事实进行分析论证，并充分论证证据的采信。事实认定是司法的逻辑前提，它以证据为依据，以逻辑推理为基础。在阐述案件事实的时候，检察文书应当对证据做逐一的分析，并给出采信与否的理由。尤其是针对有争议的事实，应当对争议进行分析与澄清，详细阐述认定的法律依据与逻辑推理过程，从而让检察文书具有更强的说服力。关于检察文书中的证据认定，要紧密结合证据三性，分析证据的有无、辨别证据的真伪，评价证据效力的强弱及与案件事实的关联性。对以上这些，最高人民检察院应当出台相应的规范，明确规定检察文书对事实认定的要求，或者颁布具有指导意义的范本，对检察文书进行相应的指引。

（三）完善我国检察文书制作的程序性规定

检察文书主要体现法律的程序价值，必须由检察机关依据一定的程序来制作。"程序公正给当事人一种公平待遇之感。它能够促进解决，并增进双方之间的信任，没有信任，这种制度将无以复存。"① 因此，检察文书不同于一般文书，违反程序性规定的直接后果，是导致检察文书的不合法甚至无效。因此，检察文书的制作程序极为重要，也是其体现和实现司法权力自我约束力的重要方式。然而，我国现行法律法规对检察文书制作程序的相关规定很少，偶有规定，也相对比较粗疏，尚未建立一整套检察文书制作、审查、批准、签发、生效的公文程序。这一定程度上说，是我国法律重实体轻程序的表现。实际上，规范检察文书制作程序，对于保证检察文书的合法性、规范司法文书制作主体和制作行为以及全面提高检察文书的质量和效率是大有裨益的。作为法律活动领域中具有法律效力和法律正文的司法文书来讲，更应该注意其操作的程序规范化。因此，应当进一步完善相关的诉讼程序法，对检察文书的制作流程和传递程序作出明确而细致的规定，严格规定检察文书制作的主体、客体、效力、制作权限等。这对于促进检察文书的规范化，进而以此为基础，对检察权力运行的规范进行规制，从而促进我国司法公信力建设，是极为有益的。

（四）规范我国检察文书的格式

检察文书作为司法文书的一种，其格式化的特征比较突出，主要目的是在司法活动中，保证检察文书在制作上的一致，一定程度上避免权力运行过程中

---

① ［美］戈尔丁：《法律哲学》，齐海滨译，三联书店1987年版，第241页。

的人为干扰。譬如包括文书的标题、案号、法条的援引、文书字体、标点符号、计量单位的使用、数字的书写、文书用纸、印制版式以及印章的使用等。对上述技术性问题，检察机关内部要求统一，并在审核、签发时严格把关。此外，上述的技术性要求，在多个司法部门之间也应当具有一定的一致性，应根据有关法律规定如《计量法》，几家联合行文，作出统一的具体规范，以消除文书制作中技术性问题的混乱，确保检察文书的严肃性。

司法公信力的建设是一个综合的问题，需要国家、社会各个方面的齐头并进共同努力。本文选择探讨了其中一个容易被忽视的方面，但其意义却不容低估。理顺检察文书与司法公信力建设之间的关系，其目的并不仅仅在于做理论上的挖掘，更多的是在厘定二者之间关系的基础上，构思如何通过加强检察文书的制度建设，来推进司法公信力的建设问题。

（本文荣获女检察官学习贯彻落实"两法"征文活动三等奖）

聚焦刑事诉讼法修改

检察监督

刑事诉讼法再修改视角下的刑事诉讼监督规范化

卢 希[*]

2012年3月14日十一届全国人大五次会议通过了《关于修改〈中华人民共和国刑事诉讼法〉的决定》，对我国现行刑事诉讼法律制度作出了重要补充和完善，这既是深化司法体制和工作机制改革的重要成果，也是完善中国特色社会主义法律体系的重大举措，对于提高司法机关有效惩治犯罪的能力和效率、保障当事人合法权益、维护社会和谐稳定等方面具有重要意义。新刑事诉讼法将于2013年1月1日起施行，新法所确立的一系列新的刑事诉讼规则，对检察机关履行刑事诉讼监督职责提出了全新要求。

一、检察机关强化刑事诉讼监督具有现实能动的内外动因

在我国检察机关的诉讼监督法律体系中，相对于民事诉讼监督、行政诉讼监督而言，刑事诉讼监督是一种在站位上最突出、在立法上最完备、在实践中最丰富的诉讼监督制度。不断强化刑事诉讼监督、维护社会公平正义，不仅是中央的明确要求和人民群众的迫切需要，更是检察机关义不容辞的神圣职责，是检察机关的立业之基、立身之本。因此，在司法实践中一直有一种强化诉讼监督的"现实能动"，这在刑事诉讼监督领域表现得尤为突出，其主要表现形式为"扩权"，而这种要求既有内在动因，又有外在要求。

（一）长期法律依据的缺位使得检察机关有"扩权"的内在动因

长期以来我国有关诉讼监督的法律依据一是不够充分，二是比较分散，法律位阶上存在降格化倾向，缺少专门性法律，这导致本应在国家立法层面解决

---

[*] 作者单位：北京市人民检察院。

的问题降格到地方性立法中解决,无形中弱化了监督力度。① 2008年9月25日,北京市人大常委会作出《关于加强人民检察院对诉讼活动的法律监督工作的决议》。决议引发了全国性的诉讼监督热潮,目前全国31个省、直辖市、自治区的人大常委会都作出了关于加强检察机关对诉讼活动法律监督的决议或决定,支持和规范检察机关的诉讼监督工作。② 始于北京的这一法治现象,也为出台法律监督的相关立法工作积累了宝贵经验。③ 从一系列决议、决定的实际效果来看,一方面使诉讼监督改变了以往疲软被动的状态,检察权的行使更为顺畅。另一方面,也促使法院、检察院关系更加和谐,积极合作、密切配合、上下协同。但是,从长远角度看,检察机关作为宪法所规定的专门的法律监督机关,其监督权尚无法律的基本依据和完整依据,这不能不说是一大缺憾。④ 因此,检察机关一直期待在国家立法层面能够有所突破,反映在实践中就是出台了很多延伸检察职能、强化诉讼监督的具体改革措施,而此次刑事诉讼法再修改可以说对检察机关的要求和实践有了比较明确的、系统的回应和确认。

(二) 现实存在的司法需求使得检察机关有"扩权"的外在动因

诉讼监督是对包括刑事诉讼、民事诉讼和行政诉讼的全部诉讼活动、整个诉讼过程的监督,包括诉讼中的一般违法行为和犯罪行为。⑤ 其中,诉讼监督的范围一直是理论与实务界共同关心的一个重要问题,关于扩大诉讼监督范围的呼声一直很高,如在2011年4月举行的第十二届全国检察理论年会上,无论是检察实务界还是法学理论界,都出现了很多主张"扩权"的声音。这与现实的需要是分不开的,当前刑事诉讼活动中存在一些违法现象,人民群众对此意见很大,期待检察机关通过强化诉讼监督来维护公平正义,这也是此次刑事诉讼法修改的基本背景之一,因此说,人民群众日益增长的司法需求对检察

---

① 参见《北京加强诉讼法律监督决议引发全国性诉讼监督潮》,载《检察日报》2011年5月3日。

② 甚至一些市级人大常委会也出台了类似决议、决定,如2010年8月27日,河南省郑州市第十三届人大常委会第十三次会议通过了《关于加强检察机关法律监督工作的决议》,参见邓红阳:《检察建议如何摆脱"束之高阁"窘境》,载《法制日报》2011年6月9日。

③ 参见甄贞:《法律监督专门化立法之必要性考察》,载《人民检察》2011年第9期。

④ 参见汤维建:《"检察监督法"与其他法律的关系》,载《检察日报》2011年6月8日。

⑤ 参见王桂五主编:《中华人民共和国检察制度研究》,法律出版社1991年版,第265页。

机关扩大诉讼监督权具有一定的推动作用，是主要的外在动因。

但同时笔者注意到，也有人反对诉讼监督范围的片面扩大化，主张理性延伸诉讼监督触角，保持诉讼监督的谦抑性，将诉讼监督工作的重点放在"对现有监督职责的落实上"。对此，笔者认为扩权的前提有两个：一是有必要延伸职能，二是有能力延伸职能。当前，一方面是诉讼活动中的执法不公和司法腐败现象较为严重，另一方面是检力资源的相对有限、增长缓慢，二者之间的矛盾非常突出。为了将有限的诉讼监督资源集中于最需要关注的问题上，应当考虑哪些情况不必列入诉讼监督的范畴。检察机关在理性拓展监督范围时要特别注意尊重诉讼活动的规律，尊重被监督权力自身的特点，保持必要的谦抑性，而坚持诉讼监督的谦抑性是由检察机关诉讼监督的地位、诉讼监督效力的有限性和诉讼监督力量的有限性所共同决定的。① 此外，无论是诉讼监督的对象和范围，还是手段和方式，都是法律明确规定的。② 因此，不得任意扩大诉讼监督的范围，强化诉讼监督也不可能通过片面扩大诉讼监督的范围来实现。③

具体到刑事诉讼监督领域，就是要坚持有错必纠，④ 刑事诉讼监督的范围是有限的，检察机关只能根据法律的授权来进行，对于法律规定的监督对象，运用法律规定的监督手段，并依照法定程序进行监督，不能任意扩大或缩小监督的范围。检察机关必须遵循"敢于监督、善于监督、依法监督、规范监督"的要求，在法律规定的范围内行使监督权，特别是不能任意对法律没有规定的对象、行为或事项进行监督。

---

① 检察机关是国家法律监督机关，这种监督是一种专门监督，是整个司法制度中最后的纠错手段；诉讼监督的效力要在与其他机关的配合与制约中得到体现，纠错具有间接性；检察机关自身的人力物力资源有限，必须考虑投入和产出的关系，所以要突出监督的重点，不可能全面出击。参见童建明：《加强诉讼监督需把握好的若干关系》，载《国家检察官学院学报》2010年第5期。

② 参见王会甫：《试论"小院整合"后诉讼监督机制构建》，载《人民检察》2011年第2期。

③ 在2011年6月2～3日由武汉市人民检察院、武汉市法学会共同主办的"刑事诉讼法律监督理论与实务"研讨会上，中国政法大学的陈光中、卞建林、宋英辉，四川大学的龙宗智等一批知名学者对刑事诉讼法律监督职能的拓展进行了深入讨论，认为应当坚持依法拓展、有限拓展、兼顾公正与效率、统筹协调四大原则，值得关注。参见《准确定位依法拓展加强刑事诉讼法律监督》，载《检察日报》2011年6月10日。

④ 参见吕涛、杨红光：《刑事诉讼监督新论》，载《人民检察》2011年第8期。

二、新法在强化检察机关刑事诉讼监督职能的同时也强调规范

强化检察机关对刑事诉讼活动的法律监督,维护社会公平正义,切实保障犯罪嫌疑人、被告人和其他诉讼参与人的合法权益,是此次刑事诉讼法修改的重要内容。此次刑事诉讼法修改所确立的许多条文都是近年来司法改革成果的固化和提升,但随着这些司法实践经验上升为法律,其在实践中的随意性、不规范性、不统一性必然受到限制和法律的约束。① 因此,从这一角度说,此次修法将强化刑事诉讼监督纳入了规范化、制度化、法治化的轨道,主要体现在以下三个方面:

(一) 监督内涵更加丰富,监督范围适度扩大

1996 年刑事诉讼法明确规定了"人民检察院依法对刑事诉讼实行法律监督",从监督内涵和范围看,检察机关对刑事诉讼活动的法律监督主要体现在四个方面,即立案监督、侦查监督、审判监督、执行监督。此次刑事诉讼法修改,为强化检察机关的刑事诉讼监督职能,回应司法实践的需求,在立法层面增加了十个方面的监督内容,进一步扩大了监督范围:一是加强检察机关对羁押执行的监督,设立了逮捕后羁押必要性审查程序。二是对指定居所监视居住的决定和执行的监督。三是对阻碍辩护人、诉讼代理人行使诉讼权利的违法行为的监督。四是通过依法排除非法证据,加强对非法取证行为的监督。五是明确检察机关对查封、扣押、冻结等侦查措施的监督。六是加强对简易程序审判活动的监督。七是将量刑纳入法庭审理过程中,强化对量刑活动的监督制约。八是完善死刑复核法律监督。九是完善检察机关对减刑、假释和暂予监外执行的法律监督。十是增加对强制医疗的决定和执行的监督。② 新法按照"有权力必有监督,有权力必受制约"的理念,将监督贯穿始终,从立案一直到特别程序都贯彻了检察机关的法律监督,使得以往许多司法实践中的监督盲点和监督死角都得以纳入监督视野,确保了刑事诉讼监督的全面性、全程性、系统性。

(二) 监督手段更趋多样,监督效力日渐明确

"监督者能做什么"、"应该怎么做"、"按照什么方式来行使权力"、"行使监督权有哪些效力",等等,这些问题一直都是诉讼监督研究和讨论的重

---

① 参见甄贞:《立足法律监督定位切实履行刑事诉讼监督职能》,载《人民检察》2012 年第 7 期。

② 参见陈国庆:《全面强化检察机关对刑事诉讼活动的法律监督》,载《人民检察》2012 年第 7 期。

点，归根到底就是因为监督手段和监督效力对监督效果具有较强的制约关系，监督手段的多样化可以使检察机关在开展监督时拥有更多选项，甚至可以打出"组合拳"；而监督效力的明确化可以将检察机关行使监督权的效果和作用力预先昭示，甚至实现"不战而屈人之兵"。因此，人民检察院具有明确的监督手段和刚性的监督效力是检察机关实现监督职能的重要保障。[①] 长期以来，检察机关行使诉讼监督权时，因缺乏监督手段或者监督效力不明确而影响监督的实效。此次刑事诉讼法修改，注意总结司法实践经验和理论研究成果，适当增加了诉讼监督的手段，明确了诉讼监督的效力。例如，在贯彻非法证据排除规则、强化侦查监督方面，修改后的《刑事诉讼法》规定："人民检察院接到报案、控告、举报或者发现侦查人员以非法方法收集证据的，应当进行调查核实。对于确有以非法方法收集证据情形的，应当提出纠正意见；构成犯罪的，依法追究刑事责任。"显然，发现违法行为是纠正违法行为的前提，要强化检察机关的侦查监督，要保证检察机关的知情权和调查权，因此授权检察机关对侦查机关非法取证行为进行调查核实，是十分必要和有效的。[②]

同时，为了改变实践中监督滞后的情况，也为了保障检察机关的知情权，以便适时开展监督，立法明确有关机关在采取某种诉讼行为或者作出诉讼决定时，要将相关行为或者决定同时告知检察机关。[③] 例如，修改后的《刑事诉讼法》规定，监狱、看守所提出暂予监外执行的书面意见的，应当将书面意见的副本抄送人民检察院。人民检察院可以向决定或者批准机关提出书面意见。

此外，针对实践中监督乏力、监督效果不明确的问题，修正案也作了一些补充性、强制性的规定。例如，为了减少不必要的审前羁押，修正案新增规定，犯罪嫌疑人、被告人被逮捕后，人民检察院仍应当对羁押的必要性进行审查。对于不需要羁押的，应当建议予以释放或者变更强制措施。并且规定，检察机关提出释放或者变更强制措施的建议后，"有关机关应当在十日以内将处理情况通知人民检察院"。[④]

（三）监督责任更加强化，监督程序得到健全

检察机关诉讼监督权是通过参与具体诉讼程序进行的，在诉讼参与中完成

[①] 参见张国臣：《通过羁押必要性审查监督"以捕代侦"》，载《法制日报》2012年6月5日。

[②] 参见张国臣：《新刑诉法法律监督规定呈现四个特色》，载《检察日报》2012年5月27日。

[③] 参见陈卫东：《"关于修改刑事诉讼法的决定"专家解读：新刑诉法从九方面规范强化法律监督》，载《检察日报》2012年4月1日。

[④] 卞建林：《中国特色刑事诉讼制度的重大发展》，载《法学杂志》2012年第5期。

其诉讼监督职能。在我国，人民检察院在刑事诉讼中不仅是国家公诉机关，同时还是国家法律监督机关。① 因此，检察机关应当妥善处理好所承担的诉讼职能与诉讼监督职能的关系，着力保证法律的正确实施，实现司法的公平正义，维护犯罪嫌疑人、被告人及其辩护人的合法权益。此次立法修改，注意强化了检察机关履行诉讼监督职能方面的责任。例如，为维护辩护人的合法权益，保证辩护人依法履行职务，根据修改后的《刑事诉讼法》的规定，辩护人、诉讼代理人认为公安机关、人民检察院、人民法院及其工作人员阻碍其依法行使诉讼权利的，有权向同级或者上一级人民检察院申诉或者控告。人民检察院对申诉或者控告应当及时进行审查，情况属实的，通知有关机关予以纠正。

三、检察机关应当从宏观和微观两个层面推动强化刑事诉讼监督由现实能动向制度理性回归

无论是省级人大出台加强检察机关对诉讼活动法律监督的《决议》或《决定》，还是三大诉讼法的修改，都为检察机关强化诉讼监督工作提供了实践基础、丰富了立法经验，有利于推动诉讼监督从对立性监督走向统一性监督、从现实能动监督走向制度理性监督，这将是一个不断调整、规范，再调整、再规范的过程。② 特别是在刑事诉讼法再修改这一特定语境下，检察机关应当以此为契机，从宏观理念和微观措施两个层面，推动刑事诉讼监督由现实能动向制度理性回归。

（一）宏观理念

如果观念落后于制度，势必会造成"行动中的法律"与"纸面上的法律"之间存在"缝隙"，从实践层面看，观念更新与制度创新是相辅相成的。法律修订毕竟是改革旧做法、创制新规则，因此，真正做到观念与实践的"无缝对接"，将强化刑事诉讼监督的现实能动与制度理性有机结合起来，关键在于强化四个意识。

一是强化证据意识。证据是诉讼的基石，在刑事诉讼中，从立案、侦查、起诉到审判，全部诉讼活动都是围绕证据来展开和推进的。本次刑事诉讼法修

---

① 参见樊崇义：《"关于修改刑事诉讼法的决定"专家解读：刑事诉讼法律监督规定从抽象走向具体》，载《检察日报》2012年4月13日。

② 在2012年6月16日召开的"第三届刑事诉讼监督论坛"上，北京市人民检察院慕平检察长指出："检察机关学习、贯彻、落实修改后的刑诉法，全面履行刑事诉讼监督职能，需要面临适调角色定位冲突、转变监督工作理念、协调强化诉讼监督与遵循诉讼规律关系、处理司法改革与严格执法关系等多方面的挑战。"参见张伯晋：《如何应对刑诉法修改对诉讼监督的新挑战》，载《检察日报》2012年6月22日。

改虽然没有明确在文本上明确写入证据裁判原则，但在具体规范上却体现了该原则的精神，如第 49 条首次对刑事诉讼的举证责任作出了明确规定，进一步强化了控方的举证责任，这对于处理事实真伪不明的刑事案件具有重要的现实意义。① 又如第 53 条完善了刑事案件证明标准，确立了"排除合理怀疑"的证明标准，以求刑事司法人员从主观方面印证"证据确实、充分"的客观要求。检察机关对刑事诉讼的参与程度很高，侦查、批捕、起诉、审判等诸多环节都有检察机关的身影，因此，检察官必须强化证据意识，坚持从证据出发认定案件事实，推动刑事司法活动的整体质量和水平。检察机关不仅在审查起诉中要做到"重证据，重调查研究，不轻信口供"，在诉讼监督中更注意用证据说话，如第 55 条人民检察院对侦查机关非法取证的审查与核实、第 86 条人民检察院对侦查活动重大违法行为的调查核实，等等，这些都需要通过证据来证实。需要注意的是，作为一种理性自觉，证据意识要求人们能够正确认识证据的本质及其诉讼价值，并能够自觉运用证据认定事实和解决争端。同时，证据意识也是一种本能，是人们在诉讼中或者诉讼外自动养成收集、保存、运用证据的习惯，决定着人们对于证据基本问题的态度。② 检察机关在强化刑事诉讼监督时，要从口供本位向物证书证本位转变、由关注证据客观性向关注证据合法性转变、由"抓人破案"向"证据定案"转变。

二是强化程序意识。刑事诉讼法作为程序法，其立法价值在于以程序正义实现法律的公平正义，从程序正义通向实体正义。③ 现代社会，"事实真相的发现和结论的正确性已经不是司法活动的唯一目标，司法还必须实现程序的正义，在追求'真'的同时，也在追求'善'。强化程序意识，就要遵守程序法定原则、就要强化控辩平等、就要确保程序公开透明、就要尊重程序的终结性。"④ 从程序公正的内涵看，公开是程序公正的根本属性，中立是程序公正的基本特征，制约是程序公正的基础，民主是程序公正的重要体现，效率是程序公正的必然要求，和谐是程序公正的重要因素。⑤ 具体到检察机关，其在开

---

① 参见沈德咏：《树立现代刑事司法观念是正确实施刑事诉讼法的必由之路》，载《人民法院报》2012 年 6 月 5 日。

② 参见樊崇义、张中：《证据意识：刑事诉讼的灵魂》，载《检察日报》2012 年 6 月 13 日。

③ 参见《强化程序意识确保司法程序合法公正》，载《法制日报》2012 年 5 月 31 日。

④ 陈卫东：《程序意识：求真的同时还要求"善"》，载《检察日报》2012 年 6 月 11 日。

⑤ 参见黄尔梅：《认真贯彻修改后刑事诉讼法切实保障刑事司法程序公正》，载《人民法院报》2012 年 6 月 13 日。

展刑事诉讼监督的过程中强化程序意识关键在于把握"三要":一要严格执行,健全执法规范;二要依法保障律师合法的诉讼权益,创造良好的职业环境;三要依法规范庭审活动,保障简易程序公诉人出庭,认真落实证人、鉴定人出庭。

三是强化时效意识。强调时效,必须以保证质量为前提,没有质量的效率是一种无价值的效率。讲求司法效率,主要在于防止发生不必要、不合理的诉讼拖延。因此,必须通过优化资源配置,合理分配检力资源,用好修改后刑事诉讼法赋予的程序、措施和手段,着力提高司法效率,牢固树立时限意识,不允许超期羁押,对于申请延长期限的也要从严把握,正确理解延长办案期限的立法意图。① 以守时为原则,以延长为例外,努力实现公正与效率的有机统一。

四是强化权限意识。监督不越权,制约不逾矩。司法机关在办理刑事案件中分工负责、互相配合、互相制约,是宪法和刑事诉讼法规定的基本原则,这次刑事诉讼法修改,通过完善刑事诉讼程序,优化司法职权配置,进一步落实了这一原则。侦查权、起诉权、审判权、执行权分别由不同的司法机关行使,检察机关在强化监督时要特别注意不要越权逾矩,影响其他司法机关独立、正常行使的权力。② 这里面,检察机关一定要注意把握住诉讼监督的"度",注意各种监督手段的有效衔接和综合运用。比如说目前检察机关启动再审程序的方式主要有再审检察建议和抗诉,是不是符合抗诉条件的我们都要提抗,在新刑事诉讼法给予检察机关多种监督手段的时候,检察机关应当注意到监督手段的层次性和递进性,在法律容许的裁量幅度内尽可能给予被监督者自我纠正的空间。③

(二)微观措施

一是强化业务专题研究。刑事诉讼法中规定的立案监督、侦查监督、审判监督、执行监督等各个程序之间条块分割比较明显,不同程序中都有不同的特点、要求,监督的侧重点不尽相同。因此,由各部门对新修订刑事诉讼法中涉及到本部门工作的新变化、新挑战、新问题,结合最高人民法院、最高人民检

---

① 参见宋英辉、王贞会:《时效意识:公正前提下实现效率价值》,载《检察日报》2012年6月14日。

② 参见程晓璐:《检察机关诉讼监督的谦抑性》,载《国家检察官学院学报》2012年第2期。

③ 笔者也注意到此次刑事诉讼法修改后,一些学者也提出:"在审判活动中加强检察机关法律监督,必然涉及与审判权的关系问题,并且强调,审判权威是法律有效实施的前提条件,审判没有权威,法律就没有权威。"参见龙宗智:《理性对待法律修改慎重使用新增权力——检察机关如何应对刑诉法修改的思考》,载《国家检察官学院学报》2012年第3期。

察院出台的相关司法解释，进行专题研究就显得十分必要。

二是优化检力资源配置。新修订的刑事诉讼法给检察机关在扩充诉讼监督权的同时，也相应地增加了工作量，如简易程序要求检察院应当派员出庭；有些新规定还缩短了时限，如第二审程序中检察院查阅案卷的时间限定为1个月，等等。上述这些新变化，要求检察机关内部在检力资源的调配方面要根据工作量和时限的变化，在上级院与下级院之间、各个业务部门之间、业务部门与非业务部门之间都要作出相应调整。

三是协调做好检务保障。"徒法不足以自行"，新法实施后，不仅需要增加检力资源，而且也需要加大经费投入，因为工作职责的增加必然会相应增加业务经费，这对检务保障提出了更高的要求。如第210条规定适用简易程序审理公诉案件，人民检察院应当派员出庭，由此产生的检察机关出庭业务经费就需要积极协调各级财政部门尽快落实。

四是组织进行先期试点。如前所述，这次刑事诉讼法修改的一大特点就是适度拓宽了诉讼监督范围，这些新领域大多没有现成的经验和先例模式可供借鉴参考，如羁押必要性审查、指定居所监视居住的决定和执行的监督、对非法取证行为的监督等。针对这些新的诉讼监督领域，可以通过指定若干检察院或者职能部门进行先期试点，组织实战演练，从中发现问题、了解情况、积累经验，为2013年1月1日新刑事诉讼法的顺利实施和新旧法的衔接过渡奠定基础。

五是公检法司协调联动。无论是诉讼环节还是监督环节，很多问题不是检察机关一家就可以解决的，需要公、检、法、司互相协调配合才能最终落实，因此要加强这方面的工作联动。比如说简易程序检察院派员出庭的问题，司法实践中适用简易程序的案件量较大，如果像普通程序一样件件出庭，检察院所面临的工作量会呈几何倍数递增。因此，协调法院采取集中开庭审理、检察院集中派员出庭的联动模式，以便提高诉讼效率，解决"案多人少"的难题。

六是内部流程修改规范。新法实施后，对检察机关内部工作流程也有较大影响，如法律文书的格式和内容、办案流程、案件质量考核、案件管理、检务公开。这些都需要提前作出清理、修改和完善，从而在配套措施方面保障新旧刑诉法有序过渡。

(本文荣获女检察官学习贯彻落实"两法"征文活动二等奖)

新刑事诉讼法背景下检察机关强化
诉讼监督问题研究

刘宝霞[*]

2012 年 3 月 14 日，历经数年酝酿的刑事诉讼法修订工作终于落下帷幕，由第十一届全国人民代表大会第五次会议通过的新刑事诉讼法于 2013 年 1 月 1 日起施行。此次刑事诉讼法的修订，既融合了先进的现代司法理念，又顾及并妥善处理了当前中国社会所出现的阶段性问题；既注重尊重和保障人权，又为有力打击犯罪提供了更多的切实保障；既是多年来我国司法实践经验的总结，也是未来我国诉讼制度发展的风向标。此次刑事诉讼法的修改对检察工作影响深远、意义重大。修改后的刑事诉讼法的一个重要特点，就是全面强化了检察机关的各项职能，使检察机关的侦查权、公诉权、司法救济和监督权都得到了不同程度的增强。笔者认为，必须对新刑诉法修改后检察机关的诉讼监督职能具有全新的认识，在充分认清检察机关刑事诉讼监督职能面临的全新挑战的基础上，逐步探索找寻检察机关进一步强化诉讼监督职能的具体路径。唯有如此，才能将新刑诉法赋予检察机关的各项新职能落到实处，更好地发挥检察机关在确保刑事案件实体公正和程序正义方面的作用。

一、对新刑事诉讼法修改背景下检察机关诉讼监督职能的两点认识

对诉讼活动进行监督，是宪法和法律赋予人民检察院的重要职责，是我国检察制度的重要特色，也是检察机关法律监督的宪法地位和职能的重要体现。诉讼监督是法律监督的重要组成部分，是检察机关为维护法律的统一正确实施和司法活动的公正高效权威，依照法定的程序和手段，发现侦查机关、审判机关、刑罚执行和监管机关及工作人员诉讼活动中的实体错误、程序违法和渎职行为，并采取抗诉、再审检察建议、纠正违法通知书、检察意见、建议更换办

---

[*] 作者单位：天津市人民检察院第一分院。

案人等方式予以纠正的专门性法律监督活动。① 诉讼监督在本质上是一种对权力运行的制约和监督。对检察机关诉讼监督职能的强化是此次刑事诉讼法修改的一个突出特点。党的十八大强调要建立健全权力运行的制约和监督体系。检察权作为一项国家权力，在整个国家权力系统中有着自己独特的地位和功能。不断强化诉讼监督、维护社会公平正义，不仅是中央的明确要求和人民群众的迫切需要，也是检察机关义不容辞的神圣职责，更是检察机关的立业之基、立身之本。

（一）新刑事诉讼法强化检察机关诉讼监督职能的新规定

此次刑事诉讼法修改对检察功能进行了全面强化，增强了侦查权、公诉权、司法救济权、诉讼监督权等权能。其中，为强化检察机关的诉讼监督职能，回应司法实践的需求，在立法层面增加了十个方面的监督内容，进一步扩大了监督范围：一是加强检察机关对羁押执行的监督，设立了逮捕后羁押必要性审查程序；二是对指定居所监视居住的决定和执行的监督；三是对阻碍辩护人、诉讼代理人刑事诉讼权利的违法行为的监督；四是通过依法排除非法证据，加强对非法取证行为的监督；五是明确检察机关对查封、扣押、冻结等侦查措施的监督；六是加强对简易程序审判活动的监督；七是将量刑纳入法庭审理过程中，强化对量刑活动的监督制约；八是完善死刑复核法律监督；九是完善检察机关对减刑、假释和暂予监外执行的法律监督；十是增加对强制医疗的决定和执行的监督。② 新法按照"有权力必有监督，有权力必受制约"的理念，将监督贯穿始终，从立案到特别程序的整个诉讼过程都贯彻了检察机关的诉讼监督功能，确保了诉讼监督的全面性、全程性和系统性。

（二）刑事诉讼法修改后检察机关诉讼监督职能的新特点

1. 进一步突出了权力监督的性质

检察机关的法律监督性质是由社会主义的国家政体决定的。③ 根据宪法，我国的一切权力属于人民。人民通过选举人民代表组成地方和全国人民代表大会。人民代表大会组织各级国家机关。国家机关向人民代表大会负责，人民代表大会向人民负责。为了保证其他国家机关忠实地履行宪法和法律，由检察机关对其他国家机关行使权力的过程和结果进行法律监督，赋予检察机

---

① 参见张智辉主编：《中国检察》（第21卷），中国检察出版社2012年版，第46页。
② 参见陈国庆：《全面强化检察机关对刑事诉讼活动的法律监督》，载《人民检察》2012年第7期。
③ 参见韩大元主编：《中国检察制度宪法基础研究》，中国检察出版社2007年版，第118页。

关以法律监督权,是我国内生型监督体系中不可或缺的重要环节,其价值目标首先体现为权力监督制约功能。而诉讼监督正是检察机关在诉讼过程中对侦查机关、审判机关、刑罚执行和监管机关及工作人员诉讼活动中的实体错误、程序违法和渎职行为予以纠正的专门性法律监督活动,是权力监督的重要组成部分。权力缺少了监督就很容易被滥用。例如,当前侦查机关的权力过大,监督制约很少,加之目前侦查人员的总体素质还有待提高,在侦查活动中存在的问题较多,有些已经引起社会公众的强烈反映,如不注意加以解决,将成为影响公正廉洁执法的突出问题。根据修改前刑事诉讼法的规定,检察机关对侦查机关的侦查活动只在审查批捕环节才有机会进行监督制约,而对于侦查机关的违法取证行为,检察机关往往难以及时发现。至于对刑讯逼供等违法行为,往往只有在出现了犯罪嫌疑人重伤、死亡的后果时才能立案查处——监督的滞后和无力使得刑讯逼供等违法行为屡禁不止,难以有效遏制和纠正。[①] 应该说,上述规定存在着原则性过强而无法落到实处的缺陷。新刑事诉讼法加强了检察机关对侦查活动的监督力度,解决了因诉讼监督规定过于空泛所导致的监督不到位的问题。如为防止监视居住措施在实践中被滥用,新刑事诉讼法第73条规定,人民检察院对指定居所监视居住的决定和执行是否合法实行监督;该法第47条指出,辩护人、诉讼代理人认为公安机关、人民检察院、人民法院及其工作人员阻碍其依法行使诉讼权利的,有权向同级或者上一级人民检察院申诉或者控告。人民检察院对申诉或者控告应当及时进行审查,情况属实的,通知有关机关予以纠正。

2. 进一步彰显了保护人权与控制权力并重的宪法精神

在民主和法治的国家,保障公众的基本权利和控制权力的运行是宪法的两大基本任务,而这两大任务又是相辅相成、不可分割的。只有当以"控权"为本质特征的宪法能够被忠实遵守时,人民的基本权利才能够得到有效保障,社会经济才能得到繁荣和发展;同时,只有公民的权利得到充分的维护,才能更好地监督公权力的运行。此次刑事诉讼法的修改,使在保障人权和控制权力运行两个方面分别实现了不同程度的强化和协调,在规定检察机关需加强权力监督的同时,增加了保障公民权利的条款,使各方诉讼参与人在刑事诉讼过程中的权利得到全面有力的维护。根据新刑事诉讼法第93条的规定,犯罪嫌疑人、被告人被捕后,人民检察院仍应当对逮捕后羁押必要性进行审查。既有利于保护犯罪嫌疑人的权利又可以有效防止侦查机关因权力过大而滥用权力。

3. 进一步实现了惩罚犯罪与保障人权的协调统一

---

① 参见黄太云:《刑事诉讼法修改释义》,载《人民检察》2012年第8期。

此次刑事诉讼法修改适应了新形势下惩罚犯罪和保护人权的需要，着力解决当前司法实践中迫切需要解决的若干问题。修改前的刑事诉讼法对检察机关诉讼监督职权的规定存在着不够明确、过于分散等缺陷，制度设计不够精细，监督措施不到位，影响了检察机关诉讼监督职能的发挥。此次诉讼监督职能的强化，既确保了检察机关正确应用法律，惩罚犯罪分子，又保障了无罪的人不受刑事追究，保护公民的诉讼权利和其他合法权利，实现了两大基本任务的有机统一。如在强制措施中规定了对特殊群体、弱势群体的人道主义程序保护措施，如第65条关于适用取保候审的规定："……（三）患有严重疾病、生活不能自理，怀孕或者正在哺乳自己婴儿的妇女，采取取保候审不致发生社会危险性的。"以及第72条关于监视居住适用对象的规定："……（一）患有严重疾病、生活不能自理的；（二）怀孕或者正在哺乳自己婴儿的妇女；（三）系生活不能自理的人的唯一扶养人。"都充分体现了惩罚犯罪与保障人权并重的刑事诉讼法基本任务和人文关怀的理念。

二、检察机关行使诉讼监督过程中面临的新挑战及其应对

刑事诉讼法的修改给检察工作带来了前所未有的机遇与挑战，检察机关作为法定的诉讼监督主体，在执法理念、工作机制和硬件设施建设等方面等面临着一定的挑战，这些都需要检察机关积极应对，采取有效措施，完善监督机制，规范权力运行模式，为新刑事诉讼法的贯彻落实打下良好的基础。

（一）执法理念上的挑战及其应对

新刑事诉讼法的许多全新规定是社会主义法治理念在刑事立法上的具体体现。例如，新刑事诉讼法首次将"尊重和保障人权"规定为基本原则和基本任务，这是人权保障这一宪法原则在刑诉法中的直接体现，体现了社会主义法治理念的精髓。只有树立正确的执法理念，才能更加深入地理解和落实新刑事诉讼法的规定；而刑事诉讼法的修改也为检察机关执法理念的更新和调整提供了新的契机。检察机关在行使诉讼监督职权的过程中不仅要树立人权保障意识、法律监督者意识，还要树立证据意识、程序正义意识以及有限权力意识。检察人员不仅要当好法律诉讼官，也要当好法律监督官，更要当好人权保障官。

（二）工作机制上的挑战及其应对

刑事诉讼法的修改涉及检察机关各个业务部门的工作，为适应新法的要求，各个部门都需要转变工作思路，转变工作方式，调整工作机制。如公诉部门需要处理好与侦查机关、审判机关的关系；自侦部门需要进一步规范侦查行为；控申部门面对受案范围和工作量的增加需要处理好惩罚犯罪与化解社会矛

盾的关系；监所部门针对刑罚执行监督权力的加强需要建立具体的工作机制以提高工作质量和工作效率。

（三）硬件设施建设上的挑战及其应对

执法理念的更新和工作机制的调整，都离不开一定的检察办案场所和设备，硬件设施是检察权行使的重要物质保障。检察机关要在硬件设施建设上适应新法的要求，就应在办案场所建设和办案设备更新上下足功夫，这是实现执法办案中心转移和执法办案方式转变的重要物质基础。尤其是要不断提高信息化建设水平，通过信息化建设加强检察机关业务管理水平，规范执法行为，提高办案质量，这是检察机关贯彻落实新刑事诉讼法，提高法律监督能力和提升干部队伍素质的重要保证。

三、检察机关进一步强化诉讼监督职能的具体路径

新刑诉法的修订通过，使检察工作面临前所未有的发展机遇。面对新刑事诉讼法带来的机遇与挑战，只有积极应对，直面挑战，预案在先，才能妥善化解问题和困难。笔者认为，检察机关应以贯彻执行新的刑事诉讼法为契机，通过有效措施和具体路径，以实现检察工作的科学发展。

（一）加强教育学习，树立五个意识

贯彻落实好新刑事诉讼法，切实发挥诉讼监督职能，需要树立五个方面的意识：第一，要树立"尊重和保障人权"的意识。新刑诉法第 2 条明确将"尊重和保障人权"作为刑诉法的基本原则和基本任务，这是刑事立法的巨大进步，体现了国家对人权保护的高度重视。在此方面，检察机关不仅要注重对犯罪嫌疑人、被告人人权的尊重和保障，而且要注重对各诉讼参与人人权的尊重和保障。第二，要树立法律监督者的意识。检察机关在被赋予更多更广泛的监督职权的同时，必然要承担起更重的监督任务，担负起保障刑事诉讼公正合法进行的艰巨使命。检察机关要以诉讼监督为切入点，充分履行监督职责。同时将诉讼监督与惩治司法腐败紧密结合起来，突出查办执法不严、司法不公背后的徇私枉法、滥用职权等职务犯罪案件。第三，要树立正确的证据意识。要改变长期以来的"重口供轻证据"的错误认识和习惯做法，做到不强迫犯罪嫌疑人自认其罪，在证据的收集、证明、质证、采用等问题上确保合法客观公正。此外，在证据的客观性、有效性上也必须加强监督。同时，必须严格贯彻非法证据排除规则。检察机关在如何规范证据收集行为，如何对待证人，讯问犯罪嫌疑人、被告人等方面需要深入研究，努力按照修改后的刑事诉讼法的要求落实人权保障、促进司法公正。第四，要树立程序正义意识。程序公正和程序正义，是现代法治建设的普遍共识，也是现代法治文明的重要准则。我国检

察权的行使经历了从只重实体法，到实体法和程序法并重，从只重打击犯罪，到打击犯罪与保障人权相统一的过程。程序公正在实现刑事诉讼任务中的作用日益凸显，符合现代法治国家的要求。检察机关贯彻修改后刑事诉讼法应进一步明确程序优先的原则，严格依照程序和规则办事，严格程序对检察执法办案的约束和规范，使程序正义成为每名检察干警内心的坚定信念。第五，要强化权限意识，监督不越权，制约不逾矩。司法机关在办理刑事案件中分工负责、互相配合、互相制约，是宪法和刑事诉讼法规定的基本原则。此次刑事诉讼法修改，通过完善刑事诉讼程序，优化司法职权配置，进一步落实了这一原则。侦查权、起诉权、审判权、执行权分别由不同的司法机关行使，检察机关在强化监督时要特别注意不要越权逾矩，不影响其他司法机关独立、正常行使权力。检察机关一定要注意把握住诉讼监督的"度"，注意各种监督手段的有效衔接和综合运用。在新刑事诉讼法赋予检察机关多种监督手段的同时，检察机关更应当注意监督手段的层次性和递进性，在法律容许的裁量幅度内尽可能给予被监督者自我纠正的空间。

（二）创新工作机制，提高诉讼监督水平

从检察工作的全局上看，创新工作机制就是要整合检察资源，加强规范管理。具体来说，一是要建立与"业务工作为中心"相适应的质量效率控制流程体系。成立专门的综合性的检察业务管理机构，使业务管理呈现动态性、即时性、全面性的特点，突出程序监督的重要性，并整合司法资源、降低管理成本。二是要建立符合法律监督规律的检察人员管理体系。围绕各项法律监督具体权能的行使，科学设置人员比例，合理划定检察业务工作者和行政辅助性工作者、检察办案人员与检察领导人员等不同类型人员之间的比例，保证履行法律监督职权的人员力量。三是要建立以绩效管理为基础的检察官奖惩制度，坚持定量考核与定性考核有机结合，并建立与之相适应的检察官奖惩机制。

另外，从各个具体业务部门的工作来说，创新工作机制就是要针对部门业务特点，对原有机制加以改革或建立适应新法要求的新的工作机制。下面，笔者结合所在工作单位的几个具体业务部门的创新工作机制予以阐述：

1. 调整侦控关系——完善公诉引导侦查机制

此次刑事诉讼法的修改，更加体现了侦控关系的分离，甚至在批准逮捕环节就引入了听取律师意见、讯问犯罪嫌疑人等更为客观中立的程序，检察机关对于侦查机关非法取证行为所取得的证据，可以采用程序性制裁手段，直接予以排除，不作为起诉的依据，实质上将检察机关推向了准裁判者的角色。① 这种侦控关系的形式分离模式，与进一步强化检察机关的诉讼监督职能不谋而合，也为公诉引导侦查提供了新的思路和依据。公诉引导侦查，是指检察机关公诉部门在现行的法律框架内，以法律监督权为依托，为提高刑事案件的质量与效率，通过采取法律规定的诉讼手段，对侦查机关证据的收集、提取、固定及侦查取证的方向，提出引导性的意见和建议，并对侦查活动的合法性进行同步法律监督的一种工作机制。我院公诉部门结合新刑事诉讼法，对公诉引导侦查机制进行了扩展和完善，着重做好以下三方面的工作：一是引导侦查机关取证，完善案件证据材料。通过依法排除非法证据，加强对非法取证行为的监督。二是协商具体法律适用，给予案件准确定性。在充分尊重侦查机关侦查权的同时，发挥检察机关的业务优势，对一些定性困难、法律适用存在争议的案件适时进行介入，与侦查机关协商确定案件的法律适用，并引导侦查机关围绕犯罪构成进行取证。三是发挥检察监督职能，及时纠正违法行为。通过逮捕后羁押必要性审查，对指定居所监视居住的决定和执行的监督，对阻碍辩护人、诉讼代理人刑事诉讼权利的违法行为的监督，对查封、扣押、冻结等侦查措施的监督，强化公诉引导侦查的效果，为案件提起公诉做好充分的准备。

2. 提高审查逮捕案件质量——探索"审查逮捕听证制度"

新刑事诉讼法第86条规定："人民检察院审查批准逮捕，可以询问证人等诉讼参与人，听取辩护律师的意见；辩护律师提出要求的，应当听取辩护律师的意见。"为切实尊重和保障人权，提高审查逮捕案件质量，我院侦监部门结合审查逮捕工作实际，制定了《审查逮捕听证办法（试行）》。在办理特定的审查逮捕案件②时，充分听取侦查机关（部门）、犯罪嫌疑人及其辩护律师、未成年犯罪嫌疑人法定代理人、被害人及其法定代理人或诉讼代理人的意见，对案件事实、证据及逮捕必要性进行陈述、质证、辩论，最终作出处理决定。审查逮捕听证一般由案件主审检察官主持进行，有多个犯罪嫌疑人的须分别进行。必要时检察机关可邀请人大代表、政协委员或人民监督员参加及发表意见。听证结束后，案件主审检察官根据听证内容，在对案件事实进行全面审查

---

① 参见张铁英：《"三大关系"中权力配置格局的调整及检察权的应对》，载《机遇与挑战——检察机关贯彻执行新刑事诉讼法研究》，中国检察出版社2012年版，第45页。

② 下列案件在审查逮捕阶段可以进行听证：1. 重大、疑难、复杂或者存在较大争议的案件；2. 犯罪嫌疑人系未满18周岁或年满75周岁的案件；3. 可能判处3年有期徒刑以下刑罚或者免除刑罚处罚的案件；4. 经审查可能不批准逮捕但侦查机关认为符合逮捕条件要求听证的，以及犯罪嫌疑人及其辩护律师、未成年犯罪嫌疑人法定代理人要求听证的案件；5. 下级院报请决定逮捕但存在不予逮捕可能的职务犯罪案件；6. 其他需要听证的案件。

的基础上提出处理意见，经部门负责人审核后报检察长或检察委员会决定是否批准逮捕。这一制度是新刑事诉讼法实施以后对检察机关审查逮捕程序的优化创新，对于加强审查逮捕程序的抗辩性和审查逮捕决策过程的公开性，保障人权和提高司法公信力具有重要意义。

3. 改革涉法涉诉信访工作——实行"四位一体"工作机制

刑事诉讼法修改后，针对司法机关及其工作人员滥用对人、对物的强制措施等行为的申诉、控告增加的情况，控申部门的工作强度和难度都有所增加，需要积极探索建立涉法涉诉信访工作的新机制。我院的控申部门曾在9年内连续三届荣获最高人民检察院颁发的"文明接待室"称号，连续17年实现了涉检进京"非正常访"零指标。面对刑事诉讼法的修改，我院控申部门建立了"打基础，建机制，扎实抓好信访接待工作"、"抓源头，降风险，努力提高执法办案质量"、"畅渠道，强联动，加大矛盾纠纷化解力度"、"用载体，解民忧，全面提升便民服务成效"相结合的"四位一体"工作机制，实施以来取得了良好的法律效果和社会效果。在具体工作中，还建立了收案后和结案前必须听取申诉意见的"两必谈"制度，将解惑答疑和释法说理贯穿于办案全程的"答疑制"，以及案件复查前和答复后必须与申诉人多次约谈的"'两+X'约谈"等工作机制，并率先在全市检察机关设立"民行接待窗口"，由民行部门派员在信访接待大厅直接负责民事行政案件的申诉接访，对当事人提交的申诉材料进行严格审查，依法告知案件审查处理结果并开展释法说理工作，必要时配合案件承办人共同做好息诉罢访工作，受到来访群众的一致好评。

4. 规范刑罚执行监督——推进"四个强化"派驻工作机制

针对新刑事诉讼法规定的完善检察机关对减刑、假释和暂予监外执行的法律监督机制和监督模式，我院监所部门建立了"强化同步监督，创新监督方式"、"强化案件查办，突出监督重点"、"强化风险评估，细化监督内容"、"强化检察建议，丰富监督形式"的"四个强化"工作机制，并创新运用"减、假、保"案件"四步审查法"、三级线索备审制度、"减、假、保"案件风险评估制度，将新刑事诉讼法的规定切实落到实处。例如，在罪犯假释风险评估中，通过细致核查罪犯的犯罪性质、改造表现、财产刑的执行情况、家庭经济状况、居住场所等内容，全面评估罪犯假释后的社会影响和接受社会改造的可能性，并将假释风险定置为高、中、低三级规格，最终形成罪犯假释风险评估意见，为法庭作出准确裁定提供可靠参考。

（三）促进信息化建设，发挥科技保障作用

检察机关信息化建设既包括检察机关执法办案规范化建设，也包括检察机关内部管理效能化建设，还包括推进重点工作常态化建设。为应对新刑事诉讼法对检察机关法律监督职能提出的新要求，我院先后完成了警务区功能性改造、检委会会议室数字化改造、信访接待楼结构性改造、检察技术信息中心建设、案件管理中心建设等重点工程。

1. 建立检察技术信息中心

该中心对本院警务区、看守所提讯室、同级法院法庭、信访接待大厅、安保监控等情况实行实时监督和同步录音录像，并可根据需要实现各级领导的同步现场指挥。检察技术信息中心的建立使我院多个信息化系统得到了整合与兼容，这种集中统一管理的模式在天津检察系统尚属首例，在全国检察系统也处于领先地位。这对规范检察干警办案行为、应对突发事件、进行实时监督都具有重要意义。

2. 警务区的功能性改造

我院还集中力量对警务区进行了全方位改造。四间审讯室、两间证人室以及侦查指挥中心均配置了电脑、温湿度显示器等设备。在审讯室、证人室及通道的设计施工上，采取了软包防撞措施，设置了独立卫生间，安装了"安检"系统。警务区进入工作状态时，警卫室内安排法警值班，通过显示器全程监控（没有声音信号）办案区的工作情况。加大了办案力度和监督力度，有效杜绝了刑讯逼供、超时讯问等违法办案和不文明办案现象的发生，提高了自侦案件的执法办案规范化的水平。

3. 提讯和庭审活动的远程监督指挥

为进一步加强执法流程管理和内部监督，经协商，我院在市第一看守所设定了两间专用提讯室，安装了远程信号传输设备，对干警在看守所提讯情况进行同步录像，实时传输到检察信息技术中心及相关领导的桌面电脑，实现了全程监控指挥和全程同步录音录像。该监控指挥系统的建立避免了将犯罪嫌疑人从看守所带回我院讯问所带来的安全隐患，节省了办案成本、提高了办案效率，而且有利于及时固定证据、有利于办案人的自我保护。

4. 信访接待楼的结构性改造

信访接待部门是检察机关的窗口，新刑事诉讼法强化了检察机关接受申诉、控告的职能。为此我们更应加大投入，做好信访接待工作。我院改造后的信访接待楼增设了"安检"装置，开辟了5个专用接待室、1个情绪疏导室和1个公开听证室。工作中，我院还坚持对缠访、闹访、集体访以及检察长接待等情况制作和保留同步录音录像资料及时固定证据，妥善处理和化解矛盾。

5. 案件管理中心建设

我院案件管理中心监控录像与原有的院内监控系统相连，可保存监控录像30天。并增加安装了6个摄像头，可实时了解案管中心所有重点部位情况。

案管中心两层均使用光纤布线，网络主干线通过光纤与主楼 7 楼中心机房连接。二楼指挥中心配有由 12 块 55 英寸等离子屏幕拼接成的屏幕墙，可展示本院案件管理办公室受理、登记的所有案件去向和所经过的法律流程。指挥中心配有小型无线红外会议系统，并配有相应的无线话筒和会议设备及扩声设备。

四、结语

法律监督是我国检察机关享有的一项宪法性权力，检察机关作为法律的守护者，通过行使检察权来监督其他机关权力的正确行使，捍卫着社会的公平正义。本次刑事诉讼法修改，按照强化监督的指导思想，全面强化了检察机关的诉讼监督权，使检察机关获得了更好的执法条件。面对这样的机遇与挑战，检察机关只有不断地转变执法理念、创新工作机制、完善硬件设施建设，才能真正履行好法律赋予的神圣职责，在维护公平正义、促进社会和谐中发挥更大的作用。

[参考文献]

[1] 龙宗智：《理性对待法律修改慎重使用新增权力——检察机关如何应对刑事诉讼法修改的思考》，载《国家检察官学院学报》2012 年 6 月。

[2] 卞建林：《强化诉讼监督——刑事诉讼法修改的浓墨重彩》，载《中国检察官》2012 年第 3 期总第 143 期。

[3] 蒋德海：《建构以控权为本质特征的中国检察制度》，载《人民检察》2008 年第 11 期。

[4] 蒋德海：《构建刑事追诉和法律监督相统一的中国检察权》，载《政法论丛》2012 年 12 月。

[5] 刘勇、张志民、苑海静：《刑事诉讼法修改背景下人民监督员制度的完善——以提高司法公信力为视角》，载《机遇与挑战——检察机关贯彻执行新刑事诉讼法研究》，中国检察出版社 2012 年版。

（本文荣获女检察官学习贯彻落实"两法"征文活动二等奖）

我国行政检察监督的制度构想

吴婷婷[*]

我国《宪法》第 129 条明确规定:"中华人民共和国人民检察院是国家的法律监督机关。"国家以根本大法的形式作出这一规定,一方面阐明了法律监督制度是国家制度的一项重要内容,另一方面确立了人民检察院在履行法律监督职责中的特殊地位,即检察机关是国家专门的法律监督机关。法律监督制度体现了我国宪政体制的特点,即权力机关之下的检察权与行政权、审判权的相互配合和制约。[①] 在人民代表大会之下,检察权作为一项相对独立的国家权力,与行政权、司法权处于平行地位。检察机关作为国家的法律监督机关,对行政机关及其工作人员的行政行为进行监督是法律监督的应有之义。

一、行政检察监督的理论依据——权力制衡

法国启蒙思想家孟德斯鸠说过:"一切有权力的人都容易滥用权力,这是万古不易的一条经验。有权力的人们使用权力一直到遇有界限的地方才休止。"[②] 人性的弱点以及权力的性质决定了权力的行使必须受到必要的监督和制约。

所谓权力制衡,是指相互分离的权力之间有一种制约关系,不让其中的任何一种权力占据绝对优势,以实现国家各部分权力之间处于一种总体平衡的状态。在国家的权力结构中,立法权不具有直接与公民接触的特点,侵犯公民合法权益的可能性较小。行政权与司法权同属执行权,但是与司法权不同,行政权的行使发生在社会管理中,具有管理国家公共事务的职能,行政权的运行总

---

[*] 作者单位:浙江省海宁市人民检察院。
[①] 参见金波:《何谓法律监督》,载《中国检察》(第 9 卷),北京大学出版社 2005 年版,第 174 页。
[②] [法]孟德斯鸠:《论法的精神》,商务印书馆 1961 年版,第 154 页。

是积极主动地干预人们的社会活动和私人生活。行政权是国家权力体系中最活跃的权力,随着社会生活的内容越来越复杂,行政自由裁量的空间也越来越广阔,在行政权力日益扩张的趋势下,为了使公民的人身、财产等权利得到切实的保护,强化对行政权的监督就成为必然的要求。

在西方国家,实现权力的互相制衡是通过孟德斯鸠首先明确界定的权力分立原则建立的三权分立模式,即在立法、行政和司法之间设置种种制约手段。这种分权与制衡是西方世界乃至全世界推崇的一种限制权力的方案。同时权力制约的模式和形态也并不是唯一的,抛开三权分立制约模式的大一统局面,在控制权力的思潮和实践中,也存在着我国在人民主权之下,单独设置法律监督力量来控制权力的另外一种探索。法律是国家意志的制度化,法律监督是为了监督法律的制定和实施,其最终目的在于通过控制权力的行使而实现国家的意志。法律监督权是制约国家权力的自然产物,是国家权力分配的一种必然结果。在人民主权之下,法律监督权与行政权、司法权相平行而成为国家基本权力的一种,并对行政权、司法权进行监督,这是我国政治体制下对权力制约的自然选择,是社会制度不断完善的成熟表现。

二、行政检察监督的范围与方式

在检察实践中,检察机关对行政机关及其工作人员的法律监督已经在实施,像对职务犯罪的侦查,即来源于对国家机关及其工作人员的监督,只是这种监督方式目前还比较单一,而且是只针对行政违法行为达到犯罪时的监督。现实中,行政权具有管理领域广、自由裁量度大、以国家强制力保证实施等特点,权力行使缺少制约,违法行政行为时有发生。"检察机关作为独立行使监督权的国家机关是监督行政权的权威机关,它不仅应当在出现行政公务罪案时对行政权加以控制,而且可以在任何时候对行政权的运用进行监督。"[①] 即不仅行政行为中的职务犯罪行为要纳入到检察机关法律监督的范围,而且一般行政违法行为也应进入检察机关法律监督的视野。所谓一般违法性行政行为,从抽象行政行为来看,主要有行政主体制定的规范性文件违反上位法,或制定规范性文件的程序违反法律规定。从具体行政行为来看,主要有证据不足、适用法律法规错误、违反法定程序、超越职权、滥用职权、不履行或拖延履行法定职责、行政处罚显失公正等。

(一)行政主体及其公务人员职务犯罪行为——刑事立案侦查

所谓行政主体及其公务人员利用职权实施的犯罪行为,主要有贪污贿赂犯

---

① 胡建淼:《公权力研究》,浙江大学出版社 2005 年版,第 331 页。

罪行为、渎职犯罪行为和非法拘禁、刑讯逼供、报复陷害、非法搜查等侵犯公民人身权利或民主权利的犯罪行为。这是一种严重破坏国家正常管理活动和职务廉洁性、正当性的行为，是滥用行政权的一种极端形态。

对于这些由于行政主体和公务人员的作为或者不作为行为造成公民的人身权利、民主权利受到侵害或者国家和人民的利益遭受重大损失构成犯罪的，检察机关应当立案侦查，追究有关人员的刑事责任。这种对行政人员渎职侵权的犯罪行为予以立案侦查的权力，是我国法律赋予检察机关用以监督、制约和控制行政权的一种重要权力。这种方法虽然是一种亡羊补牢式的事后补救方法，但是它符合法律监督刚性的需要，通过对行政职务犯罪的有效查处，能起到特殊预防的作用，是检察权对行政权制约的最有效、最直观的方法之一。

（二）抽象行政行为——检察建议

抽象行政行为是行政主体针对不特定的行政相对人实施的具有普遍约束力的行为。在我国，抽象行政行为包括行政立法和行政规范性文件。行政立法，是指国家行政机关制定的行政法规与行政规章。行政规范性文件，是指国家行政机关制定的除行政法规、行政规章以外的一切具有普遍约束力的文件。近年来，有些行政机关不进行调查研究、不征求相对人的意见，任意做出抽象行政行为，其中不合法、不合理的内容大量存在。

对抽象行政行为的监督，我国目前主要采用立法监督与行政复议附带监督的模式。然而，这两种模式的运行实效并不理想，前者进行抽象性审查，很难发现和确认其违反了法律；后者虽然结合个案进行附带审查，但受制于行政系统内部审查的立场。对于检察机关来说，可以通过多种途径介入抽象行政行为的监督，如依职权主动介入、经公民、法人和其他组织的控告介入、通过办理职务犯罪案件介入等，通过书面审查和调查相结合的方式，审查其主体、权限、程序、内容是否违法或者规范性文件之间是否存在法律冲突等。如果发现有违法或不当，可以采取检察建议的形式向制定部门发出撤销和补充、修改和完善的建议。建议可以要求回复，如在无正当理由的情况下制定机关没有作为，检察机关可以提请权力机关，也可以向其上级行政机关建议，督促其对违法或不当的行政规范性文件实施整改。

（三）具体行政行为——检察建议、行政公诉

考虑到现实中具体行政行为的复杂多样以及行政监察制度的存在和检察机关精力有限的实际情况，对具体行政行为是否违法的监督也应当有所侧重。一般检察机关应重点关注以下方面：

1. 与行政相对人人身、财产及民主权利密切相关的具体行政行为

这类具体行政行为直接指向公民的人身、财产和民主权利，如果存在违法情形，会直接侵害到公民的合法权利，检察机关应发挥其法律监督的职能，对此类行政行为是否合法进行监督。如对限制人身自由的行政强制措施和行政处罚等行政执法行为是否合法实行监督。行政强制是指行政主体为实现行政目的，对相对人的财产、身体及自由等予以强制而采取的措施。包括收容教养、收容教育、强制检查治疗、强制戒毒、强制隔离等。① 行政处罚包括劳动教养、行政拘留等。对于行政相对人被限制和剥夺人身自由，不能或不易通过行政复议或行政诉讼等渠道获得救济的行政强制、处罚措施，为防止行政机关以社会公共利益的名义随意侵犯公民的人身自由权利，检察机关应当将其纳入监督范围。我国现行的法律、法规中已经存在一些检察机关对于行政执法行为是否合法实行法律监督的规定。如《国务院关于劳动教养的补充规定》第5条就规定："人民检察院对劳动教养机关的活动进行监督。"此外，《行政执法机关移送涉嫌犯罪案件的规定》和《人民检察院办理行政执法机关移送涉嫌犯罪案件的规定》，在一定意义上就如何规范行政执法机关移送涉嫌犯罪案件也确立了检察监督行政执法的依据。

如果行政主体或其公务人员的违法行为造成公民的人身、财产及民主权利受到侵害而这种侵害或损失比较轻微没有构成犯罪时，检察机关应当对有关行政主体提出检察建议，检查督促有关行政主体和个人自行纠正违法行政行为。这种检察建议的监督方式，与检察权与行政权之间的平等地位是相符的。检察机关对行政行为的监督不同于上级行政主体对下级行政主体的内部监督，它体现的是外在的一股独立的监督力量，这就意味着检察机关对行政行为不具有实体处分的权力，而只有就有关行政行为向有关行政主体提出意见或建议的权力。

检察建议作为一种监督方式，方便灵活，效率高，能妥善处理行政权和检察权的关系。但是从现有法律文本对检察建议的相关规定看，这种监督方式目前还存在一定缺陷：（1）缺乏法律层级上的依据。法律目前并没有明确规定检察机关以检察建议这种方式监督行政机关的违法行为。有关检察建议的规定仅限于部门规章、司法解释中，权威性不足。（2）监督范围有限。检察建议目前还只是检察机关在查办行政机关工作人员职务犯罪和民事行政审判监督过程中的副产品。行政机关大量的违法行为还不能以检察建议或其

---

① 参见姜明安：《行政法与行政诉讼法》（第2版），北京大学出版社、高等教育出版社2006年版，第322页。

他方式进行监督。(3) 公开性有限。检察建议只对相关单位提出,并不对社会公开,这样有可能使这种监督流于形式,也为行政机关的消极应付提供了条件。

2. 侵害国家和公共利益而缺乏必要行政相对人起诉的具体行政行为

侵害国家和公共利益而缺乏必要行政相对人起诉的具体行政行为主要包括两种情形:一是根本就不存在特定的具体行政行为相对人。如行政机关对某极具代表意义和文化价值的古建筑的违法拆除、对某森林的破坏性采伐等。二是虽有特定的具体行政行为相对人,但由于种种原因,行政相对人没有起诉的案件。如违法的具体行政行为有利于行政相对人,行政相对人不愿意起诉;行政机关应当作为而不作为,行政相对人不知应起诉;行政机关采取威吓等手段,行政相对人不敢起诉。在这两种情况下,都会由于缺乏必要的起诉人而无法启动行政诉讼,从而导致国家、社会的公共利益遭受损害而无有效的救济途径,因此,有必要将其纳入行政检察监督的范围,由检察机关作为公益诉讼人提起行政公诉。

根据传统"诉讼利益"理论,原告起诉只能限于与自己权利或法律上利益有直接关系。但是在社会公共利益遭受侵害的情况下,为了维护社会公共利益,应允许与自己权利无直接法律利害关系的组织,就行政机关的违法行为提起行政诉讼。所谓行政公诉是指检察机关对于国家和社会公共利益受到行政行为损害,而又无人起诉的情况下,基于法律监督职能,代表国家向人民法院起诉,以追究违法者的法律责任,保护国家和社会公共利益。①

行政公诉相对于其他监督方式,具有更为特殊的意义。一方面行政公诉可以扩大法院对行政行为的司法审查范围,从而有利于提高法院的司法权威;另一方面,行政公诉直接针对行政部门的行政行为实行监督,而不需要相对人启动诉讼程序这一中介,增加了监督的主动性,使大量的侵犯公益的违法行政行为得以进入诉讼程序而难以逃脱公正的裁判。当然,对检察机关提起行政公诉的条件、程序和行政公诉案件的适用范围、诉讼时效、审理方式等问题需要在充分论证的基础上作出科学、合理的规定。

(四) 行政诉讼行为——提出抗诉

根据检察权对行政权监督的作用力不同,可以将行政检察监督分为直接监督和间接监督。所谓直接监督是指由检察机关依职权对行政行为提出质疑,启动纠正行政违法的法律程序,达到纠正行政违法的目的。上述前三种监督方式

---

① 参见周佑勇、汪艳:《论行政检察监督权》,载《检察论丛》(第3卷),法律出版社2001年版,第182页。

都属于直接监督。所谓间接监督是指检察机关对人民法院已经发生法律效力的判决、裁定,发现违反法律、法规规定的,通过提出抗诉进行监督。这种监督就是审判监督。通过提起抗诉这种审判监督方式,间接程度上也实现了对行政行为的监督。《中华人民共和国行政诉讼法》第 64 条规定:"人民检察院对人民法院已经发生法律效力的判决、裁定,发现违反法律、法规规定的,有权按照审判监督程序提出抗诉。"以裁判结论不同可将裁判分为维持原行政行为的裁判和改变原行政行为的裁判,当维持原行政行为的裁判发生了错误,提出抗诉的同时也就包含了对行政行为的监督。

三、行政检察监督的实施保障

当前要全面实施行政检察监督还有很多阻碍,如缺乏立法上的依据、检察权的现实地位低于行政权、检察机关的财政受制于行政机关等。因此,为了保障行政检察监督的畅通实行,有必要做好相关的配套保障措施,为我国的行政检察监督准备好应有的基础条件。

(一) 加强立法的完善

我国目前有关行政检察监督的法律、法规还很不完善,这种立法上的不足严重制约了行政检察监督工作的深入开展。立法应当基于我国的现实国情,对行政检察监督的性质、地位、范围、监督方式、效力等作出明确的规定,并赋予检察机关对行政执法行为的知情权、确认权、审查权、建议权、重大程序参与权、调查取证权等更加完备的检察权能,从而为检察机关实施行政检察监督提供明确的法律依据和操作机制,同时还应明确规定行政主体接受检察监督的法定义务以及具体的法律责任。

(二) 检察体制一体化改革

我国检察机关是"双重领导"体制,在人、财、物上都受制于地方政府,上下级检察机关的领导与被领导关系基本上只局限于检察业务,这样势必造成检察机关地位的"附庸化"和检察权的"地方化"。要保障行政检察监督行之有效,就必须实行检察体制一体化改革,即检察机关自成体系,下级检察机关受上级检察机关的领导,地方各级检察机关受最高检察机关领导。可以考虑建立省级以下人民检察院垂直领导体制,省、自治区、直辖市人民检察院对本辖区各级检察院的人员和经费实行统一管理。[①] 通过实行检察一体化,使检察机关的人员、经费不受地方行政机关的制约,从而真正排除行政机关对检察机关的干涉,保证检察机关依法独立、有效行使检察监督权。

---

① 参见谢鹏程:《论检察官独立与检察一体》,载《法学杂志》2003 年第 3 期。

(三) 建立具体行政行为告知制、备案审查制、联席会议制等衔接制度

1. 重大具体行政行为告知制

现代社会行政活动繁杂多样，在检察资源有限的情况下，不可能要求检察机关对每一项具体行政行为都进行监督。为提高监督效果，就必须建立检察机关对重大具体行政行为的主动参与监督制度。对一般具体行政行为，只有在行政相对人或其他利害关系人向检察机关申诉时，才被动参与监督。所谓重大具体行政行为是指对相对人权益或国家利益、公共利益影响较大的具体行政行为，如行政处罚、行政拘留等。行政机关在实施上述行为时，应先告知检察机关，并将作出行政行为的理由、相关证据等材料移送给检察机关，检察机关收到后，应对上述理由、证据、程序等问题进行审查，并作出相关处理。

2. 备案审查制

行政执法机关向公安机关移送涉嫌犯罪的行政违法案件时，应当同时抄送检察机关备案。公安机关对行政执法机关移送的涉嫌犯罪的行政违法案件经审查作出立案或不立案决定时，在书面通知行政执法机关的同时，也应当抄送检察机关备案，主动接受检察机关的监督。

3. 联席会议制

定期或不定期召开由行政执法机关、公安机关、检察机关参加的联席会议，通报执法情况，交流执法经验，对行政相对人违法涉嫌犯罪案件的调查、处理和移送工作中存在的问题进行协调；对某一时期行政处罚、案件移送、审查批捕、立案监督和起诉等情况互相通报。检察机关在联席会议上可提出预防犯罪的建议，并联合发案单位共同查源头、找漏洞；行政执法单位在作出决定前，应与检察机关沟通协商，尽量保护相对人的合法权益。

(四) 程序控制保障

"程序的公正性的实质是排除恣意因素，保证决定的客观公正。"① 检察机关对行政行为实施程序控制的前提和基础是行政行为具有明确的法定程序，即对行政立法、行政裁决、行政处理、行政处罚、行政指导、行政合同、行政许可、行政强制、行政复议等行政行为都应该规定其基本的运作程序。行政行为的运行有了其明确的法定程序后，检察机关所要跟踪、监督的就是这一法定程序是否得到遵守。检察机关可以以行政行为法定程序中的关键环节如调查制度、听证制度、告知制度、回避制度、公开制度、合议制

---

① 季卫东：《法治秩序的建构》，中国政法大学出版社1999年版，第14页。

度、时效制度、抗辩制度、案卷制度等是否落实为监督重点。① 检察机关对正在运行的行政行为实施程序控制可以有效的对行政行为进行追踪,这种事中的程序控制机制,可以有效地起到事中监督的效果,一旦发现有程序上的瑕疵,检察机关就可以检察建议的形式,督促行政机关纠正,这样既避免了事后监督的麻烦,也可以在一定程度上降低违法行政行为可能造成的危害。

(本文荣获女检察官学习贯彻落实"两法"征文活动二等奖)

---

① 参见王学成、曾翀:《我国检察权制约行政权的制度构建》,载《行政法研究》2007年第4期。

禅城区检察院刑事立案监督工作调研报告

陈海燕[*]

一、禅城区检察院刑事立案监督概况

（一）数据分析

1. 刑事立案监督线索来源情况

2007 年至 2012 年 8 月，禅城区检察院共受理刑事立案监督线索 96 件。其中 58 件是当事人不服公安机关不立案或立案决定而申诉，占总数的 60.4%；31 件是在审查批准逮捕案件时发现，占总数的 32.3%；4 件为上级检察机关交办，占总数的 4.2%；3 件是行政执法与刑事司法相衔接工作中发现，占总数的 3.1%（见图 1 及表 1）。

图 1：禅城区检察院近六年的刑事立案监督线索来源比例分布图

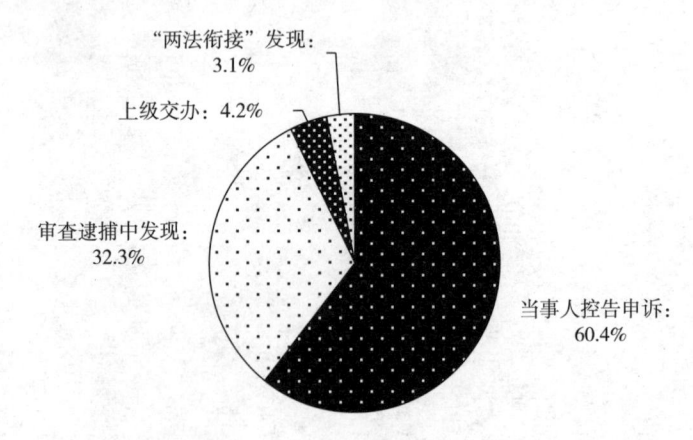

---

[*] 作者单位：广东省佛山市禅城区人民检察院。

表 1：禅城区检察院近六年的刑事立案监督线索来源情况表

年度 \ 线索来源	审查逮捕中发现 件	占比例	当事人控告申诉 件	占比例	"两法衔接"发现 件	占比例	上级交办 件	占比例
2007	0	0	5	100%	0	0	0	0
2008	0	0	5	100%	0	0	0	0
2009	1	7.7%	12	92.3%	0	0	0	0
2010	3	21.4%	10	71.4%	0	0	1	7.2%
2011	13	56.5%	8	34.8%	0	0	2	7.7%
2012（截至8月）	14	38.9%	18	50%	3	8.3%	1	2.8%

目前来看，该检察院刑事立案监督线索来源主要有以下四种途径：

第一，在审查批准逮捕案件过程中自行发现。在审查逮捕过程中不应当立案而立案或应当立案而不立案的情形主要包括：一是在共同犯罪案件中，同案犯或帮助犯没有被立案；二是在财产犯罪中，对相关赃物犯罪如掩饰隐瞒犯罪所得的没有立案；三是对有些明显不构成犯罪的行为进行立案侦查。

第二，受理被害人、犯罪嫌疑人及其家属的控告、申诉。该类线索由检察机关控告申诉部门受理，该部门办案人员首先对线索进行初步审查，认为需要进行监督的，将线索移送至本院侦查监督部门办理。

第三，在行政执法与刑事司法相衔接工作中发现。行政执法部门向公安机关移送涉嫌刑事犯罪案件时，报检察机关进行备案，检察机关也可以从中发现刑事立案监督线索。该检察院自2008年起初步建立了行政执法与刑事司法相衔接工作机制，先后与国税、地税、环保部门建立起常态化的联席会议制度，并与工商、国土、烟草、市场监管等部门建立起初步联系机制。2009年至2012年，该检察院共收到行政执法机构报备的案件10件，其中有3件成为刑事立案监督案件的线索来源。

第四，上级检察机关交办。上级检察机关接到人民群众信访、控告、举报等材料后，如果认为案件管辖地的基层检察机关更便于办理，会将该刑事立案监督案件线索交由下级检察机关办理。下级检察机关收到交办线索后，由侦查监督部门负责办理。

2. 不立案监督的情况

2007年至2012年8月，禅城区检察院受理不立案监督案件共48件。受理和审查后，同意公安机关不立案理由的有5件；要求公安机关说明不立案理由的有41件；其中公安机关接到《要求说明不立案理由通知书》后主动立案的有18件，通知公安机关立案的有3件。向公安机关提出纠正意见的有43件，已纠正的有21件（见表2及表3）。

表2：禅城区检察院近六年的不立案监督情况表

项目 年度	受理不立案监督（件）	不立案理由成立	要求说明不立案理由（件）	公安主动立案（件）	通知公安立案（件）	公安立案（件）
2007	0	0	0	0	0	0
2008	2	0	0	2	0	2
2009	7	3	4	1	1	2
2010	8	1	7	3	0	3
2011	14	1	13	5	1	6
2012（截至8月）	17	0	17	7	1	8
合计	48	5	41	18	3	21

表3：禅城区检察院近六年的不立案监督情况表

项目 年度	不立案监督（件）	
	提出纠正	已纠正
2007	0	0
2008	2	2
2009	4	2
2010	7	3
2011	13	6
2012（截至8月）	17	8
合计	43	21

经分析，该检察院近六年来办理的不立案监督案件，呈现出以下几个主要特征：

第一，对不立案监督呈逐渐加强的趋势。监督案件数量从 2008 年开始逐年上升，且上升幅度较大。从办案数量的上升幅度来看，2008 年的刑事立案监督数量为 2 件，相比 2007 年的 1 件同比上升 100%；2009 年刑事立案监督数量为 7 件，相比 2008 年同比上升 250%；2010 年刑事立案监督数量为 8 件，相比 2009 年同比上升 14%；2011 年刑事立案监督数量 14 件，相比 2010 年同比上升 75%；2012 年（截至 8 月）刑事立案监督数量 17 件，相比 2011 年同比上升 21%（详见表 4）。

表 4：禅城区检察院刑事立案监督案件逐年上升情况表

年度 数量	2007	2008	2009	2010	2011	2012 （截至 8 月）
案件数（件）	1	2	7	8	16	23
上升幅度（%）	—	100	250	14	75	21

第二，不立案监督的效果不佳。2007 年至 2012 年 8 月，向公安机关提出纠正意见的有 43 件，但得到纠正的只有 21 件，占总数比例还不足 50%（详见表 3）。

第三，不立案监督的线索来源逐渐多样化。2007 年和 2008 年刑事立案监督线索来源只有"当事人控告申诉"一种，2009 年增加了"审查逮捕中发现"，2010 年和 2011 年又增加了"上级检察机关交办"，2012 年再增加"两法衔接中发现"，线索来源途径从单一走向多样化。在审查逮捕中发现的线索占总数的比例也逐年上升（详见表 1）。

3. 错误立案监督情况

2007 年至 2012 年 8 月，禅城区检察院共受理错误立案监督案件 9 件。受理和审查后，认为公安机关立案决定正确的有 1 件；要求公安机关说明立案理由的有 8 件；其中公安机关接到《要求说明立案理由通知书》后主动撤案的有 8 件，通知公安机关立案 0 件。向公安机关提出纠正意见的有 8 件，已纠正的有 8 件。可见，错误立案监督的监督效果还是不错的，纠正率达到了 100%（详见表 5 及表 6）。

表 5：禅城区检察院近六年的错误立案监督情况表

项目 年度	受理错误立案监督（件）	要求说明立案理由（件）	公安主动撤案（件）	通知公安撤案（件）	公安撤案（件）
2007	1	0	0	0	0
2008	0	0	0	0	0
2009	0	0	0	0	0
2010	0	0	0	0	0
2011	2	2	2	0	2
2012（截至8月）	6	6	6	0	6
合计	9	8	8	0	8

表 6：禅城区检察院错误立案监督情况表

项目 年度	错误立案监督（件）	
	提出纠正	已纠正
2007	0	0
2008	0	0
2009	0	0
2010	0	0
2011	2	2
2012（截至8月）	6	6
合计	8	8

（二）工作机制分析

1. 机构设置

目前，禅城区检察院尚未设置专门的刑事立案监督机构，该检察院刑事立案监督职责由控告申诉部门和侦查监督部门共同行使。被害人、犯罪嫌疑人及其家属控告、申诉的刑事立案监督线索由控告申诉部门受理；审查逮捕案件过程中发现、"两法衔接"工作中发现以及上级检察机关交办的刑事立案监督线索由侦查监督部门受理。

2. 人员配备

禅城区检察院侦查监督部门最初未设置专人负责刑事立案监督工作，对于刑事立案监督案件基本上是办案人员轮流办理。直到2011年才成立负责刑事立案监督工作的办案组，但该办案组只有两名检察干警，而且他们并非专职监督人员，是在办理审查批准逮捕案件的同时兼顾刑事立案监督工作。另外，如果在审查批准逮捕阶段发现错误立案监督案件线索的，则由审查批准逮捕该案件的办案人员负责监督。

二、刑事立案监督工作存在的问题

（一）刑事立案监督线索贫乏、来源狭窄

近六年来，佛山市公安局禅城分局刑事立案共95077件，撤案共742件；而禅城区检察院刑事立案监督线索的数量却只有96件。可见，检察机关刑事立案监督线索无论是绝对数还是相对数都非常少。

禅城区检察院刑事立案监督的案件线索来源有四种，但主要还是以被害人、犯罪嫌疑人的控告、申诉和在审查批准逮捕工作中发现案件线索为主。上述两种来源占全部线索来源总数的92.7%。而通过行政执法与刑事司法相衔接工作中发现和上级检察机关交办的渠道获得的案件线索极少，仅占全部线索来源总数的7.3%。此外，没有其他途径获得刑事立案监督线索来源。

1. 审查批准逮捕办案人员挖掘刑事立案监督线索不够仔细

禅城区检察院侦查监督部门人员少案件多，12个办案人员每年要办理多达1000多件审查批准逮捕案件，他们大部分时间和精力都用在了该项工作上，没有过多专注刑事立案监督工作。办案人员主要审查公安机关提请批准逮捕的犯罪事实、证据和是否批准逮捕等方面，很少在案件中仔细挖掘刑事立案监督线索。另外，在审查批准逮捕案件过程中，办案人员极少听取律师意见。

2. 人民群众参与刑事立案监督的意识不强

第一，人民群众对检察机关刑事立案监督权的知晓度不高。实践中，人民群众法制观念尚缺乏，对法律知识与自己的合法权利了解不够，通常只知道向公安机关报案，但是在报案后公安机关不受理或不立案时，他们不知该怎样保障自己的合法权益。第二，有些被害人、控告人和举报人存有顾虑而知情不举、知案不报，对此，检察机关就无从获取案件线索。第三，人民群众获知刑事立案监督的途径很狭窄，基本上是通过向律师或其他法律专业人士的咨询，而大部分的群众都没有进行法律咨询的意识。

3. "两法衔接"的信息渠道不通畅

目前与禅城区检察院建立常态化联席会议制度的行政执法部门只有税务和环保两个部门,范围非常有限。该检察院与工商、国土、烟草、市场监管等部门仅仅是建立初步联系机制,而非正式的衔接工作机制。检察机关干警与上述部门联络人只是偶尔进行联系,难以发现刑事立案监督线索。同时,大部分行政执法部门未与检察机关配合,没有将移送至公安机关的涉嫌刑事犯罪案件向检察机关进行报备,甚至没有将所有涉嫌刑事犯罪案件都移送至公安机关。例如,该检察院于2012年3月立案监督的黄某涉嫌重大劳动事故罪一案,相关行政执法部门对相关单位作出罚款决定后并未将案件移送至公安机关,案件线索是由该检察院渎职侵权部门参加有关安全生产的会议所获悉。换句话说,若不是检察机关参加了相关会议,该案件线索就不可能被检察机关发现。

(二)刑事立案监督的意识不强

目前,检察机关侦查监督部门将工作重心放在审查批准逮捕案件的定性把关上,不重视刑事立案监督工作,缺乏监督的主动性。刑事立案监督线索主要来源于审查批准逮捕案件过程中的发现,然而侦查监督部门干警往往对审查案件中发现的线索视而不见,不予监督。

(三)刑事立案监督的手段软弱

检察机关审查后认为案件符合立案条件而公安机关不予立案的,只是先向公安机关发出法律效力不高的《检察建议书》和《移送案件线索函》,然而公安机关却经常对此不予理睬,仍不予立案,这时检察机关才向公安机关发出《要求说明不立案理由通知书》。禅城区检察院在行使刑事立案监督职权时,主动提出要与公安机关科室、刑警大队、派出所取得联系,达成共识。该检察院与公安机关长期形成了私下协商制度,故双方在刑事立案监督上基本能达成一致意见,能不发出监督文书的一般都不予发出。检察机关完成刑事立案监督工作的目标任务,大部分要靠公安机关的支持配合,而能配合的又只有与检察机关关系良好的公安机关。所以,检察机关行使刑事立案监督权时本身不够自信,始终认为良好的检警关系是保证该职权正常行使的重要条件。

(四)刑事立案监督工作机制有缺陷

1. 缺乏信息沟通机制

虽然该检察院与公安机关建立了联席会议制度,但是信息通报的范围和透明程度都不尽如人意,而且信息平台还未建立起来,相互之间的信息反馈尚未实现机制化,直接影响检察机关与公安机关的监督、配合效果,导致刑事立案监督的线索来源渠道不通畅,影响刑事立案监督工作的启动。

2. 缺乏问责机制

根据有关规定，公安机关对检察院监督立案的案件应当及时侦查；监督立案后 3 个月未侦查终结的，检察院可以发出《立案监督案件催办函》，公安机关应当及时向检察院反馈侦查进展情况；检察院在立案监督过程中，发现侦查人员涉嫌徇私舞弊等违法违纪行为的，应当移交有关部门处理；涉嫌职务犯罪的，依法立案侦查。但是没有规定公安机关仍然不立案、不侦查、不反馈侦查进展情况、不撤案等情况该如何处理。在侦查和执行环节，如果发现公安机关有违法行为的，检察机关可以发出《纠正违法通知书》，通知公安机关予以纠正。但是法律却没有规定在公安机关拒不纠正的情况下，对公安机关可以采取哪些制约措施。禅城区检察院目前没有对检察人员的惩处机制，公安机关内部也没有责任机制。即使检察机关发出书面的监督纠正意见，也往往不能引起公安机关的重视，书面答复过后也没有实质行动，违法的人员一般不会受到惩处。目前在实践中只能依靠公安机关内部的监督考核机制对相关责任人员予以惩戒。

3. 机构设置有弊端，人员配备不足

"根据《检察院刑事诉讼规则》的规定，检察机关侦查监督部门和控申部门都行使刑事立案监督职责，这种权力分工也会造成检察机关监督力量上的分散，使侦查监督部门和控告申诉部门在协调和配合上衔接不畅，容易造成两个部门在工作上互相推诿的局面。"[①] 禅城区检察院根据刑事立案监督线索来源的不同，设置了两个受理部门，即控告申诉部门和侦查监督部门。虽然可以发挥两个部门各自的优势，但也容易造成互相推诿，不利于刑事立案监督工作的开展。此外，该检察院负责开展刑事立案监督工作的只有两名干警，人员数量太少，无法有效开展刑事立案监督工作。

三、改进刑事立案监督工作的建议

（一）拓宽刑事立案监督线索来源渠道

检察机关在刑事立案监督工作过程中，不仅要加强在审查批准逮捕案件中以及当事人控告申诉中寻找案源，更要通过"两法衔接"工作，与其他刑侦执法部门紧密联系起来，借助税务、工商、市场监管等行政执法部门查办的案件来发现刑事立案监督线索。另外，还可以充分利用"镇街检察室"和充分发挥律师的作用，有效拓宽刑事立案监督线索来源渠道。

---

① 慕平主编：《检察工作机制与实务问题研究》，法律出版社 2008 年版，第 33 页。

1. 全面审查，深挖线索

第一，对于公安机关提请批准逮捕的案件，检察机关侦查监督部门的办案人员应当仔细全面审查每一卷宗。在审查批准逮捕工作中突出一个"细"字，从审阅案卷、核实证据、审讯犯罪嫌疑人、询问证人等环节，寻找刑事立案监督案件线索的蛛丝马迹，挖掘刑事立案监督案件线索。可以重点审查有组织的多人、团伙案件，采用全案审查的办法，而不仅仅对提请批准逮捕书中的犯罪嫌疑人的犯罪行为进行审查。例如，审查盗窃案件时不仅要审查盗窃犯罪嫌疑人的盗窃行为，还要追踪被盗赃物的去向，从中发现转移、收购赃物等掩饰隐瞒犯罪所得犯罪嫌疑人的立案线索。对贩卖毒品案件，不单审查犯罪嫌疑人贩卖毒品的行为，还要追踪该毒品的来源，从中发现犯罪嫌疑人的上一手贩卖毒品的立案线索。在提前介入侦查活动的案件中，应积极跟进案件进展情况，从中获取刑事立案监督的案件线索。第二，充分发挥律师的作用。在审查批准逮捕阶段，应积极听取律师意见，全面掌握案件情况，辨识公安机关是否存在用刑事手段插手经济、民事纠纷，违法立案的情况。

2. 加强宣传，提高意识

检察机关应加强法律宣传，提高群众参与立案监督的法律意识。结合"阳光检察"、普法宣传等活动，充分利用电视、电台、报纸杂志及网络等媒体进行宣传，并采取设点接受咨询和派发宣传单的方式，让普通群众了解并掌握刑事立案监督的基本知识，鼓励其检举、控告。另外，充分利用便民的"镇街检察室"，在其办公区设立刑事立案监督咨询窗口，拓宽人民群众获知刑事立案监督的途径。

3. 健全"两法衔接"机制，疏通信息渠道

检察机关应主动出击，扩大"两法衔接"的范围，加强与质量监督局、药监局等其他重要行政执法部门的联系，并与之建立行政执法与刑事司法相衔接工作机制。然后由检察机关牵头召开联席会议，与各个主要行政执法部门建立线索移送机制，为进一步拓宽刑事立案监督渠道提供良好平台。行政执法部门应当及时向检察机关、公安机关通报其查处重大行政违法案件的情况。若发现涉嫌刑事犯罪的案件线索，应当移送公安机关立案，同时报检察机关备案。检察机关对行政执法部门移送备案的案件线索适时跟进，及时监督案件的立案情况。检察机关发现行政执法部门不依法移送涉嫌犯罪案件的，应当及时与之协商，督促或者以检察建议的形式建议该行政执法部门依法移送。在"衔接机制"实施一段时间后，检察机关应定期回访行政执法部门，倒查移送案件的立案效果，商议移送案件的难处和查找制度的弱点，以便推进衔接工作进一步改进。

（二）转变执法观念，强化监督意识

强化刑事立案监督意识，应当从提高检察干警的思想观念上着手。"检察机关自身要把刑事立案监督工作放到与职务犯罪侦查、审查批捕、审查起诉工作同等重要的位置上来。"① 办案人员要树立为民意识，认识到立案监督是法律赋予检察机关的神圣职责，要树立正确执法观念，克服只忙于批捕日常事务、疏于立案监督的错误认识。② 通过业务学习培训，使检察干警在思想上转变执法观念，增强责任意识，敢于监督，投入更多的精力到刑事立案监督工作上。

（三）采取强有力的刑事立案监督手段

检察机关对刑事立案监督线索进行审查后，认为案件符合立案条件而公安机关不予立案的，应直接向公安机关发出《要求说明不立案理由》，省去发出《检察建议书》和《移送案件线索函》等中间环节。同时，还应摒弃与公安机关的私下协商制度，在行使刑事立案监督职能时增强自信，在公安机关面前树立监督威信。

（四）完善刑事立案监督工作机制

为保证检察机关开展刑事立案监督工作的效率和质量，检察机关应完善该项工作的相关机制。

1. 建立畅顺的信息沟通机制

检察机关与公安机关可以联合制定《信息沟通机制实施办法》，以公安机关法制部门为平台，以各公安派出所、刑警大队、经侦大队为成员单位，检察机关侦监部门则作为中心，形成信息沟通网络。

（1）建立信息查询资源共享和备案制度

检察机关侦查监督部门可以在公安机关法制部门设立信息查询室，公安机关各办案单位把接报警及处理情况、刑事案件立案情况、治安案件办理情况等信息资源共享给该信息查询室，检察机关侦查监督部门也将提供法庭审判所需证据材料意见书、不捕理由说明书、补充侦查提纲、移送案件线索函、侦查意向书等信息资源共享给该信息查询室。检察机关与公安机关分别安排联络员进行查询并登记。同时，建立信息月报制度，公安机关法制部门将治安处罚、劳动教养、刑事案件的处理情况以报表的形式每月报送检察机关备案，检察机关应及时审查监督。另外，相关行政执法部门将每月查处的违法、涉嫌犯罪案件

---

① 王学成：《刑事立案监督：现状、致因与出路》，载《政法学刊》2008年第4期。
② 参见于伟、王怀东：《立案监督实践调查分析》，载《辽宁公安司法管理干部学院学报》2010年第2期。

报送检察机关侦查监督部门备案，侦查监督部门及时审查，并监督行政执法部门及时将涉嫌犯罪的案件移送给公安机关。

（2）建立联席会议制度

检察机关与公安机关每月召开一次联席会议，由侦查监督部门和法制部门的相关负责人出席会议。当公安机关和检察机关对通过信息查询资源共享和报表备案发现的刑事立案监督线索意见不一致时，通过联席会议，对有争议、疑难的案件进行沟通、协调，提高刑事立案监督的效率，并确保刑事立案监督的质量。另外，检察机关与相关行政执法部门每年召开一次联席会议，遇到重要案件还可以临时召开，强化行政执法部门的协调配合。

2. 建立有效的责任追究机制

对于刑事立案监督案件，应当责任到人，安排专人进行回复反馈及跟踪监督。对于被监督机关不执行检察机关立案、撤案通知的，检察机关应建议其更换办案人员或向其上一级主管部门通报违法情况。构成滥用职权玩忽职守或徇私舞弊等渎职犯罪或构成受贿犯罪或属于利用职权实施的重大犯罪案件的，移交渎职侦查或反贪部门进行立案侦查。①

3. 设置专门监督机构，增加专职监督人员

针对刑事立案监督机构人员配置不足的问题，检察机关可以设置专门的刑事立案监督机构和增加专职的刑事立案监督人员。"机构的健全、人员的保证能为刑事立案监督工作的有效开展提供强有力的组织保障。专门刑事立案监督机构的建立，无疑将使刑事立案监督工作更加专业化，更有利于推动检察机关的刑事立案监督理论研究，也更有利于解决和完善刑事立案监督在机制、运作上存在的各种问题（比如对刑事立案监督案件的受理、审查、移送、反馈、答复等各个环节究竟该如何规范）。"②

（本文荣获女检察官学习贯彻落实"两法"征文活动二等奖）

---

① 参见周洪波、单民：《关于刑事立案监督的几个问题》，载《人民检察》2004年第4期。

② 王学成：《刑事立案监督：现状、致因与出路》，载《政法学刊》2008年第4期。

减刑假释检察监督问题研究

关 宁[*]

减刑、假释是我国刑罚执行制度的重要组成部分，对于促进服刑人员改造，预防犯罪，帮助服刑人员回归社会以及维护监狱的正常管理秩序，发挥了积极的作用。由于减刑、假释直接涉及罪犯的服刑期限、服刑地点和服刑方式，其对服刑罪犯的合法权益影响巨大，社会关注度高。同时，减刑、假释也是实践中发生权钱交易、司法腐败问题最多的环节。因此，加强减刑、假释监督工作保证刑罚执行的公正，对刑事裁判能否得到完整、科学、规范的执行起到终结性、实现性的保障作用。近年来，中央和最高人民检察院进行了一系列改革措施，不断强调要强化刑罚变更执行监督，变事后监督为同步监督。目前，在监所检察系统，对需要建立减刑、假释变更执行同步监督机制的共识已基本达成，新刑诉法的修订不仅以法律的形式明确授权检察机关参与提请、裁定减刑、假释程序的权力，而且为检察机关开展减刑、假释庭审监督提供重要的制度支撑。如何通过建立一套行之有效的减刑、假释监督工作机制，达到全程、有效、有力地发现、制止、纠正减刑、假释的违法或者不当问题之目的，已是迫在眉睫。

一、减刑假释检察监督的基本属性

（一）减刑假释检察监督具有相对独立性

对减刑、假释行使检察权是人民检察院实施刑罚执行监督的一项重要内容。由于刑罚执行程序具有很强的封闭性，因此检察监督权在刑罚执行中更为必要。在刑事诉讼的其他阶段，案件事实尚待查清，国家专门机关必须及时接受犯罪嫌疑人、被告人的意见以满足诉讼的需要，因此犯罪嫌疑人、被告人也更容易为自己的权利寻求司法救济；另外，律师在有关诉讼制度的保障下参与

---

[*] 作者单位：北京市人民检察院。

到案件当中，增强了诉讼程序的开放性，此时的程序设计，为国家专门机关设置了更多的约束。与此相反的是，在执行阶段，执行机关和被执行人处于二元格局当中，被执行人的特定权利被限制或者剥夺，他和执行机关之间形成支配与被支配、服从与被服从的关系，并且这种关系具有绝对化的趋势。① 自由刑的执行与变更，其外部视线更是被"高墙"阻断，难以获取执行信息。审判权受制于"不告不理"原则，亦不能及时主动地救济被执行人的权利。所以除了检察机关的监督权以外，程序设计并没有给其他力量介入执行留下接口，执行的封闭性为其留下权力滥用的危险。监督权成为唯一楔入执行二元法律关系的第三方力量。与执行权如影随形的监督权，因其中立性而摆脱于执行权，所以能够客观公正地发现和纠正执行中的违法行为，从而打破执行的封闭性，大大增强执行活动的透明度。

（二）减刑假释的检察监督是程序性权力

从权力运行的本质讲，检察权是一种程序性权力。所谓程序性，是指相对于行政管理权和审判裁判权所产生的实体效力而言，法律监督只有作出某项程序性的决定，引起一定程序的权力，而没有任何行政决定权和审判裁决权。② 程序性特点决定了减刑假释监督权能的有限性和它在诉讼权力体系中的非终局性。它并不导致减刑假释行为的直接改变，只是引起一个特定的审议性法律程序，由被监督机关或者上级机关根据法律监督机关的意见对被监督事项作出处理，监督权只是对纠正违法行为起到一种敦促和启动作用，而不能给予执行权实际的处置。

（三）减刑假释的检察监督应包括变更求刑权

检察机关代表国家追诉犯罪，这是检察机关在刑事诉讼活动中的一项最重要的职能，此项职能的鲜明特点就是积极的起诉与追诉犯罪，使得有罪之人得到应有的刑罚惩罚。那么，对于经过法院定罪判刑的犯罪分子，在服刑期间表现优异的，为体现刑罚改造罪犯之目的，有必要予以减刑假释的，这种刑罚之变更情形，是对原来裁判结果的变更，执行机关有求刑变化之需时，理应申请检察机关介入以实现求刑权，这是检察机关追诉犯罪与惩罚犯罪职责的自然延伸，可以从根本上实现权属的制约与公正。

---

① 参见伦朝平：《刑事诉讼监督论》，法律出版社2007年版，第142页。
② 参见漠川：《程序性是检察权与行政权、审判权的重要区别》，载《检察日报》1997年11月24日。

二、新刑事诉讼法对减刑假释检察监督的影响

在刑诉法修改以前，尽管原《刑事诉讼法》第 224 条和《监狱法》第 6 条规定了检察机关对刑罚执行活动实行全面监督的原则，但除了原《刑事诉讼法》第 222 条所规定的事后监督权外，尚无其他法律明确授权检察机关可以参与提请、裁定减刑、假释程序。虽然后来陆续出台司法文件（如前所述），逐步扩大了减刑、假释检察监督的范围，规定检察机关可以对减刑、假释案件实行事前、事中和事后全过程监督。例如，最高人民检察院《关于减刑、假释法律监督工作的程序规定》第 6 条规定："人民检察院应当及时对监狱提请减刑、假释罪犯的计分考核情况进行监督。人民检察院应当对监狱交送的提请减刑、假释书面材料认真审查，派员列席监狱提请减刑、假释会议，并发表检察意见。"第 8 条规定："人民检察院应当在收到监狱提请减刑、假释的材料后十个工作日内审查完毕并提出意见。"又如，司法部《监狱提请减刑、假释工作程序》第 15 条规定："监狱在向人民法院提请减刑假释的同时，应当将提请减刑假释的建议，书面通报派出人民检察院或派驻检察室。"但是，这些司法文件要么属于检察机关的内部规范，效力层次不高，要么涉及检察监督的条款授权性规范，需要以检察机关的积极协调和刑罚执行机关的自觉执行为保障，缺乏强大的司法约束力，很难真正有效地规制刑罚执行机关的行为。在司法实践中，检察机关即便根据上述司法文件的规定，加入到提请减刑、裁定减刑、假释程序中，如受邀列席刑罚执行机关提请减刑、假释会议，或审查刑罚执行机关的提请减刑、假释材料等，检察机关的参与依然带有很大的被动性，更多地成为刑罚执行机关主导减刑、假释过程中的一种附带性工作，不具有独立的程序功能。

鉴于此，修改后的刑事诉讼法正式以法律的形式赋予了检察机关参与提请、裁定减刑、假释程序的权力。根据这一制度，刑罚执行机关在报请人民法院审核裁定的同时负有移送检察机关建议书副本的义务，检察机关有了法定的渠道主动获取减刑、假释材料，并可以向人民法院提出书面意见。这大大加强了检察监督的主动性和同步性。减刑、假释裁定的作出不再是仅由刑罚执行机关提请、审判机关裁定的直线模式，而是初步形成了刑罚执行机关提请、检察机关监督、审判机关裁定的三角形模式。

关于监督意见的法律效力，修改后的刑事诉讼法未明确规定。有观点认为结合最高人民法院 2011 年 11 月通过的《关于办理减刑、假释案件具体应用法律若干问题的规定》第 24 条第 4 款的规定，人民法院办理减刑、假释案件要审查的材料中包括"人民检察院对提请减刑、假释案件提出的检察意见"，如

果材料齐备的，应当立案；如果不齐备的，应当通知提请减刑、假释的执行机关补送。根据修改后的刑事诉讼法和最高人民法院该规定的精神，检察机关收到提请减刑、假释的建议书的副本及相关材料后，应及时审查并提出意见，一并移送人民法院。① 也有观点认为，根据新《刑事诉讼法》第262条第2款的规定，执行机关提出减刑、假释建议书，报请人民法院审核裁定，并将建议书副本抄送人民检察院，人民检察院可以向人民法院提出书面意见。这里人民检察院"可以"提出书面意见，而非"应当"。结合最高人民法院《关于办理减刑、假释案件具体应用法律若干问题的规定》第24条"人民检察院对提请减刑、假释案件提出的检察意见，应当一并移送受理减刑、假释案件的人民法院"的规定来看，人民检察院无论是否提出意见，提出同意、不同意或者其他意见，刑罚执行机关仍然可以将减刑、假释案件提请人民法院进行最终的裁决。尽管也要求刑罚执行机关在得到人民检察院的意见后，必须将人民检察院的意见移交人民法院，这样在一定程度上，刑罚执行机关会认真对待人民检察院提出的监督意见，认为确需改正或补充的，进行相应改正和补充。② 笔者倾向于第二种观点，认为修改后的刑事诉讼法仍然有所保留，一方面，其所确定的同步监督不是前置程序，而是与报请程序同步的副本抄送制度；另一方面，人民检察院提出监督意见也非法律规定的必经程序，只是规定已经就减刑、假释案件提出检察意见的，应当一并移送法院作为依据和参考。

三、完善减刑假释检察监督的设计构想

减刑假释的同步检察监督不应是亦步亦趋、事无巨细的，而是将减刑、假释的包括提请、讨论、决策、执行在内的重点环节作为同步监督的对象，实现对减刑、假释事前、事中、事后的全方位检察监督。笔者从提请和庭审两个重点环节谈谈完善减刑假释检察监督权的设计构想。

（一）提请阶段

1. 明确检察机关审查的介入时间

明确检察机关审查的介入时间的意义在于，提请减刑、假释事宜之前检察机关的同步监督工作较为灵活，属于日常管理工作的常规监督，可采取不定期抽查的方式进行。而从审查之日起，同步监督要按照严格的时间进行，如果晚于这个时间，则可能使个别腐败现象处于监督之外；如果早于这个时间，则可

---

① 参见童建明：《新刑事诉讼法理解与适用》，中国检察出版社2012年版，第247页。
② 参见黄永维、李宗诚：《〈关于办理减刑、假释案件具体应用法律若干问题的规定〉解读》，载《人民检察》2012年第6期。

能造成检察机关监督工作目的性弱、四处伸手的现象，这种现象对检察机关和刑罚执行机关的关系将形成消极影响。根据司法部《监狱提请减刑假释工作程序规定》，减刑假释程序为：分监区全体警察会议、监区长办公会审核、监狱刑罚执行部门审查、减刑假释评审委员会评审并公示、监狱长办公会审议决定、刑罚执行部门制作减刑假释建议并报送。同步监督从对服刑人员入监建立服刑档案开始，到减刑、假释裁定生效为止，是一套完整的监督体系，这里特别强调提请审查的介入时间，这个时间应该是执行机关决定提请减刑、假释之前，设立评审委员会的应当在评审委员会评审之后，没有设立评审委员会的在刑罚执行机构审核批准之后。检察机关审查并发表检察意见的时间只有在刑罚执行机关决定前，才能起到监督刑罚执行机关提请权行使的效果，也才能谈得上刑罚执行机关是否采纳检察意见的问题，同时也避免将不符合减刑、假释条件的案件报送法院而造成司法资源的浪费，而且由于执行机关和检察机关意见不一致的案件一般都需开庭审理，因此这种案件资源的浪费可能较一般案件更加严重。[①] 在庭前，经检察机关指出减刑、假释提请中存在的问题，由刑罚执行机关认真核实后予以纠正，避免进行审理程序而造成司法浪费，无疑符合诉讼经济的原则，也避免了给法院造成案多人少的办案压力。

2. 赋予检察机关变更求刑权，探索监督权与控诉权的适度分离

责任与职责、权力从来都是统一的。对比来看，检察机关的侦查监督与审判监督职能之所以相较于执行监督能够更为有效地发挥作用，就在于侦查监督和审判监督是以检察权与侦查权、审判权之间的分权制衡的刑事司法体制和机制为基础的，检察权能够通过分权制衡对侦查权、审判权形成有效的制约和监督。分权制衡应是减刑、假释同步监督工作机制的核心所在。

尽管新刑诉法的修订在很大程度上解决了检察机关程序参与不足、制约不够的问题，避免了执行机关和法院之间形成"减刑假释直通车"，符合程序制约、权力制衡的原则，但是检察机关参与执行监督的程度较侦查监督、审判监督而言仍显不足。由于减刑、假释这种刑罚之变更情形，是对原裁判刑罚的变更，执行机关若有求刑变化之需时，理应申请检察机关介入以实现求刑权，通过罪犯追诉机关的介入，实现权属的制约与公正之实现。因此，将减刑假释的求刑变更权直接赋予检察机关，更能够充分发挥其作为追诉机关参与刑罚执行变更的作用，从而有效打破监所检察"局外人"的尴尬境地。具体而言，减刑、假释的变更权应细化为建议权（申诉权）、申请权和裁定权。其中建议权

[①] 参见徐金贵、徐建、张庆立：《检察机关减刑假释同步监督创新机制评析》，载《人民检察》2012年2月。

（申诉权）应由执行机关和犯罪分子向检察机关提出，减刑假释的申请权由驻监检察部门来行使，裁定权由法院行使。① 这样构建起类似于审查逮捕、审查起诉制度的减刑假释起诉制度，从而真正实现检察机关在减刑假释制度中同步制约与监督。

在明确了检察机关具体职权的基础上，有必要进一步探索监狱内的检察监督部门与减刑假释申请部门——起诉机关实行机构设置分离制度。② 控诉权与监督权是检察权两个重要组成部分。由于性质和特征不同，决定了其运行方式、状态和程序不同。目前存在的控诉权和诉讼监督权相结合、由一个部门承担的运行机制，往往导致顾此失彼、相互冲突、此消彼长的弊端，③ 同时也无法确保监督权的超然、中立和公正行使。因此，很有必要将控诉权和监督权适度分离，由不同的主体来行使，这样不仅有利于检察权的公正合理行使，其实也是一个协调和平衡检察职能与审判职能相互关系的制度安排，从而为检察活动和审判活动划定一个清晰的边界。初步的设想是，按照控诉权和监督权适度分离的思路，坚持制约和效能的原则，将立案监督、侦查活动监督、审判监督、刑罚执行监督的职权从批捕、公诉部门、控申部门、监所检察部门中分离出来，设立专门的刑事诉讼监督部门承担监督职责。针对诉讼监督缺乏程序性规定有效供给的问题，应当制定专门的诉讼监督立法，这一设想可以通过在刑事诉讼法中列专章的方式来实现，通过立法把诉讼监督的基本原则在分则中予以具体阐释，明确立案监督、侦查活动监督、审判监督和刑罚执行监督的具体范围，专门设计诉讼监督的运行程序。

具体到减刑、假释程序中，监狱内的检察监督工作由专设的检察监督部门负责，检察监督部门隶属于专门的刑事诉讼监督部门，配备独立的编制和人员，独立行使检察监督权，不受刑罚执行机关和驻监检察部门的干涉。监督部门派驻到刑罚执行机关，对减刑、假释工作负有同步监督的职责，有知悉权、全程参与在场权和表达意见权，在减刑、假释阶段有获得变更程序信息权力等。原监所检察部门（可更名为起诉部门）则把监督权剥离出去，专门负责刑罚变更执行的审查起诉工作。在接到监狱机关移送的减刑假释案件材料后，

---

① 参见吕泽华、李刚、李元端：《论我国刑罚执行体系与检察执行监督机制》，载《西部法学评论》2009年8月。

② 参见吕泽华、李刚、李元端：《论我国刑罚执行体系与检察执行监督机制》，载《西部法学评论》2009年8月。

③ 参见吕涛、朱会民：《检察权运行机制的基本要素探析》，载《人民检察》2012年第3期。

起诉部门应广泛听取各方意见，除了审查监狱机关提交的案件材料外，还应采取听取监督机关意见、提押刑罚变更权人陈述、监狱内调防其他罪犯意见、公示罪犯服刑表现等方式，完成案件审查工作，在法定期限内作出是否予以提请法院减刑、假释裁定程序的决定，并将需要开庭审理案件的卷宗材料移送同级人民检察院，由其作为案件公诉人参与法院庭审。

以上对减刑、假释提请程序的初步设想，旨在赋予检察机关充分行使减刑假释案件审查的权力，构建类似于公诉职能的案件审查程序，以实现及时发现和纠正减刑、假释在提请、呈报环节出现的违法违规的目的。在此基础上，从长远来看，可进一步探索将监督权与控诉权适度分离的可行性，当然，这涉及检察机关整体的诉讼职能与监督职能的职权配置问题，需要进一步深入研究，本文不做赘述，具体在减刑、假释的提请审查程序中，赋予检察机关什么样的检察职能、哪种职能具体发挥何等作用更有利于减刑假释的检察监督，有待进一步分析论证。

（二）庭审阶段

1. 庭审模式的构建

针对减刑、假释采取何种庭审方式的问题，一种观点认为参照听证模式，由检察机关、服刑人员、刑罚执行机关各自陈述意见，法院在此基础上进行判决，这也是目前实践中常用的做法。这种模式只是冠以"庭审"的名义，实质上仍旧是听证。另一种观点是应当实现完全的诉讼化。[①] 所谓完全的诉讼化是指，将减刑、假释程序改造为控辩对抗的诉讼结构，即受理法院应组成合议庭开庭审理，驻监检察室派员参加，发表检察意见，被减刑、假释的罪犯、被害人或其法定代表人到庭，经过法庭调查、质证和辩论，最终由法院作出是否准予减刑、假释的裁判。

笔者认为，实现完全的诉讼化固然是最理想的庭审模式，但是对减刑、假释案件的庭审不同于一般刑事案件的庭审，难以形成二元制的诉讼对抗格局是其实现完全诉讼化庭审格局所面临的首要问题。法院对减刑、假释的裁定具有一定的行政性特点，如采取控辩对抗式的诉讼结构，则无法解释检察机关与服刑人员的关系，检察机关在此时提出减刑、假释的建议，对方即服刑人员在绝大多数情况下是起一个印证建议是否正确的作用，而不能与之形成对抗。如将被害人或其法定代表人置于对抗角色，一方面其对罪犯的服刑改造情况没有充分的了解，另一方面罪犯的减刑、假释往往是在刑罚判决生效服刑多年后提起，此时大部分被害人早已不知去向，势必对组织庭审造成很大困难。尽管完

---

① 参见刘根菊：《"减假保"全程同步监督之正当性》，载 http：//www.szls.gov.cn。

全诉讼化的开庭审理模式较难实现，但是审理减刑、假释案件也绝不能简单等同于原来书面审理方式的公开化，而应把其作为推动司法职权合理配置、加强权力制约的契机。检察机关应抓住这次改革契机，争取在开庭审理中有一席之地，参与到程序中去，起到权力制约的作用，方便检察追诉职能与监督职能的充分发挥。

笔者认为应对不同情况开庭审理的减刑假释案件予以区别对待：首先，对于刑罚执行机关和检察机关无异议的减刑假释案件，但符合《关于办理减刑、假释案件具体应用法律若干问题的规定》需要开庭审理的，此类案件无对抗双方主体，庭审的程序可仿照听证程序，由公诉机关宣读提起减刑、假释意见书后，由服刑人员陈述改造的表现。随后由刑罚执行机关针对公诉机关的意见书和服刑人员表现发表意见。法庭应充分听取各方意见，对于是否有重大立功表现、提请减刑的起始时间、间隔时间或者减刑幅度是否符合规定等，进行重点审查并依法作出裁定。其次，对于执行机关与检察机关持有异议的减刑假释案件，应当采取对审辩论的庭审模式，即形成刑罚执行机关与检察机关两造对抗、法官居中裁决的言辞审理方式。这一设置通过诉讼地位平等的双方在诉讼中积极主动、互相辩论来推动各种程序的开始和进行，符合程序公正的要求。

2. 庭审的具体程序设置

庭审程序应在赋予检察机关减刑、假释的变更求刑权，形成刑罚执行机关提请、检察机关公诉、审判机关裁定的真正的三角形模式的基础上进行。庭审的具体程序应包括：（1）审判长宣布庭审纪律，核对被提请减刑假释罪犯的自然状况，并宣布庭审开始。（2）公诉机关宣读提请减刑、假释建议书，并提交服刑人员有悔改或立功表现的事实材料。有需要可以向法院申请服刑人员代表作为证人出庭。随后由服刑人员陈述改造的表现。（3）由刑罚执行机关针对公诉意见和服刑人员表现发表意见。同样也可以申请服刑人员代表作为证人进行出庭。（4）法庭辩论。针对持有异议的案件，公诉机关、刑罚执行机关和服刑人员进行相互质证和答辩。（5）由各方进行最后陈述。（6）合议庭评议。（7）宣判裁定。

上述程序的设置是基于检察机关负有减刑、假释公诉职责的。就目前新修订的刑事诉讼法而言，未赋予检察机关减刑假释的公诉权，而是建立起检察机关的书面审查制度。因此，立足当前法律框架而言，减刑、假释的庭审改革应当与人民检察院的检察意见书面提出制度结合起来，具体设计为：派驻检察室完成一次审查后，如果人民法院采取书面方式审理的减刑、假释案件，派驻检察室可以直接将检察意见移交给刑罚执行机关，由刑罚执行机关一并移送给人民法院；如果人民法院采取庭审方式审查的减刑、假释案件，派驻检察室要将建议书副本及相关材料、派驻检察室出具的检察意见报送给负责审核裁定的人民法院同级的人民检察院监所检察部门，由监所检察部门的出庭检察人员进行二次审查。二次审查原则上只负责形式审查，重点审查提请减刑、假释的罪犯是否符合法律规定的条件、提请减刑、假释的程序是否符合规定，仅在必要时才对某些重要证据进行个别调查核实。二次审查要在派驻检察室的书面意见基础上形成新的检察意见，并在庭审时向人民法院当庭发表。庭后将当庭发表的检察意见呈交人民法院，由人民法院作出裁定。庭审由法院主持进行，同级检察院监所检察部门派员参加，执行机关、罪犯本人及其同一分监区的犯人、罪犯家属等多方参加，法院组成合议庭，充分听取各方意见后最终作出裁定。

笔者认为，立足当前法律框架检察机关未被赋予求刑变更权的情况下，明确检察机关参与庭审的职责权限，赋予其在庭审过程中的减刑、假释异议权和减刑幅度建议权，是较为合理的办法。这是检察机关代表国家行使公诉权的延伸，检察机关代表国家对被告人提起公诉，在法庭审理中通过举证、质证、提出量刑建议，最终按照罪刑相适应原则，由法院对被告人定罪量刑。换言之，罪犯的刑罚是检察机关求刑的结果，刑罚的有效执行是检察机关求刑权的实现。当罪犯在执行过程中确有悔改表现，对其减刑、假释，实质上是对检察机关求刑的结果进行变动。既然是对检察机关求刑的结果进行变动，就不能抛开检察机关，而应当充分听取检察机关的意见，包括对罪犯是否符合减刑、假释条件以及减刑幅度的意见。

总之，通过庭审的实质化，克服法庭审判的走过场，即"制度虚化"问题，实现程序公正，是本次减刑、假释审理模式改革的一项重要指标。理性化的程序和制度，能使人们从诉讼程序推演本身获得对法律秩序公正性的认识和信心，同时使进入刑事庭审的个人的正当权益得到尊重和维护。实现减刑假释庭审的诉讼化是庭审改革未来发展的趋势，从价值观的角度看，有助于程序公正的实现；从宪政观的角度看，使法官成为更为超然中立的仲裁者；从社会心理的角度看，给予当事人较为充分的辩护机会，无论诉讼结果如何，容易使人感觉到"看得见的公平"。

（本文荣获女检察官学习贯彻落实"两法"征文活动三等奖）

法律监督立法效用考察兼谈绩效考评工作的导向作用

——以北京市检察机关的司法实践为样本

李 斌[*]

十几年来各地检察机关一直积极推动法律监督的地方立法活动,并在 2011 年 9 月底,随着江苏省《关于加强对诉讼活动法律监督工作的决议》的出台,全国除港澳台的 31 个省市自治区均有了自己的地方性法律监督立法,从地方权力机关的角度,对检察机关的法律监督工作予以进一步明确和规范。法律监督的地方立法是否起到了强化检察机关法律监督职能的作用,需要通过实践中法律监督的运行情况进行对比分析,本文选取了北京市的立法和司法实践作为样本。

一、有心无力的法律监督地方立法

北京市的《关于加强人民检察院对诉讼活动的法律监督工作的决议》(以下简称《决议》)出台于 2008 年 9 月,属于较早出台的省份之一,而且《决议》出台距今已有 5 年,对其效果进行定量分析足矣。鉴于立法对司法的作用有一定的滞后性,故将 2008 年也记为地方监督立法前的年份,之后 2009~2012 年 4 年记为地方监督立法后年份,在对比分析中既有《决议》出台前后四年法律监督情况的比较,也有对 2005~2012 年 8 年间法律监督工作开展的连续分析,进而分析出地方法律监督立法对司法实践的影响大小。具体情况详见附表一。[①]

---

[*] 作者单位:北京市人民检察院第二分院。
[①] 以下数据如无特殊说明均来源于《北京市检察年鉴》(2006~2012)以及北京市检察机关历年的工作报告。

（一）对法律监督工作重视程度日益提高，但监督能力并未随之加强

最高人民检察院曹建明检察长在工作报告中曾指出：检察机关"法律监督职能作用发挥得还不充分，不敢监督、不善监督、监督不到位的现象仍然存在。"① 基于此，北京市的《关于加强人民检察院对诉讼活动的法律监督工作的决议》要求"全市各级人民检察院应当加强自身建设，切实提高法律监督能力。要提升检察队伍的整体素质，做到严格、公正、文明、清廉执法，正确行使法律监督职权"，出台《决议》的目的在于"进一步加强诉讼监督意识"、"进一步突出诉讼监督重点"、"进一步健全诉讼监督机制"、"进一步提高诉讼监督能力"。②

这种对法律监督工作的重视和强调在检察工作中也有所体现。以审判监督的重要手段抗诉为例，从北京市检察机关 2005 年至 2012 年的 8 年抗诉情况来看，基本上是上升趋势，尤其是在 2006 年至 2009 年保持了较高的增长率，自 2010 年、2011 年、2012 年开始有所下滑，但仍与 2008 年的抗诉数据持平。从前后两个 4 年的平均情况来看，2005～2008 年的地方监督立法前 4 年（以下简称前 4 年）中年均抗诉案件 53 件，与同期年均起诉案件 18595 件相比，抗诉率为 0.29%；2009～2012 年的地方监督立法后 4 年（以下简称后 4 年）中年均抗诉案件 75 件，与同期年均起诉案件 19899 件相比，抗诉率为 0.38%。从抗诉案件的绝对数量来看，后 4 年比前 4 年增长了 41.5%，增长幅度较大。

但思想的重视并不等同于能力的提升。从前后 4 年检察机关上下级之间对审判监督手段行使的态度来看，检察机关的审判监督能力也没有因地方监督立法的出现而有较大改观。在检察一体制的制约下，一审检察机关提起的抗诉还有被上级检察机关撤回的可能。从这 8 年来看，共计撤回抗诉 107 件，撤抗率达到 20.94%，2005 年的撤抗率甚至达到 37.78%，也就是说 1/5 的提抗案件被上级机关否定。前 4 年北京市检察机关年均撤抗 13 件，同期年均提起抗诉的案件 53 件，撤抗率为 24.53%；后 4 年年均撤抗 14 件，同期年均提起抗诉的案件 75 件，撤抗率为 18.39%，虽然撤抗率的小幅下降反映出检察机关自身法律监督能力有了一定提升，但撤抗率始终保持在二成左右的现实，也意味着检察机关上下级之间尚有统一提高法律监督能力的空间。而且从抗诉案件占同期起诉案件的比例来看，由于同期提起公诉的案件也有着 7% 的增长速度，

---

① 曹建明：2010 年全国两会《最高人民检察院工作报告》，载新华网，http：//www.xinhuanet.com/2010lh/100311a/wz.htm，访问日期：2013 年 6 月 23 日。

② 参见北京市人民检察院检察长慕平在 2008 年 9 月在北京市第十三届人民代表大会常务委员会第六次会议上所作的《北京市人民检察院关于开展诉讼监督工作情况的报告》。

审判监督数量的增加有水涨船高的因素,从抗诉率来看,前4年抗诉率为0.29%,后4年抗诉率为0.38%,增长程度甚至不到0.1%,总体而言,以抗诉手段进行的审判监督工作任重而道远,并未随着地方监督立法的生成而有较大改观。

表1:2005~2012年北京市检察机关抗诉职能履行情况

年度	起诉（件）	二审提抗（件）	再审抗诉（件）	抗诉合计（件）	抗诉占同期起诉比例（%）
2005	17579	43	2	45	0.26
2006	18171	45	3	48	0.26
2007	19929	56	1	57	0.29
2008	18700	61	1	62	0.33
2009	19619	85	5	90	0.46
2010	19354	74	6	80	0.41
2011	19657	57	5	62	0.31
2012	20965	59	8	67	0.32

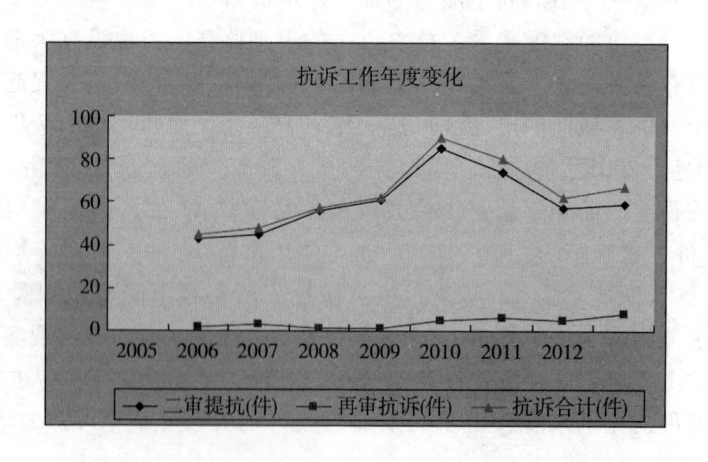

表2：2005~2012年北京市检察机关提抗及撤抗情况

年份	提抗（件）	撤抗（件）	撤抗率（%）
2005	45	17	37.78
2006	48	10	20.83
2007	57	18	31.58
2008	62	7	11.29
2009	90	24	26.67
2010	80	14	17.5
2011	62	13	20.97
2012	67	4	5.97
合计	564	120	21.28

（二）监督手段薄弱，监督效果差强人意

虽然北京市检察机关已经认识到"现行法律对某些方面的诉讼监督规定的较为原则，法定程序不健全，缺乏实践可操作性，在很大程度上制约了诉讼监督工作深入开展"，[①] 但北京市的《决议》也未能改变上述局面，对监督手段并未明确列举，只是强调"创新监督工作机制，改进监督工作方法，增强监督实效。要充分运用法律赋予的监督手段，全面加强对诉讼活动各环节，尤其是诉讼活动中执法过程的法律监督"，在向被监督对象提要求时，才对监督手段稍有提及，即要求各被监督对象充分重视、配合检察机关提出的"纠正违法通知书和检察建议"、"民刑事案件的抗诉、建议再审"、"列席审委会"等，监督手段的设定基本上与三大诉讼法的规定一致，较为笼统，而且对监督对象不配合监督工作的后果没有规定。立法的粗疏，在司法上的反映也很直接。

以立案监督为例，根据刑诉法规定检察机关发现公安机关应当立案而不立案的可以要求公安机关说明不立案理由，发出《要求说明不立案理由通知书》，认为不立案理由不成立的，可以通知公安机关立案，公安机关接到通知后，"应当"立案。刑诉规则中又增加了对不应当立案而立案的监督，

---

① 参见北京市人民检察院检察长慕平在2008年9月在北京市第十三届人民代表大会常务委员会第六次会议上所作的北京市人民检察院《关于开展诉讼监督工作情况的报告》。

可以通过制作《要求说明立案理由通知书》的形式进行监督。监督的过程就是采用制发《要求说明（不）立案理由通知书》、《通知立案书》、《撤销立案书》的形式，对公安机关不执行立案监督意见的，可以继续采取发出《纠正违法通知书》的形式予以纠正，如果公安机关仍不纠正的，可以报上一级检察机关协商同级公安机关处理。上述监督环节虽然环环相扣，但监督的手段也无外乎发送文书、纠正违法等保守手段，导致实践中的监督效果并不理想。从北京市检察机关2005~2012年的立案监督情况来看，对公安机关应当立案而不立案的监督（以《要求说明不立案理由通知书》形式）逐年增长，2005~2009年的数量基本稳定在年均120件左右，2010年之后几乎连年翻番，最高2012年636件比最低的2006年110件，增长了6倍之多，3年年均增幅达到131%。相对于检察机关高涨的立案监督热情，公安机关的配合程度并不令人满意：要求说明不立案理由后公安机关主动立案的比例一直未超过半数，只在2012年取得了刚不到7成的成绩；再之后采取的通知公安机关立案，虽然法律规定，公安机关"应当"立案，这种强制性的规定在实践中仍有落空的可能，如2007年、2009年、2010年、2011年均有少则1件、多则5件的案件，公安机关因各种原因未执行立案通知。总体而言，对公安机关应当立案而不立案的监督成功率在2009年之前一直处于两成不到的低谷，2010年之后成功率开始大幅提高，2012年取得了84.28%的成功率，为历年来最高。8年来进行立案监督1825件，监督成功956件，监督成功率刚刚过半数，为54.03%，监督效果差强人意。

表3：2005~2012年北京市检察机关立案监督工作情况

监督类型 年度	对应当立案而不立案的监督（件）							不立案监督成功率（%）	对不应当立案而立案的监督（件）		不当立案监督成功率（%）
^	要求说明不立案理由	公安机关主动立案	要求说明不立案理由成功率（%）	通知公安机关立案	公安机关执行通知情况		^	提出纠正	已纠正	^
^	^	^	^	^	立案	未立案	执行通知成功率（%）	^	^	^	^
2005	132	7	5.30	9	11	—	122.22	13.64	—	—	
2006	110	7	6.36	12	12	—	100.00	17.27	—	—	
2007	119	5	4.20	12	10	1	83.33	12.61	—	—	
2008	123	13	10.57	7	13	—	185.71	21.14	1	—	

续表

监督类型 年度	对应当立案而不立案的监督（件）							不立案监督成功率（％）	对不应当立案而立案的监督（件）		不当立案监督成功率（％）
^	要求说明不立案理由	公安机关主动立案	要求说明不立案理由成功率（％）	通知公安机关立案	公安机关执行通知情况		执行通知成功率（％）	^	提出纠正	已纠正	^
^	^	^	^	^	立案	未立案	^	^	^	^	^
2009	129	12	9.30	18	16	—	88.89	21.71	1	2	200.00
2010	218	74	33.94	45	44		97.78	54.13	30	29	96.67
2011	358	157	43.85	74	69	1	93.24	63.13	115	104	90.43
2012	636	443	69.65	61	93		152.46	84.28	346	310	89.60

二、开展绩效考评工作对法律监督工作的影响

（一）绩效考评工作对法律监督工作开展的正向影响

虽然审判监督工作地方监督立法的前后四年变化不大，但其他法律监督内容如立案监督、民行监督、侦查监督、监所检察监督等在后4年尤其是2010年之后有了质的飞跃。如前所述，对公安机关应当立案而不立案的监督在2005~2009年一直保持在年均120件左右的数量，但2010年开始，数量几乎翻倍增长，年均增幅达到64%以上；对公安机关不应当立案而立案的监督在2008年之前几乎没有，只有2008年的1件，即使是在《决议》出台后的2009年，也仍为1件，并未显示出《决议》在改变监督薄弱环节的作用，同样是自2010年开始，对不当立案的监督有了数十倍的增长，2010年提出纠正30件、2011年纠正115件、2012年更是攀升至346件，几乎是每年翻番式增长。同样的现象也出现在侦查监督、民行监督、监所检察监督中，如对刑罚执行和监管活动的监督中，监所检察部门在2005~2009年采用书面纠正违法通知书、检察建议的形式进行监督的寥寥无几，尤其是书面纠正违法的情形更是每年只有一两件，这也与监所检察部门与被监督对象长期共处，无论是办公处所还是日常的办公活动，甚至用餐问题都有赖于被监督者的配合和解决，由此也导致了刚性监督手段行使阙如，对监督中发现的问题多采用口头检察建议的形式，监督的随意性大、强度不够。这种情形也是一致延续到《决议》出台后的2009年，直至2010年才有了较大改观：2010年、2011年、2012年的书面纠

正违法情形较之 2009 年的 2 件增长的四五十倍，一举升至年均 102 件。

这种法律监督实践质效提升与地方监督立法出台的时间间隔性，在一定程度上排除了地方监督立法对实践的作用力，加之 2005～2012 年均未有大规模的立法修改活动，新刑诉法、刑法修正案（八）的生效实施基本上是在 2012 年 5 月之后，可以说，立法的变化并非法律监督工作在 2010 年之后发生显著变化的原因。通过考察北京市检察机关的工作实践，发现造成 2010 年之后各项法律监督工作均取得显著提升的一个重要原因，就是检察机关自 2010 年开始实施的基层检察机关建设考核工作，按照最高人民检察机关的意图，这项工作的目的在于"通过考核引导和督促基层检察院全面履行法律监督职责，推进基层检察院执法规范化、队伍专业化、管理科学化和保障现代化建设，促进基层检察院建设科学发展"①，其中检察业务建设中的重要组成部分就是对"履行各项检察职能"以及相应的"执法质量"、"执法效果"的考核。虽然北京市早在 2009 年就出台了《北京市基层人民检察院建设考评实施办法》，但无论是在考评内容还是具体项目上都较为粗疏，导致最终考核效果不明显，与诉讼监督职能行使相关的各项工作在 2009 年并没有出现明显变化，直至 2010 年最高人民检察院《基层人民检察院建设考核办法（试行）》的出台，北京市据此修改了相应内容、细化了考核重点和评价标准，尤其是完善了考评结果的运用机制——考核成绩优秀或者考评总成绩排名连续上升且进步幅度最大的基层检察院，可被评选为"首都先进检察院"，而"年度考评排名下降幅度最大且降幅达到三名以上的基层检察机关，考评领导小组将安排与该院领导班子集体谈话，分析原因，并将该院列为帮促院，提出改进意见。"② 可以说，业务考核工作不仅将提高检察机关的监督能力作为重点内容，最终考评成绩与基层检察机关尤其是基层检察机关领导班子的利益相关性，也促使各基层检察机关开始重视与考核得分点有关的工作，如立案监督中"监督侦查机关或检察机关侦查部门立案的，每立案一人计 1 分；判处不满 3 年有期徒刑的，每人加 1 分；判处 3 年以上不满 10 年有期徒刑的，每人加 2 分；判处 10 年以上有期徒刑的，每人加 4 分；判处无期徒刑、死刑的，每人加 10 分"，③ 相较于捕后质量不高等导致的减分，这种可能大幅提升考评成绩的加分项深得人心，也是各院在履职工作中的重点工作内容，于是体现在监督数据的变化上，就是 2009 年之前各项数据大体稳定或者增幅有限，而到 2010 年考核办法正式实施

---

① 参见《基层人民检察院建设考核办法（试行）》（2010 年 3 月 26 日颁行）第 2 条。
② 参见《2010 年度北京市基层人民检察院建设考评实施办法》第 31 条。
③ 参见《2013 年度北京市基层人民检察院建设考评细则》第 3 条。

后，各项数据就出现了大幅度的上升，呈现跳跃式增长。

(二) 绩效考评工作的重点分析

虽说考核的指挥棒效应带来了各项监督工作节节攀升，但监督手段性质的不同，也造成各项监督工作并非齐头并进。如抗诉作为有着严格要求的监督方式，不同于检察建议、纠正违法、通知立案等弹性较大、标准较为灵活的监督手段，并未因考核标准的出台而有突出变化。以刑事抗诉监督权的行使为例，《决议》规定，"人民法院对人民检察院依法提起的刑事抗诉案件和民事、行政抗诉案件，应当依照程序及时审理，原判决、裁定确有错误的，要依法纠正"，用宣言式的条文要求法院对检察机关以抗诉手段行使诉讼监督职能予以支持、配合，但这种宣言式的条文落实到司法实践中，并未起到立竿见影的效果。北京市检察机关 2005～2012 年间采用二审程序、审判监督程序提抗 511 件，年均 64 件左右，提抗率也在 2‰～4‰小幅波动，提抗数、提抗率都较为稳定，并没有因《决议》出台、考评工作等因素而有明显变化。从抗诉成功率来看，8 年间法院共计审结抗诉案件 406 件，其中 191 件被改判或发回重审，另有 215 件维持原判，抗诉意见被采纳率仅为 47%，仅有不到半数的抗诉得到了法院的认同。即使考虑到《决议》出台、考评工作开始对抗诉工作的正向促进作用，对前后 4 年的抗诉成功率进行对比分析，发现前 4 年年均抗诉成功 17 件，占同期法院审结抗诉案件的 43.13%，后 4 年年均抗诉成功 30 件，虽然绝对数量几乎翻了一番，但占同期法院审结抗诉案件的比例即抗诉成功率仍不到五成，为 49.59%，从这个角度来看，前后四年的审判监督效果（获得法院改判、纠正法院错误判决）并没有明显的提升，在半数以下徘徊。

与抗诉这一刚性监督手段的有限行使不同，检察建议、纠正违法通知书等弹性较大的监督手段，无论是作用范围还是监督效果都略胜一筹。以侦查监督中的书面纠正违法活动为例，2005～2012 年北京市检察机关在审查批捕阶段针对侦查机关违法行为发出纠正违法通知书 228 件，年均 28.5 件，除 2005～2009 年数字较为稳定外，自 2010 年开始翻番增长，近三年的年均增长率达到 193.33%，占同期审查批捕案件的数量也从最低的 0.19%，增长到 3.17%，增长了 16 倍之多。伴随监督数量增长的还有监督效果的提升，8 年间收到侦查机关回复、违法行为得以纠正的有 182 件，监督成功率为 79.82%，甚至不乏有的年份（2010 年）取得了 100% 的监督成功率。较之数量稳定、成功率低的抗诉手段，柔性监督手段的适用范围更广、可拓展空间更大，而且也有着更好的监督效果。

表4：2005～2012年北京市检察机关抗诉结果情况

年份	起诉（件）	提抗（件）	提抗率（‰）	撤抗（件）	撤抗率（%）	提抗成功	改判（件）	发回重审（件）	维持原判（件）	抗诉成功	抗诉成功率（%）
2005	17579	45	2.56	17	37.78	28	6	0	34	6	15.00
2006	18171	48	2.64	10	20.83	38	10	5	14	15	51.72
2007	19929	57	2.86	18	31.58	39	20	2	22	22	50.00
2008	18700	62	3.32	7	11.29	55	19	7	21	26	55.32
2009	19619	90	4.59	24	26.67	66	23	11	32	34	51.52
2010	19354	80	4.13	14	17.5	66	18	5	31	23	42.59
2011	19657	62	3.15	13	20.97	49	23	6	32	29	47.54
2012	20965	67	2.96	4	5.97	58	29	7	29	36	55.38

表5：2005～2012年北京市检察机关审查批捕阶段书面纠正违法情况

年度	审查批捕阶段发出书面纠正违法案件数（件）		
	提出纠正	已纠正	监督成功率
2005	7	4	57.14%
2006	2	2	100.00%
2007	2	—	0.00%
2008	11	4	36.36%
2009	15	8	53.33%
2010	33	33	100.00%
2011	56	43	76.79%
2012	102	88	86.27%

综上，地方监督立法的出台一方面促进了检察机关对法律监督工作的重视，但由于监督手段的单一化、监督保障的白条化，地方检察机关对推进法律监督工作心有余而力不足，无论是监督能力还是监督效果未随着立法的诞生而发生质的飞跃，只是随着刑事诉讼执法的规范化、文明化尤其是检察绩效考评重点的变化而产生了些微的进步，监督立法对司法实践的影响不大。而且从监

督效果来看，刚性的监督手段由于法律后果的缺失、监督者与被监督者之间关系的微妙化，导致适用少、效果小，比较而言，柔性监督手段由于法律后果并不严重，也未过多触及被监督者的利益，从而更容易被接受而产生一定的监督效果。

三、镜鉴之后的法律监督地方立法何去何从

不仅三大诉讼法对法律监督的内容规定概括、宣言化，范围狭窄，缺乏具体、可操作性强的法律规范，就连上述试图对法律监督问题进行细化的地方性法律监督文件也同样存在一个共性的问题，即总则规定的监督权力的广泛性与分则规定的具体监督方式的狭窄性之间的矛盾，所谈及的监督方式无外乎抗诉、检察建议、纠正违法等，对监督对象不执行监督意见的，缺乏硬性的罚则，多是宣言性、倡议性的规定，要求各个被监督机关认真配合、积极整改等，没有牙齿的法律，往往也发挥不了应有的威慑力和影响力。一部统一的法律的缺位，往往意味着对某一类事项规制的缺乏，从另一个角度说，也往往意味着对某一类公权力的运行缺乏必要的制约与监督。法律监督统一立法任重而道远，在立法的必要性不存异议的前提下，如何立就是一个现实问题。对照对上述法律监督立法的定性及定量分析，汲取检察机关绩效考评工作的有益经验是一个该当选项。

（一）立法模式的选择

北京市的《决议》全文共 7 条、1400 余字，对监督范围、监督重点、监督工作机制、自身监督能力建设、被监督对象的配合、行刑衔接工作、人大常委会对检察机关监督七个方面对检察机关的法律监督工作，主要是诉讼监督工作进行了简单的白描，如上所述，无论是监督手段、监督范围还是监督后果上都缺乏可操行性的规定，这种宣言式、粗线条的立法模式也是其 2008 年出台后未能产生如期效果的一个重要原因。对比北京市的《基层院考核工作办法》，自 2009 年出台以来，年年有更新，尤其是所附的《考核工作细则》以及相应的评分标准，使以法律监督为重要内容的检察机关工作有了具体的操作指南，并且在考核指挥棒的指引下，触及监督的薄弱环节、监督的重点环节，大大加强了监督的方向性和可操作性。以 2013 年 7 月新修改的《北京市基层人民检察院建设考评实施办法》为例，全文共 38 条、5700 余字，并辅之以三个考评细则和三套考评表，将分院、基层院、派出院作为不同主体，量体裁衣，分别制定了相应的考评细则和考评表，其中对区县院考评细则共 126 条、对分院考评细则共 130 条，对派出院考评细则共 17 条。无论是考评细则还是考评表的设计，均将法律监督的重点内容

予以关注，监督工作是否履行、效果是否良好，对应了相应的考核分数、考核比重。如在侦监工作的考核中，法律监督工作仅次于对审查逮捕质量（分值比例42%）的要求，将其细分为监督立案（分值比例13%）、监督撤案（分值比例8%）、纠正漏捕（分值比例7%）、监督侦查活动违法（分值比例12%）四个方面，共占考核总分的40%，其中监督侦查活动违法又细分为制发纠正违法通知书和建立公检联席会议两种形式，前者适用于侦查活动中的严重违法情形，后者适用于轻微违法情形予以通报的，而且均要求确实产生效果的（违法行为得以纠正、监督建议得到认可并整改），才能获得相应的考核加分，甚至对后者的监督形式、监督效果体现都进行了明确要求，即必须形成相应的会议纪要、会议通报。[①]

两相对比，地方监督立法的宣言化、纲领化，使其诞生并未能带来法律监督工作的革新，反而是细致入微、繁而有物的考评办法更有效、更高效地促进了法律监督工作的进步。因此，在探讨统一的法律监督立法时，有必要参考这种有效、有用的立法模式，防止法律监督法的大而无当。

（二）法律监督手段的补强

通过对实践中法律监督手段发挥作用的考察，发现监督手段薄弱导致监督效果差，其中刚性手段（如抗诉、通知立案）发挥作用的空间有限、成功率低，不及柔性手段（如纠正违法、检察建议）等。地方监督立法中往往仅对监督手段进行粗略、与法条一致的描述，对如何行使、如何发挥效用并未提及，如在民行案件监督问题上，北京市的《决议》只是规定了法院对于"民事、行政抗诉案件，应当依照程序及时审理，原判决、裁定确有错误的，要依法纠正；对人民检察院建议再审的，应当及时审查决定是否启动再审，符合再审条件的，要依法再审。应当会同人民检察院进一步落实并规范检察长列席同级法院审判委员会的制度"，具体如何行使民行抗诉权，如何监督民行案件，并未过多涉及。而在北京市的考评办法中，针对民行案件的监督问题，不仅区分了提请抗诉、提出抗诉、再审检察建议等不同方式，对于检察建议适用的范围又区分为针对诉讼程序的监督和针对执行的监督，均包括审判程序（执行）违法情形或审判人员（执行）违法行为、裁判（执行文书）笔误等瑕疵问题两类重要程度不同的问题。可以说这种针对性、时效性更强的法律监督手段的确立和完善，是促进法律监督工作有效进行的重中之重。

---

① 参见《2013年度北京市基层人民检察院建设考评细则》第6条。

（三）法律监督效果的评估

法律监督权的行使贵在有效，即能带来法制统一、公平正义的良好社会效果。但考察中发现地方监督立法并未重视监督效果的评估工作，仅将人大常委会对检察机关的监督、定期或不定期听取检察机关报告，作为评估的主要手段，缺乏科学有效、直观便捷的评估标准和评估体系，容易导致法律监督工作看上去做了，实际上却没有什么效用的尴尬局面。对比考评工作的要求，通过百分制、排名制的考核体系，用分值大小、权重、各个检察机关的横纵对比，作为评价法律监督工作是否做到实处的标准、杠杆，起到了很好的效果。同样以民行监督中的检察建议制发为例，考评细则中对检察建议的监督效果有明确要求，检察建议的提出必须"正确适当且必要，并要求人民法院书面采纳回复了本检察建议，采取了撤销、变更、更换承办人、对责任人员进行违纪处分等纠正方式，方能计分。针对裁判笔误提出的检察建议，仅限于较为严重的、对当事人权利义务产生影响的笔误问题。仅针对裁判或执行文书中校对不细致产生的笔误发出检察建议的，不计分。发出检察建议错误或没有必要的，不仅不能计分，还应减分。'错误'指检察建议指出的审判程序或执行问题不存在或指出的问题不准确，'没有必要'指检察建议所指监督事项无监督价值，提出检察建议损害了检察建议的权威性"。① 对检察建议的法律后果——撤销、变更、更换承办人、对责任人员进行违纪处分等纠正方式——进行了明确，而且要求检察建议的提出必须确有必要，如果没必要的，滥用监督权，反而要被扣分。以此来强调、规范法律监督权的行使，也是法律监督统一立法的可借之鉴。

四、结语

宪法总则规定的地位无上性，与法律监督细则的分散性、无序性，造成了实践中对法律监督的有用性、效用性的种种质疑，就像当前正在热议的宪政问题一样，法律监督怎样才能从一个 txt 文件，变成一个 exe 文件，不仅仅是一个法制宣传、严格执法的问题，更重要的是对法律监督的立法进行统一、细化。对照指导基层院工作重点、工作方向的绩效考评工作，法律监督立法应当从立法模式的细则化、法律监督手段的补强化、监督效果的评估化等方面有所突破，使法律监督工作有章可循、有据可依，真正将宪法规定落实到司法实践中。

---

① 参见《2013年度北京市检察机关民事行政检察工作考评表》。

表6: 2005~2012年北京市检察机关法律监督情况一览表

年度	立案监督 - 要求说明不立案理由(件)	公安机关主动立案	公安机关通知立案	公安机关执行通知情况 - 立案	未立案	对不应当立案而立案的监督 - 提出纠正	已纠正	书面纠正违法(批捕阶段)(件次) - 提出纠正	已纠正	侦查监督 - 追捕(人)	不予批捕(人)	不起诉(人)	检察建议(批捕阶段)	书面纠正侦查活动违法(审查起诉阶段)(件次) - 提出纠正	已纠正	检察建议(公诉阶段)	审判监督抗诉(件) - 二审程序抗诉	再审抗诉	刑罚执行和监管活动监督 - 书面纠正违法	检察建议	民行监督 - 抗诉(件)	再审检察建议(件次)	再审检察建议 采纳	检察建议 - 提出	采纳
2005	8	7	9	11	—	—	—	—	—	4	202	23	2633	466	37	—	18	7	65	43	2	0	13	40	12	2
2006	6	2	7	12	12	—	—	—	—	2	214	37	3441	522	40	—	12	3	75	45	3	1	26	71	14	4
2007	16	7	5	12	10	1	—	—	—	—	195	29	1562	666	44	1	22	4	159	56	1	0	10	57	10	2
2008	26	2	13	7	13	—	—	1	1	4	151	62	2299	481	141	—	28	15	217	61	1	2	8	29	23	—
2009	11	1	12	18	16	—	1	2	2	8	145	142	2351	524	119	—	57	39	381	85	5	2	41	54	25	11
2010	98	66	74	45	44	30	29	29	33	33	148	251	4021	695	329	—	49	43	650	74	6	84	24	62	41	25
2011	140	102	157	74	69	115	104	104	56	43	202	312	5185	955	477	—	65	55	771	57	5	108	121	68	40	27
2012	85	68	443	61	93	346	310	310	102	88	406	365	7081	1527	632	—	129	89	792	59	8	115	29	76	145	116

(本文荣获女检察官学习贯彻落实"两法"征文活动三等奖)

浅谈对"终结本次执行程序"的检察监督

孙路遥[*]

修改后的《民事诉讼法》明确规定"人民检察院有权对民事执行活动实行法律监督",首次从法律层面上赋予检察机关民事执行监督的神圣职责,为民行检察工作打开一片新的天地,同时也向我们提出了"深入研究民事执行规律、正确开展执行检察监督"的新课题。本文试从法院执行工作中常见的"终结本次执行程序"结案方式入手,探讨对该种情形应如何开展检察监督,以期对民事执行检察工作有所裨益。

一、问题的提出

近年来,各地检察机关逐步探索开展民事执行检察监督工作,对法院的执行案件进行了大范围的调阅和评查。实践中发现,不少执行案件是以"终结本次执行程序"的方式结案,在法院的统计数据里归为已结案件。对于这种结案方式,一些检察机关存在不同认识:一种认为,"终结本次执行程序"不是法定的结案方式,在民诉法中只规定有中止执行和终结执行两种情形,并不存在"终结本次执行的程序"的规定,法院为了结案的这种做法是违法的,应予纠正;另一种观点认为,"终结本次执行程序"是目前法院普遍采用的一种执行结案方式,只要被执行人无财产可供执行即可以此种方式结案,对此应予以认可,不必重点监督。笔者认为这两种观点均有失偏颇,我们应从"终结本次执行程序"制度的设立目的、法律依据、现实意义及运行程序加以分析,找准易出问题环节,有针对性地进行监督,确保该制度规范、有序运行,发挥其应有的作用。

二、"终结本次执行程序"制度探源

"执行难"一直是法院执行工作中的一大顽疾,从法院角度来看,"执行

---

[*] 作者单位:辽宁省人民检察院。

难"所体现的是执结率低,未执结案件数量大,且逐年积压增多。究其原因,除了法院的执行力度、外部执法环境、当事人的实际履行能力等因素外,还有一个影响因素就是执行案件的结案方式。由于执行中止、未履行完毕的执行和解等都不能计算为结案,所以尽管法院做了大量实际工作,但是执结率始终不高。①为解决这一问题,一些法院在实践中采取创新做法,如发放债权凭证、中止视为结案等,做法不一、各自为阵。直到2009年3月19日,中央政法委和最高人民法院联合发布了《关于规范集中清理执行积案结案标准的通知》(法发〔2009〕15号),首次在全国范围内明确提出将"终结本次执行程序"作为无财产可供执行案件的一种结案方式。

所谓"终结本次执行程序",是指在民事案件进入执行程序后,人民法院按照执行程序要求,履行了法定执行手续,采取了相应强制措施,穷尽了执行手段和方法,仍然无法使案件得以执结,在查明被执行人确无可供执行的财产、暂时无履行能力的情况下,执行工作暂时没有继续进行的必要时,由法院裁定案件执行程序阶段性终结,并予以结案,因而暂时结束执行程序的一种制度。②其目的就是应对"执行难"问题而在制度上寻找一个出口,使无财产可供执行的案件退出执行程序,降低未执结案件的统计数,缓解法院办案压力。

从法理上讲,这种制度有其存在的法律依据。《民事诉讼法》第257条规定的六种裁定执行终结的情况,实际上可以分为两种类型:不能再执行的终结和可以再次执行的终结。前者是因继续执行成为不必要或者不可能,故永远也不能再执行的终结;后者是指当前被启动的执行程序终结,但不免除实体责任,不排除以后再执行。"终结本次执行程序"的法律依据就是《民事诉讼法》第257条第6项"人民法院认为应当终结执行的其他情形"的规定。可以说,只要执行机构按照法定程序进行操作,采取了必要的执行措施,使当事人面对无懈可击的正当程序,难寻瑕疵,即使债权最终不能全部实现甚至完全没有实现,也应当视为已经完成了法定职责。③

---

① 参见申国锋:《终结本次执行程序制度初探》,载中国法院网,访问日期:2006年1月18日。

② 参见童兆洪、林翔荣:《再论终结本次执行程序的实施》,载《人民司法》2002年第6期。

③ 参见童兆洪、林翔荣、方永新:《改革:执行发展与创新的时代呼唤》,载《法律适用》2002年第7期。

三、"终结本次执行程序"的现实意义

"终结本次执行程序"是一种阶段性程序终结，并不是案件不再执行的彻底终结，申请人只要能够提供被执行人确切的可供执行财产或财产线索，即可随时请求人民法院执行。有些无财产可供执行案件从纠纷之初就埋藏了无法执行的必然结果，不是单靠法院的力量能够解决的，作"终结本次执行程序"处理，对法院是减负，对当事人是一种平等保护，对有效解决"执行难"问题具有积极意义。

一是有利于整合执行资源，提高法院工作效率。将无财产可供执行案件暂时终结，在具备执行条件后重新执行，使法院摆脱无财产积案形成的包袱，将有限的执行资源用到有履行能力的案件上去，最大限度地保护债权人的合法权益。

二是有利于加大申请人协作力度，增强申请人的责任意识、风险意识、举证意识。实行"终结本次执行程序"制度可以促使申请人积极配合法院查找被执行人的财产线索，强化当事人对自己实施民事行为所产生的风险承担法律后果的风险责任意识，使申请人在理性状态下维权。

三是有利于保护债权人的合法权益。"终结本次执行程序"只是程序终结，并非实体执结。它附条件地赋予申请人申请恢复执行的请求权直至债权完全实现。在程序上保护了债权人的请求权，从而为其实体权益的保护创造了合法、有利的条件。①

虽然"终结本次执行程序"具有以上优势，但是作为民事执行工作中的一项创新制度，在法律层面尚没有明确具体的规定，仅仅是法院内部认可的结案方式，如果在适用时控制不严，就有可能成为执行人员拖延执行、逃避责任的手段。案件一经裁定终结本次执行程序，非经申请人申请恢复执行，执行人员即可将该案束之高阁，不闻不问。即便申请人提供了财产线索，申请恢复执行，仍需等待重新立案后，原有的执行工作才会得到延续，如果执行人员消极不作为，则容易错失或贻误执行良机，甚至可能涉及渎职犯罪。因此，我们在执行检察监督工作中，一方面应当认可"终结本次执行程序"这种结案方式的法律效力，另一方面要着重审查执行人员是否严格依照程序进行工作，是否存在滥用"终结本次执行程序"的情况，确保法院正确运用该项制度，维护当事人的合法权益。

---

① 参见王彦平：《对终结本次执行程序的几点思考》，载中国法院网，访问日期：2009年12月11日。

四、"终结本次执行程序"的监督重点

《关于规范集中清理执行积案结案标准的通知》详细列举了可裁定"终结本次执行程序"后结案的七种情形,并规定了严格的适用条件。检察机关在进行监督时要从程序规定入手,以执行卷宗记载为主要依据,对法院作出"终结本次执行程序"裁定是否正当、合法作出认定。

1. "终结本次执行程序"适用的对象应为确无财产可供执行的案件。能够适用"终结本次执行程序"的案件须为以金钱给付为标的,被执行人无财产可供执行。这种"无财产可供执行"的状态不是永久性的,而是暂时无履行能力。需要注意的是,有财产不等于可供执行财产,须在剔除被执行人及其所扶养家属的生活、生产最基本费用后,剩余的才是可供执行财产。

2. "终结本次执行程序"适用的前提是必须穷尽财产调查措施。财产调查的途径主要是被执行人申报、申请人提供线索、法院调查三种方式有机结合。被执行人申报财产或申请人提供线索的,法院要及时进行核查。被执行人申报无可供执行的财产,申请人也无法提供财产线索的,法院要依职权进行必要的和合理的调查:(1)被执行人是法人的,应当向有关金融机构查询银行存款,向有关房地产管理部门查询房地产登记,向法人登记机关查询股权,向有关车管部门查询车辆等。(2)被执行人是自然人的,应当向被执行人所在单位及居住地周边群众调查了解被执行人的财产状况或财产线索,包括被执行人的经济收入来源、被执行人到期债权等。除了常规的调查,根据案件不同情况,还应当包括审计、搜查、媒体公布、限制出境等措施。[①] 如果执行人员证明自己确实已穷尽调查措施,而申请执行人也没有足够的证据推翻执行人员的主张,那么该执行案件可确认具备无财产可供执行案件的条件。

3. "终结本次执行程序"适用的必备条件是征得申请人同意,或申请人虽不同意但经过听证。执行法院必须及时向申请人反馈案件执行情况,在下达"终结本次执行程序"裁定前应当告知申请人,征得其同意。申请人有异议的,执行法院应当另行派员组织当事人就被执行人是否有财产可供执行进行听证,申请人提供被执行人财产线索的,执行法院应当就其提供的线索重新调查核实,发现被执行人有财产可供执行的,应当继续执行,不能以"终结本次执行程序"结案。

4. "终结本次执行程序"适用的内部程序必须经过合议庭合议。终结本

[①] 参见黄金龙:《终结本次执行程序的理解与适用》,载《人民法院报》2009年4月24日。

次执行程序属执行中的重大事项，应当通过合议的方式作出。合议庭评议决定终结执行的案件，由执行部门领导审核后，报主管领导批准，方可作出裁定。裁定书中应当载明执行标的总额、已经执行的债权数额和剩余的债权数额，并写明申请执行人在具备执行条件时，可以向有管辖权的人民法院申请执行剩余债权。

5. 执行卷宗中应当记载的事项。检察机关的监督是一种事后监督，对执行行为的认定主要以执行卷宗的记载为依据。执行卷宗应准确、连续、完整、清晰地反映执行工作的过程，认定被执行人无财产可供执行的，应当将采取各种调查措施的材料归入案卷，包括工作记录、调查（询问）笔录、谈话笔录、当事人书面确认材料、被查询单位出具的书面查询结果，以及其他能够证明被执行人财产状况和法院进行相关调查工作情况的材料。只有证明材料齐备，才能证明执行人员依照法定程序、履行了法定职责、穷尽了法定强制执行措施，作出"终结本次执行程序"裁定确为正当合法。

6. "终结本次执行程序"后再次启动的问题。申请人一旦发现被执行人有可供执行财产或财产线索，即可以"终结本次执行程序"裁定书为执行依据，随时向法院重新申请执行，启动执行程序。申请人再次提出执行申请不受申请执行期间的限制，恢复执行的案件应重新立案号，执行处理完毕后应制作结案报告，载明执行情况、执行到位金额、尚欠债务数额等，如果被执行的可供执行财产不足以履行全部债务，当事人可就不足部分另行申请执行，直至全部债务履行完毕为止。

笔者认为，以上是检察机关在针对法院作出"终结本次执行程序"裁定的案件进行监督时应当着力把握的几方面问题，发现法院在执行工作中违反上述规定的，检察机关应当发出检察建议，督促法院及时纠正，以杜绝法院片面追求高结案率，滥用"终结本次执行程序"的问题，维护人民群众的合法权益。

（本文荣获女检察官学习贯彻落实"两法"征文活动三等奖）

聚焦刑事诉讼法修改

刑事证据

试论刑事诉讼中的瑕疵证据补正规则

张丽如[*]

一、瑕疵证据之界定标准

两个《证据规定》和新修订的刑事诉讼法在正式确立了非法证据排除制度之余，提出了瑕疵证据补正规则。通过对两个《证据规定》的分析可以看出，目前的证据种类已不再简单地划分为合法证据和非法证据，而是细化为合法证据、瑕疵证据和非法证据。所谓"瑕疵证据"，是指在法定证据要件上存在轻微违法情节（俗称"瑕疵"或"缺陷"）的证据。[①] 瑕疵证据属于证据能力待定的证据，其是否具有证据能力，取决于其瑕疵能否得到补正或合理解释：若能得到补正或合理解释，则该证据具有证据能力，可继续在后续程序中使用；若无法予以补正或合理解释，该证据则不具有证据能力，不得在后续程序中使用。

虽然《关于办理死刑案件审查判断证据若干问题的规定》（以下简称《死刑案件证据规定》）列举了瑕疵证据的形式，但在实践中面对的案件千差万别，通过这种列举的方式并不能穷尽所有的瑕疵证据。所以准确地界定瑕疵证据的标准，对于司法实践有着非常重要的意义，笔者认为，瑕疵证据的界定标准主要有以下三方面：

1. 主要是证据采集程序和方式上的违法，未违背法律原则和禁止性规定。通过对两个《证据规定》规定的瑕疵证据的情形来看，瑕疵证据大多是侦查人员在制作相关证据笔录时存在技术性缺陷的证据，如缺少侦查人员的签名、遗漏询问的时间、地点等重要内容，以及在程序步骤、方式、时间、地点等方面违规的情况下收集的证据。一般来说，瑕疵证据违反的情节较为轻微，主要

---

[*] 作者单位：广东省梅县人民检察院。

[①] 参见万毅：《论瑕疵证据——以"两个〈证据规定〉"为分析对象》，载《法商研究》2011 年第 5 期。

是程序和方式上的轻微违法，未违背重大的诉讼原则，也未违反法律设置的禁止性规范。

2. 违法和侵权程度较为轻微，未侵犯诉讼参与人的基本权利。从传统上来说，瑕疵证据属于非法证据的范畴，二者的共同点在于都是通过非法方式取得的。但是两者的不同点在于违法程度的不同。如侦查人员在讯问笔录、询问笔录的记录上存在错误，或者遗漏了时间、地点、讯问人和询问人的签名，以上行为只是一种笔录形成过程中的缺陷，并没有侵犯被讯问人、被询问人的人身、精神等。这些笔录记载上的形式缺陷，只是侦查人员的疏忽，并不意味着侦查活动本身存在违法行为。而刑讯逼供、暴力取证等违法行为则通过对被讯问人、被询问人的人身或精神的折磨或践踏，使得被讯问人、被询问人产生恐惧心理而妥协。由此可见，非法证据与瑕疵证据的重要区别之一就是，非法证据是侦查人员侵犯犯罪嫌疑人等诉讼参与人宪法权利以及刑事诉讼法规定的诉讼参与人的基本权利而取得的，而瑕疵证据的产生仅侵犯了诉讼参与人的一般程序性权利，相较于非法证据，取得瑕疵证据的违法程度较为轻微。

3. 采用该证据不足以影响证据的真实性以及事实的认定。区分瑕疵证据与非法证据的一个重要标准就在于此。非法证据是通过刑讯逼供、暴力取证等非法方法获得的证据，侦查人员采用的非法方法已经对诉讼参与人的精神造成了压迫，导致诉讼参与人的叙述可能无法遵从自己的意志，获得的是非自愿的供述或者陈述，很可能直接影响该证据的真实性，法院一旦采纳，就很容易造成事实的错误认定。而那些违法情节较为轻微的瑕疵证据并没有影响诉讼参与人的自由意志，只是在程序上有所疏漏，这种疏漏并不足以影响证据的真实性，即便被法院采纳，一般也不会造成事实认定上的错误。

二、瑕疵证据补正之制度缺陷

目前我国的瑕疵证据补正的相关规则主要规定在《死刑案件证据规定》以及最高人民检察院《关于适用〈关于办理死刑案件审查判断证据若干问题的规定〉和〈关于办理刑事案件排除非法证据若干问题的规定〉的指导意见》（以下简称《指导意见》）。通过对《死刑案件证据规定》和《指导意见》分析来看，目前主要规定了需要补正瑕疵证据种类、程序的启动主体以及补正的方法等。但是这些规定都笼统和抽象，且存在一些不合理的地方，从而导致在司法实践中补正程序难以操作。

1. 瑕疵证据补正程序的主体缺位。笔者通过分析发现，无论是《死刑案件证据规定》还是《指导意见》，均无对瑕疵证据的补正过程犯罪嫌疑人或被告人的参与权的相关规定。这就导致瑕疵证据的解释与补正程序变成了类似于行政程序，而非诉讼程序。犯罪嫌疑人或被告人作为利益主体，应该有充分参与瑕疵证据解释与补正程序的权利和机会。犯罪嫌疑人或被告人的缺位，也体现了我国刑事诉讼程序不甚注重人权保障，轻视犯罪嫌疑人或被告人诉讼主体性的特征。①

2. 欠缺瑕疵证据补正的具体程序性规定。瑕疵证据的补正规则主要规定在两个《证据规定》中，但《非法证据排除规定》只在第 14 条作了原则性规定，《死刑案件证据规定》只笼统规定了瑕疵证据的类型、补正方法和补正不能的后果，而后最高人民检察院出台的《指导意见》虽然规定了一些程序性规定，但规定分散且笼统，使得在司法实践中仍然缺乏可操作性。比如瑕疵证据通过什么方式进行补正、应当补正到什么程度，以及补正的具体程序如何等问题均无规定。

三、瑕疵证据补正之规则

（一）瑕疵证据的补正方式

两个《证据规定》对存在瑕疵的证据的治愈方式规定了两种方式，即补正和合理解释，但没有明确补正的具体方式方法，笔者认为，可以通过以下几种方式来补正证据存在的瑕疵：

1. 征得犯罪嫌疑人或被告人的事后认可。犯罪嫌疑人或被告人的事后追认的原理类似于刑法上的"被害人承诺"，即侦查机关的违法取证行为因犯罪嫌疑人或被告人的同意而取得了合法性。证据存在瑕疵，往往意味着取证过程中犯罪嫌疑人或被告人权利一定程度的受损，但若犯罪嫌疑人或被告人对自身权利的受损状态并不介意，反而通过事后追认等方式认可了该证据的有效性，则该瑕疵证据即可据此而"再生"。②"犯罪嫌疑人或被告人认可"这一方式一般适用于犯罪嫌疑人或被告人参与的某些程序环节，如在"首次讯问笔录没有记录告知被讯问人诉讼权利内容"情况下，如果得到被讯问人的认可，明确表示在讯问时侦查人员通过不同方式已经完成了告知义务，该瑕疵证据即可得到补正。

2. 修正错误。所谓"修正错误"，主要适用于那些在笔录上遗漏重要内容或者遗漏有关人员签名的情形，如讯问人没有签名、笔录填写的讯问时间有误

---

① 参见张牧遥：《刑事诉讼瑕疵证据解释与补正程序改造》，载《燕山大学学报》2012 年第 13 卷第 4 期。

② 参见万毅：《论瑕疵证据——以"两个〈证据规定〉"为分析对象》，载《法商研究》2011 年第 5 期。

等情形,通过一定方式修正该错误。办案人员通过对证据笔录作出必要的修改、增加或者删除,尽量对原有的程序瑕疵作出弥补。

3. 重新实施侦查行为并重新制作笔录。主要适用于证据笔录存在较大错误或者侦查活动存在明显瑕疵的情形。证据笔录存在较大错误,主要是指笔录存在的错误无法通过修改等形式上的方式来进行弥补,如侦查人员没有在讯问笔录中记录被讯问人的权利义务,这种程序瑕疵可能影响到被讯问人供述的自愿性和真实性,此时就不能通过侦查人员对笔录进行修改来进行补正,而应该重新进行讯问并重新制作笔录。侦查活动存在明显瑕疵的情形也无法通过笔录的形式修正来弥补,如组织辨认的侦查人员少于两人的,应当通过重新组织辨认来补正瑕疵。

4. 作出合理解释或说明。作出合理解释或说明,是指办案人员对证据的瑕疵无法进行补正而作出书面的或口头的"合理的说明",主要有两种情况,一是对已经进行的程序补正情况进行必要的说明,二是对于那些无法纠正和补充的瑕疵证据进行解释,主要是针对因时过境迁而无法补正的瑕疵证据所作的情况说明。相对于补正来说,合理解释是一种更容易的方式,侦查机关或检察机关肯定会乐于优先选择进行合理解释。因此,对于合理解释还是应加以必要的限制,在可以进行补正的情况下不能"贪方便"而进行合理解释,如询问笔录中遗漏记录告知证人有关法律责任的环节,一般情况下应当重新询问证人并重新制作询问笔录,只有当证人已经死亡、出国或者出现其他不可抗力的意外情况不能重新询问时,才能允许选择合理解释的补正方式。另外,进行合理解释时不能简单地口头或提交书面说明,而应该提交相关的证据予以佐证,如提供录音录像或者侦查人员出庭接受质询等。

(二) 瑕疵证据的治愈标准

经过上述方法对瑕疵证据进行补正后,会产生两种后果:一是补正成功,即瑕疵治愈,可以采用;二是补正不能,予以排除。那么,应该如何判定办案人员补正后的瑕疵证据已经治愈可以在之后的诉讼过程中采用呢?两个《证据规定》和新修订的《刑事诉讼法》对此并未作规定。笔者认为可以从以下两方面来认定瑕疵是否已经治愈:

1. 经过补正后获得的证据材料,应当排除程序的违法性及其带来的法律风险。如笔录中遗漏的签名已经得到补签;笔录中记载错误的事项已经得到修正;通过重新讯问被告人并制作讯问笔录,原来欠缺的告知被告人诉讼权利的程序环节得到修补;通过重新询问证人并制作询问笔录,使得原来存在的"同一侦查人员在同一时间段内询问不同证人"的问题得到合理解释,伪造或者变造证言笔录的可能性得到消除。

2. 经过合理解释的方式补正瑕疵时，其解释内容应当符合逻辑法则和经验常识，足以证明原有的程序瑕疵属于一种无害的错误，即不会导致错误认定事实的技术性违规。① 如询问证人的地点不符合规定的，应当说明是因为情况紧急而采取的无奈措施，并证明询问的方式是合法的，证人的陈述是自愿的，无受到任何形式的强迫、暴力或者威胁等，从而将因采证地点不符合规定而影响证人证言真实性的可能加以排除。

四、瑕疵证据补正之程序

（一）启动程序

1. 启动方式

《死刑案件证据规定》中相关规定明确要求，由"办案人员"对瑕疵证据进行解释与补正，即瑕疵证据补正程序的启动具有职权性，没有规定犯罪嫌疑人或被告人可以提起启动程序。笔者认为，瑕疵证据补正程序应该合理地细化为依职权启动和依申请启动两种方式。

（1）主动发现瑕疵证据线索，依职权启动程序。根据《指导意见》第15条、16条和17条之规定，发现物证、书证和视听资料、电子证据等来源及收集、制作过程不明的，或者勘验、检查笔录不符合规定或者记载内容有矛盾的，应当要求侦查机关补正，无法补正的应当作出说明或者合理解释……侦查机关没有依法重新收集、补正，或者无法补正、重新制作且没有作出合理解释或者说明，无法认定证据真实性的，该证据不能作为批准或者决定逮捕、提起公诉的依据。这意味着检察机关可以在批准逮捕、审查起诉过程中发现瑕疵证据从而启动补正程序。这与非法证据排除规则是相吻合的。另外，法院在审理过程中也可以依职权启动瑕疵证据补正程序。所以，应当由检察机关和法院发现证据瑕疵线索从而依职权启动瑕疵证据补正程序。

（2）被动受理瑕疵证据线索，依被告人申请启动程序。无论是两个《证据规定》及其《指导意见》还是新修订的刑事诉讼法均无对犯罪嫌疑人或被告人参与瑕疵证据补正程序作出任何规定，而犯罪嫌疑人或被告人作为利益主体参与瑕疵证据的补正程序是理所当然的。所以，应当规定犯罪嫌疑人或被告人发现证据存在瑕疵时，可以向检察机关或者法院提出瑕疵证据补正的申请。检察机关或者法院经过初步审查后，决定是否提起瑕疵证据补正程序。另外，应当规定犯罪嫌疑人或被告人提出此项申请时应当附有相关的证据和线索，否则检察机关或者法院将不予受理，这类似于申请排除非法证据的初步证明

---

① 参见陈瑞华：《论瑕疵证据补正规则》，载《法学家》2012年第2期。

责任。

2. 启动时间

启动时间可根据瑕疵证据发现的时间分为审前程序中启动和审判程序中启动。

（1）在审前程序中启动。在审查逮捕环节和审查起诉环节检察机关发现侦查机关的瑕疵证据或者犯罪嫌疑人或被告人对侦查机关的瑕疵证据向检察机关提出异议的，分别由侦监部门和公诉部门对该瑕疵证据进行审查。经审查后发现确实存在证据瑕疵的，应当要求侦查机关对该瑕疵证据作出补正或者合理解释。

（2）在审判程序中启动。公诉部门在法庭审理过程中发现证据存在瑕疵的，可以向法庭提出瑕疵证据补正的要求；法庭在审理过程中发现瑕疵证据的，可以责令公诉部门对证据瑕疵的补正作出处理；被告方发现瑕疵证据的也可以向法庭提出补正的申请。

（二）审查程序

有学者认为，瑕疵证据的补正程序应当建立司法审查制度，即无论是审前还是审理过程中的补正都应当由法院进行审查，并实行审前法官和审判法官分离制度。笔者认为这样的司法审查制度是较为合理的，但鉴于目前我国的司法现状，在审前程序中的补正由法院进行审查存在诸多困难。所以笔者认为，瑕疵证据补正的司法审查制度应当逐步推进，适当考虑有关方面的可承受性，折中地建立"二元体制"，即采取法院的司法审查与检察机关的"准司法审查"相结合的二元制审查模式。待条件较为成熟，再全面、有效地实行法院的一元性司法审查模式。笔者认为，目前实行二元制司法审查制度应具体规定如下：

1. 在审前程序中启动的，由检察机关负责审查。检察机关在审前环节主动发现或依犯罪嫌疑人或被告人一方申请发现瑕疵证据线索的，应当进行审查。经审查后发现证据确实存在瑕疵的，应当要求侦查机关进行补正或者作出合理解释。检察机关决定启动瑕疵证据补正程序时应及时通知犯罪嫌疑人或被告人。检察机关对侦查机关的补正结果和作出的解释进行审查，并作出是否采纳补正结果或者解释的决定。但由于检察机关的审查不同于法院的司法审查采取的对抗辩论制，而是类似于内部审查的行政性程序，其程序的正当性已显不足，再加上公诉部门可能出现的对瑕疵证据的"自制自审"局面有违程序正义，所以笔者认为，应当设定一个最低限度的司法救济，具体内容在后文中论述。审查结束后，检察机关应将结果及时通知犯罪嫌疑人或被告人，并将审查结果附卷。

2. 在审判程序中启动的，由法院负责审查。公诉部门或者被告方在案件审理过程中发现证据存在瑕疵的，可以向法庭要求进行补正。法庭经过审查，作出是否允许补正的决定。法庭在审理过程中发现证据存在瑕疵的，可以要求公诉部门履行相关职责，即若瑕疵证据是由侦查机关制造的，公诉部门应当要求其进行补正或解释；若瑕疵证据是公诉部门制造的，应当由公诉部门进行补正或解释。法庭决定启动瑕疵证据补正程序时应及时通知犯罪嫌疑人或被告人及其律师参与。在瑕疵证据的补正过程中应当暂停案件的审理。瑕疵证据补正结束后，由法庭对补正结果进行审查，必要时法庭应当传召侦查人员接受控辩双方的询问，最后作出是否采纳的决定。法庭审查结束后，应将结果及时通知犯罪嫌疑人或被告人及其律师。

（三）救济程序

无救济则无权利。笔者认为应当为瑕疵证据的补正设定救济途径，具体如下：

1. 应当告知犯罪嫌疑人或被告人具有启动瑕疵证据补正的权利。检察机关案件管理部门应当在收到移送审查起诉的案件材料之日起3日内，告知犯罪嫌疑人及其法定代理人和他们委托的人有权提出瑕疵证据的补正请求，并应当告知提出申请补正需要提供的线索和证据。补正申请应当采用书面形式。

2. 对是否采纳经补正后的瑕疵证据情形的救济程序。在审前程序或审判程序中，补正的瑕疵证据经审查后，检察机关或法院在将审查结果告知侦查机关、犯罪嫌疑人或被告人的同时应当告知其救济权利。侦查机关对审查结果有异议的，可以向检察机关或者法院申请复议一次；犯罪嫌疑人或被告人对审查结果表示异议的，可以自行或委托律师要求重新审查，但只能重新审查一次。检察机关在审前程序中作出的予以采纳的决定，不影响犯罪嫌疑人或被告人在提起公诉后向法院提出异议的权利。

（本文荣获女检察官学习贯彻落实"两法"征文活动一等奖）

论非法证据排除规则的适用范围

苏 欢[*]

作为保障犯罪嫌疑人和被告人权利、维护司法公正的一项制度设计，非法证据排除规则被广泛运用于世界各国的刑事诉讼程序中，同时也被一系列国际公约所采纳。非法证据排除规则符合现代保障人权的价值目标，也适应程序正义的必然要求。在与打击犯罪这一刑事诉讼传统任务的博弈中，我国的非法证据排除规则也慢慢地成长。1998年，非法证据排除规则在我国初现苗头，当年的刑事诉讼法第43条规定开启了我国刑事诉讼中非法证据排除规则的大门。2010年，最高人民法院、最高人民检察院、公安部、国家安全部、司法部联合发布实施的《关于办理刑事案件排除非法证据若干问题的规定》（以下简称《排除非法证据规定》）和《关于办理死刑案件审查判断证据若干问题的规定》（以下简称《办理死刑案件证据规定》）进一步充实了非法证据排除规则的实体和程序要求，但同时也因部分规定不明确引发了学界和实务界的激烈争论。2012年，刑事诉讼法的修订，使得非法证据排除规则在基本法中出现了相对完整、翔实的身影。之后，最高人民法院司法解释和最高人民检察院《刑事诉讼规则》更加不惜重墨地将其细化成数条规定。随着立法上的不断完善，非法证据排除规则在司法实践中也经历了一个由引起注意到逐步重视，再到悉心钻研的过程。其中的一个重要议题便是非法证据排除规则的适用范围，这也是运用非法证据排除规则的首要问题。本文将从非法证据排除的规定着手分析适用于非法证据排除规则的非法证据种类及范畴。

一、非法证据排除规则适用范围的规定

非法证据排除规则制度起源于英美法，最早出现于20世纪初的美国。我国1998年的刑事诉讼法将该规则首次纳入立法，其中第43条规定：

---

[*] 作者单位：河北省保定市南市区人民检察院。

"严禁刑讯逼供和以威胁、引诱、欺骗以及其他非法的方法收集证据。"当年最高人民法院司法解释第 60 条规定："严禁以非法的方法收集证据。凡经查证属于采用刑讯逼供或者威胁、引诱、欺骗等非法的方法取得的证人证言、被害人陈述、被告人供述，不能作为定案的根据"，将非法证据排除规则的适用范围限定为非法言词证据。最高人民检察院的《人民检察院刑事诉讼规则（试行）》（以下简称《刑事诉讼规则》）中也有类似的简单规定。

2010 年，《排除非法证据规定》缩小了适用于非法言词证据的适用范围，在列举式的非法方法中去掉了"引诱、欺骗"，其第 1 条规定："采用刑讯逼供等非法手段取得的犯罪嫌疑人、被告人供述和采用暴力、威胁等非法手段取得的证人证言、被害人陈述，属于非法言词证据。"但该规定将非法证据排除规则的适用扩大到实物证据中的物证、书证，其第 14 条规定："物证、书证的取得明显违反法律规定，可能影响公正审判的，应当予以补正或者作出合理解释，否则，该物证、书证不能作为定案的根据。"《办理死刑案件证据规定》在《排除非法证据规定》的基础上，详细阐释了 1998 年刑事诉讼法列举的七类证据的具体排除标准，将所有类型证据都纳入了非法证据排除规则适用范围。

2012 年新修订的刑事诉讼法吸收了《排除非法证据规定》的精神，第 54 条规定："采用刑讯逼供等非法方法收集的犯罪嫌疑人、被告人供述和采用暴力、威胁等非法方法收集的证人证言、被害人陈述，应当予以排除。收集物证、书证不符合法定程序，可能严重影响司法公正的，应当予以补正或者作出合理解释；不能补正或者作出合理解释的，对该证据应当予以排除。"最高人民检察院《刑事诉讼规则》与新刑事诉讼法的规定一致，最高人民法院的司法解释则采用的是与《办理死刑案件证据规定》的方式相同的细化标准模式，一一列举了新刑事诉讼法规定的八类证据的具体排除标准，内容也与《办理死刑案件证据规定》基本相同。

二、适用非法证据排除规则的非法证据种类及程序效果

根据现行规定，我国的非法证据排除规则的适用种类涵盖了刑事诉讼法规定的所有证据类型。适用不同非法方法取得的不同种类的证据又将产生不同的适用效果。

（一）非法言词证据

刑事诉讼法规定的非法言词证据包括采用刑讯逼供等非法方法收集的犯罪嫌疑人、被告人供述和采用暴力、威胁等非法方法收集的证人证言、被害人陈述，且均适用强制排除规则。

1. 非法言词证据的构成要件

根据规定，非法言词证据的构成要件为：（1）收集证据的主体具有侦查人员的主体资格；（2）对犯罪嫌疑人、被告人采用了刑讯逼供等方法，对证人、被害人采用了暴力、威胁等非法方法；（3）违背了被讯问、询问人的主观意愿，若犯罪嫌疑人、被告人没有"供述"，而是辩解，则不属于非法证据排除的范围。

2. 非法言词证据适用的问题及解析

刑事诉讼法第 54 条吸收了《排除非法证据规定》和《办理死刑案件证据规定》（以下简称两个《规定》）的精神，但与原刑事诉讼法及相关司法解释相比，列举式的非法方法中少了"引诱、欺骗"。在 2010 年两个《规定》出台后，学界、实务界关于非法言词证据排除中的"等"字包含哪些方法，特别是原刑事诉讼法规定的"威胁、引诱、欺骗"的方法是否仍属于非法方法的争议一直未断。甚至有学者认为，"两个《规定》对于以'威胁、引诱、欺骗'方式取得的犯罪嫌疑人、被告人的口供以及以'引诱、欺骗'等方式取得的证人证言和被害人陈述是否排除，采取回避的态度，相对于最高法《解释》和最高检《刑事诉讼规则》的相关规定是一种倒退。"[①]

2012 年修订的《刑事诉讼规则》回答了这两个问题，其第 65 条第 2、3 款规定："刑讯逼供是指使用肉刑或者变相使用肉刑，使犯罪嫌疑人在肉体或精神上遭受剧烈疼痛或者痛苦以逼取供述的行为。其他非法方法是指违法程度和对犯罪嫌疑人的强迫程度与刑讯逼供或者暴力、威胁相当而迫使其违背意愿供述的方法。"这一规定也与我国参加的联合国《禁止酷刑和其他残忍、不人道或有辱人格的待遇或处罚公约》的规定相一致。[②]

据此，刑讯逼供不限于肉刑，变相肉刑如"有计划有系统地殴打、电击、火烧、用手和/或脚镣长时间吊起、反复浸没在血、尿、呕吐物和排泄物的混合物之中、长时间站立、威胁或模拟处死等"[③] 都属于刑讯逼供范畴。其他方

---

① 汪海燕：《评关于非法证据排除的两个〈规定〉》，载《政法论坛》第 29 卷第 1 期。

② 联合国《禁止酷刑和其他残忍、不人道或有辱人格的待遇或处罚公约》第 1 条规定："酷刑"是指为了向某人或第三者取得情报或供状，为了他或第三者所做或涉嫌的行为对他加以处罚，或为了恐吓或威胁他或第三者，或为了基于任何一种歧视的任何理由，蓄意使某人在肉体或精神上遭受剧烈疼痛或痛苦的任何行为，而这种疼痛或痛苦是由公职人员或以官方身份行使职权的其他人所造成或在其唆使、同意或默许下造成的。

③ 龙宗智：《两个证据的规范与执行若干问题研究》，载《中国法学》2010 年第 6 期。

法的违法程度和强迫程度达到与刑讯逼供或暴力、威胁相当且犯罪嫌疑人、被告人、受害人、证人违背意愿供述或陈述的，便属于"等"字的非法方法范围之内。

关于"威胁、引诱、欺骗"是否属于非法方法的问题，因"威胁"本身包含在新刑事诉讼法规定的针对证人、受害人取证的非法方法之内，故该问题实际上是针对犯罪嫌疑人、被告人的"威胁、引诱、欺骗"和针对证人、受害人的"引诱、欺骗"是否属于非法方法的问题。笔者认为，只要威胁、引诱、欺骗的行为符合《刑事诉讼规则》第65条第3款的标准，则属于非法方法，采取该方法收集的证据，应当予以排除。

（二）非法物证、书证

依据刑事诉讼法，当物证、书证"不符合法定程序，可能严重影响司法公正"且"不能补正或者作出合理解释"时，予以排除。可见，非法物证、书证的排除适用的是可补正的排除规则。

1. 非法物证、书证的构成要件

根据规定，非法物证、书证的构成要件包括：（1）收集证据的主体具有侦查人员的主体资格；（2）收集的程序不符合法律规定；（3）证据收集的不合法严重影响了司法公正；（4）无法补正或者不能作出合理解释。

2. 非法物证、书证适用的问题及解析

非法物证、书证适用的是可补正的排除规则，也就是说当物证、书证出现收集不符合法定程序，可能严重影响司法公正的情形时，并不当然被排除，而是拥有一个补正、解释的机会。在补正、解释之前，非法物证、书证处于效力待定状态。如侦查机关能够补正或者作出合理解释，非法物证、书证则转为合法证据；如不能补正或不能做出合理解释，非法物证、书证则被排除。

关于对非法物证、书证设置补正、解释环节的原因以及是否应当对非法物证、书证适用强制排除规则也是一直争论的问题。多数学者及实务界人士均赞成现行规定的非法物证、书证的可补正的排除规则，认为对非法物证、书证设置的补正、解释环节主要是因为"言词证据的可靠性受取证手段的影响较大，非法取证容易造成言词证据的不可信；而实物证据则相对稳定一些，其真实性很少受到取证方式的影响"。[①] 笔者认为，非法物证、书证虽未完全遵循程序正义的要求，但由于物证、书证的稳定性，却利于实现实体正义，排除非法物证、书证则会加大办案难度，甚至可能放纵犯罪。在不影响实体公正前提下，附条件的认可非法物证、书证也是节约司法成本的表现。当然，这并非提倡采

---

① 陈瑞华：《非法证据排除的中国模式》，载《中国法学》2010年第6期。

用非法方法获取物证、书证，因为采用非法方法取证造成严重后果的侦查人员也会受到惩处。

新刑事诉讼法颁布前，对于非法物证、书证的争议还包括严重影响司法公正需要达到何种程度，侦查机关又如何补正和解释。针对这个问题，人民检察院《刑事诉讼规则》将法律中的模糊规定予以明确化，其第66条规定："可能严重影响司法公正是指收集物证、书证不符合法定程序的行为明显违反或者情节严重，可能对司法机关办理案件的公正性造成严重损害。补正是指对取证程序上的非实质性瑕疵进行补救；合理解释是指对取证程序的瑕疵作出符合常理及逻辑的解释。"具体来讲，侦查人员违反法定程序收集的证据可能影响犯罪嫌疑人、被告人的定罪量刑时，则属于需要补正或解释的非法证据。需要指出的是，针对非法物证、书证的解释若不符合常理和逻辑，则该证据不能获得补正的效力，将作为非法证据予以排除。

（三）其他非法实物证据

部分学者将刑事诉讼法第54条关于非法物证、书证的规定视为法律对非法实物证据的排除规定，而将非法物证、书证的排除规则作为非法实物证据的排除规则，但事实上，物证、书证仅是实物证据的两种类型。实物证据还包括鉴定意见、勘验、检查、辨认、侦查实验等笔录以及视听资料、电子证据等类型。针对这些证据的排除规则，最早出现在《办理死刑案件证据规定》中，刑事诉讼法修改后，最高人民法院的司法解释吸纳了该规定的形式和内容，详细列明了包括言词证据、物证、书证和其他非法证据在内的八大证据类型的合法与非法标准。这也就意味着，在司法实践中，所有的证据种类都能适用非法证据排除规则。

总结这些规定，不难发现，证据不能作为定案依据的原因有三：第一，证据本身的证明能力不足，即证的真实性、可靠性、相关性无法确定；第二，违反刑事诉讼实质性程序；第三，违反法律规定的非实质性程序，且不能补正或合理解释。实质性程序的特征为："一是体现了重要的司法制度、诉讼理念和程序原则；二是保护特定当事人的人身权利和诉讼权利；三是以禁止性规范或者义务性规范的形式，对侦查人员提出了明确的程序要求，并设立了专门的程序性法律后果。"①

符合第一种原因的证据即使属于合法手段取得，也不能作为定案依据，因此，并不属于非法证据排除规则的适用范围；符合第二种原因的非法证据，适用强制排除规则；符合第三种原因的非法证据则适用可补正的排除规则。

---

① 陈瑞华：《论瑕疵证据的补正规则》，载《法学家》2012年第2期。

综上，非法证据排除规则的适用范围应为所有证据类型，包括非法言词证据，非法物证、书证和其他非法实物证据。非法言词证据和违反实质性程序的除物证、书证外的其他实物证据适用强制排除规则，非法物证、书证和违反非实质性程序的其他非法实物证据适用可补正的排除规则。

从排除规则适用的角度看，非法证据排除规则的适用范围又可分为适用强制排除规则的非法证据和适用可补正排除规则的非法证据。由于实践中对适用强制排除规则的非法证据争议不大，下文将着重论述适用可补正排除规则的非法证据，这种证据也叫做"瑕疵证据"。

三、适用可补正排除规则的瑕疵证据

实践中，存在着大量的轻微违法的证据，最终被作为定案依据，这种证据便是"瑕疵证据"，即"在法定证据要件上存在轻微违法情节（俗称'瑕疵'或'缺陷'）的证据"①。瑕疵证据属于轻微违法的非法证据。常见的瑕疵证据有：讯问、询问笔录没有填写讯问/询问人、记录人姓名或者讯问/询问的起止时间、地点；讯问笔录没有记录告知犯罪嫌疑人权利义务的或者询问笔录没有记录告知证人应当如实提供证言和有意作伪证或者隐匿罪证要负法律责任内容的；讯问/询问笔录反映出在同一时间段内，同一询问人员讯问不同犯罪嫌疑人或者询问不同证人的；物品特征、数量、质量、名称注明不详等。瑕疵证据经过补正或者合理解释，可以转化为合法证据，适用可补正排除规则。

（一）瑕疵证据适用可补正排除规则的原因

瑕疵证据的本质特征在于取证的违法行为情节轻微，未侵害犯罪嫌疑人、被告人、受害人、证人的重大利益，而只违反了刑事诉讼法中的技术性规定。对瑕疵证据的认可，并不会影响司法公正，也不会侵害任何人的重要权利；但若否定瑕疵证据的效力，则可能导致侦查人员的大量努力付诸东流，并缺乏有效的证据链将犯罪分子绳之于法，一方面浪费了司法资源，另一方面加大了定罪成本，同时还放纵了犯罪，打击了司法人员的工作积极性。因此允许瑕疵证据补正，符合刑事诉讼法的目的，有利于打击犯罪，并不有损人权，也不影响司法公正。

（二）瑕疵证据与强制排除证据的区别

既然瑕疵证据适用的是可补正排除规则，将瑕疵证据与适用强制排除规则的证据（以下简称强制排除证据）予以区别就显得十分必要。任何一种混淆二者的做法都于司法不利，将瑕疵证据误认为是强制排除证据，而适用强制排

---

① 万毅：《论瑕疵证据》，载《法商研究》2011 年第 5 期。

除规则，可能切断已形成的证据链，导致难以定罪而放纵犯罪或者加大司法成本；将强制排除证据误认为是瑕疵证据，则可能造成冤假错案，并可能带来鼓励违法取证的负面效应。笔者认为，区分瑕疵证据与强制排除证据，关键要注意两点：

1. 取证方法是否侵害了重大权益。如刑讯逼供侵害了犯罪嫌疑人、被告人的身体健康权，给其带来肉体或精神上的极大痛苦，则属于侵害了犯罪嫌疑人、被告人的重大权益，由此得来的证据属于强制排除证据；又如，询问证人时，没有告知证人应当如实提供证言和有意作伪证或者隐匿罪证要负法律责任，影响的是证人的知情权，且该知情权并不影响到证人的重大权利，因此，这种情形并未侵害证人的重大权益，该证人提供的证言属于瑕疵证据。

2. 取证方法是否违反了刑事诉讼实质性程序。刑事诉讼法中的程序规定可分为实质性程序和非实质性程序。实质性程序的特征前文已提及，此不赘述。如，询问证人需个别进行，意在阻止证人之间的互相影响，保持每名证人印象的独立性和完整性，是刑事诉讼法的实质性程序规定。若询问证人没有个别进行，那么证人提供的证言便是强制排除证据。又如，讯问笔录上侦查人员未签名，则属于违反非实质性程序，该笔录属于瑕疵证据。

虽然瑕疵证据与强制排除证据存在区别，但二者均属于非法证据，并互补地构成了非法证据排除规则的适用范围。

四、结论

正确适用非法证据排除规则，首先要正确理解其适用范围。本文根据现行规定，结合相关文献，将非法证据排除规则的适用范围分为两个角度阐释：一是证据种类角度，非法证据排除规则适用于包括言词证据、物证、书证、鉴定意见、视听资料等在内的所有证据类型，不同违法取证方法获得的不同种类的非法证据会产生不同的程序后果；二是证据排除规则角度，非法证据排除规则适用于强制排除证据和瑕疵证据，正确区分二者，才能在打击犯罪和保障人权之间获得平衡。

[参考文献]

[1] 汪海燕：《评关于非法证据排除的两个〈规定〉》，载《政法论坛》第 29 卷第 1 期。

[2] 龙宗智：《两个证据的规范与执行若干问题研究》，载《中国法学》2010 年第 6 期。

［3］陈瑞华：《非法证据排除的中国模式》，载《中国法学》2010 年第 6 期。

［4］陈瑞华：《论瑕疵证据的补正规则》，载《法学家》2012 年第 2 期。

［5］万毅：《论瑕疵证据》，载《法商研究》2011 年第 5 期。

［6］卞建林、李晶：《检察机关排除非法证据的规范——基于预防和排除的双重视角》，载《政治与法律》2011 年第 6 期。

［7］陈卫东：《人民检察院适用非法证据排除规则若干问题的思考》，载《国家检察官学院学报》第 21 卷第 1 期。

［8］杨宇冠：《非法证据排除规则研究》，中国人民公安大学出版社 2002 年版。

（本文荣获女检察官学习贯彻落实"两法"征文活动二等奖）

论瑕疵证据之转化

——以新刑事诉讼法的适用为背景

程晓燕[*]

证据是刑事诉讼的基石,刑事诉讼从立案到侦查、起诉、审判、执行的一切活动都围绕着证据的收集、认定来进行。应当说,2012年刑事诉讼法的修改对证据制度是一个重大的完善,在刑事诉讼证据制度的发展史上也必将添上浓墨重彩的一笔,如将"任何人不得自证其罪原则"入法、明确了刑事诉讼证明责任的分担、规定了非法证据排除规则并明确了公诉机关的证明责任、明晰证人证言的质证原则并要求对特殊案件证人采取保护措施等。但是,对于形形色色、介于合法证据与非法证据之间、轻微违法的瑕疵证据,仅在第54条对不符合法定程序的物证、书证作原则性规定,范围失之于窄、程序失之于粗。本文正是从刑事诉讼证据制度的进一步完善角度出发,对瑕疵证据的转化和使用展开粗浅的论述。

一、证据转化这一命题的背景、意义

《证据学》对刑事证据的定义为:刑事证据是在刑事诉讼的过程中,由公安、司法机关依法收集的,或者由辩护律师、自诉人等依法提出的,用以证明犯罪事实是否发生,犯罪嫌疑人、被告人是否有罪,以及有关案件真实情况的一切事实。据此,合法的刑事诉讼证据必须具备如下形式要件:一是在收集主体上,只能由公安、检察、法院这样的司法机关以及辩护人和自诉人提出;二是在收集阶段上,只能是从立案起的刑事诉讼阶段;三是证据的表现形式上,必须具备新刑事诉讼法第48条规定的八种形式之一;四是在取证程序上,刑事诉讼法律及其司法解释对取证的程序作了明确而具体的规定。

需要特别指出的是,修订后的刑事诉讼法第52条第2款明确规定:"行政

---

[*] 作者单位:江苏省南京市人民检察院。

机关在行政执法和查办案件过程中收集的物证、书证、视听资料、电子数据等证据材料,在刑事诉讼中可以作为证据使用。"该条规定明确三层含义:赋予行政机关的刑事诉讼取证主体地位;行政机关依职权取得的实物证据在刑事诉讼中可以直接作为证据;行政机关依职权取得的言词证据(包括鉴定意见)不得直接采信。

同时,在此次刑诉法修订过程中,吸收了相关司法解释关于证据排除的合理规定,并在第50、54~58条对证据的收集原则、非法证据的类型、排除方法、阶段和程序作了详尽的规定。该规定较之前有巨大的进步并体现出如下特征:一是明令禁止以非法方式收集证据,明确了非法证据的排除范围,即非法言词证据及不能作出补正或合理解释并严重影响司法公正的物证、书证;二是非法证据的排除主体为具有公权力的审判人员、检察人员和侦查人员,当事人及其辩护人、诉讼代理人有申请排除权;三是明确规定证据合法性的证明责任为人民检察院,由其承担举证不力的后果;四是非法证据排除的时间为整个刑事诉讼过程。

对比新刑诉法关于证据的界定可以发现,在合法证据与非法必须排除的证据之间存在着很大的空间,司法实践中也出现大量不完全具备证据要件而又无需被排除的证据被纳入证明体系,我们称其为瑕疵证据,这些证据根据现行法律的规定不能直接作为刑事案件的定案根据,但是否可以转化使用,如何转化?学理上没有瑕疵证据和非法证据的分类,法律上没有明确的依据,加之我国又不是以判例法为渊源的国家,使得我国司法实践中转化的方式五花八门,各行其是,出现了标准不一的现象,有损法律权威。正是在这一背景下,本文有针对性地进行了探讨并力图提出一种具有高度可行性的解决方案。

二、刑事诉讼中瑕疵证据的定位

众所周知,"瑕疵",本指"微小的缺点",其引申义为缺陷。"证据",是指证明案件真实情况的一切事实。瑕疵证据,顾名思义,即有缺陷的证据,指该用于证明案件事实的证据因不合证据法的规定而存在一定缺陷,也可称之为"问题"证据。新刑事诉讼法第48条规定:"可以用于证明案件事实的材料,都是证据。"刑事诉讼证据必须具备一定的实质要件,即客观性、关联性和合法性,客观性和关联性表明的是刑事证据的内容,又被称为证明力,合法性表明的是刑事证据的形式,被称为证据能力。证据能力是证明力的法律保证,二者共同说明了刑事证据的基本因素,表明了刑事证据内容和形式的统一。广义的瑕疵证据是指在证明力或证据能力中的一个或几个方面存在瑕疵缺陷的证据,也就是说证据或者在内容上存在缺陷,或者在表现形式上存在缺陷，或者在收集程序等方面存在违法情形。狭义的瑕疵证据是指证据具备了证明力，仅仅在证据能力上有缺陷。本文探讨的仅限于与案件事实有实质性联系、对案件事实有证明作用的瑕疵证据，即仅指在证据能力上存在缺陷的瑕疵证据，具体表现为，在证据的表现形式、收集程序、收集主体、收集方式上不合法。可见，瑕疵证据的违法性，是瑕疵证据区别于非瑕疵证据的关键所在，也是瑕疵证据所具有的最重要、最根本的特征。

瑕疵证据与非法证据是相伴而生的一对概念，都是包含在不合法证据中的。"两者都是在取证行为包括程序、方法、手段上存在了不合法因素。但两者的违法程度和表现形式不尽相同，这是它们的区别所在。"[1] 具体来说：

一是侵犯客体的严重程度不同。非法证据以刑讯逼供、胁迫为主要表现形式，侵犯了公民的宪法性权利，与国际上人权保障的立法和精神相抵触，不符合人类对于人权最低程度的保障。瑕疵证据侵犯的是公民一般实体性权利和程序性权利，伤害程度的轻微性与非法证据相比只能算瑕疵。二者在违法性程度上有本质区别。

二是社会的容忍程度和心理预期不同。刑讯逼供取得的非法证据严重践踏了最基本的人权，远远超出了社会公众和一般百姓的容忍度，并带来了普遍的不安全感，这从云南杜培武案、湖北佘祥林案、云南躲猫猫事件等在网络和新闻媒体的热议；在社会上掀起了惊涛骇浪并进而影响到司法对案件的处理可以看出。而瑕疵证据基于其违法程度的轻微性，公众对这类证据有一定的容忍程度和心理预期，从而决定了其往往可以通过事后补救成为合法证据。

三是带来的实际处理后果不同。非法证据带来的后果是不可弥补的，那些侵犯公民宪法性权利，通过刑讯逼供等手段得来的证据是必须排除的。而瑕疵证据的瑕疵，一般都能通过事后重新予以补正，通过一定的手段和方法使其转化为合法证据，让其具备发现实体真实的效用。

区分非法证据和瑕疵证据对于建立健全我国的非法证据排除规则大有裨益，能在人们心目中形成明确的应绝对予以排除的非法证据排除规则适用对象。并且对瑕疵证据通过合法途径予以转化，使其通过正当程序转变为合法证据，对证明案件事实起到应有的作用。但同时，非法证据与瑕疵证据的区别也不是一成不变的，相反，瑕疵证据与非法证据的认定标准恰恰代表了一个国家的诉讼观、价值观的准则。随着社会的发展变迁，社会法治理念的不断进步，学理和立法的不断发展，各大法系的相互融合渗透，非法证据和瑕疵证据的界定也是不断变化发展的。

---

[1] 任华哲、郭寅颖：《论刑事诉讼中的瑕疵证据》，载《法学评论》2009 年第 4 期。

三、瑕疵证据运用的实证考察

(一) 国外考察

英美法系国家传统上重视人权保障,非法证据排除规则在理论和实践中都适用得相当广泛。美国的"毒树之果"理论要求"经由最初的违法收集证据直接地或间接地获得之证据,不论是供述证据抑或是非供述证据(物的证据),全部称之为毒树之果实,依法应予排除。"① 可见美国不仅对于违法收集的证据(包括言词证据与实物证据)必须被排除,甚至由该证据所衍生之二次证据全部不具有容许性。但该规则的扩张使用会使更多的罪犯"正大光明"的逃脱法律制裁,不利于惩罚犯罪。1984年,最高法院根据众多建议在该原则的适用上增加了两项例外,即对于以下两种证据不适用排除规则:一是"最终或必然发现"的证据;二是侦查人出于善意即不明知搜查和扣押时违宪所获得的证据。由此可见,美国对于程序有轻微瑕疵兼不损害当事人合法权益的证据是看作有瑕疵并可以被采用的。作为英美法系代表之一的另一个国家——英国的瑕疵证据制度则具有更大的灵活性,根据英国《警察与刑事证据法》的规定,如果有证据证明供述是或者可能是警察通过压迫手段或者是通过其他在当时的情况下可能导致供述不可靠的语言或行为所取得的,那么就应当予以排除;而对从此类供述中所发现的其他证据,也即"毒树之果"则不予排除。可见,英国对于言词证据原则上予以排除,且对言词证据产生的"毒树之果"则采取的是"砍树食果"的方式采证;对于非法收集的实物证据,则予以采纳。可见,英国对瑕疵言词和实物证据都在一定程度上给予采用,只是对于瑕疵言词证据的采用更为严格。

大陆法系国家一直将实体真实的发现作为孜孜以求的目标,但随着两大法系的日益融合,大陆法系国家也越来越重视对个人权利的维护和保障,纷纷通过诉讼行为无效制度来制裁法官、检察官及侦查人员的程序性违法。大陆法系传统上,宣告无效以形式上的程序性违法为根据,但那种以损害当事人权益为特征的侵权性违法越来越成为程序性制裁的对象。因此,诉讼行为无效制度具有越来越明显的权利救济色彩。以法国为例,"法国的诉讼行为无效制度主要是针对预审程序中的违法行为而建立的。法定无效与实质无效就是这种诉讼行为无效制度的两种基本分类。"② 根据法国刑事诉讼法典第802条的规定,即

---

① 黄朝义:《刑事证据法研究》,台湾元照出版公司1999年版,第47页。
② 陈瑞华:《大陆法中的诉讼行为无效制度——三个法律文本的考察》,载中国民商法律网。

使是法定的无效一般也必须以程序性违法行为损害了当事人的利益为前提，因此又被称为"附条件的无效"，也就是以损害利益为前提的法定无效。与此相对应，那些尽管没有损害当事人的利益，却使司法权威和公共利益受到侵犯的违法行为，也有可能带来诉讼行为的无效。这种不以损害当事人利益为前提的法定无效，可以称之为"公益性无效"。某一诉讼行为一旦被宣告无效，原则上，依据该项无效诉讼行为而制作的诉讼文书应被视为"不曾制作"，要从预审案卷中予以撤除，而且还可能导致有关证据材料的排除。而诉讼文书和证据材料的排除，还可能带来依据该文书和证据所制作的裁决无效这一间接的后果。正因为如此，这种诉讼行为无效制度可以发挥与英美非法证据排除规则极为相似之诉讼功能，对预审程序中发生的程序性违法行为具有重要的制裁作用。可见，法国的诉讼行为无效制度中对程序性违法和实质性违法行为无效的判断与界定是一个区分合法证据与不合法证据过程，法官的自由裁量则是对非法证据与瑕疵证据的区分过程。

（二）国内考察

瑕疵证据在刑事诉讼中的出现应该说是一种常态现象，目前我国刑事诉讼中的瑕疵证据主要包括：一是收集主体不合法的证据，如私人侦探取得的证据、行政机关收集的言词证据等；二是收集程序不合法的证据，如扣押物证，扣押清单上没有见证人的签名；三是收集阶段不合法的证据，即虽然收集主体是司法人员，但却是在立案前的初查阶段取得的证据，在检察机关直接侦查的案件中比较常见；四是证据形式不完全符合要求，即不是证据的法定八种形式之一，如司法中常见的"情况说明"，其内容是对案件事实的说明，但从证据形式上却不符合任何一种。

对于不符合法定程序、可能严重影响司法公正的物证、书证，刑诉法明确要求补正或作出合理解释，否则予以排除。对于轻微违法的物证、书证及其他瑕疵证据是否可以直接使用，法律未有涉及，实践中倾向于补正，做法也较为多样。如果瑕疵证据的主体是司法机关，则其取得的瑕疵实物证据就是"缺什么补什么"，如果是言词证据，则依据原《人民检察院刑事诉讼规则》第265条规定："人民检察院审查起诉部门在审查中发现侦查人员以非法方法收集犯罪嫌疑人供述、被害人陈述、证人证言的，应当提出纠正意见，同时应当要求侦查机关另行指派侦查人员重新调查取证，必要时人民检察院也可以自行调查取证。侦查机关未另行指派侦查人员重新调查取证的，可以依法退回侦查机关补充侦查。"如果证据瑕疵的原因为非法定主体取得，则实物证据一般都是直接使用，但如果是言词证据，实践中则做法很多，或是抛开原言词证据，"只是将其作为司法机关调查取证的一个线索，重新由司法工作人员按照刑事诉讼法的规定调查取证。"① 或是将原言词证据进行转化，转化的方式有三种：一是司法人员只是向被调查人员进行简单询问，问其陈述是否真实，如果被调查人回答"真实"，那么这份言词证据就实现了转化；二是司法人员只是向调查人员进行询问，通过询问他们制作"调查笔录"的情况，完成向刑事证据的转化；三是司法人员既询问调查人员如何制作"调查笔录"，又要询问被调查人员其陈述是否真实，完成这两个形式上的"询问"，即完成了向刑事证据的转化。根据《人民检察院刑事诉讼规则（试行）》的规定，在立案前，检察机关可以搜集获取证据，但只能进行询问、查询、勘验、鉴定、调取证据材料等不限制被查对象人身、财产权利的措施，不得对被查对象采取强制措施，不得查封、扣押、冻结被查对象的财产。实践中，对于初查证据，则有如下几种做法：言词证据被排除，需要重新取证，实物证据则可以直接使用；或言词证据、实物证据一律作为线索来源，需要侦查机关重新取证。

四、瑕疵证据转化的基础

瑕疵证据的违法性决定了其不能在程序上直接使用，同时其违法程度的轻微性又允许其在经过"修补"后转化为合法证据使用。因此，"瑕疵证据在效力上实际上存在不确定性，其证据能力处于'待定状态'，决定其'生'或'死'的关键，就在于其瑕疵能否得到补正或合理解释"，② 而瑕疵证据的转化有着广泛的基础：

（一）法律基础

刑诉法的修改为瑕疵证据的转化奠定了法律基础。如刑事诉讼法第48条规定："可以用于证明案件事实的材料，都是证据。……证据必须经过查证属实，才能作为定案的根据"；第54条规定："采用刑讯逼供等非法方法收集的犯罪嫌疑人、被告人供述和采用暴力、威胁等非法方法收集的证人证言、被害人陈述，应当予以排除。收集物证、书证不符合法定程序，可能严重影响司法公正的，应当予以补正或者作出合理解释；不能补正或者作出合理解释的，对该证据应当予以排除。"这两条规定说明：一是证据的生命力在于其客观性和关联性，凡是具备这两个特点的都是刑事诉讼法规定的证据；二是稍有瑕疵的证据，只要经过查证属实，也是可被采用的。可见，虽

---

① 姜焕强：《试论纪检监察证据向刑事证据转化的几个问题》，载《河北青年管理干部学院学报》2005年第2期。

② 万毅：《非法证据争议 学者法理破题》，载《检察日报》2011年8月17日第5版。

然法律未建立起完整、系统的刑事瑕疵证据采用规则，但已基本明确了瑕疵证据的可采性。

此外，瑕疵证据的转化还具有国际法基础。我国于 1988 年 10 月批准了《禁止酷刑和其他残忍、不人道或有辱人格的待遇或处罚公约》，于 1998 年 10 月签署《公民权利和政治权利国际公约》。前一公约，我国已经批准加入，对我国发生法律效力，除声明保留的条款外，我国都必须认真履行；后一公约，我国已经签署尚未批准，我们也要以公约为标准，审视我们的国内法，积极创造条件，为公约的批准实施做好准备。这两个公约都将证据排除的范围限定于酷刑取得的言词证据，未包括非法搜查、扣押获得的物证、书证。这种区分，为我国国内法区分非法证据和瑕疵证据、建立非法证据排除规则、建立瑕疵证据转化规则，提供了国际法依据。

(二) 理论基础

1. 瑕疵证据的转化利用是节约司法资源、提高经济效益的必然选择。效益作为人类社会的一项价值目标，已经成为现代刑事诉讼的一个发展趋势。按照经济学的进路：社会资源是既定的，相对于人的欲望总是稀缺的，因此需要对该社会资源有效的分配，对自己的需求权衡取舍，以实现福利的最大化；相比较人的司法愿望，即惩罚和预防所有的犯罪，司法资源总是稀缺的，因此，我们需要在既定的司法资源下，考虑如何有效地发挥制度的作用，以最大程度实现效益最大化，也是经济理论要考虑的问题。正如迈克尔·D. 贝勒斯指出的那样，"在所有其他条件均相同的情况下，不论经济成本是直接成本，还是错误成本，任何关心财富的人都有充分的理由选择较低的经济成本，而不选择较高的经济成本。"① 司法机关对瑕疵证据的转化使用可以有效防止重复调查取证，避免浪费人力、物力和财力，使本来就非常紧缺和有限的办案资源不能发挥应有的效用，同时增加了被调查单位和证人的负担，影响其正常的工作。事实上，在打击犯罪过程中，"优化资源配置，减少重复调查带来的负面影响，必将成为降低办案成本，提高办案效率的有效方式和最佳选择"。② 解决好瑕疵证据转化问题，有利于实现办案资源的优化配置。

2. 瑕疵证据的合理转化和利用关系到惩罚犯罪与保障人权的适度平衡。惩罚犯罪与保障人权的刑事诉讼价值平衡一直都是我们孜孜以求的目标。惩罚

---

① [美] 迈克尔·D. 贝勒斯：《法律的原则——一个规范的分析》，中国大百科全书出版社 1996 年版，第 26 页。

② 王常松、李霞：《审计证据转化为刑事诉讼证据可行性研究》，载《审计研究》2006 年第 1 期。

犯罪与保障人权的关系既是统一的，又是对立的。在以民主主义为基础的现代法治社会，由于政府权力本身就是以保障个人权益为存在根据的，惩罚犯罪与保障人权作为刑事诉讼的双重目的从根本上来说是一致的。从理论上看，惩罚犯罪与保障人权应当并重，任何一方都没有优越于对方的理论根据。片面强调惩罚犯罪，轻视或者忽视人权保障，必然导致政府权力恶性膨胀、任意拘捕、无理追诉和不公正的审判，甚至不经任何程序非法剥夺个人的自由、财产乃至生命。反之，片面强调保障人权，轻视惩罚犯罪，势必导致过分地限制政府的权力，致使犯罪活动猖獗，社会不得安宁，个人的权利最终还是得不到保障。只有把惩罚犯罪与保障人权紧密结合起来，对二者同等看待，才能在政府权力与个人权利之间达到平衡，使刑事诉讼的过程和结果既符合政府所代表的公共利益需要，又能满足个人作为社会生活的主体所应该受到宪法和法律保护的基本权利需求，使立足于个人自由、平等地追求幸福权利的民主法治社会能够和平地、持久地存在和发展下去。但在现实的刑事诉讼中，惩罚犯罪与保障人权却总是表现出明显的对立。产生对立的原因主要在于特定时空条件下政府与个人在刑事诉讼中所追求的利益的冲突。表现在瑕疵证据的转化与使用上，从惩罚犯罪的角度来看，一切有利于发现事实真相、有利于指控犯罪的证据都应该被使用；而从保障人权的角度来看，应该摒弃一切不合法的证据。正是为了平衡惩罚犯罪与保障人权的关系，我们将瑕疵证据与非法证据区别对待，将严重侵犯人权的非法证据绝对排除，而将只具有轻微违法性的瑕疵证据纳入刑事诉讼定案根据的范畴。

五、证据转化方式的规范

针对实践中早已承认并运用瑕疵证据，但是由于没有规范的引导，使用很混乱的情况，我们所要做的不是存在合理性的争论，而是从立法上、理论上赋予其存在的根据，并对其进行规范，指导实践，从而使得实践有法可依，避免矛盾和冲突，增强司法的公信力。具体来说，有两种途径可以解决：

（一）修订法律，从根本上解决瑕疵证据的法律定位问题

正是刑事诉讼法律对刑事诉讼证据的收集主体、收集阶段、表现形式等给予了明确而具体的规定，才出现了许多形式不合法的瑕疵证据。虽然新刑诉法已经将行政机关纳入了刑事诉讼证据收集主体的范畴，迈出了可喜的一步，但是，面对纷繁复杂的瑕疵证据还只是杯水车薪。为了从根本上杜绝这一类瑕疵证据的存在，我们可以对刑事诉讼法进行整体修改，规定凡是符合客观性、关联性的事实，都可以作为证据材料纳入刑事诉讼程序中，至于证据材料能否作为定案根据起到证明作用，则需通过法庭质证，经过控辩双方对证据的质证、

对证人的交叉询问后由法官裁定，如果该证据是刑事诉讼程序启动前其他部门取得，则该部门还需要派员出席法庭接受质证。如此，则收集主体不合法、收集阶段不合法、表现形式不合法的瑕疵证据将不复存在。但是，这一修改对证人出庭作证的要求更高，对法官的法律修养、场面控制能力要求也更高，还关系到刑事诉讼模式的变化，受制于国情和司法现状，现阶段实现的可能性很小。那么需要另辟蹊径，从技术的角度加以完善瑕疵证据的转化。

（二）规范司法，从技术上统一瑕疵证据转化的法律适用

在立法时机尚未成熟的前提下，可以司法解释先行一步的方式对瑕疵证据的转化运用作技术性规范。

1. 言词证据的转化

所谓言词证据，主要是指以人的陈述为存在和表现形式的证据种类，也被称为人证。"它包括以人的'陈述'形式表现出来的各种证据，如犯罪嫌疑人的供述与辩解、证人证言、被害人陈述等。"[①] 对于非司法机关取得的各类言词证据，不能出现在刑事诉讼中，只能作为证据线索之一，由司法机关重新制作言词证据。因为在目前中国的证人出庭率很低、传闻证据规则缺失的情况下，刑事诉讼证据收集主体和程序的要求是为保证人证可靠性所做出的底线性要求。"之所以法律要对取证主体设限，主要是因为特定主体所具有的专业资质与责任约束。"[②] 如果允许使用纪委等非司法主体调查制作的人证笔录，从规范意义上讲，突破了法律的规定；从法理上看，由于非司法主体缺乏专业规范、专业技能以及专业纪律的训练，缺乏专业调查的有效资质。而且作为非司法主体，不承担司法的责任，常常未受法律的有效约束，所制作人证的可靠性更容易被人质疑，如果使用于刑事诉讼中，其误判的可能性更大，因为这样做突破了已经非常宽松的证言可靠性规则的底线。对于司法机关在立案前阶段取得的言词证据，"必须是以行使任意侦查权的结果，如果是强制侦查则取得的证据材料不得使用"。[③] 国外不设立案程序，而我国取苏俄的做法，设立立案程序作为强制侦查权行使的开启程序。一旦立案，强制侦查即为合法，侦查机关有权实施搜查、扣押、冻结、监听等措施，而没有立案，就不能采取强制性取证和人身控制措施。

[①] 舒晓辉、葛荣光：《证据转化中的实务问题》，载《法制与社会》2011年第6期。
[②] 龙宗智：《取证主体合法性若干问题》，载《法学研究》2007年第3期。
[③] 龙宗智：《取证主体合法性若干问题》，载《法学研究》2007年第3期。

2. 实物证据的转化

实物证据是指以实物形态为存在和表现形式的证据,它包括各种具有实物形态的证据:物证、书证、勘验检查笔录、视听资料。实物证据与言词证据相比,具有客观性和较强的稳定性,它能够被感官直接感知,而且不以人的意志为转移,也不会因为收集主体、程序和方法等的不同而发生改变。所以非法定主体收集的实物证据,只要证据其来源合法,可以直接转化为刑事证据。但实物证据的缺点是容易灭失,其存在依赖于一定的外界条件,一旦外界条件发生变化,实物证据就可能毁灭或变异。所以司法机关对非法定主体取得的实物证据的转化,一般只需制作调查笔录,问清是如何取得实物证据的,是如何保管的,如果提取实物证据的方法适当,保管妥善,就可直接作为刑事证据采用。

3. 鉴定意见的转化

新刑诉法将证据种类中的"鉴定结论"修改为"鉴定意见",明确该类证据属于言词证据,从而厘清了学界对鉴定结论归属的长久争论。对于鉴定意见,应该予以转化利用。对于非司法机关聘请专门人员所作的鉴定意见,司法机关可按照刑事诉讼法的一般要求进行审查判断后,转化为刑事诉讼证据,审查重点一般应放在以下几个方面:鉴定人资格是否合法;送鉴材料是否真实、充分;鉴定过程是否规范;鉴定的依据是否正确等。需要指出的是,鉴定意见即使正确,但如果非司法人员所聘请的鉴定人不具备相应的司法鉴定资格,这类鉴定结论就不能转化为刑事诉讼证据,只能重新鉴定。

(本文荣获女检察官学习贯彻落实"两法"征文活动二等奖)

不得强迫自证其罪原则在我国的
实践困境与出路

吴玉莲[*]

修改后的《刑事诉讼法》第 50 条规定了"严禁刑讯逼供和以威胁、引诱、欺骗以及其他非法方法收集证据,不得强迫任何人证实自己有罪",该条规定可以视为我国对"不得强迫自证其罪原则"在刑事诉讼过程中的基本确立和认可,是法治的进步,进一步彰显了《刑事诉讼法》总则第 2 条中新增的"尊重和保障人权"之意。但对该原则在我国刑事诉讼法中的具体含义,存在不同的理解,如是否意味着犯罪嫌疑人有"保持沉默"的权利等。《刑事诉讼法》第 118 条又规定:"犯罪嫌疑人对侦查人员的提问,应当如实回答。但对与本案无关的问题,有拒绝回答的权利。"第 50 条与第 118 条之间的对立选择,使得"不得强迫自证其罪"在实践中难免陷入尴尬局面。本文中,笔者拟从该原则的概况、在我国的现实困境及解决困境的途径等方面谈谈自己一些粗浅的体会,不当之处敬请批评指正。

一、不得强迫自证其罪原则的概况

(一)不得强迫自证其罪原则的确立与发展

禁止强迫自证其罪是英国普通法为刑事被告人确立的一项基本法律权利。1700 年前后,一种崭新的法律理念在英国开始出现:任何人在任何法庭上,无论作为被告人还是证人,都不得被强迫回答那种可能使其受到有罪牵连的问题。由此,"拒绝自证其罪的特权"在普通法中正式确立。[①]

不得强迫自证其罪特权产生后,随着人权运动的发展,影响范围越来越

---

[*] 作者单位:湖北省人民检察院汉江分院。
[①] 参见陈瑞华:《问题与主义之间》(第 2 版),中国人民大学出版社 2008 年版,第 327 页。

广。很多国家将禁止强迫自证其罪确立为一项基本的宪法权利，成为保障公民权利不受国家公权力侵犯的基本法律保障。如《加拿大权利与自由大宪章》第11条规定，任何人受到刑事指控时，都有权不被强迫在针对自己的诉讼程序中充当证人。① 美国联邦宪法第五修正案规定"不得强迫任何人在刑事案件中成为对自己不利的证人"，日本《宪法》第38条第1款规定，"不得强迫任何人做不利于自己的供述"。② 随着越来越多的国家确立了不得强迫自证其罪特权后，该特权也被许多国际法文件认可，成为国际刑事司法最低限度的国际准则。如《公民权利和政治权利国际公约》第14条也作了相关规定。

笔者认为，从各国的立法看，不得强迫自证其罪权利在大陆法系和英美法系等不同类型的国家都得到了确认，这无疑是各国充分追求保障人权的结果，也成为一种国际上的立法趋势。

（二）不得强迫自证其罪原则的基本含义

各国在不同的时期、不同的地点对不得强迫自证其罪的表述与含义不尽相同。如有称"禁止强迫自证其罪"、"禁止自我归罪"等。因为该原则多以宪法条文的形式表现出来，各国也并不以明确的定义来界定该原则，而是在刑事诉讼法规中确立一系列具体的规则来体现和落实该原则的人权保障精神。概括来说，不得强迫自证其罪的内涵应有以下之义：

1. 原则的适用对象。犯罪嫌疑人、被告人和证人都有权主张原则。即任何人对那些可能使自己陷入被指控犯罪的问题，都有拒绝回答的权利。主要适用于言词证据，并不含拒绝提供实物证据的权利。

2. 原则的核心是"不得强迫"。即不被采用强迫性讯问手段的权利，且在非自愿、迫于外部强制而作的陈述不能作为定案依据。但在非强迫下作出的自证其罪是可以作为证据采信的，这一特权可以放弃，具体说到"强迫"的含义各国是不同的。"反对强迫自证其罪原则所禁止的是以暴力、胁迫等方法强行违背被询问人自由意志获取有罪供述和其他证据的行为，主要是禁止物理强制和精神强制。"③

3. 主张原则的后果。即任何人不能因自己主张权利、拒绝回答问题而得到不利的法律后果。

---

① 参见易延友：《沉默的自由》，中国政法大学出版社2001年版，第239~242页。
② 田口守一：《日本刑事诉讼法》，张凌、于秀峰译，中国政法大学出版社2010年版，第104页。
③ 陈光中主编：《联合国刑事司法准则与中国刑事法制》，法律出版社1998年版，第274页。

4. 原则的保障措施。不得强迫自证其罪原则确立后，确保该原则的精神能切实贯彻到刑事诉讼过程中至关重要，因此相关配套制度的建立，才是该原则真正的生命力所在。如沉默权、米兰达规则、非法证据排除、律师在场权、辩护权等都含有不被强迫自证其罪的功能。

（三）不得强迫自证其罪原则的限制与争议

1. 原则适用的限制。很多国家对该原则规定了一些限制情形，从案件类型、例外情形等方面限制不得强迫自证其罪原则的适用，在人权保障与侦查效率之间寻求平衡。如德国刑诉法中规定：为了查清自己可能的刑事责任，根据情况他必须允许进行抽血检验；交通事故的参与人必须在事故地点等待，使得有可能查明他的身份、车辆和事故种类，如果不这么做，他就要由于事故逃逸而受到刑事惩罚；在私人领域和便衣调查人员面前的自证其罪可以不受限制的使用。①

2. 原则引发的争议。一是各国对该原则是否必然包含沉默权、适用的阶段是否包含审判前的阶段、"强迫"的具体界定等存在争议。二是对不得强迫自证其罪原则的理论基础也存在较大争议。在被视为对公民权利最具价值的保障的同时，也受到了强烈批判，认为其极大地削弱了司法利益、违背了公民责任的要求，尤其是因主张权利而是否真正没有受到不利处理很难界定，导致该原则适用的实际效果令人怀疑。

二、不得强迫自证其罪原则在我国的实践困境

（一）立法上的模糊定位导致该原则对人权的保护难有其实

1. 《刑事诉讼法》第 50 条与第 118 条的冲突。对于"不得强迫自证其罪"与"犯罪嫌疑人对侦查人员的提问，应当如实回答。但对与本案无关的问题，有拒绝回答的权利"二者是否矛盾存在较大争议。有观点认为二者并不存在矛盾，只是规定针对的主体不同，前者是针对侦查人员的要求，后者是针对犯罪嫌疑人的要求，侦查人员不"强迫"在前，犯罪嫌疑人"如实回答"在后。

笔者认为，这二者存在着对立关系，上述观点只说明了二者关系的表象，却没有触及深层次的问题。既然对提问应当"如实回答"，那么对实施了犯罪行为的人来说，"如实回答"便包含了自证其罪之义。对于放弃该权利、愿意自证其罪的嫌疑人来说，第 50 条与第 118 条不存在对立关系。但如果嫌疑人对侦查人员的提问并不如实回答或不予以回答的情形下，适用第 50 条与第

---

① 参见克罗斯·罗克辛：《德国刑事诉讼法对被告人的保护》，王世洲译，载《中外法学》2007 年第 1 期。

118条导致的后果将是不同的。若适用第50条，侦查人员便不能强迫自证其罪，嫌疑人有权不回答或不如实回答，并不因此而承担不利后果。但适用第118条，意味着侦查人员可以以嫌疑人未如实回答为由，继续讯问，直至嫌疑人如实回答为止。而这种连续持久的讯问又是否是一种程序上的"强迫"？对此，法律未明确规定，司法实践中是普遍做法。

再者，什么是"如实"的回答，什么是"与本案无关的问题"全由侦查人员来评判，有此尚方宝剑，疲劳讯问等变相肉刑会继续大行其道，而不得强迫自证其罪的规定更多只能搁置，可见我国刑诉法的逻辑严密性有待加强。

2. 不得强迫自证其罪与沉默权的关系。有观点认为，《刑事诉讼法》第50条的规定意味着我国确立了沉默权制度，而全程参加了刑诉法修正案论证的樊崇义教授曾作解读说，刑诉法中未明确规定沉默权，不能延伸理解或推论，认为第50条就等于有了沉默权的规定。笔者认为，法无明文规定自然是不能来推论的，何况第50条的规定在适用中自身就面临着较大挑战，难以体现实效，由此推论出的权利是更加得不到保障的了。此外，有很多学者从不得强迫自证其罪原则与沉默权制度两者的起源、内涵、功能、适用范围等方面作了详细的分析与论证来证明二者的不同，这里不再赘述。

3. 该原则在我国一是缺乏具体的保障措施和实施细则。对比国外关于不得强迫自证其罪原则多设置为宪法性原则的做法，我国仅是在证据章节中作了一句话的规定，完整的表述是"严禁刑讯逼供和以威胁、引诱、欺骗以及其他非法方法收集证据，不得强迫任何人证实自己有罪"，这一句话在刑诉法中并没有独立出来，而是附在严禁非法取证的后面，似乎只是一个补充性质的说明，这种形式的规定无疑让不得强迫自证其罪并没有凸显其重要性。

二是缺乏配套制度的保障。没有规定沉默权、律师在场权等让犯罪嫌疑人和被告人抗击强迫自证其罪的权利，对什么是"强迫"未作细化规定，违反该原则收集的证据哪些应当排除、原则的适用阶段、主张权利不受不利后果、具体的操作程序均没有规定，规定过于抽象化、书面化，注定了该原则在实践中的适用将是困难重重。

三是未设置例外原则。各国均对该原则规定了例外原则，对严重暴力恐怖犯罪、危害国家安全犯罪等作了限制，但我国的规定太笼统，没有规定例外的案件，显现了我国刑诉法对不得强迫自证其罪的规定并不成熟、显得勉强和理想主义，可谓立法上先天不足。

（二）该原则难以在侦查人员传统的执法理念中占据一席之地

目前我国很多地区，案件侦破条件不高。一方面受制于科技设施的硬件条件，另一方面受制于侦查人员的专业素质提高。购置先进的科技设备、培育专业化的侦查人员都受制于办案经费，这在基层公安机关是一个难题。侦破案件的科技含量不高，甚至低于犯罪行为的科技含量，导致侦查人员对口供依然不得不依赖。在立法不足的情况下，侦查人员面对"命案必破"、"刑拘转捕率"等压力，自然会选择《刑事诉讼法》第118条的"如实回答"而规避不得强迫自证其罪的规定了。

刑诉法的修改对侦查工作已经带来了较大冲击，笔者所在部门前不久在辖区公安局调研时了解到，侦查人员对律师会见权有一些看法，认为律师在案件侦查阶段持"三证"可不受约束的会见犯罪嫌疑人，这一规定导致案件翻供或不供的比例明显提高。侦查人员的讯问过程一般都有录音录像，辖区有的公安机关已做到在公安机关的讯问均全程录音录像，但律师在看守所会见嫌疑人是不被录音也不被监听的，处于秘密状态。现实状况是部分律师职业素质不高，并不能做到严格遵守职业纪律，导致案件办理难度急剧加大。在实践中，真实发现了一起律师会见嫌疑人时转交其家属写的授意嫌疑人在法庭上翻供的纸条，该律师被作出相应处理后，不是后悔自己违反职业纪律的行为，而是后悔没有把纸条给嫌疑人看过后及时收回，部分律师执业的此类思想和行为对侦查工作的冲击可见一斑。

此外，对一些毒品犯罪案件、一对一的职务犯罪案件证据收集难度更大，在嫌疑人不回答或不如实回答的情形下，侦查人员的做法一般是充分利用传唤、拘传、刑拘后送看守所羁押之前的黄金时间，开展车轮战以获取有利的供述，而即便是获取了有罪供述，也难免今后不翻供。在这种现实的侦查环境下，不得强迫自证其罪的理念更难以在侦查人员的执法观念中树立起来，也无法苛求侦查人员按照该原则的要求来规范自己的侦查行为。

（三）犯罪嫌疑人和被告人普遍缺乏抵抗被强迫自证其罪的能力

大多数犯罪分子处于社会底层，法律知识欠缺，对自己在刑事诉讼过程中享有的权利并不知情。我国的不得强迫自证其罪原则没有像国外很多国家上升为宪法原则，不能达到国外民众对米兰达规则、沉默权等人人知晓、深入人心的程度。刑诉法亦没有规定侦查人员必须告知嫌疑人你有不被强迫自证其罪的权利，只是有义务告知嫌疑人有权委托辩护人。相反强迫自证其罪具有更普遍的民众基础，社会认知度较高，在这种情况下，指望嫌疑人自己主张不被强迫自证其罪的权利，显得过于奢望。

我国刑事政策之一是"坦白从宽，抗拒从严"，这个攻心政策在审讯阶段直至审判阶段都将不断被强调，嫌疑人若选择拒绝自证其罪，将面临巨大的心理压力。而立法上对拒绝自证自罪的后果未明确规定，如国外有嫌疑人不因沉默而受到不利的法律后果的规定。这种精神强制会促使嫌疑人招架不住，最终作出供述，而精神强制应当是不得强迫自证其罪所禁止的。

此外，讯问中嫌疑人没有律师在场权的帮助，不享有沉默权，一人对抗强大的国家公权力，难免令人"孤独绝望"，丧失供述上的自由性和自愿性。对被强迫自证其罪的举证显得艰难，我国非法证据排除的规定仍不完善，实践中变相肉刑形式多样，但作为非法证据予以排除的并不多见。嫌疑人即使因权利受到侵犯提出控告，又缺乏中立的司法裁判机构能提供司法救济。

那么现实状况便是：不如实供述或不供述，将给法庭认罪态度不好的印象，有可能量刑时法庭会从重考虑；在精神强制下或连续讯问下被强迫作了供述，难以举证维权，且这种供述也很难作为非法证据予以排除（我国非法证据排除主要针对的是刑讯逼供或威胁、引诱、欺骗等方法获取的供述）；最后的选择就是放弃权利，自证其罪好了，至少还能以认罪态度好、配合侦查和审判得到从轻的处罚。

三、解决实践困境的出路

修改后的刑诉法确立了不得强迫自证其罪原则，这是我国刑事法律制度的进步，也契合国际立法趋势。"法治的理想必须落实到具体的制度和技术层面。没有具体的制度和技术保障，任何伟大的理想都不仅不可能实现，而且可能出现重大的失误。"[①] 如果不得强迫自证其罪原则在实践中不能很好地体现和落实，则应当反思，让具体制度与实践土壤结合起来，重点考量实效性、可操作性，实现真正的进步。

（一）增强犯罪嫌疑人和被告人抵抗被强迫自证其罪的能力

1. 权利告知。应在立法中明确侦查人员对犯罪嫌疑人第一次讯问或采取强制措施之日起，应告知犯罪嫌疑人有权不被强迫自证其罪，犯罪嫌疑人有权根据自己的意愿作出供述或辩解，但一旦作出陈述，应当对陈述的真实性负责。取消对于侦查人员的提问应当如实回答的规定。

告知的方式，应当要求侦查人员以书面方式履行告知义务，同时作必要的口头说明，便于犯罪嫌疑人全面、准确地知晓告知内容。应在讯问笔录最后注明是否自愿供述，由犯罪嫌疑人签名。

2. 权利保障。加强律师在侦查阶段的法律帮助，是保障犯罪嫌疑人权利的重要手段，也是保障口供的自愿真实，防止侦查机关权力滥用的手段。从现状看，我国律师辩护及代理维权等方面的情况和效果并不理想。

[①] 苏力：《送法下乡——中国基层司法制度研究》，中国政法大学出版社 2000 年版，第 2 页。

一是要保障犯罪嫌疑人及时知晓自己有权聘请律师。应保障嫌疑人及时便利聘请律师，应规定侦查人员有义务协助嫌疑人聘请律师。《关于律师作用的基本原则》第7条规定："各国政府还应确保，被逮捕或拘留的所有人，不论是否受到刑事指控，均应迅速得到机会与一名律师联系，不管在何种情况下至迟不得超过自逮捕或拘留之日起的四十八小时。"① 而我国大部分案件律师介入时间较晚，尤其是在侦查阶段律师的作用效果不明显。

二是可以考虑设置有限度的律师在场权。比如对有的犯罪嫌疑人聘请了律师，并坚持要求有律师在场，否则不愿意回答问题的；侦查机关认为有律师在场，有利于犯罪嫌疑人如实供述的，或侦查机关认为有律师在场，不影响案件讯问工作的。这样可以加大嫌疑人供述的自愿性，防止非法讯问，也减少翻供可能，能起到证明讯问过程合法性的作用。

3. 权利救济。侦查人员首先应明确告知犯罪嫌疑人对于侦查人员在讯问中侵害其人身权及其他权利的行为，犯罪嫌疑人有权向司法机关提出控告和申诉。侦查阶段的申诉或控告可以向检察院的驻所检察室提出，监管人员收到此类申请后应及时向驻所检察室移交。除此嫌疑人可向负责本案侦查的机关及其上级机关提出，还可向当地纪检部门、政府监察部门提出。对于违法的侦讯人员，应当依据情节或后果轻重，给予党纪、政纪处分或追究刑事、民事责任。对于强迫取得的口供，可申请予以排除。

(二) 通过完善侦查讯问的程序规则抑制"强迫自证其罪"行为

1. 进一步明确讯问中禁止使用的方式方法。我国刑诉法规定了刑讯逼供、威胁、引诱、欺骗四种是禁止使用的，另设一个兜底条款"其他非法方法"，对于讯问来讲，这些规定还是过于模糊、笼统。比如刑讯逼供，肉刑相对好理解些，但变相肉刑实践中不好界定，包括侮辱人格的问题；又如欺骗方式，有时难与审讯技巧区分；威胁方式，有时是以法律规定的不利后果威胁，有时以法律不允许的不利后果威胁，都需要具体区分。不得强迫自证其罪的适用，必须以侦查人员明确知晓"什么是强迫"、"哪些行为构成强迫"、"哪些是允许采用的侦查策略和讯问技巧"为前提，这有待立法技术的精细化、成熟化。

2. 对讯问场所的规定。《刑事诉讼法》第116条规定，犯罪嫌疑人被送交看守所羁押后，侦查人员的讯问应当在看守所进行。这条规定对防止侦查人员违法讯问有较好效果，实践证明，大部分刑讯逼供行为都发生在侦查机关的内部办案区，从嫌疑人到案到送看守所羁押之间的时间被称为"审讯黄金时期"。那么应加强对办案区审讯的监督，可在办案区配备全程录音录像设备，

---

① 孙长永主编：《侦查程序与人权保障》，中国法制出版社2009年版，第529页。

对此,检察机关的自侦案件都做到了这点,有的公安机关也做到了办案区的全程录像,这有利于规范讯问行为、增强侦查人员的自身约束。

3. 设置适用该原则的例外。对于一些特殊的案件,应考量人权保障与打击犯罪的平衡,设置适用不得强迫自证其罪的例外规定。如:第一,在其身边或住所发现有犯罪证据的;第二,有证据证明其在案发时在犯罪现场并有犯罪嫌疑的;第三,在涉嫌贪污、受贿等职务犯罪案件中,有证据证明其财产或支出明显超过合法收入,应当对其财产来源的合法性进行说明的;第四,在涉嫌组织、领导、参加恐怖组织或黑社会性质组织犯罪的案件中,有证据证明其是该组织成员的。①

(三) 探索途径尽量减少因适用该原则对案件侦查工作的冲击

1. 提高侦查水平的科技含量。公安部公布的2003年我国刑事案件破案率仅30%。② 即在没有确立不得强迫自罪原则、刑讯逼供甚至比较普遍的情况下,我国刑事案件的侦破率也并不高,如此便应反思侦破率低与侦查手段落后的关系。"在一些科技发达的国家,科学证明已经在各种司法证明手段中占据首位,成为新一代证据之王。21世纪的司法证明将是以物证为主要载体的科学证明。"③

在最高人民检察院和美国纽约大学法学院联合举办的"讯问技巧"培训班上,美国加尼福利亚州州立大学王政教授就讲到了美国警方常用的讯问技术仪器:测试仪、心跳仪、眼动仪,在现场对"3秒内即可提取足迹"进行了演示。还谈到在某些案件中,警方可以使用密录笔,并只要有接触便能提取DNA,在纸张、票面、现金上可进行指纹提取等。指出我国行受贿案件与美国的不同之处在于,美国是无现金社会,更多是支票形式、第三方形式,银行轨迹等一目了然。相比较而言,我国的侦查科技含量急需提高,应寻找"科技证明"来取代口供作为新的"证据之王"。

2. 实行自愿认罪优待制度。应鼓励嫌疑人自愿认罪,并明确自愿认罪在量刑上可从轻或减轻处罚。尽管我国有"坦白从宽,抗拒从严"的刑事政策,但对"抗拒从严"的质疑声很多,其精神也与不得强迫自证其罪不符,应当摒弃。对"坦白从宽"应在立法中明确,而不是仅仅作为法官的自由裁量,导致实践中运行存在不平等。对"从宽",可根据案情大小、对司法资源的节

---

① 参见孙长永主编:《侦查程序与人权保障》,中国法制出版社2009年版,第503页。
② 参见管光承、刘莹:《当前我国刑事案件破案率低的原因及对策》,载《贵州警官职业学院学报》2005年第1期。
③ 何家弘:《中国证据法前瞻》,载《检察日报》1999年9月2日。

约程度等设置不同的幅度,体现从轻甚至减轻之处。"据有关资料统计,在美国有 90% 以上的案件都是通过控辩协商解决的,英美法系国家普遍使用控辩协商来解决案件。"① 自愿认罪优待制度可通过辩诉交易、刑事和解、被告人认罪案件简化审等予以落实和体现,在现有的制度中,重点应是细化"优待"的幅度。

总之,我国当前刑事犯罪形势依然严峻,犯罪高发且呈现智能化、隐蔽化特点,而侦查水平相对滞后,警力不足显得应对困难。刑诉法的修改对侦查工作已然带来了较大冲击,在强化人权保障的同时,也应探寻发现案件真实的手段,拓宽结案的出路,让打击犯罪与保障人权二者平衡发展。

(本文荣获女检察官学习贯彻落实"两法"征文活动二等奖)

---

① 陈卫东:《模范刑事诉讼法典》,中国人民大学出版社 2011 年版,第 356 页。

民事诉讼证据与刑事诉讼证据的差异与适用

安 颖[*]

证据是一切能够证明案件真实情况的事实或材料依据。证据制度是诉讼法的重要内容,一切诉讼活动包括刑事诉讼、民事诉讼等实际上都是围绕证据展开的。本文试从民事诉讼证据与刑事诉讼证据的差异比较中,探讨检察机关在民事诉讼监督中证据的适用问题。

一、民事诉讼证据与刑事诉讼证据的差异

(一)民事诉讼证据与刑事诉讼证据内涵与外延的区别

民事诉讼证据与刑事诉讼证据在内涵上是有所不同的。民事诉讼证据是指能够证明民事案件真实情况的客观事实材料。而新刑诉法对刑事诉讼证据的概念进行了完善,将其概念修改为"可以用于证明案件事实的材料"。相比而言,民事诉讼证据较注重客观真实,而刑事诉讼证据不仅注重客观真实,更加注重法律真实,实现了证据形式与内容的统一,更具有科学性。从外延上看,根据新修订的《民事诉讼法》,我国民事诉讼证据的表现形式可以分为:当事人陈述、书证、物证、视听资料、电子数据、证人证言、鉴定意见和勘验笔录。同样,新刑事诉讼法也对刑事诉讼证据的种类进行了调整,在旧法规定七种法定证据种类的基础上,将旧法的"鉴定结论"修改为"鉴定意见",同时增加了"辨认、侦查实验等笔录"以及"电子数据"等法定证据种类,根据新修改的《刑事诉讼法》的规定,刑事诉讼证据的种类主要有:物证;书证;证人证言;被害人陈述;犯罪嫌疑人、被告人供述和辩解;鉴定意见;勘验、检查、辨认、侦查实验等笔录;视听资料、电子数据。通过比较可以看出,民事诉讼证据与刑事诉讼证据虽然具有证据的基本要求,比如证据的关联性、证据的客观性和证据的合法性,但由于处于不同的诉讼活动之中,导致二者内涵

---

[*] 作者单位:辽宁省锦州市人民检察院。

和外延具有很大的不同。

（二）民事诉讼证据与刑事诉讼证据证明力的不同

世界各国对民事诉讼普遍实行不同于刑事诉讼的证明的要求，也就是说民事诉讼证据与刑事诉讼证据的证明力要求是不同的。英美法系国家对一般民事案件实行盖然性占优势的证明要求。即法官对双方当事人提供的证据进行权衡后采信占优势者作为定案的依据。而大陆法系国家在司法实践中对民事诉讼的证明要求同样低于刑事诉讼，但仍基于事物的高度盖然性作出判断。在我国的民事诉讼中，当事人对自己的事实主张承担举证责任即"谁主张、谁举证"已成为一项基本的诉讼原则。我国最高人民法院《关于民事诉讼证据的若干规定》第73条规定了"高度盖然性"证明标准，即"双方当事人对同一事实举出相反的证据，但都没有足够的依据否定对方证据的，人民法院应当结合案件情况，判断一方提供的证据的证明力是否明显大于另一方提供证据的证明力，并对证明力较大的证据予以确认。因证据的证明力无法判断导致争议事实难以认定的，人民法院应当依据举证责任分配的规则作出裁判"。根据该条规定，在民事诉讼中，双方当事人对同一事实举出相反证据且都无法否定对方证据情况下，一方当事人的证明力较大的证据支持的事实具有高度盖然性，人民法院应当依据这一证据作出判决。相比较而言，刑事案件有着比民事案件更为严格的证据证明标准。我国《刑事诉讼法》第195条规定"在被告人最后陈述后，审判长宣布休庭，合议庭进行评议，根据已经查明的事实、证据和有关的法律规定，分别作出以下判决：（一）案件事实清楚，证据确实、充分，依据法律认定被告人有罪的，应当作出有罪判决；（二）依据法律认定被告人无罪的，应当作出无罪判决；（三）证据不足，不能认定被告人有罪的，应当作出证据不足、指控的犯罪不能成立的无罪判决"，第48条规定"证据必须经过查证属实，才能作为定案的根据"。上述两条规定，就是确定我国刑事诉讼证据证明标准的法律规定，其证明标准的实质内涵是"事实清楚，证据充分、确实"。刑事案件中刑事诉讼证据须具有排除合理怀疑的证明标准。这说明客观真实性是刑事诉讼证据的本质属性，是可予采信的重要标准。只有"查证属实"的证据才能作为定案的根据。在刑事诉讼中，无论是提供、收集、调取证据，还是审查证据，每个环节都应贯彻真实性的原则。真实性主要体现在证据的来源必须是客观存在的，而不是主观臆造出来的，证据的采信过程必须主观服从客观，防止主观偏见，证据的审查过程必须经过复核及各单个证据之间能相互交叉印证等。与民事审判比较，在刑事审判中，尚未从立法上确立优势证据规则。对于证据指向的待证事实，可能出现其他合理情况的证据，或者是可能产生其他合理的怀疑,该证据就不能作为刑事案件的定案依据。因此,在刑事案件的审理中,法官只能追求客观真实,这也是"宁纵不枉、疑罪从低从无"刑事审判理念的必然要求。

(三)民事诉讼证据与刑事诉讼证据在诉讼过程中的运用不同

民事诉讼证据与刑事诉讼证据在诉讼活动的运用中,体现在举证责任主体、收集证据等方面也存在着差异。在民事诉讼活动中,当事人对自己的事实主张承担举证责任已成为一项基本的诉讼原则。最高人民法院《关于民事诉讼证据的若干规定》第 2 条规定:"当事人对自己提出的诉讼请求所依据的事实或者反驳对方诉讼请求所依据的事实有责任提供证据加以证明。没有证据或者证据不足以证明当事人的事实主张的,由负有举证责任的当事人承担不利后果。"但对于刑事诉讼证据的举证责任,根据修订后的《刑事诉讼法》第 49 条规定:"公诉案件中被告人有罪的举证责任由人民检察院承担,自诉案件中被告人有罪的举证责任由自诉人承担。"本规定是修订后的刑事诉讼法新增加的内容。它明确了刑事案件中证明被告人有罪的举证责任承担主体,即证明被告人有罪的责任由控诉方承担。其原因:一是我国的《刑事诉讼法》第 12 条规定"未经人民法院依法判决,对任何人都不得确定有罪",这一原则的重要内容之一就是举证责任由控诉方承担。控诉方指控被告人犯罪,必须提供相应的证据事实加以证明,而且这种证明必须达到犯罪事实清楚,证据确实充分的标准。如果控诉方不能证明被告人有罪,被羁押的被告人就要无罪释放。二是被告人有罪的主张不是被告人提出的,而是启动者提出的。让被动卷入刑事诉讼活动中的被告人承担举证责任违背公平正义原则。三是让被告人承担证明自己无罪的责任,会使每个公民都面临刑事被追诉的风险。因此,被告人无罪无需自己证明。

二、民事诉讼证据与刑事诉讼证据的适用

民事诉讼证据除了具备客观性、合理性、合法性,同时还具有可以被推定的认可性。而刑事诉讼证据具有科学性、规范性、严谨性、唯一性。刑事诉讼证据是刑事诉讼活动的基础和灵魂,没有证据,就没有刑事诉讼活动。所有刑事案件的事实,必须要以证据为根据。证据是证明案件事实的唯一手段,也是正确处理刑事案件的质量保障。刑事诉讼中要从源头上严把证据关和事实关,做到一切都依靠证据说话,没有证据,就没有事实,更不能认定罪与非罪。正是刑事诉讼证据在诉讼活动中的地位和作用决定了刑事诉讼证据应具有科学性、规范性、严谨性、唯一性。

三、检察机关在民事检察监督中，适用民事诉讼证据应当发挥的作用

在实践工作中，民事抗诉工作的主要任务是审查人民法院已经生效的裁决所依据的证据是否达到了确实、充分。民行检察部门在审查中，当事人也可以举证，但下列三种情况不宜抗诉：一是申诉人在原审过程中非因法定事由未尽举证责任的；二是现有证据不足以证明原判决、裁定存在错误或者违法的；三是足以推翻原判决、裁定的证据属于当事人在诉讼中非因法定事由未提供的新证据的。以上三种情形检察机关不应作出抗诉决定的原因是，民事诉讼的基本规则是"谁主张、谁举证"，那么，当事人在法定时间没有充分履行举证行为，则应该承担举证不力的责任。对于基于同一个事实，有两种相反证据的，则要按优势证据的原则进行审查，尤其需要注意的是书证、物证是证据之魂。审查申诉案件要一切围绕证据，一切依靠证据，以证据找抗点，以证据支持抗点，以证据说明抗点。证据审查要围绕预定抗点或申诉理由进行，不同的抗点有不同的证据要求。审查原有证据，也就是原审判卷宗里的证据，看原审定案的依据是否充分，证据的采信是否恰当，证据间的逻辑矛盾是否合理排除。针对新证据的审查，看其对预定的抗点是否有支持作用，然后再审查它的客观真实性及来源的合法性。通过对民事诉讼证据的审查，符合申诉人申请监督条件的案件，检察机关才能够提出抗诉或再审检察建议。

修改后的《民事诉讼法》第210条规定："人民检察院因履行法律监督职责提出检察建议或者抗诉的需要，可以向当事人或者案外人调查核实有关情况。"这是民事诉讼法首次规定检察机关在民事诉讼法律监督中的调查取证权，对于正确有效地行使法律监督权有着重要的意义。检察机关在民事诉讼检察监督中的调查取证行为，与当事人的举证行为要有一个边界划分。检察机关的调查取证，必须围绕法律监督职能的充分履行来展开。检察机关在民事抗诉中的调查取证的范围应当包括以下几种情形：一是原判决、裁定认定案件基本事实的主要证据是伪造的；二是法院审理案件需要的主要证据，当事人因客观原因不能自行收集，书面申请法院调查收集，法院未调查收集或未认真调查收集的；三是原审法院在审理案件中违反诉讼程序的；四是原判决、裁定认定案件基本事实的主要证据是非法证据的；五是原判决、裁定及调解书损害国家利益和社会公共利益的；六是审判人员在审理案件时有收受贿赂、徇私舞弊、枉法裁判行为的。

同时，关于调查取证的方式，一般是非强制性的。司法实践中，检察机关的调查取证方式主要有：一是询问。由检察机关向当事人或者案外人询问情

况，制作笔录。二是查询。检察机关向有关单位查询情况，由有关单位出示相关证据材料。三是鉴定、勘验。检察机关对与案件有关的专门性问题，委托有鉴定资格的机构进行鉴定。对应当勘验现场或勘验物证而法院没有勘验的，检察机关可以进行勘验并制作勘验笔录。检察机关的调查取证有依当事人申请和依职权两种。检察院依职权调查取得的证据，属于司法探知，即按照法律规定的要求调查取证，从而探明抗诉事由是否存在，审判组织或审判人员是否存在诉讼违法的事实。由于检察机关依职权调查取证一般不以当事人申请为前提，也与当事人的举证责任无关，属于当事人双方举证以外的证据。因此，对于检察机关依职权调查取得的证据，在再审中，应由出席再审法庭的检察人员出示，经当事人质证等，由法院依证据规则审核认定。

对于依当事人申请调查取证的，检察机关取得的证据，在性质上视为当事人一方提供的证据。因为当事人申请原审法院调查取证，而原审法院不予或不当调查取证，当事人因而申请检察机关抗诉时，再次申请调查取证，此时的取证是对法院查证缺漏行为予以补救。因此，这种证据在再审中，要由一方当事人提出，经双方当事人质证，由法院依据证据规则审核认定。

四、检察机关在诉讼过程中对民事诉讼证据认定适用所处地位及发挥的作用

民事诉讼证据与刑事诉讼证据在证据的本质特征上是一致的，但在证明力的适用上是有差异的。前者除了证据适用的基本要求以外，它具有证据的优势证明力原则，必要时还可以依法合理地进行推理和推定；而后者则不仅要求证据确实充分，而且还应该具备证据的唯一绝对和合理排除性，并同时排除一切合理怀疑。因此，民事诉讼证据在民行检察监督的适用过程中应当注意几个问题，从而依法充分发挥民事诉讼证据的作用。

一是坚持民事诉讼证据的全面审查原则，不仅要审查涉及民事案件的所有证据内容，而且还应注重认真审查证据来源、证据获取、证据提供、证据举证和质证的程序合法性。民事诉讼当事人往往是有关案件事实的实际参与人，切身感知的案件情况也比较多，同时也最了解案件事实过程的基本情况。审查证据应当从发生争议的民事法律关系方面，审查证据所具有的证明力。从证据的具体内容上进行审查，着重查明其与案件事实的关系，是否符合案件事实所涉及实体法律关系的发生、发展和解除的实际过程，有无矛盾点或者可疑之处，是否合情合理。应当审查证据之间有无矛盾，是否能够互相印证。证据之间如果存在矛盾，应查明发生矛盾的症结所在，以便决定其证明力的大小与强弱。

二是不但要注重审查提出抗诉案件的证据证明力,还应当注意审查支撑民事检察建议特别是再审检察建议相关证据的层次性和合法性。审查评断证据是收集和提交证据的延续,也是认定案件事实的前提。对于申诉案件的审查,证据证明力的审查评断至关重要。证据证明力的审查包括证据可靠性的审查和证据证明价值评断,要从单一证据入手,而后考察一组证据乃至全案证据。

三是在民事检察监督中,调查取证要突出重点,注重调取民事案件一些直接性证明作用的证据。检察机关在行使调查权时应特别注意要遵守法律的法定限制,注意根据提出检察建议或者抗诉的需要所应了解的必要证据信息。同时,行使调查权主要应了解与生效判决、裁定、调解书有关的特定证据证明信息,为决定是否提出检察建议或者抗诉奠定事实证据基础。检察机关行使调查权不应超出为了对生效判决、裁定、调解书提出检察建议或者抗诉而需要了解情况的具体范围,更不能理解为类似刑事诉讼中的调查权。而且,检察机关在行使调查权时应尊重并保护民事诉讼当事人和案外人的合法权益,特别是对涉及个人隐私、信息安全的问题,更要注意依法行使,严格遵守规则规定。

(本文荣获女检察官学习贯彻落实"两法"征文活动二等奖)

检察环节证据合法性审查实证研究

董艳梅[*]

2012年3月14日,第十一届全国人民代表大会第五次会议通过了刑事诉讼法修正案,这是我国刑事诉讼法的第二次重大修改。新《刑事诉讼法》在第54条至第58条中用了5条8款的内容,明确了非法证据的范围,并对非法言词证据的内涵、外延进行了科学的界定,对非法证据排除的具体程序作了较为具体的规定,首次从立法层面上确立了非法证据排除规则。这不仅反映了我国对刑事证据的要求,而且体现了我国司法文明的程度,有利于促进司法公正,保证案件质量的提高,对当前检察环节尤其是公诉环节证据合法性审查工作来说既是机遇也是挑战。

一、检察环节证据合法性审查的意义

新《刑事诉讼法》在立法上明确赋予了检察机关排除非法证据的主体资格,同时规定了非法证据排除的具体规则及操作程序,这对于完善刑事证据制度,强化人权保障,提高检察环节证据合法性审查水平,实现司法公正及贯彻落实国际性公约的有关规定等都具有重大意义。

(一)有效遏制刑讯逼供,杜绝冤假错案,实现打击犯罪与保障人权双赢

利用刑讯逼供等非法行为取证是对公民人身自由和身体健康最直接的侵犯,把"棰楚之下"取得的证据作为定案的依据,将极有可能冤枉无辜而且放纵了真正的犯罪分子。检察机关在检察环节对证据合法性进行审查,排除非法证据,对侦查人员将起到警示作用,进而在源头上减少甚至消除侦查人员以非法手段获取证据的动机,从而规范取证行为,保障司法公正,有效遏制刑讯逼供,杜绝冤假错案,实现打击犯罪与保障人权双赢。

(二)能够彰显程序公正,有利于树立司法权威,维护司法公正

非法证据导致冤假错案发生,使社会公众对刑事司法程序的公正性产生

---

[*] 作者单位:黑龙江省北安农垦区人民检察院。

了质疑，极大地损害了法律的尊严和司法的权威。大多数西方国家采用听审程序来排除非法证据，被告人、犯罪嫌疑人及其律师亲自参与听审程序，这样能够对排除非法证据的结果直接产生作用，而且参与听审程序也能够增强当事人对程序结果的认可。正如贝勒斯所说的："各方一旦能够参与到程序过程中来，就更易于接受法律结果，尽管他们有可能不赞成判断的内容，但他们却更有可能服从它们"①，实现程序公正，有利于树立司法权威，维护法治的尊严。

（三）能够完善刑事诉讼证据制度，为新刑事诉讼法贯彻实施夯实基础

新《刑事诉讼法》及《证据规定》明确规定了非法证据排除的范围以及排除的具体程序等，为检察环节证据的合法性审查提供了明确的适用依据。适用该依据进行合法性审查有利于使我国的刑事诉讼证据制度得到进一步的完善，并为新刑事诉讼法的贯彻实施夯实了基础。

（四）有效落实国际性公约的实施，有利于实现相关制度与国际接轨

目前，我国已签署了《公民权利和政治权利国际公约》，同时还签署、批准了《禁止酷刑和其他残忍、不人道或有辱人格待遇或处罚公约》（以下简称为《禁止酷刑公约》）。通过证据合法性审查，将利用刑讯逼供等非法方式获取的言词证据等予以排除，这与《禁止酷刑公约》中的"每一缔约国应确保在任何诉讼程序中，不得援引任何业经确定系以酷刑取得的口供为证据"的法律规定相契合，把国际性公约中的规则转化为适合我国国情的法律规定，使国际性公约在我国得到有效落实，这有利于实现我国的刑事司法制度和国际法律制度的接轨。

二、当前检察环节证据合法性审查工作概况

"两高三部"颁布的《关于办理死刑案件审查判断证据若干问题的规定》和《关于办理刑事案件排除非法证据若干问题的规定》（以下简称两个证据规定）及新《刑事诉讼法》确定的非法证据排除制度实施以来，北安农垦区人民检察院在证据合法性审查工作中呈现出以下几个特点：

（一）瑕疵证据的审查补正和完善工作呈现出"三高一低"现象

"三高"，即纠正违法通知率高、审查起诉退补率高、建议延期审理率高。2010年7月至2012年12月，公诉部门仅针对完善证据向公安机关、审判机关发出书面纠正违法通知书7份，口头纠正近30余次，比以往年度呈明显增高

---

① [美] 迈克尔·贝勒斯：《法律原则——一个规范的分析》，张文显译，中国大百科全书出版社1996年版，第35页。

态事。2009年7月至2010年7月,经审查退回公安机关补充侦查案件5件18人;2010年7月至2011年7月,经审查退回公安机关补充侦查案件6件18人,比上一年度递增20%;2011年7月至今短短10个月,经审查退回公安机关补充侦查案件就达10件18人,比上年度递增67%。2010年7月至2012年12月,案件提起公诉后,开庭审理过程中公诉部门提出延期审理案件4件,比以往年度呈数倍迅速增长。"一低",即反渎反贪部门撤案数低。2010年7月至2012年12月,由于公诉部门加大对侦查部门的介入指导侦查力度,反渎反贪部门撤案数均为0。

如下图所示:

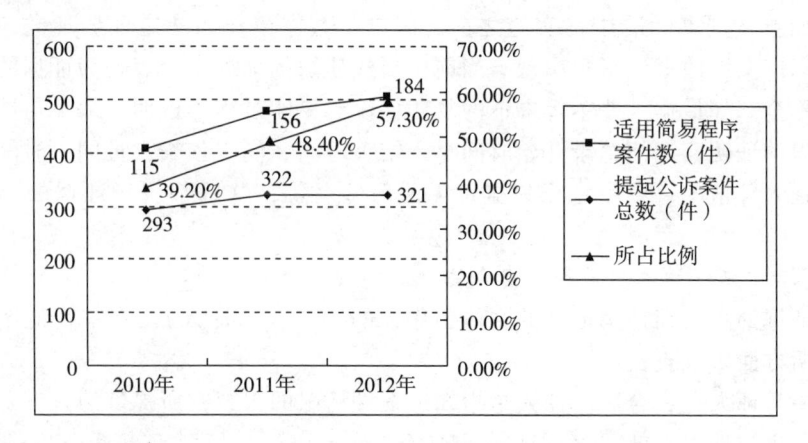

(二)证据合法性审查适用的方法、程序得到了进一步规范

在总结我院历年证据合法性审查工作经验的基础上,按照新《刑事诉讼法》非法证据排除制度及两个证据规定,对目前证据的审查适用工作存在的问题和需要改进的地方进行了深入的研究,并结合工作实际分别规定了审查适用证据的程序。例如承办人在审查证据过程中,必须按照新《刑事诉讼法》和两个证据规定对证据的形式和内容进行全面的审查,如果发现瑕疵证据,可以通过发纠违通知书、补充侦查甚至证据不足存疑不诉的程序对瑕疵证据进行补正和完善。公诉部门对证据审查适用予以规范,力图改变以往的"经验估量"式方法,推动形成"内容和形式依法分析"的科学方法,确保证据适用的质量,切实贯彻新《刑事诉讼法》非法证据排除制度和两个证据规定的法律精神。

三、检察环节证据合法性审查的主要内容

"刑事证据审查判断的任务有三项,一是鉴别证据的真伪;二是判明证据

事实对案件事实的证明力;三是在对每一个证据审查判断的基础上,把案内全部证据联合起来,进行综合分析,比较研究,排除一切矛盾,找出其内在联系,从而考察案内证据是否充分,最终对案件事实做出结论。"① 由此,在检察环节对证据的合法性审查应主要围绕以下几个方面进行审查。

(一) 证据的形式是否具有合法性

根据我国新《刑事诉讼法》第 48 条规定,证据的表现形式为:(1) 物证;(2) 书证;(3) 证人证言;(4) 被害人陈述;(5) 犯罪嫌疑人、被告人供述和辩解;(6) 鉴定意见;(7) 勘验、检查、辨认、侦查实验等笔录;(8) 视听资料、电子数据。只有符合这八种表现形式,证据形式才具有合法性。如新《刑事诉讼法》实施之前,因电子数据不作为法定证据种类,所以只能以广义上的书证形式出现。当前,形式违法的证据主要表现为证据的构成要素不全。如借据、账本等书证的复印件没有复印过程等说明,缺少与原件核对无误的证明;询问笔录开始时间早于结束时间,同一侦查人员同一时间询问不同证人等情况;鉴定意见只盖章无法医签名等;这些都属于证据的形式不合法。

(二) 证据的主体是否具有合法性

证据的主体即搜集证据的主体和作证的主体(即证人)。在审查证据中应围绕两方面来审查:

一是证人是否合法。证人是指知道案件情况的人,其所提供的证言是否有效力,决定性因素就在于该证人是否具有作证资格。新《刑事诉讼法》第 60 条第 2 款明确规定:"生理上、精神上有缺陷或者年幼,不能辨别是非、不能正确表达的人,不能作证人。"

二是取证的主体是否合法。按照我国法律,取证的主体为公安司法人员及律师,除此以外的任何单位及个人都无权取证。如纪委的取证应经过法定程序由检察机关转化后才能使用;书记员等不具有执法资格的人员取得的证据应予排除。

(三) 收集证据的程序是否具有合法性

我国新《刑事诉讼法》第 50 条规定:"审判人员、检察人员、侦查人员必须依照法定程序,收集能够证实犯罪嫌疑人、被告人有罪或无罪、犯罪情节轻重的各种证据。"如询问证人时,应首先出示工作证并告知证人作伪证等要负的法律责任;首次询问被害人、讯问犯罪嫌疑人应首先告知其拥有申请回避权等。

---

① 陈光中:《刑事诉讼法》,北京大学出版社 2002 年版,第 176 页。

(四) 取得证据的手段是否具有合法性

以刑讯逼供、诱供非法手段收集的口供、证言等不能作为证据使用。如杜培武、佘祥林、赵作海杀人案，都因非法取证造成了错案的出现。"如何遏制刑讯逼供，理论界、司法界并没有针对性的办法，有人提出以下两个措施：一是体制上把看守所由公安部的管辖改为由司法行政部门管辖，一定程度上减少刑讯逼供的条件。二是证据制度上建立举证责任倒置规则，只要辩方提出刑讯逼供异议的，要由侦查人员证明不存在刑讯逼供。"[①]

四、检察环节证据合法性审查中存在的主要问题

我院在检察环节证据合法性审查中主要适用两个证据规定及新《刑事诉讼法》非法证据排除规定，在实际工作中遇到了以下问题：

(一) 非法证据排除工作面临着理论和现实的障碍

在证据合法性审查过程中，对非法证据的排除遇到了一些理论上的和现实中的障碍，主要表现在三个方面：

一是在法律规定上，重瑕疵证据审查轻非法证据界定。按照非法证据排除规定，"非法证据"主要包括非法言词证据和非法物证、书证。非法言词证据是指用刑讯逼供等非法手段取得的犯罪嫌疑人、被告人供述和采用暴力、威胁等非法手段取得的证人证言、被害人陈述。但由于殴打等暴力、威胁的刑讯逼供方式容易被人查证，公安机关大多已经不再采取，更倾向于采用能使犯罪嫌疑人精神和肉体上遭受痛苦的隐蔽手段。所以能否将"变相刑讯逼供"、欺骗、引诱等其他隐蔽手段认定为非法手段直接影响非法证据排除工作的可操作性。例如张某某涉嫌职务侵占案，审查起诉过程中，张某某对部分犯罪事实予以翻供，称当时在公安机关供认的原因系在两天两宿没让睡觉情况下，侦查人员让其交代的，并且侦查人员承诺供认后交点罚款就让其回家。公安机关仅以此手段取得的口供与部分证据间接印证就轻易认定此笔侵占犯罪事实。后检察机关经调取年底公司花销的账目，最终查明张某某并未有重复报账行为，其辩解的真实性得到印证。那么，类似此种手段获取口供来定案在侦查机关并不在少数，这类口供是否属于非法证据规定并不明确。

二是在思想认识上，重瑕疵证据补正轻非法证据排除。如近日公诉部门出庭支持公诉的王某某故意伤害案，因卷宗多名证人均身处异国他乡，原始证人证言均系本国侦查机关自行调取，延期审理后，退补内容主要涉及域外取证程

[①] 阿布拉布拉江·土尔迪：《关于制定刑事诉讼证据审查认定规则的建议》，载中国法院网。

序违法等形式问题。以及此案在再次开庭审理时，因鉴定只有鉴定人印章，没有签名，辩护人指出该份鉴定程序违法，不能作为定案的依据，后公诉机关申请鉴定人出庭说明鉴定过程、鉴定理由、鉴定真实性予以说明等对证据补强问题。这些都是主要涉及瑕疵证据的补正和完善，而涉及非法证据排除通过检察公函正规文书进行纠正却没有。

三是在工作导向上，重配合轻制约。检察机关办案部门受理的所有普通刑事案件的证据都是公安机关收集的，所以诉讼程序能否顺利开展都必须依赖于公安机关的密切配合。而如果积极开展非法证据排除工作，势必将加重公安机关的工作压力，影响双方的合作关系。因此办案部门多采取用瑕疵证据补正、完善的方式来排除非法证据，以保证双方的合作关系不受影响，同时又不牺牲法律公平正义。

(二) 法院对非法证据排除规定的执行过弱

两个证据规定施行以来，我院公诉部门没有收到法院送交的反映被告人庭前供述是非法取得的书面意见或告诉笔录等相关材料。除此之外，最高人民法院以及各省高级法院公布的判例，也未看到适用排除规则的情况。而造成法院执行弱的原因主要在于：

一是非法证据排除程序的启动首先要由被告人提供相关的涉嫌非法取证的线索或者证据。但由于被告人一般被羁押，处于弱势地位，难以举证甚至不能举证导致非法排除证据程序启动难。

二是部分法官理念陈旧，在排除非法证据问题上采取应付态度的情况还不同程度存在。首先，从主观上产生对被告人的不信任，认为是被告人规避法律惩罚的常用伎俩而已。其次，是由于缺乏程序性的明确规定，对于严重的违法取证行为置之不理。如对于法庭上被告人当庭翻供的案件，均一般提出侦查机关刑讯逼供，法官经常反诘：你有证据证明吗？如没有证据支持，本庭将不予考虑。这样，势必影响了非法证据排除工作的顺利进行。

(三) 非法证据的排除规定在庭前程序中贯彻有限

根据《非法证据排除规定》第3条规定："人民检察院在审查批准逮捕、审查起诉中，对于非法言词证据应当依法予以排除，不能作为批准逮捕、提起公诉的根据。"由此，确立了检察机关在审查起诉中的排除非法言词证据的责任。但是对于检察机关在审查起诉中如何排除非法证据，以及两个证据的规定中的其他证据规范，检察机关如何遵循，两个司法解释都没有给予明确的说明。而在审查起诉中，检察机关公诉部门的诉讼角色具有双重性。一方面，它是法律的守护者，行使审判监督职责。这就要求必须以客观公正的态度审查证据。另一方面，又是控诉机关，其为了促进国家刑罚权的实现，必须站在刑事被害人的立场上，将自己当作实质上的当事人，为了实现胜诉而用尽所有能证明被告有罪的证据。所以，庭前审查证据程序的缺失势必导致两个证据规定得不到切实的贯彻和执行。

（四）两个证据适用工作与办案实践结合不够紧密

虽然我院各个业务部门都形成了各自审查适用证据的程序，但是这些程序大部分只是将过去办案中的证据审查要点整理了一下，并没有考虑到两个证据规定与之前的证据审查工作之间的区别和差距，更没有深刻认识到两个证据规定施行后对自身执法工作提出的新要求，以致办案人员对两个证据规定施行后的工作重点认识不清，没能把两个证据适用工作与办案实践紧密结合。就公诉部门来讲，两个证据规定对定案证据的来源和程序提出更为严格的要求，瑕疵和非法的侦查取证行为对公诉办案的影响将是直接性和根本性的，证据把关日趋严格与监督职能相对不足的矛盾将进一步凸显。特别是在公安机关警力下沉、侦查人员素质低下、侦查取证隐患易发，公诉部门普遍呈现出人员少、任务重、责任大、风险高的特点，如何寻找进一步加强对侦查取证行为的引导和监督的途径问题，没能提出相关有力的措施。除此之外，两个证据规定中大量排除性证据规则的确立，使得证据的法庭准入资格受到更为严格的限制，庭审证明对成功指控的重要性更为突出。

（五）两个证据规定的严密性及实用性仍需权衡

比如《死刑案件证据规定》第20条第1项规定："讯问笔录没有经被告人核对确认并签名（盖章）、捺手印的，不能作为定案的根据。"本条的立法初衷是通过对取证程序的规范提高口供证据的审查标准，防止侦查人员对犯罪嫌疑人的供述进行选择性或颠覆性记录，或事后进行篡改，使不属实的供述被法庭采信，导致错判。在形式上类似于西方国家的所谓"沉默权"规定，即犯罪嫌疑人、被告人不能被强迫做对自己不利的供述。相比于新《刑事诉讼法》第118条"犯罪嫌疑人对侦查人员的提问，应当如实回答"的规定确实变化很大，但本条规定在司法实践中却存在另一个方面的问题。在办案实践中，也确实遇到过可能被判处死刑的犯罪嫌疑人在提讯活动中不配合司法机关工作，对如实记录的讯问笔录拒绝签字的情况，如果发生这样的情况，合法取得的口供将不能使用，可谓矫枉过正。另外，这样的硬性规定有可能会导致犯罪嫌疑人普遍性地以拒绝签字的方式对抗司法这样的法律风险出现。

五、完善检察环节证据合法性审查制度的几点建议

（一）建立检察环节证据合法性审查工作学习培训制度

建立检察环节证据合法性审查工作学习培训制度对于新《刑事诉讼法》

及两个证据规定适用工作的最大价值在于明确证据合法性审查的精神实质和规范要求,进一步端正执法理念,从而牢固树立惩罚犯罪与保障人权并重,实体正义与程序正义并重的观念,切实提高贯彻执行检察环节证据合法性审查的自觉性和积极性。而且,该制度对于促进办案人员规范证据审查适用程序、统一证据审查适用证据方法、转变重瑕疵证据完善补正轻非法证据排除的错误观念的作用也十分显著。因此,学习培训制度是检察环节证据合法性审查工作顺利开展实施的必要保障,有必要就该学习培训的课程、时间、地点等一系列具体内容做进一步的确定和推广。

(二)深入贯彻实施非法证据排除规则

新《刑事诉讼法》中所确立的非法证据排除规则,检察环节在执行落实中,应当贯彻刚性的排除规则,即"底线的排除规则"。这里所说的"底线的排除规则",就是指排除非法证据只是针对言词证据而言,而且只能是针对比较典型的,并且是严重违法的行为所获得的言词证据。这里所主张的"底线的"要求,是源于证据体系的非闭合性和可变性特征以及我国检察机关所具有的控诉职能,所以在检察环节设置较高的非法证据排除要求是不符合现实的。况且证据规则的严格性主要是在庭审判决定罪时来体现,而在中间的程序上都有一定的灵活可变性。同时,"底线的排除规则"也是因为在检察环节中适用非法证据排除规则,还缺乏正式的、抗辩性的、公开的法律程序来配合,所以对证据合法性的审查有一定的难度。但这并不意味着检察机关因此就忽略、放弃证据的排除责任。执行"底线的排除规则"应当采取刚性原则,不能是任意的、软弱的。这是因为要求在审前程序中执行非法证据排除规则,除了上述审前诉讼准备尤其是证据的准备活动必须服从于审判的需要以及审判证据规则这一基本的法理外,在我国还有两个特殊的原因:

一是我国当前的诉讼制度原因。在我国,当前实行诉讼阶段论,从而限制了庭审中心主义,这样就加重了检察环节审查证据包括审查其合法性的责任。如同上述分析,一旦检察机关不能把好关,法院有审判时要否定控诉方的意见,这在实践中是十分困难的。

二是我国检察机关的职能原因。我国的检察机关不是单纯的公诉机关,《宪法》规定检察机关的职能是法律监督机关,因此,保证诉讼合法性包括程序合法和证据合法的责任就更加突出,如果不能忠实履行这一职责,检察机关就有负于宪法、有负于人民的重托,也就名不副实。所以,当前检察机关以具有刚性的"底线的排除规则"作为证据排除准则是比较现实合理的。

（三）推动在立法层面上进一步明确非法证据含义、细化非法证据排除启动规则

虽然新《刑事诉讼法》和"两高三部"《关于办理刑事案件排除非法证据若干问题的规定》对非法证据必须排除的原则以及非法证据排除启动予以了明确的规定，但目前实践中仍对非法证据的内涵及非法证据排除启动的可操作性存在质疑，影响非法证据排除工作的实际成效，有必要推动在立法层面上对此进一步完善。

（四）探索形成证据合法性审查制度适用的指导标准

对于如何将非法证据排除制度及证据规定与检察机关的办案实践紧密结合起来，由于各部门对工作重点的认识不够而没能有统一的措施和做法。建议对此问题，一方面可以探索制定专门的检察环节证据合法性审查制度适用的指导标准，另一方面可以定期下发典型判例，作为指导证据合法性审查制度适用的相对标准供实践办案参考。

（五）确立庭前审查证据程序

证据合法性审查的规则与规范是以法庭为中心确立的。因为法庭审判是运用证据判定事实的活动，应当是诉讼的中心，也是证据法规范发生实体决定效用的关键环节。所以非法证据意见的提出，毫无疑问应由法院对相关证据进行法庭调查；而检察机关作为法律的守护者，必须兼顾打击犯罪与保障人权，必须中立客观地做出事实评价和诉讼决定，必须兼顾程序公正和实体公正。所以在审查起诉这个庭前审查阶段，其也必须履行客观公正地审查证据的义务。因此，确立庭前审查证据程序是检察机关客观公正履行审查证据义务的法律要求，也是检察机关切实履行法律监督职能的有力保障。

（六）注意证据合法性审查严密性与实用性的结合

对于言词证据中的口供，引诱、欺骗获取口供的，必须达到明显违反法律的程度才属于应排除的对象；对于暴力取供，无论是轻微还是严重，均应予以排除；对于威胁取供，只要达到强制犯罪嫌疑人意志，迫使其作出不自愿供述的程度则予以排除。然而，对于真实的口供，在得到其他证据印证而犯罪嫌疑人故意刁难办案人员不予以签字的口供，我们可以通过同步录音录像等能够证实记录系并不违反其真实意思表示情况下做出的，就不应一概而论列入排除行列。

（本文荣获女检察官学习贯彻落实"两法"征文活动三等奖）

存疑不起诉案件的证据问题实证研究

周 利[*]

我国现行刑事诉讼法所确立的存疑不起诉制度,对于贯彻无罪推定原则,减少冤假错案,具有十分重要意义。但由于现实中个案的证据表现形式有较大的差异,办案人员基于学识、能力的差异对"证据不足"的认识也不尽相同,什么样的案件可以作存疑不起诉处理,在司法实践中存在不小争议。这些问题可能使存疑不起诉制度的内在价值无法得到充分发挥,甚至因为案件处理中的偏差使罪犯侥幸逃脱惩罚。如何正确把握存疑不起诉案件中"证据不足",是当前处理这类案件需要解决的难点和关键问题。本文通过对笔者所在基层院重庆市 H 区检察院近 3 年来决定的存疑不起诉案件进行分析,[①] 结合证据法理论,探讨解决存疑不起诉案件有关证据问题的有效方案,以期对立法和司法实践有所助益。

一、材料分析:检察机关存疑不起诉案件证据问题现状扫描

(一)实证研究的第一维度:数据的综合分析

根据表一可以发现,2010 年至 2012 年 3 年间,H 区检察院决定的存疑不起诉案件约占全部不起诉案件的 16.67%。根据表二,H 区检察院决定的存疑不起诉案件案由牵涉 11 个罪名,包括盗窃、诈骗、故意毁坏财物等侵犯公民财产权利的犯罪;故意伤害、强奸、非法拘禁等侵犯公民人身权利的犯罪;强迫卖淫、买卖国家机关证件、寻衅滋事、掩饰、隐瞒犯罪所得等妨害社会管理秩序的犯罪。虽然存疑不起诉案件散见于 11 个罪名,但主要集中在强奸、盗窃等常见多发犯罪。

---

[*] 作者单位:重庆市合川区人民检察院。
[①] 数据统计时间段为 2010 年 1 月~2012 年 12 月。

表一　H区检察院存疑不起诉案件占不起诉案件比例

年份	不起诉	存疑不起诉	比例
2010年	34件47人	9件9人	26.47%、19.15%
2011年	53件115人	8件9人	15.09%、7.82%
2012年	33件48人	3件4人	9.09%、8.33%
合计	120件210人	20件22人	16.67%、10.48%

表二　H区检察院存疑不起诉案件所涉罪名

罪名	非法拘禁	盗窃	强奸	强迫卖淫	抢夺爆炸物	买卖国家机关证件	诈骗	寻衅滋事	故意毁坏财物	故意伤害	掩饰、隐瞒犯罪所得
数量	2	3	4	1	1	1	2	1	1	2	2

（二）实证研究的第二维度：证据能否采信存疑的案例分析

修改后的《人民检察院刑事诉讼规则（试行）》第404条对于存疑不起诉中"证据不足"规定5项判断标准，其中第2项"据以定罪的证据存在疑问，无法查证属实的"，第3项"据以定罪的证据之间、证据与案件事实之间的矛盾不能合理排除的"都是证据本身存在问题而导致这些证据不能采信，而这些证据又是"据以定罪"的证据，即基本证据。由于这些"据以定罪"的基本证据无法采信而导致认定犯罪嫌疑人构成犯罪的证据不足，也就必然导致定罪的事实不清。对此，可将其概括为证据能否采信存疑，下面结合案例具体分析。

1. 据以定罪的证据存在疑问和瑕疵，无法采信和查证属实，从而导致案件存疑。司法实践中存在的通过刑讯逼供等手段取得的非法言词证据，因不符合证据的合法性要求，故根据我国的"非法证据排除规则"是不能作为证据使用的。如丁某妨害作证案。2010年9月28日H区公安局以涉嫌妨害作证罪对丁某刑事拘留，送H区看守所羁押。在羁押期间，侦查人员分别于2010年10月5日、11日、15日以指认现场为由，将丁某从H区看守所提押至H区公安局审讯室进行讯问，① 但卷内没有提供任何指认现场的证据材料。在2010年10月5日提讯后回看守所关押的记录上，丁某亲笔书写：不是指认现场，是在公安局讯问室，把我从公安局大门一直拖到讯问室电椅上用电触，用带子

---

① 这种情况在司法实践中俗称"提外讯"。

勒等。看守所民警舒某亦在提押报告上注明了丁某回所时，双手手腕处有红紫斑块。2010年10月15日，侦查人员以指认现场为由，将丁某提押出所进行讯问后，提讯提解证上显示当日已经还押，但看守所的换押记录上显示此次提外讯换押时间为2010年10月17日23点，此次看守所未能提供有丁某签名的换押记录和体检记录。丁某的唯一一次有罪供述的笔录形成时间恰为2010年10月17日，地点为H区公安局讯问室。公安机关将丁某在10月15日提押出所后，没有带其指认现场，而是进行了长达3天的讯问，此份供述的取证程序不合法，根据《关于办理刑事案件排除非法证据若干问题的规定》，应视为非法证据予以排除。由于丁某的有罪供述被排除，导致该案证据不足，最终作出存疑不起诉处理。

2. 据以定罪的证据之间、证据与案件事实之间的矛盾不能合理排除，无法采信，从而导致案件存疑。在一个刑事案件中，侦查机关往往会收集到很多证据，但如果据以定罪的证据出现不一致、相互矛盾的情况，即有罪证据和无罪证据之间的矛盾无法排除，无法采信其中的任何一个，所有的证据便不能形成一个完整的证据链条，故只能作出有利于犯罪嫌疑人的存疑不起诉处理。如陶某等四人故意伤害案。本案中犯罪嫌疑人一方和被害人一方打架的过程分为两个阶段，第一个阶段是犯罪嫌疑人陶某、魏某、蔡某、程某等人与被害人苏某、李某等人互殴，该过程持续时间较短，双方很快就停手，没有造成伤害结果。第二阶段是魏某、蔡某、程某等人与苏某、李某等人斗殴，造成李某死亡和苏某受伤的严重后果。犯罪嫌疑人陶某自己供述：在第一阶段结束后，就与证人杨某一起离开现场，并未参与第二阶段斗殴。而杨某证实：陶某确实是和他一起离开，但走了一段距离又再次返回现场查看情况，不久之后又重新赶上杨某。犯罪嫌疑人魏某亦能证实杨、陶二人先行离开的事实。犯罪嫌疑人蔡某则证实：陶某到了第二阶段的斗殴现场，但不能证实其是否动手。检察委员会研究认为，证实陶某是否参与第二阶段打斗的事实不清、证据不足，被害人李某死亡的结果又是在第二阶段打斗中造成，故只能对陶某作存疑不起诉处理。

（三）实证研究的第三维度——证据证明的结论存疑的案例分析

修改后的《人民检察院刑事诉讼规则（试行）》第404条第1项"犯罪构成要件事实缺乏必要的证据予以证明的"，第4项"根据证据得出的结论具有其他可能性，不能排除合理怀疑的"，第5项"根据证据认定案件事实不符合逻辑和经验法则，得出的结论明显不符合常理的"，指的均是证据与待证事实之间没有达到证明标准的要求，即证据证明的结论存疑，证明力不足。证据的证明力是指具有可采性的刑事诉讼证据对于待证事实或诉讼主张所具备的证明价值。根据犯罪构成理论之通说，犯罪构成包括主体、客体、主观方面和客观方面这四个要件，对于决定某种行为是否构成犯罪，缺一不可。如果证明这四个构成要件中某个要件事实的证据不具有充分的证明力，即不能定罪处理，而应作存疑不起诉，下面结合案例具体分析。

1. 证明犯罪主体的证据不足导致案件作存疑不起诉。犯罪主体是犯罪构成必备的要件之一，一切犯罪行为都是由具体的行为主体实施的。我国刑法对犯罪主体的规定，主要体现在两个方面：一是有些犯罪要求犯罪主体必须是具有特定身份的人，如贪污贿赂犯罪，即要求犯罪主体必须是国家工作人员或其他以国家工作人员论的行为人；二是有关犯罪主体的刑事责任年龄问题，它事关罪与非罪。根据我国刑法第17条的规定，只有年满14周岁的人实施了危害社会的行为并造成了依法应当追究刑事责任的后果才负刑事责任，具体包括两种情况：一是年满16周岁的人应负完全刑事责任；二是已满14周岁不满16周岁的人犯故意杀人、故意伤害致人重伤或死亡、强奸、抢劫、贩卖毒品、放火、爆炸、投放危险物质罪的应当负刑事责任。现实生活中由于户籍管理的不到位，加之有些犯罪嫌疑人的家属采取一些不正当手段有意隐瞒或篡改犯罪嫌疑人的年龄，意图使其免予刑事追究，从而造成证明犯罪嫌疑人是否达到刑事责任年龄的证据扑朔迷离，矛盾无法排除。检察机关在审查复核证据后，如认为证明犯罪嫌疑人达到刑事责任年龄的证据不足，即应作出对其有利的存疑不起诉处理。如雷某盗窃案。H区公安局起诉意见书认定，2009年12月13日16时许，犯罪嫌疑人雷某伙同他人在一门市内将被害人文某的挎包盗走，内装现金人民币1335元和价值人民币1000余元的项链一条。检察机关审查后发现，犯罪嫌疑人雷某系自报姓名，年龄、身份、住址均不详。雷某供述自己出生于1991年12月12日，作案时刚满18周岁，这一供述一直较为稳定，但无其他证据相互印证。承办人遂要求公安机关对其进行骨龄鉴定。2010年4月23日，对犯罪嫌疑人雷某进行骨龄鉴定的意见为被鉴定时16.3岁左右，鉴定时间与作案时间相距5个月，根据该鉴定其作案时尚不满16周岁。根据最高人民检察院《关于"骨龄鉴定"能否作为确定刑事责任年龄证据使用的批复》：犯罪嫌疑人不讲真实姓名、住址，年龄不明的，可以委托进行骨龄鉴定或其他科学鉴定，经审查，鉴定结论能够准确确定犯罪嫌疑人实施犯罪行为时的年龄的，可以作为判断犯罪嫌疑人年龄的证据使用。如果鉴定结论不能准确确定犯罪嫌疑人实施犯罪行为时的年龄，而且鉴定结论又表明犯罪嫌疑人年龄在刑法规定的应负刑事责任年龄上下的，应当依法慎重处理。检察委员会研究认为，认定犯罪嫌疑人雷某作案时是否达到盗窃罪刑事责任年龄的证据存在矛盾，现无法排除，决定对其作存疑不起诉。

2. 证明犯罪主观方面的证据不足导致案件作存疑不起诉。犯罪的主观要件，主要内容包括犯罪的故意与过失（统称为罪过）、犯罪的目的与动机等与主观方面相关的问题。行为人的罪过即犯罪的故意或过失，是一切犯罪构成都必须具备的主观要件，因此被称为犯罪主观方面的必要要件；犯罪的目的只是某些犯罪构成所必备的主观要件，也称为犯罪主观方面的选择要件；犯罪动机不是犯罪构成要求必备的主观要件，它一般不影响定罪，但却影响量刑。在具体案件中，查明犯罪嫌疑人是否有主观方面的故意是对其定罪的关键。如唐某强奸案。H区公安局起诉意见书认定，2010年5月22日，犯罪嫌疑人唐某经人介绍与被害人夏某（案发时未满14周岁）认识，后两人一起吃饭、唱歌。5月23日凌晨2时许，犯罪嫌疑人唐某与被害人夏某前往酒店开房间休息。进入房间后，唐某与夏某发生性关系。本案中，夏某没有明确告诉唐某自己的真实年龄。同时，夏某仅差1个多月，就满14周岁，一般人很难判断其是否已满14周岁；犯罪嫌疑人唐某是案发当天才认识被害人，被害人身高、发育等情况均比较超前，衣着打扮成熟，还抽烟喝酒，且辍学在家，唐某无条件应当明知其未满14周岁。唐某供述，其并不知道夏某系不满14周岁的幼女。夏某在案发后因阴道裂伤住院治疗期间，托人将唐某找来，这时唐某才知道夏某在犯罪时系不满14周岁的幼女。检察委员会讨论后认为，认定唐某明知夏某系未满14周岁的幼女而与其发生性关系的证据不足，决定对其作存疑不起诉。

3. 证明犯罪客观方面的证据不足导致案件作存疑不起诉。犯罪客观方面的内容主要包括：危害行为、犯罪对象、危害结果、危害行为与危害结果之间的因果联系以及犯罪的时间、地点、方法等。其中，危害行为是一切犯罪构成都不可缺少的要件，属于犯罪构成的必要要件。其余内容如犯罪对象、犯罪结果、犯罪的时间、地点等虽然也是犯罪活动的客观外在表现，但并不是一切犯罪构成所必须具备的要件，而只是一部分犯罪构成所必须考虑的要件。犯罪客观方面在刑法中具有重要的意义，是否具备犯罪的客观方面，是罪与非罪的重要界限。如郭某故意毁坏财物案。H区公安局起诉意见书认定，犯罪嫌疑人郭某以兰渝铁路施工损坏其房屋为由，于2010年12月16日19时许，窜至兰渝铁路在H区大石镇石观村1组"拱嘴洞""大方田"的建筑工地处，用火柴点火将铁路建筑队堆放在该处的20件土工格栅点燃烧毁，损失价值25000元。但本案存在以下疑问：一是公安机关系根据走访中了解到郭某的道德品行差，有对铁路施工方不满的言行，故将其确定为犯罪嫌疑人，对其进行审讯，获取了郭某的有罪供述，在审查起诉中，郭某推翻了原作的有罪供述，辩称其原有罪供述系公安机关诱供。二是因公安机关未对现场进行勘查，无法确认该次火灾系自燃或者系人为引发，同时也没有收集到郭某实施放火行为后遗留的相关物证和痕迹，不能够证明郭某到现场实施了放火行为。三是因案发后，公安机关没有对火灾进行事故鉴定，明确火灾产生的引燃物质、起火部位、过火面积等，故无法与郭某供述的实施放火行为的经过相互印证。综上，证明郭某实施放火行为的证据只有犯罪嫌疑人的供述，没有其他证据予以印证，系证据不足，遂对其作存疑不起诉处理。

二、问题展开：存疑不起诉案件在证据领域遭遇的困境

形成"证据不足"的原因非常复杂，有来自办案人员的政策水平和业务能力方面的因素，也有受案件事实的暴露程度、证据的毁灭程度以及犯罪手段的隐蔽程度等主、客观条件的影响，不一而足。这类案件在证据领域究竟遭遇什么样的困境，主要包括以下两类情形。

（一）证据收集固定中的困境

1. 调查取证不及时，贻误战机。一起犯罪行为的实施，从犯罪的预备到实施犯罪行为以及犯罪结果的出现，都会留下一系列的"痕迹"，这些"痕迹"经过侦查人员的依法收集就会成为证明案件事实的证据。[1] 证据如果没有及时收集和固定，物证、书证可能被销毁，现场勘查、照相、绘图可能会存在误差。犯罪嫌疑人可能乘机逃跑，或者为了掩盖犯罪事实而破坏现场、毁灭证据和订立攻守同盟，证人也可能无法找到从而未能获取证言。现实中，被害人迟延报案，侦查机关在破案后回头找证据的情况不在少数，由于错过了最佳取证时机，无法补充证据而造成案件作存疑不起诉。

2. 取证程序违法，证据缺乏证据能力。在传统的由供到证的侦查模式下，犯罪嫌疑人的供述就显得尤为重要。为使案件得到迅速侦破，在侦查实践中，存在不同形式的非法取证行为。如采用刑讯逼供等非法手段取得的犯罪嫌疑人供述和采用暴力、威胁等非法手段取得的证人证言、被害人陈述；侦查人员以暗示性的语言或者动作提示，或对辨认对象作标记等进行辨认。另外，还存在鉴定对象或者送检材料不合格的鉴定结论；以违反法定程序的方法取得的实物证据；等等。上述证据的取得不符合法律要求，经审查后被排除，导致案件证据不足而作存疑不起诉。

3. 调查取证不细致，据以定罪的证据之间存在矛盾。证据矛盾普遍存在，包括证据的矛盾、证据与事实的矛盾，以及证据与情理间的矛盾。[2] 受知识结构、社会经验、侦查技术，以及涉案人员心态等主客观因素的影响，犯罪嫌疑

---

[1] 参见刘福谦：《排除四对矛盾可有效减少错案发生》，载《检察日报》2006年8月15日。

[2] 参见龙宗智：《试论证据矛盾及矛盾分析法》，载《中国法学》2007年第4期。

人、被害人、证人对同一事物的感知会得出不同的结论，他们还可能推翻过去的供述、陈述、证言。根据调查，造成存疑不起诉的证据矛盾主要是犯罪嫌疑人供述和辩解、被害人陈述、证人证言之间的证据矛盾。有些侦查人员在办案中对证据之间的矛盾以及产生矛盾的原因不能有针对性地进行调查、核实，将矛盾留给后面的诉讼阶段去解决。而在这类案件中人员流动较大，等到审查起诉阶段发现证据有缺陷时再去查找被害人或证人补充证据，这些人往往下落不明，无从查找。

（二）证据审查判断中的困境

1. 引导侦查和对侦查活动的监督缺乏力度。批捕时对案件事实和证据的认定是否准确将直接关系到案件在下一诉讼阶段的处理。实践中，部分案件由于侦查部门的侦查取证工作未能有效展开，又缺乏捕后跟踪监督和侦查引导，以致案件的捕后侦查形同虚设；还有个别案件，即使发现侦查机关提供的证据可能属违法或不当取得，但只要求其加以完善或补充说明，而未能果断排除，造成证据存在瑕疵而无法起诉。甚至在审查批捕时还存在这样的情形，即案件事实不清、证据不足，不具备逮捕条件，但考虑到案情重大，或者继续侦查的线索较多，有深挖的必要，从而决定对犯罪嫌疑人先予逮捕，后因侦查部门并没有获取必要的证据，最终因证据不足而作了存疑不起诉。

2. 证据审查不全面、运用不科学。审查证据的目的是要判断所收集的证据能否确实、充分地证明案件的真实情况，包括对单个证据的审查判断和对全案证据的审查判断。在单个证据审查方面，主要是审查证据的客观性、关联性、合法性，但实践中往往顾此失彼。在全案证据审查方面，主要是从质和量两个方面综合审查案件证据是否达到确实、充分的标准，而实践中对证据的审查有时不够全面仔细，如过分重视言词证据而对其他证据一带而过。对证据运用的不科学主要表现在没有对证据进行有效的梳理整合，并按照适当的标准进行分组，使证据体系混乱，影响了对待证事实的证明。

3. 检察机关与侦查机关、审判机关对证据认识存在分歧。办案人员对法律的理解以及对案件事实和证据把握程度的不同，对同一案件的证据是否达到确实充分的标准有时会存在比较大分歧。特别是如果法院与检察机关在证据采信和判断上存在分歧，法院认为案件事实不清、证据不足，检察机关不得已将案件撤回作存疑不起诉处理的情况也不鲜见。

三、完善途径：解决存疑不起诉案件证据问题的建议

在审查起诉工作中，因证据不足对案件作存疑不起诉是正常的，符合人们的认识规律，而且有利于保护犯罪嫌疑人的合法权益。然而，从惩治犯罪、切

实履行法律赋予的职责出发,对存疑不起诉案件中暴露的证据问题进行有针对性的解决,降低存疑不起诉率同样势在必行。针对实践中存疑不起诉案件证据收集和证据采信、判断方面暴露出来的问题,笔者认为可以着重从以下几个方面去解决。

(一) 矫正侦查取证缺陷,完善侦查取证配套措施

1. 更新执法观念,确立科学的侦查取证观。从刑事诉讼程序和证明活动的规律来看,侦查人员执法观念的更新应该主要从以下方面着手。一是从单纯破案转向依法取证。要打破单纯破案、维护稳定的"国家权力统治观",树立有限、公正、有效的侦查权力观。即侦查人员要从内心深处树立宪法和诉讼法律的神圣性、至上性和绝对权威性,严格依法取证。二是从单纯迷信口供转向重视综合证据。在证明过程中要对除口供以外的其他证据形式予以重视,注意各种证据的综合运用,尤其是注意科学证据的运用。当前,人类的司法证明已经进入了以物证为主要内容的"科学证据"时代,侦查人员也应与时俱进,摒弃"口供情结",注重提高取证的科技水平。"他们还必须知道科学原理。当他们就某些较为神秘的要点而向经适当选择的专家咨询时,如果他们欲有效地利用或反驳该证据,他们就必须充分了解该领域,知道什么是要点,什么是不必要的细节、空话。"① 三是从单纯侦查本位观转向诉讼证明观。诉讼证明观强调,侦查机关必须克服仅以破案和查获犯罪嫌疑人为目的而漠视侦查之后公诉、审判阶段的证明需要,要从诉讼证明的大局出发,紧紧围绕犯罪构成要件开展取证活动,为公诉机关在法庭的证明活动服务,共担证明责任的风险。

2. 积极探索完善检察引导侦查取证机制。检察引导侦查取证,是指检察机关根据提起公诉的需要,通过参与侦查机关的侦查活动,对其侦查的方向和证据的收集、提取、固定提出意见和建议,达到侦查取证为公诉服务的目的。司法实践证明,案件的侦查工作做得扎实,侦查取证全面、客观、及时、细致,是减少和防范存疑不起诉案件产生的关键一环。因此,检察机关要努力在提高检察引导侦查工作水平上下功夫:一是改进补查提纲的制作方法,不仅要列明补查项目,还要对每一个项目的侦查目的、侦查方向以及证据的规格、标准进行必要的分析论证,便于侦查机关领会检察机关的取证要求;二是采取定期和不定期相结合的方式,组织侦查人员旁听公诉案件的法庭审理,以引导侦查机关努力从提起公诉和法院判决的角度,进行侦查取证;三是对需要补充侦查的案件,要特别注意引导侦查的针对性,以防止和减少存疑不起诉案件的产生。

---

① [美] 约翰·W. 斯特龙主编:《麦考密克论证据》,汤维建等译,中国政法大学出版社2004年版,第395页。

(二) 健全审查证据规则，完善公诉工作运行机制

1. 以证据审查为核心，筑牢案件质量基础。检察机关应当建立以证据审查为核心的公诉工作机制，为案件质量提供坚实保障。一是加强对客观证据的审核。严格按照最高人民法院《关于适用〈中华人民共和国刑事诉讼法〉的解释》第四章的规定进行审查，尤其是对物证、书证的来源是否清楚，现场勘验、搜查笔录、提取笔录等是否准确描述物品的数量、种类、特征，见证人是否适格等常见问题要加大审查力度，对有疑问的客观证据要通过询问证人、走访现场等方式进行复核。对不能说明来源的物证、书证要坚决排除，不得作为定案的依据。二是加强对鉴定意见的审核。鉴定意见涉及专业技术问题有疑问的，不仅要通过文证审查、询问鉴定人、咨询相关专家等方式解决疑问，还应对常见的技术规范和流程有所了解和掌握，这样才能切实提高办案人员发现问题的能力。三是加强对被告人供述的审核。尤其是针对当前同步录音录像存在较多问题的现状，办案人员应当加强审查同步录音录像的力度。

2. 提高审查报告制作的科学性和规范性。制作审查报告的过程就是对证据的审查判断的过程，检察机关的办案人员应当进一步加强审查报告制作的科学性和规范性，重点注意以下几点：一是摘录客观证据要全面详实。审查报告中除了要详细摘录犯罪嫌疑人供述、证人证言等言词证据外，还要充分挖掘客观证据丰富的证明内容，特别是对隐蔽的客观证据的出现时间、先后顺序、与案件事实的关联程度等进行认真审查。二是分析证据要注重说理论证。分析证据的步骤如下：第一步是找出证明某要素事实的证据有哪些，第二步则是论证这些证据之间如何印证，怎样证实待证事实，第三步是分析证据间的矛盾如何排除以得出唯一排他的结论。三是对证据矛盾的分析要客观理性。对于证据存在矛盾的，应当从证据本身、与其他证据的印证情况等方面进行综合分析。证据查证后要达到"确实"的标准，同时与其他证据印证，在此基础上得出的结论应当符合生活经验与逻辑法则。

3. 检察机关应加强与其他司法机关之间的沟通、协调。检察机关应加强与法院、公安机关等司法机关之间的沟通、协调。一是对于证据疑难的案件，检察机关在作出存疑不起诉决定前，可以向公安机关咨询意见，必要时可以召开由公安机关、法院等参加的联席会议进行协调，争取达成共识。二是加强对不批捕、不起诉、撤回起诉、无罪案件的总结，分析司法机关之间在事实和证据的认定中存在的分歧，并探明其原因。三是通过对类型性案件的归纳，找出办理该类案件的规律和特点，在司法机关之间就相关的证据问题达成共识，从而提高案件处理的准确性。

(本文荣获女检察官学习贯彻落实"两法"征文活动三等奖)

逮捕的证明标准探析

贾晓蕾[*]

刑事诉讼中的证明标准，是指法律规定的运用证据证明待证事实所要达到的证据的要求。[①] 逮捕的证明标准，主要是针对逮捕的条件而言，是指逮捕时案件的证据对案件事实的证明程度所应达到的标准。逮捕作为我国法律规定的剥夺人身自由最为严厉的一种强制措施，意味着对犯罪嫌疑人较长时间的羁押，如果使用不当，就会对公民的人身权利造成严重侵犯；同时，由于逮捕处于侦查阶段的初期，案件的证据比较有限，对于案件性质的把握难度就比较大。鉴于此，我们必须准确地定位逮捕的证明标准，慎重适用逮捕措施，实现打击犯罪与保护人权的统一。

一、确立逮捕证明标准的必要性

（一）我国刑事诉讼结构的需要

根据我国现行《刑事诉讼法》的规定，刑事诉讼程序一般都要经过立案、侦查（包括采取逮捕等强制措施）、起诉、审判、执行五个诉讼阶段。诉讼活动必须按先后次序严格进行，只有前一诉讼阶段任务完成之后，才能进行下一个诉讼活动。刑事诉讼每一阶段的具体任务不同，对特定证明对象所要求的证明标准在层次上也就不同。[②] 作为每个诉讼阶段的证明标准也应有逐步递进和提高的层次性。因此，逮捕需要建立与立案、拘留、提起公诉、有罪判决有区别的证明标准，以满足不同诉讼阶段的任务和要求。

（二）打击犯罪与保障人权的要求

逮捕与其他强制措施相比是最严厉的一种，它要限制人身自由，所以不能

---

[*] 作者单位：河北省石家庄市裕华区人民检察院。

[①] 参见陈光中、徐静村主编：《刑事诉讼法学》，中国政法大学出版社2002年版，第141页。

[②] 参见贺恒扬：《审查逮捕的证明标准》，载《中国刑事法杂志》2006年第2期。

轻率地施以逮捕措施。由于审查逮捕处于整个刑事诉讼过程的初始阶段，可以说是打击犯罪、保护人权、维护社会稳定的前沿阵地。因此，审查逮捕关键是要把握好罪与非罪的界限。以往的司法实践充分证明，审查逮捕这一关把握适时和适度，就能够保障打击犯罪和保护人权两大基本目的的顺利实现。同时，明确逮捕的证明标准，还有利于协调检察机关各职能部门的工作，减少内耗，提高效率。

（三）保证审查逮捕案件质量

司法实践中审查逮捕出现了两种明显偏差：一是标准把握过严，束缚了逮捕正常功能的发挥，不利于打击犯罪；二是标准把握过宽，侵害了犯罪嫌疑人的合法权益，而这两种情形都是审查逮捕案件质量不高的体现。因此，非常有必要单独确立一个合理的逮捕证明标准，既规范逮捕案件的最低证明要求，确保逮捕案件质量，又防止和克服标准把握过严和过宽的偏差，切实做到既不以起诉的证明标准替代逮捕的证明标准，又不以捕代侦。①

二、逮捕证明标准的特点

1. 即时性。逮捕是为保证刑事诉讼顺利进行的一种强制措施，不是对案件作出的最终处理。逮捕当时据以认定的证据，可能在捕后的侦查阶段中随着侦查的深入而发生变化，但是，只要在审查逮捕时符合逮捕条件，即使捕后事实、证据发生变化，被不作为犯罪处理，也不能认定为错捕。因此，审查逮捕的证明标准具有即时性。

2. 有限性。逮捕一般用在案件侦查阶段的开始，并且不是每个案件的必经程序。审查逮捕阶段的证据往往不充分、不确定，有待于在捕后的侦查过程中获取新的证据，完善证明犯罪事实的证据链。可见，逮捕只是作为刑事诉讼中一个阶段对证据所作出的判断，具有有限性，不可能预见到捕后证据的变化情况。

3. 保障性。逮捕的最终目的就是要保障有罪的人受到法律制裁。逮捕作为最严厉的强制措施，适用时要慎之又慎。为了保证审查逮捕案件的质量，要求审查逮捕的证明标准要具有保障性，即尽可能地保障捕后的绝大多数犯罪嫌疑人能够被起诉和判刑，保证犯罪嫌疑人受到刑事制裁，从而防止逮捕权的滥用。

---

① 参见毛晓玲：《逮捕证明标准研究》，载《人民检察》2003年第3期。

三、我国现行逮捕证明标准的缺陷和实施困境

现行《刑事诉讼法》第 79 条规定："对有证据证明有犯罪事实,可能判处徒刑以上刑罚的犯罪嫌疑人、被告人,采取取保候审尚不足以防止发生下列社会危险性的,应当予以逮捕。"可见,"有证据证明有犯罪事实"是我国立法对逮捕证明标准的明确规定。然而该证明标准的规定过于抽象化,司法实践在如何把握证据上出现了模糊的认识,使司法人员陷入难以操作的困境,影响了逮捕正常功能的发挥。

(一)我国现行逮捕证明标准的缺陷

1. 表述过于模糊。现行的"有证据证明有犯罪事实"的逮捕证明标准在司法实践中不便操作,具体表现在:一是对"有证据证明有犯罪事实"如何理解不一致:它是指已经查证属实的事实?还是指一种证据事实?二是"对有证据证明"是否有证据数量、种类上的限制?对证据的证明力强弱有没有要求?如果证据都是间接证据,在没有达到一定数量的时候能否认为是"有证据证明"?是否只要有证据,不管是直接证据还是间接证据,就可以对犯罪嫌疑人实施逮捕?言词证据与实物证据的关系如何把握?法律对此没有明确规定。由于这一证明标准在表述上过于笼统、模糊,缺乏可操作性,导致侦查机关与检察机关在证据的获取、证据的可采性以及逮捕的证明标准等方面往往产生分歧,不利于法律适用的统一,难以实现惩罚犯罪和保障人权的目的,还会给司法腐败留下空间。

2. 缺乏比例性。比例原则,是指"任何旨在限制公民基本权利的法律都必须寻求符合基本法的目标,并使用适当的、必要的手段,以便使对公民权利的干预被控制在尽可能小的范围之内"[1]。在刑事诉讼中,比例原则的含义不仅指强制措施的适用及其期限应当与被指控的犯罪行为的严重性和可能科处的刑罚相适应,或者成正比例关系,而且要求"在考虑某项措施的比例性的时候,必须平衡犯罪的严重性、嫌疑的程度、保护证据或信息的措施可能带来的价值与对所涉及的人所带来的破坏或危害因素"[2]。我国刑事诉讼法对逮捕条件的规定从事实条件角度看只要"有证据",不管是主要证据还是次要证据,直接证据还是间接证据,只要这些证据能够证明犯罪事实存在,而不论证明的

---

[1] 陈瑞华:《问题与主义之间——刑事诉讼基本问题研究》,中国人民大学出版社 2003 年版,第 177 页。

[2] 宋冰:《读本:美国与德国的司法制度及司法程序》,中国政法大学出版社 1998 年版,第 384 页。

程度如何，就可以对犯罪嫌疑人实施逮捕，是否应考虑犯罪嫌疑人涉嫌的罪行轻重有别，而决定适用低或高的证明标准，这其中并无体现。而缺乏比例性的立法所导致的危害是，滥用逮捕强制措施侵犯犯罪嫌疑人的人身自由，逮捕的适用是原则，不逮捕是例外。

（二）我国现行逮捕证明标准的实施困境

1. 法律规定与现实冲突使检察机关面临两难选择。在审查逮捕阶段，侦查机关搜集的证据材料往往并不充分，有的只能证明犯罪嫌疑人存在着很大的作案嫌疑，但尚未达到确认其所为的程度，需要进一步调查取证才能确认，而犯罪嫌疑人一旦不被羁押则存在逃跑、串供或者再犯罪的可能。在这种情况下，按照"有证据证明有犯罪事实"这个证明标准，对于"有证据"这种状态的判断就比较困难，尤其是在证供不一、翻供、不供，或证据单一、只有间接证据的情况下，要判断是否属于"有证据"就更加困难。此时检察机关如果批准逮捕就有点勉强，存在着错捕的可能，而如果不批准逮捕就有可能放纵犯罪，从而陷入两难境地。

2. 侦检关于证明标准的理解错位，严重影响逮捕案件质量。现行逮捕证明标准的模糊性导致侦查机关对证明标准的理解与检察机关有着明显的错位。即侦查机关对报捕条件的标准较低，初步认定构成犯罪就提请逮捕，而检察机关则对批捕的审查标准较高，必须达到能作有罪判决的程度才能作出批捕决定；侦查机关认为案件能捕就能诉，能诉就能判，而检察机关主要将逮捕作为保障刑事诉讼顺利进行的一种手段，也是为了进一步收集证据而采取的措施。这种理解错位产生的后果是侦查机关在对犯罪嫌疑人执行逮捕后就急于继续努力收集、完善、充实证据，而批准逮捕的检察机关则期待侦查机关进一步收集完善证据，以证明在审查逮捕阶段尚未充分证明的案件事实。以致司法实践中常常出现公安机关移送审查起诉的案件材料只是比移送审查逮捕时增加了一个宣布逮捕的笔录，证据则仍然是移送审查逮捕时的证据，在捕后的侦查羁押期限内，侦查机关并没有进一步收集到有价值的证据，或者根本就没有认真积极地去收集。在这种情况下，一旦审查起诉部门认定起诉证据不足，即使勉强起诉，法院也极有可能作出无罪判决。此时就会出现捕后撤案、不起诉或作无罪判决的情况，从而严重影响逮捕案件的质量，也使检察机关陷入尴尬的境地。

四、完善逮捕证明标准的思考

（一）逮捕证明标准所应达到的效果

合理的逮捕证明标准应达到以下效果：第一，防止司法机关滥用逮捕权，从而避免错误逮捕现象的发生，确保公民的人身自由不受侵犯。第二，防止犯罪嫌疑人逃跑、妨碍侦查和审判，逃避法律追究，从而保证刑事诉讼的顺利进行。第三，保障司法机关履行法律监督职能，从不同的角度发现漏罪或者应当追究刑事责任的同案犯，准确打击犯罪。

（二）我国逮捕证明标准的合理构建

结合我国逮捕证明标准的立法传统及司法习惯，我国的逮捕证明标准应确定为"在优势证据条件下的合理相信"，证明的内容则是：(1) 犯罪行为确实发生；(2) 该行为是被逮捕的嫌疑人所为。具体包括以下两方面的含义：

1. 从客观方面来看，检察机关对犯罪嫌疑人有罪证据的掌握应当比无罪的证据占有优势。这里所说的有罪证据必须具有可采纳性，检察机关需要对公安机关提交的证据进行关联性、客观性、合法性鉴别。在证据运用的过程中必须严格按照证据的采信标准来判定有罪证据是否占有优势。

2. 从主观方面来看，检察官在进行证据审查后，从主观上有充足的理由相信嫌疑人就是实施犯罪行为的人。"合理相信"是指检察官将自己放入社会大众普遍思维下的理性裁量。"有充足的理由"是指依据采信的证据推导出的结论是最符合逻辑和常理的结论，产生其他结论的可能性很小或者不符合逻辑及常理。

进行这样表述的理由是：

1. "优势证据"比"有证据"更具可操作性。优势证据并不要求证明案件事实的每个方面，只要能够证明案件事实的有罪证据在质和量上占据优势，即现有可采信的证据对于证明有嫌疑的案件事实在质和量上是充足的，而不是对证明最终的、真实的案件事实是充足的。因为此时只是侦查阶段，根据无罪推定原则，犯罪嫌疑人只是涉嫌犯罪，此时所谓的案件事实只是"涉嫌的案件事实"，而不是"最终的案件事实"。

2. "优势证据"比"有证据证明有犯罪事实"更符合比例性原则。"优势证据"相对于"有证据证明有犯罪事实"而言标准更高，这种"优势"，既包括客观上证据在质和量上达到了充足的程度，也包括检察官主观上有充足的理由相信犯罪嫌疑人就是实施犯罪行为的人，体现了主客观相统一的原则和谦抑性原则。

3. "优势证据"比"有证据证明有犯罪事实"更符合层次性原则。"优势证据"这一证明标准，高于"认为有犯罪事实需要追究刑事责任"这一立案的证明标准，低于"犯罪事实清楚，证据确实、充分"侦查终结移送审查起诉的证明标准。由于侦查主体只能在法定期限内搜集证据，而公安机关在30日内搜集到的证据和3个月搜集到的证据相比，质和量上都是无法相比的。这个阶段，囿于时间和认识的限制，侦查主体只能对案件事实进行初步的证明。

因此，检察机关逮捕的证明标准也应把握在"有优势证据证明有犯罪事实"的程度，而不应该把标准提高到"犯罪事实清楚，证据确实、充分"的程度。

五、完善逮捕证明标准的保障措施

为保障逮捕证明标准的准确定位和执行，在司法实践中还应注意进行司法理念的转变、业务水平的提高和制定逮捕证明标准的司法解释等保障配套措施。

1. 转变司法理念。适应当今国际司法形势，接受现代先进的司法理念，不断转变原有不合时宜的执法观念，树立慎用逮捕的理念。逮捕并非刑事追诉的必经程序，对逮捕作用的认识应从获取证据向保障诉讼转变，适用逮捕措施必须有一定质和量的证据证明犯罪嫌疑人符合逮捕条件，而不能期望以逮捕的震慑力来突破口供以获取证据。

2. 提高业务水平。审查逮捕既涉及是否构成犯罪的裁量，又涉及刑事诉讼强制措施的适用；既涉及刑事证据质与量的把握，又涉及犯罪嫌疑人社会危险性程度的裁量，同时还要贯彻司法人道主义原则。在这种形势下，对检察官提出了更高的素质要求。需要有高尚的道德修养和较高的法律素养，以适应新形势下司法抗辩性的要求，正确地把握逮捕的证明标准，提高批捕水平和案件的质量。

3. 制定"逮捕证明标准"的司法解释。为避免司法实践中侦查机关与检察机关对逮捕证明标准的认识冲突和"司法扯皮"、"司法推诿"现象，最大限度地统一双方在逮捕证据证明标准上的认识，应由最高检和公安部联合颁布司法解释，一方面，通过对逮捕证据证明标准的规范作用，可以使侦查人员明确如何从事侦查活动，保证报捕案件证据的质和量；另一方面，负责审查批捕人员可依据逮捕证据证明标准对侦查活动进行监督、指导，避免"司法扯皮"、"司法推诿"现象的发生。

（本文荣获女检察官学习贯彻落实"两法"征文活动三等奖）

新刑事诉讼法背景下完善刑事鉴定制度的思考

王 曦[*]

刑事鉴定是一门相对独立的技术,承载着许多现代法律理念及各种诉讼法律价值,对整个刑事诉讼活动起着重要的作用。新修订的刑事诉讼法修改了鉴定结论的称谓,删去了省级人民政府指定医院进行医学鉴定的规定,增加了鉴定人出庭作证、鉴定人人身保障及对鉴定意见质证等内容,使刑事鉴定制度改革往前迈进了一大步。但是新法在鉴定程序、鉴定主体资格、鉴定权分配、重新鉴定的适用范围等诉讼实践中存在争议的问题仍是延用原有的规定,不得不说是一种缺憾。笔者认为虽然有关鉴定的规定并不是这次修法的重点,但与修法的总体内容相比,鉴定内容的修改仍是存在滞后和欠缺。究其根源,与我国长期以来对刑事鉴定活动定位的偏差有着直接的关系。本文试图对刑事鉴定活动进行重新定位,并对未来的刑事鉴定制度提出一些构想。

一、刑事鉴定是一种侦查行为的观点失之偏颇

从目前学术界来说,对于刑事鉴定活动的性质存在着一种主流的看法,认为刑事鉴定是一种侦查行为。法学教材的教科书中,几乎全部一致地认为鉴定是"侦查机关为了查明案情,指派或聘请具有专门知识的鉴定人,就案件中某些专门性问题进行分析研究和科学鉴别并作出鉴定意见的一种侦查行为。"[①]新修订的《刑事诉讼法》,"鉴定"也仍被规定在"侦查"一章中。

但笔者认为,鉴定是否具备侦查的属性,或者说鉴定的本质属性是否属于侦查行为,值得商榷。

---

[*] 作者单位:福建省人民检察院。
[①] 陈光中主编:《刑事诉讼法》(第 4 版),北京大学出版社、高等教育出版社 2012 年版,第 279 页。

首先，侦查行为的主体具有特定性。依照刑事诉讼法的相关规定，侦查权作为一项法定的职权，必须由法律明确规定的享有侦查权的部门行使，其他任何单位、组织和个人均无权行使。而《刑事诉讼法》中的鉴定，既可以通过指派的方式指派侦查机关内部的刑事技术鉴定部门具有鉴定资格的专业人员进行鉴定，也可以通过聘请的方式聘请其他机构的专业人员进行鉴定。就后者而言，虽然他们介入诉讼的途径是接受侦查机关的聘请，但其身份并不因为被聘请而成为侦查人员。而根据犯罪嫌疑人、被害人的申请进行补充鉴定或者重新鉴定时，这两种鉴定显然是不能被称为侦查行为的。更重要的是，不能因为刑事诉讼法传统上的结构篇章就认定刑事鉴定属于侦查行为。从逻辑上说，只能说明如果刑事鉴定的主体是公安机关，则其行为可以被视作侦查行为，或者说是侦查行为的辅助行为，而这也绝不意味着能以局部推论整体，将所有刑事鉴定行为都视作侦查行为。

其次，侦查权的性质是国家赋予侦查机关查明犯罪事实的公权力，是国家权力机关所拥有的职权。而刑事鉴定虽然也有查明犯罪事实的功能，但两者之间的区别是明显的，鉴定行为显然不必然具备国家公权性，从本质上来说，鉴定是一种科学实证活动，科学性和客观性是其首要性质。随着刑事诉讼新的理念的不断深入，刑事鉴定活动的中立性也必然越来越被重视。新修订的刑事诉讼法将"鉴定结论"变为"鉴定意见"正是中立性的体现。因为前者带有不容辩驳、盖棺定论的意思，而后者凸显了鉴定只是鉴定人对专门性问题的个人意见和看法，更符合科学实证活动的特点。

最后，侦查活动的开展有着严格的阶段性，而鉴定及其意见的作用远不仅局限于侦查阶段。例如，立案前通过鉴定意见为是否达到立案标准提供根据；在审查起诉阶段，人民检察院可以通过自行侦查审查案件；人民检察院对鉴定意见有疑问的，可以进行补充鉴定或者重新鉴定；在法庭审理过程中，人民法院可以通过鉴定核实证据，当事人和辩护人、诉讼代理人有权申请重新鉴定；等等。这些活动贯穿了整个刑事诉讼活动的始终，其中非侦查阶段的鉴定行为显然不能被称为侦查活动。

二、刑事鉴定是一种独立、特殊的刑事诉讼行为

笔者认为，刑事鉴定并非通常意义上所理解的侦查行为，而是一种独立、特殊的刑事诉讼行为，具有一定意义上的程序价值。

（一）刑事鉴定活动的特殊性

刑事鉴定是一项特殊的诉讼活动，其在不同的诉讼阶段，表现出不一样的特性。刑事司法实践中，公安机关和检察机关进行的鉴定是收集证据的诉讼活

动。尽管实践中它们进行鉴定的权力和力量远远大于普通的当事人，但其鉴定不是"司法"（狭义上的）行为。鉴定活动得出的鉴定意见，是法定证据形式之一，必须经过查证属实才能作为定案的根据，并不具有优先采信或必须采信的证据地位。而法院在审判过程中所进行的鉴定行为，不属于收集证据的诉讼活动，属于辅助法官的认证活动，表现出司法裁判的行为特征。其目的在于调查核实证据，使当事人对案件有客观、全面的认识，有利于接受裁判的结果。由此可见，刑事鉴定行为是刑事诉讼过程中的较为独立和特殊的一种诉讼行为，是刑事诉讼活动各方主体、各个过程都要依赖的一种客观辅助行为。鉴定不仅服务于追诉职能，而且服务于辩护、审判、法律监督等职能。

（二）刑事鉴定对象的特殊性

刑事鉴定的对象是刑事案件中所涉及的专门性问题，是与一般人的常识、经验、知识相去甚远并且只能通过具有某一领域专门知识的人才能够解决的问题。这些"专门性问题"包罗万象，法律不应当也不可能规定"专门性问题"的范围，但只要是与刑事诉讼专门机关及当事人的常识、经验、知识相去甚远且只能由具有专门知识的人才能解决的问题就属于"专门性问题"。这些"专门性问题"的鉴定，或者可以揭示物证、书证等证据材料的证据价值，或者可以为一定的实体或程序性主张提供意见，或者可以对一些普遍性的规则、惯例、专业术语等进行说明、解释，从而帮助诉讼当事人和参与人准确的理解和判断。

（三）刑事鉴定的特征

主要表现在：第一，鉴定的主体资质必须由法律法规予以明确规定，否则即为不合格的鉴定；第二，鉴定主体必须独立，不能依附于任何有倾向性的其他诉讼主体；第三，鉴定过程必须是中立的，既不能受到其他任何机构的非法影响，也不能依赖于任何科学规律之外的主观成分；第四，鉴定意见必须客观、科学。鉴定意见，既然已经被法律明确规定为一种证据种类，就应当首先受到法律对证据的各种约束，经受证据规则的考验和评价，不仅不能撇开一般的证据规则，而且还要受到更加严格的特殊证据规则的限制。不符合法定、独立、中立等程序要求的刑事鉴定意见是不能被用作证据使用的，这是现代诉讼理念在刑事鉴定领域的折射，也是对刑事鉴定提出的更高要求。

（四）刑事鉴定的程序性价值

现代刑事诉讼的程序价值越来越被重视。刑事鉴定是刑事诉讼行为，作为一项特殊的程序，必须保障其公正性。很长时间以来，公安司法机关掌握着启动刑事鉴定程序的唯一钥匙，垄断了刑事鉴定的大权，当事人变得无从参与，或者参与效果极差。例如，在著名的"黄静案"中，出现了5次尸检、6次死亡鉴定的尴尬局面。此案的鉴定次数如此之多,鉴定意见差别如此之大,结果无法令人信服的原因除了案件中的主要物证丢失之外,还有个很重要的原因就是在鉴定中,被害人家属被排除在外,一切由司法机关操控,家属对鉴定结果产生了重大的怀疑。现阶段虽然这种情况已大有改观,但是如果缺乏了对刑事鉴定程序价值独立性的进一步挖掘,还是无法体现刑事诉讼法公正性的根本价值。也就是说,刑事鉴定的定位及其法律程序的设计,应当尽最大可能地排除利益选择的干扰,不受诉讼中利益竞争双方的诱惑和压力,以确保能提供客观公正的、无偏见的意见。鉴定人的角色是依据自身所具有的专门知识对案件事实的真相进行查明和证明,而不具有追诉的倾向性。这样当鉴定意见被司法过程采纳后,才会产生公平正义的效果,而不是走向反面。所以,笔者认为在日后对《刑事诉讼法》进行修改时,"鉴定"最好不再被置于"侦查"一章中,修正立法思想和技术的失误,以避免法律规定与鉴定的实有功能之间的相互矛盾。

三、对未来刑事鉴定制度的几点构想

解决了刑事鉴定的定位问题,从刑事鉴定的特征出发,就可以对刑事鉴定制度进行一系列的构建。

(一)完善刑事鉴定机构设置制度

针对刑事鉴定机构的中立性问题来看,实体公正必须首先满足程序公正。刑事鉴定从本质上讲应当是中立的第三方的证明行为,而在刑事诉讼中,侦查机关如果同时是证据的提供者、制作者和证据的举证者、使用者,这种身份重合怎能保证鉴定的客观中立性呢?即便侦查机关配备了高精尖新的鉴定设备,客观上能够保证鉴定的科学性,但这种程序设计上的不公正足以摧毁当事人对其鉴定意见的信任。笔者认为,鉴于公安机关、检察机关作为侦查机关,办案时效性强,若不设自己的鉴定部门,会贻误办案时机,所以侦查机关内设的鉴定机构在一定程度上应当予以保留,但是必须进行制度上的改变——只对查明案件事实提供技术支持。在具体案件侦查中,侦查机关内设鉴定机构所出具的鉴定意见只能作为侦查人员确立侦查方向的线索,或者是作为侦破案件的线索,不能将该意见视为法定证据。在侦查过程中遇到专门性问题需要解决的时候,侦查机关可以聘请独立有资质的鉴定主体进行刑事鉴定,在这种情况下所取得的鉴定意见才能够被作为法定证据而在诉讼中使用。这样才能确保鉴定意见的客观性和中立性。通过上述方式,在一定程度上可以解决公安、检察机关"自侦自鉴、自检自鉴"的弊端,增强了鉴定意见的可信性,使鉴定意见更具有合法性和客观性。

（二）完善刑事鉴定启动程序制度

鉴于英美法系和大陆法系这两种传统的启动鉴定程序各有利弊，近几十年来，两大法系国家不断地相互借鉴，取长补短，大致形成了"当事人选任为主，法官选任为辅"和以"法官选任为主，当事人选任为辅"的两种模式。在刑事鉴定的启动方面，要顺应两大法系相互融合的潮流，博采众长。

从我国的实际情况看，大多数案件中涉及的鉴定程序是由侦查机关在侦查阶段依职权自行启动的，仅有少量案件是在审判阶段启动，这其中既包括了由法官在庭审阶段依职权主动启动，也包括了由当事人当庭申请重新鉴定被法官允许后启动的。[1] 对刑事鉴定启动程序的具体设想如下：

1. 将刑事鉴定程序的启动权赋予辩护一方。从我国目前刑事鉴定启动程序的现状可知，刑事诉讼中的当事人在整个刑事诉讼活动中都不享有刑事鉴定程序的启动权，仅仅是对重新鉴定或者补充鉴定享有提出申请权。当事人是与案件事实及最终审判结果有着最为密切联系的人，在整个刑事诉讼过程中应该是最有权启动鉴定程序的人。根据我国《刑事诉讼法》的规定，法定证据形式包括书证、物证和鉴定意见等八个种类，可见鉴定意见是我国法律明确规定的法定证据形式之一。在刑事诉讼中，辩护律师只要遵照法定的程序就有权收集能够证明案件事实的证据，因此辩护一方应当有权按照合法的程序启动刑事鉴定从而获取相关证据。将刑事鉴定的启动权赋予辩护方，能够在很大程度上对其辩护权进行保障。

2. 在侦查过程中，保留并限制侦查部门的鉴定启动权。侦查机关作为刑事案件的追诉机关之一，几乎担负着所有犯罪案件的侦查任务，所以对其鉴定程序的启动权予以保留有助于侦查机关履行其所承担的职责和义务。但是，侦查机关所享有的刑事鉴定启动权必须要受到一定的限制。在侦查中遇到专门性问题需要进行鉴定的时候，侦查机关可以启动刑事鉴定程序，但是该鉴定只能聘请登记在名册中的鉴定人进行，在这种情况下所取得的鉴定意见才能够作为合法的证据而在诉讼中使用。侦查机关内设的鉴定机构只能对侦查机关查明案件事实提供技术支持，其所出具的鉴定意见只能作为侦查人员确立侦查方向的线索，或者是作为侦破案件的线索，不得视为合法证据进行使用。

3. 规范法院的刑事鉴定启动权。我国《刑事诉讼法》规定，在审判过程中法官对证据存有疑问的时候，可以启动鉴定活动进行核实，除此之外再没有相关的规定对法官的鉴定启动权予以规定，所以法院所享有的刑事鉴定启动权具有很大的随意性，对于这个问题必须进行相应的规范。人民法院作为我国唯

---

[1] 参见汪建成：《中国刑事司法鉴定制度实证调研》，载《中外法学》2010年第2期。

一的审判机关，必须保持其审判的中立性，其所作出的裁判必须客观、公正，这就要求法官最终采信的鉴定意见是客观的、合法的。而在诉讼过程中，辩护方对鉴定的事项了解并不全面，只了解到控诉方告知的相关内容，因此，对案件定性具有很大影响的鉴定事项就有可能被忽略；而公安、检察机关也可能为了实现追诉犯罪的意图而不愿启动鉴定程序对可能证明被追诉方罪轻或者无罪的事实进行鉴定；或者是检察机关仅仅只是依据自己单方面做出的鉴定意见，就向法院提起对被告人有罪、罪重的诉讼请求或是量刑建议。在上述情况下就会导致审判的不公正，因此法院就应当启动鉴定程序，以保证相关证据的客观性以及审判的公正性。但为了保障诉讼程序的不中断以及法院权力不过于膨胀，也要对法院的启动权加以限制，防止其对启动权的滥用，"只有当控辩双方对某个特定的待证事实的鉴定意见存在严重的矛盾或存在违法事项，且该待证事实可能对整个案件的事实认定产生根本性影响的，法院才可以行使重新鉴定启动权。"① 法律赋予辩护方与控诉方鉴定程序启动权是符合当前社会需求的，但不规定双方权利行使范围，将导致为了自己利益不顾一切地力求对自己有利的鉴定意见。这就会出现对于同一案件事实经过双方各自启动的鉴定得出对自己一方有利的鉴定意见，而这个意见肯定与对方的鉴定意见截然不同。而在这个时候法院就应该启动鉴定程序，由法官聘请具有法定资格的鉴定人对该案件事实进行鉴定，以取得相对客观、中立的鉴定意见。此时法院的启动权也必须是有范围地行使，不然权利过大就会被乱用。因此，法院的启动权也是要有限度地使用。

（三）规范刑事重新鉴定程序，建立刑事鉴定层级制度

从科学的角度以及实事求是的角度来看，正确的鉴定意见只应当有一个，同一案件出现了不同的鉴定意见只能说明该鉴定活动在主观或者是客观方面受到了影响，此时，进行重新鉴定就成了检验和纠正错误鉴定意见、得出正确意见的唯一途径，正因如此，各国相关法律都无一例外地规定了重新鉴定的法律程序。进行重新鉴定是因为对之前的鉴定意见有怀疑或是多个鉴定人对鉴定意见存在不同意见，因而进行重新鉴定一般来说应当由技术力量更为雄厚的鉴定机构来承担。笔者认为，可以在诉讼法律体系中建立刑事鉴定层级制度，限制鉴定次数、规范重新鉴定程序。其设计如下：

首先，从刑事鉴定的层级方面来看，可以将其分为两个层级，② 而进行鉴定的次数一般限制为最多进行两次。这种限制主要是为了保证诉讼双方各有一

---

① 沈德咏：《刑事证据制度与理论》，法律出版社2002年版，第310页。
② 参见王竞：《论建立我国刑事司法鉴定层级制度》，载《法治论丛》2003年第3期。

次申请鉴定的权利。第一个层级的鉴定称为首次鉴定程序，由具备鉴定资格的登记在名册中的鉴定人进行，以确保首次鉴定的质量。第二个层级的鉴定称为复核鉴定程序。该次鉴定可以聘任具有教授资格的理论专家以及专门从事实践的资深专家组成一个复核鉴定专家委员会对该问题进行复核鉴定。一般来说，由追诉一方行使首次鉴定权，并且根据首次鉴定得出的意见决定是否提出控诉。之后，为保护辩护方的合法权益，如辩方异议成立的，可以提请进行复核鉴定。当然也有各种例外情况的存在，例如在公安机关进行了首次鉴定后，检察机关在审查起诉阶段发现该鉴定确实存在问题需要复核鉴定的，则由检察机关提请进行复核鉴定，再根据复核鉴定得出的鉴定意见来决定是否提起公诉。在这种情况下，由于赋予辩方的复核鉴定申请权已经被控方行使了，那么确保控辩平衡，可以赋予辩方特别鉴定程序的启动权，也就是申请作出复核鉴定意见的复核鉴定专家委员会另行聘请其他专家再次鉴定。这种特别鉴定程序具有与监督程序相类似的性质，其所具有的效力高于复核鉴定。

其次，还要建立一套特别鉴定程序之外的复核鉴定的监督程序，以便在必要的时候对确实存在问题的复核鉴定予以纠正。在此之前我们必须先明确一个问题，那就是重新鉴定的鉴定意见并不一定导致首次鉴定的鉴定意见无效，这两个鉴定意见哪一个更符合客观真实，更具有科学性和证明力，应当由法官在庭审过程中进行审查判断。正如有的学者所指出的，鉴定的质量并不必然取决于鉴定的次数，也不取决于鉴定机构级别的高低，而是取决于鉴定人的专业素质、法律素质及思想素质。[①] 因此，从外在表象上来看，不管哪一份鉴定意见在法官面前都具有相同的效力，法庭应当平等对待，之后才进入审查判断阶段。如果法官不予采信复核鉴定，那么诉讼一方就可以申请启动复核鉴定监督程序，由作出原复核鉴定意见的复核鉴定专家委员会另行选聘专家组成监督鉴定专家委员会进行再次鉴定，参与过复核鉴定的专家根据回避的原则不得再次作为鉴定人，但可以根据监督鉴定人员的要求列席，说明其作出复核鉴定意见的理由。需要注意的是，复核鉴定的监督程序属于一种特殊的监督程序，对其启动应当予以严格限制。笔者认为，启动监督程序应当具有以下情况之一：第一，进行复核鉴定的鉴定人不具备相关的鉴定资格；第二，复核鉴定的鉴定程序不合法；第三，复核鉴定的鉴定意见与其他证据存在明显矛盾；第四，用于复核鉴定的材料有虚假或鉴定方法有缺陷；第五，复核鉴定的鉴定人应当回避而没有回避；第六，有证据证明复核鉴定的鉴定人弄虚作假的；第七，有证据证明复核鉴定意见明显错误现有纠正必要的；第八，有证据证明复核鉴定中存

---

① 参见谭世贵主编：《中国司法改革研究》，法律出版社2000年版，第367页。

在其他影响鉴定人准确鉴定的因素;第九,复核鉴定明显存在不合理、有失公正情形的其他情况。

(四) 建立庭前鉴定意见开示程序

虽然新修订的《刑事诉讼法》规定了庭前会议的制度,但庭前会议的内容仅限于一些程序性的问题、出庭证人名单以及非法证据的排除,并未明确规定庭前会议中证据开示的内容。笔者认为,在法庭审理过程中,为了对鉴定意见做到真正意义上的质证而不是示证,以确保质证活动得以真正的实现,应建立鉴定意见的庭前开示程序。这是现代法治社会追求程序正义的具体应用和表现,是维护控辩平衡的最佳方法,能够很好地保障整个诉讼过程的程序正当性。

1. 追诉机关的鉴定意见开示

在侦查和起诉阶段,侦查机关和公诉机关不仅应当将作为证据使用的鉴定意见的全部内容主动明确地告知当事人,而且应当告知进行鉴定的方法和程序等;如果当事人对该鉴定意见提出异议的,应当对该意见进行复核鉴定,并将复核鉴定意见的所有内容及方法程序告知给提出异议的当事人。在刑事鉴定领域建立鉴定意见开示制度,是将侦查机关和公诉机关的鉴定行为透明化,只有这样,才能对侦查机关和公诉机关的鉴定活动形成有效的制约和监督,在一定程度上减少"自侦自鉴"的出现。

2. 审判前的鉴定意见交换、异议制度

审判前鉴定意见交换程序的启动原则上应当由当事人提出申请。当事人提出申请之后,人民法院可以组织控辩双方将要提交给法庭作为证据使用的鉴定意见予以出示、交换,并由双方表示是否对其提出异议。在交换过程中,应当对当事人表示无异议和有异议的鉴定意见进行分别记录,并记载异议的理由。通过这种程序,可以使没有争议的鉴定意见迅速进入法庭接受质证,为顺利结案奠定基础,又可以将有疑问的刑事鉴定意见挑选出来,从而进一步予以解决,防止错误的鉴定意见对法庭审判产生不利影响。庭前鉴定意见交换、异议制度的建立,能够较好地实现鉴定意见的客观中立性。法庭是控辩双方进行公平博弈的舞台,组织好了公平的竞赛,才有可能获得公正的结果。以法庭居中进行双方平等的证据开示,是保障庭审结果符合公平正义的坚固的防线。

刑事鉴定制度的发展完善,并非一日之功。要想改变现有的不完善状态,从而为刑事诉讼活动提供强有力的保障和支持,就必须下大力气整合和重构现行鉴定制度。不仅要从理念上改变过去那种认为刑事鉴定是侦查行为的陈旧思维,更要从司法改革和程序正义方面来对刑事鉴定进行有效的认知,在保障程序正义和保障人权的大视野中,去审视刑事鉴定应有的价值。只有这样才能弥补和纠正当前刑事鉴定实践中存在的缺陷和弊端，以利于促进鉴定意见这一特殊证据更加客观、公正、科学和权威，使其在诉讼活动中发挥应有的作用。

[参考文献]

一、著作类：

［1］常林：《司法鉴定案例研究》，中国人民公安大学出版社2008年版。
［2］陈瑞华：《司法鉴定制度改革之研究》，法律出版社2001年版。
［3］杜志淳：《司法鉴定概论》，法律出版社2010年版。
［4］郭华：《鉴定结论论》，中国人民公安大学出版社2007年版。
［5］郭金霞：《司法鉴定质量控制法律制度研究》，法律出版社2011年版。
［6］樊崇义：《刑事证据法原理与适用》，中国人民公安大学出版社2001年版。
［7］黄风译：《意大利刑事诉讼法典》，中国政法大学出版社1994年版。
［8］何家弘：《司法鉴定导论》，法律出版社2000年版。
［9］黄维智：《鉴定证据制度研究》，中国检察出版社2006年版。
［10］金光正：《司法鉴定学》，中国政法大学出版社2001年版。
［11］贾治辉、徐为霞：《司法鉴定学》，中国民主法制出版社2006年版。
［12］孙业群：《司法鉴定制度改革研究》，法律出版社2002年版。
［13］徐景和：《司法鉴定制度改革探索》，中国检察出版社2006年版。
［14］张军：《中国司法鉴定制度改革与完善研究》，中国政法大学出版社2008年版。
［15］邹明理：《侦查与鉴定热点问题研究》，中国检察出版社2004年版。
［16］邹明理：《我国现行司法鉴定制度研究》，法律出版社2001年版。
［17］邹明理：《论鉴定结论及其属性》，中国检察出版社2001年版。

二、论文类：

［1］陈卫东：《司法鉴定制度改革的价值目标》，载《中国司法鉴定》2003年第4期。
［2］杜国明：《专家在诉讼中的地位选择》，载《中山大学学报论丛》2006年第3期。
［3］戴玉忠：《刑事鉴定制度修改完善的几个关键问题》，载《中国司法鉴定》2011年第6期。

[4] 樊崇义、郭华：《鉴定结论质证问题研究》，载《中国司法鉴定》2005年第3期。

[5] 何军兵：《论刑事鉴定意见质证保障制度之完善》，载《中国司法鉴定》2011年第6期。

[6] 何家弘：《论司法鉴定的规范化》，载《中国司法鉴定》2005年第3期。

[7] 霍宪丹：《论司法鉴定制度改革的实践与探索》，载《中国司法鉴定》2007年第3期。

[8] 黄玉洁：《浅论我国刑事鉴定结论在制作程序中的完善》，载《牡丹江大学学报》2010年第10期。

[9] 江一山：《司法鉴定的证据属性与效能》，载何家弘：《证据学论坛》（第1卷），中国检察出版社2000年版，第30页。

[10] 李冰：《我国司法鉴定制度的完善》，载《中国律师》2001年第8期。

[11] 汪建成、吴江：《司法鉴定基本理论之再检讨》，载《法学论坛》2002年第9期。

[12] 王俊民：《司法鉴定的程序性公正若干问题研究》，载《中国司法鉴定》2005年第4期。

[13] 许振华：《从两个案件的鉴定看我国的刑事鉴定启动制度》，载《湖北警官学院学报》2010年第1期。

[14] 朱景文：《关于法理学向何处去的一点看法》，载《法学》2000年第2期。

（本文荣获女检察官学习贯彻落实"两法"征文活动三等奖）

聚焦刑事诉讼法修改

强制措施

关于新刑事诉讼法第七十九条曾经故意犯罪应当逮捕规定的探讨

王 邯[*]

逮捕作为刑事诉讼中最为严厉的一种强制措施，事关对当事人人身自由这一基本权利的限制和剥夺。修改后的刑事诉讼法细化了逮捕条件，完善了逮捕程序。一方面是为了贯彻落实宽严相济刑事政策，另一方面是为了更好地发挥逮捕作用。同时，新刑事诉讼法明确要求将"尊重和保障人权"与"惩罚犯罪"放在同等重要的位置，这就要求慎用逮捕措施。修改后刑诉法第79条第2款作了如下规定："对有证据证明有犯罪事实，可能判处徒刑以上刑罚，曾经故意犯罪的，应当予以逮捕。"该规定是新增规定，也是径行逮捕条件，按照该规定，无须再根据一般逮捕条件的社会危险性条件予以考虑，而直接批准逮捕。该规定的立法目的应是对犯罪后屡教不改者的严厉性打击，但经过一段时间的办案实践，发现该规定与尊重和保障人权有悖，存在一些不合理之处，值得研究探讨。

一、对"有证据证明有犯罪事实，可能判处徒刑以上刑罚，曾经故意犯罪的"规定的理解

首先，该规定对前后两罪的时间间隔没有作出明确规定。无论前一次犯罪过去多久，都属于"曾经"的范畴。其次，要求曾经犯罪的主观方面是故意，但对后次涉嫌犯罪的主观方面是否故意没有说明，即后次犯罪是过失犯罪，也符合径行逮捕条件。再次，"曾经故意犯罪"是法院对故意犯罪的犯罪嫌疑人作出的有罪判决，刑罚不限，包括实刑、缓刑，甚至单处附加刑等。凡是未被法院作出有罪判决的人，不能认定为"曾经故意犯罪"，如犯罪嫌疑人曾被行政处罚或劳动教养及被检察机关作出不起诉决定的，则不属于"曾经故意犯

---

[*] 作者单位：吉林省通化县人民检察院。

罪"的范畴。最后，对后次犯罪在刑罚上的要求是可能判处徒刑以上刑罚，没有限定实刑或缓刑，是曾经故意犯罪应当逮捕的前提条件。

二、该规定在司法实践中存在的问题及不合理性

（一）前罪和后次犯罪的时间间隔不明确，造成逮捕依据牵强

该规定前罪和后罪没有明确的时间限制，意味着前罪刑罚执行完毕后，任何时候再犯罪，在符合本条规定其他条件的前提下，都应当逮捕。时间上的毫无限制，使部分犯罪嫌疑人在有曾经故意犯罪前科的情况下，即便该犯罪前科已经执行完毕较长时间，不管本次犯罪情节如何，都应当逮捕。如杨某某诈骗案，犯罪嫌疑人杨某某于2011年12月中旬为被害人朱某某养牛场打工期间虚构事实称能帮忙买到便宜钢材，诈骗朱某某人民币3000元。杨某某曾于1975年因盗窃罪被通化市军管会判处7年有期徒刑。前次犯罪与后次犯罪时间间隔长达30年，若没有前次犯罪，杨某某可能没有逮捕必要，但根据曾经故意犯罪应当逮捕的新规定，杨某某被批准逮捕，批准逮捕的主要原因系杨某某36年前有故意犯罪前科。本次犯罪是否应将过去30多年的犯罪前科作为逮捕的依据值得思考。

（二）对后次犯罪中特殊情形未作例外规定，缺失人权保护

按照该规定，后次犯罪只要可能判处徒刑以上刑罚即可，而后次犯罪在主观上既可以是故意，也可以是过失，没有在主观恶性有无及大小上作出区别之分。容易导致轻微刑事犯罪嫌疑人被适用最严厉的刑事强制措施，却有可能被判处拘役、管制等轻缓刑。如此，势必侵犯犯罪嫌疑人的合法权益。

另外，《刑法》第17条第3款规定："已满十四周岁不满十八周岁的人犯罪，应当从轻或减轻处罚。"在强制措施上，《刑事诉讼法》第269条规定："对未成年犯罪嫌疑人、被告人应当严格限制适用逮捕措施。"同时，《人民检察院刑事诉讼规则（试行）》第488条第1款规定："对于罪行较轻，具备有效监护条件或者社会帮教措施，没有社会危险性或者社会危险性较小，不逮捕不致妨害诉讼正常进行的未成年犯罪嫌疑人，应当不批准逮捕。"而该径行逮捕规定未能从保护未成人身心健康和改过自新的角度予以充分考虑。

（三）对"曾经故意犯罪"规定笼统，导致打击犯罪过激

前罪只要属"曾经故意犯罪"即可，不管前罪判处刑罚如何，既包括管制、拘役、有期徒刑以上刑罚，也包括单处罚金、剥夺政治权利等附加刑。由此看，该规定的打击面过大。只要有曾经故意犯罪的污点，再次犯罪后，一律逮捕。该规定没有对曾经故意犯罪判处刑罚的种类作出明确规定。若前次犯罪被判处轻缓刑，本次犯罪又属轻微刑事犯罪，逮捕犯罪嫌疑人则有惩罚的意

味。"适用强制措施的目的是保障刑事诉讼活动的顺利进行……适用强制措施产生的限制或者剥夺犯罪嫌疑人、被告人人身自由的结果不具有刑罚处罚的性质。因此,适用强制措施仅具有程序性效力,而不是对案件进行实体处理。"①鉴于此,适用逮捕措施应围绕是否影响诉讼的顺利进行展开,如果犯罪嫌疑人不能及时到案接受审判适用逮捕措施无可厚非,否则有违逮捕措施的本质意义。

(四)依据该规定,对无社会危险性的犯罪嫌疑人也要予以逮捕

从结果上看,曾经故意犯罪应当逮捕的规定,仅是应当逮捕,判决时并不必然加重刑罚。若犯罪嫌疑人前次犯罪属故意犯罪,后次犯罪情节轻微,按该规定被批准逮捕被判处轻缓刑,其暴露出的是逮捕措施适用不当的问题。此类案件多不具有社会危险性,亦无羁押必要,依据该径行逮捕条件却只能"应当"逮捕。如我院办理的刘某盗窃案,2013年1月12日刘某伙同多人到某单位盗窃煤块,所盗煤块价值3000余元。案发后,刘某投案自首,随后公安机关提请我院批准逮捕。经审查发现,刘某于1999年因寻衅滋事被法院判处有期徒刑2年,符合可能判处徒刑以上刑罚,曾经故意犯罪的情况。虽然刘某本次盗窃犯罪系投案自首,能够坦白,盗窃赃物全部退还,具有法定从轻或减轻情节,但是符合新法逮捕条件规定,我院批准逮捕了刘某。目前,法院已对刘某作出有期徒刑缓刑的判决。

(五)按照该规定,轻微刑事案件组织和解失去意义

按"曾经故意犯罪应当逮捕"的规定,即使后次犯罪符合刑事和解条件,在审查逮捕阶段达成和解,也应当逮捕。实践中,诸如交通肇事、故意伤害、过失致人重伤等案件,若组织犯罪嫌疑人与被害人进行刑事和解,仅弥补了被害人的经济损失,对犯罪嫌疑人而言,不管其是否具有逮捕必要和羁押必要,依然应当被批准逮捕,这必然引起犯罪嫌疑人及其家属的不满,还可能对检察机关执法公信力产生怀疑,达不到其应有的社会效果,反而容易引发新的矛盾。因此,该规定使轻微刑事案件在审查逮捕阶段组织和解失去操作的意义。如我院办理的侯某故意伤害案,2012年10月侯某酒后与朋友发生口角故意伤害他人致人轻伤,被公安机关提请我院批准逮捕,其曾于1982年因流氓罪被判刑4年。提审时侯某表示愿意和解,但我们综合考虑社会效果,没有组织双方进行和解,直接批准逮捕了犯罪嫌疑人侯某。

(六)执行该规定,不利于落实羁押必要性审查制度

新刑诉法第93条增加了羁押必要性审查制度。规定"犯罪嫌疑人、被告

---

① 陈光中:《刑事诉讼法》,北京大学出版社、高等教育出版社2005年版,第220页。

人被逮捕后，人民检察院仍应当对羁押的必要性进行审查。对不需要继续羁押的，应当建议予以释放或者变更强制措施"。但是，一些轻微刑事案件在审查逮捕时就不具有社会危险性，亦无羁押必要，是根据曾经故意犯罪"应当"逮捕而进行的逮捕。若"前捕后放"，一方面，损害逮捕措施的威严性，不利于其作用的发挥；另一方面，体现出"无逮捕必要"的适用控制过严，少捕、慎捕的政策在司法实践中没有很好地贯彻执行。上述案例从羁押必要性的角度看，均不存在羁押必要，捕后对其进行羁押必要性审查已经没有意义，导致羁押必要性审查流于形式，在此类案件上形同虚设，不利于羁押必要性审查制度的落实。同时，也增加司法资源负担，造成不必要的浪费。

三、对改进本规定的合理性建议

"曾经故意犯罪应当逮捕"的规定未能结合犯罪嫌疑人的犯罪性质、犯罪情节、社会危害后果、有无羁押必要等，综合评判犯罪嫌疑人有无逃避侦查、重新违法犯罪以及影响诉讼的可能性，便直接逮捕犯罪嫌疑人，无法更好地体现逮捕措施的意义和作用，因此，应对该规定加以完善。

1. 对"曾经故意犯罪"判处的刑罚种类予以限定，对比累犯，前罪应为判处有期徒刑以上刑罚的犯罪比较合理，排除被判处缓刑、拘役、单处附加刑及定罪免处的情形。

2. 前罪与后次犯罪的间隔应有一定的限制，一方面，体现出逮捕措施保障诉讼的作用和意义；另一方面，对犯罪嫌疑人改过自新重新融入社会提供有利环境，建议两罪时间间隔不超过10年为宜。

3. 对后次犯罪，建议排除过失犯罪和不满18周岁的人犯罪。刑罚种类建议仅限于实体刑，排除徒刑缓刑、拘役、管制、单处附加刑。对于具有多次"曾经故意犯罪"前科的，可能判处徒刑以上刑罚，应当逮捕。

4. 对刑事和解作出保留规定。刑诉法第277条规定了刑事和解案件的范围和条件，并明确规定了5年以内曾经故意犯罪的，不适用规定的程序。曾经故意犯罪应当逮捕的规定可以参照此条规定，对不属于5年以内曾经故意犯罪的，本次犯罪符合刑事和解条件，可以进行和解不逮捕。

以上是对"曾经故意犯罪应当逮捕"规定在实际办案中的一些粗浅认识，希望能及早对该规定加以完善，以准确适用逮捕措施，保证逮捕羁押合理、适度，从根本上尊重和保障人权。同时，合理配置司法资源，切实提高诉讼效率。

（本文荣获女检察官学习贯彻落实"两法"征文活动二等奖）

指定居所的监视居住制度探析

张　弛[*]

监视居住制度施行以来，刑事诉讼法对其规定一直比较笼统，适用条件也与取保候审制度有所雷同，执行手段单一，多种因素造成了两极化的适用局面。新刑诉法对监视居住进行了重新规范和设计，但是对法条予以解读后，仍然看到监视居住制度还存在着一些不足，今后的施行中仍然可能存在一定的障碍。

一、监视居住制度适用的现状

监视居住作为我国法定的五种刑事强制措施之一，是一项具有中国特色的制度。由于原刑诉法对监视居住制度的规定在理论上和司法实践中存在很多问题，一直以来受到广泛批评。主要问题体现在：

（一）适用条件与取保候审混同

根据1996年刑事诉讼法第53条之规定，监视居住的适用条件与取保候审的适用对象极为类似，因此如果可以适用取保候审，即能适用监视居住。但是实际上从立法原意和制度设计来看，监视居住制度的人身自由强制性应当高于取保候审，因此当两者适用条件混同的时候，司法机关无所适从。

（二）监视场所任意性

原刑诉法对"住处"和"居所"的外延没有予以界定，导致在实务操作中，要么将"住处"、"居所"的外延扩大到犯罪嫌疑人、被告人居住的市、县范围，等同于取保候审中犯罪嫌疑人、被告人的活动范围，监视居住与取保候审失去适用区别，形同虚设；要么就将其严格限定为犯罪嫌疑人、被告人的实际住宅或办案机关集中指定的办案场所，提高对犯罪嫌疑人人身自由的限制级别，有变相羁押之嫌。

---

[*] 作者单位：江苏省南京市秦淮区人民检察院。

（三）期限执行混乱

原刑诉法规定监视居住的最长时间期限是 6 个月。公安部、最高检和最高法对此的司法解释都将 6 个月解释为各自办理刑事案件的诉讼阶段中的最长期限，而随着诉讼阶段的变换，有的执法机关将监视居住的期限进行重新计算，那么在刑事诉讼中，对犯罪嫌疑人、被告人的最长监视居住期限长达 18 个月之久。

（四）监视手段匮乏导致适用"两极化"

原刑诉法的监视居住制度缺乏有效的监视手段，致使监视居住的执行走向了两个极端：要么在自己的住处被监视居住，从而放任自流、缺乏监管；要么在指定的居所被监视居住，从而被变相羁押。

基于上述问题，在司法实践中，监视居住制度的使用率一直较低。据某省检察院统计，该省检察院反贪部门 2004 年至 2006 年在办案中首先采用的强制措施为监视居住的人数仅占全部立案人数的 0.3%；将其他强制措施变更为监视居住的也只有 11 人。另一省检察机关 2006 年至 2010 年的 5 年间查办的贪污贿赂犯罪嫌疑人中，采用监视居住措施的占全部案件的 0.76%。[①]

而监视居住后对犯罪嫌疑人的刑罚打击率也较低。根据有关统计，某市下辖的五县市中，公安机关采取监视居住措施后打击处理率最高的也未达到 50%。某区公安分局监视居住的 603 名犯罪嫌疑人中，移送起诉或报捕的只有 180 人，仅占 30%；大部分案件被内部消化，转为行政处理。检察机关打击处理率也不高，采取监视居住措施后撤案与不起诉的案件为数不少。[②]

二、新刑诉法监视居住制度存在的问题探析

新刑诉法对监视居住制度进行重新规划，对执行制度予以完善，确立了监视居住的地位。但不可否认的是，新刑诉法修改后，监视居住制度特别是指定居所监视居住制度在立法上仍然存在着一定的缺陷，可能影响司法适用。

（一）指定"居所"的概念和标准有待明晰

新刑诉法明确了指定居所监视居住"不得在羁押场所、专门的办案场所执行"，但却回避了对指定居所的正面表述。根据新刑诉法第 73 条规定，"居所"应当是指犯罪嫌疑人原有"住处"、"羁押场所、专门的办案场所"以外的可以临时居住的处所，但是执行机关的办案场所能否成为指定的"居所"？

---

① 参见童建明主编：《新刑事诉讼法理解与适用》，中国检察出版社 2012 年版，第 126 页。

② 参见陈建新：《监视居住别"走调"》，载《法制日报》2002 年 6 月 1 日。

纪委"二规"、"二指"的专门办案场所能否成为指定的"居所"？对于"居所"本身的功能设置有哪些需求？都没有明确的规范化的界定。

（二）适用罪名标准尚未确定

新刑诉法第 73 条规定，指定居所监视居住适用于"涉嫌危害国家安全犯罪、恐怖活动犯罪、特别重大贿赂犯罪"三种情形。对于"涉嫌危害国家安全犯罪"的标准一般没有疑义，但是对于"恐怖活动犯罪、特别重大贿赂犯罪"的定义仍然存在一定的争议。"恐怖活动犯罪"是指罪名中涉及"恐怖"字样的有关犯罪，还是指制造社会恐怖为目的的所有刑事犯罪？"特别重大贿赂犯罪"是仅指刑法分则第八章贪污贿赂罪的有关罪名，还是亦包含刑法分则第三章破坏社会主义经济秩序罪中非国家工作人员受贿罪、对非国家工作人员行贿罪和对外国公职人员、公共组织官员行贿罪？"特别重大"又如何界定？

（三）缺乏相应的监督保障制度

监视居住制度限制了犯罪嫌疑人一定的人身自由，是介于逮捕和取保候审之间相对严厉的强制措施，但刑诉法只针对犯罪嫌疑人、被告人规定了在监视居住期间必须遵守的义务规范和可能的法律后果，但未对错误适用监视居住的赔偿机制予以规定。人身自由权利是公民最起码、最基本的权利，是宪法法律人权保障之根本。"有权利必有救济"是一种基本法治理念，各国诉讼法在对人身自由的限制上均有救济方面的详细规定。监视居住制度是限制人身自由的一种强制措施，适用监视居住错误无疑侵犯了被监视居住人的人身权利，但权利救济的，使得被错误适用监视居住的人人身自由受到非法剥夺或限制时，却无法在刑事诉讼领域内得到有效的救济。

（四）监管措施混乱无序

新刑诉法对被监视居住的犯罪嫌疑人、被告人的基本义务予以了完善，加入了对被监视居住人通信需要执行机关批准，将护照等出入境证件、身份证件、驾驶证件等交执行机关保存等义务。但是对于监视居住期间限制其人身自由的其他具体内容如言论自由、隐私自由、正常的工作学习自由在不在被限制之列并没有作出规定。执行机关究竟可以采用什么样的方式来对其进行监管和控制，新刑诉法规定可以采取电子监控、不定期检查等监视方法，但是上述措施如何具体施行，还需要执行机关按照自己的理解和惯例来进行工作，缺乏规范化、制度化和科学化的管理。

（五）缺乏相应的救济赔偿制度保障

错误适用指定居所的监视居住会在相当程度上侵害了公民的合法权益，法律应规定相应的救济手段而不能放任不管。因为指定居所的监视居住制度是对公民的人身自由予以限制，且期限最长能达到5个月。被错误监视居住的人，长期承受着社会的贬低评价，对其名誉权都会有较大的损害，其亲属也长期生活在痛苦和惶恐之中。刑诉法对实施指定居所监视居住的保障条款不完备，缺少追责条款，无法保障指定居所监视居住合法有效实施。最高人民法院明确规定监视居住不属于行政诉讼受案范围所列行为，公民对此不服起诉的，人民法院应裁定不予受理。而《国家赔偿法》也只把"错拘"、"错捕"列入国家赔偿范围，违反规定使用指定居所监视居住侵害被监视居住人合法权利则没有列入国家赔偿范围，被错误适用指定居所监视居住者的人身权和名誉权受到侵害后无法依据国家赔偿法得到事后补救。

三、指定居所的监视居住制度之完善

通过对监视居住制度的现状和问题进行分析，笔者认为新刑诉法规定的指定居所监视居住制度还存在着概念不明、期限划分不规范、执行主体单一、监督机制不完善、权利救济渠道不足等问题，因此本文将对上述问题的解决途径进行设计，为监视居住的规范实施提供建议。

（一）对指定居所监视居住制度中的重要概念进行界定

1. 对"居所"予以明晰

（1）明确"居所"的定义

刑诉法并没有确定监视居住中"住所"和"居所"的具体范围。如果按字面来解释，住处和居所就是"居住的处所，栖身之所"，基本上就是犯罪嫌疑人满足日常起居的空间范围。如果严格限制在这个范围内活动，犯罪嫌疑人、被告人几乎就是足不能出户，监视居住与完全剥夺人身自由的拘留与逮捕就没有了区分。但如果住处和居所的范围太大，等同于取保候审的"市、县"，那么监视居住与取保候审也没有了区别，同时执行难度将大大加大，最后势必导致监视居住形同虚设。笔者认为，这个"住处"和"居所"应该理解为满足犯罪嫌疑人、被告人基本正常生活所需的最小范围，应由执行机关根据实际情况予以限定。在限定时，执行机关要考虑犯罪嫌疑人、被告人的人身危险度、当地的具体地理条件、生活习惯和案内的其他因素合理确定，既不能完全剥夺其人身自由，又要能将其活动置于监控和管理范围之内。另外，法律还应考虑犯罪嫌疑人、被告人是单身居住还是混合居住的情况，对于那些与家人、亲友混合居住的犯罪嫌疑人、被告人，实施监视居住的同时，不能侵犯同住人的合法权益，这在实务中的操作难度非常大。

（2）确定指定居所的条件

指定监视居住的居所的条件，应当包括"便于监视管理"、"符合办案安全要求，防止办案安全事故"、"具备正常的休息和生活条件"等方面。首先，指定的"居所"要解决满足基本的生活和休息需要，符合办案安全要求。《公安机关适用继续盘问规定》第27条规定："候问室的建设必须达到以下标准：（一）房屋牢固、安全、通风、透光，单间使用面积不得少于六平方米，层高不低于二点五五米；（二）室内应当配备固定的坐具，并保持清洁、卫生；（三）室内不得有可能被直接用以行凶、自杀、自伤的物品；（四）看管被盘问人的值班室与候问室相通，并采用栏杆分隔，以便于观察室内情况。对有违法犯罪嫌疑的人员继续盘问十二小时以上的，应当为其提供必要的卧具。候问室应当标明名称，并在明显位置公布有关继续盘问的规定、被盘问人依法享有的权利和候问室管理规定。"监视居住的人身自由强制程度远高于留置盘问，因此监视居住的"居所"的安全标准必须要达到或者超过上述规定。其次，在刑诉法修正草案的研讨中也有人认为，纪检监察机关用于"二规"、"二指"的场所，可以作为检察机关和公安机关指定的"居所"，因为它不属于刑事诉讼意义上"专门的办案场所"，同时，其安全设施条件也较好。但笔者认为新刑事诉讼法第73条中指定"居所"是指检察机关或者公安机关指定排除犯罪嫌疑人原"住处"、"羁押场所和专门的办案场所"以外的，犯罪嫌疑人可以临时居住并且可以接受讯问的处所。"羁押场所"是指看守所；"专门的办案场所"包括检察机关和公安机关专门设置"办案点"以及公安机关依法设置的留置候问室等。最后，笔者认为，公安机关或检察机关的办公场所不应当属于"居所"的范畴内，否则执行机关的办公场所极可能异化为"专门的办案场所"，不利于保护嫌疑人的权利。

（3）规范指定居所的审批程序

根据新刑诉法第73条之规定，适用指定居所的监视居住应当经上一级人民检察院或者公安机关批准。一是指定居所监视居住的申报程序。检察机关或公安机关在案件侦查过程中，需要对犯罪嫌疑人指定居所监视居住，应当由承办人向科室负责人提交《提请决定对特别重大贿赂案件犯罪嫌疑人采取指定居所监视居住报告》，并由科室负责人、分管领导逐级汇报，经检察长（检察委员会）或公安局长同意，报上一级检察机关或公安机关决定，同时附主要证据复印件及《人民检察院指定居所监视居住审批表》。二是指定居所监视居住的批准程序。上一级检察机关或公安机关收到下级报送的审批表后，应当对主要证据进行审查，对拟同意采取指定居所监视居住的，报分管侦查的副检察长（检察长）或者分管刑侦的公安局副局长（局长）决定。同意批准的，下发《批准指定居所监视居住决定书》，不同意的下发《不批准指定居所监视居住决定书》，该文书不得复议复核。三是批准申请后的监督制度。下级检察机关或公安机关收到上级下发的《批准指定居所监视居住决定书》后，应当制作《指定居所监视居住决定书》向犯罪嫌疑人宣布，送达执行机关执行。

2. 对适用罪名的标准予以界定

（1）对"恐怖活动犯罪"的界定

恐怖活动犯罪如何理解，是指刑法中含有恐怖字样的罪名，还是泛指各类恐怖犯罪？2001年12月29日《刑法修正案（三）》在我国刑法中第一次明确地提出了"恐怖活动犯罪"这一概念。令人遗憾的是，无论是在该修正案，还是我国现有的其他刑事立法中，都没有明确界定"恐怖活动犯罪"这一概念的含义。笔者认为，恐怖活动犯罪是以"制造社会恐怖"为目的的犯罪活动，基于其具有极大的社会危险性，且与普通的刑事犯罪相互结合，为了加大对此类活动打击力度，"恐怖活动犯罪"应当涵盖各类恐怖犯罪的行为，包括"劫持航空器罪"、"劫持船只、汽车罪"、"暴力危及飞行安全罪"等一系列罪名，而不局限于含有恐怖字样的罪名。

（2）对"特别重大贿赂犯罪案件"的界定

新刑诉法第73条规定了适用指定居所监视居住的情形之一，涉嫌"特别重大贿赂犯罪"的，但何谓"特别重大贿赂犯罪"目前尚无统一认识。贿赂犯罪涉及的罪名包括刑法分则第八章贪污贿赂罪中的第385条至第393条，共7项罪名（受贿罪、单位受贿罪、利用影响力受贿罪、行贿罪、对单位行贿罪、介绍贿赂罪和单位行贿罪）；还涉及刑法分则第三章破坏社会主义经济秩序罪中的第163、164条，共3项罪名（非国家工作人员受贿罪、对非国家工作人员行贿罪和对外国公职人员、公共组织官员行贿罪）。笔者认为，从最高人民检察院提出修法建议的初衷看，破坏社会主义经济秩序罪中的犯罪并不在其列。[①] 此外，《人民检察院刑事诉讼规则（试行）》第45条对"特别重大贿赂犯罪案件"予以了界定。

3. 对指定居所监视居住适用条件的界定

新刑诉法第73条规定，监视居住应当在犯罪嫌疑人、被告人的住处执行；无固定住处的，可以在指定的居所执行。对于涉嫌危害国家安全犯罪、恐怖活动犯罪、特别重大贿赂犯罪，在住处执行可能有碍侦查的，经上一级人民检察院或者公安机关批准，也可以在指定的居所执行。第83条规定，拘留后，应当立即将被拘留人送看守所羁押，至迟不得超过24小时。除无法通知或者涉嫌危害国家安全犯罪、恐怖活动犯罪通知可能有碍侦查的情形以外，应当在拘留后24小时以内，通知被拘留人的家属。有碍侦查的情形消失以后，应当立

---

① 参见尹吉：《如何理解"指定居所监视居住"》，载《江苏法制报》2012年3月27日。

即通知被拘留人的家属。

对于上述两条中均涉及"有碍侦查"的情况,应当根据《人民检察院刑事诉讼规则(试行)》第110条规定的六种情形予以判定。

(二)明确指定居所监视居住的适用期限

监视居住措施在增设了指定居所的内容后,其限制犯罪嫌疑人的人身权利和自由的强度明显增强。因此为了在保障人权和保证刑事诉讼活动顺利进行之间进行平衡,应当对监视居住适用的期限从严把握。根据公安部、最高检和最高法对监视居住期限的有关司法解释,各自办理刑事案件的诉讼阶段中最长期都均为6个月。鉴于刑事诉讼涉及侦查、起诉、审判三个阶段,笼统地规定刑事诉讼中监视居住的时间是不恰当的,最好采取分阶段设定监视居住时间的方式,更具有可操作性,确保各办案机关在本诉讼阶段的监视居住适用权限能得以正常发挥,同时不侵犯公民的合法权益,保证《刑事诉讼法》规定的统一性和权威性。笔者建议,将现行法律规定的侦查、起诉和审判三个阶段各6个月的监视居住期限,修改为侦查阶段3个月,特殊情况下可延长1个月;审查起诉阶段为1个月,特殊情况下可延长半个月;审判阶段的第一审程序和第二审程序均为1个月,特殊情况下都可延长半个月,这样既可满足办案的实际需要,又可提高办案效率,还可以防止以监视居住代替刑罚。

(三)完善监视居住的监督机制

1. 明确监督部门和程序

新刑诉法第73条第4款规定,"人民检察院对指定居所监视居住的决定和执行是否合法实行监督",但是具体应当由人民检察院哪个部门实行监督没有明确。

笔者认为,指定居所监视居住的适用是侦查活动的一个组成部分,其适用是否合法是侦查监督部门审查的范畴之一,因此应当明确人民检察院侦查监督部门对指定居所监视居住的批准予以监督。建议人民检察院侦查部门报请指定居所监视居住的,应当由上一级人民检察院侦查部门在作出决定的3日内将决定书复印件抄送同级人民检察院侦查监督部门;公安机关作出指定居所监视居住决定的,应当在作出决定的3日内将决定书复印件抄送同级人民检察院。侦查监督部门应当在收到决定书3日内进行审查,对于不符合指定居所监视居住条件的,经检察长或检察委员会决定,向决定部门或决定机关发《建议撤销指定居所监视居住决定书》。

对指定居所监视居住执行的监督应当由监所检察部门负责。新刑诉法第93条设立了由人民检察院对羁押必要性进行审查的制度,根据有关司法实践的情况,一般由检察院监所部门对羁押必要性进行审查。指定居所的监视居住对人身自由的限制性较强,且期限较长,最长可达 6 个月,作为一种羁押性的强制措施,显然也应当接受羁押必要性的审查。监所部门可参照捕后羁押必要性审查制度的有关规定,对指定居所监视居住进行羁押必要性的审查。

2. 重点监督的内容

指定居住的监视居住制度是对犯罪嫌疑人、被告人的人身自由予以限制的一种较为严厉的强制措施。因此应当对侵犯被监视居住人的人身权利的违法行为予以重点监督:在执行指定居所监视居住后 24 小时以内没有通知被监视居住人的家属的;在羁押场所、专门的办案场所执行指定监视居住的;没有及时告知被监视居住人有权委托辩护人的,或者被监视居住人要求委托辩护人,没有及时转达其要求的;收到被监视居住人及其法定代理人、近亲属或者辩护人的变更强制措施申请及其他申诉、控告、举报,不及时转交人民检察院或者有关办案机关的;刑讯逼供、体罚、虐待或者变相体罚、虐待被监视居住人的。

(四)明确被监视居住人的维权事项

1. 获得家属及律师的法律帮助的权利

被指定监视居住人通过刑事诉讼程序予以救济。对于变相拘禁的,被监视居住的人及其法定代理人、家属或者其委托的律师可以要求相关机关纠正;或向上一级机关申诉,请求其责令下一级决定或执行机关予以纠正。

2. 特别重大贿赂犯罪嫌疑人会见律师的程序设计

根据刑诉法第 37 条第 3 款的规定,特别重大贿赂犯罪案件,在侦查期间辩护律师会见在押的犯罪嫌疑人,应当经侦查机关许可。笔者设计了具体的操作程序,包括以下几个方面:

一是律师提出申请。特别重大贿赂犯罪案件,受委托的律师要求会见被监视居住的犯罪嫌疑人,应当向人民检察院提出申请。

二是办理部门。在侦查期间,受委托律师会见被监视居住犯罪嫌疑人的有关事宜,由人民检察院案件管理部门受理,并送侦查部门办理。

三是办理时限。律师提出会见犯罪嫌疑人的,人民检察院应当在 3 日以内作出是否许可的决定。

四是对律师会见权的保护。有碍侦查的情形消失后及在案件侦查终结前,人民检察院应当许可律师会见嫌疑人。

3. 畅通申诉渠道

笔者建议,首先,规定决定机关有权对执行机关的执行情况和执行效果进行监督。执行机关应定期向决定机关报告执行情况,对于执行中的问题和违法事项,决定机关可以下发纠正通知书予以纠正。其次,规定人民检察院为监视居住的申诉受理机关,进一步强化检察院的法律监督职能。最后,如果犯罪嫌疑人、被告人认为在监视居住中决定机关和执行机关的行为有违法律规定，侵犯其合法权益，可以向人民检察院提起申诉和控告；对于处理决定不服的，还可以申请复议和复核。

（五）错误适用指定居所监视居住的司法赔偿

如前所述，指定居所的监视居住具有几乎完全限制人身自由的性质，但新刑诉法对被监视居住的犯罪嫌疑人、被告人的人身权利受到侵害时如何进行救济，没有具体的法律规定。因此应当从立法上完善被监视居住人的司法救济措施，明确规定被侵害者的申诉权，规定相应的申诉处理程序。

笔者认为由于几乎完全被限制人身自由，因此被错误采取指定居所监视居住的嫌疑人、被告人当然也有获得国家赔偿的权利。可考虑在将来修改国家赔偿法时确立错误采取指定居所监视居住的国家赔偿责任。

（本文荣获女检察官学习贯彻落实"两法"征文活动二等奖）

浅谈逮捕条件中的"社会危险性"认定

付方远[*]

逮捕作为一种最为严厉的刑事强制措施,其适用条件也有着严格的规定。无论是1996年刑诉法还是新刑诉法,都规定逮捕条件必须同时符合罪行、刑罚和必要性"三大要件",而其中"逮捕必要性条件"又是整个逮捕制度的核心,是控制逮捕适用范围,平衡逮捕措施保障人权和保护诉讼两大价值目标的关键。但长期以来,关于逮捕必要性的规定过于笼统,实践中因为对"社会危险性"难以把握,往往导致逮捕强制措施的适用具有一定的随意性。虽然新刑诉法对逮捕的"社会危险性"细化为五种情形,但由于法条中所使用的"可能"、"企图"、"有现实危险"等没有相应的证明标准,在判断上仍然容易产生认识分歧,往往导致对逮捕强制措施的适用在地区间存在较大差异,同一地区不同时期因政策的不同也存在差异,甚至同一地区、同一时期对类似案件的处理也存在差异。因此,如何理解和把握"社会危险性"条件,是审查逮捕工作中亟待解决的问题。下面,笔者结合自己工作实际,谈谈在审查逮捕中对"社会危险性"条件的认定。

一、"社会危险性"的法律内涵及表现形式

"社会危险性"作为逮捕适用条件之一,有别于刑法学中"社会危害性"、"人身危险性"等相关概念。但由于我国刑诉法学中关于"社会危险性"的研究较少,使得对"社会危险性"含义界定较为模糊。笔者拟通过与相关概念的辨析,来明晰"社会危险性"的法律内涵。

(一)社会危险性与社会危害性

通说认为,社会危害性是犯罪的本质特征,是刑法对犯罪作出的否定性评价,它不仅表明危害社会的行为属性是一定质和量的统一,而且是主观危险性

---

[*] 作者单位:江苏省连云港市新浦区人民检察院。

和客观危害性的统一,属于实体法的概念范畴。社会危害性是对一个既有行为的评价,当行为人的犯罪行为完成,危害结果发生,其行为的社会危害性就已经确定。而社会危险性不具有危害后果的现实性特征,是一种潜在的可能性,属于程序法概念范畴。因此,每一个犯罪行为均具有社会危害性,但是,并非每一个犯罪行为均具有社会危险性。

(二)社会危险性与人身危险性

人身危险性是指基于犯罪嫌疑人人身因素可能给社会带来的危险,是犯罪人和潜在犯罪人的人身特征,亦属于未然犯的范畴。但与社会危险性的内容相比较,人身危险性强调的是行为人犯罪的可能性,而在社会危险性中,其更为关注的是妨害刑事诉讼的正常进行以及继续危害社会,不仅仅是再犯罪的问题。因此,社会危险性的内容更为丰富。

通过如上分析,笔者认为,"社会危险性"的定义可以表述为在刑事诉讼中,犯罪嫌疑人妨碍刑事诉讼或给社会带来新的危害可能性,而这种可能性是在已有表征的基础上客观判断的结果,是对犯罪嫌疑人主客观情况的综合评价。具言之,"社会危险性"是存在于刑事诉讼过程中的,对包括犯罪嫌疑人日常生活中的表现、家庭情况、社会关系以及犯罪嫌疑人的犯罪原因、目的、犯罪手段甚至还包括犯罪嫌疑人在犯罪后的态度,即有无悔过、自首等情况的综合评价。

二、"社会危险性"认定在司法实践中存在的问题

1996年刑诉法首次引入了"社会危险性"概念,但是规定得较为模糊,缺乏一个明确的判断标准,可操作性不强,这就使得我们在之前的批准逮捕工作中,倾向于批捕率,也或多或少存在构罪即捕的思想。鉴于此,新刑诉法第79条对逮捕条件进行了较大修改,将"社会危险性"的判断标准细化为五种具体情形:"(一)可能实施新的犯罪的;(二)有危害国家安全、公共安全或者社会秩序的现实危险的;(三)可能毁灭、伪造证据,干扰证人作证或者串供的;(四)可能对被害人、举报人、控告人实施打击报复的;(五)企图自杀或者逃跑的。"这使得我们对"社会危险性"的认定较以往相比更具可操作性,但如何正确理解运用新法规定的五种情形,如何在审查批准逮捕工作中衡量犯罪嫌疑人是否具有"社会危险性",现阶段仍存在较大的问题。主要表现在以下两个方面:

1. 在对新刑诉法条文理解中存在着一定的困惑。仔细研读新刑诉法对"社会危险性"的规定,第79条第1款中5项规定中有3项是对"可能"发生的情况的描述,有2项分别规定为"企图"、"有现实危险"的情况描述。

"可能"、"企图"、"有现实危险"均是一种假设或推测,其中夹杂了过多的主观色彩。由于没有相应的证明标准,对该情况的认定往往会因为个体认知水平和判断能力的差异而发生变化,出现"仁者见仁智者见智"的尴尬局面。比如在对一些外来人员犯罪的处理上,实践中存在较多的"同罪不同罚"现象。有的承办人认为每个人都或多或少存在趋利避害的想法,如果犯罪嫌疑人家居住在外地,采取取保候审、监视居住等非羁押性强制措施难以保证刑事诉讼的正常进行,根据趋利避害的推定该犯罪嫌疑人就存在逃跑的企图,有"社会危险性",因而认为应该对其采取逮捕的强制措施。而有的承办人会认为犯罪嫌疑人虽然居住在外地,但结合其家庭、工作等情况,其不存在逃避打击处理的企图或者这种可能性不大,因而认定其不具有"社会危险性"。对于这两种不同的认识和处理结果,往往就很难作出一个结论正确与否的评价。

2. 由于缺乏一个明确的判断标准,因而在审查逮捕工作实践中"社会危险性"认定存在较大的随意性。主要体现在如下方面:

(1) 受传统侦监业务条线考核因素的影响,"社会危险性"认定成为调节当地批捕率的有效工具。批捕率高了,需要适当降低的时候,对"社会危险性"认定标准掌握就相对严格。反之,批捕率低了,对"社会危险性"认定标准掌握就相对宽松。实践中的这种做法,使得对"社会危险性"的认定存在较大的随意性,进而影响司法公信力。

(2) 受传统执法理念"构罪即捕"的影响,承办人在对"社会危险性"认定时均具有一定的倾向性。譬如,根据日常生活经验,任何一个犯罪嫌疑人都有实施新的犯罪,或者妨害诉讼活动的正常进行的可能性,若严格界定,审查批准逮捕案件的承办人不管是出于逮捕率的考虑或是出于保障诉讼活动正常进行的考虑,均容易推定犯罪嫌疑人符合新刑诉法第79条第1款规定的五种情形,这在一定程度上忽视了对犯罪嫌疑人人权的保护,也可能导致逮捕率过高,或者捕后轻刑率过高。

(3) "社会危险性"认定标准在一定程度上受到地方政府刑事政策和社会治安水平的制约。打击犯罪,维护社会稳定,是地方党委政府的一项重要任务,而打击最有效地体现指标就是批捕率。批捕率往往不能低于一条设定的红线,如果低了,社会治安形势严峻了,那"社会危险性"认定标准就变得相对宽松了。

(4) 侦查人员素质及侦查水平的高低,也直接或者间接影响了批捕案件承办人对"社会危险性"的判断,导致对同类或者同性质的案件出现不同的处理结果。按照规定,侦查部门提请逮捕时应提供证据材料以证明或者说明犯罪嫌疑人有法定的社会危险性,但在具体的实践过程中,有些侦查人员只注重收集与定罪量刑相关的证据，而对有关"社会危险性"的证据收集存在懈怠心理，不去收集或者收集不全面，因而"社会危险性"只是在提请批准逮捕书中有所提及，但在案卷材料中就很难发现相关"社会危险性"证据，这无疑也给侦监部门案件承办人增加了审查判断的难度，也容易造成主观臆断。

三、建立科学、有效"社会危险性"认定模式的构想

对于司法实践中"社会危险性"认定存在的问题，除了转变执法理念、建立合理的考核评价机制外，笔者认为还可从以下方面加以解决。

（一）结合司法实践，对新刑诉法第79条第1款规定的逮捕条件五种具体情形分别进行细化，明确判断标准

1. 对于犯罪嫌疑人是否有"实施新的犯罪的可能性"，可以结合以下几个方面予以认定：一是犯罪嫌疑人所犯罪名、犯罪次数，如果犯罪嫌疑人涉嫌多个罪名，侦查机关提请逮捕的犯罪事实有多起，或者犯罪嫌疑人系连续犯、惯犯、流窜作案，就可以推定该犯罪嫌疑人实施新的犯罪的可能性比较大；二是有无不良嗜好或者相关行政处罚记录，譬如涉嫌盗窃的犯罪嫌疑人具有吸毒的情节或者曾经因为吸毒被行政处罚，其再次犯罪的可能性就比较大；三是在审查案件时，犯罪嫌疑人供述的犯罪原因，譬如某涉嫌抢劫罪的犯罪嫌疑人供述其因没有钱吃饭，在路边捡砖头抢劫银行，该犯罪嫌疑人是被生活所迫，其因生存问题再次犯罪的可能性就比较大。

2. 对于犯罪嫌疑人是否"有危害国家安全、公共安全或者社会秩序的现实危险"，可以从以下几个方面具体分析：一是犯罪嫌疑人犯罪的主观动机，结合案件分析其犯罪的原因是否消除；二是犯罪嫌疑人的平时表现，是否经常滋事，是否具有反社会心理；三是犯罪后的心理状况。譬如我院批准逮捕的涉嫌放火罪的犯罪嫌疑人江某，其犯罪后称后悔自己当时没及时将火点燃，丝毫没有悔罪的表示，这类犯罪嫌疑人即可推定其具有危害公共安全的现实危险。

3. 对于犯罪嫌疑人是否存在"可能毁灭、伪造证据，干扰证人作证或者串供"的可能，可以结合以下方面予以认定：一是在归案前犯罪嫌疑人是否具有上述行为，如我院批准逮捕的涉嫌故意毁坏财物的犯罪嫌疑人王某，在归案前即承诺同案犯罪嫌疑人沈某，让其将事情扛下，并承诺帮其找关系取保候审，该王某如果被取保候审，其"毁灭、伪造证据，干扰证人作证或者串供"的可能性就比较大；二是归案后是否认罪悔罪，是否能够如实供述自己的罪行；三是犯罪嫌疑人与同案犯罪嫌疑人、相关证人、被害人的关系。

4. 对于犯罪嫌疑人是否有"对被害人、举报人、控告人实施打击报复"

的可能,可以从以下几个方面考察:一是犯罪嫌疑人涉嫌何种犯罪,譬如侵犯公民人身权利的犯罪嫌疑人,其打击报复的可能性就要比侵财等类的犯罪嫌疑人大;二是犯罪嫌疑人是否了解被害人、举报人、控告人的相关情况;三是犯罪嫌疑人的品格,譬如在日常生活中是否具有较强的报复心等。

5. 对于犯罪嫌疑人是否"企图自杀或者逃跑",应当是从其行为具有自杀或者逃跑的迹象,而非可能性,特别是在审查案件时,任何一个犯罪嫌疑人都有可能被认为在被变更强制措施为取保候审后,有逃避法律追究的可能性,并不能据此推定犯罪嫌疑人有自杀或者逃跑的企图。具体来说,可以从以下几点予以判定:一是犯罪嫌疑人是否曾有自杀或者逃跑的行为;二是犯罪嫌疑人犯罪时采用的手段,譬如某涉嫌放火罪的犯罪嫌疑人采用的犯罪手段是将政府大楼洒上汽油,自己准备在领导办公室自焚,此犯罪嫌疑人即可被认为"企图自杀";三是犯罪嫌疑人的常住地是否是本地,通常可以考虑同等犯罪情节的外地犯罪嫌疑人,其逃跑的可能性要比本地犯罪嫌疑人更大一些,但也不能据此推定其一定有"逃跑"的"企图",外来人员犯罪要结合其所犯罪行及犯罪情节、悔罪表现等综合考量其逮捕必要性。

(二)建立健全相关的工作机制,增强逮捕条件中"社会危险性"认定的透明度,减少主观臆断,切实维护司法公信力

1. 尝试建立专门的评估机构,对犯罪嫌疑人是否具有"社会危险性"、"社会危险性"的大小进行综合的评估,其评估意见可作为审查逮捕的重要依据。

由于审查批准逮捕阶段更多的是对犯罪嫌疑人羁押之前的表现情况予以审查,根据我国刑事诉讼法的规定,审查批准逮捕的期限只有7天,除去非工作日、提审、阅卷,留给承办人对犯罪嫌疑人相关情况的调查时间十分有限。目前,我国没有专门机构对犯罪嫌疑人的综合表现予以认定,尽管在公安机关提供的侦查卷宗里可能含有可以体现犯罪嫌疑人人格的信息,但一方面因为案卷材料所能够反映出来的信息的有限性,无法作出全面的判断,而检察机关在审查批准逮捕阶段只能复核证据,不可能自行、全面收集综合评估犯罪嫌疑人社会危险性所需的相关证据;另一方面人们会对由侦查机关提供信息的中立性引发质疑。对此,笔者认为可以借鉴较为成熟的司法鉴定程序,来解决"社会危险性"的认定问题。尝试设立相对独立和中立的考察机构,对犯罪嫌疑人的"社会危险性"进行评估。由专门的机构负责根据要求对犯罪嫌疑人的各种信息进行调查,并以出具报告的形式提供给检察机关,这样有助于在对犯罪嫌疑人"社会危险性"考察时适用统一的标准,也克服了审查批准逮捕期限过短,承办人无法兼顾的困难。

2. 建立社会危险性证明制度。

一方面，在要求侦查机关移送犯罪嫌疑人涉嫌犯罪的必要证据的同时，还应当一并移送犯罪嫌疑人具备法定社会危险性条件的证据，即预期刑罚证据，要列明犯罪嫌疑人可能被判处有期徒刑以上刑罚的证据；社会危险性证据，要列明犯罪嫌疑人具备法定社会危险性的证据；特殊情形证据，要列明犯罪嫌疑人不存在怀孕、患有严重疾病不适合羁押等特殊情形的证据。另一方面，侦查监督部门在审查批准逮捕案件时，除了对提请的犯罪事实、证据加以必要的分析论证之外，还应当专题分析阐述犯罪嫌疑人是否符合逮捕的罪刑严重性条件和社会危险性条件，加强对社会危险性条件的把握，根据案件事实和证据进行综合审查判断。通过实行社会危险性证明制度，使审查批捕案件更加规范化、具体化，以提高审查逮捕案件的社会效果、法律效果和增强执法公信力。

3. 建立社会危险性评价制度。

将可能判处3年以下有期徒刑的轻微刑事案件作为"社会危险性"评价重点，注重对犯罪嫌疑人是否属初犯、偶犯、过失犯，犯罪后是否积极退赃、退赔，取得被害人谅解，具有悔罪表现等情况进行审查。同时强化与公安机关沟通，就落实有关问题进行讨论，督促公安机关在报捕时引用"社会危险性"具体条款并提供证明材料。在作出不捕决定时，向公安机关充分说理，取得理解和支持。

4. 建立社会危险性社会听证制度。

在办案中，尝试公开听取侦查机关、律师、被害人及其他诉讼参与人对犯罪嫌疑人是否存在"社会危险性"的意见，并积极促成刑事和解。对达成和解的轻微刑事案件，经评估为不予羁押不致发生社会危险性的，依法作出不捕决定。

四、结语

新刑诉法的修改使审查批捕案件更加规范化、具体化，能够提高审查逮捕案件的社会效果和法律效果，增强执法公信力。但在当前基层侦监科的审查逮捕案件办理中，我们最需要的是转变执法观念，注重"社会危险性"的审查；同时探索出一套科学、有效的认定模式，将立法的美好愿景实现在具体的审查案件的过程中，切实地保障犯罪嫌疑人的人权，达到刑事诉讼的法律效果与社会效果的有机统一。

（本文荣获女检察官学习贯彻落实"两法"征文活动二等奖）

试述审查逮捕程序诉讼化模式的构建

陆 莉[*]

一、逮捕的现状

（一）侦查机关"以捕代侦"观念根深蒂固

虽然刑事诉讼法明确限定了逮捕适用的条件，即证据条件（有证据证明有犯罪事实）、刑罚条件（可能被判处徒刑以上刑罚）和逮捕必要性条件（采取取保候审、监视居住等方法，尚不足以防止发生社会危险性，而有逮捕必要的）。但是侦查机关"以捕代侦"的观念仍然根深蒂固。"以捕代侦"一般是指将逮捕作为一种侦查手段，通过对犯罪嫌疑人采取逮捕强制措施，代替侦查机关的侦查。之所以出现这种现象，一方面是由于部分办案人员往往存在着有罪推定的思维定式，将犯罪嫌疑人看做犯罪分子，把逮捕视为惩罚措施。另一方面，经济社会转型期，刑事案件高发，侦查机关面临的办案压力巨大而侦查手段不足、取证能力较弱，对羁押犯罪嫌疑人有较大的依赖性，因此只要涉嫌犯罪就提请逮捕。[①]

（二）检察机关高居不下的不当逮捕

如果逮捕案件有下列情形之一，则说明审查逮捕阶段不符合逮捕的证据条件：

1. 侦查终结后撤销案件的；
2. 审查起诉后作出绝对不诉、存疑不诉决定的；
3. 审查起诉或者审判阶段补充侦查的；
4. 审判阶段宣告无罪的。

如果法院判决有下列情形之一的，则说明审查逮捕不符合逮捕的刑罚条件：

1. 免除处罚的；

---

[*] 作者单位：江苏省南京市秦淮区人民检察院。
[①] 参见万春：《减少审前羁押的若干思考》，载《河南社会科学》2011年第3期。

2. 判处拘役的；

3. 判处管制的；

4. 单处附加刑的。

如果判决宣告缓刑，则说明不符合逮捕的必要性条件。如果起诉以后撤回起诉，也说明不符合逮捕罪疑条件。

2010年上半年，全国检察机关对公安机关提请批准逮捕的案件共批准、决定逮捕456106人，其中批捕以后撤销案件的86人，不起诉的5334人（其中自侦案件89人），宣判无罪的有37人（其中自侦案件4人），判轻刑（判处拘役、管制、单处附加刑、判处徒刑缓刑）有87468人（缺乏自侦案件判轻刑统计数据），四项合计92925人，占批捕总数的20.37%。① 2011年8月在青海西宁召开的全国检察机关侦查监督工作座谈会上，最高人民检察院侦查监督厅厅长万春要求树立正确的逮捕观，对逮捕的使用必须持谦抑、慎重的态度，切实扭转重打击轻保护、构罪即捕的执法观念，强化对逮捕必要性的审查把关，努力把轻微犯罪案件过高的逮捕率降下来。不难看出，检察机关在审查逮捕中仍然没有令人满意地担负起有效审查的职责。

（三）逮捕对后续程序的"多米诺"效应

在我国，批准逮捕往往具有"绑架"起诉、审判的效果。犯罪嫌疑人一旦被逮捕，在审查起诉阶段，检察机关为避免打击犯罪不力的责难，同时出于逮捕质量考核的需要，不得不尽量作出起诉的决定。而在审判阶段，法院迫于检察机关起诉的隐形压力，则要尽量宣告被告人有罪，并根据羁押期限决定判处的刑罚。因此，犯罪嫌疑人在被逮捕以后，不但很难获得释放，而且案件证据越不充分，他被羁押的期间可能越长；被羁押的期间越长，他被定罪、被判处实刑的可能性也就越大——这明显违背了刑事诉讼法规定逮捕措施的初衷。②

因此，在批准逮捕对后续的诉讼程序具有"多米诺骨牌"效应的情况下，从批准逮捕的入口——审查逮捕入手，提高审查逮捕的质量，防止不必要的报捕和不当批捕，不仅有助于保障犯罪嫌疑人的人身自由，从而实现刑事诉讼法双重目的的平衡，客观上还有利于后续诉讼程序的顺畅、公正进行。

---

① 参见倪爱静：《强化侦查监督职责推进侦查监督改革——全国检察机关侦查监督改革工作座谈会述要》，载《人民检察》2010年第16期。

② 参见李昌林：《审查逮捕程序改革的进路——以提高逮捕案件质量为核心》，载《现代法学》2011年第1期。

二、现行的审查批准逮捕程序

审查逮捕的质量高低,很大程度上取决于审查逮捕程序设置的合理性和有效性。在审查逮捕环节,侦查机关和检察机关之所以会出现上述问题,与现行的审查逮捕程序有着很大关联。我国现行刑事诉讼法及相关司法解释规定的审查批准逮捕程序,笔者称之为"提请逮捕—审查逮捕"的线性构造模式。该模式有以下三个弊端:

(一)侦查机关怠于行使审查义务

侦查机关怠于行使其提请逮捕时的审查义务,根据刑事诉讼法的规定,逮捕作为最严厉的强制措施,逮捕条件的审查应该贯穿于逮捕程序的全过程。然而,在当前"提请逮捕—审查逮捕"的线性模式下,由于逮捕程序的参与主体只有侦查机关和检察机关,侦查机关并不会受到来自第三方的对提捕证据的质疑和挑战,这就导致侦查机关在提请逮捕时,往往不对犯罪嫌疑人是否具备逮捕的条件进行认真审查,而将逮捕的审查义务完全交给检察机关,这就导致了如前所述的"两高"现象——高报捕数量和相对较高的不捕率。

(二)检察机关容易形成先入为主的证据审查规则和意识

检察机关在审查逮捕阶段,应该秉持中立的审查态度,对侦查机关呈报的案件材料进行审慎的审查和认定。然而,在"提请逮捕—审查逮捕"的线性模式下,检察机关的审查工作更像是承接侦查机关的"流水线作业",在没有当事人及其辩护人在场的情况下,很容易预设侦查机关证据材料的合法性和正确性,加之受办案期限的影响,在对证据的审查、运用过程中会存在以下倾向,进而可能影响审查逮捕的准确性:

1. 先入为主地预设犯罪嫌疑人为作案者,进而有倾向性地审查证据。在侦查机关呈报提捕案卷后,审查人员面对形式上"全面"的证据,容易先入为主地将犯罪嫌疑人当作作案者,进而在审查证据时出现偏差:对证据的认定只是为了巩固自己的内心确信,只是为了证明自己的推断正确;符合自己推断的就有意或无意地予以肯定,而忽视了证据本身的客观性和来源的合法性。"这种用证据印证想象、验证想象的过程,是一种错误的审查模式,其根本原因是先入为主,有罪推定的原则在作怪。"[①]

2. 受侦查机关所做笔录的"绑架",不能正确对待犯罪嫌疑人的翻供。在侦查阶段,侦查机关为了及早破案,往往在收集犯罪嫌疑人的口供时,会根据

[①] 贺恒扬:《审查逮捕环节证据的审查运用》,载《国家检察官学院学报》2006年第1期。

已掌握的部分证据来"裁剪"案件事实,这很容易"绑架"检察机关的审查批捕工作。在审查批捕阶段,检察机关承办人面对犯罪嫌疑人的"翻供"时,往往会据此认定犯罪嫌疑人狡猾、态度恶劣,而较少质疑公安机关的言词证据,从而忽视了可能存在的非法证据收集手段。

(三)容易导致不必要的羁押持续进行

从我国现行法律关于审查逮捕的程序来看,并没有规定逮捕的复核、复审程序,从批准逮捕时起至审判终结,都不再对犯罪嫌疑人、被告人是否还符合羁押条件进行复查复审,甚至到起诉、审判环节连羁押期限的规定也不存在,在起诉、审判环节被告羁押期限与办案期限合一。可以看出,在羁押附于逮捕之下的现状下,审查逮捕呈现出"一劳永逸"的形态。①

然而,从应然的角度看,羁押的最主要目的是保障诉讼程序的顺利进行,而绝非对公民哪怕是犯罪嫌疑人的人身自由限制。这意味着,逮捕之后的羁押必要性审查应该是随时的,绝对不能仅仅因为犯罪嫌疑人、被告人涉嫌犯罪,就对其采取不间断的羁押措施。当然,鉴于检察机关不可能实时掌握犯罪嫌疑人的情况变化,可以规定由犯罪嫌疑人的亲属或其代理人,在犯罪嫌疑人出现了不适宜继续羁押的情况时,向逮捕审查机关或者人民法院提出变更羁押状态的申请,由后者予以审查决定。只要能够保障诉讼程序的顺利进行,同时采取其他适应犯罪嫌疑人新情况的强制措施不至于发生社会危害性的,审查机关应该予以准许。这意味着,即使在审查逮捕程序结束后,发现确实存在着不适宜继续羁押的理由时,审查机关应该结束羁押状态的持续,而不是一次审查就一劳永逸。

三、构建审查批捕程序诉讼模式的意义

(一)实现审查批捕程序的诉讼化有利于坚持刑法的谦抑性,有利于刑事错案的程序防范和纠正,保障犯罪嫌疑人的合法权益

被批准逮捕的犯罪嫌疑人,由于批捕后的事实、证据可能会发生变化,导致不起诉或被法院宣告无罪,从而发生错捕的现象。错误逮捕要导致国家赔偿,而且一旦发生错捕给当事人及家庭也会造成巨大的伤害,大量的冤假错案都与错捕有关。逮捕措施的适用具有重大的社会风险性,对逮捕措施的适用应当慎之又慎,依法全面、正确掌握逮捕条件,慎用逮捕措施,对确有逮捕必要的,才能适用逮捕措施。而回归审查逮捕的诉讼形态,可以更好地保障检察官

---

① 参见顾华:《我国审查逮捕程序的诉讼化问题研究》,载《公民与法》2011年第10期。

同时听取侦查、辩护两方面的意见，可以更好地保障审查逮捕的质量，也平衡了公安、犯罪嫌疑人双方在批捕环节诉讼权利。

（二）有利于增强逮捕的透明度，减少审查逮捕程序行政化色彩，增强审查逮捕程序的公开性

审查逮捕程序行政化决定了犯罪嫌疑人一方由于缺乏律师帮助，无法充分有效地行使辩护权，没有形成真正意义上的现代诉讼构造。检察机关只有在听取诉讼双方的意见后，才能对逮捕的合法性和必要性作出正确的判断和决定。

（三）有利于及时化解社会矛盾，贯彻宽严相济刑事政策，促进社会和谐

我国的逮捕措施，虽然按规定只是一种程序上强制手段，不具有刑罚的性质，但在客观上，对被逮捕者的实际感受已等同于刑罚。从判决前先行羁押1日折抵判决后刑期1日的这种换算来看，也可看出其与刑罚的"同向同性"性。而且逮捕事实上也已触及了犯罪嫌疑人的实体权，"不构成犯罪不捕的决定"具有导致诉讼程序终止的功能。在审查逮捕阶段，实现该阶段的诉讼化，促使律师的介入及保障犯罪嫌疑人的参与权，促使检察机关对犯罪嫌疑人根据其犯罪性质及罪责轻重，当捕则捕，可捕可不捕的不予批捕。可以更好地贯彻宽严相济的刑事司法政策。同时，律师的介入，无论从职责范围还是工作性质，都比检察人员出面更有成效，更易做犯罪嫌疑人的思想工作，会有利于促使犯罪嫌疑人主动认罪悔罪、寻求谅解，双方达成和解协议，节约司法成本。

四、新刑事诉讼法的管窥之斑

实际上，审查逮捕程序的诉讼模式构造不仅只是出现在学者的讨论之中，而是在现有规定中已现雏形。最高人民检察院第十届检察委员会第九次会议通过的最高人民检察院《关于实行人民监督员制度的规定（试行）》第18条规定，职务案件的"案件承办人在对被逮捕的犯罪嫌疑人第一次讯问时，应当将《逮捕羁押期限及权利义务告知书》交犯罪嫌疑人，同时告知其如不服逮捕决定可以要求重新审查。犯罪嫌疑人不服逮捕决定的，应当自告知之日起五日内向承办案件部门提出，并附申辩理由。承办案件部门应当立即将犯罪嫌疑人的意见转交侦查监督部门。侦查监督部门应当另行指定承办人员审查并在三日内提出审查意见"。这一规定实际上赋予了不服逮捕决定的职务案件犯罪嫌疑人一个申请进入人民监督员监督程序的救济机会，但由于该规定只针对职务犯罪案件，大多数审查逮捕案件的犯罪嫌疑人仍然面临着参与权缺失的问题。

而在 2010 年最高人民检察院、公安部《关于审查逮捕阶段讯问犯罪嫌疑人的规定（试行）》中，则明确了检察机关的审查逮捕工作具有司法审查的性质。其中第 1 条、第 2 条明确规定了检察机关应当讯问犯罪嫌疑人的情况，为后者参与审查逮捕程序提供了正当依据；第 13 条则进一步赋予了犯罪嫌疑人委托律师的参与权。这些规定为增强审查逮捕工作机制的科学性、提高逮捕案件质量提供了重要保障。

而更值得我们欣喜的是，2012 年 3 月通过的刑诉法已经初步将审查逮捕程序的诉讼模式构造纳入了规定之中。在新刑诉法中，专门增加了第 86 条和 93 条两条规定，修改了原来的第 52 条，这些规定进一步明确了犯罪嫌疑人一方的程序参与权和检察机关的中立审查任务；同时，为强化人民检察院对羁押措施的监督，杜绝逮捕措施的"一劳永逸"，新刑诉法增加规定了犯罪嫌疑人、被告人逮捕后，人民检察院对羁押必要性进行审查的程序。这些规定，从内在理论上讲，已经在推动审查逮捕程序从侦查——审查的"线性构造"模式向"控→裁←辩"三方模式转变；从外在要求上看，依据新刑诉法进行审查逮捕程序的诉讼模式改造，已经刻不容缓了。

五、审查逮捕的程序构造

（一）"控方"的提捕论证机制

在诉讼模式下的审查逮捕程序中，公安机关不再是检察机关审查工作的唯一"上游"，其所呈报的材料还要受到来自犯罪嫌疑人一方的质疑和挑战。在此情形下，侦查机关就不能在提请逮捕时随意地报捕，也不能在报捕文书中简单地提及"有逮捕必要"等逮捕条件，而应该仔细分析案件的逮捕适用必要，对证据进行合法性、关联性论证；对犯罪嫌疑人可能判处的刑罚结合案情和相关法律规定进行相对准确的预测；对逮捕必要性从犯罪嫌疑人的主观恶性、案中表现、取保条件等方面综合评判。

在具体的工作机制上，侦查机关可以考虑建立逮捕适用的论证制度，通过文书的形式向检察机关提供证明犯罪嫌疑人有逮捕必要的证据。详而言之，公安机关在对证据和刑罚条件结合法律进行论证后，还应当从以下方面收集"有逮捕必要性"的证据，但值得一提的是，解决司法实践中对逮捕条件理解不一致的问题，新刑诉法将"发生社会危险性，而有逮捕必要"的原则规定，细化规定为：可能实施新的犯罪；有危害国家安全、公共安全或者社会秩序的现实危险；可能毁灭、伪造、隐匿证据，干扰证人作证或者串供；可能对被害人、举报人、控告人实施打击报复；可能自杀或者逃跑。这些规定恰好为侦查机关进行逮捕必要性论证提供了依据和方向。

255

一是，走访犯罪嫌疑人所在的社区、单位、学校及其近亲属，调查犯罪嫌疑人一贯表现、社会影响及家庭、社区是否具有监护、帮教条件；二是，考察犯罪嫌疑人的认罪态度，有无前科劣迹，有无可能再犯新罪，有无危害国家安全、公共安全或者社会秩序的现实危险；三是，犯罪嫌疑人是否可能串供、翻供、妨害作证、伪造、毁灭罪证；四是，犯罪嫌疑人是否可能实施自杀、逃跑行为；五是，犯罪嫌疑人不予羁押，是否可能有碍本案或其他案件侦查等。在提请逮捕时，可以将上述情况通过文书、表格等形式同提捕书一并报送检察机关审查。

（二）"辩方"的异议参与机制

在审查逮捕程序诉讼化的情况下，犯罪嫌疑人及其所委托的律师作为"控方"，理应获得程序参与和提出异议的权利。在具体的工作中，犯罪嫌疑人有权就案件事实向检察机关当面陈述，并可就案件情况提供有利于自己的证据或证人，此种情形下检察机关不能无故拒绝。同时，根据"有权利则必有救济"的原则，在条件成熟的时候，可以借鉴职务犯罪案件审查逮捕程序中的人民监督员制度，赋予犯罪嫌疑人不服批准逮捕决定的司法救济权利。

在审查逮捕阶段，更能代表"控方"角色的应该是犯罪嫌疑人所委托的律师。律师对逮捕的适用可以行使异议权，认为侦查机关适用强制措施不当的，可以向检察机关提出，并阐述理由，检察机关应当听取，不予采纳的应当说明理由。当然，律师的参与权很大程度上需要检察机关的配合。检察机关一方面应尽可能为律师了解案情提供方便，必要时可以邀请律师在审查逮捕程序中参与对犯罪嫌疑人的讯问；另一方面可以考虑建立复杂、疑难案件和未成年人刑事案件的听证程序，听取律师意见，主动接受律师的监督。

（三）侦监部门的中立审查机制

检察机关的侦监部门，作为逮捕适用的中立审查者，要树立裁判者的角色意识，通过以下工作实现逮捕程序的正当化：首先，做好审前告知与听取意见的工作。程序的参与性是正当程序的基本构成要素，审查人员应当在审查证据前告知犯罪嫌疑人有权委托律师，代为办理一些程序性事项；同时通过对其讯问使其有发表意见的机会，并借此考察犯罪嫌疑人的主观恶性、认罪态度等。其次，中立地审查双方证据。承办人员在审查逮捕过程中，改变过度依赖公安机关所报材料书面审查的做法，重视犯罪嫌疑人的供述，并听取律师的意见，中立、审慎地审查双方所提供的证据材料，避免先入为主地被公安机关的意见所左右。同时合理完善主办人员审查、三级汇报的机制，把握好逮捕条件的适用。最后，审查决定后的双向说理。侦监部门在作出是否逮捕的决定后，应当及时将审查逮捕意见告知"控"、"辩"双方。对于批准逮捕的案件,应当及时向犯罪嫌疑人及其所委托的律师说明理由,如果律师曾提出相关意见的,还应当予以回复;对于不(予)批准逮捕的案件,则应及时向公安机关说明理由,通过不捕理由说明带动公安机关履行逮捕论证职责。

(本文荣获女检察官学习贯彻落实"两法"征文活动三等奖)

论捕后羁押必要性审查机制在侦查阶段的贯彻实施

梁方元[*]

修改后的刑事诉讼法,从强化检察机关法律监督职责、保障犯罪嫌疑人、被告人基本权利的角度,设置了捕后羁押必要性审查机制,并通过条文将该机制设置成为一种动态性的常态机制,贯穿于刑事诉讼全过程。侦查阶段的羁押必要性审查由侦监部门负责,监所可以提供建议,由于法律规定的不完善,侦监部门在实际操作的过程中,仍存在一些问题和障碍,本篇试从几个角度探索完善该机制在侦查阶段的贯彻实施。

一、现行立法关于捕后羁押必要性审查机制的规定

基于保证人民检察院正确行使批准逮捕权,防止错押、超押,保障犯罪嫌疑人、被告人的基本权利;[①] 强化检察机关的法律监督职责的立法考虑,[②] 2012年修改后的刑诉法首次规定了检察机关在捕后对羁押必要性继续审查的监督职责,其第93条规定,犯罪嫌疑人、被告人被逮捕后,人民检察院仍应当对羁押的必要性进行审查。对不需要继续羁押的,应当建议予以释放或者变更强制措施。有关机关应当在10日以内将处理情况通知人民检察院。可以说,这是我国第一次从基本法的角度设定羁押必要性审查制度,并同时将审查的权限赋予了人民检察院。于是,以逮捕为分界点,检察院在刑事诉讼中需进行两阶段的审查,即逮捕必要性审查和捕后羁押必要性审查。

随后《人民检察院刑事诉讼规则(试行)》在第617条中规定,侦查阶段

---

[*] 作者单位:江苏省太仓市人民检察院。
[①] 参见王兆国:《关于〈中华人民共和国刑事诉讼法修正案草案〉的说明》。
[②] 参见樊崇义:《监督意识:司法民主的要求程序法治的保障》,载《检察日报》2012年6月21日。

的羁押必要性审查由侦查监督部门负责；审判阶段的羁押必要性审查由公诉部门负责。监所检察部门在监所检察工作中发现不需要继续羁押的，可以提出释放犯罪嫌疑人、被告人或者变更强制措施的建议。对侦查阶段和审判阶段的羁押必要性审查做出具体分工，侦监部门和公诉部门是负责主体，监所部门可以根据自身工作中发现的情况提出建议。

2013年2月1日通过的《检察机关执法工作基本规范》（2013版）第六编第二章第二节第6.11条规定："人民检察院审查移送起诉的案件，应当查明采取的强制措施是否适当，对于已经逮捕的犯罪嫌疑人，有无继续羁押的必要。"[1] 至此，自侦查至审查起诉至审判阶段的捕后羁押必要性都进入了审查的机制，必要性审查成为一种动态性机制，贯穿于刑事诉讼全过程，防止了逮捕作为刑事诉讼强制措施之一的法律功能的异化。[2]

二、侦查阶段捕后羁押必要性审查机制的运行程序

现行刑事诉讼法在保留原有法律关于侦查监督部门的监督职责规定的基础上，新增了"侦查阶段的羁押必要性审查"这一项，具体的启动途径，《检察机关执法工作基本规范》（2013版）第五编第六章第5.134条中有明确规定：或者人民检察院主动发现，或者犯罪嫌疑人、被告人及其法定代理人、近亲属或者辩护人申请。无论哪种方式开启，之后的途径都是侦监部门综合考察各项因素进行审查（《检察机关执法工作基本规范》（2013版）第五编第六章第5.136条），继而决定是否提出无羁押必要建议书。

"有关机关"在收到来自检察院的"建议"之后，根据"建议"所提供的情况和要求，结合正在办理的案件事实和证据及其他有关情况，就是否存在继续羁押的必要性进行全面审查，作出对犯罪嫌疑人、被告人是否释放或变更

---

[1] 这里需要说明的一点是：在审查起诉阶段，审查起诉部门虽然要进行羁押必要性审查，但审查的法律依据不是第93条的规定，而是第94条、第95条规定。根据第94条和第95条规定，人民检察院如果发现对犯罪嫌疑人采取的强制措施不当的，应当及时撤销或者变更。犯罪嫌疑人及其法定代理人、近亲属或者辩护人有权申请变更强制措施。人民检察院收到申请后，应当在3日以内作出决定；不同意变更强制措施的，应当告知申请人，并说明不同意的理由。所以，在这一阶段，如果检察机关认为犯罪嫌疑人没有继续羁押必要的，不是"应当建议予以释放或者变更强制措施"，而应当是直接作出变更强制措施的决定。就此而言，第93条所规定的羁押必要性审查实际上只涉及侦查阶段和审判阶段。

[2] 参见卢乐云：《论"逮捕后对羁押的必要性继续审查"之适用》，载《中国刑事法杂志》2012年第6期。

强制措施的决定，并在 10 日内将处理情况通知人民检察院。

（一）依职权启动

《检察机关执法工作基本规范》（2013 版）将主动发现的能力赋予了检察机关，但在具体运行时，到底哪个部门来承担主动发现的职责呢？因为《人民检察院刑事诉讼规则（试行）》将侦查阶段羁押必要性审查的负责部门交给了侦监部门，那么主动发现的职责侦监部门必然担当起，同时，此时的犯罪嫌疑人因为逮捕已经被羁押于看守所，监所检察部门就有可能在监所检察工作中发现不需要继续羁押的情形，进而提出变更强制措施的建议。因此，侦查阶段的主动发现主体是侦监部门和监所部门。

（二）依申请启动

《检察机关执法工作基本规范》（2013 版）规定，启动羁押必要性审查机制的情形除了人民检察院主动发现之外，还可以是犯罪嫌疑人、被告人及其法定代理人、近亲属或者辩护人申请。那么这里的申请是犯罪嫌疑人、被告人及其法定代理人、近亲属或者辩护人直接向人民检察院提出呢，还是先向"有关机关"提出，被"有关机关"否决后，再向人民检察院提出，还是既可以向人民检察院提出，也可以向"有关机关"提出？针对此问题，笔者咨询过我院的侦监部门，在现有办理的 7 起案件中，均是当事人申请启动，而具体的启动机关，可以是向"有关机关"提出，也可以直接向我院的侦监部门和监所部门提出。

对此，笔者的观点稍有不同，笔者认为，犯罪嫌疑人、被告人及其法定代理人、近亲属或者辩护人向"有关机关"提出的变更申请应该是前置程序。因为无论是修改后的刑诉法还是《检察机关执法工作基本规范》（2013 版），都没有对当事人的申请机关作出规定，于是现实中的做法也是五花八门。修改后的《刑事诉讼法》第 95 条规定：犯罪嫌疑人、被告人及其法定代理人、近亲属或者辩护人有权申请变更强制措施。人民法院、人民检察院和公安机关收到申请后，应当在 3 日以内作出决定；不同意变更强制措施的，应当告知申请人，并说明不同意的理由。这一条文明确规定了犯罪嫌疑人、被告人享有变更强制措施申请权及其司法机关的程序保障义务。所以，犯罪嫌疑人、被告人及其法定代理人、近亲属或者辩护人认为羁押理由已经不存在时，应该直接向办案机关提出变更强制措施的申请，而不是直接向检察机关申请羁押必要性审查，当犯罪嫌疑人、被告人没有履行前置程序径直向检察机关申请羁押必要性审查的，羁押必要性审查部门不应当启动审查程序。只有在有关机关、部门不同意变更强制措施，犯罪嫌疑人、被告人又向检察机关申请羁押必要性审查时，检察机关才能启动审查程序。

（三）启动后的"建议权"

当侦查阶段的羁押必要性审查机制开启之后，侦监部门通过评估、了解情况、听取意见、调查、查阅等方式进行全面的羁押必要性审查，同时结合案件事实、证据状况以及人身危险性，提出予以释放或者变更强制措施的书面建议。这里法条透露出三个信息：一是这里侦监部门做出的释放或者变更强制措施的说法不是"决定"而是"建议"，其不同于94条中的"及时撤销或者变更"，这仅仅是一种建议权，其作出建议的缘由在于羁押之后的一段时间里，案件事实、证据状况以及嫌疑人的人身危险性发生了变化，继续羁押已经失去了必要性，从保障嫌疑人人权的角度，可以建议释放或者变更。而94条中的"及时撤销或者变更"其实是对先前逮捕措施的一种纠正，不是根据逮捕之后羁押期间出现的新情况作出的，而是对逮捕当下逮捕必要性的一种怀疑和更正。"检察机关对诉讼活动的法律监督基本上是一种建议和启动程序权。对诉讼中的违法情况提出监督意见，只是启动相应的法律程序，建议有关机关纠正违法，不具有终局或实体处理的效力。诉讼中的违法情况是否得以纠正，最终还是要由其他机关决定"，[1] 把侦监部门关于"释放或者变更强制措施建议"的执行权赋予了"有关机关"，即有关机关在收到来自检察院的建议后，应当在10日内将处理情况通知检察院。二是这里的建议必须是书面形式的，有着统一的格式和要求，不能提出口头建议。三是"有关机关"如果在10日内未及时反馈处理情况，检察院应该怎么办？是否可以催办？催办后仍没有下文的，检察机关如何作为？法律没有规定。

三、侦查阶段中与捕后羁押必要性审查相关的几个问题

（一）检察机关羁押必要性审查与办案机关对强制措施变更权的关系

侦查阶段，犯罪嫌疑人被批准逮捕后，在现有刑诉法的法律框架下，如果是普通的刑事案件，其会面临2个月的侦查羁押期限，在这一段时间里，针对逮捕这一强制措施，办案机关或个人均有可能实施变更，针对羁押这一人身状态，办案机关可以申请延长，个人可以申请结束。现在，又多出一道程序，人民检察院应当对羁押必要性进行审查。那么，必然的，在这长达2个月的时间里，就会出现检察机关羁押必要性审查和办案机关对强制措施的变更权的交叉关系。

对逮捕这一强制措施的变动，可能源于以下几种情况：（1）第36条，辩护律师在侦查期间可以为犯罪嫌疑人申请变更强制措施；（2）第94条，人民法院、人民检察院、公安机关发现对犯罪嫌疑人采取的逮捕措施不当，应当及

---

[1] 张智辉：《检察权研究》，中国检察出版社2007年版，第75页。

时撤销或者变更；(3) 第 95 条，犯罪嫌疑人及其法定代理人、近亲属或者辩护人有权申请变更强制措施。犯罪嫌疑人及其法定代理人、近亲属或者辩护人的申请变更可能源于办案机关之前采取的强制措施不当，也可能源于逮捕后的案件事实、证据状况、人身危险性发生变化。他的申请如前所述，是应该直接向办案机关提出的，只有办案机关予以否决，才会与侦监部门发生关系。而主动撤销这种情形，一般也是办案机关发现之前采取的逮捕措施不当，予以纠正，并且在释放犯罪嫌疑人后，才通知原批准的侦监部门。那么，这里会不会出现这种情形，公安机关主动发现逮捕措施不当，予以变更的同时，检察院正主动对案件的羁押必要性进行审查，检察机关的无羁押必要建议书送达到公安机关时，公安机关已经将犯罪嫌疑人予以释放？这种重复劳动如何避免？

办案机关在侦查期限届满时，如遇到案情复杂、特殊原因、规定情形等原因，其一般会申请延长侦查期限，侦查期限的延长可能带来羁押期限的随之延长。如果在此前的 2 个月里，人民检察院没有发现可以解除羁押的情形或者犯罪嫌疑人及其法定代理人、近亲属或者辩护人提出过解除申请，但经过审查后，发现不具备解除的条件，犯罪嫌疑人将仍旧处于羁押的状态。那么此时，办案机关在申请延长侦查期限的同时，是不是也应该同时对犯罪嫌疑人是否应当继续羁押进行审查？修改后的刑诉法第 154～157 条，将批准延长羁押期限的权力交与了上一级人民检察院，期限延长的决定、批准机关在批准或者决定延长羁押期限的时候，根据法理其实际上也应该对犯罪嫌疑人的羁押必要性进行审查，[①] 这里我们是不是需要对第 93 条中的人民检察院作更为广义的理解？当办案机关延长期限的申请不被批准，检察院应同时作出不予批准的决定和无羁押必要性建议书。

（二）直接应予逮捕的案件的羁押必要性审查

修改后的刑诉法第 79 条第 2 款增加规定了直接应予逮捕的案件情形：一是有证据证明有犯罪事实，可能判处 10 年有期徒刑以上刑罚的；二是有证据证明有犯罪事实，可能判处徒刑以上刑罚，曾经故意犯罪的；三是有证据证明有犯罪事实，可能判处徒刑以上刑罚，身份不明的。对这些直接应予逮捕的案件，捕后羁押必要性审查是否适用？对此，学者之间存有分歧，有的学者认为，刑诉法已经以非常明确的条文规定出现这三种情形时，应当予以逮捕，无论是办案机关还是批准逮捕机关都对案件是否具备三种情形之一进行过严格的把关，尤其是第二种情形，其之前曾经故意犯罪的，更是有案例可循。犯罪嫌

[①] 参见张兆松：《论羁押必要性审查的十大问题》，载《中国刑事法杂志》2012 年第 9 期。

疑人因这三种情形之一被逮捕的，在普通的侦查期限内，其理所当然应该一直处于羁押状态。

但也有学者引用合众国诉塞勒农（United States VS Salerno）案持反对观点，在合众国诉塞勒农案中，美国联邦最高法院指出预防性的羁押应当满足两个条件：限定于严重犯罪，即使严重犯罪也要有基于个案精心评估的危险性程序。如果州法明确将涉嫌某种特定罪行作为可保释的例外，就是违反联邦宪法的。据此认为绝对的羁押必要性理由如同将某一类案件排除出羁押必要性审查范围一样，都有可能导致此项监督职能出现机制性的监督盲点，使涉嫌重罪的羁押普遍成为刑罚预支。①

对此，笔者认为，刑诉法第 79 条给出的三种情形属于逮捕必要性审查时的关注点，而逮捕必要性与羁押必要性之间存在本质的区别，二者无论从内涵、特质、结果、属性上来看，都是存在差异的。② 不能因为案件符合逮捕必要性的直接规定就排除了其作为刑事案件进行羁押必要性审查的机会。一方面，羁押必要性审查机制的立法原意即在于保障所有犯罪嫌疑人、被告人的基本权利，无论其是否有过故意犯罪的前科，这是一项基本权利，适用于所有案件。另一方面，就这三种情形而言，"可能判处十年有期徒刑以上刑罚"的认定极有可能随着侦查的不断深入产生怀疑，"曾经故意犯罪"的点在于其人身危险性较高，不羁押可能会对社会产生危害，但侦查后可能出现证据发生变动，不足以证明该起案件是其所为，"身份不明"更是极容易在之后的侦查过程中查清或者主动交代。检察院并不直接决定羁押必要性审查的最终结果，"有关机关"在接到检察院的建议之后，不是直接执行，而是仍然要进行审查，最终将结果进行反馈，也就是说"建议"有可能采纳，也有可能不予采纳。

（三）侦查阶段羁押必要性审查的期限

修改后的刑诉法，规定了侦查阶段羁押必要性审查机制的负责部门，也规定了审查之后的法律后果，却未曾提到侦监或监所部门审查羁押必要性的时间期限。

1996 年《刑事诉讼法》第 96 条、第 134 条及最高人民检察院 2009 年 9 月 4 日颁布的《关于省级以下人民检察院立案侦查的案件由上一级人民检察院审查决定逮捕的规定（试行）》第 6 条，均规定人民检察院审查批捕或决定

---

① 参见［美］伟恩·R. 拉费弗等：《刑事诉讼法》（上册），卞建林、沙丽金等译，中国政法大学出版社 2003 年版，第 729 页。

② 参见郭彦：《逮捕必要性审查与羁押必要性审查有四点不同》，载《检察日报》2012 年 9 月 24 日第 3 版。

逮捕的期限为7天。修改后的《刑事诉讼法》第89条对公安机关提请批捕的案件人民检察院审查批准的时限仍维持了原第96条规定,但对检察机关直接立案侦查案件审查决定逮捕的时间作了延长。第165条规定:"人民检察院对直接受理的案件中被拘留的人,认为需要逮捕的,应当在14日以内作出决定。在特殊情况下,决定逮捕的时间可以延长1日至3日。"这就意味着,检察机关自侦案件的审查逮捕期限,由原来的总期限14日增加到17日。尽管"考虑到人民检察院提请批捕和决定逮捕是人民检察院两个职能部门的内部分工,所以法律并未规定这两个阶段的时间分界,可由人民检察院通过内部规定来界定",① 但鉴于这一延长主要是为了解决自侦案件审查决定逮捕权上提后,"带来了检察机关决定逮捕时间偏紧的问题"②,所以,正常情况下,人民检察院审查批捕或决定逮捕的最长期限分别是7天和14天。之所以详细列举出审查批捕或决定逮捕的期限,原因在于,侦查阶段,无论是审查批捕或决定逮捕以及羁押必要性审查,均是侦监部门负责,侦监部门已事先熟悉案情,羁押必要性审查阶段,只需要对新增的羁押必要性材料进行审查即可作出判断结论。

太仓市院在2012年8月出台了一份《太仓市人民检察院捕后羁押必要性审查工作机制(试点)实施办法》,其中第15条中规定:"监所检察部门自行发现的案件,承办人应在受理案件7日内审查完毕并作出决定。犯罪嫌疑人、被告人及其法定代理人、近亲属或者辩护人主动申请变更强制措施的,应当在3日内审查完毕并作出决定。"将羁押必要性审查的时间根据启动方式的不同作出区分。

笔者认为,侦查阶段的羁押必要性审查期限,不应该根据启动方式的不同作出区分,而应该遵从最初的立法精神,根据是否是原来的检察机关审查而作区分。因为人民检察院直接受理的案件、办案机关决定延长侦查期限的案件,其羁押必要性审查都是由上一级检察院完成的,会出现对案情的不熟悉。出于人权保障的立法原意,笔者建议由同级检察机关进行羁押必要性审查的,无论是主动发现还是依当事人申请启动,都应当在3日内作出决定;上级人民检察院进行羁押必要性审查的,应当在5日内作出决定。

(本文荣获女检察官学习贯彻落实"两法"征文活动三等奖)

---

① 郎胜主编:《中华人民共和国刑事诉讼法释义》,法律出版社2012年版,第318~319页。

② 全国人大常委会法制委员会刑法室:《〈关于修改中华人民共和国刑事诉讼法的决定〉条文说明、立法理由及相关规定》,北京大学出版社2012年版,第100页。

对监视居住措施适用的实践思考

冯彩艳[*]

监视居住制度是我国刑事诉讼制度的一项制度。现行刑事诉讼法将监视居住作为强制措施修改的重中之重,对条文进行了大幅度的修改。从条文数量上来看,涉及监视居住的条文由原来的4条扩充到7条;从修改内容上看,此次修改涉及监视居住的条件、场所、方式、检察机关监督等多项内容,几乎囊括了除监视居住期限以外的所有监视居住内容。如何正确理解、把握监视居住的性质、适用条件,如何正确把握对监视居住人自由限制的度,是实践中需要重点把握的问题。

一、现行刑事诉讼法对监视居住的制度设计

现行刑事诉讼法从第72条至第77条对监视居住作了专门规定,比较完整地确定了监视居住制度的基本内容。

(一) 监视居住的适用条件

刑事诉讼法第72条规定:"人民法院、人民检察院和公安机关对符合逮捕条件,有下列情形之一的犯罪嫌疑人、被告人,可以监视居住:(一)患有严重疾病、生活不能自理的;(二)怀孕或者正在哺乳自己婴儿的妇女;(三)系生活不能自理的人的唯一扶养人;(四)因为案件的特殊情况或者办理案件的需要,采取监视居住措施更为适宜的;(五)羁押期限届满,案件尚未办结,需要采取监视居住措施的。对符合取保候审条件,但犯罪嫌疑人、被告人不能提出保证人,也不交纳保证金的,可以监视居住。"对照新刑事诉讼法第65条规定的取保候审的条件,不难发现,监视居住的适用条件明显严格于取保候审的条件,监视居住只能适用于符合逮捕条件并具备特定情形的犯罪嫌疑人和被告人,而取保候审并无符合逮捕条件的限制。作为例外的情形是,虽然不具

---

* 作者单位:宁夏回族自治区银川市兴庆区人民检察院。

备上述必备条件和选择性条件,而符合取保候审的条件,但犯罪嫌疑人、被告人不能提出保证人,也不交纳保证金的,也可以监视居住。另刑事诉讼法第64条规定:"人民法院、人民检察院和公安机关根据案件情况,对犯罪嫌疑人、被告人可以拘传、取保候审或者监视居住。"该条文与旧刑诉法条文相比,将监视居住与拘传、取保候审措施放在一起,而与拘留、逮捕分开,表明监视居住性质上属于非羁押性强制措施,是一种介乎取保候审和逮捕之间的强制措施,是羁押的一项替代性措施。①

(二) 实施监视居住的场所

刑事诉讼法第73条规定"监视居住应当在犯罪嫌疑人、被告人的住处执行;无固定住处的,可以在指定的居所执行"。基于此,监视居住的执行处所是被监视居住人固定的住处,只有犯罪嫌疑人、被告人无固定住处时才可指定居所。新刑事诉讼法第73条作为案件的特别情况进一步规定"对于涉嫌危害国家安全犯罪、恐怖活动犯罪、特别重大贿赂犯罪,在住处执行可能有碍侦查的,经上一级人民检察院或者公安机关批准,也可以在指定的居所执行"。所谓"案件的特殊情况"并非刑事诉讼法第72条列举的那些特殊情形,而是除此以外的其他特殊情况,如案件性质为涉嫌危害国家安全犯罪、恐怖活动犯罪,或者案件涉及国家重大机密,或者犯罪嫌疑人、被告人是外国人或者无国籍人等。如果对这些符合逮捕条件的人予以逮捕羁押,可能会造成国家利益、社会公共利益的重大损失,或者予以羁押存在难以实施的困难。

(三) 被监视居住人的权利保障

首先,刑事诉讼法第73条规定"被监视居住的犯罪嫌疑人、被告人委托辩护人,适用本法第三十三条规定",刑事诉讼法第33条规定了犯罪嫌疑人或者被告人聘请律师或者辩护人的起始时间。其次,规定了指定居所监视居住的通知制度。刑事诉讼法第73条规定:"指定居所监视居住的,除无法通知以外,应当在监视居住之后二十四小时内,通知被监视居住人的家属。"该法条表述是"应当通知",同时"指定"居所监视居住的只有两种情形,一种是无固定居所的可以指定,另一种是涉及国家安全的、恐怖活动的、特别重大贿赂的并有碍侦查的这三类案件。最后,还规定了人民检察院对监视居住的决定和执行是否合法实行监督。依据现代刑事诉讼基本理念,采取限制或剥夺人身

---

① 参见李建明:《适用监视居住措施的合法性与公正性》,载《法学论坛》2012年第3期。

自由的强制措施时,必须对其进行司法审查。[①] 所以该项制度设计中增加了人民检察院对监视居住的监督权,这项监督是全方面的,既包括执行机关的审批程序方面,还包括执行的全过程。

(四)监视居住的方式

刑事诉讼法明确了监视居住可采取的方式,第 76 条规定"执行机关对被监视居住的犯罪嫌疑人、被告人,可以采取电子监控、不定期检查等监视方法对其遵守监视居住规定的情况进行监督;在侦查期间,可以对被监视居住的犯罪嫌疑人的通信进行监控"。刑诉法在规定监视方法时使用了一个"等"字,表明实践中还可以探索一些行之有效的监视方法,以对被监视居住人遵守监视居住规定进行多种形式的监督。设定监视方法应当遵循的基本原则是,不妨碍被监视居住人以外同住的家庭成员的人身自由和隐私权,不妨碍同住的家庭成员与案件无关人员的正常会见与通信联络,具有合法性、合理性、有效性。[②]为了克服执行监视上的困难,降低因监视不到位而使社会危险性发生的可能性。

二、监视居住制度在适用过程中存在的问题

(一)实践中出现监视居住与取保候审同质化问题

现行刑诉法虽然对监视居住制度进行了大幅度的修改,但是由于刑事诉讼法第 72 条第 2 款规定"对符合取保候审条件,但犯罪嫌疑人、被告人不能提出保证人,也不交纳保证金的,可以监视居住。"实践中仍然存在将监视居住作为取保候审的代替性措施予以适用,如 2013 年以来,兴庆区检察院受理的公安机关移送审查起诉的案件中,对犯罪嫌疑人采取监视居住强制措施的,因公安机关受警力、技术和经费上的限制,在监视的方式、方法上还达不到刑事诉讼法的要求,基本上与取保候审一样,保证犯罪嫌疑人随传随到即可,未能真正实现监视犯罪嫌疑人的目的。

(二)现行刑事诉讼法对监视居住的制度设计定位存在内在矛盾

刑事诉讼法对监视居住的定位是减少羁押的替代措施。[③] 但又考虑到指定

[①] 参见左卫民:《反思监视居住:错乱的立法与尴尬的实践》,载《学习与探索》2012 年第 8 期。

[②] 参见李建明:《适用监视居住措施的合法性与公正性》,载《法学论坛》2012 年第 3 期。

[③] 参见左卫民:《反思监视居住:错乱的立法与尴尬的实践》,载《学习与探索》2012 年第 8 期。

居所监视居住的实际情况,因而在制度设计上规定了指定居所监视居住的期限应当折抵刑期。司法实践已经反复证明,指定居所的监视居住显非一种减少羁押的替代措施,反而是一种具有羁押性质的强制措施。① 现行刑事诉讼法对指定居所的监视居住予以折抵刑期的规定是一种务实的做法,显然也是看到了实践中犯罪嫌疑人、被告人在指定居所被监视居住从而被限制人身自由的现实,这种规定对于保障嫌疑人、被告人的人权显然具有积极意义。但这么一规定,显然又制造了监视居住制度的内在矛盾,即监视居住的执行因被监视居住的嫌疑人是否有固定的住处而有了在嫌疑人、被告人的住处与指定的居所执行的差别,前者被认为系非羁押性强制性措施,后者则被认为系羁押性强制性措施,从而有了天壤之别,并使监视居住作为一种非羁押性强制措施的定位受到动摇和质疑。

(三) 在执行中被规避的可能性

主要是在住处执行的监视居住可能会被规避并弃而不用。现行刑事诉讼法第73条规定,监视居住应当在犯罪嫌疑人、被告人的住处执行;无固定住处的,可以在指定的居所执行。第75条也规定,被监视居住的犯罪嫌疑人、被告人未经执行机关批准不得离开执行监视居住的处所。那么,何为"无固定住处"? 由谁来解释? 显然是由决定、执行监视居住的机关来解释。那么,这里就存在随意解释的可能性。那些流动人口、外来人口,只要是暂住的,就很可能被以无固定住处为由而在指定的居所被执行监视居住。况且基于监视手段的匮乏和落后,在嫌疑人、被告人自己住处的监视居住在现实中也很难执行或因成本较高而被执行机关拒绝执行。刑事诉讼法虽然规定了电子监控的监视方法,但此种方法由于成本过高,执行的可行性不高,在司法实践中普遍推行几乎不太可能。不定期检查也很难确保监视居住的效果。基于上述种种原因,现实中在住处被监视居住将可能会被规避并弃而不用。大量的基于办案需要的监视居住将以嫌疑人在指定的处所被监视居住是可以预期的。刑事诉讼法虽规定了监视居住不得指定在羁押场所、专门的办案场所执行。但在招待所、宾馆等场所同样可以达到羁押的效果。因此,刑事诉讼法的规定将很难改变现有的监视居住被大量地在指定的居所执行的状况,那么其作为一种非羁押性的强制措施的制度设计初衷很可能会因此而落空。

(四) 执行中不易准确把握的问题

现行刑事诉讼法对逮捕必要性条件作了较为具体明确的规定,因而监视居

---

① 宋英辉、王贞会:《刑事强制措施修改若干问题》,载《暨南学报》(哲学社会科学版) 2012 年第 1 期。

住必备条件的掌握应该不存在太大的困难。唯选择性条件中"案件的特殊情况或者办理案件的需要"实践中可能不易正确把握。笔者理解，所谓"案件的特殊情况"并非现行刑事诉讼法第72条列举的那些特殊情形，而是除此以外的其他特殊情况，如案件性质为涉嫌危害国家安全犯罪、恐怖活动犯罪，或者案件涉及国家重大机密，或者犯罪嫌疑人、被告人是外国人或者无国籍人等。如果对这些符合逮捕条件的人予以逮捕羁押，可能会造成国家利益、社会公共利益的重大损失，或者予以羁押存在难以实施的困难。至于"办案的需要"不可作扩大解释。办案的需要，无非是指防止妨碍侦查取证活动顺利进行的需要，例如，收集证据方面的需要、缉拿其他同案或相关案件犯罪嫌疑人的需要等。总而言之，"案件的特殊情况"和"办案的需要"不是一个"口袋"，也不是一个自由裁量权无边无限的领域。① 为此，需要最高司法机关和公安部等政法部门作出解释或具体的实施规则。

三、监视居住措施适用的法律监督

现行刑事诉讼法规定，人民检察院对监视居住的决定与执行是否合法实行监督。与其他强制措施相比，对监视居住的监督更具必要性。通常情况下，绝大多数案件由办案机关自己决定是否应当采取监视居住措施，是在被监视居住人住处执行监视居住，还是在为其指定居所执行监视居住。而办案机关决定监视居住时，更多是考虑办案的需要，在不符合监视居住条件特别是不符合指定居所监视居住条件的情况下，对犯罪嫌疑人采取监视居住措施特别是指定居所的监视居住亦不无可能。在执行环节，从以往情形看，由于执行监视的困难性，其执行措施要么不到位，使监视居住变成了无担保候审；要么对被监视居住人人身自由的限制超过了合法的限度，使监视居住成为变相的羁押性措施。鉴于这些情形，检察机关应当采取切实有效的监督措施，监督办案机关或部门依法公正适用监视居住措施。

（一）对公安机关采取监视居住措施的监督

应在作出监视居住决定后的3日内报同级检察机关备案。报备机关应当具体说明案情和采取监视居住措施的理由、条件、共同生活的家庭成员基本情况、监视居住的起止时间、执行处所的具体地址、具体的执行机关、具体的执

---

① 参见陈利红：《浅议指定居所监视居住的检察监督》，载《重庆科技学院学报》（社会科学版）2012年第16期。

行措施等。① 监督的重点是指定居所的监视居住。对于检察机关以外的侦查机关而言，采取指定居所监视居住的，备案审查的重点内容还包括，被监视居住人是否无固定住处，是否存在人为改变管辖地从而造就无固定住处条件的情形；如果对涉嫌危害国家安全犯罪案件、恐怖活动犯罪案件的犯罪嫌疑人指定居所监视居住，要审查案由，确定是否有事实根据和法律依据，涉嫌罪名的确定是否正确；在其住处监视居住是否可能妨碍侦查；指定居所监视居住是否存在办案需要；监视居住的决定是否经过了上级公安机关的批准。检察机关对于上述情况审查后，如发现采取监视居住措施不符合法律规定，应及时提出纠正意见。

（二）对于检察机关自侦案件采取监视居住措施的监督

在侦查阶段采取监视居住措施或者在审查起诉阶段决定采用监视居住措施的，应区分在住处监视居住与指定居所监视居住构建不同的内部监督机制。检察机关自己决定对犯罪嫌疑人在其住处监视居住，由本机关内部的侦查部门或审查起诉部门提出申请，由侦查监督部门审查决定即可，一般不会发生问题。重要的也是易受到争议的是，对特别重大的贿赂犯罪案件的犯罪嫌疑人指定居所监视居住问题。现在法律规定由上级人民检察院批准决定，意味着由上级检察机关对下级检察机关采取指定居所的监视居住措施实施内部监督。内部监督有其局限性，但目前尚无更好的选择，只能寄希望于检察机关的这种内部监督名副其实，严格实施。对特别重大的贿赂犯罪案件进行侦查的检察机关提请上级检察机关作出准予采用指定居所监视居住的，上级检察机关应当严格审查有无足够的证据证明涉嫌贿赂的数额达到了特别重大的程度，是否存在既不适宜采用取保候审措施或者在其住处实施监视居住的条件，是否存在不宜采用逮捕措施而有指定居所监视居住的必要性，切不可根据尚未查证属实的举报或者线索轻率同意采用指定居所的监视居住，也不能在同意监视居住时，只看涉嫌贿赂的数额而不管有无指定居所监视居住之必要。此外，也要重视审查拟采用指定居所监视居住的具体执行处所是否违反法律规定。

为了保证人民检察院对其合法性进行监督的效果，人民检察院发现监视居住的决定或执行违反法律规定的，应当及时向决定机关或执行机关提出明确的纠正意见。

（本文荣获女检察官学习贯彻落实"两法"征文活动三等奖）

---

① 参见孟传香：《论对公安机关强制性侦查措施的法律监督》，载《成都理工大学学报》（社会科学版）2009年第4期。

聚焦刑事诉讼法修改

检察实务热点

一、职务犯罪侦查实务

新刑事诉讼法实施与职务犯罪侦查面临的问题及对策研究

刘莉芬[*]

新刑事诉讼法的实施，是我国社会主义民主法制建设的重大成就，是我国刑事司法改革取得突破进展的重要标志。修改后的刑事诉讼法确立了尊重和保障人权的原则，增强了一系列新规定，在证据制度、辩护制度、强制措施、侦查措施与手段等方面都有重要完善，体现了重视程序公正的现代诉讼理念，对检察机关职务犯罪案件侦查工作产生了重大影响，为查办职务犯罪案件、开展反腐败斗争提供了更为有力的法律武器，既有利于充分发挥法律监督和惩治贪污腐败的职能，也对检察机关查办职务犯罪案件提出了新的更多更高的要求。

一、新刑事诉讼法中关于侦查程序的修改有利于规范侦查活动的开展

新刑事诉讼法对侦查程序作了重要修改和完善，从检察机关职务犯罪侦查的角度来看，主要包括以下内容：

（一）进一步规范了侦查讯问程序，防止对犯罪嫌疑人刑讯逼供和以其他非法方法获取口供的现象发生

新刑诉法对侦查程序的规定更加明确详细，有利于降低职务犯罪侦查工作办案风险。虽然原刑事诉讼法规定了"严禁刑讯逼供和以威胁、引诱、胁迫等非法方法收集证据"，但对侦查讯问的程序规范存在一定缺陷。根据新刑事诉讼法的规定，人民检察院对不需要逮捕、拘留的犯罪嫌疑人，可以传唤到犯罪嫌疑人所在市、县内的指定地点或者到他的住处进行讯问，也可以根据案件情况采取拘传措施。采取传唤、拘传持续的时间不得超过12小时；案情特别

---

[*] 作者单位：江西省南昌市人民检察院。

重大、复杂，需要采取拘留、逮捕措施的，采取传唤、拘传持续的时间不得超过 24 小时。不得以连续传唤、拘传的形式变相拘禁犯罪嫌疑人。传唤、拘传犯罪嫌疑人，应当保证犯罪嫌疑人的饮食和必要的休息时间。这里对超过 12 小时的拘传作出了明确的条件要求，不仅要求案情特别重大复杂，而且还应当是需要采取拘留、逮捕措施的。就是说，一般案件不得超过 12 小时。对于需要采取拘留、逮捕措施的，在拘留、逮捕后，应当立即将被拘留人或者被逮捕人送看守所羁押，拘留后送交看守所的时间至迟不得超过 24 小时。对于人民检察院决定逮捕、拘留犯罪嫌疑人的，必须在逮捕、拘留后的 24 小时以内进行讯问。讯问只能在看守所内进行，不得以任何理由将犯罪嫌疑人带出看守所进行讯问。对于可能判处无期徒刑、死刑的案件或者其他重大职务犯罪案件，人民检察院在讯问犯罪嫌疑人时，还应当对整个讯问过程进行全程、同步录音或者录像；讯问其他职务犯罪案件的犯罪嫌疑人，可以对讯问过程录音或者录像。以上规定，刑诉法着重防止侦查讯问过程中发生刑讯逼供或者其他非法取证的现象，有利于切实保障犯罪嫌疑人的合法权利，完善了讯问犯罪嫌疑人的程序，并赋予了检察机关必要的侦查措施，同时强化了对侦查措施的规范和监督，其主要内容为：根据侦查取证工作的实际需要，增加规定了口头传唤犯罪嫌疑人的程序，适当延长了特别重大复杂案件传唤、拘传的时间，增加规定询问证人的地点，完善人身检查的程序，在查询、冻结的范围中增加规定债券、股票、基金份额等财产，并根据侦查犯罪的实际需要，增加了严格规范技术侦查措施的规定。这些都在一定程度上对职务犯罪侦查工作起到了促进作用，是新刑诉法对职务犯罪侦查的补强和保障。

（二）明确赋予检察机关在办理某些重大职务犯罪案件时采用技术侦查措施的权力

原刑事诉讼法未规定检察机关在办理职务犯罪案件时有权采用技术侦查措施，实践中检察机关开展职务犯罪侦查工作遇到很多困难。[①] 为了提升检察机关侦办职务犯罪案件的业务能力，新刑事诉讼法规定，人民检察院在立案后，对于重大的贪污、贿赂犯罪案件以及利用职权实施的严重侵犯公民人身权利的重大犯罪案件，根据侦查犯罪的需要，经过严格的批准手续，可以采取技术侦查措施；按照规定交有关机关执行。之所以赋予检察机关可以采取技术侦查措施的权力，一方面是基于打击职务犯罪活动的现实需要。职务犯罪分子在身份上的特殊性以及案件本身具有的隐蔽性，导致常规侦查手段往往无法有效地破

---

① 参见庄勤乐：《论职务犯罪中技术侦查手段的合理运用》，载《法制与社会》2009年第 1 期。

获此类案件，有必要借助一定的技术侦查措施。另一方面也符合联合国有关公约的基本要求。《联合国反腐败公约》第 50 条第 1 项规定："为有效打击腐败，各缔约国均应当在其本国法律制度基本原则许可的范围内并根据本国法律规定的条件在其力所能及的情况下采取必要措施，允许其主管机关在其领域内酌情使用控制下交付和在其认为适当时使用诸如电子或者其他监视形式和特工行动等特殊侦查手段，并允许法庭采信由这些手段产生的证据。"新刑诉法赋予侦查机关技术侦查权，使检察机关职务犯罪侦查部门对职务犯罪的侦查力度和侦查水平大大提升。技术侦查权是目前制约检察机关职务犯罪侦查工作顺利开展的一个巨大瓶颈。随着社会的发展和科技水平的不断提高，职务犯罪案件亦不断呈现出智能化、复杂性和隐蔽化特点，在现阶段缺乏有效技术侦查手段的境况下，检察机关职务犯罪侦查工作必将受到一定阻碍。如当前社会网上银行的普遍运用，犯罪嫌疑人通过电脑或者手机就可以把涉案款转移或者隐藏，甚至通过网上银行的转账和支付就可完成贪污贿赂犯罪的全部过程。而检察机关通过查询银行支票的老办法去查询涉案款项，就很难获取案件线索并取得相应证据。在被赋予技术侦查权的情况下，办案部门自然可以运用先进的科技手段获取电子数据证据，相关调查取证难题迎刃而解。因此技术侦查权的赋予，既进一步丰富了检察机关职务犯罪侦查手段，又提升了检察机关职务犯罪侦查效率。

（三）明确了讯问过程全程同步录音录像的相关规定

对讯问过程全程录音录像的规定，既有利于防止犯罪嫌疑人的翻供情况的出现，又有利于保证职务犯罪嫌疑人的人身权利，还有利于降低职务犯罪侦查人员办案风险。职务犯罪案件讯问过程中，存在诸多安全隐患，甚至有时会出现被讯问犯罪嫌疑人自杀、自残的情况，这样的情况往往会使职务犯罪案件侦查讯问工作及侦查人员陷入极大的被动。而讯问全程的同步录音录像可以充实记录并还原审讯全过程。进而降低职务犯罪侦查人员的办案风险。同步录音录像，同时也是对职务犯罪案件合法办案过程的有效监督，对防止侦查人员在办案过程中出现违法、违纪情况，具有直接而有效的预防作用。同时，讯问全过程的录音录像也是对犯罪嫌疑人言词证据的固定，有利于确定犯罪事实，防止犯罪嫌疑人在庭审过程中翻供情况的出现和非法证据的排除。

（四）适当延长了检察机关直接立案侦查案件的审查逮捕期限

原刑事诉讼法规定，人民检察院对直接立案侦查的案件，认为需要逮捕的，应当在 10 日内作出逮捕决定，特殊情况下可以延长 1 日到 4 日。在实践中，由于受到最长不超过 14 日的决定逮捕期限的限制，检察机关对直接立案侦查案件的犯罪嫌疑人通常都会决定采取逮捕措施，既不利于切实保障犯罪嫌疑人的权利,也可能妨害直接立案侦查案件的正确办理。为了解决这一问题,保证检察机关准确适用逮捕措施,更好地办理职务犯罪案件,保护犯罪嫌疑人的合法权利,新刑事诉讼法对检察机关直接立案侦查案件的审查逮捕期限作了适当延长。根据规定,人民检察院对直接受理的案件中被拘留的人,认为需要逮捕的,应当在14日以内作出决定。在特殊情况下,决定逮捕的时间可以延长1日至3日。

(五)建立了检察机关对继续羁押必要性进行审查的制度

我国原刑事诉讼法要求采取逮捕措施必须满足逮捕必要的条件,但没有规定对逮捕后的继续羁押必要性进行审查。实践中,大量犯罪嫌疑人以有逮捕必要为由予以羁押,并且逮捕后往往"一押到底",难以变更为其他强制措施,羁押率长期居高不下。为了解决这些问题,有的地方开展了人民检察院对羁押必要性进行审查的做法,对于强化检察机关的法律监督,保障犯罪嫌疑人、被告人合法权益,降低审前羁押率,防止超期羁押和不必要的羁押,维护社会和谐稳定,均有积极作用。新刑事诉讼法规定,犯罪嫌疑人、被告人被逮捕后,人民检察院仍应当对羁押的必要性进行审查。经过审查,对于不需要继续羁押的,应当建议予以释放或者变更强制措施。有关机关应当在10日以内将处理情况通知人民检察院。

二、新刑事诉讼法的修改对职务犯罪侦查工作的影响

(一)律师辩护方权利的扩大对侦查权力的制约

新刑诉法中刑事辩护制度的完善,强化了辩护律师在侦查阶段享有的诉讼权利,保障了律师充分有效地行使辩护权。原刑事诉讼法并未明确律师参与侦查程序的辩护人地位,并且规定涉及国家秘密的案件犯罪嫌疑人聘请律师,或者律师会见在押的犯罪嫌疑人须经侦查机关批准;律师会见犯罪嫌疑人时,侦查机关根据案件情况和需要可以派员在场。新刑事诉讼法对此作出了修改,这说明刑事诉讼推进的过程实质上就是检察机关、辩护方双方力量博弈的过程,"辩护力量增强"的实现,也更加充分地制约了侦查权。根据新刑诉法规定:在被检察机关第一次讯问或者采取强制措施之日起,犯罪嫌疑人即有权委托律师作为辩护人。检察机关在第一次讯问犯罪嫌疑人或者对犯罪嫌疑人采取强制措施的时候,应当告知犯罪嫌疑人有权委托辩护人。辩护律师在侦查阶段可以为犯罪嫌疑人提供法律帮助,代理申诉、控告,申请变更强制措施,向侦查机关了解犯罪嫌疑人涉嫌的罪名和案件有关情况,提出意见。辩护律师持律师执业证书、律师事务所证明和委托书或者法律援助公函要求会见在押的犯罪嫌疑人的,看守所应当及时安排会见,至迟不得超过48小时;检察机关和看守所

都不能阻止和无故拖延辩护律师会见犯罪嫌疑人。除了特别重大贿赂犯罪案件在侦查期间辩护律师会见在押的犯罪嫌疑人需要经过检察机关的许可,其他职务犯罪案件辩护律师会见在押的犯罪嫌疑人都不需要经过检察机关的许可,持"三证"即可会见。不管是涉嫌何种犯罪,辩护律师在会见犯罪嫌疑人、被告人时都不被监听。此外,新刑事诉讼法还规定,在人民检察院审查批准逮捕时,可以听取辩护律师的意见,对于辩护律师提出要求的,应当听取辩护律师的意见;在案件侦查终结前,辩护律师提出要求的,侦查机关应当听取辩护律师的意见,并记录在案。以上规定,都对检察机关注重保障侦查程序中辩护律师的诉讼权利,有效发挥辩护职能,提出了更高要求。律师权利的扩大是侦查过程中面临的一个难题,辩护律师介入范围的扩大,无疑会给侦查工作带来一定的困难。新刑事诉讼法规定,在侦查阶段,律师会见犯罪嫌疑人不需要侦查机关的批准,并且不允许侦查人员在场,会谈的过程也不被监听。这意味着会谈的内容不受限制,既可以讨论案情也可以讨论辩护策略,辩护的立场观点、辩护思路的形成都不受限制。尤其是自案件审查起诉之日起,律师会见在押嫌疑人、被告人的时候,可以向在押嫌疑人、被告人核实有关证据。这一条实际上是在审查起诉阶段赋予了在押嫌疑人阅卷权,律师可以将案卷带进看守所,让他阅读,让他知道案卷中证据的情况,向他征求意见,为将来的法庭质证做准备。作为一种制度突破,这对辩护权是一种保障,但同时也会对侦查权行使造成一定的障碍。

再如,律师在侦查阶段参与更加广泛,检察机关在侦查取证时若有不当行为或者证据本身存在的瑕疵,就更容易被律师反制,大大增加了证据被排除的风险。新刑事诉讼法更加强调法庭审判时控辩双方对事实和证据的辩论,随着证人出庭率增加,律师提出的证据会更容易被法庭接受。而且随着律师在刑事诉讼中有效行使辩护权的强化,法庭审判中被告人翻供现象也可能会随之增多,检察机关可能面临指控不能成立或者指控错误的巨大风险,所有这些表明,如果办案机关仍然局限于传统的侦查取证思维,可能面临许多无法应对的窘境。

再则,侦查阶段律师是否拥有调查权。理论上一致认为侦查阶段律师没有调查权,但现在既然确认了律师的辩护人地位,而且允许律师介入侦查阶段,允许其在批捕阶段向检察官发表辩护意见,实际上已经默认律师有权进行调查了。因为只有进行必要的调查取证,才能向侦查人员发表辩护意见,以论证嫌疑人无罪或不符合批捕条件。这是辩护人地位所带来的必然结果。可能的限制是律师不能向侦查人员掌握的证人和被害人调查取证,因为刑诉法明文规定,律师调查控方的证人和被害人需征得检察机关同意。至于检察机关没有找过的证人,没有收集的证据,则完全可以调查。这些对今后的侦查工作和批捕工作,也无疑会带来很大的影响。

(二)"非法证据排除规则"的确立,强化了侦查人员的非法证据排除责任

刑诉法的修改,确立了非法证据排除规则,增加规定不得强迫任何人证实自己有罪,进一步规范了侦查取证程序,具体内容包括两个方面:一是采用刑讯逼供等非法方法收集的犯罪嫌疑人、被告人供述和采用暴力、威胁等非法方法收集的证人证言、被害人陈述,应当予以排除;二是收集物证、书证不符合法定程序,可能严重影响司法公正的,应当予以补正或者作出合理解释;不能补正或者作出合理解释的,对该证据应当予以排除。为了从根本上杜绝刑讯逼供和其他非法方法收集证据的现象发生,维护司法公正和刑事诉讼参与人的合法权利,这一修改具有重要意义:首先,它具有重要的法律引领和指导作用,体现了我国刑事诉讼制度对于程序公正的重视,体现了社会主义法治理念,体现了现代诉讼理念。其次,它从原则和理念上进一步强化了对于刑讯逼供的严格禁止。最后,它与国际公约的有关规定相衔接。非法证据排除规则是侦查工作面临的一个更大的难题,非法证据排除规则几乎把侦查、批捕、起诉乃至检察监督工作全都囊括进来。因为非法证据排除的本质是把侦查行为的合法性纳入到法庭审查之中,被告人摇身一变成了原告,侦查人员成了被告,公诉人成了被告的代理人,法庭上审判的对象不再是被告人的刑事责任问题,因而由此便产生了侦查程序是否合法的如下问题:

1. 侦查人员出庭作证问题

在非法证据排除规则适用中可能产生争议的焦点问题首先是侦查人员出庭作证的范围界定问题,由于受侦查资源的限制,我们不可能要求任何案件的侦查人员都出庭作证,所以应对侦查人员出庭作证的范围和内容作出规定:一是对案件事实存在争议或侦查人员不出庭将损害被告人利益的案件;二是犯罪嫌疑人当庭翻供或存在刑讯逼供的案件;三是控、辩双方对现场勘验、检查、搜查、扣押、辨认笔录有异议的案件,对于证据有重大疑点的案件。[①] 笔者认为:侦查人员出庭作证的内容应为:一是对证据和侦查行为的合法性提出异议时,出庭陈述证实没有刑讯逼供、非法取证等情形;二是侦查人员提取、保管的证据存在变质、损失时,需要出庭说明提取和保管过程的适当性等;三是秘密侦查取得证据;四是对接受自首、立功情节和犯罪嫌疑人到案后的认罪悔罪表现;等等。侦查人员在非法证据排除的程序中不仅是一个普通的证人,甚至

---

① 参见高一飞、房国宾:《比较法视野下侦查人员出庭作证制度》,载《犯罪研究》2004年第2期。

还有程序上的被告性质,有一点像行政诉讼的被告,被告就要出庭应诉,因此侦查人员有责任出庭,也有责任维护检察机关的声誉,要通过证明没有违法行为,来反驳个别被告人、辩护人的不实控告。这给侦查工作带来了一个新的任务即出庭应诉。

2. 非法证据排除规则中的适用问题

根据新刑诉法的规定,侦查机关、公诉机关和法院都可以排除非法证据。笔者认为由公诉部门排除非法证据效果会更好,可以最大限度地避免一些类似公诉证据体系的削弱、庭审公诉困难等不必要的问题。要求侦查机关自我排除非法证据不具有现实意义,侦查的主要工作是要侦查破案,面临的压力极大。尤其是职务犯罪侦查,犯罪嫌疑人、被告人往往智商高、学历高、位高权重,具有一定的反侦查能力。而侦查机关的侦查手段又比较单一,法律对侦查的要求和限制也越来越严,所以说,刑事诉讼法只能是鼓励侦查机关排除非法证据,而完全依靠侦查机关排除非法证据则不现实。但是,如果到庭审阶段再排除非法证据,一旦口供等关键证据被排除,公诉方的证据体系将不可避免地受到削弱,对公诉造成不利的严重影响将无法挽回。所以笔者认为,最理想的情况就是由公诉部门来排除非法证据,因为这个阶段的排除有挽回的余地。

3. 全程同步录音录像制度实施中的缺陷与不足

我国检察机关是最早推广全程录音录像制度的,早在 2005 年年底,最高人民检察院通过了《人民检察院讯问职务犯罪嫌疑人实行全程同步录音录像的规定(试行)》(以下简称《规定》),全国检察机关推行讯问职务犯罪嫌疑人同步录音录像工作。问题的关键是在于如果没有全程同步,将来预审讯问程序的合法性发生争议的时候,特别是被告方申请调取全程同步录音录像的时候,就会发生一系列的争论。2010 年 7 月 1 日,"两高三部"颁布的两个证据规定实施以来,已经出现了很多非法证据排除的案例,其中关键问题之一就是没有全程同步录音录像。[①]

修订后的刑事诉讼法第 121 条规定:"侦查人员在讯问犯罪嫌疑人的时候,可以对讯问过程进行录音或者录像;对于可能判处无期徒刑、死刑的案件或者其他重大犯罪案件,应当对讯问过程进行录音或者录像。录音或者录像应当全程进行,保持完整性。"从此在立法上正式确立了侦查讯问全程录音录像制度。

[①] 参见樊崇义、陈永生:《科技证据的法定化——刑诉法修正不可忽视的一个重要问题》,载《南都学坛》2005 年第 2 期。

但检察机关在实践操作全程同步录音录像制度过程中遇到了以下问题：

(1) 审讯频率下降，审讯节奏受到影响。实行侦查讯问全程录音录像制度后，要在有视听监督的公开环境下开展讯问工作，部分办案人员因害怕语音出错、行为出格、程序出乱而心生紧张情绪，继而出现畏手畏脚，发问不到位问题，加之全程同步录音录像对操作人员、审讯环境、技术设施等方面都有特殊要求，在各种因素影响下，审讯的频率和突破口供的机会减少，获取犯罪嫌疑人口供的难度加大。

(2) 存在选择性同步录音录像现象。侦查讯问有选择进行"同步录音录像"而非真正"全程"、"同步"、"不间断"录音录像。由于检察机关在审讯中处于优势地位，实践中不少案件存在"先审后录"的情况，同步录音录像只能说明在录音录像的讯问当时不存在违法问题，但是对供述前有没有发生违法情况，犯罪嫌疑人是否受到精神强制乃至刑讯逼供，讯问的录像资料都无法予以说明。

(3) 审判阶段的示证程序及示证规则缺失。修改后的刑诉法扩大了人民法院依职权主动调查核实证据的职权。新刑诉法第182条规定：开庭以前，审判人员可以召集公诉人、当事人和辩护人、诉讼代理人，对回避、出庭证人名单、非法证据排除等与审判相关的问题，了解情况，听取意见。但是庭前会议、法庭审理阶段，待核实的证据材料应遵从怎样的程序举示，同步录音录像资料的举示决定权的归属，其示证方式与其他证据有何区别，刑事诉讼法并无进一步明确规定。

(三)"指定居所监视居住"对办案工作的影响

新刑事诉讼法将监视居住定位为逮捕的替代措施，明确规定了监视居住的适用情形，同时规定了监视居住原则上应当在犯罪嫌疑人、被告人的住处执行，除非涉嫌危害国家安全犯罪、恐怖活动犯罪、特别重大贿赂犯罪，在住处执行可能有碍侦查的，经上一级人民检察院或者公安机关批准，可以在指定的居所执行。因此，对于检察机关办理的特别重大贿赂犯罪，在犯罪嫌疑人的住处执行可能有碍侦查的，经报请上一级人民检察院批准，可以在指定的居所执行监视居住。但是，不得在羁押场所、专门的办案场所执行。这一规定表明，检察机关可以决定采取指定居所监视居住的，只能是涉嫌特别重大贿赂犯罪的案件。对于检察机关负责立案侦查的国家工作人员实施的贪污犯罪、渎职侵权犯罪案件，除非同时涉及特别重大贿赂犯罪，否则，不能对犯罪嫌疑人指定居所监视居住。

1. "指定居所监视居住"的条件难以把握

依据新刑诉法的规定，"指定居所监视居住"适用于以下两类情形：一类是犯罪嫌疑人无固定住所的；另一类是涉嫌特别重大贿赂犯罪在住处执行可能有碍侦查的。

《人民检察院刑事诉讼规则（试行）》（以下简称《刑诉规则》）规定，固定住所是指犯罪嫌疑人在办案机关所在地的市、县内工作、生活的合法居所。对于无固定住处，笔者认为不能以犯罪嫌疑人在办案机关所在地的市、县内是否有房产而认定是否有固定住处。如果犯罪嫌疑人没有自有房产，而其父母子女有房产的，可以视为犯罪嫌疑人有固定住处。同时犯罪嫌疑人可以确保监视居住期间住房安定性的，也应该视为有固定住所。比如，租住的房屋。这样既可避免大量出现流动人口、外来人口适用指定居所监视居住的情形，也可在一定程度上节约司法资源。

对"特别重大贿赂犯罪"，《刑诉规则》第45条第2款对此做了列举说明：（1）涉嫌犯罪数额在50万元以上，犯罪情节恶劣的。这项规定比较直观，实践操作上易把握。（2）有重大社会影响的，应是指要案即身居要职的国家工作人员的贿赂犯罪案件，往往政治和社会影响都比较大。笔者认为，党委政府关注、群众联名举报、媒体报道披露、酿成严重后果、影响社会稳定的贿赂犯罪案件和县区院办理的科级领导干部贿赂犯罪案件也应包括在内。（3）涉及国家重大利益的。主要应是指发生在一些重要领域或者涉及国家政治、军事、外交以及重点工程等关系国家重要利益的贿赂犯罪案件。有关"有碍侦查"的界定，主要是指需要采取监视居住措施进行更深入侦查，但是在住处执行可能引起同案犯警觉，导致同案犯潜逃或者转移、隐匿、销毁罪证等情形，这在《刑诉规则》中列举了"六种情形"予以明确。

2. "指定居所监视居住"执行难以操作

（1）采取指定居所监视居住的审查问题

新刑诉法规定，采取指定居所监视居住需报上一级人民检察院侦查部门审查，但在《刑诉规则》中未明确应由哪个内设部门审查。对此有两种意见，一种认为，鉴于立、结案备案审查、撤案审批均由反贪局综合指导处负责，采取指定居所监视居住审查也由综合指导处负责较为妥当。另一种认为，由反贪局侦查指挥中心办公室负责审查。

（2）指定居所监视居住场所的选择和建设问题

为杜绝将指定的居所演化为羁押办案的专门场所，《刑诉规则》就指定居所监视居住的执行场所条件作了三方面的规定（具备正常的生活、休息条件；便于监视、管理；能够保证办案安全），同时还采取了否定式列举的方法进行了限定（不得在看守所、拘留所、监狱等羁押、监管场所以及留置室、讯问室等专门的办案场所、办公区域执行）。笔者认为，普通的宾馆和民宅都是难以符合要求的，特别是达不到保证办案安全的要求，因为它们作为一般的民用建筑，不可能像办案场所一样对窗户、墙壁、卫生间等设施进行改造以防止犯罪嫌疑人自杀、逃跑等，这类场所一旦被指定，可能产生巨大的法律风险。因此，能够承担指定居所监视居住的场所应是专门按照办案机关的办案安全要求而建设的场所，如具有双重功能的办案机关建造的培训中心、预防基地、宾馆、招待所等。

（3）指定居所监视居住执行中的安全问题

指定监视居住的地点必须安全，主要是防止犯罪嫌疑人逃脱、自杀、自残。因此，居所必须按办案场所的安全要求建设和配置，如必须指定在一楼范围、墙面、家具等均软包装处理，安装无死角电子监控，生活用品要进行安全清理，以防止犯罪嫌疑人利用物品进行自残；针对犯罪嫌疑人的身体状况，配备家庭药箱，购买血压仪、血糖仪，做到每天一测，随时掌握犯罪嫌疑人的身体状况，同时积极与指定地点的当地医院联系，做好突发事件应急准备。另外，新刑诉法未明确规定执行人员是否可陪护，从办案安全出发，应允许执行人员24小时轮流陪护，以随时应急处置防止被监视居住人自杀或者逃跑，照顾好被监视居住人的起居生活。

（4）指定居所监视居住带来的经济成本

指定居所监视居住要耗费大量的财力和人力，大批人员的住宿及餐饮等，基层检察院财力有限，这就涉及经济成本的问题。指定监视居住动辄在半个月以上，花费的成本很高，而且从执行修改后的刑诉法的趋势来看，将来采用指定居所监视居住的案件将增多，所以这方面的经济成本会给基层院带来很大的财政压力。

三、新刑事诉讼法实施后职务犯罪侦查工作的应对之策

（一）树立规范执法理念，理性、平和、文明执法

新刑诉法的实施迈出了新的步伐，理念进一步更新，有许多新的程序、规定，标志着我国的法律日益与国际接轨，不断地重视保护人权。作为一部关涉公民基本人权的重要法律，其立法、修法的基本方向是通过程序正义限制公权，强化人权保障，凸显修改的立法目的，修改中的证据制度、刑事强制措施、辩护制度等都指向了这一明确的立法目的。刑诉法既有秩序维持的功能，也有人权保障的功能，虽然，我国现阶段正在社会转型期，社会利益分配格局的变化带来大量的社会问题，但应看到绝大多数犯罪是非暴力的较轻的普通刑事犯罪，大部分是人民内部矛盾，不能因为少数的严重的暴力犯罪等重视了刑诉法的秩序维持的功能，而偏离了正确的修改目的与方向，因此，作为法律监

督部门的职务犯罪侦查人员，尤其要转变执法观念，树立规范执法、保障人权理念，实现理性、平和、文明执法。

（二）树立程序意识，确保实体公正，实现司法公正

要坚持严格依照法定程序开展职务犯罪侦查活动。办案程序合法性的重要性日益明显、程序的合法也是充分保障人权和案件顺利办理的重要保障。职务犯罪侦查部门严格按照法定程序办案，一是要严格遵守提审讯问制度，规范办案工作区及看守所录音录像硬件配备及人员配置，对讯问实行全程同步录音录像，严格遵守看审分离和审录分离等规定。二是要大胆、灵活、合法地运用强制措施，不断提高职务犯罪侦查工作效率。对于发现犯罪嫌疑人有可能隐匿、灭失的犯罪证据要及时的采取查封、扣押措施，以固定证据。三是要敢于、善于运用新刑诉法赋予侦查机关的强制措施手段，对于发现侦查对象有可能逃逸的案件，要大胆及时地采取拘留等强制措施以防止逃逸。

（三）树立证据意识，全面提升综合取证能力

办案人员应当树立证据意识、转变传统的"口供中心主义"的侦查取证思维。一是提升收集证据的能力。不应过分依赖犯罪嫌疑人的口供，要注意收集与案件事实有关的其他证据，并且应当依照法定方式和程序收集证据，防止非法取证。职务犯罪案件的特殊性决定了这类犯罪通常是违反了行政管理方面的一些法律法规或者有关的规章制度，应当注重从这个角度来收集其他证据，不能盲目依赖口供。二是充分利用科技手段。这里所指的科技手段并不限于新刑事诉讼法规定的技术侦查措施，而是在更广意义上借助现代科技发展的成果来收集相关证据，例如 DNA 技术、痕迹鉴定、字迹比对、录音录像复原技术等。三是利用刑事政策，采取适当的侦查谋略，分化、瓦解共同犯罪中的犯罪嫌疑人，对于其中不是主犯，犯罪情节较为轻微，或者初犯、偶犯的，通过感化教育来鼓励其供述罪行或者提供犯罪线索。四是注重运用经验和逻辑规则来收集证据。犯罪分子实施犯罪活动是一个动态过程，相应地，指向犯罪的各项证据的产生也是一个动态过程，不能机械片面地去看待每个证据，而应当将每个证据的生成看作是一个相互衔接、相互补充，共同指向和证明犯罪事实的完整过程，从一开始就要注意固定和保全各项证据，防止因证据毁损或者灭失而造成事后难以补证。

（四）树立时效意识，提高运用证据能力

要高度重视初查阶段的调查取证工作。由于侦查程序的严格及侦查期限的限制，职务犯罪案件初查阶段调查取证工作的重要性日益上升。一是要改变过去在初查过程中只注重对线索本身的分析和评估的传统模式，要以线索为突破口，积极开展全面、系统的初查活动。二是要改变过去在常规调查结束后，就

草率立案、将案件突破的希望寄托在获取犯罪嫌疑人口供上的侦查观念,确保在初查阶段就开始全面收集、固定和完善证据,全力改变对犯罪嫌疑人供述的依赖性,逐步形成职务犯罪案件"零口供"侦查模式,实现由"侦查中心主义"向"审判中心主义"转变。三是要注重对相关案件线索的策略性处置。要避免对线索的过于急躁的处置,避免急于求成心态,避免急于接触犯罪嫌疑人的做法,注重策略性经营,以全面收集和掌握与案件有关的一切材料和信息,为立案和预审做好充分准备。

(五)树立信息意识,积极转变侦查办案模式

要充分运用法律赋予检察机关的技术侦查权。技术侦查权是新刑诉法赋予侦查机关的侦查手段,以确保侦查机关能够有效应对日益高科技化和高智能化的职务犯罪。在具体操作过程中,一是要认真用心学习先进科技侦查手段,不断更新必要的侦查技术设备,要积极加强与相关技术领域技术部门的沟通联系,切实加强技术侦查技能的培训和学习,确保侦查人员能够熟练掌握技术侦查技能,使技术侦查权得到充分合理的运用,并逐步将技术侦查手段作为今后职务犯罪案件侦查工作普遍运用的有效途径。二是要严格遵守技术侦查权运用的法定的程序和规范。要严格遵守保密制度和使用要求,全力确保依靠技术侦查手段收集的证据的合法性和证明力。新刑事诉讼法规定了"电子证据"这一新的法定证据类型,这为反贪侦查工作提供了新的机遇,在使用先进的电子设备收集证据上,要确保电子数据的准确性,确保调取的电子数据程序合法,确保数据内容的真实性,确保相关数据与案件事实的关联性,并全力确保通过技术侦查权获取的证据不出现非法证据排除情形。三是要在侦查过程中充分利用先进的技术侦查手段,调取新刑诉法规定的各种电子证据,做到对电子证据等新证据形式全面掌握、准确运用,进而服务自侦办案工作。

(六)树立人权意识,主动接受侦查监督制约

要正确对待并积极应对律师介入。律师辩护制度是刑诉法对犯罪嫌疑人诉讼权利保障的途径之一,针对新刑诉法的规定,自侦部门必须以正确的态度,积极应对律师对案件的介入,确保侦查工作质量。一是要在思想上高度重视与律师关系的处理。要将律师的介入向有利于案件的办理方向去引导。在律师介入后,尽可能地积极听取律师对于案件办理提出的合理意见和建议。对律师提交的相关案件证据要认真对待、全面分析,试图从中找出案件办理过程中是否存在缺陷与不足。二是对律师执业行为进行合法有效的监督。对于律师有意帮助犯罪嫌疑人开脱罪责的行径,要坚决予以制止;对于律师帮助犯罪嫌疑人伪造、毁灭证据、妨害证人作证、串通他人作伪证等违法犯罪行为要坚决予以打击;对于律师教唆犯罪嫌疑人对抗检察机关的讯问等违反职业规范的行为要坚

决向律师主管部门反映。三是要切实加强与律师的沟通与交流,善于借助律师的作用。职务犯罪案件侦查人员对犯罪嫌疑人的审讯,有可能会造成犯罪嫌疑人的抗拒心理,有的案件无论侦查人员如何做说服教育工作,都无济于事,但是律师与侦查人员不同,其出发点和落脚点均基于委托人即犯罪嫌疑人的利益考虑,犯罪嫌疑人自身亦明了这一点,犯罪嫌疑人与侦查部门的对抗或者认罪态度差,不会给犯罪嫌疑人造成不利影响,但却会严重影响侦查工作的顺利开展,而犯罪嫌疑人的认罪态度、是否能够主动交代犯罪事实、是否有悔罪表现等对量刑有一定影响,因此可以借助律师会见,通过律师对其进行一定程度的说服教育工作和利益诉求的正面引导,以有助于犯罪嫌疑人认罪态度的好转,并对案件的侦查起到事半功倍的促进效果,从而有助于保障反贪侦查工作的顺利进行。

(本文荣获女检察官学习贯彻落实"两法"征文活动二等奖)

新刑事诉讼法中关于技术侦查措施适用的问题和建议

谭香萍[*]

新刑事诉讼法在第二编第二章第八节用五个条文专门规定了技术侦查措施。其中第 148 条规定：人民检察院在立案后，对于重大的贪污、贿赂犯罪案件以及利用职权实施的严重侵犯公民人身权利的重大犯罪案件，根据侦查犯罪的需要，经过严格的批准手续，可以采取技术侦查措施，按照规定交有关机关执行。从字面理解，该条文主要包含四方面内容：一是检察机关对某些重大犯罪案件可以采取技术侦查措施；二是检察机关采取技术侦查措施必须是出于侦查犯罪的客观需要；三是检察机关采取技术侦查措施要经过严格的批准手续；四是检察机关采取技术侦查措施应由有关机关执行而不能由自己执行。2012年 10 月 16 日，最高人民检察院对《人民检察院刑事诉讼规则（试行）》进行第二次修订，进一步细化了对技术侦查措施使用范围、条件、程序的规定，但仍在技术侦查的制度细节和操作机制方面语焉不详，需要在实践和理论层面进一步探讨和明确，并进一步细化开展技术侦查措施的制度规范。

一、技术侦查措施的界定

技术侦查作为兼具秘密性与技术性的侦查措施，是侦查工作应对犯罪组织化、隐蔽化、智能化的必然产物，正如美国社会学家格雷·马克斯在评论技术侦查手段时说"由于出现了新的犯罪方法，那些通过公开的方式不易获得的证据的犯罪类型，获得了更大的采用秘密手段的优先权力，技术的改进增进社会的控制威力"。虽然新刑诉法和《人民检察院刑事诉讼规则（试行）》对技术侦查措施作了专门规定，但是对于"技术侦查"的概念、内涵仍然没有具体明确。技术侦查的含义是构建技术侦查制度大厦的基石，也是技术侦查的本

---

[*] 作者单位：湖南省郴州市人民检察院。

质问题，只有明确技术侦查的内涵，才能以此为逻辑起点，构建统一的技术侦查制度。而关于技术侦查的含义，目前理论界和实务界还没有达成共识。学界主要有两种理解。第一种理解是认为技术侦查是秘密侦查的一种，是以侦查措施的技术含量为标准来划分，认为在侦查中需要运用现代科学技术装备来查明案情、搜集证据，技术含量高的侦查措施为技术侦查措施，如监听、拍照和摄像，否则为非技术侦查措施。第二种理解是将技术侦查措施基本上等同于秘密侦查措施。持此种观点的学者认为，因为秘密侦查往往要使用一些专门的技术手段，因而又称"技术侦查"。① 这次修改后的刑诉法中对技术侦查的概念和技术侦查措施的种类没有规定和列举，我们从具体法律条文中可以看出端倪。笔者注意到第151条规定了"为了查明案情，在必要的时候，经公安机关负责人决定，可以由有关人员隐匿其身份实施侦查。但是，不得诱使他人犯罪，不得采用可能危害公共安全或者发生重大人身危险的方法"。"对涉及给付毒品等违禁品或者财物的犯罪活动，公安机关根据侦查犯罪的需要，可以依照规定实施控制下交付。"从上述规定可以看出，修改后的刑诉法把卧底侦查、乔装侦查等隐瞒身份的侦查措施和控制下交付是列入第八节技术侦查措施范围之内的，但使用前要"经公安机关负责人决定"。

笔者认为，技术侦查不能等同于秘密侦查，秘密侦查是相对于公开侦查而言的。技术侦查措施的含义不能仅仅从字面理解，而应作限制性解释，即技术侦查措施的内涵应当同时符合以下条件：第一，该种侦查措施是现代高科技的产物，具有较高的技术含量；第二，该种侦查措施是秘密进行的，公开进行的高科技侦查措施不属于我们讨论的技术侦查措施的范畴；第三，该种侦查措施是一种特殊的侦查手段，具有非常规性，检察机关在侦查实践中大量使用的高科技侦查措施也不是我们所要讨论的技术侦查措施。根据上述特点，笔者认为，技术侦查措施是指侦查人员运用现代科技设备或科技手段，秘密地使用常规侦查措施以外的侦查手段收集证据、查明犯罪嫌疑人的一种侦查措施。综合司法实践中所采取的技术侦查措施以及学界的研究，具体而言，技术侦查措施的种类主要包括监听、技术追踪（如 GPS 定位）、音频视频监控、互联网监控等。②

---

① 参见杨宜群：《新刑诉法框架下检察机关技术侦查措施的几点思考》，载淮南检察网，访问日期：2013年4月5日。

② 参见孙谦：《〈人民检察院刑事诉讼规则（试行）〉理解与适用》，中国检察出版社2012年版，第205页。

二、技术侦查措施的适用范围和条件

《人民检察院刑事诉讼规则（试行）》对技术侦查措施适用范围进行了明确的限定：一是涉案数额在 10 万元以上、采取其他方法难以收集证据的重大贪污、贿赂犯罪案件，包括刑法分则第八章规定的贪污罪、受贿罪、单位受贿罪、行贿罪、对单位行贿罪、介绍贿赂罪、单位行贿罪、利用影响力受贿罪；二是利用职权实施的"严重侵犯公民人身权利的重大犯罪案件"，包括有重大社会影响、造成严重后果的或者情节特别严重的非法拘禁、非法搜查、刑讯逼供、暴力取证、虐待被监管人、报复陷害等案件；三是办理直接受理立案侦查的案件，需要追捕被通缉或者批准、决定逮捕的在逃的犯罪嫌疑人、被告人。在技术侦查的适用条件上，新刑事诉讼法和《人民检察院刑事诉讼规则（试行）》均未规定在侦查中采取哪一种技术手段，依据何种标准来决定是否采取措施以及采取哪一种措施，或者对哪些对象采取措施，仅仅规定为"根据侦查犯罪的需要"，表述过于笼统，不好把握，容易造成技术侦查的滥用。对如何掌握"侦查犯罪的需要"这一标准，有学者指出，可以参照比例原则进行理解和判断。比例原则包括适当性原则、必要性原则，其基本精神是指公权力机关在行使权力时，除了遵循法制原则（即有法律授权作为依据）之外，还必须选择对侦查对象侵害最小的方式进行，避免对侦查对象和其他人员的权益造成不必要的损害，将这种损害限制在尽可能小的犯罪和限度之内。进行技术侦查，目的是发现案件真相，查缉犯罪嫌疑人和获取有关案件证据，不能脱离这一目的而谋取其他目的的实现。[①]《人民检察院刑事诉讼规则（试行）》第 263 条规定了"采取其他方法难以收集证据"，笔者认为，对检察机关适用技术侦查的条件除了遵循比例原则外，还必须落实手段最后原则，即并非所有的"重大犯罪案件"的侦查活动都需要使用技术侦查措施，只有在采取常规的侦查措施难以达到侦查目的时，即在侦查中用其他侦查措施难以收集到关键犯罪证据证实犯罪的情况时，才能考虑运用技术侦查措施，否则，不能动用技术侦查。[②] 之所以强调这一条件，一是技术侦查措施较之一般的侦查措施对公民自由权利损害更大，如果一般侦查措施和技术侦查措施都能达到目的，根据"两害相侵取其轻"的原则，当然应当采取一般侦查措施，只有在一般侦查措

[①] 参见孙谦：《〈人民检察院刑事诉讼规则（试行）〉理解与适用》，中国检察出版社 2012 年版，第 205 页。

[②] 参见董芳宁：《对检察机关适用技术侦查有关规定的解读和思考》，载正义网，访问日期：2013 年 4 月 5 日。

施难以奏效的情况下，才能使用技术侦查措施。二是国外立法值得我们参考和借鉴，如《德国刑事诉讼法典》第100条a规定："在以其他方式不能或者难以查明案情、侦查被指控人居所的条件下"，才允许采用技术侦查措施。《法国刑事诉讼法典》第100条也规定，采用监听等技术侦查措施必须是"为了侦查的需要"，法国学者对此规定的解释为："当传统的侦查技术不太有效时，即可采取这种侦查手段"。可见，国外立法对技术侦查的适用条件多规定为适用传统的侦查方法无法或难以达到查明案件事实的情况下，也就是对于采用传统的侦查手段和措施足以查明案情，收集相关证据的职务犯罪案件，就不必采用技术侦查手段。

三、技术侦查措施的适用主体

修改后的刑诉法第148条第1款、第2款明确了技术侦查措施的适用主体包括公安机关和人民检察院，第2款规定，人民检察院有权决定是否采取技术侦查措施，但是却无权自行执行，按照规定同样需要将技术侦查交由"有关机关执行"。《人民检察院刑事诉讼规则（试行）》也没有对"有关机关"作出解释，此处的"有关机关"是何机关？是否可以理解为上述规定中有执行权的"公安机关、国安机关"？这是一个让人困惑的问题。但是在此却可以看出检察机关在决定采取技术侦查措施后是没有执行权的，自己决定却不能自己执行，这无疑是对检察机关行使技术侦查权的又一限制。倘若是沿袭之前司法实践中根据1989年7月10日最高人民检察院、公安部《关于公安机关协助人民检察院对于重大经济案件使用技侦手段有关问题的通知》等内部规定，仍由公安机关来执行，有其有利的一面，但也有其弊端。有利方面是这种决定权与执行权的分离可以克服检察机关科技设备滞后和专业人才不足的现状，以保证技术侦查措施顺利实施。弊端是增加了泄密的风险，同时可能影响侦查效率。由于执行机关不是案件的承办机关，对案件的具体情况不可能全面了解，执行中难免出现偏差。实践中一些原本可在较短时间完成的技术侦查措施，一些执行机关或执行人员也可能以人手不够等借口不按时完成而申请办理延长手续，这样容易贻误侦查办案的最佳时机，进而影响侦查办案的最佳效果。特别是当犯罪嫌疑人是公安内部人员时，由公安机关执行技术侦查措施的客观性和公正性就更加值得怀疑。并且，此规定中对于检察机关申请执行的程序以及对于公安机关收到申请后的执行时效等相关的具体执行问题却并未提及，有待于出台相关司法解释作出具体的规定。随着职务犯罪形式日益智能化、专业化、隐蔽化等，笔者认为担负惩治腐败重任的检察机关终究需要配备一支自己的技侦队伍，以适应中央老虎、苍蝇一起打的新形势新要求，建议参照公安机关做法，在检察机关设立技侦部门，由检察机关自己的技侦人员执行技术侦查措施，既确保了案件秘密，又有利于提高侦查能力和办案质效。

修改后的刑诉法和《人民检察院刑事诉讼规则（试行）》就检察机关自己侦查的案件需要采取技术侦查措施应由哪一级检察机关哪个部门审查这个问题也没有明确规定，笔者认为，出于谨慎考虑，应由市级以上人民检察院的职务犯罪侦查部门审核把关。理由有二：第一，由地市级以上检察机关决定，是因为作为一项新的侦查措施，检察机关在决定技术侦查措施时必须十分慎重。鉴于目前检察机关对职务犯罪案件的审查批捕权由市级以上检察机关行使，因此，对于专业性要求更强的技术侦查措施而言，更应当从严控制和掌握，否则，就可能造成对技术侦查措施的滥用。第二，由职务犯罪侦查部门决定，技术侦查作为刑事诉讼上的一种新型侦查措施，其决定在本质上仍然属于侦查的内容之一，加之近年来，职务犯罪侦查部门采取侦查一体化办案统一指挥、组织查办大要案，积累了丰富的经验，由职务犯罪侦查部门来审批技术侦查措施的适用有利于提高办案效率。

四、技术侦查措施的适用程序

修改后刑诉法和《人民检察院刑事诉讼规则（试行）》规定了检察机关采取技术侦查措施必须经过严格的审批程序，至于检察机关采取技术侦查措施由谁审批，审批程序如何操作，却没有规定。笔者认为，技术侦查的适用程序可以分为申请程序、批准程序、执行程序、延长审批程序、侦查材料移交程序等几个环节。

1. 申请程序。由于技术侦查措施涉及公民的通信自由、隐私权、住宅权不受侵犯等基本人权，因此，必须从严使用。笔者认为，检察机关在查办案件过程中如需采取技术侦查措施，必须就有关案件事实以及需要采用技术侦查措施的种类连同需要使用技术侦查措施的理由，由办案单位书面报市级以上检察机关审批，基层检察机关不能不经审批自行决定使用技术侦查措施。同时，为了保证侦查活动的及时性，上级检察机关原则上应在24小时内作出决定。

2. 批准程序。市级以上检察机关职务犯罪侦查部门在审批使用这一措施时，要严格审查使用的范围和使用的必要性，全面审查使用的原因、种类及其理由，只有重大的职务犯罪案件且在运用一般侦查手段难以奏效时才能批准使用。建议在具体操作中，对于正科级以下的职务犯罪嫌疑人采取技术侦查措施由市州一级人民检察院检察长决定；对于处级干部采取技术侦查措施由省级人民检察院检察长决定；对于厅级以上干部采取技术侦查措施由最高人民检察院检察长决定。

3. 执行程序。执行技术侦查措施的有关机关侦查人员应严格按照批准的技术侦查措施种类、范围、时间等要求进行，不得擅自扩大使用范围，改变批准内容。

4. 延长审批程序。刑诉法第149条规定……批准决定自签发之日起3个月以内有效。对于不需要继续采取技术侦查措施的，应当及时解除；对于复杂、疑难案件，期限届满仍有必要继续采取技术侦查措施的，经过批准，有效期可以延长，每次不得超过3个月。但对批准延长的次数没有明确，如果多次批延，就会变相成为无限期。为了防止技术侦查措施的滥用，笔者认为有必要对申请技术侦查措施的次数作出明确的规定，在本着既保护人权防止滥用又充分利用技术侦查手段提高办案效率的原则下，笔者建议，延长批准由原签发机关检察长决定，延长期限不能超过两年。

5. 侦查材料移交程序。执行程序结束后，公安机关负责执行技术侦查措施的人员应及时将在采取技术侦查措施中收集到的与案件有关的证据材料交申请执行机关，移交时应办好交接手续。对其他与案件无关的内容要及时清除和销毁，确保犯罪嫌疑人其他隐私权不受侵犯，有效防止技术侦查措施的滥用。

五、技术侦查证据的采信

我国刑诉法及司法解释确立的庭审中质证程序，明确所有作为证据的材料都要在庭审时公开出示并经过质证，才能被采纳为定案的证据。修改后的刑诉法第152条规定："依照本节规定采取技术侦查措施所收集的材料在刑事诉讼中可以作为证据使用。如果使用该证据可能危及有关人员的安全，或者可能产生其他严重后果的，应当采取不暴露有关人员身份、技术方法等保护措施，必要的时候，可以由审判人员在庭外对证据进行核实。"该条规定包含了两层含义，一是肯定了技术侦查措施搜集的证据的直接证明力，有助于解决在个别案件中缺少技术侦查材料无法定案的困难，提高对极个别疑难、重大案件的打击力度。二是证据使用过程中不必遵循通常的证据审查程序，应当以不危及人员安全、暴露相关人员身份与技术方法作为使用的前提。必要时，可以无须经过庭审质证程序，而由法官在庭外对证据进行核实后确定其证据效力。笔者理解，这是指使用线人、卧底等侦查措施取得的证据，可以由审判人员在庭外对证据进行核实。作为视听资料和电子数据形式的技术侦查证据材料，大部分情况下都需要经过庭审中的调查、辩论、质证和审查判断才能作为定案的证据。与证据只有经过控辩双方质证才能作为定案根据的质证原则不同，该规定是在充分考虑到技术侦查手段的保密性、有效性基础之上对质证原则作出的限缩。①

在技术侦查措施获取的证据材料中，包括电子侦听、电信监控、电子监控、密搜密取、网络侦查等有相当部分属于视听资料、电子数据。修改后的刑诉法第48条将视听资料、电子数据列为证据的八种法定形式之一。技术侦查措施获取的证据材料是现代科学技术的产物，其证据效力是其他任何证据所不能代替的，但它对客观物质材料的依赖程度极强，而且在提交审查认证之前，在其产生、收集、保管过程中极易受到人的主观因素影响。所以，对职务犯罪技术侦查取得的证据，应该建立相应的技术侦查证据采信原则。

1. 建立专家顾问制度和对技术侦查证据鉴定制度。由于技术侦查证据科技因素较多，一般人对其原理、来源不甚明了，在庭审中，可能会提出一些疑问，需要专家从技术以及原理上进行说明。如果当事人对用于技术侦查的仪器设备等提出疑义，需要做相关科学鉴定的，应当予以鉴定。

2. 建立技术侦查证据补强法则。技术侦查不是万无一失的，如果仅凭个别科技证据认定被告人有罪并处以刑罚，难以防止冤假错案的发生，也难以让被告人认罪服法，特别是对于其可靠性有争议的技术侦查证据，必须要有其他证据予以补强。

3. 建立技术侦查证据的非法证据排除规则。修改后的刑诉法第148条至第152条对技术侦查措施的审批、采用时限、使用中的限制等作了严格规定，对于违反上述规定的，应将其列为非法证据予以排除。②

六、技术侦查的侵权救济

刑诉法对技术侦查措施采取了严格的限制，这是从执法者角度出发为保证技术侦查措施正确有效实施进行的规定。同时，技术侦查属于秘密侦查措施，它是在被侦查对象不知情的状态下实施的，在技术侦查行为实施之前和实施过程中，被侦查对象缺乏司法救济途径，而且实施过程也缺乏有力的监督，还有必要从被侦查者角度出发，规定对违法使用技术侦查措施如何救济。建议在司法解释中明确技术侦查措施的监督机关，明确违法适用技术侦查措施应受到的法律制裁，明确公民隐私权被侵犯后的救济途径。通过补充规定，进一步完善

---

① 参见刘武俊：《新刑诉法的完善亟需配套司法解释》，载《东方早报》2012年3月27日第A23版。

② 参见杨宜群：《新刑诉法框架下检察机关技术侦查措施的几点思考》，载淮南检察网，访问日期：2013年4月5日。

立法，使技术侦查措施在检察机关职务犯罪侦查活动中充分发挥打击犯罪的作用。

七、完善技术侦查措施相应配套保障

技术侦查措施在新刑事诉讼法的提出是迎合现代犯罪形式升级的形势，体现法律与时俱进的一种动态发展，顺应时代发展潮流、契合人权保障理念。在刑诉法没有赋予检察机关技术侦查权之前，检察机关往往依赖于公安机关施行技术侦查，加之我国技术侦查措施"神秘"色彩浓厚，检察机关对技术侦查措施重视程度不一，侦技结合的意识不够强，在技术侦查人才储备、技术设备配置及运用等方面严重滞后，给案件的侦查带来不利影响。要在短期内尽快改变这种状况，加快解决科技信息运用问题，需从三个方面着力：

1. 更新执法理念，着力强化思想保障。在多年的办案实践中，侦查人员倚重口供的传统观念仍然根深蒂固，从而造成侦查人员往往为了获取口供而花功夫、下力气，甚至采取刑讯逼供的方法。新刑诉法规定律师的提前介入、非法证据排除规则的确立、技术侦查权的赋予，这些新的挑战都要求我们必须转变倚重口供办案的观念，真正树立重证据，重调查研究，不轻信口供的观念，从传统人力型办案向综合运用情报信息、科技手段侦破案件转变，实现侦查工作从"由供到证、以证印供"向"以证促供、证供互动"的转型升级。要坚持以证据为核心，坚持把技术手段的运用作为创新办案实践的主要手段，把主要精力从获取口供转移到全面收集证据上来，有效运用技术侦查措施，更加重视物证、书证、视听资料、电子数据等客观证据的收集，采取各种形式固定补强证据，构建完整的、稳固的、多层次的证据体系，最终达到尽快查清犯罪事实，提高诉讼效率，节约诉讼成本的目的。

2. 提升适用技术侦查措施的能力，着力强化人才保障。技术侦查依靠先进的技术装备，对人员的知识和技能要求很高，必须强化技术侦查队伍的专业化建设。要大力培养技术侦查专业人才，为侦查模式的转换打下坚实的基础。特别是加强技术侦查人员培养线索、情报收集、电脑知识及科技手段运用能力培训，熟练掌握侦听、监视等基本本领，从而增强整个队伍运用技术侦查手段的能力。在目前检察机关人员、设备尚未配置到位的情况下，建议加强与公安机关、国安机关的沟通联系与协作配合，建立技侦工作的协调配合机制，以求及时、准确出击。

3. 加快技术侦查所需设备的配置，着力强化装备保障。检察机关要积极加强与党委、政府及相关部门的汇报协调，加快推进《2011—2013年全国检察机关反贪侦查装备建设三年规划》的落实，加快侦查指挥装备、侦查取证装备、办案区装备和交通通讯装备建设,如电子物证、心理测试、定位车等高科技侦查装备18种、常规性侦查装备21种,力争侦查装备必备种类能达到规划标准,从硬件上提升职务犯罪侦查工作的科学含量。要加快侦查信息化建设,以侦查指挥中心建设为契机,打造综合信息查询系统、社会信息情报处理系统、外网舆情信息监控、电子数据证据处理等信息平台,构建起职务犯罪情报信息系统,实现以信息引导侦查的侦查方式的转型升级目标,切实提高查办职务犯罪案件的效率和效果。

(本文荣获女检察官学习贯彻落实"两法"征文活动三等奖)

加强延长侦查羁押期限必要性审查的思考与实践

——以绍兴市检察院的实践为视角

李晓男[*]

《刑事诉讼法》第 93 条规定检察机关在犯罪嫌疑人被逮捕后，仍应当对羁押必要性进行审查。由于延长侦查羁押期限将导致犯罪嫌疑人被羁押的时间高达数月之久，且随着侦查进程的推进，羁押必要性因素相较于逮捕时可能已经发生变化，因此在批准延长侦查羁押期限环节进行羁押必要性审查是监督"不当羁押"和"超期羁押"的重要契机。为充分发挥监督职能，检察机关在办理延押案件时需要深入思考和积极探索如何审查羁押必要性，通过不断的尝试、纠错与重建，提炼合理有效的操作方法，切实维护犯罪嫌疑人的合法权益。

一、从一则案例说起

2013 年 3 月 26 日，绍兴市检察院收到提请延长侦查羁押期限的犯罪嫌疑人袁某某等 6 人涉嫌故意伤害罪一案。经全面审查，绍兴市检察院认为该案系村民因相邻土地纠纷引起互相殴斗的刑事案件，虽然涉案人员较多，但案件事实简单、清楚，犯罪情节轻微，不符合《刑事诉讼法》第 154 条规定的"案情复杂，期限届满不能终结"的情形，故作出不批准延长的决定，同时向提请单位发出《不批准延长侦查羁押期限理由说明书》。目前，该案的 4 名犯罪嫌疑人已移送审查起诉，另外 2 人因犯罪情节轻微未移送起诉。

根据以往惯例，涉案犯罪嫌疑人在 3 人以上的共同犯罪案件只要达到规定的人数条件，通常都会批准延长侦查羁押期限，鲜少深入考虑案情的繁简及情节的轻重。但自捕后羁押必要性审查制度推行以来，绍兴市检察院切实转变办案方式，对提请延长侦查羁押期限的案件由单纯的程序性审查扩展到全面的实

---

[*] 作者单位：浙江省绍兴市人民检察院。

质性审查,有效改变了以往"有报即延"的现象。2013年上半年,共对7名不符合延长侦查羁押期限条件的犯罪嫌疑人作出不批准延长的决定,占提请延押总人数的8.8%。

在延长侦查羁押期限环节加强羁押必要性审查,有利于厘清办案期限和羁押期限的界限,实现二者的实质性分离,对保障犯罪嫌疑人的合法权益和规范侦查机关的侦查行为都具有重要意义。但在我国司法实践中,延长侦查羁押期限在执法理念、制度设计、程序操作以及权利救济等诸多方面都存在一定的积弊,由此造成对犯罪嫌疑人的不适当羁押和不必要羁押。要改变这一现状,必须全面分析现阶段延长侦查羁押期限存在的问题,在此基础上有的放矢地探索羁押必要性审查的合理路径。

二、现阶段延长侦查羁押期限存在的问题

(一)侦查机关"以延代侦",以羁押时间换取侦查空间

司法实践中,侦查机关提请延长侦查羁押期限的目的主要基于取证的需要,而较少考虑犯罪嫌疑人是否具有继续羁押必要性。受我国目前存在的"口供中心主义"侦查模式的制约,获取犯罪嫌疑人口供依然是侦查人员侦破案件的捷径,"由供到证"的侦查方式使得口供被信奉为"证据之王"。相较于被取保候审后可能带来的阻碍取证顺利进行的隐患,犯罪嫌疑人被羁押于看守所中,既能排除毁灭、伪造证据或者串供的风险,又能给犯罪嫌疑人施加心理压力,有利于侦查取证。在这种显而易见的利弊权衡中,侦查机关常倾向于选择以羁押时间换取侦查空间。

(二)检察机关"本末倒置",重程序审查轻实质审查

在我国"侦查中心主义"的诉讼构造中,侦查是刑事诉讼的中心阶段,检察机关的审查逮捕、审查起诉和法院的审判不过是对侦查结论的审查和确认,由此形成了重配合轻制约的司法理念。在这种主观思想的影响下,检察机关审查"延押"案件往往只是简单的"走程序"、"办手续",极少会作出不批准延长的决定。客观上,侦查机关在提请延押时仅提供《呈请延长侦查羁押期限报告书》等文书性材料,没有移送案卷,检察机关对案件事实、证据情况及侦查进展等情况无从深入了解和核实,只能根据公安机关自行撰写的文书材料进行程序性审查,对延长羁押期限的监督徒具形式。

(三)制度设计"严进严出",逮捕与羁押合一造成"一押到底"、"有报即延"的现象比较普遍

在我国现行法律制度中,逮捕直接与羁押相连,其性质和产生的法律后果就是羁押。逮捕与羁押合一的制度设计造成了一种"严进严出"的现状,即

逮捕的条件设置比较严格,而犯罪嫌疑人一旦被逮捕,逮捕决定带来的羁押效力自然延伸到后续的侦查、公诉和审判阶段,即使是轻罪案件的犯罪嫌疑人、被告人也很难在审判前被解除羁押。由于逮捕与羁押合一,司法审查制度无从确立,羁押必要性实质上被等同于逮捕必要性,批准延长侦查羁押期限随之变得顺理成章,这必然会造成不适当羁押和不必要羁押的出现。

(四)法律规定"大而化之",延长侦查羁押期限的法定条件简单笼统

虽然最高人民检察院2011年下发的《关于进一步规范各级人民检察院侦查监督部门办理批准延长侦查羁押期限案件的通知》将"案情复杂,期限届满不能终结的案件"解释为五种情形,但从总体来看,"大要案"、"重大复杂案件"、"犯罪涉及面广"、"取证困难"、"另有重要罪行"等立法用语比较宽泛,内涵和外延都很模糊,可操作性不强。实践中侦查机关与检察机关之间以及各地不同的检察机关之间由于各自理解不同,往往造成执行标准或尺度不统一。

(五)司法救济"遁形缺位",犯罪嫌疑人的权利无法得到有效救济

对犯罪嫌疑人解除或变更羁押的法律救济有两种方式,一种是人民法院、人民检察院或者公安机关依职权进行的主动救济,另一种是犯罪嫌疑人及其法定代理人、近亲属等经申请引发的被动救济。《刑事诉讼法》第97条规定"犯罪嫌疑人、被告人及其法定代理人、近亲属或者辩护人对于人民法院、人民检察院或者公安机关采取强制措施法定期限届满的,有权要求解除强制措施"。虽然该条款规定了犯罪嫌疑人有申请变更和解除强制措施的权利,但是没有规定实现权利的具体方式和路径,这使得有权决定机关可能对变更、解除羁押的申请不予理睬或者延迟答复,除非特殊情况,也绝少主动变更强制措施,致使对羁押的救济难以落实。

三、加强延长侦查羁押期限必要性审查的探索与实践

修改后的刑事诉讼法建立了捕后羁押必要性审查制度,但该制度只是原则性、纲领性的规定,具体操作的方式方法需要检察机关在工作中通过不断的探索与实践予以提炼。为贯彻落实捕后羁押必要性审查工作,绍兴市检察院依法采取多项举措在批准延长侦查羁押期限环节加强羁押必要性审查。

(一)制定细则,通过精细化和标准化的规定使延押工作有章可循

为改变侦查机关提请延长侦查羁押期限案件不规范、随意性较强等问题,同时加强对"延押"案件的实质性审查,2012年绍兴市检察院联合绍兴市公安局出台了《关于进一步规范延长侦查羁押期限案件工作的规定》,完善了办理延押案件的程序性和实体性规定。首先,在程序上规定了侦查机关提请

"延押"案件的时间及所需文书材料;明确了受理、审查案件的步骤和方法;对不批准延长侦查羁押期限的案件要求向提请单位书面阐明理由。其次,在实体上进一步细化了"案情复杂,期限届满不能终结的案件"的几种情形;列举了审阅案卷材料需要查明的问题和内容;确定了延长侦查羁押期限的起点刑期——一般以"可能判处三年有期徒刑以上刑罚"作为延长羁押期限的起点。由于标准明确,可操作性强,该规定对规范侦查机关提请延长侦查羁押期限和检察机关办理"延押"案件都发挥了重要的指导作用。

(二)全面阅卷,加强对延押案件的实体审查

受主观上"重配合轻制约"的司法理念影响,客观上缺乏案卷材料进行实质性审查的制约,检察机关审查"延押"案件往往流于形式,极少会作出不批准延长的决定。为改变这一现状,绍兴市检察院规定办理延长侦查羁押期限案件要坚持程序审查与实体审查相结合,重点加强对案件的实体性审查。

1. 要求侦查机关随案移送全部案卷材料。侦查机关需要延长侦查羁押期限时,一般应报送全部案卷材料,这是全面了解案件情况的物质基础和客观条件。承办人只有在了解案情的基础上才能核实侦查机关的延押理由是否成立,进而作出批准与否的决定。如果没有案卷材料,对延押案件进行实质性审查就成了"无源之水"、"无本之木"。实践证明,要求全案移送也能促使侦查机关慎重对待延押,在一定程度上遏制其基于"以延代侦"的需要将不符合延押条件的案件上报。

2. 全面审查是否符合延长羁押期限的条件。办理延押案件要全面审阅案件材料,对案件事实、证据情况、可能的量刑情况、侦查进展情况等进行综合分析,在此基础上判断有无继续羁押必要性。具体包括:逮捕时认定的犯罪事实及需要继续侦查的犯罪事实;案件已经收集的证据情况及进一步侦查取证存在的困难;根据《中华人民共和国刑法》以及相关司法解释,犯罪嫌疑人可能判处的刑罚;犯罪嫌疑人在羁押期间的表现及有无不适合羁押的情形;等等。需要强调的是,市院遵循羁押期限的"比例性"原则,将犯罪嫌疑人"可能判处三年有期徒刑以上刑罚"作为延长羁押期限的起点,从而使延长后的羁押期限控制在犯罪嫌疑人可能被判处的刑期范畴内,有效防止"刑期倒挂"现象的产生。

3. 审查侦查机关逮捕后的侦查取证情况。实践中,由于侦查人员在犯罪嫌疑人被逮捕后未能积极开展侦查,导致延长侦查羁押期限的现象也时有发生。为有效监督侦查机关的"捕后怠侦",绍兴市检察院规定对检察机关批准逮捕时要求进一步补充侦查的,侦查机关应说明侦查取证情况,未取得进展的需说明理由。对没有任何进展且其无法提出充分合理的理由的,可以根据情况

作出不批准延长的决定。例如提请延长侦查羁押期限的犯罪嫌疑人何某某涉嫌非法经营一案，该案系证据有所欠缺但已基本构成犯罪，认为经过进一步侦查能够收集到定罪所必需证据的附条件逮捕案件。检察机关逮捕时要求公安机关在捕后补充收集能够证实何某某涉嫌非法经营罪的证据，但在羁押期限届满前，公安机关未能取得任何相关证据。在这种情形下，绍兴市院遂作出不批准延长的决定。

（三）多重把关，加强对延押案件的程序审查

从案件的受理到审查，再到批准延长后的后续跟踪监督，绍兴市检察院将程序性审查贯穿整个流程始终，真正做到"实体审查，程序把关"。

1. 在受理提请延长侦查羁押期限案件时严把关口，从源头上拦截不符合规范要求的案件。对报送的文书材料不齐全的，要求侦查机关补充报送；对《呈请延长侦查羁押期限报告书》内容不充分、不规范的，要求重新制作；对超过侦查羁押期限提请延长的，不予受理；对不按规定期限提请延押的，口头或书面提出纠正意见，多次不按规定期限提请的，发出《纠正违法通知书》。通过严格把关，强化外在的监督力和约束力，确保侦查机关提请延押时材料更加统一，程序更加规范。

2. 在审查过程中坚持"三级审查制"。先由承办人对案件是否符合延长侦查羁押期限条件进行审查，填写《批准延长侦查羁押期限审查表》，包括侦查机关提请延押的理由及承办人审查意见。再将审查表及案件文书材料提交部门负责人审核，最后由分管检察长审核。通过三级审查的程序设置确保延长侦查羁押期限的正确适用。

3. 在批准延长羁押期限后继续对羁押必要性跟踪监督。羁押必要性是一个动态的过程，随着诉讼进程的推进会有所变化，因此对羁押必要性的审查要根据具体情况适时调整。除了在办理延押案件时审查羁押必要性以外，还要将审查的关口后移，对批准延长侦查羁押期限的案件尤其是经省院批准延长两个月的案件，通过跟踪了解案件的侦查进展继续监督。对于延长羁押的理由或条件已经消除，同时犯罪嫌疑人具备取保候审或者监视居住条件的，及时建议侦查机关变更强制措施。例如，绍兴市检察院在跟踪监督时了解到有两起案件在延长侦查羁押期间已经收集到定罪证据，且犯罪嫌疑人认罪态度较好，具备取保候审条件，遂建议侦查机关依法变更了强制措施。

（四）拓展渠道，赋予被羁押犯罪嫌疑人司法救济的权利和途径

《刑事诉讼法》第 97 条赋予犯罪嫌疑人及其法定代理人、近亲属等有要求司法机关依法解除或变更强制措施的权利，这是对限制人身自由强制措施应当采取审慎态度的立法精神的贯彻和落实。从这个角度出发，在延长犯罪嫌疑

人侦查羁押期限时赋予犯罪嫌疑人救济的权利和途径,是对《刑事诉讼法》第97条规定的深层解读和合理扩展。

  首先,实行侦查羁押期限告知制度。侦查机关在获得延长犯罪嫌疑人侦查羁押期限的批准文书后,应及时将延长羁押期限情况告知犯罪嫌疑人及其法定代理人、近亲属等。其次,犯罪嫌疑人有提出异议的权利。犯罪嫌疑人对延长羁押有异议的,可通过侦查人员或驻所检察人员向侦监部门申诉。最后,检察机关应当听取犯罪嫌疑人意见。犯罪嫌疑人提出异议的,侦查监督部门应听取其申诉和辩解并重新审查,最后作出维持或变更原决定的新决定。赋予犯罪嫌疑人知情权的意义在于使其清楚的知悉延押理由,为辩护和防御做好准备,同时结合申辩权等权利的行使,改变传统职权主义的单向、书面式审查模式,形成第三方居间裁决的模式,从而防止不当羁押、超期羁押等情况的发生。

    (本文荣获女检察官学习贯彻落实"两法"征文活动三等奖)

二、公诉实务

附条件不起诉制度具体适用问题探析

翁明朱　汪珊珊[*]

2012 年 3 月 14 日，第十一届全国人大第五次会议通过的中华人民共和国刑事诉讼法修正案（以下简称"刑诉法修正案"），首次从法律层面上明确规定了未成年人附条件不起诉制度。该制度的设立，充分吸收了相关司法解释的有关规定以及多年来各地司法实践的有益经验，契合了司法实务部门关于构建附条件不起诉制度的立法诉求，扩大了检察机关处理未成年人犯罪案件的起诉裁量权，对教育、感化、挽救失足未成年人具有重要的指导意义。但从司法实务层面而言，执行未成年人附条件不起诉制度尚缺乏配套成熟的相关机制。本文以泉州市洛江区院适用的首例未成年人附条件不起诉案件为视角，着力分析检察机关在执行该制度的过程中面临的问题和挑战，认真反思和构想该制度在司法实践操作中亟须进一步改革和完善之处。

一、未成年人附条件不起诉制度的立法评析

1996 年刑事诉讼法只规定了法定不起诉、酌定不起诉（又称相对不起诉）和证据不足不起诉三种制度，并将酌定不起诉局限于"犯罪情节轻微，依照刑法规定不需要判处刑罚或免除刑罚"的情形。对于无前科劣迹、主观恶性不大、偶尔失足且涉嫌罪行较轻，既不符合不起诉条件，提起公诉又不利于教育改造的未成年犯罪嫌疑人，未能为其创造介于起诉和不起诉之间的过渡空间，实现对其的特殊保护。因此，从制度设计层面来看，建立未成年人附条件不起诉制度，适当扩大检察机关的起诉裁量权，将轻微的未成年人犯罪案件在起诉阶段予以分流，减轻审判负担，节约司法资源，既可以弥补现有起诉制度不足、严密刑事诉讼体系，又能有效地实现未成年犯罪嫌疑人的特殊预防、教

---

[*] 作者单位：福建省泉州市洛江区人民检察院。

育改造。

一般认为，未成年人附条件不起诉是指检察机关在审查起诉时，对部分构成犯罪但罪行较轻的未成年犯罪嫌疑人暂时不予提起公诉，而是根据其年龄、性格、犯罪性质、犯罪情节、原因以及犯罪后的悔过表现等综合情况，规定考验期限，设定履行义务，待其考验期满后依据表现情况决定是否提起公诉。"刑诉法修正案"从适用范围、适用条件、决定机关、决定程序以及考验期限、义务承担等七个方面对该制度进行了详细的规定，内容较为完备，可操作性较强。但在充分肯定未成年人附条件不起诉立法价值的同时，还应当看到，这一立法还存在诸多不完善的地方，需要进一步改进和完善。

1. 罪名条件限制过窄。从法律条文规定上看，未成年人附条件不起诉制度仅适用于未成年人涉嫌刑法分则第四章、第五章、第六章规定的犯罪案件，即排除了除侵犯公民人身权利、民主权利罪、侵犯财产罪和妨害社会管理秩序罪三类罪名外的其他犯罪适用未成年人附条件不起诉的可能性。虽然这三类犯罪在未成年人犯罪种类中占据较大的比例，但进行如此限定本身并不合理。在考虑轻罪案件上，立法的本意是从犯罪嫌疑人恶性的角度出发，基于两个方面因素的考虑，给未成年犯罪嫌疑人提供一个摆脱刑事司法负面影响，改过自新，重新回归社会的机会。即一是犯罪性质的限定，未成年犯罪嫌疑人需具有较小的人身、社会危险性；二是犯罪情节的限定，只有犯罪情节较轻的案件才可以适用。在司法实践中，同时具备上述两个因素的案件，涉嫌的罪名却不仅仅只有上述三类。如最常见的交通肇事罪等过失犯罪罪名，从理论上讲，也符合立法的意图，应当纳入未成年人附条件不起诉的案件范围，以保证未成年人附条件不起诉制度取得更佳的法律效果和社会效果。因此，将适用案件范围限制过窄，不仅严重限制了未成年人附条件不起诉制度的应用，难脱显失平等之嫌，更难以适应当前司法实务的需要。

2. 刑罚条件限定苛刻。将未成年人犯罪适用附条件不起诉限定在可能判处1年以下有期徒刑的适用范围内，不免有些严苛。毕竟，我国刑法规定法定最高刑为1年有期徒刑的罪名相对较少。实践中，可能判处1年以下有期徒刑刑罚的案件也可以通过相对不起诉处理。若将附条件不起诉的范围限制于1年以下有期徒刑刑罚的，会造成与相对不起诉在适用上存在重合，二者关系难以厘清，致使未成年人附条件不起诉制度作为新设制度的意义则难以体现，其立法价值也将受到影响。倘若考虑案件判决结果可能因存在法定或酌定从轻、减轻等情节，才达到1年以下有期徒刑的刑罚尺度，就会造成对法律理解的偏差，也会给检察机关在量刑建议上提出更高的要求，不利于未成年人附条件不起诉的具体实施。

3. 检察机关作为考察机关是否合适。"刑诉法修正案"规定,"在附条件不起诉的考验期内,由人民检察院对被附条件不起诉的未成年犯罪嫌疑人进行监督考察",明确了附条件不起诉的执行机关是检察机关。既然立法将附条件不起诉的决定权赋予了检察机关,同时将交付帮教也交由检察机关负责执行倒也是顺理成章。只是,检察机关具有附条件不起诉决定和监督考察的双重主体身份,同时也作为法律监督机关,在面临巨大办案压力的情况下,是否能够有效地行使起诉裁量权,也难免让人心生顾虑。

二、未成年人附条件不起诉制度的实践评析——以本院首例附条件不起诉案件适用为视角

2013 年以来,本院将姚某某涉嫌故意伤害一案作为首例适用附条件不起诉的案件。案情较为简单,基本情况为:2012 年 9 月 7 日 20 时许,在辖区某工厂打工的姚某某(16 周岁)与同厂工人郑某因领包袋材料等琐事发生纠纷。两人在工厂仓库门口拉扯过程中,姚某某将郑某推下过道平台(离地面约 1.85 米高)下的水泥路上,致使郑某胸、颈、左肋骨等多处骨折,其中三处伤情程度均达到轻伤程度。案发后,姚某某与其家属主动找到被害人当面赔礼道歉,并赔付损失 15000 元。被害人表达了谅解姚某某的意愿,请求检察机关从宽处理。承办人员在审查完所有的案卷材料后认为,姚某某因琐事与他人产生纠纷,造成他人人身伤害,系一时冲动犯罪,属初犯,且已赔偿了被害人损失,取得了被害人谅解,可以给其一个改过自新的机会,作不起诉处理。但考虑到其造成被害人郑某多处轻伤,且犯罪地点为 1.85 米高的平台,若非抢救及时,可能造成更严重的损害后果。在走访姚某某所在单位及家庭时,承办人员还了解到姚某某生父早逝,母亲精神失常,继父常年在外打工,家里只有年近八旬的祖父母,缺乏有效的监护条件。为更好地督促姚某某矫正自身的不良习惯和错误,承办人员最终提出对姚某某作附条件不起诉的处理意见。但该案在提交科室研究讨论时,却遇到了不少争议:

争议一:附条件不起诉和相对不起诉,孰重孰轻?如前分析,附条件不起诉与相对不起诉作为检察机关行使自由裁量权的体现,在处理未成年人犯罪案件结果上必然存在着竞合,但如何对二者区别适用,把握界限,则观点不一。第一种观点认为,附条件不起诉案件重于相对不起诉案件。根据现行法律的规定,附条件不起诉适用的案件社会危害性较重,为应当起诉的案件,且附加有一定的考验期,需满足考验期内符合不起诉的条件,才能作出不起诉处理。而相对不起诉,则适用于案件较轻,可以起诉,但因情节轻微,依法不需要判处刑罚或可以免处刑罚的案件,无须附加任何条件,可直接作出不起诉决定。结

合本案来看,姚某某的行为已构成故意伤害罪,但其系一时冲动犯罪,属初犯,犯罪情节轻微。倘若对姚某某适用附条件不起诉,给其设置一定的考验期,施加更多的履行义务,却对具有同样犯罪情节、可能判处3年有期徒刑以下刑罚的成年犯罪嫌疑人适用相对不起诉,又如何能够体现法律对未成年犯罪嫌疑人的特殊保护?因此,应对姚某某直接作出相对不起诉处理比较适宜。第二种观点则认为,附条件不起诉案件轻于相对不起诉案件。附条件不起诉作为不起诉的一种特殊类型,设立的初衷在于给其行为已构成犯罪且不符合相对不起诉条件的未成年犯罪嫌疑人,在其履行了相关义务、取得被害人的谅解后,获得一个在非监禁环境中改过自新、回归社会的机会。若直接对作出相对不起诉处理,则缺乏有效的方式约束其后续行为,不利于对未成年犯罪嫌疑人的教育改造。若适用附条件不起诉,附加了一定的考验条件,保留了违反相关条件后仍被起诉的可能性,就能对未成年犯罪嫌疑人形成较强的约束力。因此,对失足的姚某某适用附条件不起诉更有利于其真诚悔过、改过自新、走上正途。第三种观点认为,考虑到附条件不起诉的最终决定,主要取决于未成年犯罪嫌疑人在考验期的表现。如果缺乏充分的监管条件,附条件不起诉制度中刑罚应有的威慑作用也就无从存在。本案中,姚某某已缺乏有效的家庭监护条件,过早地流入社会,学校教育无法得到受益。在家庭、学校监管均已缺位的情况下,对类似于姚某某这样的社会闲散人员一般不应适用附条件不起诉。甚至有观点认为,未成年人附条件不起诉还与当事人和解的公诉案件诉讼程序在适用条件上存在部分重合。姚某某对被害人郑某造成的身体伤害,系琐事纠纷引起。案发后,姚某某的家属已与郑某达成赔偿调解协议,得到郑某的谅解,可以直接适用当事人和解的公诉案件诉讼程序对姚某某直接作出相对不起诉处理。

争议二:决定主体,检察长或检委会?附条件不起诉制度在程序设计上,要求检察机关先作出附条件不起诉决定,待考验期满后,根据附条件不起诉人的表现,再相应地作出不起诉决定或撤销附条件不起诉决定。对于这两次决定是否都需要经过检委会研究讨论,也存在着不同看法。有人认为可选择一次决定经检委会讨论即可;也有人认为作出附条件不起诉决定应提交检委会讨论。考验期满后,决定不起诉的,无须提交检委会,但如需撤销附条件不起诉,则应提交检委会讨论;少部分人意见则认为两次决定都应经检委会讨论。

争议三:社会调查,性质定位?在对姚某某作出附条件不起诉决定前,为确保帮扶工作取得实效,承办人员采取了以委托辖区司法局调查为主、自行调查为辅的社会调查模式,对姚某某的个人、家庭、单位等多方面进行了综合考察。试图通过会谈、观察、借助与仰恩大学共建的"青少年违法犯罪心理矫治中心"进行心理测试等形式,直接调查姚某某本人;利用座谈、实地走访询问等向监护人、法定代理人、单位领导和同事等与姚某某有密切关系的人员,了解姚某某社会背景、成长经历等;通过到公安机关、所在单位、村委会查询档案,了解姚某某有无前科劣迹及实施犯罪前后表现等。

但在具体操作上,由于当前社会调查工作只能委托给检察机关所在地的组织和机关,具有明显的地域性。对于社会调查中可能涉及的需要跨区、跨市甚至跨省的部分内容,则会存在因调查人员没有授权,无法在异地顺利调取调查对象的相关资料、档案,调查人员得不到重视等问题,导致检察机关无法得到全面、客观的调查报告。本案中,在对姚某某进行社会调查的初期,就曾遇到过辖区司法局以姚某某不是本辖区人口、不属于调查范围为由拒绝协助调查,而其户籍所在地的相关机构则直接将附条件不起诉的社会调查等同于社区矫正的社会调查,以姚某某属于"未决犯",不属于现行社区矫正规定的"被人民法院判处管制、宣告缓刑、裁定假释或有人民法院和监狱管理机关批准监外执行的罪犯以及被单处剥夺政治权利或附加剥夺政治权利且正在社会上服刑的罪犯"的五类适用对象,不具备提供社会调查的依据为由不予配合。经多方协商,辖区内司法局最终仅以工作说明的形式对其开展的社会调查情况予以说明,并未能制作翔实、规范的社会调查报告。

本案中所遇到的社会调查工作的阻碍,主要根源于现行法律仅规定了社会调查的主体、内容,并未对社会调查的具体操作程序和要求予以明确细化。如何确保检察机关与被委托机构或组织在社会调查程序上实现对接、协调成了当务之急。即使本院已与辖区司法局就社会调查工作的具体事宜进行了磋商,正研究商定会签《关于检察环节对未成年犯罪嫌疑人社会调查的实施意见》等相关文件,但如何选任具有相应调查能力的调查主体,在时间、人力和物力得到有效保障的前提下,实地、深入、全面、真实地开展调查,仍是不可回避的难题。

三、未成年人附条件不起诉制度的完善建议

针对上述未成年人附条件不起诉在立法和实践中存在的缺陷,笔者认为,需相应地从以下五个方面进行改进和完善:

(一)明确立法地位

如前争议一所述,在具体个案中,到底应选择适用附条件不起诉还是酌定不起诉,检察机关难以把握。同样的案件,会出现不同处理结果的现象发生。因此,必须厘清附条件不起诉与法定不起诉、相对不起诉、证据不足不起诉之间的关系。附条件不起诉与法定不起诉、证据不足不起诉区别明显,属于不同

类型的不起诉，但与相对不起诉的关系，目前学界或司法实践中仍存在诸多争议。正是由于对此关系的观点不同，才导致实践中对附条件不起诉的启动、决定、宣布程序、方式不统一。

对此，笔者认为二者之间是处于一种并列的关系。第一，从立法立足点这个角度考虑，犯罪的社会危害性，是相对不起诉立足的根本；刑事和解则以息诉息访、社会和谐为最终目标；附条件不起诉则是将立足点放在了考察未成年犯罪嫌疑人的犯罪人格上，三者的立足点是完全不同的。第二，从案件处理结果上分析，相对不起诉的最终结果是，即使起诉，审判机关一般也会作免予刑事处罚决定；而附条件不起诉则是已经符合起诉条件，审判机关可能判处1年以下有期徒刑、拘役或者单处罚金等刑罚。只是为挽救涉案未成年人，而采取特殊的教育挽救措施，并保留起诉可能性。应当说，附条件不起诉适用于比相对不起诉更严重的案件，两者的适用对象没有交叉或者包容关系。因此，在具体适用上，对于同时符合附条件不起诉和相对不起诉适用条件的未成年人犯罪案件，应优先考虑适用相对不起诉。对于缺乏监管条件、适用相对不起诉后可能存在较大再犯可能性或社会危害性以及有长期考察帮教必要的未成年犯罪嫌疑人，尤其是留守未成年人、流动人口或社会闲散人员中的未成年犯罪嫌疑人应先适用附条件不起诉。

（二）适当放宽适用条件

作为一项新生制度，为使附条件不起诉制度达到较好的适用效果，应根据司法实践的检验结果，逐步放宽适用条件。一是可遵循轻罪、恶小的原则，根据实践中相对不起诉的适用情况，将过失犯罪案件纳入其适用范围，使适用附条件不起诉的案件有一定数量的增加。二是将刑罚条件限定为3年以下有期徒刑，才能更好地与刑事实体法衔接，实践中更好把握、更具可操作性。

（三）不断加强权力控制

为保证附条件不起诉准确适用于未成年人刑事案件，有效解决附条件不起诉决定程序不够严格、内部决定、透明度不高等问题，一是要设置"两上检委会"程序。如上分析，附条件不起诉适用案件的情节要重于相对不起诉的适用情形。对于相对不起诉，法律明确规定要经过检委会研究讨论后才能作出。举轻以明重，则附条件不起诉决定的作出显然也需要经过提交检委会研究这一程序。而最终不起诉或撤销附条件不起诉的作出，则要根据犯罪嫌疑人在考验期内的表现来判断，需要综合考虑有无履行义务、有无违反规定、有无重新犯罪等多方情况。为有效实现内部监督，防止过度使用自由裁量权，无论是不起诉或撤销附条件不起诉，都应由检委会决定。二是将附条件不起诉与刑事和解程序有机结合，要求犯罪嫌疑人通过刑事和解程序，主动向被害人认罪道歉、赔偿损失、取得谅解，并听取被害人对犯罪嫌疑人在犯罪后的表现进行陈述、发表意见，允许被害人享有向检察机关提出附条件不起诉处理申请的权利。

（四）完善社会调查程序

一是要建立大调查机制，由检察机关委托未成年犯罪嫌疑人、被告人户籍所在地或实际居住地的司法行政机关负责社会调查并允许司法行政机关联合相关部门开展社会调查，或委托共青团组织以及其他社会组织协助调查。二是在调查主体选任上，要尽快设立专业化的未成年人案件调查人制度，可以借鉴社区矫正的做法，由检察机关委托司法行政机关，从社区矫正机构中选任合适的人员担任调查人，负责对未成年人的社会调查。三是明确由司法行政机关统一制作社会调查报告，检察机关履行监督审核报告的真实性的职责。四是将社会调查的时间提前到侦查阶段，并在审查逮捕或起诉环节增设公开听证程序，确保未成年犯罪嫌疑人、被告人及其监护人、辩护人、被害人及其诉讼代理人能够实现对社会调查报告的知情权和发表意见权。

（五）改进考察执行机制

以社区矫正机制为模板，将附条件不起诉犯罪嫌疑人纳入社区矫正对象范围，将监督考察职责授予辖区内的司法行政机关，由其牵头组织有关单位和社区基层组织具体负责相关考察工作。建立"病历式"考察机制，由附条件不起诉犯罪嫌疑人户籍所在地或实际居住地的街道、乡镇司法所具体承担监督考察的日常管理工作，出具书面考察情况说明。检察机关应对司法行政机关的监督考察进行监督，并根据考察情况说明，最终决定起诉与否。

综上分析，为使未成年人附条件不起诉制度能够切实有效地发挥其应有的作用，不仅要在立法的层面上对适用条件、相关程序等予以改进，也要在实践的基础上，进一步细化操作细则，建立完善与之相配套的各项制度，积极为附条件不起诉制度创造适宜其生存和发展的土壤和环境。

[参考文献]

[1] 孙谦、童建明：《新刑事诉讼法理解与适用》，中国检察出版社 2012 年版。

[2] 王雪梅：《再论少年观护制度之建构——兼议〈刑事诉讼法修正案〉附条件不起诉的规定》，载《中华女子学院学报》2012 年第 3 期。

[3] 王崇蓉、苏恩涛：《我国未成年人附条件不起诉制度探究》，载《湖北成人教育学院学报》2012 年第 5 期。

[4] 李洪亮：《我国附条件不起诉制度探讨》，载《法制与社会》2012 年

第 4 期。

[5] 彭玉伟：《未成年人刑事案件附条件不起诉制度探析》，载《预防青少年犯罪研究》2012 年第 5 期。

（本文荣获女检察官学习贯彻落实"两法"征文活动一等奖）

庭前会议制度相关问题研究

吴小倩[*]

庭前会议制度是指对于重大、复杂的案件，法官依职权或依控、辩双方的申请，认为有必要时，可以召集公诉人、当事人和辩护人、诉讼代理人到庭对庭审中的相关问题进行必要的准备程序。[①] 诚如陈卫东教授所称"如果说整个审判程序的改革是一个美丽的皇冠的话，庭前会议制度的构建则是这顶皇冠上耀眼的明珠之一。"[②] 但立法过于原则，《人民检察院刑事诉讼法规制（试行）》、最高人民法院《关于适用〈中华人民共和国刑事诉讼法〉的解释》（以下简称《规则》、《解释》）虽然有所扩展但均未细化。这就亟需厘清庭前会议制度的价值、内容、法律后果等问题以充分发挥其保障人权、实现司法公正与效率统一的立法价值。

一、刑诉法修改前，我国庭前会议制度的萌芽

庭前会议制度是发源于英美法系当事人主义诉讼模式的一项重要制度，随着全球司法走向融合，大陆法系也予以引入。诸如美国的"审前会议"制度、英国的"答辩和指导性听审及审前裁断程序"、法国的"预审程序"、德国的"中间程序"、日本的"庭前整理程序"，虽然各国历史背景、传统文化和司法制度各异，庭前会议制度也存在不同模式，但其最终目的都是为提高诉讼效率、促进司法公正。

进入 21 世纪，庭前会议制度在我国司法机关中已有所萌芽。常常有一些形式、名称各异的案件协调会、证据开示会议等，虽然参与主体、程序、时间各异，但会议内容除法律适用外往往包括非法证据排除、回避、侦查人员作为

[①] 参见陈卫东、李奋飞：《刑事诉讼法理解与适用》，人民出版社 2012 年版，第 409 页。

[②] 徐日丹：《庭前会议制度：在起诉、审判之间植入中间程序》，载《检察日报》2012 年 5 月 14 日。

证人出庭等问题的庭前或庭后沟通、协调。尤其是证据开示制度，早在2000年8月，全国检察机关公诉工作会议就明确要求有条件的地区试行证据开示制度，以保障辩护权的充分行使。2003年始，浙江省东阳市、宁波市江北区等地实行证据开示试点工作，总结、积累了大量经验。2009年3月，浙江省人民检察院陈云龙检察长在全国人民代表大会上提出的《在刑事诉讼中建立证据开示制度》的提案得到了与会代表和法学专家的高度认可。证据开示制度实际就是庭前会议的雏形之一，即以提高诉讼效率、实现司法公正为最终目的。

二、庭前会议的制度价值

庭前会议制度的实质是在起诉、审判程序之间植入一个中间程序，以打破我国原有刑事审判程序由起诉到审判的直接过渡，实现庭审的优质高效运行，促使庭审成为诉讼的中心。其制度价值在于：

（一）程序价值

1. 提高诉讼效率：集中、迅速审理，防止证据突袭。

效率是刑事诉讼的核心价值之一。在全球诉讼爆炸的背景下，尤其是我国案多人少矛盾突出的情况下，庭前会议制度显然可以最大限度地提高庭审效率，把庭审的主要资源配置于当事人对案件事实、法律问题的辩论之中，实现对司法资源的合理分配及庭审的集中、迅速审理。我国现行的庭审程序是起诉与庭审直接对接，相关程序问题都要到法庭审理过程中予以解决。这就造成"开庭——休庭——再开庭——又休庭"的间断式审理模式，致庭审无法集中、充分、高效审理。通过庭前会议，明确争点、整理证据，防止证据突袭，把影响庭审中断的因素尽可能事先予以解决；避免引起庭审的中断及解决准备事项所带来的诉讼拖延，保证法官依其对审理案件新鲜、准确的心证作出裁判。实现集中、迅速审理。

2. 保障审判公正：信息对等、当事人参与及辩护权的实现。

审判公正的实现不仅需要审判过程的公正，更需要庭前程序对审判公正的保障作用。庭前会议的证据开示、辩护人申请调取证据的权利，在实现信息对等的同时，也有助于强化控方的证明责任意识和辩方的辩护意识，促使当事人在庭审中积极展开有效对抗，实现辩护权，利于公正的实现；而在庭前会议中排除非法证据对法官心证的污染，更能有效保障审判的公正。同时，庭前会议改变以前法官内部不透明审查为当事人参与的透明会议，使公正诉讼全过程均以"看得见"的方式进行，增强裁决的透明度和社会的信任感。

(二)实体价值

1. 保障人权的实现：防止法官偏见、保障当事人诉讼权利。

新刑诉法恢复全案移送制度后，辩护方可以在庭前全面阅卷，通过庭前会议可以向法院提出相应的主张和证据材料，这就能够确保法官兼听则明，避免法官在庭前因仅接触控方证据而产生的偏见和不利于被告方的预断。此外，庭前会议制度充分尊重了当事人的诉讼主体地位，保障了其诉讼权利的实现。尤其是被告人可以通过行使各项诉讼权利，与控方进行积极对抗，保障其人权的实现。

2. 平衡控辩双方的对抗力量：公诉权的制约与机遇。

孟德斯鸠曾说："一切有权力的人都容易滥用权力，这是万古不易的一条经验。"由于公诉权具有天然扩张性，极易侵害公民私权利，庭前会议中非法证据排除、回避、出庭证人名单提出，在维护被告人合法权利的同时可对公诉权形成外部监督制约，有效防止公诉权力的滥用。当然，庭前会议也为公诉人提供了机遇，可以利用会议知悉律师提交的新证据、发现庭审辩点，为及时调整庭审策略做好出庭准备，更好应对诸如证人出庭作证等庭审中的问题。

三、庭前会议制度的框架构建

庭前会议既非起诉的传承程序，也非预审程序的独特法律地位，决定其不涉及实体问题，只解决程序问题即关于法律规定的诉讼权利义务如何行使和保障的问题，且相关审查与认定具有司法属性。在此框架下，以"庭前公正与司法效率的合理均衡"应该是便于参与者为目标，具体构建如下：

(一)适用范围、原则

1. 适用范围

基于我国案多人少、司法资源匮乏的司法现状，结合新刑诉法182条规定，庭前会议的适用范围应为：法院已决定开庭审理的重罪或案件事实复杂、性质恶劣、社会影响力大或证据繁琐的公诉案件。《解释》还涵盖当事人及其辩护人、诉讼代理人申请排除非法证据，及需要召开庭前会议的其他情形，规定更为弹性。

目前，存在的争议一为：是否适用于简易程序案件。有意见认为，从庭前会议提高诉讼效率的设计初衷看应予排除适用。笔者认为，新刑诉法在规定庭前会议程序的同时大大扩大了简易程序的适用范围，这其中包括了大量的案件事实清楚、证据确实充分，但案件事实多、涉及证据繁琐的被告人认罪案件。对于这样的案件，充分利用庭前会议的证据开示、被告人认罪答辩与程序的选择，显然有利于庭审简易审理的诉讼效率与公正的现实。《规则》也明确庭前会议可适用简易程序。

争议二为：是否应限制适用于有律师担任辩护人的案件，理由是庭前会议涉及控辩双方的协商与对抗，有较强的技术色彩，而辩护律师具有专门的法律知识，享有独立的调查取证权和会见权，可以为被告人提出专业意见，并有严格的职业道德和职业纪律约束。笔者认为，虽然从域外经验看，多数国家包括美国"审前会议"制度，一般限于辩护律师参加案件。但从我国目前的司法现状看，因经济、法律援助的范围狭窄等原因导致刑事辩护率较低，无律师辩护的案件占绝大多数，尤其是在简易程序案件中。因此，无论从效率还是平等保护的原则看，均不宜对无辩护律师的案件予以限制适用。

2. 适用原则

庭前会议应坚持程序审查、促进效率、平等对抗、当事人参与四项原则，才能有效保障庭前会议制度多元价值的实现。首先，中间程序的法律地位，使得程序审查原则即以程序性审查为内容，主要承担一些外围的技术性工作，是其首要原则。而排除庭前的实质审查，就要求在庭前会议中严格适用防止预断原则即"审判者在开庭审理之前不应当对案件有某种偏见或先入为主的诉讼原则"，[①] 这是程序审查原则的内含之义。其次，效率原则即以最小的资源耗费取得同样多或更大的效果是庭前会议制度的内在要求。最后，平等对抗原则即控、辩平衡，法官居中裁判既是现代刑事诉讼的基本理念，也是庭前会议必须强调贯彻原则。此外，坚持当事人参与原则即"刑事诉讼程序所涉及其利益的人，有参加诉讼并对与自己的利益有关的事项知悉并发表意见的权利"[②]也是改变原有的庭前审查因内部封闭运作而使程序审查演变为实体审查，防止权力异化的最好保障。

（二）主体与启动程序

主体方面，争议集中为：对于法条规定的启动决定主体"审判人员"的解读，有学者认为应当理解为"由合议庭审判长指定的一名合议庭组成法官或审判长本人，不能是合议庭组成人员以外的法官，也不能由人民陪审员实施"[③]；也有学者认为，是指合议庭成员包括依法履职的人民陪审员；另有学者认为，根据防止预断原则，应设立预审法官，与主审法官区分。

笔者认为，远期来讲，根据我国当事人主义的诉讼庭审模式的改革方向，应建立预审法官制度即庭前会议由庭审法官以外的预审法官主持，以有效防止

[①] 莫丹谊：《试析日本刑事诉讼中的预断排除原则》，载《现代法学》1996年第4期。
[②] 宋英辉主编：《刑事诉讼原理》（第二版），法律出版社2007年版，第102页。
[③] 陈卫东、李奋飞：《刑事诉讼法理解与适用》，人民出版社2012年版，第410页。

预断，实现庭审的实质与公正。这既是英美法系当事人主义庭前会议的基本内容，也是各国司法发展的共识。预审法官对案件作程序性审查，可作出包括非法证据的排除、管辖权异议等裁决，主持整理争议焦点，为开庭审判创造条件；并与庭审法官相分离，不能同为一人也禁止两者交换意见。从我国现行法院体制来看，预审法官以在立案庭配置为宜。

但在目前整个法院体制改革和庭前会议设立初期，从顺利推进庭前会议的实际进行，建议可以由合议庭成员中的非主审法官主持庭前会议：一则当前司法资源确实紧张，应首先将庭前会议实际推行，使司法工作者切实感受到其提高诉讼效率的优势，避免由于认识的误区造成"院庭长不提倡、办案法官不愿意、诉讼参与人和公众不指望"使用率低的局面。可在实践一段时间后，进一步完善制定预审法官制度。二则虽然我国当前刑事诉讼模式总体上属于对抗制模式，但仍有浓厚的职权主义色彩。庭审法官作为最终裁判者，其对案件情况的了解程度，应尽量处于与控辩双方最为接近的状态，而庭前会议中控辩双方通常会涉及到案件的争议焦点，法官参与其中能全面把握案件的来龙去脉。尤其是简易程序的案件，庭审法官同时接触控、辩双方证据，可以防止法官只了解一方特别是控方的证据形成先入为主的预断。而由合议庭成员中的非主审法官主持庭前会议，由于庭审仍是由主审法官为主导，如此设置可以在一定程度上避免主审法官有先入为主的预断，防止庭审的虚无化。三则由于庭前会议涉及非法证据排除、管辖等司法性质裁决的作出，其要求裁定主体必须是具有法官资质的人员，因而排除法官助理或人民陪审员。

具体启动程序：开庭前，审判人员即合议庭的非主审法官，根据案件情况可以决定召开庭前会议。公诉人、当事人和辩护人、诉讼代理人经向法院申请，法院同意的，也可启动该庭前会议程序。

（三）时间、地点

时间上，庭审会议应当开始于法院对提起公诉案件决定开庭后庭审前，并应提前告知。辩方认为不需要召开预审会议，可以在征得控方同意的情况下，向法院提出不予召开预审会议的申请，并承担由此带来的风险。庭前会议一般应一次完成，但对于案情复杂、涉及面广等案件可以召开多次，但应当限定期限。对于应当参加庭前会议，但无正当理由拒不参加的，如果是控方，做自行撤诉处理；如果是辩方，则做要求不予召开庭前会议申请处理，并承担相应的风险。

地点上，由人民法院指定，但场所必须保证羁押被告人的安全，当事人均到场，但不必完全对公众开放，以节约公告时间、法警力量等司法资源。如被告人被羁押的，可在羁押场所召开。

（四）内容与记录

有学者认为，根据法条，庭前会议是"了解情况，听取意见"，仅是合议庭和双方当事人交换信息、协商有关问题的程序设计，相关问题均还需留待法庭解决。笔者认为，无论从设立初衷还是司法诉讼模式的改革方向看，庭前会议对程序性问题可作出处理，但需审慎界定其范围。参考域外经验，根据刑诉法及《规则》、《解释》，结合现阶段的司法实践，庭前会议可以解决的事项主要有以下内容：

1. 案件争议焦点的整理

即让控辩双方在庭前会议中对事实、证据及法律适用等方面的重点予以整理，列明无争议问题，使庭审能够就案件的实质争点有针对性地展开，便于排除庭审中因争点不明导致的审理秩序混乱以及因无休止地重复辩论产生的诉讼拖延，为集中审理奠定基础。

2. 证据开示

"证据开示，是指在开庭审判前，控辩双方相互披露各自掌握和控制的证据及有关材料的活动。"① 证据开示制度能够形成信息对称、防止证据突袭，保障被告人的辩护权，有助于案件客观真实的发现，促进诉讼公正与效率的实现。虽然新刑诉法未对此明确规定，但从各地大量的试点经验看，在庭前进行证据开示利大于弊。同时，新刑诉法恢复全卷移送制度及辩护人的全面阅卷权为证据开示提供很好的基础，辩方的取证能力将逐步加强，双向开示更符合控辩平衡的要求。因此，完全可以以庭前会议为契机建立规范的证据开示程序，对于不履行证据开示责任的后果是未开示的证据不能在庭审中提请调查，以促使控辩双方积极履行。

3. 非法证据的排除

非法证据的排除，是庭前会议的核心内容。其目的在于避免对法官心证的污染及减少因此造成的庭审中断。争议焦点在于：庭前会议阶段能否直接排除非法证据。一种意见认为，根据法条规定，不能作直接排除，只是听取意见。"在庭前会议中，诉讼各方可以就非法证据排除等程序性问题提出意见，被告人、辩护人提出排除非法证据申请的，可以协调检察机关对相关证据合法性的证明进行调查和准备，但对非法证据的认定与排除，仍应留待庭审中解决。"② 另一种意见认为可以直接排除，新刑诉法规定非法证据可以在各个阶段予以排

---

① 徐静村主编：《刑事诉讼法学》（第三版）（上），法律出版社2004年版，第201页。
② 周峰：《非法证据排除制度的立法完善与司法适用》，载《人民法院报》2012年5月9日。

除当然包括庭前会议阶段。

笔者认为,应在庭前会议中直接排除非法证据,留待庭审中加以排除的证据应当加以限定,如限于庭审中发现的非法证据。理由是:第一,在庭前会议中排除非法证据,有明确法律依据。根据新刑诉法规定,在侦查、审查起诉、审判时发现有应当排除的证据的,应当依法予以排除,不得作为起诉意见、起诉决定和判决依据。根据2010年最高人民法院、最高人民检察院、公安部、国家安全部、司法部《关于办理刑事案件排除非法证据若干问题的规定》第4条和第5条规定,进入刑事审判后,涉及非法证据排除问题的,可出现开庭审判前、或开庭审理前、庭审中和法庭辩论结束前等阶段。新刑诉法第55条至第58条规定非法证据排除的程序及结果,实际是立法机关对司法实践中的执法意见的确认。而非法证据的裁定,主要涉及收集方法是否非法审查,不涉及实体问题,完全可以在庭前作出。第二,在庭前会议中把非法证据排除,可以防止非法证据进入刑事庭审而对法官心证的形成造成不利的影响,有利于庭审程序的顺利进行,更有利于及时有效的保障被告人的合法权益,避免诉讼程序的拖延。这也是各国刑事诉讼发展的共同趋势。浙江省此前出台的《浙江省检察机关公诉环节非法证据排除工作规则(试行)》中明确非法证据排除可在庭前会议进行。

庭前会议的其他内容还包括刑事和解(包括刑事附带民事诉讼案件)、回避、出庭证人名单、管辖异议、适用简易程序、是否公开审理等影响审判进行的技术性问题,法律援助申请、变更辩护人、解除或变更强制措施申请等程序性问题,以有效防止诉讼拖延,实现案件繁简分流、提高诉讼效率。

主持法官应真实全面的做好庭前会议笔录,并制作《庭前会议报告》。《庭前会议报告》应载明主持法官对回避、管辖、非法证据排除、刑事和解等问题所作出的裁决,对双方无争议和有争议证据进行分类归纳、整理争议焦点。庭前会议笔录和《庭前会议报告》应分别交控辩双方核实签字、主持法官也应签字确认。

(五)违反义务的法律后果

《庭前会议报告》应是具有明确法律效力的文件,否则有悖效率原则。首先,对于涉及的回避、管辖、非法证据排除的裁定,具有司法性质,在庭审中具有法律效力,除非按照司法利益对其撤销或变更。对裁定不服的,可借鉴英国"预备听审程序"中法官就有关证据可采性等法律问题作出裁定上诉的相关做法,在开庭前上诉或抗诉至上级人民法院,在对上诉作出裁定前,不能正式开庭。但由于不涉及实体问题,该上诉的裁定应在提交后较短期限内作出。其次,依照庭前会议记录,对于应当在庭前会议中提出的管辖、回避、出庭证人名单、应当出示而未出示的证据、确认无异议的非法证据排除等问题,当场未提出的视为放弃,在庭审中均不得再次提出。遗憾的是,最高人民法院《解释》未对此予以明确,尤其是对应当提出的非法证据申请未作惩罚性规定。

(本文荣获女检察官学习贯彻落实"两法"征文活动一等奖)

庭前会议制度的适用争议研究

何林霞[*]

2012年3月14日，第十一届全国人大五次会议通过了《关于修改〈中华人民共和国刑事诉讼法〉的决定》。这是对1996年修订的刑事诉讼法的一次重大修改，修改条文逾百条，在证据制度、辩护制度、强制措施、侦查措施、审判程序、执行程序等方面都有重要完善。[①] 在审判程序方面，一个突出亮点是《刑事诉讼法》第182条第2款新增了庭前会议制度。[②] 该制度对我国的审判程序尤其是庭前程序作出了重大变革，标志着我国的审判程序朝着精细化、科学化的方向发展，顺应了世界各国（地区）注重庭前准备程序的潮流与做法，对于提高审判效率，确保司法公正具有重要意义。如何正确理解和适用庭前会议制度，充分发挥其价值，成了我们公诉人所面临的新任务、新课题。然而，由于法律上对庭前会议制度规定地相对简单，导致理论界对庭前会议制度的适用范围、参与主体、处理方式及效力等问题尚存在较大争议，而且实践中各地做法也并不统一，有的甚至与法律的规定不一致。因此，有必要亟须明确该制度的价值、原则、内容等问题，以为司法实践中公诉人适用庭前会议制度奠定基础、指明方向。

一、庭前会议制度的价值

庭前会议是指在开庭审理前，人民法院召集公诉人、当事人和辩护人、诉讼代理人，对与审判相关的问题，了解情况，听取意见，以为开庭审判程序做

---

[*] 作者单位：天津市人民检察院第一分院。
[①] 参见张军、江必新、胡云腾：《新刑事诉讼法及司法解释适用解答》，人民法院出版社2012年版，第4页。
[②] 《刑事诉讼法》第182条第2款规定："在开庭以前，审判人员可以召集公诉人、当事人和辩护人、诉讼代理人，对回避、出庭证人名单、非法证据排除等与审判相关的问题，了解情况，听取意见。"

准备的预备性程序。① 该定义明确了庭前会议的参加主体、内容以及本质。庭前会议本质上就是庭前准备程序或者预备程序，目的就是为开庭审判做好准备，提高审判效率，节约司法资源。刑诉法修改增设了庭前会议程序，对提高审判活动的公正和高效、解决非法证据排除问题、推动我国刑事诉讼法律的发展与完善具有重大意义。

（一）诉讼活动公正高效的内在要求

公正和效率是法的基本价值，是任何一个部门法的应有之义，作为素有"小宪法"之称的刑事诉讼法当然也必须彰显公正和效率的价值。此次刑诉法修改设立庭前会议程序，在开庭审判前审判人员通过听取公诉人、当事人和辩护人、诉讼代理人对回避、出庭证人名单、非法证据排除等与审判相关的程序性问题的意见和看法，有利于保障各方在程序上的各项权利，尤其是能够保障辩护人充分行使辩护权，促进控辩双方平等对抗，从而凸显程序公正的价值。更为重要的是，设立庭前会议制度，能够促使审判人员、公诉人、辩护人等为开庭审判做好充分准备，在开庭前即解决与审判相关的程序性问题，以便在开庭审理时重点解决与定罪、量刑有关的事实和法律问题以及控辩双方的异议问题和焦点问题，保障开庭审理的集中和高效进行，从而提高诉讼的效率、节约司法成本。

（二）非法证据排除的有效环节

此次刑诉法修改确立了非法证据排除规则，是对我国证据制度的重大突破，为严禁刑讯逼供提供了制度保障，标志着我国民主与法治的进步与完善，彰显了我国刑诉法尊重和保障人权的基本理念。为落实这一规则，刑诉法进行了严密的制度设计，其中，庭前会议程序就是其中的一环。庭前会议程序的一个中心议题就是非法证据排除问题，该问题是启动庭前会议程序的主要理由。刑诉法以及司法解释规定，开庭审理前，当事人及其辩护人、诉讼代理人申请排除非法证据，人民法院经审查，对证据收集的合法性有疑问的，可以召开庭前会议。在庭前会议中，当事人及其辩护人、诉讼代理人提出了非法证据排除问题，公诉人可以通过出示有关证据材料等方式，对有关证据收集的合法性加以说明。经说明后，如果辩护人对该证据的合法性不持异议的，那么开庭后就没有必要启动非法证据排除程序；如果辩护人对证据的合法性还持异议，那么开庭时则有必要启动非法证据排除程序，法庭开始对该问题展开调查。因此，庭前会议程序是进行非法证据排除的有效环节。

---

① 参见张军、江必新、胡云腾：《新刑事诉讼法及司法解释适用解答》，人民法院出版社2012年版，第293页。

(三) 刑事诉讼法发展与完善的必然趋势

修改以前的刑诉法规定人民法院决定开庭审判后进行的工作包括确定合议庭的组成人员、送达法律文书、告知被告人委托辩护人、告知开庭的时间、传唤当事人等，这些都是开庭审判所必须进行的最为基本的工作，也可以说是一些手续性的工作，之后，就直接进入到了开庭审判的环节。这之间缺乏一个中间程序或者过渡程序，而将所有的问题都集中到开庭审判来解决，例如回避、提供新的证据、非法证据排除等程序性问题，往往法庭上被告人及其辩护人提出了这些问题，法庭不得不延期审理，这就导致庭审的不集中、拖沓、冗长，浪费了有限的司法资源。实践中，二次开庭的主要原因就是补充证据和程序性问题。① 鉴于此，本次刑事诉讼法修改增设庭前会议制度，一改我国过去直接由提起公诉到法庭审判的"一步到庭"的审判模式，② 而是在这之间增加了一个过渡程序或中间程序，体现了对我国的审判程序尤其是庭前程序的重大变革，标志着我国的审判程序朝着精细化、科学化的方向发展，顺应了世界各国（地区）注重庭前准备程序的潮流与做法，③ 因此，庭前会议制度的设立是我国刑事诉讼法律发展与完善的必然趋势。

二、庭前会议制度的刑事司法原则

庭前会议制度的刑事司法原则是正确理解和适用该制度的基础和前提，只有坚持庭前会议制度的刑事司法原则，才能避免陷入认识上的误区和不必要的争议，具体来说，庭前会议制度应坚持的刑事司法原则包括：

（一）公正效率兼顾原则

公正是刑事司法的基本品质，效率是刑事司法的基本要求，二者都是刑事司法的内在品质和价值目标，二者相辅相成、缺一不可。刑诉法增设庭前会议制度，就是在确保公正的前提下，追求诉讼效率的最大化。因为现代法律制度除了要实现公平、正义的价值目标外，还有一个重要的原则就是诉讼经济。随着犯罪数量的日益攀升以及诉讼程序越来越精细化、复杂化，刑事司法资源越

---

① 参见唐颖、王成艳、陈嘉：《庭前会议：不图形式不走过场》，载《检察日报》2012年7月25日第9版。

② 参见陈卫东、杜磊：《庭前会议制度的规范构建与制度适用——兼评〈刑事诉讼法〉第182条第2款之规定》，载《浙江社会科学》2012年第11期。

③ 例如美国规定了庭前会议制度、英国规定了答辩及指示听证会、德国规定了中间程序、法国规定了预审程序、日本规定了庭前协商程序和法院的庭前准备程序、俄罗斯规定了庭前审查和庭前听证程序、我国的香港地区规定了庭前讨论会制度、台湾地区也规定了相类似的庭前准备程序。

来越稀缺，实践中，人民法院，特别是基层人民法院"案多人少"的矛盾日益突出，这就要求我们必须充分考虑司法资源的有限性和诉讼成本的节约问题，在保证公正的前提下，不断提高诉讼效率。因此，我们对庭前会议制度的理解和适用都必须依托于公正效率兼顾原则，从而真正实现该制度设置的宗旨。

（二）庭审中心原则

在整个刑事诉讼程序中，审判程序是中心，而在全部审判程序中，开庭审理又是中心，可以说，开庭审理是中心中的中心。修改后的刑事诉讼法的很多规定，如强化证人、鉴定人出庭，完善辩护制度，恢复案卷移送制度，设置取证合法性的法庭调查程序，明确二审开庭的范围等，都直接或者间接凸显了促进构建以法庭审理为中心的刑事诉讼格局的立法精神。[①] 因此，我们必须在刑事诉讼中坚持庭审中心原则，增强庭审中心意识，重视发挥庭审功能。而庭前会议程序则是为开庭审理做准备的预备性前置程序，是为开庭审理服务的，这意味着我们不能对庭前会议的功能和作用进行肆意扩张，甚至在庭前会议中对证据展开质证、答辩，进行实体审查，否则就会出现"庭前实体审、庭审走过场"的局面，导致开庭审理的弱化或虚置，从而违背庭审中心原则。

（三）保障权利原则

相较于刑法是犯罪人权利的大宪章，刑事诉讼法则可以看作保护被告人权利的大宪章。[②] 刑诉法的本质决定了对被追诉人的人权保障是其永恒的主题和首要的使命。此次刑诉法修改的最大亮点就是将"尊重和保障人权"写入了刑事诉讼法中，并且"尊重和保障人权"是此次刑诉法修改贯穿的一条主线。庭前会议制度也能充分体现保障权利的理念和原则。因为该制度有利于当事人充分行使诉讼权利和辩护律师充分行使辩护权，从而实现控辩双方的平等对抗。因此，我们对庭前会议制度的理解和适用必须毫不动摇地坚持保障权利的原则，充分维护当事人和辩护人、诉讼代理人程序参与的权利以及各项诉讼权利。

三、庭前会议制度适用争议问题的理论辨析

《刑事诉讼法》第182条第2款关于庭前会议程序的规定初步搭建了我国庭前会议制度的整体框架或者雏形，但由于该规定相对简单，对庭前会议的适

[①] 参见张军、江必新、胡云腾：《新刑事诉讼法及司法解释适用解答》，人民法院出版社2012年版，第6页。

[②] 参见左卫民、周长军：《刑事诉讼的理念》，法律出版社1997年版，第184页。

用范围、参与主体、具体任务、处理方式及效力等问题没有作出明确、具体的规定，导致理论上和司法实践中对该制度的理解和适用存在较大争议，甚至个别地方出现了实践与法律规定不一致的现象。紧接着，最高人民法院出台了刑诉法司法解释，其中该解释第183条、第184条对庭前会议进行了较为详细的规定①：第183条规定了召开庭前会议的案件情形，即召开庭前会议的范围，第184条对刑诉法第182条第2款规定的"与审判相关的问题"细化为八类问题，明确了庭前会议的具体任务。同时，最高人民检察院出台了刑事诉讼规则，该规则也对人民检察院参加庭前会议进行了较为具体的规定。② 不过，理论上和司法实践中对庭前会议的适用范围、参与主体、处理方式及效力等问题仍存在争议，法律的后续规定并没有"定分止争"。

（一）适用范围问题

根据最高法出台的刑诉法司法解释第183条的规定可知，并不是所有的案件都要召开庭前会议，对于一些案情相对简单，也不存在非法证据排除等情况的案件则没有必要召开庭前会议，否则就违背了庭前会议制度的初衷。因此，适用庭前会议的案件范围应该是除决定适用简易程序审理以外的其他案件，对此，理论界和实务界已达成共识。目前，存在争议的主要问题就是对于没有辩护人的案件是否有召开庭前会议的必要，对此，有学者指出，对于没有辩护人的案件，不能召开庭前会议，因为庭前会议要求控辩双方对证据材料有无异议发表意见，对有异议的证据应当在庭审时重点审查，对于没有异议的，庭审时举证、质证可以简化。这样做的前提是被告人必须能够明确理解自己对证据发表意见所带来的实体后果和程序后果，否则将会损害被告人的诉讼权益，因

---

① 第183条规定："案件具有下列情形之一的，审判人员可以召开庭前会议：（一）当事人及其辩护人、诉讼代理人申请排除非法证据的；（二）证据材料较多、案情重大复杂的；（三）社会影响重大的；（四）需要召开庭前会议的其他情形。召开庭前会议，根据案件情况，可以通知被告人参加。"第184条规定："召开庭前会议，审判人员可以就下列问题向控辩双方了解情况，听取意见：（一）是否对案件管辖有异议；（二）是否申请有关人员回避；（三）是否申请调取在侦查、审查起诉期间公安机关、人民检察院收集但未随案移送的证明被告人无罪或者罪轻的证据材料；（四）是否提供新的证据；（五）是否对出庭证人、鉴定人、有专门知识的人的名单有异议；（六）是否申请排除非法证据；（七）是否申请不公开审理；（八）与审判相关的其他问题。审判人员可以询问控辩双方对证据材料有无异议，对有异议的证据，应当在庭审时重点调查；无异议的，庭审时举证、质证可以简化。被害人或者其法定代理人、近亲属提起附带民事诉讼的，可以调解。庭前会议情况应当制作笔录。"

② 参见《人民检察院刑事诉讼规则（试行）》第430条至第432条。

此，为充分保障被告人的诉讼权利，只有在有辩护律师的情况下才能召开庭前会议。同时，该学者还指出美国的庭前会议规则不适用于被告人没有律师作为其代表的案件。[①] 另外，司法实践中，我国山东寿光法院进行的证据开示试点也明确规定庭前会议不适用于被告人未委托辩护律师的案件。[②]

对此，笔者认为该学者的观点有一定道理，但是过于绝对。首先，我国刑诉法以及司法解释并没有规定被告人没有辩护人就不能召开庭前会议，相反，刑诉法司法解释第183条第2款规定，召开庭前会议，根据案件情况，可以通知被告人参加，这里的"案件情况"不排除没有辩护人的情况。其次，根据调查，我国律师参与刑事诉讼的比例偏低，全国刑事案件律师参与的比率不足30%，有的省份甚至仅为12%。[③] 若规定没有辩护人就不能召开庭前会议，那么，大多数案件将无法启动庭前会议程序，实质上就不利于实现设置庭前会议制度的宗旨。再次，对于有一些案件，证据材料相对较少，但是被告人没有委托辩护人，也不符合法律援助的条件，其于开庭审理前提出非法证据排除申请的，根据最高法出台的刑诉法司法解释第99条的规定，如果法院经审查后对证据收集的合法性有疑问的，是可以启动非法证据排除程序的。在这种情况下，被告人即使是在没有辩护人参加的情况下也是能够表达自己的意见、陈述自己的观点的，因此，被告人可以直接参加庭前会议，申请非法证据排除。最后，让没有辩护人的被告人参加庭前会议体现了法律对被告人适用程序的平等对待，有利于维护被告人的诉讼权利。因此，笔者认为在一般情况下，庭前会议适用于有辩护人的案件，但是对于一些案件，如果被告人没有辩护人，则可以根据实际情况由被告人直接参加庭前会议。

(二) 庭前会议的参与主体问题

根据刑诉法的规定，庭前会议的主持人应当是审判人员，而参加人则包括公诉人、当事人和辩护人、诉讼代理人。此外，担任庭前会议记录工作的书记员也应当参加庭前会议。在此，有两个问题争议较大，一是被告人是否应当参加庭前会议，二是法律规定的审判人员是否就是承办该案的法官。

1. 被告人是否应当参加庭前会议的问题

对该问题，有意见认为，庭前会议实际上是开庭审理前听取各方意见的预

---

① 参见王慧：《"庭前会议"制度若干公诉实务问题探讨》，载《第八届国家高级检察官论坛论文集》。

② 参见陈卫东：《寿光证据开示试点模式的理论阐释》，载《证据学论坛》（第10卷）。

③ 参见洪奕宜：《穗两级法院下月将启动庭前会议》，载《南方日报》2012年8月30日第A05版。

备程序，并非审判程序，在被告人被羁押的情况下，要求其参加庭前会议，无异于在正式庭审程序之前增加了开庭程序，无法提高审判效率。也有意见认为，如果被告人不参加庭前会议，辩护律师在庭前会议上就证据和其他程序性问题发表意见无法视为被告人的意见，被告人还会要求在法庭上重复出示相关证据或者发表相关意见，庭前会议的功能无法有效发挥。[①]

对此，笔者认为刑诉法司法解释已进行了回答，即该解释第183条第2款规定："召开庭前会议，根据案件情况，可以通知被告人参加。"因此，被告人是可以参加庭前会议的。同时还规定，被告人参加庭前会议要根据案件的情况，至于包括案件的什么情况，则没有明确规定。对此，笔者认为，存在下列情形的，被告人都应当参加庭前会议：一是庭前会议涉及不宜由辩护律师代表被告人行使权力的内容的；二是被告人没有辩护律师的，包括既没有委托辩护律师也不符合法律援助条件的；三是庭前会议涉及到调查是否对被告人采取刑讯逼供等非法方法收集其口供而由其本人参加更能充分了解情况或者本人强烈要求参加庭前会议的。除此之外，对于其他情形，辩护人在一般情况下能够代表被告人就程序性问题、证据问题等发表意见，因此，在被告人被羁押的情况下，一般不要求被告人参加庭前会议，以简化相关程序，真正提高诉讼效率，节约司法资源。

2. 法律规定的审判人员是否就是承办该案的法官

对该问题，有观点认为，开庭审理的审判人员不应是庭前会议的主持人。这样是为了防止法官先入为主，形成预断，从而影响案件的公正审理。而且司法实践中，如山东寿光法院推行的证据开示制度，就要求案件承办法官不能参加庭前会议，而由法官助理或书记员主持召开，还有的人建议应由法院的立案庭的法官主持召开庭前会议或者借鉴法国的预审制度，[②] 由预审法官主持召开庭前会议。[③]

对此，笔者认为刑诉法规定的审判人员就是指向承办案件的法官。首先，根据刑诉法中规定的审判人员的前后语境和语义可以判断，此处的审判人员即

[①] 参见张军、江必新、胡云腾：《新刑事诉讼法及司法解释适用解答》，人民法院出版社2012年版，第206页。

[②] 参见陈卫东、杜磊：《庭前会议制度的规范构建与制度适用——兼评〈刑事诉讼法〉第182条第2款之规定》，载《浙江社会科学》2012年第11期；唐雨虹：《公诉案件庭前程序的异化与重构》，载《行政与法》以及全国人大常委会法制工作委员会刑法室：《〈中华人民共和国刑事诉讼法〉释义及使用指南》（2012版）。

[③] 参见高敏：《庭前会议程序与非法证据排除研究》，华东政法大学2012年硕士学位论文。

是决定开庭审判后,确定的合议庭的组成人员。其次,刑诉法规定庭前会议制度的目的就是使审判人员了解双方争议的焦点,以便开庭审判时能进行有效的引导,保障庭审的集中、顺利进行,从而提高庭审质效。因此,由开庭审判的法官主持庭前会议才能更好地实现该目的。再次,根据刑诉法第172条的规定,我国现实行案件全案移送制度,这意味着在开庭审判前承办法官已经通过阅卷掌握了案件的基本情况,并形成了对案件的初步判断,因此,再依据影响法官预断的原因而否定承办法官庭前会议主持者资格意义已不大。最后,主张由非开庭审判的法官主持召开庭前会议也不符合我国当下的司法实际。目前,我国法院案多人少的矛盾相当突出,在这种情况下,要求非开庭审判的法官主持召开庭前会议,无疑会增加法官的工作量,不利于节约有限的司法资源。事实上,我国目前司法实践中,主要还是由开庭审判的法官主持召开庭前会议。那些主张由立案庭的法官或者预审法官来主持庭前会议的观点,与我国现阶段的司法实际不符,而且我国也没有预审法官制度,若为此建立预审法官制度,将牵涉到法院机构重新设置和内部监督问题,更增添了问题的复杂性,不利于庭前会议制度的顺利贯彻执行。因此,笔者认为刑诉法规定的审判人员就是指开庭审判的法官,至于是合议庭成员中的一人还是全体成员,则可根据具体情况具体安排。

(三)庭前会议的处理方式及效力问题

庭前会议的处理方式及效力问题是理论界和实务界存在争议最为集中的问题。部分学者认为审判人员可以在庭前会议中就某些问题作出决定,且该决定具有法律效力。并且司法实践中,在山东寿光法院进行试点的证据开示制度以及庭前会议肯定了在证据开示以及庭前会议中达成的协议的法律效力,规定在庭前未开示的证据一般情况下开庭时不能再出示。徐州市泉山区出台的《关于刑事案件庭前会议工作的试行意见》以及太原市出台的《关于规范公诉案件庭前会议工作的意见》均对庭前会议的效力作出了明确规定,即审判人员在庭前会议上作出的决定具有法律效力,控辩双方在庭前会议中达成一致意见的,在没有新的事实或者新的证据的情况下,当庭不再提出异议,且对于在开庭前未开示的证据,不得当庭出示,除非确有必要,休庭后由审判长决定是否开示。[①]

对此,笔者认为,对庭前会议制度的理解和适用不能脱离庭审中心原则,

---

① 参见唐颖、王成艳、陈嘉:《庭前会议:不图形式不走过场》,载《检察日报》2012年7月25日第9版;雷清明:《我省检察机关先行先试有亮点》,载《山西经济日报》2012年12月4日第3版。

关于此点，前文已有论述，在此不赘述。事实上，刑诉法第182条第2款对庭前会议的处理方式及效力已作出了表态，那就是庭前会议的处理方式主要是审判人员了解情况、听取意见。这意味着审判人员不能在庭前会议中直接对回避、出庭证人名单、非法证据排除等问题作出裁定或决定，对在庭前会议中达成的共识也不具有法律效力。[1] 由此可见，上述列举的山东寿光法院、徐州市泉山区、太原市关于庭前会议效力的规定就与法律的规定不一致，这就需要司法实务部门强化对法律的理解和认识，严格依照法律的规定，在法律的框架内实行庭前会议制度，自觉摒弃与法律规定相冲突或矛盾之处，以便于法律的统一实施。

值得一提的是，虽然审判人员不能在庭前会议中直接作出裁定或决定，但是这并不意味着庭前会议不能解决任何问题，实际上，对于一些程序性问题，如回避、出庭证人、鉴定人、有专门知识的人的名单、不公开审理、庭审方案等，如果控辩双方能够在庭前会议中达成共识，就无须在开庭审理中再次提出。一言以蔽之，庭前会议既不能取代开庭审理，但也不能图形式、走过场，对于在庭前会议中能够解决的程序性问题要尽量解决，以便使庭审真正集中在实体问题上或控辩双方有争议的问题上。

以上笔者探讨并明晰了庭前会议制度的刑事司法原则、适用范围、参与主体、处理方式及效力等问题，目的就是在司法实践中公诉人能更好地实行该制度。毕竟，法律的生命力在于实施。今后，公诉人高度重视庭前会议制度，强化对庭前会议制度的理解和适用，认真做好各项应对工作，尤其是要做好非法证据排除的应对工作。因为非法证据排除是庭前会议的一个中心议题，也是当下司法实践中启动庭前会议程序的主要理由，而公诉人承担了证明证据合法性的责任，因此，公诉人在审查起诉中，要严把案件证据关，增强非法证据排除意识，要将证据合法性的证明工作及时做、做扎实，要加强对侦查机关取证规范性和合法性的引导和监督，同时要主动听取被告人及其辩护律师关于证据合法性的意见，确保案件的质量。除此以外，对其他程序性问题如管辖、回避、出庭证人、鉴定人、有专门知识的人的名单、不公开审理等与审判相关的问题，公诉人都需要做好应对工作。总之，公诉人要为开庭审理做好充分准备。

（本文荣获女检察官学习贯彻落实"两法"征文活动三等奖）

---

[1] 参见张军、江必新、胡云腾：《新刑事诉讼法及司法解释适用解答》，人民法院出版社2012年版，第209页。

浅论附条件不起诉配套机制的构建

郑 君[*]

附条件不起诉，是指检察院在审查起诉中，对于符合法定起诉条件但基于各种合法和合理因素的考量没有必要立即追究刑事责任的犯罪嫌疑人，附条件地暂时不予起诉，而视其考验期间的具体表现决定是否最终作出不起诉决定的制度。[①] 2013 年施行的新刑诉法将附条件不起诉作为一项制度在立法上正式予以确立，并构建了基本框架，这对于节约司法资源、落实宽严相济刑事政策、教育、感化和挽救未成年人、化解社会矛盾、维护社会和谐稳定起到非常积极作用。但为更好地实现立法意图，在具体实践操作中，仍有一些问题需要进一步明确，附条件不起诉相关的配套机制需进一步构建和完善。

一、附条件不起诉在我国的源起与发展

（一）"于法无据"的艰难探索

在新刑诉法施行前，不起诉只以三种形态存在：法定不起诉、相对不起诉、存疑不起诉。附条件不起诉并不在法律规定的范畴，在"于法无据"的背景下，基层检察院开始了艰难的探索和试点。1992 年，上海市长宁区检察院进行了附条件不起诉的试点，对一名涉嫌盗窃的未成年犯罪嫌疑人试行延期起诉，并设置了 3 个月的考察期，该犯罪嫌疑人在考察期内表现良好，长宁区检察院按照当时的法律规定对其免予起诉。随后，长宁区检察院的做法开始在各地基层检察院推广和借鉴。2000 年 12 月，武汉市江岸区人民检察院对两名未成年人实行了暂缓起诉，并开展暂缓起诉的改革试点。2001 年 5 月，石家庄市长安区人民检察院出台了《关于实施"社会服务令"暂行规定》，也开始

---

[*] 作者单位：湖北省武汉市蔡甸区人民检察院。
[①] 参见郑丽萍：《附条件不起诉之进一步构建——基于我国〈刑诉法修正案〉之思考》，载《法学杂志》2012 年第 9 期。

探索对未成年犯罪嫌疑人实行暂缓起诉。[1] 这种探索试点工作在实践中取得了较好的效果，各地的基层检察院纷纷开始效仿和推行，这种发端于基层检察院的改革实践也引起了高层的关注，2008 年，中央关于深化司法体制和工作机制改革的意见中专门提出了"设立附条件不起诉制度"的意见，"附条件不起诉"制度已经被定为司法改革的方向之一。至此，附条件不起诉在各地基层检察院呈现出遍地开花的趋势，各地纷纷出台实施规则和细则，但由于处于摸索和试点阶段，各地的附条件不起诉的适用对象、范围和条件差异较大，有的将附条件不起诉的对象仅局限为未成年人，典型如北京海淀模式；有的对适用对象没有专门限定，如宁波市北仑区人民检察院曾经出台的《附条件不起诉实施规则（试行）》中规定，适用附条件不起诉的案件要求是犯罪情节轻微，依照刑法规定，犯罪嫌疑人可能被判处 3 年以下有期徒刑、拘役、管制或单处罚金；根据嫌疑人的犯罪情节、悔过表现及个人情况，不起诉后确实不致发生社会危险性。无锡市惠山区检察院出台的《附条件不起诉操作规则（试行）》则将适用范围涵盖了未成年人、已满 18 周岁的全日制在校学生、盲聋哑人或者患有严重疾病、年老体弱的犯罪嫌疑人及正在怀孕、哺乳婴儿的妇女；初犯、偶犯、胁从犯、从犯；具有自首、立功、犯罪预备、中止、未遂等法定从轻、减轻或者免除处罚情节的。在"于法无据"的背景下，各地基层检察院开始了"摸着石头过河"的探索和试点，一度适用附条件不起诉处理的人员和案件数量明显增多，但由于该制度毕竟"于法无据"，从各地公布的实施细则来看，差异较大，在实践中尺度也较难统一，即便在实践中取得了良好的效果，但也始终处于没有法律依据的"尴尬"境地。

（二）饱受争议的"创新之举"

附条件不起诉最初由基层检察院进行试点推行，然而试点实践的过程一直饱受学界和舆论的争议，对于该项制度可否在我国适用、刑诉法是否有必要规定附条件不起诉制度的问题，理论界逐渐形成两种截然对立的看法。一种是"支持"的观点，认为这一制度很好地体现了宽严相济刑事政策，彰显以人为本的司法理念，该制度的确立有助于节约司法资源，提高诉讼效率，修复社会关系，帮助犯罪人重新回归社会，填补不起诉和刑罚处罚以及行政处罚之间的法律空白，是检察院化解社会矛盾，促进社会和谐的需要，有利于社会秩序的长久稳定。[2] 另一种是与之截然相反的观点，认为该项制度必须要接受合法性

---

[1] 参见郭斐飞：《附条件不起诉制度的完善》，载《中国刑事法杂志》2012 年第 2 期。
[2] 参见戴雨：《"以善代刑"尤可为——浅议附条件不起诉制度的价值与完善》，载《法制博览》2012 年第 10 期。

追问，该项制度设立于法无据，"是一种游离于刑事诉讼之外的违法试验"，是"法律虚无主义"、"无法无天"的表现，应当禁止或暂缓推行。反对者的理由综合起来主要有，附条件不起诉没有法律的明文规定，违背法度，容易造成合法性危机；附条件不起诉容易导致检察院滥用裁量权，是对审判权的一种僭越、侵犯，不符合法治的要求；附条件不起诉与缓刑相冲突，且我国已有的不起诉制度，对情节轻微的犯罪完全能够涵盖，没有必要设立附条件不起诉制度。有的学者认为，基层检察院又怎么可以在法律未变的情况下，"率先推行"，争夺"头功"，非经特许批准，任何单位都不能以"符合发展方向"为由，自行"先行先试"，并逼迫法律"事后追认"，在法律未变的情况下，基层检察院却已经设置操作，自然属于自我设权、自我扩权。① 两种观点的交锋一直伴随着附条件不起诉在实践中的探索和推行，在"合法性"的质疑声中，很多检察院在司法实践中逐渐变得低调，对其持谨慎或者保守态度，在新刑诉法草案出台前，很多基层检察院的试点工作处于停滞不前状态。

（三）终结争议的最终选择

2008年中央关于深化司法体制和工作机制改革的意见中专门提出了设立附条件不起诉制度的意见，附条件不起诉制度有望被纳入刑诉法修改的内容。2010年6月，最高人民检察院相关研究部门专门召开附条件不起诉制度立法建议的论证会议，并传出拟向全国人大常委会提出立法建议的消息，其后在最高检的各类讲话、工作部署中也常能看到"附条件不起诉试点工作"的身影。2011年8月，新刑诉法的草案公布，对附条件不起诉制度作出专门规定。至此，可以说，附条件不起诉制度在我国立法中的确立已成定局，附条件不起诉要接受合法性追问也有了明确的答案。2012年3月14日，第十一届全国人民代表大会第五次会议通过了《关于修改〈中华人民共和国刑事诉讼法〉的决定》，新刑诉法与旧刑诉法相比，改动较大，其中专门增加了第五编——特别程序，对未成年人刑事案件诉讼程序、当事人和解的公诉案件诉讼程序等有关程序作出了规定。其中，在未成年人刑事案件诉讼程序中的第271条至第273条专门设立了附条件不起诉制度，规定对于未成年人涉嫌刑法分则第四章、第五章、第六章规定的犯罪，即侵犯人身权利、民主权利、侵犯财产、妨害社会管理秩序犯罪，可能判处1年有期徒刑以下的刑罚，符合起诉条件，但有悔罪表现的，人民检察院可以作出附条件不起诉的决定。至此，是否设立附条件不起诉制度的争议终结。

---

① 参见游伟：《"附条件不起诉"要接受合法性追问》，载 http://www.dfdaily.com/html/63/2010/7/30/503429.shtml。

二、附条件不起诉实践操作困境

随着新刑诉法明确规定了附条件不起诉制度，饱受争议的创新之举终于披上了合法外衣，但新的问题也随之而产生，新刑诉法仅在第271条至第273条中对附条件不起诉进行了规定，条文内容较为原则、笼统、空泛，同时缺乏具体可操作性，立法的"应然层面"和工作的"实然状态"之间产生了矛盾和嫌隙。

（一）启动研判标准模糊

新刑诉法第271条规定了未成年犯罪嫌疑人可以适用附条件不起诉的法定条件——适用于"涉嫌刑法分则第四章、第五章、第六章规定的犯罪，可能判处一年有期徒刑以下刑罚"的案件。然而在具体操作上，当具体落实这项制度时，则会遇到案件审查的困惑。在当前量刑规范化建议尚需完善、法定刑幅度弹性空间较大的司法环境下，如何认定未成年犯罪嫌疑人的行为符合这一条件，实践中缺乏考量标准体系和专业技术方法，大多数情况下只能依赖于检察人员自身的素质和能力，根据案件事实和证据材料去判断和分析。① 因为缺乏具体统一的执行标准，而仅依靠承办人的分析判断，难免会受主观因素的影响，如果检察人员把握不准出现偏差，造成附条件不起诉的错用、滥用，最终影响该制度的运行效果。还需要注意的是，由于该规定的模糊，容易导致附条件不起诉与相对不起诉适用的逻辑关系模糊。相对不起诉适用于"犯罪情节轻微，依照刑法不需要判处刑罚或者免除刑罚"的案件。对于一些轻微刑事案件，理论层面上，附条件不起诉与相对不起诉两者都是可以适用的，在具体案件中，如何抉择也完全依赖于检察人员的主观判断，消除二者适用之间的交叉、困惑与混乱也是当前亟须解决的问题。

（二）监督考察内容泛化

根据新刑诉法第272条规定，附条件不起诉的监督考察主体是人民检察院，未成年犯罪嫌疑人的监护人应当对未成年犯罪嫌疑人加强管教，配合人民检察院做好监督考察工作。附条件不起诉监督考察主要内容是：第一，遵守法律法规，服从监督；第二，按照考察机关的规定报告自己的活动情况；第三，离开所居住的市、县或者迁居，应当报经考察机关批准；第四，按照考察机关的要求接受矫治和教育。从目前实践来看，检察院在监督考察的专业化、规范化方面都有待加强，并且从检察力量的配备情况来看也存在一定困难，基层检

---

① 参见吴东：《未成年人附条件不起诉制度及其实践探略》，载《法制与经济》2012年11月总第330期。

察院普遍办案的压力较大,单靠检察院一方力量很难达到较好的监督考察效果。同时,监督考察内容中矫治、教育是附条件不起诉的核心关键所在,是其区别于其他类型不起诉的"身份标志",而新刑诉法规定的具体监督考察内容显得过于单薄、笼统、抽象,没有很好地体现教育、感化、挽救未成年人的作用和效果。新刑诉法第 272 条第 3 款规定的前三项义务与刑诉法对被判处管制、缓刑或被假释的罪犯所应遵守的义务一致,这些义务的设定具有普适性,并没有凸显出附条件不起诉制度的特殊性,并不能真正起到改造、感化、教育的作用,第四项虽然规定了被附条件不起诉的犯罪嫌疑人接受矫治和教育的义务,但并未细化,如何矫治、教育,检察院并没有具体的内容和形式的指导和借鉴。监督考察缺乏实际可操作性,自然不能取得好的效果,附条件不起诉的作用也很难真正发挥。

(三) 制约平衡机制缺乏

附条件不起诉制度的设立扩大了检察院的起诉裁量权,充分体现了起诉便宜主义的两大优势:一是能够灵活调整自己以适应刑事政策的变化和要求;二是附条件不起诉通过裁量处理,有利于刑罚个别化和犯罪人的矫正。[①] 在看到其优势的同时,我们也必须保持审慎的态度,理性看待刑诉法赋予检察院的自由裁量权,慎重使用新增权力,将其约束在合法合理的范围内。显而易见的是,新刑诉法中无论从权力的监督制约还是权利的救济制约来说都是缺乏的。一方面,新刑诉法中并没有设立关于这种自由裁量权的监督制约机制;另一方面,从当事人权利救济的角度看,被害人的权益保障弱化,有待加强,权利的救济制约很难发挥作用。现有的刑诉法仅在第 176 条、第 271 条中规定了被害人申诉、起诉的权利,表达自己意见的权利。仔细分析这两条规定,我们不难看出,第 176 条中规定的申诉、起诉权利的行使是在不起诉决定已经作出后,而不是不起诉决定作出过程中;第 271 条中规定的表达意见的权利,对于检察院来说也仅仅只是一种参考的依据,并不必然影响检察院作出不起诉的决定。为了确保检察起诉裁量权的合法合理行使,消除人们对其行使正当性的担心,制约救济机制的建立也呼之欲出。

三、附条件不起诉配套机制的构建与完善

为缓解附条件不起诉在立法"应然层面"和工作"实然状态"之间的矛盾和嫌隙,笔者建议在实践中要构建和完善与之配套的三项机制。

[①] 参见姜鸿:《浅谈附条件不起诉与检察官裁量权》,载《知识经济》2012 年第 9 期。

（一）构建附条件不起诉启动审查机制

1. 专设办案机构，配备专人审查

在有条件的地区，设立未成年人刑事检察机构专门办理附条件不起诉案件，实行捕、诉、监、防一体化模式；在条件不成熟的地区，可以在公诉部门设立未成年人刑事检察办案组，组建熟悉未成年人身心特点的专业化队伍，由专门人员负责办理未成年人刑事案件。同时建立相关未检人才信息库，加强办案人员相关犯罪学、心理学、教育学等知识的综合培训，以更好地掌握附条件不起诉启动评查和适用。

2. 完善未成年人附条件不起诉的启动条件

增设未成年人附条件不起诉社会调查程序，进一步细化附条件不起诉的启动条件、明确执行标准。可由检察院委托相关社会调查机构对未成年犯罪嫌疑人的犯罪情况、个人情况、家庭情况、保障情况四个方面的社会调查。根据实践中的实际情况，此功能可委托专业的社区矫正机构开展调查并根据调查情况制作社会调查综合报告，实现对未成年犯罪嫌疑人全面的分析判断。检察院则据此报告判断是否对未成年犯罪嫌疑人适用附条件不起诉。

3. 明确"相对不起诉"——"附条件不起诉"的适用顺序

相对不起诉和附条件不起诉是并列关系，因此在附条件不起诉的适用程序条件中应明确对于"未成年人涉嫌刑法分则第四章、第五章、第六章规定的犯罪，可能判处一年有期徒刑以下刑罚，符合起诉条件，有悔罪表现的"，当其符合相对不起诉的适用条件，应直接作出相对不起诉决定，对不能直接作出相对不起诉决定的，才考虑适用附条件不起诉。

（二）构建附条件不起诉监督考察机制

1. 建立"三位一体"监督考察机构体系

根据刑诉法规定，由检察院对未成年犯罪嫌疑人进行监督考察，但从目前检力配备的实际情况和检察院工作属性来看，仅依靠检察院来完成监督考察并不实际，且未成年的教育管护也是社会的责任，因此有必要发动社会力量，依靠其他的辅助机构、学校、监护人共同完成监督考察工作。其中，检察院作为考察监督的主导机构，负责整体的监督考察过程；辅助机构（主要表现为社区矫正机构或专业性社会帮教机构）负责具体的帮教考察、学校负责接受学校教育或者有意愿上学的未成年人帮教考察；监护人履行监护职责，协助检察院、辅助机构共同做好考察帮教工作。

2. 增加考察内容

在刑诉法规定的应遵守的四项义务基础上，进一步完善其内容，使其更好发挥作用。一是在"应为"层面应增加：有被害人的案件，应当积极赔偿被害人损失或者给予补偿；实施具体的悔过行为，如有被害人的案件能得到被害人谅解；按要求完成一定数量的公益、社区服务；主动接受帮教和监督，有不良嗜好和习惯，强制接受辅导、矫正和治疗。二是在"禁为"层面，可效仿《刑法修正案（八）》中的禁止令，禁止其从事特定活动，进入特定区域、场所，接触特定的人。

（三）构建附条件不起诉制约机制

对于附条件不起诉的制约，应从内部监督、外部监督两条路径分别着手。

1. 内部监督制约之路径

坚持严格的内部审批程序。按照"承办人审查、部门集体讨论、检委会研究决定"的审查程序，实现对附条件不起诉裁量权力的有效运行控制。承办人认为可以适用附条件不起诉的，应制作翔实的方案提交科室讨论，科室经过讨论达成一致意见的，应委托相关社会调查机构对未成年犯罪嫌疑人从犯罪情况、个人情况、家庭情况、保障情况四个方面对未成年人进行调查，并形成社会调查综合报告，科室据此报告判断是否适用附条件不起诉，一旦决定适用，应及时将该案件提交检委会讨论决定。

建立附条件不起诉的报备制度。本级检察院作出附条件不起诉决定后，应将不起诉决定书及案件审结报告、社会调查报告、论证说理文书等报送上级检察院备案，上级检察院认为决定不当的，应当及时书面通知下级检察院变更，下级检察院应当执行。

2. 外部监督制约之路径

增加附条件不起诉听证程序、人民监督员监督程序。对不起诉案件开展听证、邀请人民监督员监督的做法在检察实务中已积累较好的经验，并取得较好的社会效果。在检察院作出附条件不起诉决定前，由检察院主持听证会，召集侦查机关、被害人及其诉讼代理人、犯罪嫌疑人及其监护人、辩护人、人民监督员参加听证，检察院应充分听取各方意见，并将举行听证所得的各方综合意见一并提交检委会，以供检委会决策参考。

加强人大监督。每年定期向人大报告法律监督工作情况中，附条件不起诉成为固化报告内容，实现人大对该项工作的常态监督和同步监督。人大也可以对附条件不起诉情况进行检查、听取专项汇报。

（本文荣获女检察官学习贯彻落实"两法"征文活动二等奖）

量刑规范化问题研究

孙瑞峰[*]

刑事司法实践中,定罪和量刑是两个最主要的环节,定罪是量刑的前提,量刑是定罪的归宿。在我国,长期以来,重定罪轻量刑的观念存在于法官头脑之中,法官对事实的认定要比对量刑的适用关注得多。而对于犯罪人来说,最关心的并非是自己将被定什么样的罪名,而是最终将被处以什么样的刑罚及量刑是否公正平衡。由于量刑过程依靠的是法官的主观思维活动,刑法条文的粗疏、人情案的压力、法官个人因素的差异等因素均会导致量刑结果的差别,不同的法官对同一刑事案件可能会有不同的量刑,甚至,同一法官在不同的时期也会对同一案件作出不同的量刑结果。量刑轻重失衡现象的存在,不仅会产生犯罪人不服判决的后果,还可能导致犯罪人的亲友、被害人乃至社会公众对司法的公正性产生一定的怀疑与不信任。

量刑失衡问题并不是中国独有。20 世纪 70 年代,英美法系国家开始了大规模的量刑改革运动,在量刑理论上提倡均衡量刑论,在量刑具体方法上开始实施量刑的统一标准。经过 30 多年的发展,英美法系的国家逐渐形成了数量化量刑指南的美国模式和论理式量刑指南的英国模式。[①] 大陆法系国家普遍实行职权主义诉讼模式,大陆法系国家的刑事诉讼法典,一般也都没有规定单独的量刑程序。但是,为克服法官量刑上的恣意,大陆法国家另辟蹊径,建立起了判决书量刑说理制度,将其作为防止量刑权滥用的重要程序机制。近年来采用大陆法传统的国家或地区还突破法系的樊篱,启动程序改革,在庭审中区分定罪与量刑程序。即在定罪答辩之后,由同一审判主体就量刑问题举行专门答辩,然后一并作出判决。这样,既体现了对量刑问题的重视,又不致破坏大陆

---

[*] 作者单位:山西省交城县人民检察院。
[①] 参见刘娜:《论我国量刑指南的建立——兼论刑事量刑自由裁量权的规范》,载云南法院网, http: //www.gy.yn.gov.cn/Article/sflt/fglt/200912/16866.html。

法传统的庭审结构。①

"规范裁量权,将量刑纳入法庭审理程序"是中央确定的重大司法改革项目。2010 年 10 月起,经中央批准,我国在全国范围内开启了量刑规范化改革的大幕,从实体和程序两部分对量刑制度进行改革。量刑规范化改革是中国刑事法制史上具有里程碑意义的一件大事,是中国刑事审判由粗放走向精细,从估堆走向严谨、规范的必然要求。但是,改革不可能是一帆风顺,规范化改革试行两年多来,在司法实践也发现了很多问题,需要我们从理论和实践中进一步进行研究和改进。

一、我国量刑规范化改革的总体评价

我国量刑的规范化改革,包括实体上量刑标准的统一与程序上的量刑独立。最高人民法院立足中国刑事法律制度与刑事司法实际,通过大量调查研究、反复论证、定点实验之后,颁发了《人民法院量刑指导意见(试行)》,从而为我国各级人民法院量刑工作提供了极其重要的纲领性司法文件。而"两高三部"《关于规范量刑程序若干问题的意见(试行)》的正式试行,将量刑的有关程序性规范纳入到庭审过程中。

(一)改革亮点

1. 实体上,"量刑指导意见"不仅规定了量刑指导原则,确保量刑中正确运用刑事政策;还规定了具体量刑方法,为准确量刑提供了可操作指南。"量刑指导意见"由四部分组成。第一部分以四个条文专门规定了"量刑指导原则",对刑法总则的内容进行了补充与完善,界定了我国量刑目的为"惩罚和预防犯罪",还明确指出"量刑应当贯彻宽严相济的刑事政策"。同时,强调了量刑均衡问题。第二部分的内容为"量刑的基本方法",该部分从"量刑步骤"、"量刑情节调节基准刑的方法"和"确定宣告刑的方法"三个方面,对如何具体准确量刑进行明确规定。此外,这部分还对如何确定宣告刑以 6 个条款专门做了具体规定,为法院准确量刑提供了行之有效的操作规程。第三部分为量刑情节的适用,用百分比的形式具体规定了 14 类量刑情节对刑罚量增减的影响,为各级法院准确运用量刑情节提供了统一幅度。第四部分为"常见犯罪的量刑"——对交通肇事等 15 个常见多发犯罪,依据其不同的犯罪事实和具体情况确定了起刑点或基准刑,这些规定,将有利于全国法院统一对该 15 个犯罪的量刑标准。

---

① 参见郭复彬、肖建国:《程序正义图景下的量刑重构——关于引入量刑控辩及量刑说理制度的设想》,载赣州法院网,http://gzzy.chinacourt.org/public/detail.php?id=16399。

2. 程序上,"规范量刑程序的指导意见"将量刑程序确定为独立的庭审程序。"规范量刑程序的指导意见"规定,量刑程序是纳入到庭审过程中的独立程序,同时,明确规定了检察机关的量刑建议权,包括提出量刑建议的提出时间、量刑建议的内容、量刑建议的提出方式以及量刑建议的变更问题。庭审中,需要对量刑情节进行独立的法庭调查,并需要对公诉人方和被告人方以及被害人方提出的量刑证据进行质证。在法庭辩论阶段,控辩双方在定罪辩论后可以围绕量刑问题进行辩论。该意见还对判决书中增强量刑说理问题进行了规定。①

(二) 存在的不足

以两个"指导意见"为基础的量刑规范化改革,在试行一年多来对我国量刑制度的确立和完善起到了巨大的推动作用,但也存在一些不足。

1. 对基准刑的确定过于理想化。"量刑指导意见"规定基准刑是在不考虑各种法定和酌定情节的前提下,根据基本犯罪事实的既遂状态所应判处的刑罚。但是,在不考虑任何犯罪情节的情况下确定基准刑是不可能的,根据我国刑法规定,每种犯罪的既遂状态都可能伴有不同的法定刑幅度,如果不考量犯罪情节,则法定刑幅度将无法确定,更谈不上基准刑的确定了。

2. 有些表述仍较为模糊,缺乏可操作性。如"量刑指导意见"中,对常见的量刑情节的调节比例进行了量化分析,如果基准刑为有期徒刑、拘役、管制等刑种,量刑情节的量化分析不存在障碍,但是如果基准刑为无期徒刑或者死刑,对量刑情节的量化则存在适用上的障碍。再如,对于被害人过错责任的划分仅仅停留在"重大责任和一般责任"上,过于笼统,理论性不足;同时没有提出"重大责任"和"一般责任"的认定标准,使得该条规定不具有实际可操作性。

3. 在程序方面,"规范量刑程序的指导意见"虽然规定了检察机关的量刑建议权,但对法院是否必须采纳检察机关的量刑建议、检察机关在法院没有采纳量刑建议时的对应机制等均未作出相应规定。另外,量刑程序是否适用于"被告人认罪案件"、辩护人做无罪辩护案件等问题也没有具体规定。这些问题,都需要通过试点工作的推进,逐步摸索、解决。

二、量刑规范化的实现途径

(一) 立法规制

1. 刑法的修改

要实现量刑均衡,固然取决多方面因素,而科学严谨的刑事立法是确保量刑平衡的前提。我国现行刑法在适用刑罚方面有许多的不足之处。例如,被公

---

① 参见左卫民:《中国量刑程序改革:误区与正道》,载《法学研究》2010年第4期。

认为是量刑基本依据的刑法第 61 条规定的内容太过笼统，法定刑幅度太大、令人难以把握，这些缺陷必然导致对某些案件的量刑不平衡。因此，修改、重构刑事立法有关量刑规定的条文内容，势在必行，具体而言，应有以下方面内容：

（1）刑种刑期上的改革。应缩小死刑与生刑之间的差距，严格控制死缓、无期徒刑的实际执行期限，防止随意酌减，扩大有期徒刑的上限等。

（2）刑种及刑档的细化。对同一罪名、同种情节的犯罪缩小刑种选择范围和统一刑度的立法幅度，尽量把跨度太大、刑种太多、极易造成量刑不均衡的条文进行细化。

（3）酌定情节法定化。对《刑法》第 61 条进行修改，明确列举作为量刑根据的犯罪情节、犯罪人的成长经历、犯罪前后的表现和态度、退赃与赔偿损失情况等对犯罪人的主观恶性和人身危险性评价发生影响的各种事实情况。当然，就算立法再精细，也难以穷尽千姿百态和不断变化的现实，因而酌定情节的法定化也需要经历一个不断调整变化的过程。

2. 刑事判例制度的引入

在任何一个社会中，法律的规定总是滞后于社会发展需要。在刑事司法领域，刑法和司法解释不可能对每一种犯罪的具体情况都事先作出规定，因而司法裁量权必然存在。但是，法官自由裁量权过大，且无序膨胀，势必会走向另一个极端，导致量刑不公。判例与法律相比，有具体、形象的特征，且容易对同类案件之间的共性进行比较选择。引进刑事判例制度，能够为各级司法机关提供以形象、具体、明确的办案依据。法院在审理案件时，可以先查阅类似案件的刑事判例，寻找前后两案间的相似性，然后在根据刑事制定法定罪量刑的前提下，以前一个判决为参照，对后一个案件作出较为适当的判决。前后大体一致的判决，使同样的行为在定罪量刑上不会有太大的出入，从而克服法律条文过于笼统、法定刑幅度过宽导致难以操作的弊端。将具体的判例作为抽象的法律条文的补充，有利于定罪量刑的均衡统一，也有利于社会对判决结果的监督和鉴别。

长期以来，对引入刑事判例制度，我国刑法学界一直持否定态度，这种观点主要是基于对刑事判例法渊地位的传统认识。但笔者认为，应顺应两大法系间不断融合借鉴的趋势，打破两大法系的樊篱，大胆引入刑事判例制度。引入后，具体制度设置上：就其法渊地位而言，刑事判例并没有成为我国的法律渊源，不能像刑事法律那样普遍适用；而就其约束力而言，刑事判例却具有一般刑事判决所缺乏的、能够约束下级法院对相类似案件的判决的效力，下级法院在审理案件时可以引用。①

（二）司法规制

"徒法不足以自行"，再完善的刑法规则也需要司法制度的配套，才能得以正确实施，实现量刑均衡也不例外。完善司法制度以期达到量刑均衡的具体措施有以下几个方面：

1. 制定统一适用的量刑规则

我国应制定全国统一适用的《量刑规则》，各省级法院可以根据具体情况作变通性规定，上报审批或备案。法官制作判决书必须引用《量刑规则》，以说明量刑的法律依据。同时，应制定相应的量刑规则和明确的量刑标准，以限制和约束法官自由裁量权的滥用。

2. 完善独立量刑程序

前文提到，我国已开始探索建立独立量刑程序，在相对独立的量刑程序中，检察机关、被告人、被害人参与进来了，量刑的证据展示在法庭，量刑的事实查明在法庭，量刑的理由辩明在法庭，量刑终于从神秘的"幕后"走到台前。但不可否认的是，目前在司法实践中，定罪仍占据着法庭审理的核心，量刑程序往往成为定罪程序的附庸。此外，目前量刑程序存在着与其他刑事审判程序衔接不足的问题。②

针对这些问题，在量刑规范化改革的过程中，必须加强量刑程序的独立性。首先应严格分离定罪程序与量刑程序，进一步确立与量刑相关的程序规则和证据规则。在定罪程序中，诉讼参与各方的诉讼行为应围绕着被告人的行为是否构成犯罪及构成何种犯罪展开；在量刑程序中，诉讼各方关注的焦点应集中到可能影响量刑的各种情节上，主要包括从重、从轻、减轻或者免除刑罚等各种情节。举证责任的分担上，定罪程序和量刑程序也要进行区分。在定罪程序中，采用的是无罪推定的原则，被告人不承担证明自己无罪的举证责任；而在量刑阶段，采用的却是"谁主张，谁举证"的举证原则，即从重或者从轻量刑所依据的证据材料均应由提出相关量刑主张的一方提供。也就是说如果被告提出了减轻或免除处罚的量刑主张，他就有责任提供相关证据。另外，量刑程序在制度设置时还要注意与其他程序之间的整合，如把量刑程序与被告人认罪程序、庭前程序等逐步融合，才能使量刑程序成为刑事诉讼程序不可分割的有机组成部分。

---

① 冯军、冯惠敏：《我国刑事判例拘束力的合理定位》，载北大法律信息网，http://www.chinalawinfo.com/fzdt/NewsContent.aspx? id = 8851。

② 蒋惠岭：《构建我国相对独立量刑程序的几个难点》，载《法律适用》2008年第4期。

3. 完善量刑理由公开机制

理由是裁判的灵魂。《关于规范量刑程序若干问题的意见（试行）》中，明确规定："人民法院的刑事裁判文书中，应当说明量刑理由"。在裁判中说明量刑理由，可以促使法官审慎充分地考虑影响量刑的各种因素，避免量刑的随意性；控辩双方、被害人等与裁判存在利益关联的各方和上级法院，可根据裁判中的理由审查和判断量刑是否客观公正，并决定是否上诉、抗诉或者改判；同时，有利于被告人、被害人等对裁判结果的接受和认同，增强司法的公信力。可以说，充分的定罪量刑理由是裁判权威性、正当性的重要内核。[①] 但目前的司法实践中，刑事裁判书量刑理由存在着对有关量刑的事实证据列举不充分、量刑理由千篇一律且过于简单、刑罚裁量理由不公开等主要问题。鉴于我国判决书量刑说理制度不规范的现状，应对当前的判决书格式进行必要改革，为法官留出自由发挥的空间，减少对判决书不必要的限制。具体而言，在裁判文书中可单列出量刑说理部分，专门论述量刑的证据、事实和理由。其主要内容包括：第一，要在裁判文书中列明有关行为人人身危险性和社会危害性的各种事实情况和证据，阐明认定理由，归纳出量刑要素；可以借鉴日本判决说理制度，特别针对有罪判决中的理由，必须将刑罚加重减轻的情节加以论述；第二，要列明法定刑幅度、基准刑及确定的理由；第三，要详列量刑适用的法律依据，包括司法解释及量刑指导规则等；第四，要说明各量刑要素对量刑基准进行调节的情况；第五，对控辩双方有关量刑的意见应予以充分回应，着重说明采纳与否的理由。另外，在强化裁判书说理制度的基础上，还可以将不涉及国家秘密、个人隐私、未成年人的判决书在专门网站上进行公开，接受社会公众的监督和评判，也是很好的普法教育。

三、量刑规范化实现的保障措施

（一）强化法官的职业化建设

法官在量刑过程中起到至关重要的作用。量刑在本质上是一种司法决策活动，是法官依据相关的犯罪事实、行为人的相关情况，在法定刑幅度内，对具体个案进行分析、判断并最终以定量的形式决定对犯罪人适用刑罚的思维活动。在我国，量刑均以综合估量式的方法一次完成，法官在量刑时大都凭借的是自己对刑法的理解及办案经验。因此，量刑问题不单是一个量刑方法问题，也是法官素质——政治素质和业务素质的综合反映。

在法官的司法裁量权必须存在的情况下，对法官素质的要求就更高了。作

---

① 王培韧：《论量刑均衡及其实现路径》，载《山东警察学院学报》2008年第5期。

为一名合格的法官必须精通法律，深刻理解和把握法律精神实质，知其然也知其所以然；必须经验丰富，作出的判决既在法理之中，又在情理之中；必须道德高尚能够超脱利益和情感，理性地选择和判断。① 因此，应从提高刑事法官的政治素养和专业能力入手，强化职业培训，加强专业化建设，不断提高其刑事审判中正确均衡量刑的能力和水平。

（二）完善被害人参与量刑制度

被害人参与量刑，可以提升被害人的司法主体地位，使无法完全由国家公诉机关代表的个体利益得到充分彰显；能够平衡庭审程序，减小被告人在最后陈述阶段对量刑的影响；还有利于增加量刑的透明度，防止量刑阶段的"暗箱操作"，起到限制法官自由裁量权的作用。

前文提到，在此次量刑规范化改革中，《关于规范量刑程序若干问题的意见（试行）》中赋予被害人量刑建议权，但是，在司法实践中，被害人的量刑建议权往往无法得到保障。在我国，被害人虽有当事人之名却无当事人之实。在公诉案件中，被害人除了提起附带民事诉讼的权利外，地位几乎只等同于证人；而且被害人与被告人的刑事诉讼权利也极不对等。此次新修订的刑诉法着力保障了犯罪嫌疑人在侦查阶段的种种权利，但仍未赋予被害人委托的诉讼代理人查阅案卷的权利，被害人也没有最后陈述权、上诉权等，在刑罚执行阶段，如减刑、假释、保外就医等的裁定中均找不到被害人的影子。另外，司法实践中对被害人权利的漠视也比比皆是。刑诉法明确规定了开庭时间、地点必须通知检察院，对被害人规定的是采取传唤的方式进行通知，但司法实践中，此规定未被严格执行，除了社会关注度高的案件，对于普通案件，尤其是对涉众型案件来说，更是形同虚设。立法上的种种不完善造成了被害人刑事审判参与度极低，被害人审判阶段的庭审参与权都被实质上剥夺了，更遑论量刑建议权的实现？

因此，被害人参与量刑的制度建构，首先，必须加强被害人的权利保护，包括确认和强化被害人的诉讼参与权，提高被害人的诉讼地位。其次，在被害人量刑建议的内容上应予以具体化。如被害人可以根据情况对被告人的刑期、刑罚执行方式等提出建议。在被告人有积极退赔等悔过表现时，被害人可以提出对其减轻甚至撤销指控的建议；被告人消极逃避责任时，被害人可以提出不得对其适用缓刑的建议等。② 当然，为防止被害人的权利滥用，还可以规定由

---

① 参见季卫东：《法律职业的定位》，载《法治秩序的构建》，中国政法大学出版社1999年版，第229页。

② 参见刘军：《被害人参与量刑的理论与实践》，载《法学论坛》2009年第6期。

公诉机关对其量刑建议实行引导和监督。

(三) 检察院量刑建议权的充分行使

1. 检察院量刑建议权的价值基础

从本质上讲，量刑建议属于公诉权，源于公诉权，是检察机关代表国家提请法院追究被告人刑事责任的权力，它包括两部分内容：一是请求人民法院对起诉的犯罪予以确定，即定罪请求；二是请求法院在确定其所指控犯罪的基础上予以刑罚制裁，即量刑请求。没有前者，就没有后者；没有后者，前者就失去了请求的目的，两者结合在一起，才是一个完整的请求。检察机关参与量刑，有利于制约法官自由裁量权，提高庭审抗辩性，充分调动辩方对量刑的内容进行质疑和答辩的积极性，进而实现保障程序公正的目的。另外，被告人最关心的判决结果往往不是定罪，而是量刑。经过控辩双方充分参与量刑辩论，同时判决书对量刑建议采纳与否的理由充分阐明，被告人对于部分判决不服的情绪更易消化在一审阶段。

2. 量刑建议权行使过程中的问题

在此次量刑规范化改革中，确立了检察机关的量刑建议权，可以说是此次量刑规范化改革的一大亮点。但是当前检察机关量刑建议制度改革中还是存在不少亟待解决的问题，主要有：（1）检察官量刑建议经验不足。行使量刑建议权要求检察官在审查起诉阶段准确认定被告人犯了何罪，而且还必须合理、准确地推算出被告人可能被判处的刑罚幅度，这给检察官提出了更高的业务素质要求。（2）刑事案件辩护律师出庭率不高的影响。在我国，特别是在一些基层法院，刑事案件律师出庭辩护的比例较低，辩护人在法庭中的缺位，导致被告人对检察官提出量刑建议很难理解，这也就无法达到量刑建议制度设计的初衷，甚至会造成审判对被告人的不公。（3）对检察机关量刑建议权的缺乏有效的保障和监督制约机制。实践中某些法院对检察官提出的量刑建议重视程度不够，无论采纳与否，判决书中对量刑理由的分析和阐述都不足。而且，当检察机关在审查时发现法院判决结果与量刑建议的差异悬殊，而判决书中又未说明理由或所述理由不当时，是否抗诉和如何进行抗诉，都缺乏一套行之有效的具体操作标准。

3. 检察机关量刑建议权充分行使的途径

要保证检察机关量刑建议权的充分行使，必须加强相关法律制度的配套建设，主要表现在：一是完善刑事诉讼法的规定。原刑事诉讼法对检察机关的量刑建议权没有明确规定，而此次修订刑事诉讼法也未把量刑规范化改革中已确定的量刑建议权作为检察机关的职权之一，也未对量刑建议权的具体内容进行规定，不能不说是此次刑诉法修改的一大遗憾，今后刑诉法再次修改时应予以完善。二是制定有关量刑建议的司法解释。最高人民法院、最高人民检察院应就刑事案件量刑建议问题加强磋商，联合制定下发指导全国各级检察机关、审判机关统一量刑司法解释，使量刑更加科学、透明、公开，以进一步实现量刑公正。三是检察机关加快出台量刑建议实施细则。最高人民检察院应将研究制定具有可操作性的量刑建议实施办法提上议事日程，从检察机关内部规范和统一刑事案件量刑建议行为。四是进一步完善审判监督机制。刑事审判监督是检察机关的重要职责。2010年出台的《人民检察院开展量刑建议工作的指导意见（试行）》中规定："人民检察院不能单纯以量刑建议未被采纳作为提出抗诉的理由。"也就是说，检察机关认为法院判决结果与量刑建议差异较大，且判决书中未说明理由或理由不当的，必须达到："判决、裁定量刑确有错误、符合抗诉条件"时，才可据此提出抗诉。而司法实践中，法院判决的宣告刑往往都在法定刑的幅度内，并未超出法院自由裁量的范围，因此检察机关很难以判决"畸轻畸重"为由提起抗诉，这将使得量刑建议制度处于尴尬的境地。因此，实际操作中需要将量刑建议制度和抗诉制度相结合，建立一套符合司法实践的具体可行的操作标准。比如，加强判决书中对针对检察院量刑建议的说理。要求判决书对量刑建议必须进行评判，详述对量刑建议全部采纳或部分采纳的事实理由和法律依据，这样便于检察机关判断法院判决与量刑建议之间的差异是否达到"确有错误"的程度，从而最终确定是否进行抗诉。[①] 五是着力提高公诉人的素质。加大培训力度，采取各种有效方式来提高公诉人的专业素质。同时对本单位的检察官进行合理调配，尽量把法学功底较强的检察官充实到公诉队伍中去，必要时还可以从其他检察机关、法院、律师、法学教授中引进高层次人才，以带动公诉队伍整体素质的提高。

（本文荣获女检察官学习贯彻落实"两法"征文活动二等奖）

[①] 参见官为所：《量刑建议制度若干问题反思》，载 http://www.jskunshan.jcy.gov.cn/jcwh/201008/t20100831_ 410140. shtml。

附条件不起诉的司法适用

闫默涵[*]

一、附条件不起诉制度概述

（一）附条件不起诉制度的内涵

附条件不起诉是指检察机关对某些符合起诉条件但情节轻微的刑事案件，根据犯罪嫌疑人的个人情况、犯罪性质和情节、犯罪后的表现等，认为不起诉更符合公共利益的，设定一定条件和期限暂时不予起诉，期满后根据犯罪嫌疑人的表现情况决定是否提起公诉的制度。

（二）附条件不起诉制度的特征

附条件不起诉制度具有如下法律特征：第一，决定主体的专属性。附条件不起诉是检察机关的专属检察职能，附条件不起诉的决定只能由检察机关作出。第二，适用范围的特定性。附条件不起诉的适用对象仅限于符合起诉条件的某些轻罪案件，我国修改后的《刑事诉讼法》以未成年犯罪嫌疑人涉嫌刑法分则第四章、第五章、第六章规定的犯罪，可能被判处有期徒刑1年以下为标准，同时还要考虑"有悔罪表现"。第三，法律效力的特殊性。附条件不起诉决定作出后案件的最终处理结果具有不确定性，犯罪嫌疑人是否会被起诉取决于暂缓考验期的表现以及是否被发现有其他罪行等。第四，附条件性是附条件不起诉的本质特征。在考验期内，犯罪嫌疑人必须遵守法律法规，服从监督，按照考察机关的规定履行相应的报告义务，接受矫治等。附有考验期限和条件是附条件不起诉制度区别于其他起诉裁量制度的最显著标志。

---

[*] 作者单位：吉林省德惠市人民检察院。

二、核心价值：附条件不起诉制度实践意义

（一）附条件不起诉制度有利于完善起诉裁量制度、弥补现有不起诉制度的缺陷

如同坚持罪刑法定原则并不排除法院和法官的自由裁量一样，在坚持起诉法定原则之下应确定检察机关的自由裁量权。[①] 目前，我国检察机关的自由裁量权主要体现在刑事诉讼法对于不起诉制度的相关规定中，但我国的相对不起诉存在两大缺陷：一方面，刑事诉讼法在适用相对不起诉的条件上完全由检察机关单方面决定，客观上造成犯罪嫌疑人即使被不起诉也不领情，而被害人则不能接受从而引发上访、申诉；另一方面，在法律效力上，相对不起诉决定属于"一次性"行为，一旦生效，犯罪嫌疑人的后续表现将对不起诉决定不产生任何影响，检察机关没有监督制约力。而附条件不起诉制度则不同，在适用条件上需征得犯罪嫌疑人及被害人的意见，同时如果被不起诉人违反了所附的条件，则仍将被起诉到法院接受审判，这也对被不起诉人形成巨大的约束力，使其真心悔过，能较好地弥补现有不起诉制度的缺陷。

（二）附条件不起诉制度有利于促进未成年人重新回归社会和构建和谐社会

刑罚是一种最为严厉的处罚方式，对于未成年人犯罪的偶犯、过失犯等人身危害性较小，反社会性尚未成型者施以短期自由刑，存在诸多弊端：一是罪行较轻的犯罪人关押在看守所和监狱易交叉感染，容易再次走上犯罪道路；二是对于罪行较轻的犯罪人接受法庭审判并入狱服刑，在我国现有司法体制下，刑罚处罚计入个人历史档案，使其打上了犯罪标记，必将对其心理及生活带来深刻的影响。而附条件不起诉制度可给那些罪行较轻的犯罪嫌疑人（特别是未成年人）一个反省犯罪的机会，在检察机关及社会团体的教育、感化、帮助下重新融入社会，并有效地阻止和预防继续犯罪。同时，附条件不起诉制度所强调的刑罚特殊预防的功能，有利于实现法治的实际正义，避免了不必要或不恰当诉讼有可能带来的负面效应，使得检察机关的起诉能够朝着更加公平正义的方向发展，更有利于社会主义法治社会的进程及社会的长治久安。

（三）附条件不起诉制度有利于提高诉讼效益，缓解司法资源紧张

目前我国缺乏相应有效的审前分流机制，刑事案件不管大小均要经过侦查、起诉、审判三个阶段，导致基层检察院及法院案多人少现象突出，诉讼效率低下，许多案件长期搁置，羁押场所人满为患，司法资源浪费。为了提高诉

[①] 参见徐静村：《刑事诉讼法》（上），法律出版社1997年版，第237页。

讼效益，节省司法资源有必要引入一套行之有效的审前分流机制，其中之一便是增设附条件不起诉制度。由检察机关通过相对不起诉和附条件不起诉两种方式对刑事案件进行审前分流，不仅可以极大地缓解审判及检察机关的案件压力，而且使国家优先的司法资源能够集中到那些较为严重的刑事案件中，必将有利于司法公正的实现。

三、障碍分析：附条件不起诉制度在司法实践中存在的问题

（一）与酌定不起诉的逻辑关系不清

酌定不起诉适用于"犯罪情节轻微，依照刑法规定不需要判处刑罚或者免除刑罚的"案件；而附条件不起诉则适用于"未成年人涉嫌刑法分则第四章、第五章、第六章规定的犯罪可能判处一年有期徒刑以下刑罚，符合起诉条件，但有悔罪表现的"案件，显然，附条件不起诉与酌定不起诉在适用案件范围上存在一定重合，对于未成年人某些轻罪案件，二者在理论上都可以适用，在实践中如何选择就需要理清两者之间的逻辑关系。

另外，修改后《刑事诉讼法》新增的"当事人和解的公诉案件诉讼程序"一章规定，因民间纠纷引起，涉嫌刑法分则第四章、第五章规定的犯罪案件，可能判处3年有期徒刑以下刑罚的案件，如符合一定条件，双方当事人可以和解，检察机关对于犯罪情节轻微，不需要判处刑罚的，可以作出不起诉的决定。从法律条文上理解，刑事和解不起诉应当属于酌定不起诉，但刑事和解不起诉却可以适用可能判处3年有期徒刑以下刑罚的案件，适用标准远比仅适用可能判处1年有期徒刑以下刑罚案件的附条件不起诉要低。但在法理上，附条件不起诉应当是"情节比酌定不起诉情节稍重些但还属于轻罪范围内"[①]的制度，故两者在法理和法条两个方面是背道而驰的。

（二）适用范围狭窄、适用条件模糊

第一，修改后《刑事诉讼法》将附条件不起诉制度的适用范围限定在未成年人，且规定了适用的四个条件：一是涉嫌刑法分则第四章、第五章、第六章规定的犯罪；二是可能判处1年有期徒刑以下刑罚；三是符合起诉条件；四是有悔罪表现。根据该规定，我国附条件不起诉制度的适用有年龄、罪名和刑期明显限制，即成年人犯罪一律不适用、刑法分则第四章、第五章、第六章以外的罪名一律不适用、可能判处1年有期徒刑以下刑罚以外的案件一律不适用。以上三个"一律不适用"大大缩小了附条件不起诉制度的适用范围，对比国外和我国台湾、澳门地区的立法例，没有任何国家或地区对附条件不起诉

---

① 陈光中：《关于附条件不起诉问题的思考》，载《人民检察》2007年第24期。

制度的适用做出如此严苛限制。如果说域外法治环境和社会环境与我国存在差异，不宜直接比较，那么对比我国各地开展的附条件不起诉试点工作，也从未出现如此狭窄的适用范围。另外，根据检察机关对附条件不起诉制度的试点工作来看，能适用附条件不起诉的案件是非常稀少的。① 一项制度的适用范围往往决定了其生命力，过于狭窄的适用范围很可能会使附条件不起诉制度的价值无法充分实现。

第二，"可能判处一年有期徒刑以下刑罚"指法定刑还是宣告刑仍不明确。如果是法定刑，则刑法分则第四章、第五章、第六章中可能判处1年有期徒刑以下刑罚的罪名只有两个：一条是刑法分则第四章第252条规定的侵犯通信自由罪，另一条是刑法分则第六章第322条规定的偷越国边境罪。如此一来该项制度毫无用武之地。如果是宣告刑，则相对比较符合司法实际，但需要有高位阶的法律规定或司法解释予以明文规定。

（三）考察机制设置不尽完善

修改后的《刑事诉讼法》规定检察院是考察期内监督考察的主体，未成年犯罪嫌疑人的监护人予以协助。该两者对未成年犯罪嫌疑人进行考察的优势自不待言，但劣势也明显。第一，近年来，检察机关自身本来就面临严重的案多人少矛盾，再赋予监督考察的重任，不仅未减轻检察机关的办案负担，反而可能雪上加霜；同时，检察机关是法律监督机关，在附条件不起诉制度中，自己决定附条件不起诉、自己实施监督考察、自己根据考察结果作出不起诉或起诉决定，而没有其他监督机关，这在制度设计上就是个很大缺陷，应当予以完善。第二，未成年犯罪嫌疑人的监护人一般都是未成年犯罪嫌疑人的父母，中国自古就有"亲亲相隐"的法律传统，且修改后的《刑事诉讼法》第188条更是直接体现了"亲亲相隐"的法律思想，② 监护人可以对未成年犯罪嫌疑人进行考察，但同样需要监督。第三，对未成年犯罪嫌疑人的考察也不只是简单的管教，更需要教育、引导等专业的考察技能，而这又是上述考察主体所不具备的。

（四）对所"附条件"的限制较为模糊

被附条件不起诉的未成年犯罪嫌疑人在考察期内的行为要求："遵守法律法规，服从监督；按照考察机关的规定报告自己的活动情况；离开所居住的

---

① 如浙江省绍兴市某基层检察院自2012年5月对附条件不起诉制度试点以来，至10月，符合附条件不起诉的案件只有3件3人。

② 《刑事诉讼法》第188条第1款规定："经人民法院通知，证人没有正当理由不出庭作证的，人民法院可以强制其到庭，但是被告人的配偶、父母、子女除外。"

市、县或者迁居,应当报经考察机关批准;按照考察机关的要求接受矫治和教育。"前3条要求是最为基本,类似于被取保候审和监视居住的犯罪嫌疑人或被告人的行为准则,第4条要求才是"附条件"的内容实质。第4条规定:"按照考察机关的要求接受矫治和教育"的具体内容应当十分丰富,但规定过于原则和含糊,是否所有有利于未成年犯罪嫌疑人进行矫治和教育的要求都可以"附"在"条件"上,这在司法实践中不易把握,需要进一步细化。

(五) 对当事人权利保护不足

第一,对被害人合法权益保护不够。修改后的刑诉法第271条第1款仅仅规定了"人民检察院在作出附条件不起诉的决定以前,应当听取公安机关、被害人的意见",但如被害人不同意适用本程序,是否会导致检察机关不适用附条件不起诉,法律则未予以明确。第二,对犯罪嫌疑人权利的保护不足。检察机关对于符合条件的案件是"可以"作出附条件不起诉的决定,而不是"应当"作出附条件不起诉,如果检察机关对于符合条件的案件由于各种因素最终未作出附条件不起诉决定,未成年犯罪嫌疑人及其法定代理人是否也应当享有与对作出附条件不起诉决定同等的提出异议的权利。这可能导致相同或类似的案件出现不同的处理结果,既有违平等原则,也对未成年犯罪嫌疑人的合法权益保障产生不利影响。

(六) 监督制约机制不够完善

修改后的《刑事诉讼法》设置了公安机关、被害人、未成年犯罪嫌疑人及其法定代理人对附条件不起诉制度的制约机制,但该制约与救济机制的规定过于简单,设置不够完善,且未设置其他监督制约机制,容易造成检察机关对该制度的滥用。公安机关是案件的侦查机关,被害人、未成年犯罪嫌疑人及其法定代理人是案件相关当事人,他们对该制度的监督制约是理所当然的,但对于一项新制度来说,仅仅上述三方来监督显然不够,内部、上级、外部等监督也必不可少。

四、完善建议:附条件不起诉制度的进一步构建

(一) 建立"相对不起诉"——"附条件不起诉"的递进式逻辑关系

即在新刑诉法第271条中增加"不适宜根据本法第173条第2款①作出不起诉决定的"条件,使两者之间的过渡更趋合理。修改后完整条文为:"对于未成年人涉嫌刑法分则第四章、第五章、第六章规定的犯罪,可能判处一年有期徒刑以下刑罚,符合起诉条件,有悔罪表现的,不适宜根据本法第一百七十

---

① 本条款为新刑诉法关于相对不起诉的规定。

三条第二款作出不起诉决定的,人民检察院可以作出附条件不起诉的决定。"因此,对于附条件不起诉和相对不起诉都可适用的未成年人案件,司法机关应首先考虑适用相对不起诉,只有认为根据案件具体情况适用相对不起诉后可能存在较大再犯可能性或社会危害性的,才进而考虑附条件不起诉。如对于未成年人的初犯、偶犯或共同犯罪的从犯,犯罪情节轻微不需判处刑罚,没有长期帮教必要的,可依法直接作出相对不起诉决定,而不再适用附条件不起诉。

(二) 适当扩大附条件不起诉的适用范围

针对附条件不起诉制度适用对象单一、适用范围过窄的问题,有观点认为,可以将"过失犯罪案件"纳入其适用范围,使适用附条件不起诉的案件有一定数量的增加。[①] 这种观点是值得借鉴参考的,可在原条文"可能判处一年有期徒刑以下刑罚"后,增加"或可能判处三年以下有期徒刑的过失犯罪"的规定,这样一方面可将较为常见多发、社会危害性较小的交通肇事(不包括逃逸情节)、过失致人重伤罪等过失犯罪包括进来,适当扩大附条件不起诉的范围;另一方面仍可将一些社会危害程度较为严重的故意犯罪和较严重的过失犯罪排除在外,从而没有违背附条件不起诉制度的立法原意。

(三) 进一步明确附条件不起诉的实体条件

在司法操作中检察机关应对附条件不起诉制度规定的"有悔罪表现"的条件作细化规定,确定较为明确、客观的判断标准,防止附条件不起诉适用中的混乱现象。例如,检察机关可将"有悔罪表现"界定为必须同时符合以下条件:主观恶性较小,或具有其他法定从轻、减轻处罚情节;犯罪后认罪态度良好;向被害人道歉,并积极赔偿或承诺赔偿被害人损失;积极清退赃款、赃物;已取得或初步取得被害人的谅解;具有较好的帮教条件等。同时,为防止犯罪嫌疑人被附条件不起诉后继续实施危害社会的行为,应设置一定的排除条件,如规定对于社会危险性较大、曾被附条件不起诉或曾有过性质恶劣犯罪的累犯等犯罪嫌疑人,则不得适用附条件不起诉。

(四) 完善对被不起诉人的考察机制

检察机关为有效解决巨大工作量与紧缺司法资源之间形成的突出矛盾,防止考察流于形式,并加强对被不起诉人的考察实效,需要创新考察方式,特别是可加强对外协调,与外部相关部门或机构建立配合机制,既可以缓解检察机关的工作压力,又可发挥相关部门或机构的专业优势,更好完成相关工作。例如,在坚持检察机关是办案主体、考察监督主体,未成年犯罪嫌疑人的监护人

---

① 参见郭斐飞:《附条件不起诉制度的完善》,载《中国刑事法杂志》2012年第2期。

予以协助的前提下,在作出附条件不起诉前,可委托当地社区矫正机构进行全面社会调查,并出具调查报告供案件承办人参考;也可委托该机构参照"两高三部"《社区矫正实施办法》,对未成年犯罪嫌疑人进行矫治教育,落实帮教计划,评估帮教成效,在考验期结束前写成考察鉴定意见反馈给检察机关,为检察机关作出决定提供重要参考。

(五) 完善对所附条件的限制性规定

一方面,应丰富考察机关对不起诉人矫治教育的内容。新刑诉法规定的"按照考察机关的要求接受矫治和教育",其实赋予了考察机关为被考察人设定具体义务的权力,因为"矫治和教育"的内容比较丰富,可包括:要求未成年犯罪嫌疑人赔礼道歉;经济赔偿;接受教育或咨询性项目;向指定的公益团体、地方团体或社区提供公益劳动;完成考察机关安排的戒瘾治疗、心理辅导或其他适当处置措施;保护被害人安全以及预防再犯行为的必要命令等。因此,一方面,检察机关可根据未成年人的犯罪情节、个性特点、被害人情况等因素,设定一项或多项具体的考察义务,促进未成年人更好地接受矫治教育、认罪悔过。另一方面适时引进禁止令制度。为便于被不起诉人更好的教育改造,在条件成熟时,可借鉴《刑法修正案(八)》关于管制、缓刑可适用禁止令的规定,在所附条件中适当增加禁止令,禁止被不起诉人接触特定的人、从事特定的活动、进入特定的场所。如在考验期内违反禁止令的规定,检察机关可撤销对其不起诉的决定,对其提起公诉。

(六) 加强对涉案当事人的权益保护

一方面,将附条件不起诉与刑事和解程序有机结合,体现被害人的主体地位。除检察机关外,其实被害人在犯罪嫌疑人是否有"悔罪表现"上享有较大发言权,因此应当允许其对犯罪嫌疑人在犯罪后的表现进行陈述、发表意见,而这往往需要通过刑事和解程序来获取。在刑事和解程序中,如果犯罪嫌疑人向被害人认罪道歉积极赔偿损失,取得被害人的谅解,被害人和犯罪嫌疑人均可以向检察机关提出附条件不起诉处理的申请。另一方面,构建附条件不起诉决定前简易听证程序,保护被害人和犯罪嫌疑人权益的必要。有观点认为,在适用附条件不起诉之前,应召开由检察机关主持,犯罪嫌疑人、辩护人、被害人及其代理人以及公安机关共同参与的简易听证程序,[①] 本文赞同此观点,理由是:犯罪嫌疑人是附条件不起诉的直接对象,如果其或代理人在听证程序中不愿意适用附条件不起诉,检察机关将不能适用;被害人是附条件不起诉中的关键角色,如果其不同意适用附条件不起诉,检察机关也不能适用,

---

① 参见刘少军:《附条件不起诉制度的改革和完善》,载《东方法学》2012年第3期。

否则将可能造成被害人对诉讼程序正当性的质疑。

（七）完善监督制约体系

在附条件不起诉制度中，非常有必要加强权利对权力的制约和权力对权力的制约，防止检察机关不起诉权的滥用。对此，建议可构建由当事人、公安机关、上级检察机关、法院四位一体的监督制约体系。即第一，加强当事人对附条件不起诉的制约。在附条件不起诉作出后，如果检察机关撤销附条件不起诉决定对该案进行起诉，或考验期满后作出不起诉决定，犯罪嫌疑人或被害人认为权益受到侵犯的，可向上级检察机关申请复议，以弥补可能出现的错误。第二，加强公安机关对附条件不起诉的制约。如果公安机关对检察机关的附条件不起诉决定不服，也可提请上级检察机关进行审查。第三，加强法院对附条件不起诉的制约。可设置法院对检察机关该项权力的形式审查程序，这既是诉讼程序完善和自治的需要，也是法院司法终结性的内在要求。在审查程序的构建上，法院着重审查附条件不起诉适用的"合法性"，而对属检察机关自由裁量权的"合理性"，法院则不应干涉。

（本文荣获女检察官学习贯彻落实"两法"征文活动三等奖）

从公诉实务角度探析庭前会议制度

郭 娟[*]

新刑事诉讼法第 182 条第 2 款规定："在开庭以前，审判人员可以召集公诉人、当事人和辩护人、诉讼代理人，对回避、出庭证人名单、非法证据排除等与审判相关的问题，了解情况，听取意见。"该规定成为中国庭前会议的雏形，"将纯粹手续性的庭前审查程序改造为程序性的庭审预备程序"、"将附属于审判的程序改造为相对独立的审判前程序"[①]。对于程序正义、诉讼效率、人权保障等方面具有重要意义。然而，如何使该制度在检察工作尤其是公诉实务中发挥其应有作用，仅有法律规定是远远不够的，还需要在实务中不断探索、完善，以推进我国刑事诉讼发展进程和社会主义法治化建设。

一、从公诉实务角度浅析庭前会议的适用

自新刑诉法颁布以来，庭前会议作为与公诉实务有关的重要课题，引起了公诉部门的广泛关注和探索。各地就刑诉法关于庭前会议的法律规定，结合最高人民法院关于适用刑诉法的解释和最高人民检察院刑事诉讼规则，相继出台了相关工作意见和实施细则，并适用具体案件进行了积极探索。本院公诉处作为省检察院庭前会议试点单位，在两级四院开展了相关工作，笔者结合公诉实务，对庭前会议适用现状作如下分析：

（一）"两高"就庭前会议适用的相关规定

1. 庭前会议的召开情形：当事人及其辩护人、诉讼代理人申请排除非法证据的；证据材料较多、案情重大复杂的；社会影响重大的；需要召开庭前会议的其他情形。

2. 庭前会议的基本内容：管辖、回避、出庭证人、鉴定人、有专门知识的人员名单、辩护人提供的无罪证据、证明被告人无罪或罪轻的证据、非法证

---

[*] 作者单位：山西省人民检察院太原铁路运输分院。

[①] 汪建成：《刑事审判程序的重大变革及其展开》，载《法学家》2012 年第 3 期。

据排除、不公开审理、延期审理、适用简易程序、庭审方案、辩护人收集的证据、与审判相关的其他问题。

3. 证据相关事项：审判人员通过询问控辩双方，区分有异议和无异议的证据；对于有异议的证据，应当在庭审时重点调查；无异议的，庭审时举证、质证可以简化。对于当事人、辩护人、诉讼代理人提出证据具有非法取得疑点的，人民法院认为可能存在以非法方法收集证据情形的，人民检察院可以对证据收集的合法性进行证明。需要调查核实的，在开庭审理前进行。

4. 其他：庭前会议由人民法院召集，由出席法庭的公诉人参加，可以通知被告人参加，庭前会议应当制作笔录，附带民事诉讼可以调解等。

（二）本院适用庭前会议案件的公诉实务

1. 根据新刑诉法精神和两高司法解释，借鉴了其他检察机关关于庭前会议的实施意见，本院结合本系统司法实际，制定了公诉案件庭前会议工作的意见。该意见对如下内容进行了较为细致的规定：公诉人有召开庭前会议的建议权；对于庭前会议内容事项，公诉人有异议的，应当提出；达成一致意见，没有异议的，在没有新的事实或者新的证据情况下，当庭不得再提出异议；庭前会议，控辩双方应当提供拟当庭出示、宣读的全部证据，并就证据的合法性发表意见；控辩双方在庭前会议后收集公诉人、当事人和辩护人、诉讼代理人在庭前会议后收集到新的证据，拟当庭出示宣读的，应当在开庭前提供该证据。开庭前未提供的证据一般不得当庭出示、宣读，关系到本案定罪量刑，确有必要宣读、出示的，由审判长确定是否当庭出示、宣读。对于审判长确定需要当庭出示、宣读的证据，公诉人认为需必要的准备时间的，可申请延期审理。

2. 本院公诉处选取基层院的两起公诉案件指导开展庭前会议。其中一起是涉及铁路专业领域知识较多、控辩双方对铁路相关规程认识迥异的"4·17"铁路运营安全事故案，另外一起是案情复杂、控辩双方争议焦点多的胡某受贿案。

"4·17"铁路运营安全事故案系严重违反铁路技术操作规程造成铁路养护人员被列车冲撞抢救无效死亡的危害铁路运营安全的典型案例，由公诉科会同法院刑庭、辩护律师召开庭前会议。会上，承办人首先与辩护人对回避、证人出庭等与审判相关的程序性问题了解情况交换意见，然后出示证据目录，并与辩护人就需要通过证据规则排除以及无异议证据分别进行了确定，双方通过庭前会议充分了解本案全部证据。通过互相交换证据，不仅使控辩双方明白对方所掌握的证据，便于法庭调查和辩论有针对性、有重点地进行，而且使法官了解了控辩双方的基本意见。从之后的庭审效果来看，没有出现可能的证据突袭现象,控辩双方申请休庭或要求延期审理的情况大大减少,庭审的连续性明显增强,案件信息的透明度增加,切实有效地提高了诉讼效率,进而实现司法公正。

胡某受贿案在庭前会议上,参加会议各方就回避、管辖、非法证据排除、证据开示义务承担等问题深入交换了意见,明确了案件争议焦点,就正式开庭时简要出示双方都无异议的证据等方面达成一致意见,从而使得主审法官、公诉人和律师都明确了开庭的庭审重点,有效地提高了各方工作效率。然而,辩护人在庭前会议中心存疑虑,勉强配合。会议中公诉人尽量做到证据开示,而辩护人却回避了该问题,不愿向公诉人开示证据,而法律并未明确规定庭前会议中未开示的证据,庭审中是否能够出示,给证据偷袭留出余地。从之后的庭审来看,辩护人、被告人仍然要求公诉人出示双方都无异议的证据。而辩护人是"拿人钱财,替人消灾",庭审中,辩护人必须考虑被告人及其家属感受,对所有证据,包括庭前会议中双方都无异议的证据,都要求全部出示,并未有效地提高诉讼效率。

二、从法理角度剖析庭前会议制度的价值功能

(一)各国庭前会议概述及借鉴意义

庭前会议是指对于重大、复杂案件,为了避免审理期限过长,法官依职权或依控辩双方的申请,认为有必要时,召集公诉人、当事人和辩护人、诉讼代理人到庭,对庭审中的相关问题进行必要沟通的准备程序。[①] 美国联邦刑事诉讼规则第17.1条规定了庭前会议(又称"审前动议制度"),其发起只能是当事人及其辩护人,旨在保障被告人诉讼权利。会议焦点是排除非法证据,即在庭前会议上实质性地解决非法证据的排除问题,使得非法证据不能进入庭审阶段。英国规定了庭前听证程序、审前裁断程序、预备听证程序等,在被告人被起诉后,在法官的主持下,召开由控辩双方参加的听证会,共同商讨法庭审判中解决的问题,除了程序事项,还包括了案件的主要问题,涉及部分实体问题。此外,主持上述程序的法官并非庭审法官,而他所作的裁断具有法律效力。日本的庭前协商和准备程序,包括检察官与辩护人就案件焦点充分协商,法院主持下的控辩双方就有关诉讼的必要事项的协商,但协商内容不得涉及可能对案件产生预断的事项。此外,还有德国的中间程序、法国的预审程序等,不作一一赘述。

[①] 参见陈卫东:《2012刑事诉讼法修改条文理解与适用》,中国法制出版社2012年版,第250页。

各国庭前会议相关内容规定不一，除了法治理念差异，还有各国各异的法律制度和司法实践等原因。然而，在保障人权、实现正义、关注效率、顺利庭审方面的价值追求是共同的。结合我国庭前会议的法律规定，笔者认为，国外以下几个方面的规定值得借鉴：首先，在庭前会议的规定上，各国都比较详尽、具体，其对案件办理具有积极的实践性和可操作性；其次，庭前会议不仅解决程序问题，还部分地解决了一些实质性的法律问题，其功能发挥得更为充分；最后，非法证据排除事项作为庭前会议的重点内容非常突出，从而形成了各具特色的制度优势。

（二）庭前会议制度的价值功能

制度的内在价值需要其功能来实现，功能发挥的过程就是不断体现价值的过程，其内涵是一脉相承的。

1. 防止公诉权滥用，保证控辩诉权平等

公诉权作为一种公权力，如何对其监督和制约，防止其滥用，是刑事诉讼制度研究的重要课题。庭前会议制度的设立，使得公诉权的行使在案件进入审判程序之前就要接受考量。庭前会议审查的程序性内容，尤其是非法证据排除，可以防止一部分不符合起诉条件的案件进入审判程序，发生撤诉的法律效果，一定程度上规范了起诉裁量权的行使，对公诉权起到有效制约作用。这对其对立面——被告人及辩护方而言，更为有利地保护其诉讼权利。

2. 完善程序性审查，实现程序正义要求

对程序正义的要求和关注，是法治文明进步的重要体现，程序正义和实体正义并重是现代法治的要求。庭前会议的制度价值在于公平与效率的统一，而且"程序是交涉过程的制度化"，① 庭前会议制度涉及管辖、回避、出庭证人名单，排除非法证据，确定案件的重点和争点，将控辩双方无异议的证据在庭前会议确认，庭审重点针对有异议的证人、证据展开等问题，基本属于程序性事项，其不仅对于实体正义的实现意义重大，其独立性价值也不容忽视。

3. 提高透明度要求，保障案件公正审判

提起公诉从"移送主要证据复印件"到"全案移送"，使得辩护方可以查阅控方的全部案卷和证据，包括对被告人有利和不利的证据，真正实现控辩双方信息对称，为诉讼平衡的有效实现提供了重要的前提条件，保证了庭审的实质化和公平性，使得案件得以公正审判，从而保障了被告人的合法权益。

4. 明确争议性焦点，提高庭审诉讼效率

庭前会议为庭审提前解决了管辖、回避人员、证人名单等程序性问题，而

---

① 季卫东：《法律程序的意义》，中国法制出版社2012年版，第33页。

通过排除非法证据，基本能够确定案件的重点和争议焦点，这样使得庭审在调查内容上有所减少，在控辩双方举证、质证上更能有的放矢，减少了休庭、延期审判的可能性，从而缩短庭审时间，加快诉讼进程，节约诉讼成本，进而提高审判效率。

三、公诉实务对当前庭前会议的应对

从案件办理角度出发，公诉实务对庭前会议的应对应依据刑诉法相关规定和最高人民法院的司法解释、最高人民检察院的刑事诉讼规则，参考各地实施意见，实务操作从以下几个方面着手：

（一）庭前会议的适用范围

最高人民法院的司法解释明确规定了庭前会议召开的情形，即当事人及其辩护人、诉讼代理人申请排除非法证据的；证据材料较多、案情重大复杂的；社会影响重大的；其他。该项规定只是就庭前会议的适用案件作了原则性规定，结合司法实践，具体注意如下几个问题：

1. 审理方式采用简易程序的案件，不适用庭前会议。因为庭前会议适用于案情重大、复杂的案件，倘若简易程序案件适用庭前会议，将会造成诉讼资源的浪费，不能实现提高诉讼效率的目的。

2. 没有辩护人的案件，不宜适用庭前会议。结合庭前会议的内容来看，管辖、回避、出庭证人名单等程序性问题，以及非法证据的认定等，都需要法律相关知识才能作出判断。如果没有辩护人的被告人参加庭前会议，由于其法律知识的欠缺和对证据材料的未知，不能实现权利保障的目的。

3. 庭前会议由人民法院决定，但是作为公诉方的检察机关应该有提请召开庭前会议的建议权。反之，根据案件情况，如果认为不适宜召开庭前会议的，也可以向法院提出。虽然庭前会议的价值定位之一是防止公诉权滥用，但是检察机关的监督职能贯穿整个检察工作中，所以在庭前会议阶段同样对法院有监督职责。

（二）庭前会议的相关内容

1. 关于管辖、回避、证人、鉴定人出庭、庭审方式等问题，在庭前会议上公诉人只对有异议的部分，发表相关意见。对于发生重大变化，影响案件起诉、审理的事项，要按照检察机关的汇报机制进行汇报、作出决定。

2. 关于非法证据排除问题，需要与证据开示制度予以区别。当前的法律及相关规定没有作出明确规定，也没有就双方证据开示作出强制性规定，所以在实践中很难制约。从司法实践出发，作为公诉方，一方面要尽可能了解辩方庭审可能提供的证据，为庭审质证做好准备；另一方面对被告人有罪、无罪的

证据要全面提供。关于非法证据能否在庭前会议上予以排除，还是由法院在庭审中予以排除，理论和实务界都存在分歧。笔者认为排除非法证据的实质性决定还是在庭审中解决更为适宜，更符合立法精神。

3. 通过庭前会议确定争议焦点，从而明确庭审重点。公诉方针对争议焦点，就庭审举证、质证内容做好出庭预案，并根据辩方证据情况，做好答辩提纲，从而更好地实现质证效果，完成指控犯罪、保障人权的公诉职能。

（三）庭前会议的效力

庭前会议决定的事项，其效力如何，法律没有明确规定，但从各地实施意见的规定可以看出，经过控、辩、审三方认可签字的事项，应该发生法律效力。除非有合理理由，各方不得在庭审中推翻在庭前会议中达成共识的事项。但是，笔者认为，与被告人定罪量刑有重大影响的事项，在庭审中如果推翻了庭前会议的决定，还是应该列入庭审内容，这对保障被告人权利、实现公正审判意义重大。尤其在庭前会议适用初期，对其适用还是要限制和慎重。

四、我国庭前会议制度的不足及完善建议

从我国刑诉法对庭前会议的规定可以看出，将"庭前审查程序由封闭式的构造改造为三方参与的构造"，"具备了诉讼构造的基本特征"[①]，然而其内容有限、程序简单、规定过于宽泛，对于司法实践的指导、规范作用明显不足。为了更好地发挥庭前会议的制度价值，建议从如下具体方面予以完善。

（一）增加控辩双方对召开庭前会议的建议权和否决权

庭前会议的决定权在审判机关，还应增加规定公诉人、当事人、诉讼代理人、辩护人具有召开庭前会议的建议权。因为除了审判机关，承办案件的公诉人和辩护人对案件的熟悉程度也比较高，建议召开庭前会议更有实践意义。

关于审判机关决定召开庭前会议，控方和辩方是否具有否决权存在争议。有观点认为：公诉机关根据案件情况，可以就辩方、法院提出的质疑问题做出答辩，不参加庭前会议，这样有利于掌握刑事诉讼的主动性，节约公诉资源；辩护人认为没有必要参加庭前会议，可以不参加，因为庭前会议不是必经诉讼程序，法律也没有明确规定相应的后果。然而，笔者认为，既然法律规定了庭前会议的决定权在人民法院，那么控辩双方都应该听从法院的决定，可以提出无须召开的建议，但仍然要尊重法院的决定。为了避免司法实务中出现控辩双方拒绝参加庭前会议的问题，建议立法规定控辩双方对庭前会议的建议权，但不享有否决权，从源头上保障该制度的适用。

---

① 汪建成：《刑事审判程序的重大变革及其展开》，载《法学家》2012年第3期。

(二) 细化非法证据排除事项和否定证据开示内容

我国庭前会议的相关法律没有规定证据开示内容，使得各地在实施意见中的规定也不尽相同。有观点认为既然要排除非法证据必定经过证据开示，而有观点则认为除非法律明确规定了证据开示制度，否则不能包含在庭前会议中。

刑事诉讼中的证据开示，是指控辩双方就庭审要出示的全部证据在庭前会议中予以相互交换。从某种意义而言，证据开示制度属于一种预审程序，是对预审时双方认可的证据，在将来的庭审时概括说明，无需再经过详细的举证和质证程序。这就包含了庭前会议中双方对证据的开示，也不可避免地发生质证和辩论，这就使得庭前会议部分承担了庭审的实体功能，违背了庭前会议制度设置的初衷。因此，庭前会议内容不应当包括证据开示。

"此次刑事诉讼法修改规定了非法证据排除范围以及程序，通过庭前会议，可以使法官及时了解当事人以及辩护人排除非法证据的意向，可以为法官在庭审程序中启动非法证据排除做好准备。"[①] 然而，在庭前会议上关于非法证据排除的问题，我国只作了概括规定，并没有明确在庭前会议上作出实质性决定，所以其制度功能的发挥受到很大限制。建议规定：庭前会议应该决定将非法证据予以排除。当辩方对控方证据的合法性和真实性提出异议，公诉人应当予以回应，是否予以排除，如果在会议中可以解决，控、辩、审三方能够达成一致，则记入笔录，经签字生效；如果当庭达不成一致意见，控方事后经过调查，应当开庭前通知合议庭、有关当事人和辩护人，从而有利于庭审程序的顺利进行。

(三) 强化庭前会议效力和违反会议决定的法律后果

在庭前会议中，法院主持下的控辩双方就与庭审有关的程序性问题和非法证据排除问题等经过协商、讨论，使得某些事项达成一致意见。那么这些意见是否具有法律效力，直接关系庭前会议制度的生命力。而我国法律在此没有作出详细规定，建议作补充规定。

对管辖、回避等程序性事项没有异议的，在庭审阶段没有特殊事由不得再次提出异议。关于控辩双方所持有的证据进行逐个表态，区别有异议的证据和没有异议的证据。对于没有异议的证据，在庭审阶段只做概括说明，不再进行详细质证；对有异议的证据，在庭审中重点质证、辩论。除非有影响被告人定罪量刑的证据，否则在庭审中不得推翻庭前会议的决议。如若违反，将承担不利的法律后果。

---

① 陈卫东：《2012 刑事诉讼法修改条文理解与适用》，中国法制出版社 2012 年版，第 253 页。

总之，庭前会议制度对于公诉实务影响深远，除了保证庭审质证效果以外，对公诉人提出了更多的挑战，例如提高非法证据排除水平、庭审讯问技巧等实务技能，从而规范公诉权的行使。因此，在公诉实务中对庭前会议进行有益的探索，从而推动其制度完善，使得庭前会议发挥最大功用，推动刑事诉讼制度的发展。

（本文荣获女检察官学习贯彻落实"两法"征文活动三等奖）

针对新刑事诉讼法"庭前会议"制度的若干公诉实务问题探讨

王 惠*

一、庭前会议制度概述

（一）比较法视野中的庭前会议制度

1. 美国的庭前会议制度

美国联邦刑事诉讼规则第 17.1 条的条文名字即为"庭前会议"，该条规定："在提出大陪审团起诉书或者检察官起诉书之后，法庭可以根据任何一方当事人的动议或者根据自己的动议，命令举行一次或多次会议以研究考虑诸如促进公正、迅速的审判等类事项。在会议的最后决定中，法庭必须就已经达成协议的事项准备和提出备忘录。被告人或者其律师在会议上所作的任何承认都不得被用来反对被告人，除非这些承认被做成书面的并且经过被告人及其律师的签字。本规则不适用于被告人没有律师作为其代表的案件。"

2. 英国的"预备听证"程序

1996 年，英国设立了"预备听证"程序，专门适用于比较复杂、审判时间可能持续较长的案件举行"预备听证"的决定由刑事法院的法官在陪审团宣誓之前根据控辩双方的申请或者自行作出，主要是解决在陪审团不在场的情况下的一些法律问题。在这一程序中，法官有权要求控方将其包含有将要证明的事实、要求陪审团从证据中作出不利于被告人的推论等内容的案情陈述提交给辩护方。法官随后可以要求辩护方提供包含有将要提出的辩护的主要内容、控辩双方存在分歧的主要问题、辩护方对案情的反驳、法律适用、证据的可采性等内容的书面陈述。法官可以就此作出裁断。

---

* 作者单位：江苏省南京市六合区人民检察院。

3. 我国香港特区的审前讨论会制度

根据特别行政区《法院程序指导》的规定，在高等法院审理的案件，律政司要在确定的审判期日前 28 日，向被告人发出采纳证据的通知，被告人的律师要在 14 天之内给予答复。法官有权将当事人召集在一起，在审判前对证据进行审查，以确定他们对所提供的证据的态度，确定他们可能提出的异议和看法以及其他对审判的进行有意义的事情。地方法院审判前的程序与此相同。当然，除了审前讨论会之外，我国香港刑事诉讼中也有控辩双方的证据披露程序，包括证据披露的范围、地点、时间等，这也属于庭审程序的一部分。

以上制度的共同点都是在中间程序之中，对回避人员、出庭证人的名单予以确定，对非法证据予以排除，确定庭审的重点与争点，提高了庭审效率，这是中间程序的直接功能。各国的中间程序略有差异，但共同价值追求在于，对公诉权进行制约，进而保障人权。

（二）庭前会议制度的积极意义

1. 庭前会议进行非法证据排除将有助于落实刑事诉讼法规定的被告人不得自证其罪原则

非法证据排除是这一阶段的主要工作，控辩双方将有异议的证据提交庭前会议予以排除，并记录在案，在法庭上对排除的非法证据以及无争议的事实、证据不再作法庭调查。而在庭前会议上因非法证据排除导致起诉理由不能成立的，则可以直接撤回起诉，案件终结。在当代中国，被告人的供述与辩解尚被称为"证据之王"，并未将被告人"零口供"原则亦即被告人有权保持沉默建立为中国刑事诉讼程序的基本原则，非法证据排除也就主要集中在对被告人的供述与辩解进行排除方面。庭前会议将在正式法庭审理过程中启动的非法证据排除活动提前，更有助于保护被告人的合法权利，更有利于促进中国法治的进步与对人权的保护。

2. 庭前会议制度将为由法官主导的由公诉人、辩护人参加的控辩式刑事庭审的顺利进行打下坚实的基础

虽然刑事庭审庭前会议主要解决回避、证人出庭名单、非法证据排除等程序性问题，但审判人员通过了解抗辩双方所提出的这些问题可以相当地明确当事人、诉讼代理人、公诉人、辩护人对于本案的基本态度和策略，对进一步归纳法庭审判的重点和焦点并对庭审的正确引导和主持具有积极意义。

3. 庭前会议制度可以有效提高司法审判的效率

就普通的刑事案件被告人来讲，作为被指控方，一般在法庭审判之时最少已被羁押 3 个月之久，在刑事案件的法庭审理过程中，当事人、辩护人、公诉人、诉讼代理人经常因回避、出庭证人、非法证据排除等与审判相关的问题互

相争吵而导致法庭不得不中途多次休庭,也因审判庭审前准备工作因没有法律明确规定从而使当事人无法及时准确地行使诉讼权利以及无法请求司法救济而导致刑事审判效率低下,由于相关的变更强制措施无法实施,也使当事人被超期羁押屡禁不止,反而使公权力对当事人的超期羁押行为找到了所谓法定理由的庇护。庭前会议有助于及时准确地解决与审判相关的回避、证人出庭、非法证据排除等问题,给将来的庭审开辟一个纯粹的、不受干扰的实体审查空间,有效提高司法审判效率。

4. 庭前会议制度是我们强调刑事诉讼程序公正的产物

程序公正优先于实体公正是当前中国刑事法治建设的重要目标和努力方向。由于程序公正在刑事诉讼程序中占有非常重要的地位,标志着程序公正的刑事庭审庭前会议制度就显得尤为重要。刑事庭审审前程序所要解决的问题,例如回避、证人的出庭问题、非法证据的排除问题均是可以直观评断出审判程序是否具有程序公正性的形式问题,这也就是为何刑事庭审审前会议必须记入笔录的原因。

二、庭前会议制度的公诉实务应对

虽然新刑诉法开启了中国特色的中间程序,迈出了"跨越式"的一步,但"庭前会议"制度仅有雏形,具体的运作规则还未规定,在公诉实务操作中,有以下问题需要我们面对,值得我们思考。

(一)庭前会议的适用范围

是否所有刑事案件都可以召开庭前会议。新刑诉法第182条第2款规定:"在开庭以前,审判人员可以召集公诉人、当事人和辩护人、诉讼代理人,对回避、出庭证人名单、非法证据排除等与审判相关的问题,了解情况,听取意见。"对于哪些类型的案件、什么情况下可以召开庭前会议无更进一步的规定。有学者认为适用庭前会议的案件范围应包括除适用简易程序审理以外的其他公诉案件,我们认为不应做此区分,因为从理论讲,无论是简易程序还是普通程序都可能存在回避、非法证据等程序性问题,而庭前会议应当适用于回避、非法证据事项将严重影响实体判决的案件。即便不做适用范围上的限制,也不必担心司法资源和司法效率问题,因为司法实践中简易程序案件居多,而简易程序案件大多案情简单,事实清楚,也不存在召开庭前会议的必要。

这里有个延伸的问题,对于没有辩护人的案件,庭前会议是否有必要召开。当被告人没有辩护律师时,不应当适用庭前会议制度。因为,庭前会议要求控辩双方对每一个证据发表是否持有异议的意见。法庭审理时仅对控辩双方存在争议的证据进行重点调查、举证、质证,对双方无争议的证据,虽然法律规定也必须经过查证属实后才能作为定案的根据，但法庭调查质证程序可以大为简化，仅询问被告人、辩护人是否对证据有新的异议，如果没有异议，对该证据的调查质证就随即结束，公诉人不再出示该证据，法庭对该证据作出认定。这样的做法必须保证被告人已经充分、明智地理解了对证据不表示异议以及法庭不对证据进行详细调查质证时所产生的实体后果和程序后果，否则必将极大地侵害被告人的诉讼权利。因此，我们主张只有在被告人有辩护律师为其提供充分的法律指导，理解自己在庭审前对证据不表示异议的法律意义和法律后果时，才能适用庭前会议和普通程序简易化审理，以保护被告人的权利，更好地实现司法公正。美国的庭前会议制度同样规定：庭前会议规则不适用于被告人没有律师作为其代表的案件。

（二）庭前会议的提起主体

从字面意思看，庭前会议的提起主体为审判人员，我们认为庭前会议的提起主体除审判人员之外，还应包括被告人及其辩护人、公诉机关，因为从本质上说庭前会议是一个三方会谈。具体可以由被告人及其辩护人或者公诉机关提出申请，但是，是否适用由人民法院决定。同样，对于审判机关决定召集的庭前会议，公诉机关是否具有否决权？我们认为应当赋予公诉机关召开"必要性"的裁判权和是否召开否决权，公诉机关可以对被质疑证据做出答疑并商请人民法院决定不予召开。

（三）庭前会议的参加主体

庭前会议的主体一般包括下列人员：法官、公诉人、被告人的辩护律师、监护人。值得思考的是证人、鉴定人等是否有必要参加庭前会议。我们认为，因为庭前会议不需要对证据进行质证，只是要求控辩双方表明是否持有异议，根据中国的现实情况，证人、鉴定人不必参加庭前会议而只宣读证人证言、鉴定结论等，控辩双方对某个证人证言、鉴定结论有异议的，可以在法庭审理时对该证人或者鉴定人进行质证。这样既可以降低诉讼成本，也会防止出现控辩双方在庭前会议上对证人、鉴定人进行质证使庭前会议变成庭审预演或者另一次庭审的局面。

是否需要主审法官回避。有观点认为主持庭前会议的法官与负责案件法庭审理的法官应当是不同的人，以防止庭审法官提前接触案件证据先入为主形成预断。我们认为这个担忧是没有必要的。在原有的庭审模式中，法官在开庭之初会告知当事人享有申请回避权，在法庭调查中或者法庭调查结束时，法官会问询当事人及辩护人或者诉讼代理人对于公诉机关提供证据的意见，回避、非法证据等程序事项还是在主审法官的裁决范围内，而案件事实的最终认定必须要求实体和程序统一，主审法官本身享有法律赋予的自由裁量权，在是否决定回避，是否系非法证据，是否需要排除非法证据等事项上，法官有权裁量。庭前会议的初衷就是通过听取控辩双方的意见，在相关证据是否采信上给法官打"预防针"，促使法官在采信该份证据时要有足够的质疑，法官提前介入庭前会议有助于加强其判断力，没有必要将庭前会议这一阶段交给立案庭负责。庭前会议虽然还是对程序事项听取意见，但较立案审查要求而言，对回避、非法证据排除、出庭证人名单等事项的判断还是更为靠近案件实体，让行使形式审查的立案庭承担庭前会议，难免有职能混淆、职责不明之嫌疑，更是严重降低了审判效率，违背了该制度创设的初衷。

（四）当事人及其辩护人在庭前会议中所享有的权利

研究刑事庭审的庭前会议制度可见，法律并未赋予公诉人、辩护人、当事人以及诉讼代理人实际的诉讼权利，似乎只能说明"意见"，法官"听取意见"。而实体的诉讼权利应当包括书面申请权、举证质证权、辩论权等，公诉人、辩护人、当事人以及诉讼代理人仅享有陈述的权利。庭前会议制度的设立初衷是为了在给将来的庭审开辟一个纯粹的、不受干扰的实体审查空间，而是否存在回避、非法证据排除等事项的调查中，控辩双方当然应当享有举证、质证和辩论权，例如：辩护人提出公诉人接受请吃，那么自然的辩方就应当举证证实，而公诉人这时应当享有质证和辩论的权利，这更有利于法庭查清是否存在程序违法，更有利于及时排除程序违法。当然这些实体权利的赋予应严格限制在程序事项上，而不涉及案件的事实认定、法律适用等实体问题。

（五）法官是否就庭前会议事项行使裁决权

回避事项当属保证刑事诉讼程序公正的最低一级层次，而非法证据排除是保证刑事审判公正的最低要求。设置刑事庭审前程序就是要将与审判有关的回避、非法证据排除等事项解决在审判之前，对于提高刑事审判的效率，节约刑事审判的成本具有非常重要的意义。

对于回避、非法证据排除等事项，应由刑事庭审的庭前会议进行实质性调查并将有关回避、非法证据排除等相关审判的事项进行裁决，在正式的法庭开庭之前将回避、非法证据排除先行予以解决，使庭前会议制度发挥其应有的作用。

（六）庭前会议就证据达成合意的效力

在庭前会议中，由控辩双方分别对每一个证据进行表态，最后归纳出存在争议的证据和不存在争议的证据，双方对证据不存在争议的，即认为达成合意。如果一方在庭前会议上对有争议的证据故意不提出异议，而在庭审时再提出有根据的反驳时，根据我国刑事诉讼法的规定，法官对此是不能禁止的，而必须允许其提出并依法进行法庭调查。这种情形不但仍然会导致"伏击审判"

的出现，也使得庭前会议达成的证据合意失去了意义。

如果诉讼参与人未在庭前会议中提出诸如回避、证人出庭、非法证据排除等问题，而在刑事案件开庭审理过程中提出，在法律上应当如何对待诉讼参与人未在庭前会议中行使其权利的结果？应当明确规定公诉人、当事人、诉讼代理人、辩护人必须对回避、非法证据等事项在庭前会议上申请，如果公诉人、当事人和辩护人、诉讼代理人在刑事庭前会议不行使该项权利，则被视为放弃该项权利，否则，庭前会议为庭审扫清程序障碍的设置本意就会落空，反而降低了审判效率。

综上，刑事庭审庭前会议制度对于保障诉讼程序的顺利进行、减少诉讼成本、提高诉讼效率、保障诉讼程序公正、保障当事人合法利益、凸显法庭的权威具有明显成效。但由于受到种种因素的影响，庭前会议制度还很不完善，目前尚不能发挥其应有的积极作用，与法治国家的审前动议相比，仅仅是一个萌芽而已，尚有向前进一步发展的可能与空间，需要在实务中不断探索并完善。

（本文荣获女检察官学习贯彻落实"两法"征文活动三等奖）

对公诉案件适用简易程序的调查分析

李 婷 张若然[*]

修改后的刑事诉讼法对简易程序作了大幅的修改调整，新构建的简易程序迎合司法实务的需要，吸收了相关司法解释的有关规定及其多年来实践中的有益经验，[①] 形成了独具中国特色的诉讼制度。从司法实务层面上，检察机关在提起公诉案件适用简易程序中，亟须在立法既定的框架之内，充分发挥诉讼监督职能，确保案件质量基础上，实现公正与效率的有机统一。本文对济南市长清区人民检察院近3年来适用简易程序审理公诉案件的数量、类型及变化情况作了深入调查研究，在实证分析的基础上，分析新刑诉法修改后对检察职能履行的挑战和机遇，并探索创新工作机制，进一步强化检察机关对公诉案件适用简易程序的诉讼监督。

一、公诉案件适用简易程序的现状评析——以长清区院近三年的司法实践为视角

1. 案件数量以及所占比例呈逐年上升的态势。从济南市长清区人民检察院2010年1月到2012年12月简易程序适用案件的统计分析来看，近3年公诉部门提起公诉案件共936件，其中适用简易程序审理共455件，占提起公诉案件数量的48.6%。2010年提起公诉案件293件，适用简易程序审理115件；2011年提起公诉案件322件，适用简易程序审理156件；2012年以来提起公诉案件312件，适用简易程序审理184件。（详见表1、图1）总体来说，简易

---

[*] 作者单位：山东省济南市长清区人民检察院。

[①] 最高人民法院、最高人民检察院、司法部于2003年3月联合制定的《关于适用简易程序审理公诉案件的若干意见》和《关于适用普通程序审理"被告人认罪案件"的若干意见（试行）》两个司法解释文件，对简易程序的范围及适用规则作出了规定，并广泛适用于司法实践中。

程序的运用减轻了检察机关办案人员的压力，使其能集中精力办理重大、疑难、复杂的案件，同时也缩短了被告人的羁押时间。

表1：2010～2012年长清区院适用简易程序的公诉案件数量统计表

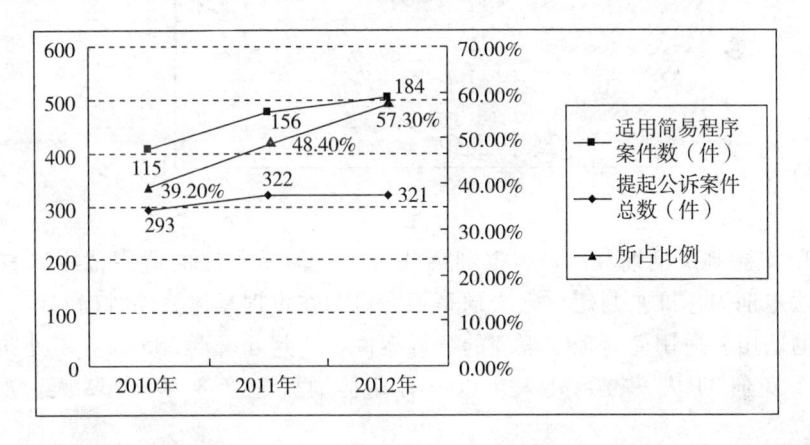

年份	2010年	2011年	2012年	总数
提起公诉案件总数（件/人）	293/459	322/555	321/451	936/1465
适用简易程序审理数（件/人）	115/142	156/206	184/236	455/584
所占比例（以件数计算）（%）	39.2	48.4	57.3	48.6

图1：2010～2012年长清区院适用简易程序的公诉案件数量变化曲线图

2. 适用简易程序的案件类型比较集中。在刑诉法修改之前，公诉案件适用简易程序的条件限定为"被告人依法可能判处3年以下有期徒刑、拘役、管制、单处罚金的公诉案件"、"事实清楚、证据充分"、"人民检察院建议或者同意适用简易程序"。从长清区院近3年提起公诉案件的情况来看，适用简易程序审理的公诉案件类型大量集中于情节较轻的侵财类犯罪、过失犯罪上，对于案件事实清楚、证据确凿、可能处以一定幅度刑罚以下的职务犯罪、经济犯罪则鲜有涉及。其中，涉嫌盗窃罪165人，交通肇事罪155

人，危险驾驶罪70人，①诈骗罪39人，故意伤害罪25件，掩饰、隐瞒犯罪所得罪21人，抢劫罪18人，敲诈勒索罪14人，抢夺罪9人。具体比例如图2所示。

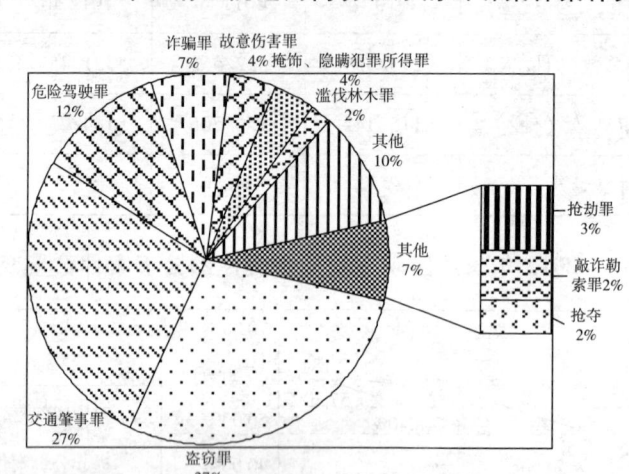

图2：2010~2012年长清区院适用简易程序的公诉案件案件类型比例图

3. 案犯判决刑期较短。根据刑诉法规定，简易程序的适用范围以宣告刑而非法定刑为标准来判定。宣告刑是司法机关在审理具体案件时确定的，是执法中的适用。适用简易程序审理的公诉案件中，判处缓刑285人，单处罚金刑93人，免刑34人，被判处3年以下有期徒刑（包括3年）162人。如图3所示。

---

① 《中华人民共和国刑法修正案（八）》第22条规定，在刑法第133条后增加1条，作为第133条之一，设定危险驾驶罪，"在道路上驾驶机动车追逐竞驶，情节恶劣的，或者在道路上醉酒驾驶机动车的，处拘役，并处罚金。""有前款行为，同时构成其他犯罪的，依照处罚较重的规定定罪处罚。"《刑法修正案（八）》于2011年5月1日起实施，因此该罪名的统计实际上是近一年半来的统计。

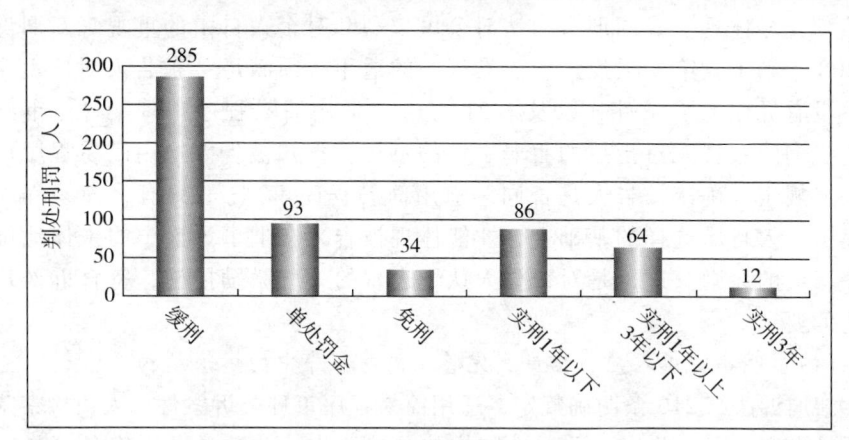

图3：2010~2012年长清区院适用简易程序的公诉案件判决情况统计图

二、修改后刑事诉讼法对公诉案件适用简易程序的立法完善

（一）修改理念：在保障公正的前提下追求效率的最大化

新刑事诉讼法对简易程序的修改，充分体现了立法机关兼顾司法公正和效率两种价值。从追求司法效率角度来看，保留了1996年刑诉法关于适用简易程序审理案件，不受普通程序讯问被告人、询问证人、出示证据、法庭辩论等程序规定的限制，同时增加了不受"关于送达期限"规定的限制。从程序公正角度来看，简易程序对被告人的辩护权、最后陈述权给予充分保障，且赋予被告人的程序选择权。

（二）扩大简易程序适用范围，提高了司法效率

本次刑事诉讼法修改吸收了《关于适用普通程序审理"被告人认罪案件"的若干意见（试行）》实施以来的实践经验，将原有的普通程序简化审与简易程序合二为一，并将适用简易程序的公诉案件范围由原来的轻微刑事案件扩大到基层法院审理的处刑可能较重但被告人认罪的案件。新刑事诉讼法第208条规定："基层人民法院管辖的案件，符合下列条件的，可以适用简易程序审判：（一）案件事实清楚、证据充分的；（二）被告人承认自己所犯罪行，对指控的犯罪事实没有异议的；（三）被告人对适用简易程序没有异议的。"同时，新刑诉法在简易程序的适用标准上，凸显了被告人认罪的诉讼价值。新刑事诉讼法对适用简易程序取消了"可能判处3年以下"的刑罚标准，突出"被告人认罪"案情标准，更有确定性、客观性，易于掌握。

（三）赋予被告人简易程序选择权，体现了尊重和保障人权的宪法原则

新刑诉法在价值选择层面上，以公正为基础，在不突破底线正义的前提

下强调效率；在诉讼目的层面上，兼顾打击犯罪与保障人权，且突出了人权保障，充分体现了我国刑事司法对公民权利和对个人自由的重视。新刑诉法第208条第1款第3项规定，简易程序的适用必须满足"被告人对适用简易程序没有异议的"条件，以及第211条，"适用简易程序审理案件，审判人员应当询问被告人对指控的犯罪事实的意见，告知被告人适用简易程序审理的法律规定，确认被告人是否同意适用简易程序审理。"只有将简易程序建立在被告人自愿选择的基础上，才能体现被告人在刑事诉讼中的主体地位和程序正义的原则。这也是对被告人认罪表现的一种激励措施，符合诉讼效益理论的要求。

（四）明确公诉人应当出庭，完善了简易程序中的诉讼结构

新刑诉法第210条明确规定，适用简易程序审理公诉案件，人民检察院应当派员出席法庭。首先，是诉讼结构的必然要求。此前的公诉案件简易程序中，公诉人不出庭，则庭审的参与者实际只有裁判者与被告方，法官身兼控诉方与裁判方这二个相互矛盾的双重角色，简易审判往往变成裁判者审判被告人的纠问式活动，其居中裁判的独立公正地位必然遭到破坏，背离了控审分离的现代诉讼原则。[①] 其次，公诉人更充分行使其控诉职能。如果在庭审中出现被告人及其辩护人提出具有自首、立功等从轻减轻情节，或者对某些指控事实持有异议，或者对案件定性或量刑提出辩解，或者发现不宜适用简易程序审理的情况，需要决定是否转换程序，此时庭审法官可以与公诉人商量或征求意见，保证审判活动的顺利进行。最后，公诉人出庭是履行审判监督职能的需要。检察机关是国家法律监督机关，对审判活动是否依法进行实行法律监督。如果简易程序中人民检察院不派员出庭，则根本无从发现审判中是否存在违反法定程序的情况，更不可能提出纠正意见。

三、基层检察机关对修改后的刑事简易程序的应对

（一）准确把握简易程序的适用范围

新刑事诉讼法修改后，简易程序的适用范围得到极大扩展，使占案件总量绝大多数的简单刑事案件得到快速审理。但在司法实务中，应坚持效率与公正均衡原则，切实把握好一定的尺度，尤其对于严重犯罪案件，谨慎适用简易程序。修改后的刑事诉讼法第209条明确对简易程序的适用进行了规制，即有下列情形之一的，不适用简易程序：

[①] 参见卞建林：《扩大适用简易程序：追求效率不牺牲公正》，载《检察日报》2012年3月29日。

1. 被告人是盲、聋、哑人，或者是尚未完全丧失辨认或者控制自己行为能力的精神病人的。

2. 有重大社会影响的。

3. 共同犯罪案件中部分被告人不认罪或者对适用简易程序有异议的。

4. 其他不宜适用简易程序审理的。像抢劫杀人、恐怖犯罪、黑社会犯罪、危害国家安全犯罪等严重犯罪如果适用简易程序，则会有失法律的威严性。

（二）充分保障被告人的程序选择权

新刑诉法第211条规定："适用简易程序审理案件，审判人员应当询问被告人对指控的犯罪事实的意见，告知被告人适用简易程序审理的法律规定，确认被告人是否同意适用简易程序审理。"具体来说，在司法实务中，检察机关应做到以下两点：

1. 完善诉前权利义务告知机制。在审查起诉阶段，检察机关认为案件符合简易程序条件的，应告知嫌疑人诉讼权利并征求其意见，向其送达《适用简易程序权利义务告知书》，告知适用原因、后果及享有的各项诉讼权利。如果嫌疑人同意适用的，公诉人要制作专门的讯问笔录，并让其在告知书上签字，将告知程序与确认程序结合起来，以保障嫌疑人的知情权及选择权。

2. 加强对被告人辩护权的保护。保障简易程序中辩护人的相关权利，包括辩护人的会见权、案件材料的查阅、摘抄、复制权等。检察机关在建议法院适用简易程序审理案件前，应通知辩护人，允许辩护人就适用简易程序可能导致的法律后果向被告人进行利弊分析，充分保障当事人的诉讼权利。

（三）简易程序刑事案件公诉人出庭工作机制的探讨

根据刑事诉讼法修改后的规定，适用简易程序审理的公诉案件，检察机关应一律派员出庭。该项规定对于促使公诉人在庭审过程中更好地履行依法指控犯罪和刑事审判监督的双重职能具有重大意义。因此，应当积极探索工作方法，完善机制，为公诉环节全面贯彻实施修改后刑事诉讼法做好充分准备。同时，大量简易案件会使公诉工作量急剧增加，[①] 如果不能较好地解决这一矛

[①] 目前，我国多数基层检察院案多人少矛盾突出，据统计，2010年与2003年相比，检察机关审查起诉案件数年平均增加3万件，5.5万人，其中人均办案数增加约30%，而同期检察机关公诉部门仅增加1300余人。单纯从提高司法效率的角度来看，这非但没有简化案件，反而增加了工作量。在最高检2008年的一份调研报告中显示，简易程序检察机关派员出庭率不到3%，而适用简易程序的案件在整个刑事案件中占到40%左右。参见袁定波：《简易程序公诉案从可以不派员出庭变为应当派检察机关面临新挑战》，载《法制日报》2012年3月28日。

盾，势必会在一定程度上影响办案效率和质量，阻碍简易程序对刑事案件繁简分流作用的发挥。

1. 加强人力投入，提高公诉人业务能力。检察机关应增加和配备必要的人力投入。一是强化人员数量保障。就目前来说，长清区检察院公诉部门办案人员6人，年人均办案58件。自2013年新刑诉法实施以来，简易程序要求公诉人必须出庭，每位办案人员的出庭次数比以往增加1/3还要多，势必要在人、财、物资源的配备上均向公诉部门倾斜，补强公诉力量，改善人员结构。二是强化人员素能保障。通过组织岗位练兵和业务培训，使公诉干警全面提高业务素质，熟练掌握简易程序案件的出庭工作细则，提高其对简易程序案件审查起诉与出庭公诉的应对能力，如量刑建议能力、抗诉能力、诉讼监督能力以及法律文书写作能力等。

2. 探索建立快速办理工作机制，规范派员出庭工作。要合理解决公诉人出庭带来的成本问题，最重要的是要完善制度保障，如采取相对集中提讯、集中审查起诉及集中开庭等方式，并由相对固定办案组或者专办人员来办理简易程序案件。

(1) 完善协作机制，建立快速移送程序

检察机关对外应与公安机关、人民法院建立沟通协调联动机制，通过定期召开专题联席会议、建立公检法领导会商机制等，解决现存问题，提升简易程序刑事案件公诉人出庭的效果；对内公诉部门可与侦查监督部门共建信息平台。新修订的刑诉法对审查起诉阶段的期限没有做出特别规定，审前期限过长直接影响了诉讼效率的提高。因此，有必要对简易程序刑事案件建立快速移送程序，侦查机关查清事实后在尽可能短的时间内移送检察院，检察院经审查认为事实清楚、证据确凿，建议适用简易程序的，快速移交法院。① 这不仅有利于提高诉讼效率，更有利于被告人及时获得公正判决。

(2) 建立"三集中"工作机制

所谓"三集中"，是指公检法加强协调、通力合作，对简易审公诉案件尽量采用相对集中移送起诉、检察院相对集中审查并集中提起公诉、法院相对集

---

① 如南昌市东湖区人民检察院与公安、法院联合制定了《关于简易程序公诉案件快速办理的实施办法（试行）》，规定对可以适用简易程序的案件，公安机关侦查终结后一般每周集中一天移送审查起诉，东湖区检察院受理后集中告知犯罪嫌疑人诉讼权利，审查终结后集中开具《派员出席法庭通知书》；法院一般每周集中一天指定专人集中开庭审理。参见郭云水、罗春强：《公诉案件简易程序公正与效率价值分析》，载《人民检察》2012年第20期。

中开庭审判的方式进行。① 审查起诉部门应当正确处理庭审简化和审查起诉简化的关系,在繁简分流的基础上,根据办案人的专业特长、办案经验、社会阅历等,成立专门的简易程序案件快速办理小组,提高审结案件速度。同时,在简案专办工作机制的基础上,探索建立集中提起公诉和集中出庭的工作机制,从长清区院近3年来办理的简易程序案件可以看出,涉嫌罪名主要集中在盗窃罪、交通肇事罪、危险驾驶罪、盗窃罪等类型,可以探索相对集中提讯、移送起诉、提起公诉、开庭等方式,通过机制的建立与完善,缓解案多人少的矛盾,充分发挥简易程序案件便捷、高效的特点。

(3) 增加程序性预审程序,简化庭审程序

可以尝试在新刑诉法框架内采用简易化出庭方式,对于可能宣判有期徒刑1年以下,及拘役、管制、单处罚金等附加刑的轻微犯罪案件,可增加程序性预审程序,即法院在庭前审查阶段,审判员可对案卷进行书面审,必要时可提审被告人,听取辩方意见,并拟订判决预案。② 另外,在庭审过程中,公诉人在宣读起诉书时,可根据庭审需要选择是全文宣读还是择要宣读案件事实和起诉根据部分;在讯问阶段,可根据被告人对起诉书指控内容是否有异议,选择是否讯问;在举证、质证阶段,除法庭认为有必要的,公诉人可仅就证据的名称和证明事项进行归纳说明。

四、强化对公诉案件简易程序的检察监督

随着新刑诉法的颁布实施,简易程序的适用率在我国刑事审判案件中占有的比例越来越大,对于适用简易程序审理的公诉案件的监督工作必然成为检察机关刑事审判监督工作中的重要内容。检察机关在简易程序适用过程中,应强化法律监督意识,树立打击犯罪与保障人权并重、定罪与量刑并重、实体公正与程序公正并重的刑事执法理念,提高监督主动性,切实加强对刑事诉讼活动的法律监督。

(一) 庭审前的监督

1. 全面收集犯罪嫌疑人、被告人的量刑证据。在审查起诉环节,人民检察院审查案件,要客观全面审查案件证据,既要注重审查定罪证据,也要注重审查量刑证据;既要注重审查法定量刑情节,也要注重审查酌定量刑情节;既

---

① 参见吕伟、王沿琰:《简易程序公诉人出庭,成都早是"死命令"》,载《检察日报》2012年4月18日。

② 参见柯葛壮:《刑事简易程序的立法修改和实务运作》,载《东方法学》2012年第3期。

要注重审查从重量刑情节,也要注重审查从轻、减轻、免除处罚量刑情节。①

2. 进一步规范量刑建议制度。明确的量刑建议,有利于简化庭审过程,促使被告人自愿认罪、法院正确行使审判职能。对于适用简易程序提起公诉的案件,检察机关可依据被告人的犯罪事实、性质、情节及其社会危害性程度,对被告人处以刑罚的种类、刑罚幅度、刑罚执行方式等,向法院提出具体明确的量刑意见。量刑建议一般应当具有一定的幅度,但对于敏感复杂的案件,可仅提出依法从重、从轻、减轻处罚等概括性建议。②

(二) 庭审中的监督机制

在刑诉法修改之前,检察机关不必须派员出庭,对审判活动的监督更多是对审判的事后监督,即对裁判的书面审查。现在新刑诉法要求公诉人树立全程庭审监督和程序监督的观念。

1. 对审判程序的监督。首先,检察机关应当对法院告知被告人享有适用简易程序的选择权、被告人是否自愿同意适用进行监督。新刑诉法规定在不能简化被告人的最后陈述的基础上,增加了对被告人适用简易程序的确认程序,也即认罪的真实性确认程序。监督法院对被告人的认罪态度核实,并对指控的事实和证据核查,确保被告人自愿理性认罪。③ 其次,对审理简易程序的审判组织是否正确适用独任制和合议制进行监督,法院是否对可能判处3年以上徒刑的组成合议庭。最后,是对简易程序转为普通程序的监督。因为被告人出庭时存在翻供的可能性,庭审中简易程序有可能需要转化为普通程序。

2. 量刑监督。简易程序适用范围扩大后,对被告人的量刑幅度将扩大,增加了准确量刑的难度,如果缺乏对案件审判的监督,则难以保证办案质量。新刑事诉讼法对简易程序的改革,将成为检察机关加强和完善量刑监督制度的一个契机。根据"两高三部"《关于规范量刑程序若干问题的意见(试行)》的规定,适用简易程序审理的案件,在确定被告人对起诉书指控的事实和罪名没有异议,自愿认罪且知悉认罪的法律后果后,法庭审理的重点在量刑阶段,公诉人应强化法律监督意识,提高监督主动性,主要围绕量刑和其他有争议的

---

① 引自于最高人民法院、最高人民检察院、公安部、国家安全部、司法部于2010年11月6日联合发布的《关于加强协调配合积极推进量刑规范化改革的通知》(法发〔2010〕47号)。

② 参见2010年9月13日最高人民法院、最高人民检察院、公安部、国家安全部、司法部联合发布的《关于规范量刑程序若干问题的意见(试行)》第7条。

③ 参见王军、王敏远、刘玫、曾庆云:《简易程序修改:检察公诉工作如何应变》,载《人民检察》2012年第9期。

问题进行调查和辩论。①

3. 对保障被告人辩护权的监督。在适用简易程序的庭审过程中，应建立量刑辩论制度，以保障被告人的合法权利及诉讼程序的公正。在量刑监督过程中，被告人的量刑异议权可通过量刑辩论程序来实现，针对检察机关所提出的量刑建议，被告人有权在审理过程中提出不同意见。在此过程中对于影响量刑情节的证据必须进行严格、充分的质证。② 同理，对于法院的量刑裁判，被告人也有权提出异议。公诉人应监督法官是否允许被告人提出对自己有利证据；是否允许辩护人对被告人发问，并出示相关量刑证据等。

（三）庭审后的监督机制

对法院适用简易程序审理的案件，案件承办人、主诉检察官应在法定抗诉期限内对案件的刑罚适用情况及时进行审查，以确保案件审理的公正性。简要来说：

1. 加大对庭审程序的监督力度。对于适用简易程序审理的刑事案件，检察机关不仅要审查法院认定事实或采信证据是否存在错误、适用法律是否正确、定性量刑是否适当等实体性内容，还要着重加大对法院适用程序是否合法的审查力度，这恰恰是简易程序最易出现问题却又极易被忽视的部分。如审查法院适用简易程序审理的刑事案件中，是否存在量刑、刑种适用不当、法定从轻、减轻处罚情节认定不当、量刑畸轻畸重、侵犯当事人诉讼权利等问题以及适用程序是否合法、案件审理期限是否符合要求、是否及时作出判决并送达判决、裁定书等程序性事项。如果发现确有错误的，经审核审批程序并经检察委员会讨论决定后，检察机关应依法提出抗诉。

2. 建立相应的跟踪反馈机制。庭审结束后，检察机关可通过驻所检察室或其他相关机构向被告人送达《简易程序审理活动意见书》，就审判活动中审判组织的组成、庭审程序、诉讼过程、诉讼权利保护等事项征询其意见，以此作为检察机关监督简易程序审判活动、保障被告人合法诉讼权益的重要依据。③ 而针对法院违法不纠的情形，应督促法院限期予以纠正或做出合理的书面答复等。

---

① 参见最高人民法院于2010年9月30日发布的《人民法院量刑程序指导意见（试行）》。

② 参见周登谅：《量刑监督制度：解构与建构》，载《政治与法律》2009年第2期。

③ 参见刘兆欣、史焱：《公诉人不出庭简易程序案件的法律监督》，载《人民检察》2010年第21期。

五、结语

公诉案件简易程序是刑事诉讼法的一项重要改革措施,科学合理、简繁得当、公正与效率兼顾的审理方式,是简易程序的功能得以有效发挥的基础。检察机关作为公诉机关,必须建立和完善简易程序办案新机制,积极应对简易程序适用范围的扩张带来的办案理念的转变和工作量增加的挑战。同时作为法律监督机关,检察机关更要树立出席法庭和全程监督的意识,加强对简易程序刑事诉讼监督,在确保案件质量的基础上,更加重视工作效率问题,实现公正与效率的有机统一。

(本文荣获女检察官学习贯彻落实"两法"征文活动三等奖)

论检察机关量刑建议

——从 A 区故意伤害罪公诉案件切入

周 雯 谭建霞[*]

检察机关量刑建议是指检察机关在刑事诉讼活动中就被告人应该适用何种刑罚，具体包括刑种、刑期以及执行方式等向法院提出的具体建议。在法庭审理当中，检察机关的量刑建议具有启动法庭调查和辩论阶段关于被告人量刑程序的作用，使得控辩双方充分参与到量刑活动中来，为法官提供更为翔实的量刑信息，增强量刑的透明度，防止法官的"暗箱操作"。为此，笔者通过调查 A 区故意伤害这一常见多发罪的量刑建议情况，以求一叶知秋，窥得量刑建议这一改革措施在基层检察院的实践效果。

一、量刑建议的总体情况及特点

A 区约 50 万人口，2011 年至 2012 年度，该区侦查部门以故意伤害罪移送审查起诉的有 92 件 110 人，经过 A 区检察院审查，商请侦查机关撤诉的有 3 件 6 人，微罪不诉的有 16 件 17 人。该区检察院一共起诉故意伤害案 65 件 77 人（不包含致人死亡的，致人死亡的移送至市院），其中致人轻伤的 60 件，致人重伤的 5 件。这 65 件中，有 60 件提出了量刑建议（有 5 件因为案情复杂没有提出），后量刑建议被法院采纳的为 47 件，准确率为 78.3%；未被采纳的有 13 件，约占已判决案件的 21.7%；判决刑期为建议幅度最高刑期的有 4 件，约占被采纳案件的 8.5%；判决刑期为建议幅度最低刑期的有 5 件，约占被采纳案件的 10%；判决刑期在建议最低刑期以下的有 9 件，占未被采纳案件的 69.2%；在 60 件案子中，每份量刑建议书都是以相对不确定刑提起的，其中只有 9 件案子建议适用缓刑，占提出量刑建议的 15%。经笔者统计，在起诉的这 65 件中，全部都被判有罪，其中被免除刑罚的有 6 件 7 人（约占被

---

[*] 作者单位：江西省宜春市人民检察院。

判决案件数的 9.2%），判处拘役的有 8 件 7 人（约占被判决案件数的 12.3%），被判处有期徒刑的为 51 件 63 人（占被判决案件数的 88.5%），其中每人平均被判期限约为 8 个月，全部被判案件中执行缓刑的有 35 件 40 人（约占全部被判有罪人数的 52%）。通过调查，A 区对故意伤害罪的量刑建议主要有以下几个特点：

1. 量刑建议提出的方式上。A 区检察院对于适用简易程序审理的案件，都是以量刑建议书的方式与起诉书一并移送至法院，对于以普通程序审理的案件，有的是以量刑建议书的方式移送至法院，有的是直接在法庭辩论阶段发表量刑意见。

2. 在量刑建议书具体格式上，一般先指出定罪条款，然后指出个案法定和酌定情节，最后再提出具体建议刑罚的种类、刑期幅度和执行方式。

3. 在具体内容上，检察院每份量刑建议书都是以相对不确定刑提起的，在量刑建议探索初期，检察院为了保守起见，都提出幅度刑，以保证量刑建议的准确率。

4. "估堆式"提出量刑建议。有些公诉人在提出量刑建议时没有按照相应的量刑规范化表具体操作，只是"估堆式"算了一下。比如故意伤害案中，有些承办人根据具体伤情和伤害人数大概估算一下基准刑，然后罗列出个案的量刑情节，接着参考以往法院的判决，根据经验估算应该在怎样的幅度内提出量刑建议。"估堆"是避免不了的，但应该在合理、均衡原则下进行评判。

5. 法庭审理中，在法庭调查阶段，没有具体的量刑调查环节，公诉人出示所有关于定罪和量刑的证据，被告方亦如此，在质证环节，法官也是将定罪和量刑证据一起质证。只有在辩论阶段，法官才提示公诉人在发表有关定罪的公诉意见后发表相应的量刑意见，此时，辩护方就可以针对公诉人的定罪和量刑意见，发表对应的定罪或者量刑辩护意见。

二、量刑建议存在的问题

（一）量刑建议书缺乏说理

A 区基本上所有案件量刑建议书的模式包含了：定罪的法律条款；法定从重处罚的依据；法定从轻、减轻的依据；酌定从重处罚的依据；酌定从轻、减轻处罚的依据；裁量刑罚的建议。该模式只是简单罗列量刑情节后得出一个没有经过论证的结论，而没有就认定的量刑事实和量刑证据进行分析。[①] 量刑建

[①] 参见门美子、张帆：《规范化量刑程序中的检察机关量刑建议》，载卞建林、侯建军主编：《深化刑事司法改革的理论与实践》，中国人民公安大学出版社 2010 年版，第 346 页。

议是为了规范法官量刑而设定的，在刑事案件中，检察官一般会客观收集所有跟被告人量刑情节有关的证据，法官也会提取所有的量刑情节，如果量刑建议中只是罗列所有的情节，那么对于规范量刑基本上不起作用。法权的实现除了司法部门的司法行为之外，语言是最终的归结点。司法活动最终要通过语言来实现。[①] 如果要想真正规范量刑，实现量刑公正，防止法官"暗箱操作"，检察官的量刑建议中应就具体量刑情节以及个案的社会危害性和人身危险性进行说理，并由检察官量刑建议说理推动法官量刑裁判说理。

（二）形成量刑建议信息来源不足

量刑建议权的设置一方面是为了规范法官自由裁量权，另一方面又是为法官公正、合理量刑提供充足的信息来源。但是从调查的情况来看，首先公诉人提出量刑建议主要是"办公室作业"，即基于侦查人员所移送的案卷材料提出量刑建议，很少有自行调查的；其次公诉人在审查起诉阶段讯问被告人、询问被害人以及与律师沟通时，还是着重了解有关定罪方面的事实，很少关注被告方的量刑证据和被害方的量刑诉求，这就导致公诉人形成量刑建议的信息来源缺失，有可能使检察机关量刑建议与法庭审理后的量刑事实相比出现很大偏差。[②] A 区检察院在实践中就遇到一个案件，该案仅因侦查机关没有及时收集犯罪嫌疑人自首的证据，检察机关又没有及时与被告方沟通，而未能及时掌握被告人"自首"这一量刑情节，导致该案退回侦查机关补充侦查，既严重影响了量刑建议的准确性，又影响了办案效率，还有损检察机关的公信力。

（三）提出量刑建议缺乏经验基础

多数公诉人以前只重视定罪，对量刑基本不关心，认为那是法院的事情，所以量刑建议试行初期，很多公诉人都感觉到提出量刑建议经验不足。这主要表现在两个方面。一方面，许多公诉人提出量刑建议时量刑思维不清晰，对量刑步骤把握不准，不清楚先用哪些量刑情节，后用哪些量刑情节，哪些量刑情节应当从轻处罚，哪些量刑情节应当减轻处罚，从重或从轻、减轻处罚的力度应该怎么把握。另一方面，公诉人在如何灵活运用量刑程序上缺乏经验。比如在量刑辩论阶段，公诉人怎样才能充分表达自己的量刑意见，怎样就个案量刑情节分析被告人的人身危险性和社会危害性，怎样回应辩护律师的量刑辩护意见。又比如，如果在庭审中案件事实发生变化，相应的量刑情节改变，以前的

[①] 参见杨海明：《两岸三地刑事判决书语言情感度比较》，载《江汉大学学报》（人文科学版）2000 年第 5 期。

[②] 参见于天敏：《量刑建议：实践、问题和对策》，载《西南政法大学学报》2011 年第 6 期。

量刑建议不符合查清的事实时,公诉人应该怎样修改量刑建议才能做到既维护被告人的合法权益又不损害检察机关的公信力。综上,不管是在量刑思维、步骤上,还是在量刑程序上,公诉人对量刑都还处于摸索阶段,缺乏实践经验。但无论如何,正是为了规范量刑才提出了量刑建议这一程序,以期规范刑罚裁量权,作为法律监督机关,作为以打击犯罪和维护被告人合法权益为己任的广大公诉人,在量刑建议推行前期虽然困难重重,但困难也同样是挑战,公诉人应该不断总结量刑经验,完善量刑庭审技巧,推动量刑建议这一制度不断向前发展。

三、对量刑程序上的提议

量刑建议作为量刑规范化改革的程序性规定,具有规范法官自由裁量权的作用,但同时量刑建议制度的有效推行也需要量刑程序其他配套规定的协作。

(一)加强律师辩护,强化诉讼构造

刑事诉讼活动是对犯罪的认定和犯罪人刑罚确定的过程,也是控诉和辩护相互博弈,最终影响裁判结果的过程。检察官在提出量刑建议时虽然会秉持客观公正的理念,尽量遵循案件的事实和证据,但有时难免也会有疏忽遗漏的地方,这时就需要加强律师辩护,发挥控辩双方常规的职能作用,达到抗辩平衡。特别是在基层,许多被告人是法盲甚至文盲半文盲,如果他们不能得到律师的帮助,提不出有力的辩护意见,提不出有力的量刑异议,那么量刑失衡就在所难免,量刑公正也就难以保证。就故意伤害罪来说,律师不仅可以进行量刑调查,收集对被告人有利的证据,对检察官提出的量刑建议提出异议,还可以为被告人创造从轻处罚的酌定情节,比如积极促成与被害方的和解,[①]得到被害方的谅解,从而使被告人得到从宽处理。

(二)通过量刑建议启动量刑庭审

司法具有被动和中立的特点。量刑权作为法官审判权的有机组成部分,当然不能由法官自行启动,而是要通过检察官的量刑建议,以诉权启动裁判权的模式回归到司法权运行的常态。[②] 正如没有起诉书就没有审判一样,没有检察官的量刑建议,法官就不会引导控辩双方针对被告人的量刑问题进行辩论。换

[①] 虽然检察官也会做相应的调节工作,但是有些嫌疑人会更愿意相信代表自己利益的律师。

[②] 参见汪建成:《量刑程序改革中需要转变的几个观念》,载卞建林、侯建军主编:《深化刑事司法改革的理论与实践》,中国人民公安大学出版社2010年版,第369页。

句话说，量刑建议就相当于一份"求刑建议书"，① 这份建议书是量刑庭审的钥匙，可以启动法庭对量刑问题的调查和辩论。量刑调查环节，代表国家和集体利益的公诉人就被告人的各种量刑事实进行举证、质证，被告人以及代表被告人利益的律师对各种从轻、减轻情节进行举证、质证；量刑辩论环节，公诉人就各种量刑情节所体现的人身危险性和社会危害性发表量刑意见，被告人及律师进行相应的量刑答辩。通过量刑庭审可以使法官"兼听则明"，更好地把握案件的量刑事实，丰富量刑判决的信息来源，尽可能减少量刑的随意性，确保判决的公正性。"程序使量刑的决定过程中，利益相关者都有平等的表达和对抗不利决定的机会，同时也使法官的决定受到规则机制的制约。"② 由此可见，量刑建议可以为被告方提供辩论的"标靶"，为法院进行审理和判决提供依据，能够让其他诉讼参与人更加明了和信服法官的量刑结果，彰显量刑结果的正当性。③

（三）量刑建议可视情况予以调整

量刑建议毕竟是检察院的"一家之言"，通过法庭审理，案件事实、量刑情节等有可能会发生变化，致使原量刑建议不当的，应该赋予公诉人根据情况变更原量刑建议的权力。比如 A 区检察院受理的被告人李某故意伤害一案，李某因小孩玩具枪问题与邻居王某发生口角纠纷，后李某返回家中取砍柴刀将王某腹部砍伤，经鉴定，王某损伤程度为重伤。李某到案后，对犯罪事实供认不讳，但是因为一时没有筹措到赔偿款，所以未取得王某的谅解，检察机关将李某起诉至法院，一并移送了量刑建议，建议对李某在 3 年至 4 年有期徒刑之间量刑。法院审理期间，李某在亲戚的支持下，与王某达成和解，一次性赔偿王某 8 万元。在庭审过程中，公诉人根据李某已经赔偿被害方损失、得到被害方谅解以及认罪态度好，社会危害性不大这些因素，及时调整量刑建议，建议 A 区法院对被告人李某可适用缓刑。庭后，公诉人又以公函形式对量刑建议进行修改。最终，法院采纳了检察机关修正后的量刑建议，对李某判处有期徒刑 3 年，缓刑 5 年。

（四）通过量刑建议促成法官说理

法官的量刑说理可以增强量刑的透明度和可预测性，减少当事人和公众对司法公信力的质疑，在这当中，检察官的量刑建议可以促成法官说理。量刑建

---

① 参见陈瑞华：《论量刑建议》，载《政法论坛》2011 年第 2 期。
② 参见仇晓敏：《量刑程序公正之路》，载《中国刑事法杂志》2007 年第 6 期。
③ 参见陈捷：《量刑规范化问题研究——以西安市碑林区人民法院为例》，载《西南政法大学学报》2011 年第 6 期。

议是检察机关以正式的法律程序和形式向审判机关提出的一种求刑建议,并纳入了法庭审理程序当中,经过了法官和被告方的质证。法院应当认真听取和充分考虑检察机关的意见,否则应向检察机关说明不采纳的理由。[①] 法官在判决书中应当列明检察机关量刑建议的刑种、刑期和理由,并充分考虑检察机关量刑建议和被告人、辩护人有关量刑的意见,法官在作出量刑裁断时,应当说明对量刑建议的采纳情况,在判决与量刑建议明显不一致的情况下,法官应当载明不采纳量刑建议的原因,并且法官在说理时还应对量刑建议逐一评判,不得"一把抓",不得千篇一律,敷衍了事,否则检察机关可以行使相应的法律监督权。

(本文荣获女检察官学习贯彻落实"两法"征文活动三等奖)

[①] 参见于天敏:《量刑建议:实践、问题和对策》,载《西南政法大学学报》2011年第6期。

三、职务犯罪预防实务

从农村基层自治组织廉洁状况调查到建立椎体四度反腐治本措施检验标尺

王秀华　杨桂芹[*]

近日，中央领导提出的"坚持标本兼治，当前要以治标为主，为治本赢得时间"反腐工作思路得到社会各界的广泛认同。美国乔治梅森大学 CarIosD. Ramirez 教授的研究也表明"美国和中国收入水平相似的时候，中国的腐败程度远远低于美国，美国是中国的 7 到 9 倍，而中国当前的腐败并不比美国 1920 年以后严重"[①]，我国当前的腐败状况仍然是可控的。因此，"以治标为主"对发现的腐败问题坚决查处，保持反腐高压态势，避免腐败状况失控切实可行。我们需要反思和研究的是，改革开放几十年一直着力于反腐治本，现实却是"越治越腐"（关于我国的腐败黑数有专家说是 80%、95%，也有认为达到 99% 以上，腐败已经成为社会关注仅次于就业居于第二位的热点问题），治腐治本的问题出在哪里，如何利用好强力治标的宝贵时间和难得机遇，选择正确的治本方向，选择真正能起到釜底抽薪的治本措施，方向远比速度更重要。

在思考治腐治本方向选择问题时，发现在我们国家政治体制内有一个拥有充分民主自治权力的特殊组织，这就是农村基层民主自治组织。农村基层民主自治组织是在西方强力推销"民主国家"背景下出现，并成为世界"第三次民主浪潮"的一部分，也是在我国国情下对"民主"、"自治"的第一次试水。而这个组织的廉洁状况、自治状况如何，是否契合每一个个人都是理性的，一旦有了选举权，必然会选出好的政府，随后过上永远幸福的生

---

[*] 作者单位：黑龙江省鹤岗市人民检察院。

[①] CarIosD. Ramirez 教授："在清华大学《中国开放新阶段高峰论坛》演讲"，2012 年 10 月 17 日。

活的制度设计初衷,将对我国国情下选择治腐治本思路提供一个更有说服力和现实参考价值的实践样本。为此,我们对H市农村基层自治组织廉洁状况进行了调查分析。

本次调查分三个部分:对H市检察机关查办的农村基层组织人员职务犯罪案件进行统计分析;对全国其他地市发生的农村基层组织干部贪腐典型案件进行分析;对H市农村基层自治情况问卷调查和背靠背个别走访。调查取样情况:腐败案件方面,H市检察机关2010～2012年共查办涉农案件被告人26人,具有典型意义和分析价值的案件3件;选取全国其他地市具有典型意义的案件2件,分别为深圳市田厦村村官周某某案①、贵州省天柱县槐寨村"低保血案"②。问卷调查方面,采用PPS人口比重法,按地域原则抽取调查样本,等距抽取100个自然村展开调查,问卷分为村民、村干部和乡镇干部三个类别。共发放村民问卷2000份,回收率为99%,调查内容涉及村委会选举、村务公开、村务廉洁、村党务工作等方面。背靠背访谈方面,选择村民3人,村干部3人,乡镇干部3人。

一、调查结果分析

(一)腐败程度分析,农村基层民主自治组织成员廉洁状况并不好于其他公务人员

村干部人数占比不足5%,但腐败案件已经占到了30%。中国有9亿农民,分布在60多万个行政村,约有500万村干部在管理这些村子。关于我国现有从事公务人员数量上没有统计,但根据《中国统计年鉴》,"2008年我国政府公务人员总量为3946万人",在政府从事公务人数与村干部人数总和中,村干部占11.2%,这其中还不包括大量的国企单位从事公务的人数,因此,村干部数量占比职务犯罪主体总人数可能不足5%。而根据最高人民检察院统计"2008年1月至2011年8月,全国检察机关查办涉农惠民领域贪污贿赂犯罪案件2.6万余件3.7万余人,占同期贪污贿赂犯罪总人员的30%"③。

---

① 参见《方圆》编辑部:《造城运动下的村官灰权力》,载《方圆》2013年3月20日。
② 参见燎原:《槐寨村"低保血案"风波》,载《南风窗》2013年第7期。
③ 孙爱东、赵仁伟、李钧德:《"村官"腐败频发:新农村建设遭遇"绊脚石"》,载《半月谈》2006年第16期。

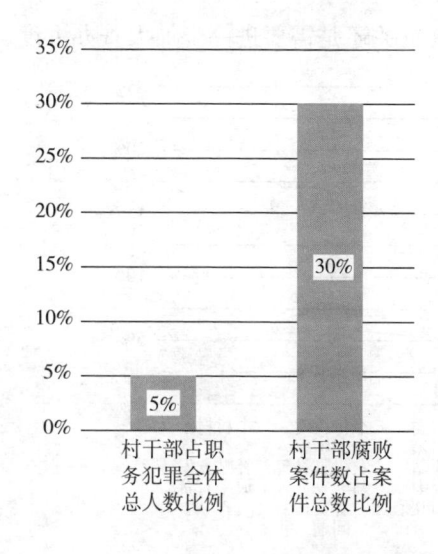

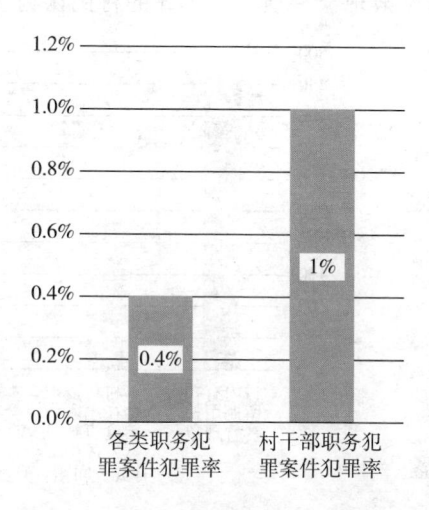

村干部犯罪率是平均犯罪率的 2 倍。仅"2012 年 1 月至 11 月,全国检察机关查办涉农惠民领域贪污贿赂犯罪案件 9612 件 14517 人,涉案总金额 27.7 亿余元。"[1] 如果按照近 5 年来公务人员贪腐犯罪率计算,5 年来"全国检察机关共立案侦查各类职务犯罪案件 165787 件 218639 人"[2],犯罪率为 0.4%(218639 除以 3946 万机关公务人员与 500 万村干部之和),村干部的犯罪率为 1%(2008 年至 2011 年查处的 3.7 万人与 2012 年查处的 14517 人之和除以 500 万村干部),村干部犯罪率是平均犯罪率的 2 倍。在 H 市的调查中,2010～2012 年检察机关共查办贪污贿赂案件 126 人,其中涉农惠民领域 26 人,被告人为农村基层自治组织成员的 23 人,占比为 18%。H 市共有 205 个行政村,有 8 个村的村干部被查处,占比为 3.9%。

农村基层组织腐败黑数不小,1/3 农民认为还有相当一部分腐败行为没有得到查处。上述数据还只是农村基层自治组织腐败的显状,这一组织的腐败黑数又有多少。为此,我们在问卷调查中设计了能够相对反映腐败黑数的问题。在问卷调查中,23% 的村民认为"村内有扣留、挪用扶贫款现象",8% 的村民认为"本村村委会在国家粮食直补款发放中有贪占问题",6% 的村民认为"本村村委会在国家农机具补贴款发放中有贪占问题"。对"您是否满意检察机关对农村腐败现象查办力度"选项中,510 名村民表示"一般",占比 26%,92 名村民表示"非常不满意",占比 5%。仅看村民对检察机关查办农

---

[1] 戴佳:《全国检察机关深挖涉农职务犯罪》,载《检察日报》2013 年 1 月 3 日。
[2] 参见 2013 年《最高人民检察院工作报告》。

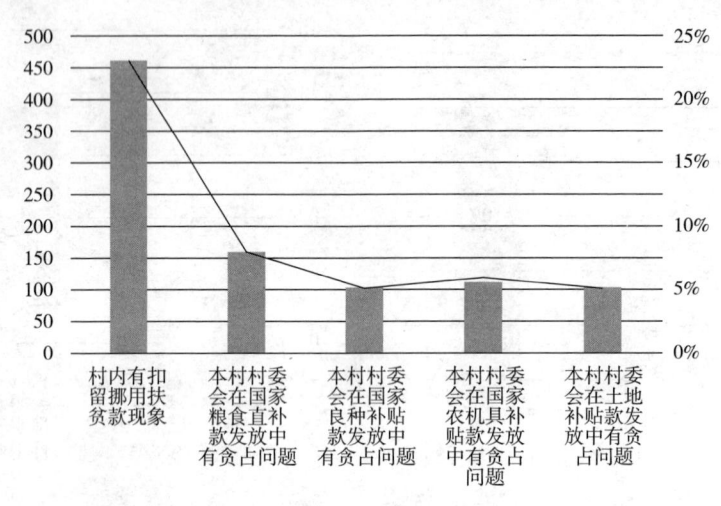

村腐败现象一项,有 1/3 的村民认为检察机关还是需要进一步加大查办力度。

	村内有扣留挪用扶贫款现象	本村村委会在国家粮食直补款发放中有贪占问题	本村村委会在国家良种补贴款发放中有贪占问题	本村村委会在国家农机具补贴款发放中有贪占问题	本村村委会在国家土地补贴款发放中有贪占问题
数量	约460	约160	约100	约110	约100
百分比	—	约8%	约5%	约6%	约5%

您是否满意检察机关对农村腐败现象查办力度?

- 满意 66%
- 一般 26%
- 非常不满意 5%

前述分析还只是从贪污贿赂犯罪的一个层面展开,如果将非犯罪类的腐败行为、腐败作风全部纳入廉洁状况,农村基层自治组织的廉洁状况是应当引起高度重视的。

(二)权力垄断程度分析,村委会对农村自治权力垄断度非常高

村委会取代村党支部成为新的权力核心。由于农村自治组织制度实行过程中过度强调村民自治,村民对自己选出的村委会认同度更高,已经成为新的权力核心。在问卷调查中,92% 的村民"认为村委会选举民主",94% 的乡镇干部认为"乡镇政府对村委会选举结果没有干涉过"。从这些调查和统计数据看,农村村委会选举的民主程度达到 9 成,如果扣除 31% 的村民、21% 的村干部认为存在"贿选、暴力胁迫、宗族干预",农村村委会选举的真实意思表示程度近 7 成。而在村委会里村主任成为权力的绝对拥有者,如被广泛报道的深圳市田厦村村官周某某案,周某某"同时戴上村委主任、社区工作站常务副站长、南联社区股份合作公司副董事长以及深圳市利亨隆贸易发展有限公司的法定代表人等多个面具"①。

---

① 《方圆》编辑部:《造城运动下的村官灰权力》,载《方圆》2013 年 3 月 20 日。

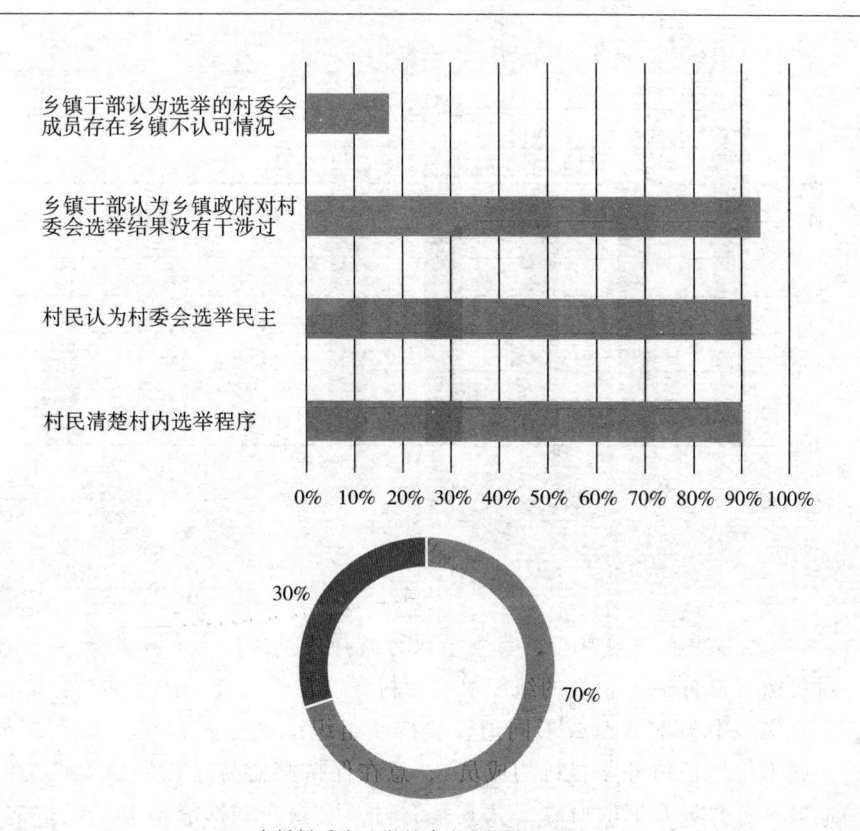

农村村委会选举的真实意思表示程度

村民集体决策作用不足4成，村委会成为权力垄断小集团。在问卷调查中，91%的村民认为本村每年都召开村民会议，但对《村民委员会组织法》第24条规定需经村民大会谈论的八类事项是否经过村民大会决定的选择中，44%的村民选择"本村享受误工补贴的人员及补贴标准"，35%的村民选择"从村集体经济所得收益的使用"，40%的村民选择"本村公益事业的兴办和筹资筹劳方案及建设承包方案"，47%的村民选择"土地承包经营方案"，37%的村民选择"村集体经济项目的立项、承包方案"，27%的村民选择"宅基地的使用方案"，29%的村民选择"征地补偿费的使用、分配方案"，18%的村民选择"以借贷、租赁或者其他方式处分村集体财产"，集体决策的最高项47%，最低项只有18%，集体决策作用不足4成，村委会实际掌控着集体组织的资产处置权、各类资金发放权、材料收集报批权。

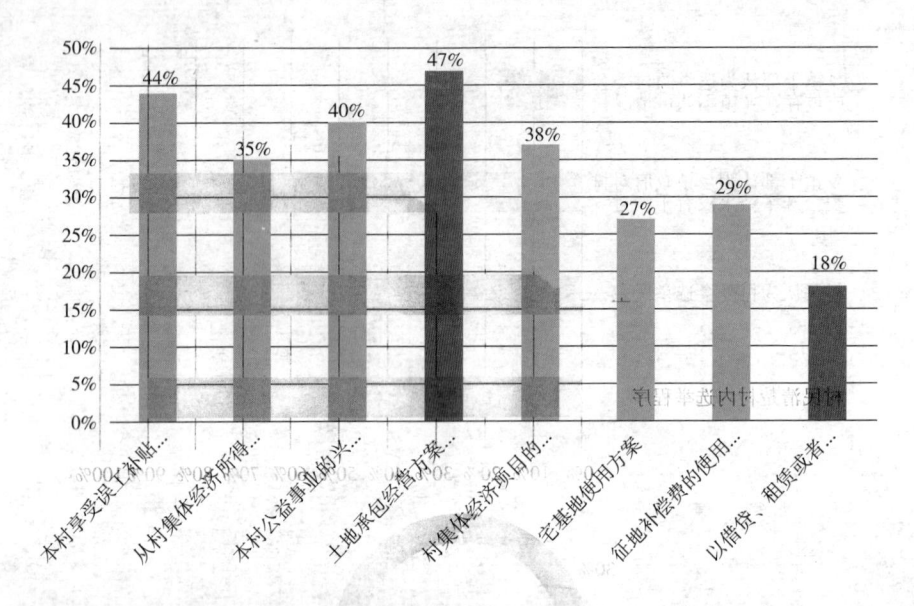

[图表：显示各项村务公开比例]
- 本村享受误工补贴…… 44%
- 从村集体经济所得…… 35%
- 本村公益事业的…… 40%
- 土地承包经营方案 47%
- 村集体经济项目的…… 38%
- 宅基地使用方案 27%
- 征地补偿款的使用…… 29%
- 以借贷、租赁或者…… 18%

（三）监督独立程度分析，村委会权力的行使无法得到有效监督

村民监督村务缺乏有效的组织机构。村务监督委员会是法定的村务监督组织，但在实践中根本不设或形同虚设。按照组织法规定"村民委员会成员及其近亲属不得担任村务监督机构成员"，意在保持其监督过程的独立性。但在我国地域区分并没有拆散血缘，尤其是农村，七拐八绕都能攀上亲戚是常态。调查中，14%的村民认为本村存在宗族势力。要想在中青年大多外出务工、村人口已经减少20%的情况下，再选出素质相对较高的村务监督委员会委员并不是件容易的事，即便选出来因为能力、素质、威望等因素，也很难发挥应有的监督作用。H市检察机关查办的贪污退耕还林款一案中，村委会主任与村会计对贪占问题达成默契，互不干涉，各自制作假手续。槐寨村的"低保血案"，起因是"外出务工青年返乡发现村里低保金有问题"，后因多年矛盾累积叠加，遂引发官民冲突的群体性事件。

村民监督村务缺乏现实的条件。对"村务是否公开"的选择中，85%村民选择"公开"，10%的村民选择"部分公开"，2%的村民选择"从未公开"；对"村内财务情况是否公开"选择中，81%的村民选择"公开"，11%的村民选择"部分公开"，4%的村民选择"从未公开"。在背靠背调查中，村民表示：自己并不了解全村财务收支，公开的内容也不是我们想知道的，我们无法监督村委会；乡镇干部表示：村委会不公开账目细节我们只能教育要求，也没有什么更好的办法。2012年H市检察机关查办的9人共同贪污犯罪所涉村村民，并不完全清楚土地征用补偿的具体数额。

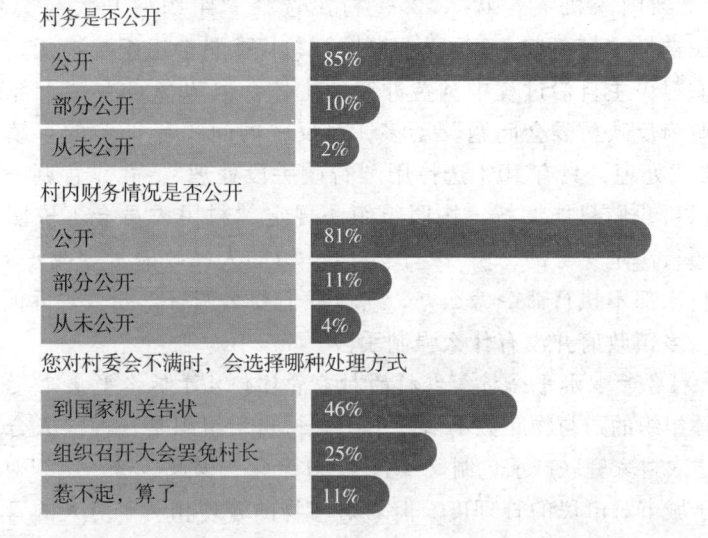

村务是否公开
- 公开 85%
- 部分公开 10%
- 从未公开 2%

村内财务情况是否公开
- 公开 81%
- 部分公开 11%
- 从未公开 4%

您对村委会不满时，会选择哪种处理方式
- 到国家机关告状 46%
- 组织召开大会罢免村长 25%
- 惹不起，算了 11%

（四）公众参与程度分析，农民参与村务管理的程度不高

农民缺乏参与村务管理的积极性。对"村里的重大事务决策您是否参加"选择中，57%的村民选择"每次都参加"，26%的村民选择"较少参加"，11%的村民选择"从未参加"。对"本村管理是否需要改革"选择中，76%的村干部选择"需要"，对"您对本村改革是否有具体意见"选择中，49%的村干部选择"没有"。在背靠背调查中，有村民认为：也不涉及自己的利益，过问是多此一举，我们忙着种地打工哪有那么多时间。从村民参与管理比例和村干部对本村管理能力比例看，农民自己管理自己的能力不足5成。

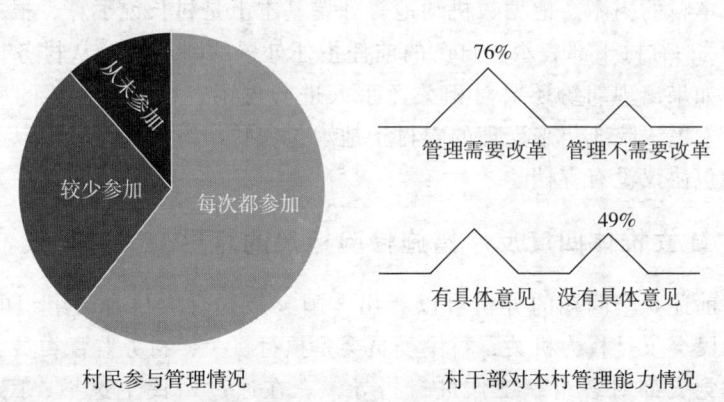

村民参与管理情况（从未参加／较少参加／每次都参加）

村干部对本村管理能力情况
- 管理需要改革 76%　管理不需要改革
- 有具体意见　没有具体意见 49%

村民参与村务管理的路径不通。村民的认识能力组织能力影响其参与管理作用发挥。对"您对村委会不满时，会选择哪种处理方式"选择中，46%的

村民选择"到国家机关告状",25%村民选择"组织召开大会罢免村长",11%的村民选择"惹不起,算了"。根据《村民委员会组织法》规定,乡镇政府是解决农村民主自治过程中利益冲突的主体,但78%的乡镇干部认为"村民到乡镇政府反映村委会问题"不多,对反映的问题有89%的乡镇干部选择"调解"方式处理,只有10%选择用"行政手段处理"。背靠背调查中,有乡镇干部表示:我们只能调解,按照组织法规定"村民委员会不依照法律、法规的规定履行法定义务的,由乡、民族乡、镇的人民政府责令改正",但是怎么责令、村干部不执行命令怎么办,所以我们要么调解,要么告诉他们到司法部门解决,乡镇政府并没有什么强制手段。

(五)村务管理水平分析,农村的村务管理仍处于低水平状况

村集体组织的财与物底数不清。由于农村自治组织是一种"人合"性质的组织,加之农村家庭联产承包制又实行了20余年,因此,这一组织对人的管理程度要好于城市对市民的管理度。但对财与物的管理相对于对人的管理要薄弱很多,在背靠背调查中,有村民表示:不知道本村集体有什么财产有多少财产;有村长表示:还不清楚宅基地应当建多少,如何对本村进行合理规划,也从来没有将申请宅基地的户主名单、占地面积、位置等张榜公布;有乡镇工作人员表示:每个村的村集体土地面积要完全准确的数据还需要重新丈量,村宅基地和集体财产还需要重新统计登记造册。H市检察机关查办的贪污占地款一案,村民因占地数量问题集体上访,有关部门又抽调多人对该村土地重新丈量。

村集体组织的财与物的处置流转少公开少记载。在前述关于村务公开中已经涉及财与物处置流转的公开问题,在背靠背调查中,村民对此反映比较强烈,认为本村的树木、池塘、机动地等处置基本上是村长说了算,根本就不公开"杠价";有村干部表示:自己的前任主任处置的财产情况从村务记载上看不出来,如果出现纠纷还要对相关经手人进行再调查,时间太久的就不好查了。H市人民法院3年来受理的农村土地承包流转纠纷案件,一半以上村委会签订的承包协议没有存档。

二、建立椎体四度反腐措施检验标尺的意见

通过前述5个问题的分析可以看出,国家最初对农村自治组织的制度架构,即村民会议是权力机关,村民委员会是执行机关,村务监督委员会是监督机关,村党支部对各组织工作进行指导,意在通过"民主选举、民主决策、民主管理、民主监督"四项民主并行,推动政治民主发展,并同时解决腐败问题,这是一种非常理想的分权制度架构。但在实践中,这种"嵌入式制度"架构不仅没有形成分权模式,反而形成权力更加集中的"一委独大"、"一枝

独秀"的垄断格局,再配置之以"公民参与度、监督独立度、村务管理度"低水平现状,农村基层民主自治组织廉洁度不高即成必然。因此也有人评价"四个民主相互脱节,第一个民主同后三个民主发展很不平衡,民主决策、民主管理和民主监督的制度化、法律化和规范化尚未取得实质性的进展",称其为"反向民主"。

农村基层民主自治组织廉洁状况调查分析具有两点提示意义:一是反腐治本不能简单地照抄照搬移植制度,必须根据我国公民的公共意识水平、人与人交往方式、历史文化积淀以及国家发展程度等实际状况,因地制宜,否则只能南橘北枳。二是一直以来反腐措施没有产生预期效果,根源在于垄断度高,公民参与度、监督独立度、社会管理成熟度低,而这一高三低的形成又有着更加复杂的历史背景。因而反腐治本就必须从这一高三低处着手,通过"一降三提高",步步为营,稳扎稳打。故提出建立椎体四度反腐措施检验标尺建议。

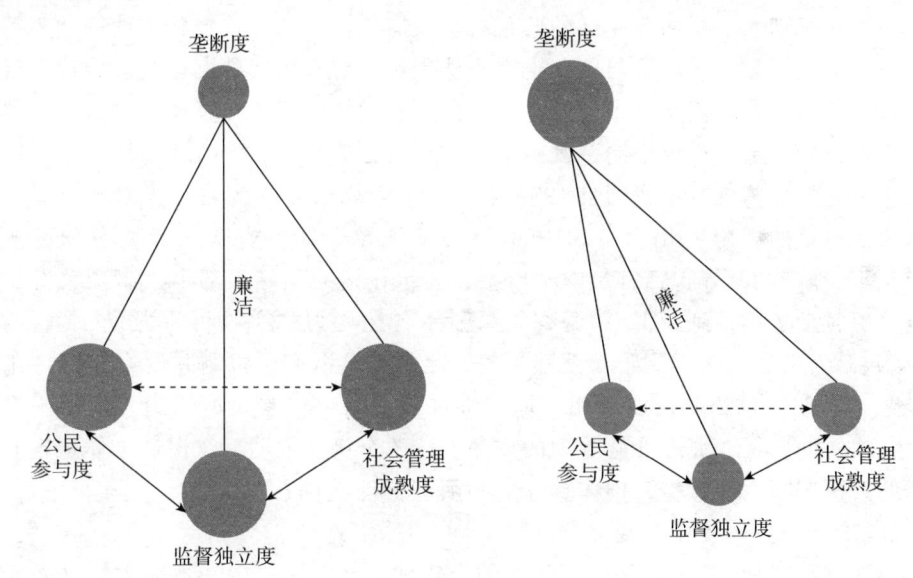

(一)椎体四度中四个方面高度关联

新西兰议会行政监察专员公署首席专员约翰·贝尔格雷佛在总结腐败产生的根源时,概括了一个公式:C = M +(D - A),即 Corruption(腐败)= Monopoly(垄断)+(Discretion 暗箱操作 - Accountability 公众参与)[1],也就是

---

[1] 参见蒋达勇、王金红:《反向民主对村民自治制度绩效的影响——一个新的理论解释》,载《开放时代》2012 年第 5 期。

说，垄断越小、暗箱操作越少、公众参与越高，腐败概率越低。在这个公式中，暗箱操作即指监督的独立，其中虽然没有社会管理成熟度方面的阐明，但考虑我国现今社会管理水平低，为腐败提供了机会和条件，故研究反腐治本措施时应从"降低垄断度、提高公众参与度、监督独立度、社会管理成熟度"四个方面着眼。这四个方面恰好形成一个椎体，垄断度为锥顶，其余"三度"形成椎体支撑面，要想保证这个椎体更坚实稳定，就必须降锥顶的垄断度，提高椎体支撑面的"三度"。而椎体支撑面里的"三度"高度互动，公众参与度、监督独立度、社会管理成熟度相互促进，或共强或并弱，形成反腐共同体。

（二）椎体四度需要四度同行

椎体四度既然是腐败产生的根源，也当然是釜底抽薪式治腐的着手之处，可以成为反腐治本措施出台前检验其能否取得成效的一种尺度。例如国务院刚刚印发的《当前政府信息公开重点工作安排》，对百姓最为关注的九个方面的信息要求政府必须公开。这项措施降低垄断度，提供公民参与渠道，也有利于提高社会管理水平，而独立性的监督机会没有提供。如果监督独立度问题不解决，就会直接影响公民参与度，也就无法促进社会管理成熟度提高。因此，要发挥政府信息公开治腐之本功效还必须配套独立的监督主体、监督方式和监督措施。再如官员财产申报制，其被称为"阳光法案"或"终端反腐"，成为极具约束力的反腐机制。我国自1995年《关于党政机关县（处）级以上领导干部收入申报的规定》出台，2010年《关于领导干部报告个人有关事项的规定》，各地陆续开展包括官员财产申报、公示在内的领导干部个人事项公开试点，历时十多年，到2012年调查结果显示各地均为"零投诉零异议"，这与"腐败高发易发"的客观形势明显不符，足见官员财产申报制并没有发挥"阳光"、"透明"的终端反腐作用。原因即在于没有公民参与的通道，也就不会存在独立的监督、促进社会管理的成熟。这两个例证说明，欲保证椎体稳定必降低锥顶垄断度，欲扩大椎体支撑面必须"三度"同行。

（三）椎体四度需要稳健推进

"一降三提高"虽然是反腐治本的金钥匙，但在实践中却不能大幅度降低垄断度，因为"三提高"并不会跟随垄断度降低自然提高，还需要发展，需要时间，需要立足当前并着眼未来。

在垄断度方面需要着眼于改变垄断不当问题。西方国家从马歇尔的"五个自由"到凯恩斯"只有依靠看得见的手即政府对经济的全面干预，资本主义国家才能摆脱经济萧条和失业问题"的社会实践说明，垄断并不是问题，垄断的程度才是问题，垄断并非必然引起腐败，高度垄断、不当垄断才是腐败的根源。我国垄断方面存在的突出问题是垄断的不当性，该垄断的放开了，如矿产资源采掘向民营放开,导致小煤矿、小煤窑等遍地开花,破坏性开采、环境资源破坏、过度开采以及引起社会高度关注的安全事故问题不断;而不该垄断的抱在怀里却不舍得放,如交通部门高官的前腐后继,刚刚一审宣判的铁道部刘志军案等。我们欣喜地看到,十八大后,国务院相继调整160余个行政审批项目,"特点在于两条主线,一条是给市场松绑,一条就是给社会松绑。"①因此,对于锥顶的垄断度,既要解决垄断量的问题、垄断质的问题,更要把控"松绑"的频率、幅度,这方面与新浪财经专栏作家夏斌对中国经济的判断完全相应,"当前的中国经济,不整顿,早晚要出事,但是整狠了,马上就出事",垄断亦是如此。

在公民参与程度方面需要着眼于形成鼓励参与导向和建设参与渠道。《联合国反腐败公约》将社会参与反腐败规定为一项国家义务,中纪委也将社会力量参与反腐败视为反腐败新的动力源。虽然我国公民公共意识不强,决定了其参与反腐动机不纯(如群众虽痛恨腐败,但腐败行为却得到社会的理解,人们寄希望于成为官僚群体中的一员并分一杯羹),但作为政府更要为公民参与反腐创设条件和渠道,比如确保公众有获得信息的有效渠道;开展有助于不容忍腐败的公众宣传活动,以及包括中小学和大学课程在内的公共教育方案等,耐心等待全民公共意识的觉醒与形成。一段时间来,一些地方民众举行示威,如燕郊"还我土地,我要生存"示威游行、广东江门"还我绿色家园"反核示威游行,这些群众性活动其实是民众参与社会管理意识觉醒的表现,可以规范引导,但不能打压,可惜的是网络上有些游行示威的视频图片已经被屏蔽。如果我们不敢期待群众参与社会管理能够从冲动向理性过渡,公众参与社会反腐就只能是一种口号或欺骗。公众参与是椎体支撑面中最薄弱的,推进起来也是最艰难的,已经不是需要时间的问题,而是需要相当长甚至几代人的时间。我们并不怕漫长,怕的是原地踏步。

在监督独立度方面需要着眼于提高监督的独立性。我们的很多反腐措施在地方落实过程中被形式化,就是监督出了问题,不是没有监督而是没有独立的监督。我国的监督体系包括审计部门、行政监察部门和司法程序中的公安机关、检察机关和人民法院,党内还有纪律检查委员会以及派驻各单位的纪检组,从机构设置上与一些廉洁度较高的国家并无大别,导致成效不佳的根源是这些监督机构被地方化部门化。比如,审计机构地方化问题,检察机关查办案件线索来源于地方审计部门的却门可罗雀,公、检、法三机关地方化已成共识无须费墨。因此,不少专家学者建议将行政监察部门、审计部门、公安经侦部

---

① 王姝:《国务院下放取消117项行政审批》,载《新京报》2013年5月17日。

门以及检察机关反贪反渎部门进行整合,成立中央直属的反腐机构,这可能是一个最优选择,但能否确有成效,关键还在机构设置、职能履行时的独立程度。要提高监督独立程度,松绑媒体的舆论监督也是至关重要的。随着新媒体时代的来临,舆论对行政、司法以至于立法监督不断显示其强大的力量,"表哥"、"房叔"、"房姐"、"坟爷"等事件表明,新媒体势不可当。整合、利用、规范各种形式舆论力量,培养一批具有责任意识、公共意识、法律意识的媒体人,提供媒体人监督方式监督渠道的正当性合法性,切实发挥舆论反腐的正向作用,现在正是最好时机。

在社会管理成熟度方面需要着眼于社会管理的基础性建设。在预防腐败方面社会管理的基础性工作主要是指对人、财、物及其流转的有序性管理。从事反贪的侦查人员对这方面管理秩序状况感受最深,查询犯罪嫌疑人的银行卡需要穿梭在几十个金融机构之间,可能会涉及几十个银行卡,但是犯罪嫌疑人真正使用的银行卡通过身份证等信息却可能根本查询不到;查询房地产信息,需要到省、市、县、乡房产、地产各主管机构,有的地方甚至根本没有相关登记信息;历经多手的动产、不动产交易轨迹更难查清。再反观美国波士顿马拉松爆炸事件,事件发生当天就查到涉案车辆多手交易信息,最重要的是这个信息记载的车辆所有人还是真实的所有人。虽然我们开展社会管理创新十年有余,但对有序管理所需的基础性工作鲜有推动,最近普遍关注的"统一房地产登记"、"公民个人、企业征信体系"以及"官员财产申报公示"等社会管理的基础性工作或流产或举步维艰,着实让人担忧。社会管理粗放无序既能诱发腐败,还会自动地为反腐败设置障碍成为腐败的保护伞,无论治标治本社会管理基础性建设都是亟待推动的工作,在社会管理上切不可好高骛远。

农村基层民主自治调查分析说明,反腐需要降低垄断度,解决集权问题;提高公民参与度、监督独立度、社会管理成熟度,解决暗箱操作问题。椎体四度能否稳定坚固,不仅与党、与政府有关,与每个公民也密切相连。因此,当前还需要向社会传递一种理性认识,腐败是我们由发展中国家向发达国家或者说现代化国家迈进所必经的阵痛,是改革与腐败赛跑的必经考验,以缓和民众和政府对抗的紧张情绪;治腐需要靠发展、靠改革、靠民众觉醒、社会管理成熟、媒体舆论监督成长、靠政府稳步试水放权,这些都需要时间。治腐不仅是党和政府的任务,也是全体中国人共同的责任。

(本文荣获女检察官学习贯彻落实"两法"征文活动一等奖)

行贿犯罪情况分析及预防对策

——兼议行贿犯罪档案查询系统之不足与完善

刘翠芳[*]

2012年2月全国行贿犯罪查询系统成功联网运行，使得行贿犯罪逐渐进入全国公众视野，引起人们广泛关注，对行贿犯罪加大打击和预防力度的呼声日渐强烈。为此，笔者对近年来我市查办贿赂案件情况进行了梳理归类，试对行贿类犯罪发案特点和成因加以分析，对发展趋势进行预测，进而提出减少和遏制行贿犯罪的对策和措施。

一、近三年已作出判决的行贿类犯罪案件基本情况及所呈现的特点

总体数据：据我市建立的已决职务犯罪信息库数据显示，三年来全市查办的已作出有罪判决的行贿类犯罪案件共62件，按年度分别为：2010年13件，2011年28件，2012年21件。其中，单位行贿8件，介绍贿赂1件，其余均为一般行贿罪案件。已作出判决的62人中，缓刑38人，免予刑事处罚4人，拘役3人，有期徒刑17人。每年分布情况详见下图。

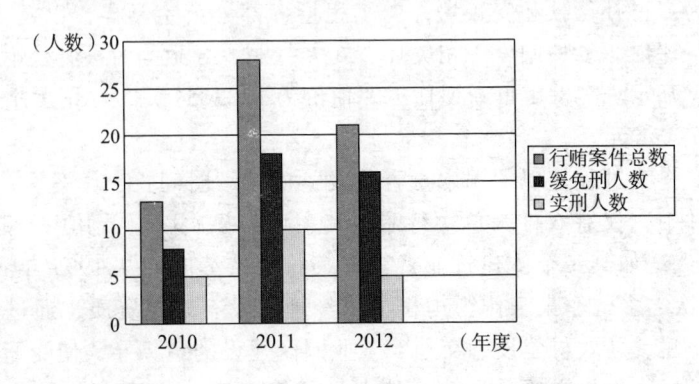

2010～2012年已决行贿案件人数及量刑数据图

---

[*] 作者单位：安徽省滁州市人民检察院。

上述已判决的行贿类犯罪案件，所呈现的特点主要表现为：

第一，从行贿犯罪主体来看，心智成熟但素质偏低。一是年龄以中年化居多。分布情况为：30～39岁9人，40～49岁39人，50岁以上14人。二是身份多元化。有农民、村官、律师、个体户、公司、企业经理及工作人员等，也有极个别国家工作人员，但绝大多数为非国有公司、企业人员和个体户。三是文化素质偏低。已决行贿案件62人中，大学4人，专科6人，高中（中专）以下52人。四是政治面貌以非党员居多，占3年来已决行贿犯罪总人数的75%。

第二，从行贿犯罪所涉及领域看，范围比较广泛，但主要领域相对集中。工程建设领域17人，征地拆迁补偿领域10人，医疗领域3人。

第三，从作案手段看，隐蔽性强、方式多样。近年来判决的案件中，省院交办的凤台县某公司法定代表人王某某，采取入股分红、现金、购物卡等形式多次向当地司法机关负责人行贿。南谯区个体从业者熊某某为获取工程建设中的不当利益，并为能够承接更多的项目，以送现金、看望病人、送欠条、送轿车等多种形式，向高铁某项目副经理金某某行贿金额30余万元。类似上述行贿形式多样的案件较多，行贿人总是想方设法变换行贿方式，不断翻新花样，企图使行贿披上"合法"的外衣，目的就是使行贿隐蔽性强。

第四，行贿对象具有牵连性，呈现群体化。例如：省院交办的淮南市某乡党委副书记、乡长王某某与弟弟王某（某县公安局治安管理大队副大队长），为使他们的大哥王某某（因涉嫌受贿犯罪被司法机关查处），在查办期间能办理取保候审、减少认定涉案金额，以及获取轻判，两人共谋，分头找该县相关司法工作人员做工作，先后直接或通过案件的2名辩护律师向侦查、审判环节人员及院领导共5人行贿，使其哥哥得到轻判。我市直接查办的全椒县被拆迁人王某某为多得补偿款和安置房，向工程指挥部办公室领导，以及丈量测绘、违建界定、评估、复核调度等相关环节6人行贿，导致当时被补偿财产评估价为2492125万元，案发后重新评估，评估价为1322654元，给国家造成直接经济损失1169471元。

第五，作案过程呈现"温水煮青蛙式"的持续时间长、作案次数多。3年来已决案件中，仅有6件为单次行贿，其余均为2次以上，其中行贿10次以上的有14人。如某一个体建筑业者李某某行贿持续时间从1995年到2010年次数达55次之多。李某某作为工程项目经理，没有建筑资质，通过长期贿赂某镇分管城建、新农村建设、交通、工业园区建设的镇领导，使受贿人不按正常程序招投标，直接交给其承建。其中，向黄某某一人行贿长达15年，行贿达20次之多。

第六，从涉案金额来看，"一事一送"的短平快型的，单次金额较大；"平时常送"；"遇事再送"的长期"投资型"的，坚持"平时少送"，但为某特定请托事项则行贿数额往往巨大，危害后果严重。如凤台县某公司法定代表人王某某，多次向司法机关负责人行贿达390余万元，令该县的公、检、法三机关的有关领导纷纷落马，在当地引起巨大震动。

二、行贿犯罪原因分析

（一）主观上的原因：行贿人目的性强，为谋取不正当利益不惜铤而走险

从行贿人年龄、学历、身份及政治面貌分析，行贿人大多处于中年、学历低、非公职、非党员，心智成熟但素质偏低，缺乏职业信仰。"人为财死，鸟为食亡"，人之趋利本性，使得这部分人为获取利益，不择手段。马克思在《资本论》形象地描述了资本与利润、犯罪的关系：有50%的利润，他就敢铤而走险；为了100%的利润，他就敢践踏一切人间法律；有300%的利润，他就敢犯任何罪行，甚至去冒绞首的危险……由此，就不难理解行贿人受利益驱动所存有的侥幸心理和赌徒心理，因为成功所带来的往往是高额利益。如2012年办理的全椒县被拆迁人王某某行贿多人共17万余元，获取不正当利益110余万元。个体户李某某为拆迁补偿一事而行贿的案件，仅行贿2000元购物卡、一部价值4999元手机和一条南京九五至尊香烟，就获取了180余万元的非法利益。

（二）经济体制原因：市场机制不完善，给行贿提供了"市场"

具体表现为：

第一，私有经济所产生的负面影响。私营经济的发展一方面壮大了整体经济实力，但私有的特性使一些私营实体为自身发展不惜损害国有经济，采用行贿等犯罪手段拉拢腐蚀国家工作人员为其谋取私利。

第二，行政干预过多。市场经济的客观规律要求人力、物质等资源都要通过市场来配置，政府应尽可能减少对市场不必要干预，尤其对微观市场的干预。现实中，行业之间、地区之间、上下之间条块分割尚未完全消除，市场开放还不够，政府职能还没完全实现转变，很多市场的问题仍要通过政府的具体部门解决，这为行贿提供了"市场"。

第三，改革中出现的制度漏洞。由于复杂的原因，旧的制度废除了，新的制度却没有及时建立起来；或者虽然建立了但不够完善，存在诸多漏洞。这些漏洞为恣意操作提供了便利。

（三）政治体制原因：权力配置不科学，给行贿对象"权力寻租"留有空间

一是个别部门或领导职位权力过分集中，缺乏相应权力制衡机制，为

"权力寻租"提供了条件。如一些发包方重大决策权掌握在一个部门甚至个别负责人手中,使得少数部门负责人可以随意干扰正常程序或者决定承包或发包的归属。为获得承包权、发包权,许多承包商不惜暗中重金贿赂。

二是干部管理体制还不甚完善,干部能上不能下,能升不能降现象还比较突出,致使个别干部"踩红线",擅权受贿时有恃无恐。

三是行政行为透明度不够。在一些行政环节,不公开、不民主,搞暗箱操作,加之监督机制不够健全,为职务犯罪的滋生提供了方便。

(四)社会原因:传统观念影响,"潜规则"盛行,加大了行贿行为的社会容忍度

在我国传统的人情社会环境里,受人情往来、礼尚往来等观念影响,不少人错误地认为请人办事送点礼是应该的,对行贿行为大多持容忍甚至认同态度。加之,某些行业不正之风"潜规则"盛行,也给行贿犯罪提供生存的土壤。例如工程中的"信息费",商业活动中收受回扣、佣金等现象在社会上已司空见惯。2010 年以来先后判决的淮南某医药公司王某某、南京某医疗器械公司法定代表人林某、安徽某电气公司刘某某就是在药品器材采购、产品销售过程中,以让利为名的"返点"、"回扣"等形式行贿。其他的如,通过招标工程项目、物资采购乃至市场准入,公共权力暗箱操作,形成"权力寻租"的市场。

(五)立法司法原因:行贿犯罪惩处不力,导致行贿犯罪成本过低

一是立法存在缺陷。行贿犯罪构成要件"为谋取不正当利益"的设定,在实务中有些情况难以界定,认识上存有分歧,不利于行贿犯罪的认定。

二是行贿犯罪"黑数"较大。从理论上讲,行贿和受贿是孪生体,应该一一对应,固然由于行贿人一人向多人行贿,引发多起受贿案件。但同时,受贿人也易从多人处受贿,也会造成一个受贿案件引发多起行贿案件。因此,在总量上,两种类型犯罪比例不应相差太大。而在实务中,往往办理的受贿案件要比行贿案件多很多。三年来全市已判决的受贿犯罪(含多个罪名的)292人,而行贿犯罪仅查处 62 人。

三是处罚过于宽缓。宽缓主要有两方面原因:一方面来自于社会的容忍。贿赂案件发生,人们第一反应是痛恨官员太黑、太贪,应当严惩,而对于是否处罚行贿者则不够关心,甚至有的还对行贿者报有同情心。另一方面,贿赂案件隐蔽性强,收集犯罪证据难度大。司法实务中,发现和证明犯罪主要依靠贿赂双方的供述,大部分都是从行贿人入手突破的,如果行贿人不配合,案件往往难以突破,所以容易造成配合办案的行贿人,往往会从宽从轻甚至不处罚。当然,这在一定程度上,提高了受贿案件破案率。但从长远来看,危害较大,

行贿是贿赂犯罪的源头,行贿不止,则受贿难除。

这种对行贿人轻缓处罚所带来的低风险、高盈利的结果,在客观上放纵了行贿犯罪,加剧了行贿人冒险的侥幸心理。

(六)行贿犯罪档案查询系统(以下简称查询系统)未能充分发挥作用

建立行贿犯罪档案查询系统,为社会提供查询,防止"带病"单位和个人进入特定领域,在一定程度上对行贿犯罪起到了抑制作用。通过几年来的运用,该系统也暴露了一些不足,制约查询系统作用的发挥。

一是已决行贿案件录入不及时,反而使某些行贿人"合法化"。目前,行贿档案查询被广泛运用于工程招投标领域,无行贿犯罪记录证明被作为投标的一种资格条件,对于预防工程领域贿赂犯罪起到了积极的作用。但由于有的行贿判决未能及时录入,导致某些行贿人的犯罪记录在查询系统无反映,检察机关只能根据查询结果出具无行贿犯罪记录告知函,反而使这部分行贿人"合法化"了,造成检察机关很被动。2011年年初,定远县院收到举报反映,扬州某建筑公司隐瞒其行贿犯罪事实参与定远工程竞标。经预防干警千里迢迢赴案发地调查了解,并到该地法院调阅卷宗,核实所举报的情况属实。但由于该份判决信息尚未录入查询系统,该公司仍理直气壮地持检察机关出具的无行贿犯罪记录告知函坚持要参与竞标。该院及时与县招标局联系,反馈该公司的行贿犯罪信息,最终该公司被取消了竞标资格。同年5月下旬,滁州市院参与当地一个4亿元建设工程招标监督,经查询,参与投标单位均无行贿犯罪记录。在中标公示过程中,却接到举报反映公示中的某家公司在淮南曾发生过行贿犯罪。经与淮南市院联系,及时调取了判决书,核实了举报情况,向市招标局提供了该公司有行贿犯罪的函,招标局据此取消了该公司的中标资格。

上述情况虽得到了及时处理,但耗费了检察机关的人力和财力资源,且也使得检察工作处于被动地位。之所以存在查询信息不准确的问题,是由于信息录入不及时造成的。不及时原因有三:第一,法院判决送达不及时,尤其是二审判决,往往判决很长时间未送达,甚至有的判决索性就没有送达。第二,判决信息不全,无法录入。第三,检察机关由于工作忙碌,收到判决未及时录入。

二是对有行贿犯罪记录的单位和个人规避查询的行为缺乏应对措施。一些行贿单位或其法人代表、项目经理为避免犯罪记录造成的不良影响,会改头换面重新注册公司名称或更换法人代表、项目经理,规避查询,对这种规避行为没有有效的应对措施。

三是录入门槛过高,导致行贿行为信息录入难度较大,影响对行贿行为情况的分析利用。查询系统对于行贿行为信息要求录入的项目多，且有一项信息不全就无法保存。而由于实务中要收集非罪行贿行为人的信息难度大，致使大量的非罪行贿行为信息无法录入保存。由于行贿犯罪查处的少，行贿行为信息也有限，所以很难全面分析行贿现象存在的特点、原因及规律，影响了行贿犯罪的预防工作。

三、未来一段时间内行贿犯罪发展趋势

近年来，纪委、检察院逐渐重视对行贿行为的惩处，行贿与受贿案件比例在减小，但由于法律、司法解释对于行贿犯罪规定的不够详细，导致对于某些行为罪与非罪难以界定，本着"疑罪从无"的原则，致某些行贿人成了漏网之鱼。所幸的是，2012年12月"两高"发布了《关于办理行贿刑事案件具体应用法律若干问题的解释》，对办理行贿刑事案件有关细节问题予以了明确。有此依据，打击行贿犯罪的力度必然得到强化，"已然"的行贿犯罪发案的可能性加大，因此，未来一段时间内行贿犯罪将呈高发态势。在犯罪形式、涉及领域、作案手段等方面将呈现一定的规律。

一是行贿对象群体化，将导致贿赂窝案串案进一步增多。近年来，由于工作机制逐渐完善健全，权力相对分散，往往不是哪一个人说了算，监督机制也得到了加强，对预防腐败起到了一定的作用。但为谋取不正当利益，行贿人会不畏"艰难"向不同层次多个环节的人员行贿。因此，一人向多人行贿，一人从多人受贿，查一案，挖一窝，带一串的现象将会增多。

二是行贿犯罪将向更多领域渗透，重点领域仍应引起重视。由于体制原因，某些领域存在的问题不可能在短期内解决，如工程建设和医疗卫生等领域仍将呈增多态势。由于涉农资金投入加大，使用对象涉及基层组织及人员多，这部分人群法律意识相对淡薄，因此，涉农领域有可能成为职务犯罪的增激点。

三是作案手段将更加隐蔽、更加多样化。随着法律法规不断完善，制度不断健全，打击力度不断加大，行贿人对抗侦查的意识和能力也在增强，必然会不断变换形式，使得行贿更隐蔽、方式更多样。

四是作案过程向长期投资型转变。近年来查办案件的数据显示，越来越多的行贿者看起来似乎不为特定目的，不为某一事一次性行贿，而是长期以人情往来式，如节日拜访、婚丧嫁娶等名义行贿，麻痹受贿人，使受贿者在不知不觉中与其建立长期稳定的权钱交易关系，沦为"温水中的青蛙"。

五是共同行贿、介绍贿赂等犯罪形式将可能会增多。究其根源，目的也是增强犯罪的隐蔽性。

四、减少和遏制行贿犯罪的对策和措施

（一）预防宣传上，要着力加强行贿犯罪危害性的宣传，破除公众"行贿无罪或罪轻"的观念

公众对行贿人持容忍甚至同情的态度，给行贿营造了"良好"的环境，因此说，观念不转变、潜规则盛行，则行贿就难以消除。行贿所造成的危害超出一般人的想象，其不仅直接损害了国家公务人员的廉洁，往往又攫取了腐败收益中的大部分，给国家带来巨大损失。行贿行为增加的后果不仅仅是对应的受贿犯罪相应增加，由于行贿所求租的是公职人员手中的权力，利用公权力为其谋取不正当利益。因此，查办的很多职务犯罪案件表明，因贿赂犯罪而引起的挪用公款、滥用职权、徇私枉法、徇私舞弊等犯罪都会相应增加。同时，行贿轻刑化还损害了法治尊严和社会公平，这是行贿行为的二次危害。所以，对行贿犯罪的宽宥，不仅破坏了社会资源的优化配置，导致国有财产大量流失，而且践踏了法治和社会正义。

因此，要加大对行贿犯罪危害性的宣传力度，帮助群众正确认识行贿犯罪。检察机关可以利用近期开展的"进机关、进企业、进乡村、进学校、进社区"活动，采取发放宣传单、讲座、电教片、有奖问答等群众喜闻乐见的多种形式，对公众进行一次行贿犯罪法律知识的普及，引导公众转变观念，不仅不去作行贿之事，而且对于身边发生的行贿行为也自觉抵制，踊跃举报，为打击行贿犯罪，切断受贿源头，杜绝贿赂犯罪营造良好的社会氛围。

（二）制度建设上，要着力加强政治经济制度的合理化构建，铲除权钱交易土壤

一是健全完善市场竞争规则。在现有的法律框架内，细化市场竞争法律法规的落实措施，规范市场竞争行为，营造公平合理的市场氛围。二是规范行政审批制度，严格审批标准，减少不必要的环节，公开行政事务，增强行政透明度，让权力"在阳光下运行"，努力形成不能腐的防范机制。三是加强人事制度改革。健全民主集中制，形成干部能上能下，能进能出的用人机制。四是完善监督制度。建立内外结合的监督制约机制，形成不易腐的保障机制。

（三）刑事司法上，要加大对行贿犯罪的打击力度，充分发挥刑罚的惩戒作用

从近年来查处的贪污贿赂类案件看，贪污案件在减少，贿赂案件在增多。贿赂案件中，行贿是源头，行贿不减少，受贿必然会增多，也就不可能从根本上减少贿赂犯罪，这已引起了纪委、检察机关的重视。近年来，中纪委反复强调在查办受贿案件的同时也要严肃查处行贿行为。司法机关对于打击和预防行

贿犯罪也有了更高的认识。从我市这几年查办的贿赂犯罪案件看，2009年行贿案件仅有2件，此前的行贿案件也很少。2010年以后，行贿案件数量在不断增多。2012年12月"两高"发布《关于办理行贿刑事案件具体应用法律若干问题的解释》（以下简称《解释》），为依法惩治行贿犯罪进一步明确了标准。为切实加大行贿犯罪的打击力度，建议在实务中要做到以下几点：

一是要转变办案观念。把办理行贿案件与办理受贿案件放在同等位置上，充分运用新刑事诉讼法赋予的技术侦查手段，努力突破贿赂案件依靠口供的瓶颈，依法查办行贿犯罪案。必要时，可针对贿赂严重的领域、行业开展查办和预防贿赂犯罪专项行动，加大打击和预防力度。

二是要及时惩处。现代行为科学和犯罪心理学的研究表明，惩罚犯罪的最佳时间就是犯罪行为的发生时间。要取得好的惩罚效果，就必须使犯罪行为受到惩罚的时间与犯罪的时间间隔越短越好。如果时间相距太长，对于犯罪者本人已从犯罪获取的利益中享受了快乐，侥幸心理得到进一步强化，再次实施行贿行为的可能性增大，易形成行贿惯犯；同时随着时间的推移，抗拒认罪的心理也必然会有所增强，给侦破案件增加了难度。对于其他社会成员来说，看到犯罪人行为危险性不大，其守法的程度也会受到影响，易滋生侥幸心理，从而效法作案，加大了社会危害性。因此，对于犯罪线索，应及时查处就近发生的贿赂犯罪。

三是避免轻刑化。司法机关要加大对行贿犯罪量刑的调研力度，分析量刑的特点及是否与犯罪相适应。检、法两家应共同研究行贿犯罪量刑的规律和幅度，在现行法律框架内，制定规则参照执行，可以有效避免在同一地方同一行为存在罪与非罪认识分歧、自由裁量权过大的问题。

（四）在刑事立法上，要着力于罪责刑相一致的科学化设置，破灭行贿人铤而走险的侥幸心理

行贿犯罪构成上，建议将"为谋取不正当利益"修改为"为谋取利益"。关于"为谋取不正当利益"，在实务中解释随意性太大，较难把握。2012年12月"两高"《解释》，仍沿用了1999年"两高"的解释，把"不正当利益"界定为欠缺合法性的利益，不好把握。在司法实践中，对于行为人究竟是否谋取了不正当利益，仍时常引发争议。由于对此认识不同，直接影响到是否构成犯罪的问题，因此，建议将"为谋取不正当利益"修改为"为谋取利益"，鼓励人们正当的利益通过正当的途径获取，自觉抵制行贿不正之风。

在刑罚设置上，应增设罚金刑。贝卡利亚曾对犯罪与刑罚的关系作了科学的阐述："刑罚应尽量符合犯罪的本性，这条原则惊人地进一步密切了犯罪与刑罚之间的重要连接，这种相似性特别有利于人们把犯罪动机同刑罚的报应进

行对比,当诱人侵犯法律的观念竭力追逐某一目标时,这种相似性能改变人的心灵,并把它引向相反的目标。"行贿的本性是谋利型,与之相适应刑罚应体现经济型刑罚。而我国刑法对一般的行贿犯罪未规定财产刑,仅在对行贿情节特别严重的情节中,规定可以并处没收财产。从查处的行贿犯罪来看,绝大多数是一般的行贿犯罪,且判刑轻,导致了行贿人实施犯罪的收益远远大于成本,必然加剧其铤而走险的心理。因此,应增设罚金刑,增加行贿犯罪成本,避免出现行贿者受了很轻的处罚,却获取巨大的经济利益的现象。

（五）在已决犯罪结果运用上,要着力完善行贿犯罪档案查询系统,充分发挥刑罚的预防作用

刑罚的作用之一在于预防已被科处刑罚的人重新犯罪。为预防行贿人在特定的环境里重新犯罪,检察机关建立了查询系统,通过提供查询服务,限制行贿犯罪人进入特定领域、从事特定职业,这一做法是充分运用刑罚来开展预防,在一定程度上也弥补了行贿犯罪轻刑化的不足,得到了社会的广泛认可。为此,检察机关不断探索完善查询系统新路径,2013年2月6日,最高人民检察院公布了《关于行贿犯罪档案查询工作的规定》（以下简称《工作规定》）。对行贿犯罪档案库信息的收集和录入、查询受理、查询与告知、应用与反馈等作了较为具体的规定,规范了检察机关为社会提供查询的服务工作。但对于查询系统受贿罪信息及行贿行为信息录入等未作规定。为更好地发挥查询系统服务于社会、服务于办案、服务于预防,结合上述分析情况,对完善查询系统提几点建议。

一是已决贿赂犯罪信息录入要及时规范。如何严格执行《工作规定》,在判决、裁定生效之日起30日内将行贿犯罪信息录入行贿犯罪档案库。笔者认为,首先要主动做好判决、有关信息的收集工作。外部,要加强与法院的联系,保证判决在法律规定的时间内送达。内部,要加强与侦查、公诉部门的沟通协调,形成良好信息文书材料的传递机制,不在内部耽误时间。其次,查询中心要对收集的信息及时规范地录入。最后,实行月检查制度,对于发现的问题及时纠正,确保查询系统信息完整准确。

二是降低行贿行为信息录入门槛,建立行贿行为信息库,供检察机关内部使用。由于行贿判决数量较少,分析依据不足,难以客观地反映出贿赂犯罪的全貌,而行贿行为往往能较为全面地反映贿赂易发生的领域、特点和规律及成因,因此,加强对行贿行为的收集分析能更有针对性地开展好贿赂犯罪预防工作。另外,对于查办案件也有一定的辅助作用。由于贿赂犯罪一人向多人行贿、一人从多人处受贿的特点,建立行贿行为信息库,便于侦查部门对行贿行为人有所了解,对于突破受贿案件、摸排贿赂犯罪线索都能起到积极的作用。

囿于查询系统对行贿行为信息录入项目设置较多、较细，对信息不全无法录入，要收集不全的行贿行为人信息难度大。实践中，侦查人员对不追究刑事责任的行贿行为人信息往往不加详细收集，因而，受贿罪对应的行贿行为人信息一般是不全的。历经数月，甚至跨年度收到受贿判决书，再去找侦查人员补充行贿行为人信息，且不说检察机关警力资源不足抽不出人手，即使能抽出人员，想找到行贿行为人都会存在难度，要他们再配合提供材料就更难了。

鉴于行为信息库对预防与办案的作用，针对行贿行为信息难以收集的问题，建议降低行贿行为信息录入门槛，尽快建立信息库。同时，加强与侦查部门的联系，建议在查办贿赂案件过程中要注意收集行贿行为人信息，为完善行贿行为信息库打下基础。

三是主动与有关部门联系，扩大查询的服务范围。目前，在全国范围内，大多在工程招投标领域建立了查询协作机制，对于净化招投标市场起到了积极的作用。为使查询工作在"更高层面、更广范围、更深层次"上得到充分运用，检察机关要主动走出去，一要加大宣传力度，提高查询工作的社会认知度；二要积极与相关主管部门联系，建立行贿犯罪档案查询协作机制。争取将行贿档案查询作为行政审批、药品采购、资金拨付、组织人事、行政执法等的必经程序。

四是加强与工商部门联系，共同研究行贿人"改头换面"规避查询的防范措施。对于公司、企业变更注册信息的，要注重变更理由的审查，防止有行贿犯罪记录的单位和个人为规避查询而变更。

（本文荣获女检察官学习贯彻落实"两法"征文活动二等奖）

四、涉检信访实务

论涉检信访制度的完善

徐红平[*]

党的十八大强调要用法治思维和法治方式深化改革、推动化解矛盾、维护稳定。2013年全国政法工作会议，将包括涉法涉诉信访工作改革在内的四项改革作为当前政法工作的重点，也是顺应我国目前涉法涉诉信访工作面临的严峻局势而做出的措施。中央政法委随后出台了指导性意见，明确提出将涉法涉诉信访纳入法治化轨道的思路，构建"诉访分离"等一系列工作机制，努力促进信访形势根本好转。与此同时，新修改的《中华人民共和国刑事诉讼法》（下文简称新刑诉法）和《中华人民共和国民事诉讼法》（下文简称新民诉法）强化了检察机关的诉讼监督职能，扩大了检察机关信访案件的受理范围。随着有关法律和检察改革的深入，涉检信访改革已提上日程，在强化涉法涉诉信访法治化的大背景下，需要不断改进涉检信访案件解决机制，完善涉检信访制度的功能。

一、涉检信访制度的价值

涉检信访制度的主要目的是否定具有终局意义的法律程序或是法律行为，它对司法的权威形成了挑战；但也有利于整个社会法治理念的培养，涉检信访是检察机关检验自身执法行为的有力标杆，还能有效疏解信访人的不良情绪。

（一）涉检信访制度的作用

信访制度是一项具有本土特色的制度设计，本质上根植于政府的公信力，是通过信访机关分转信访事项并督促相关行政机关解决相关问题的机制。它承载着公民政治参与、民意表达、纠纷化解、权利救济以及维护社会

---

[*] 作者单位：江西省人民检察院。

稳定的重要功能。信访人选择涉检信访，也是出于对司法的信任。涉检信访是检察机关倾听民意、了解民情、排忧解难、化解民怨的主要手段和重要渠道。①

从涉检信访作用对象角度分析，涉检信访具有三重功能：第一，作用于信访人。涉检信访功能的最终目的是服务于人民群众，涉检信访的功能体现首要的是解决好群众的合理诉求，维护好群众的合法权益。第二，作用于涉检信访群体。涉检信访可以引起检察机关乃至社会的重视，信访群体也从检察机关乃至国家和社会的重视中获取自身权益的维护；同时，有些涉检信访还具有调整群体内部矛盾、维护其群体稳定和存在的功能。第三，作用于公权力机构，尤其是以检察机关为代表的司法机关。涉检信访影射社会矛盾纠纷和检察机关机制、执法状况等方面的问题，促使检察机关进一步完善和改进工作，提升检察机关的执法公信力。②

（二）涉检信访制度续存的意义

自1951年我国实行信访制度以来，信访工作在党和政府发扬民主、体察民情、接受监督、联系群众等方面发挥了重要作用，而且，无论现在和将来，它在反映社情民意方面仍将发挥其应有的作用，不能说因为信访问题成为当前突出的社会问题就质疑信访制度存在的合理性。③

涉检信访处理过程中涌现出来的诸多问题，不能归咎于涉检信访制度自身。涉法涉诉信访所透露的本质问题是如何处理好畅通民意表达与维护司法权威的矛盾。④ 在涉检信访的处理过程中，合理听取民意与依法执法不是绝对矛盾的，并且四重功能实现相互兼容和有机统一：法律监督程序引导功能、映射

---

① 参见柯汉民：《加强和改进新形势下的涉检信访工作》，载《求是》2011年第9期。
② 参见刘太宗、李高生：《刑事涉检信访工作探讨》，载《中国刑法》2012年第12期。
③ 参见刘太宗、李高生：《刑事涉检信访工作探讨》，载《中国刑法》2012年第12期。
④ 参见李微：《涉诉信访：成因及解决》，中国法制出版社2009年版，第2页。

功能、救济功能、矛盾释放化解功能。① 涉检信访制度存续仍有其现实意见。

二、涉检信访制度的现实困境

通过法律途径解决涉检信访问题是最切合信访人利益出发点和落脚点的纠纷解决方式。但是，在信访人观念中，往往不以法律作为解决问题的最终或首选手段，而是企图以信访行为来影响司法。实践中对涉检信访的处理，由于信访的无序性、无期限性和行政力量的过多介入等原因，已经在很大程度上消解了司法的终局性和影响了司法的独立性，使司法裁判对于纠纷解决的权威性作用不再权威，进而在一定程度上对整个司法体制，甚至是国家立法层面造成不利影响。

（一）检察机关信访工作与司法终局性的关系

美国华盛顿特区联邦上诉法院首席法官爱德华兹，在批评中国的司法判决缺乏终局性时精辟地指出："如果一个解决方案可以没有时间限制并可以不同理由反复上诉和修改，那就阻碍了矛盾的解决。如果败诉方相信他们可以在另一个地方或另一级法院再次提起诉讼，他们就永远不会尊重法院的判决，并顽固地拒绝执行对其不利的判决。无休止的诉讼反映了，同时更刺激了对法院决定的不尊重，从而严重削弱了法院体系的效率。"② 司法的终局性及其重要意义，与司法的独立性，被视为司法的本质特征，是国际社会公认的司法活动应遵循的准则。联合国大会《关于司法机关独立的基本原则》第4条规定："不

---

① 参见王小新、李高生：《刑事诉讼规则在控告检察工作中的理解与适用》，载《国家检察官学院学报》2013年第21卷第1期。一是法律监督程序引导功能，是指检察机关通过"涉检"信访启动控告、申诉程序，挖掘和发现其背后的职务犯罪线索和执法不公等问题，把控告或申诉引入诉讼程序解决渠道，强化检察监督职能。二是映射功能，是指"涉检"信访是检察机关乃至公安司法机关执法状况的晴雨表，是执法水平的一面镜子和映像，是对执法状况的真实写照和客观反映。我们可以通过对"涉检"信访研究分析和总结，剖析公安司法机关在执法思想、执法作风、执法水平、执法能力以及在机制和法制等方面存在的缺失，以便及时纠正和救济。三是救济功能，是指检察机关可以通过处理"涉检"信访，切实解决群众反映的实际问题，并通过检察建议等形式，建议相关部门对机制和法制等方面的问题进行制定、修改、补充和完善，建议对执法过错进行纠正。四是矛盾释放化解功能，是指"涉检"信访是民怨的释放通道和解决矛盾的有效途径，也是群众矛盾纠纷发现和化解的正常通道，这条通道不能削弱，必须加强。群众通过正常的"涉检"信访通道，释放怨气，诉说冤屈，表达诉愿，可以逐步化解矛盾，最终促进矛盾纠纷的妥善解决，促进社会和谐、健康、良性发展。

② 宋冰：《程序、正义与现代化——外国法学家在华演讲录》，中国政法大学出版社1998年版，第3页。

应对司法程序进行任何不适当或无根据的干涉,法院作出的司法裁决也不应加以修改。"① 信访人对于检察机关的申诉事项,只要不满意就可以无休止地进行,甚至采取极端方式,而对于信访行为又缺乏相应的规制,更甚者出现了民意倒逼司法,迫使司法裁决进行改变。在社会制度的变革中,民众观念的提升,对于制度完善确实起到了很好的促进作用,但是法律作为社会利益资源的分配书,在调整社会利益关系时,因法律不能对未曾发生的事作过多的预期,会存在一定的滞后性,使法律调整社会关系时存在一定缺失。正确运用法律又依赖于司法工作者对于法律精神的合理运用和在法律精神范围之内的灵活变通,但前提是要尊重法律适用的"缺憾",适用时审慎、坚定而勇敢,从而确保司法裁判终局性,并使其成为法律权威的有效保障。

(二)检察机关信访工作与司法独立性的关系

实践中,"大闹大解决、小闹小解决、不闹不解决"成为群众信访的普遍心态,屡屡陷信访工作于恶性循环之中。与之相对应,地方将"维稳"当作第一任务,或者是检察机关为了服务地经济发展等因素办理了许多不属于自身职责范围内的信访事项;抑或是检察机关为了"纠纷最终解决"的目的,在处理信访问题时过多运用非法律手段。此类做法虽然成功解决了一些个案,但却引发了更多的问题。一旦法律不能成为解决问题的最终手段,只会引发"破窗效应",人们竞相"信访"。在纠结于信访人的"顽劣"时,需要拷问的是为什么信访人在"小闹"甚至"不闹"的时候,没有解决其合理诉求,而一定要等到信访人"大闹"的时候,才予以解决?如果说通过"大闹"满足的是信访人一些不合理的诉求,又是谁赋予了检察机关这种权力?大量的事实证明,以无原则的让步来解决问题,也许暂时可以取得维护稳定的效果,但是却会形成一种危险的暗示和导向,即解决问题的可能性,取决于冲突的大小和激烈程度,很显然这是一种"饮鸩止渴"的治理方式,表面上原有的矛盾暂时化解了,所产生的一个后果就是更多的矛盾会接踵而至。

三、涉检信访制度的改进

要充分发挥涉检信访制度的积极作用,提高涉检信访的法治化处理水平,关键是要清晰、明确界定,何谓诉,何谓访,哪些属于检察机关管辖的信访事项,从而使检察机关在职能范围内正确处理涉检信访事项。

---

① 2001年7月由国家行政学院和美国亚洲基金会联合于上海召开的"WTO与中国行政法改革研讨会"上发言。

(一) 科学界定"涉检信访"

对于涉检信访，长时间没有确切的定义，直到在《检察机关执法工作基本规范（2010年版）》中才正式定义为"涉检信访是指公民、法人或者其他组织通过信访渠道反映的涉及检察机关或检察人员的案件。包括：不服人民检察院处理决定的；人民检察院在处理群众举报线索中久拖不决，未查处、未答复的；人民检察院违法违规或者检察人员违法违纪的案件"。

以往对于涉检信访的定义，更多是从责任机关角度与其他司法机关进行区分。随着两大诉讼法的修改，对检察机关受理群众诉求的范围进行了扩充，如对于对公检法三机关及工作人员阻碍辩护人、诉讼代理人依法行使诉讼权利的控告或申诉，对本院办案中违法行为的控告或申诉，对于民事再审申请监督案件等，[①] 都明确规定了检察机关的监督职能。

出于将信访事项纳入法律解决途径加以解决的初衷，对于涉检信访进行界定，就要力求囊括检察机关法律监督职责范畴内的所有信访事项。而且，应将涉检信访定义为一个动态的过程，包括对于相关信访事项的判别、受理、处理和退出等一系列过程，而不是简单地将涉检信访等同于涉检信访的受理范围。

由于法律调整社会关系的复杂性，建议对涉检信访事项采用描述性手段确定一个相对明确的概念，同时采用列举式规定有典型意义的涉检信访类型来增强实际工作的操作性，为防止挂一漏万情况出现，应以但书条款进行兜底形式规定。笔者认为，涉检信访是指检察机关依法办理公民、法人和其他单位通过

---

① 新刑诉法第47条规定："辩护人、诉讼代理人认为公安机关、人民检察院、人民法院及其工作人员阻碍其依法行使诉讼权利的，有权向同级或者上一级人民检察院申诉或者控告。人民检察院对申诉或者控告应当及时进行审查，情况属实的，通知有关机关予以纠正。"新刑诉法第115条规定："当事人和辩护人、诉讼代理人、利害关系人对于司法机关及其工作人员有下列行为之一的，有权向该机关申诉或者控告：（一）采取强制措施法定期限届满，不予以释放、解除或者变更的；（二）应当退还取保候审保证金不退还的；（三）对与案件无关的财物采取查封、扣押、冻结措施的；（四）应当解除查封、扣押、冻结不解除的；（五）贪污、挪用、私分、调换、违反规定使用查封、扣押、冻结的财物的。受理申诉或者控告的机关应当及时处理。对处理不服的，可以向同级人民检察院申诉；人民检察院直接受理的案件，可以向上一级人民检察院申诉。人民检察院对申诉应当及时进行审查，情况属实的，通知有关机关予以纠正。"新民诉法第209条规定："有下列情形之一的，当事人可以向人民检察院申请检察建议或者抗诉：（一）人民法院驳回再审申请的；（二）人民法院逾期未对再审申请作出裁定的；（三）再审判决、裁定有明显错误的。人民检察院对当事人的申请应当在三个月内进行审查，作出提出或者不予提出检察建议或者抗诉的决定。当事人不得再次向人民检察院申请检察建议或者抗诉。"

信访渠道反映的涉及检察机关或检察人员的案件。① 涉检信访包括当事人对于检察机关作出的终局意义的法律程序或是能直接调整其利益关系的职权行为的申诉,对于司法工作人员在执法办案过程中侵犯当事人合法权益或是司法人员的违法违纪行为的控告。

(二) 实现"诉"与"访"的分离

长期以来,涉检信访工作中存在诉访不分的问题,影响了当事人的诉讼权利的实现,影响了司法裁判的稳定性,也影响了司法资源的有效利用。对涉检信访事项有一个准确的判断,也能对于"诉访分离"② 有一个清晰的界定和指引作用。科学界定诉与访的问题,不失为解决涉检信访被动局面的良方。③

信访人到检察机关信访的事项,只有属于检察机关职权范围之内的才可以称为"涉检信访事项",简称为"诉",其他的只能称为"访",要通过信访渠道加以解决,即分流、转到其他相关司法机关或者是相关职能部门。如举报类信访事项,检察机关进行立案查处,进入法律程序的,应属于"诉"的范畴;对于不能立案,明显没有查处价值的,列入"访"的范畴,按信访程序处理。④

根据相关法律规定和司法解释,对检察机关属于"诉"的信访事项主要有以下三类:第一类是侦查监督、刑事申诉、举报等业务部门办理的案件,控告检察部门(包括江西在内的大部分省份是控告申诉检察部门)统一受理后,按照首办责任制的要求移送有关业务部门,由业务部门审查受理或立案复查(审查)、办理。第二类是民事行政监督类案件,由控告检察部门负责审查受理工作,民事行政检察部门负责办理工作。第三类是控告检察部门直接受理办

---

① 参见柯汉民:《加强和改进新形势下的涉检信访工作》,载《求是》2011 年 9 月。涉检信访工作是指检察机关依法办理公民、法人和其他单位通过信访渠道反映的涉及检察机关或检察人员的案件。

② 参见王小新、李高生:《刑事诉讼规则在控告检察工作中的理解与适用》,载《国家检察官学院学报》2013 年第 21 卷第 1 期。所谓"诉访分离",就是对群众的控告、举报和申诉,尤其是初信初访,及时进行审查,界定是"诉"还是"访","诉"是法律问题,"访"绝大多数是善后问题以及批评建议,或是需要我们指明投诉方向的非检察机关管辖的问题等,并分别及时进行处理。如是"诉"就应及时引导进入法律程序,通过法律程序依法处理;如是"访"就应通过相应的行政手段尽快予以解决,不拖不拉,把问题解决在初始阶段,避免矛盾激化。

③ 参见李微:《涉诉信访:成因及解决》,中国法制出版社 2009 年版,第 234 页。

④ 在实际工作中,举报人对线索查处答复后不满意而不断上访,对于此类信访是否属于涉检信访尚无定论。

理的刑事监督类案件,如反映阻碍辩护人、诉讼代理人依法行使诉讼权利的申诉或控告案件、反映检察机关办理案件中违法行为的申诉或控告案件等,由控告检察部门审查受理并办理。

(三) 明晰检察机关涉检信访事项受理行为的法律属性

依据检察机关内部职能分工,控告检察部门承担了检察机关涉检涉诉信访的受理工作,对于到检察机关的信访,先依据诉访分离原则,将属于"访"的事项及时分流;属于"诉"的事项,按照检察机关内部分工,及时转责任部门办理。检察机关对涉检信访事项的受理行为是否具有法律属性,对此尚没有明确。笔者认为可借鉴新民诉法第209条的相关规定,明确涉检信访事项受理行为法律程序的性质,从"入口"增强涉检信访处理的"司法属性"。

根据新民诉法第209条规定,申请抗诉是当事人行使诉讼权利的行为,受理当事人申请抗诉是一种诉讼法律行为,抗诉申请被受理将产生立案审查的法律效果,并且一旦经过检察机关受理审查,当事人将不再享有再次申请的诉讼权利。新民诉法第209条的修改被誉为"开始尝试从制度化角度破解信访困局",将有效改变民事裁判"终审不终"的局面,使审判监督程序成为对当事人民事权益调整的终局性程序。申诉抗诉是由当事人自主支配、自由处分,与起诉权、上诉权、申请再审权一样的诉讼权利。检察机关也不能再将当事人申请抗诉作为一种职权"发现"的来源而"选择性"对待,而必须依法受理、依法审查、依法决定,在一种诉讼程序化的轨道上予以处理,作为检察机关必须履行的法定职责和义务来看待。检察机关受理审查当事人申请抗诉是一种诉讼程序,受理和不予受理当事人申请抗诉、决定抗诉和决定不抗诉也都具有诉讼程序上的法律效果。

检察机关受理信访事项的行为对于信访人有一种明显的昭示作用,信访人会认为"受理"即意味着相关信访事项进入了检察机关的法律处理途径,与之对应,在涉检信访改革过程中,检察机关对于涉检信访事项(即"诉")的受理行为应赋予法律程序上的意义,而不宜认定为单纯的事务性行为或是职权行为,从"入口"凸显涉检信访的"司法属性"。

四、涉检信访制度的功能彰显

法律是一门充满遗憾的艺术,法律的适用时有很多问题都需要借助非法律手段才能解决的。因此,每一件涉检信访的圆满处理都是一项综合工程,既要处理实体信访事项,也要进行善后工作和息诉。①

(一) 完善实际操作中的协商机制

"正义不仅应当实现,而且应当以看得见的方式实现。"法治的理念,并不是仅仅在作出司法裁判时进行公开,给予自由表达的权利,更重要的是对于过程的了解,以及对于司法裁判的意义与依据的全面掌握。

在检察机关依法处理涉检信访时,就需要积极引入协商机制,加强司法行为、司法裁判的有效性和可接受性,从而充分实现信访人对涉检信访处理过程的了解与参与,以公正的程序来实现实体正义。涉检信访中的协商机制应包括事前知悉、事中协商与事后监督。②

事前知悉是公民与检察机关两方面来说。事前知悉就要求检察机关在畅通诉求渠道和健全涉检信访风险预警机制上下功夫,搭建一个使社会主体的各种诉求得以充分表达和协商的平台。事中协商是在涉检信访中引入协商机制的核心要素,公开听证是事中协商的一种良好方式。"正如法律是公共意志的宣示,同样地监察制则为公共判断的宣示。"③ 涉检信访的处理本身就是对于检察机关和其他司法机关执法活动的有效监督,对于监督活动也要有来自于外力的制约,否则成为监督的盲点,反而会对涉检信访法治化造成侵蚀。事后监督是涉检信访法治化的必然要求。

在涉检信访处理过程中引入协商机制,能够有效防止独断,通过对信访人知情权、参与权的充分保障,对涉检信访处理过程和处理结果进行严格有效的

---

① 刘太宗、李高生:《刑事涉检信访工作探讨》,载《中国刑法》2012 年第 12 期。在处理涉检信访时,案中信访事项要以"法"为基础,法律途径可以解决的要及时进入法律程序加以解决,要依法治访;案外事项以及案结息诉要以"理"和"情"疏,不能纳入法律程序的,要以道德和社会公德为基准,积极寻求相应的有效处理机制,帮助信访人解决切实困难;对于部分不合理访,穷尽程序仍坚持信访的,审慎稳妥纳入信访终结程序。

② 龙婧婧:《社会管理创新背景下涉检信访工作的应然期待与实然过程》,载《西南政法大学学报》2013 年第 15 卷第 3 期。对公民而言,事前知悉就意味着使信访人可以了解涉检信访工作的法律依据、信访程序等有关情况,获知相关信息,并被告知其应该享有的权利义务。就检察机关而言,事前知悉就意味着检察机关应该具有高度的敏感性,能够在接待群众来访,处理群众来信之中意识到潜在的涉检风险,以便及时采取有效措施尽可能将矛盾稳控在当地,将矛盾化解在首次办理环节,防止事态扩大而造成越级上访、集体上访、缠闹上访等非正常上访。要求在涉检信访案件的办理过程之中,检察机关和信访人及其代理人、利害关系人、有关公众,以及公民之间通过相互的对话和理性协商,对涉检信访事件的处理达成一致,进而促使法律规则在形成的共同意见中一直保持正义,并推动实体法律制度在协商中日趋完善。

③ 卢梭:《卢梭民主哲学》,陈惟和等译,九州出版社 2004 年版,第 70 页。

监督，从而成为涉检信访制度发挥功效和检察机关监督功能实现的有力支撑。

（二）对刑事被害人保护的制度构建

在实践中，检察机关涉检信访承载着大量的权利救济功能，与其应具有的程序公正、司法权威、规则统治之间存在着冲突。在推行涉检信访改革时，应通过弱化权利救济意识，提升处理过程的规范化程度，强化检察机关解决涉检信访的"司法救济"功能，逐步确立司法救济的核心地位。但是，如果按照只用单一司法诉讼程序方式处理涉检信访，也会有部分法不能穷尽的，法度之外、情理之中的涉检信访不能依法处理，既不能达到社会和谐，化解矛盾纠纷的目的，也是对公民权利的伤害。① 所以，对于如何在涉法涉诉信访中实现权利救济向司法救济的转化，特别是在涉检信访中反映强烈的被刑事不法行为侵害的刑事被害人，如何以法律手段和非法律手段对其权益进行有力保护，司法实践中一直进行有益的探索。

1. 完善刑事和解制度。妥善解决纠纷是我国刑事和解司法实践产生与展开的直接动因，也成为刑事和解在上升为一项法律制度后追求的基本目标。但很多时候，刑事和解对于当事人合意的维护会在一定程度上扭曲法律适用平等，特别是在高额赔偿的情形上，问题更为突出，当事人之间明显高过法律基于公平合理的原则设定的赔偿标准，而相较于执行不力的附带民事诉讼判决，刑事和解的和解协议还能获得更好的执行，此时，私人合意不再是对国家法律不足之处的有益补充，而是成为凌驾于国家法律之上，甚至威胁法律统一隐患。② 刑事和解，并非加害人和被害人之间就刑事处罚进行和解，其实质是当事人对民事权益的处分，而非对刑罚权的处分。那种纯粹以支付金钱的方式来换取从宽处理的做法，绝对不是法律倡导的刑事和解，在实践中应当坚决避免。笔者认为，对当事人自行和解的案件，检察机关应遵循公平的标准对和解协议中的民事赔偿部分进行审查，防止赔偿数额与法律规定的数额产生显著差距，从而造成"以钱买刑"的观念，对法律权威和公平正义理念造成损害。防止由于对于一种制度的过度使用，出现轻罪中或是轻伤害的刑事被害人反而可以获得高的赔偿，造成法律适用上的不公平，给出不良的心理暗示，从而引发新的纠纷，甚至是对于法律制度设计合理性产生怀疑。

2. 完善刑事附带民事诉讼程序。在刑事犯罪中，责任人依法应当向权利人承担民事责任不能被他接受国家惩戒所抵消。一个犯罪行为，往往同时又是一个侵权行为，行为人应当对这一个行为同时承担刑事责任与民事责任，这正

---

① 参见刘太宗、李高生：《刑事涉检信访工作探讨》，载《中国刑法》2012 年第 12 期。
② 参见向燕：《论刑事和解的适用基准》，载《法学》2012 年第 12 期。

是刑事附带民事诉讼制度存在的理论前提。新刑诉法对于刑事附带民事诉讼进行了一些修改，但是，仍无法解决现实中刑事附带民事诉讼裁判执行不力等原因造成的，不能有效实现刑事附带民事诉讼节约司法资源与保护刑事被害人的设计初衷。笔者认为，对于刑事附带民事诉讼的案件，可从明确规定转移隐匿犯罪嫌疑人合法财产的法律责任、保障刑事被害方享有公平受偿权、规定刑事附带民事判决较长的执行期限等，加强刑事附带民事判决的执行力。对人身损害赔偿案件，扩大赔偿范围，支持死亡补偿费、残疾赔偿金、精神抚慰金，从而实现与单独提起民事诉讼相对接。根据刑事被害方受损害程度，而不是根据被告人的赔偿能力确定赔偿数额，从而在心理预期上给予刑事被害方以安慰。

3. 建立国家补偿制度。司法实践中，许多受到刑事不法行为侵害的被害人，由于无法确定刑事加害方或是刑事加害方没有承担赔偿责任的能力，无法获得最低限度赔偿。笔者认为可借鉴他国，由国家承担保护公民职责缺失所应承担的责任，建立国家补偿制度，由国家对刑事被害人进行必要的补偿。美国加州政府于1965年颁布了《暴力犯罪被害人补偿法》，德国于1987年颁布了《被害人保护法》，规定当被害人无法得到罪犯的赔偿又没有其他来源补偿时，国家应向受害者提供补偿。中国香港特区于1973年建立了亚洲地区第一个公共拨款的被害人补偿计划。亚洲地区的刑事被害人救助包括刑事被害人补偿、刑事被害人权利告知、对刑事被害人的保护、刑事被害人的申诉权、刑事被害人参与起诉的权利等一系列相关制度，[①] 从而全面维护刑事被害人参与诉讼和获得经济补偿的权利，达到使刑事被害人回归正常生活的基本要求。

实践中，大力推进的刑事被害人救助制度等权利救济行为，对于解决刑事被害人的实际困难，化解纠纷起到很好地作用。虽然该举措在各地已广泛开展，但做法和措施参差不齐，救助范围、救助标准、救助程序等都不尽相同，甚至极不合理，亟须进行统一和规范。更重要的是，检察机关对刑事被害人的救助是基于法律责任还是国家道义等问题目前没有明确，该项工作的开展没有法律依据，政策性太强。在涉法涉诉信访改革的进程中，立法上确立刑事被害人救助制度，是健全社会救助体系，改善民生为重点的社会建设的重要举措。

---

① 参见［日］太田达也：《刑事被害人救助与刑事被害人在亚洲地区的发展进程》，武小凤译，载《环球法律评论》2009年第3期。亚洲的第二个国家补偿制度是日本于1980年建立的刑事被害人救济金支付制度。日本议会在1980年通过了《刑事被害人救济金支付法》，而在2001年，为了从根本上扩大其适用范围，日本又对其进行修订。韩国政府在1987年制定了《刑事被害人救助法》并于1988年开始实施。日本于2004年、韩国于2005年分别制定了《刑事被害人基本法》，对刑事被害人救助的基本原则和政策加以规定。

笔者认为，应将刑事被害人救助工作上升到法律层面，建议通过立法形式确定政府在刑事被害人救助工作中承担责任的性质，并明确资金来源、管理部门、审查程序，并实现刑事被害救助与其他社会保障机制的对接，从而形成对刑事被害人利益的完备保护体系。

（三）建立涉检信访的法律退出机制

在司法实践中，对于司法机关认为法律结论客观公正、法律程序穷尽、化解方案合理、救助帮扶和教育疏导到位的情况，有的信访人仍拒不接受，继续坚持信访的。基于维护司法权威，避免有限司法资源的浪费、有效规范涉检信访秩序的考虑，司法机关会严格按照"法律问题解决到位、执法过错查究到位、解释疏导教育到位、实际困难帮扶救助到位"的终结标准，进行信访终结。

实践中的涉检信访终结，完全是从检察机关自身角度考虑，是程序终结而不是自然终结，仅是不再统计、交办、通报；对于信访人而言，无论其是否有足够的理由、是否属于无理缠访，该信访案件仍在继续，并没有终结。

正如司法的终局性对于司法权威的重要意义，要真正实现涉检信访的法治化，必须承认并保证涉检信访的终局性，通过法律途径确认涉检信访的退出机制，从根本上避免涉检信访陷于无序化。因此，建立涉检信访的法律退出机制尤为必要。笔者认为，可以借鉴新民诉法对于民事再审申请监督案件的设计，对于申诉在程序上进行限制性规定，通过在法律程序上切断申请受理的法律受理通道，改变涉检信访"终局不终"的局面。可通过立法、司法解释明确限定信访人对涉检信访事项进行申诉的主体身份限制，并对申诉期间、申诉次数等进行规定，使涉检信访能在法律程序上实现真正的"终结"。

（本文荣获女检察官学习贯彻落实"两法"征文活动一等奖）

涉检信访办理工作机制改革研究

朱春莉　唐江平　潘有丰[*]

涉检信访是指案件当事人及利害关系人不服检察机关所作出的终局性决定或者认为有关检察人员违法违纪办案而提出的投诉。近年来，涉检信访一直在高位运行，且无理信访、"缠访"、"闹访"逐年增多。信访被滥用的结果不但使司法公信力受到损害，也动摇了"依法治国"这一宪法原则的贯彻。一方面，信访成为一部分人不法"发家致富"的新途径；另一方面，它又成为一些地方"花钱买稳定"的无底洞，社会的诚信机制受到了极大的损害。[①] 当代中国的法治实践则始终受制于这种法律职业与普通民众之间相对紧张、互不信任的法民关系。[②] 涉检信访机制包括涉检信访的预测预警和源头防范机制、办理工作机制，本文仅从法治视角对涉检信访办理工作机制进行探析，以期为正在开展的信访工作机制改革提供参考。

一、涉检信访办理工作机制的现状及问题

当前，越级上访、集体上访、重复上访居高不下，给社会稳定带来了诸多隐患。之所以如此，除了转型期社会矛盾易发多发的客观性，司法机关执法理念和执法能力的不适应，主要在于检察机关缺乏有效处理涉检信访案件的机制，现行涉检信访机制存在固有缺陷。如果信访人如愿以偿，则鼓励更多人信"访"不信法；如果要求未得到满足，则重复、越级信访，司法公信力下降，司法权威被削弱。虽然目前的"综合治理"能达到一定的效果，使得上访的人不再增多，但治理方式本身已经表明上访治理陷入了困境。因为上访的问题

---

[*] 作者单位：朱春莉、潘有丰，云南省人民检察院；唐江平，云南省玉溪市人民检察院。

[①] 参见席月民、孙宪忠：《当前司法遇到的三个突出民生问题》，载《法学》2012年第12期。

[②] 参见凌斌：《从法民关系思考中国法治》，载《法学研究》2012年第6期。

并没有被解决,上访人也没有罢访。上级机关要求限期将上访人接回,将问题解决在基层,但基层只能将上访人困住,只能讲感情,只有给好处"花钱买平安"。传统的涉检信访机制的行政色彩对司法化解决纠纷的终局性和权威性构成了损害,缠访、闹访难以遏制,形成恶性循环。

(一)控告检察部门缺乏对其他执法办案部门有效制约,信访工作"大格局"构建效果不佳

控告检察部门虽然负有承办信访案件的职责,但只是一个中转协调机构,没有确认权利义务的实体权力,需要得到有关单位或部门的配合才能办理。一方面,涉检信访案件反映问题涉及侦查、起诉、审判等多个环节,政法各部门缺乏一套行之有效的信访案件协调机制,相互推诿、答复意见不一致,给处理增加困难。另一方面,检察机关控告检察部门与其他执法办案部门之间没有建立或者完善良好的信访处理互动机制,互相之间缺乏及时的沟通、配合和协作。如果其他执法办案部门不重视、不解决,甚至拖延、推诿,控告检察部门催办无力、无效,使初级、简单的上访案件不能得到妥善解决,造成重复上访。而有的执法办案部门就案办案,认为息诉罢访是控告检察部门的事,检察机关内部未成工作体系。

(二)信访工作机制停留于顶层设计,在实践中形同虚设

当前,普遍存在信访案件虽然办结,但难以息诉,尤其是时间跨度长、情况复杂、由于环境和政策均发生变化的历史遗留问题,处理难度大,久拖未决。而相关的信访处理工作机制却处于"闲置"状态。(1)信访终结制度难以终结信访。虽然2009年中央政法委员会就提出建立涉法涉诉信访终结制度,解决"重复访"、"纠缠访"、"涉诉访"问题,但实践中不敢轻易作出终结决定。(2)听证制度落实不力。高检院信访规则明确提出,对重大、复杂、疑难信访问题,可以举行公开听证。但由于公开听证涉及单位人员众多,动用大量的人力物力资源,公开考验检察机关执法能力,所以实践中只有穷尽其他方法仍难以化解矛盾时才迫不得已听证。(3)律师介入、心理咨询几成摆设。安置访民的不应仅是承办人员,需要更多包括社会救助、心理治疗等社会工作者的介入。尽管《信访条例》第13条第2款规定:"信访工作机构应当组织相关社会团体、法律援助机构、相关专业人员、社会志愿者等共同参与,运用咨询、教育、协商、调解、听证等方法,依法、及时、合理处理信访人的投诉请求。"但实践中相关社会团体或社会工作者参与程度十分有限。

(三)"维稳"压力与"维权"舆论左右涉检信访工作,信访处置偏离法治轨道

面对当前"大闹大解决、小闹小解决、不闹不解决"不良风气,有的访

民存在"上访有利可图",出现"谋利型上访",选准敏感时期缠访、闹访、越级访,处置之时表现出已难以用法治方式解决,出现"花钱买平安"的倾向,无异于进一步鼓励无理信访。尤其是舆论与媒体主导的权利话语在不同程度影响信访的处理,妨碍法治秩序的建构。① 但是"从维权视角可以从一方面理解上访潮的高涨……难以真正理解当前的上访潮,难以把握上访治理的制度出路。而且,这种视角基础上的权利话语,在经过媒体不断简单复制而占据社会主流地位后,就将上访问题结构化、客观化、本质化了,使得人们一想到上访,就与客观的权利受到了侵犯自动地建立了联系……不利于政府和社会对上访问题进行区分和有效治理。"② 在此压力下处理信访案件,难免背离法治要求。

(四)信访考评机制不科学,变相刺激和鼓励信访

由于蜂拥而至的上访压力,中央坚持"稳定压倒一切",以有无"进京访"作为政绩考评因素,检察机关也以无"赴省进京访"和越级访、息诉罢访案件数作为评价涉检信访办理工作的主要指标,导致一些地方为防止赴省进京访和越级访、加大息诉罢访工作力度而"委曲求全",事实上助长了"会哭的孩子有奶吃"、"只要上访就有好处"的不良风气,最终放纵无理上访,催生谋利型上访,加剧了公众对信访的执著追求,导致实践中群众通过信访途径解决司法领域的问题成为常态。

二、涉检信访办理工作机制改革的价值导向

信访当初是作为党联系群众、客服官僚主义、改进工作作风的重要方式。其主要功能是倾听民众疾苦,是中央了解地方的信息渠道之一。③ 但是,随着形势的发展变化,信访的功能也发生了微妙变化。特别是访民进京上访行为事实上等于是给中央施压,中央进而将压力转给地方,地方再向访民施压。每一个施压环节都有讨价还价的余地。上访已经不是一个法律问题,而是一个中央

---

① 在信访问题上,认为当事人权利被侵犯是上访的原因,上访的目的在于维权,这种话语社会影响力非常大,是报刊和网络媒体中的主流话语,也是人们看待信访的主流话语,几乎所有的上访故事都是以维权为理论预设进行叙述的,最后都会以权利话语对基层政府进行批判。一旦曝光,容易遭到媒体和社会的谴责。参见陈柏峰:《无理上访与基层法治》,载《中外法学》2011年第2期。

② 陈柏峰:《无理上访与基层法治》,载《中外法学》2011年第2期。

③ 参见陈伯峰:《古今中国"真相"了解体制暗合的思考》,载范忠信主编:《中西法律传统》(第4卷),中国政法大学出版社2004年版,第267~290页。

集权体制下涉及稳定的政治问题。① "稳定的权威来自公正,而公正又把权威转变为政治正当性。"② 既要稳定,又要权威,就必须以正确的价值导向主导涉检信访办理工作机制的改革。

(一)运用法治思维破解涉检信访工作难题

"事实上的涉诉信访在某种程度上已经演变成为权力救济制度,甚至扮演了取代诉讼审判及其他诉讼纠纷解决渠道的角色。……允许在国家独立的司法和行政执法体制之外存在一种专门针对上访案件的工作机制,既与现代法治国家的要求不相容,又在很大程度上削弱了司法的作用和权威。"③ 司法救济才是利益权利救济的最主要形式,以信访救济代替司法救济从体制上弱化了现代国家治理的基础。

吴邦国 2011 年年初宣布社会主义法律体系基本形成,"中国特色社会主义法律体系的形成,总体上解决了有法可依的问题,在这种情况下,有法必依、执法必严、违法必究的问题就显得更为突出、更加紧迫,这也是广大人民群众普遍关注、各方面反映强烈的问题。"随着社会主义法律体系的建立,权益救济机制日趋完善,纠纷在法律框架内解决成为大势所趋。法治"跛足",只会促使更多的老百姓喊冤上访,转向传统"人治"的渠道。④ 在人治的纠纷解决机制中强化信访的结果只会掩盖纠纷、强化信访,从长远来看对社会是灾难性的。信访不能承担由司法承担的功能。改革涉检信访办理工作机制,破解涉检信访的困局不能就信访而言信访,必须在整个社会纠纷解决机制中来谈信访,在法治的大思路下认识社会纠纷解决机制,选择法治的而不是人治的纠纷解决机制。只有以法治方式有效遏制无理上访,推进法治下的公共规则在中国社会的普及,在务实的基础上推动中国法治建设,才能使信访人转向"信法"的道路上来。

习近平总书记在纪念现行宪法颁布施行 30 周年大会上的讲话中提出"依法治国首先是依宪治国,依法执政关键是依宪执政"的重要论断,要通过贯彻落实宪法实施工作,保障宪法的"生命",维护宪法的"权威"。检察机关作为法律监督机关,保障国家法律的统一实施,同样应当依据法律通过正当法

---

① 参见侯猛:《最高法院访民的心态与表达》,载《中外法学》2011 年第 3 期。
② 赵汀阳:《坏世界研究:作为第一哲学的政治哲学》,中国人民大学出版社 2009 年版,第 23 页。
③ 天津市检察机关联合课题组:《涉诉信访存在的问题与解决路径》,载《法学杂志》2009 年第 2 期。
④ 参见冯象:《法学三十年:重新出发》,载《读书》2008 年第 9 期。

律程序解决涉检信访案件，应当用法律方式维护公平正义，引导群众依靠法治解决矛盾纠纷，发挥法治规范秩序的作用，有效治理信访秩序，坚持法治治理信访这一最佳模式，最大限度尊重群众信访权利，最大限度维护法治权威，破解信访工作困局，提升法治价值的影响力，逐渐削减各种"非法治价值"在涉检信访中的主导作用。

（二）实现涉检信访制度的功能回归

信访制度的原始功能是公民的政治参与、民意表达、纠纷化解、权利救济以及维护社会稳定，是党和政府为人民化解矛盾、解决问题的制度性途径，民众期望值高，表达诉求的程序简洁、成本低廉，其积极性不需赘言。然而如果过分强调信访的作用，其消极影响也会凸显，并带来一系列社会问题。"民意是司法合法性的最终基础，司法当然应当回应，但更须有效回应，必须在现行制度下依据制度和程序来有效回应，其中包括完善制度和程序。但司法首先要依据法律，否则就可能从根本上背离法治。"① 民意具有情绪化、群体极化、娱乐化、碎片化和是非观裂化等特点。② 这说明民意是非规范性的，其主体不是全体民众，而是其中一部分人或少数人。当前为数不少的信访人把信访作为解决社会纠纷的"救命稻草"，寄希望于某位"清官"的批示或者直接处理，这反映出我国公民普遍没有法律信仰，没有司法权威的意识，存在严重的"信访不信法"的意识。着眼于建设社会主义法治国家的战略目标，应当尽量鼓励公民依据法定的程序表达诉求，引导公民尽可能通过现行的法律制度和程序来化解矛盾和纠纷，而不应当鼓励程序外的纠纷解决机制发挥主导作用。对于检察机关终结的案件，应当引导当事人通过正常法律程序处理涉检信访案件，使信访回归政治参与、民意表达功能。

（三）以权益保护为主导构建和落实多元化办理机制

坚持以人为本是新时期做好群众涉检信访工作的思想基础，在涉检信访工作中，要坚持权益保护原则，牢记党的为人民服务的宗旨，用深厚的感情、务实的态度和公正的处理赢得群众满意，切实实现好、维护好、发展好群众利益。检察官在处理涉检信访时要清醒地认识到，在群众上访中，有理有据是大多数，有的虽然行为偏激，但要求可能是合理或部分合理的，真正无理取闹的只是少数。不能因为个别要求过高、言行偏激就否定群众信访，更不能把信访群众看成刁民，对信访问题推、拖、顶、挡，从思想意识上牢固树立权益保护原则，在出发点上正确把握涉检信访的处理原则和界限。

---

① 苏力：《法条主义、民意与难办案件》，载《中外法学》2009年第1期。
② 参见孙笑侠：《公案的民意、主体与信息对称》，载《中国法学》2010年第3期。

坚持权益保护原则，不仅要畅通信访渠道、依法保障群众诉权，而且要充分保护群众合法权益。构建分类处置、联合接访、人文关怀、公开审查、案件终结、恶意信访防范、监督制约等多位一体的涉检信访多元化办理机制，既是权益保护所必需，也是有效解决涉检信访问题的需要。

三、涉检信访办理工作机制改革设计与思路

要按照"减少存量、控制增量、提高质量"的改革目标进行涉检信访工作制度改革，围绕信访的功能和目的进行长远设计，建立健全处置涉检信访工作机制，更好地维护人民群众根本利益、维护司法权威、维护社会和谐稳定，努力实现涉检信访形势和信访秩序的根本好转。

（一）分类处置机制

建立信访分类处置机制，主要是依据诉求类型，加强分类管理。把握各种诉求类型的共性和特点，明确实体标准，有效提高接访工作的针对性和实效性。

1. 从疑难复杂程度来区分。对于重大、疑难、久拖不决的涉检信访案件，尤其是有可能采取极端行为的信访案件，坚持积极预防，定期排查，同时做好应急准备。

2. 从诉讼权利行使来区分。凡是可以通过诉讼程序维护权利，按照诉讼程序由相关执法办案部门依程序办理即可，不再通过控告检察部门按照信访程序办理。对于在法定期间没有依法行使诉讼权利导致丧失诉权的，视为放弃，不再支持其请求。

3. 从信访诉权是否合理来区分。主要针对有理、无理和感情诉求协商型信访进行分类处置。（1）对于有理信访，合法权益受到侵犯，维权系信访目的的，应当坚决依法维护上访人的权利。（2）对于无理信访，诸如牟利型上访（当事人借上访谋取利益）、带病人员上访（上访人是带病人员）、偏执型上访（当事人偏执地要求满足其诉求），特别是抓住当前信访制度弱点进行相当于敲诈勒索的牟利型上访，信访明显不合法、不合理，在法律和政策框架内根本没有能力满足或不应该满足此类诉求，主要采用说服教育的方法处理；对于坚持无理上访而破坏了公共秩序的，应当根据情节采取治安处罚等法律手段进行处理。（3）对于情感诉求信访，当事人上访的动力主要是情感因素，当事人由于受了很大的"气"，要将工作做细致，消除当事人情感对立。

（二）联合接访机制

涉检信访工作不是单打独斗，必须具有涉检信访工作"一盘棋"思想和营造大格局的意识。由于控告检察部门作为专门的涉检信访办理机构，其本身

并不具有解决问题的权力和能力，虽然承担案件办理，但接访的职能更为突出。开展联合接访的目的，就是通过这种机制，取得领导支持、相关部门支持，形成合力，解决棘手复杂的信访案件。要强化组织领导，加强检察机关内部联系，构建上下两级院整体联动、各相关职能部门积极参与，各司其职，各负其责的涉检信访办理工作大格局，加强检察机关上下级之间的层级联系与各检察院之间的协作配合，上下互动，左右联动。

1. 检察机关本院内部联访机制。涉检信访案件发生，控告检察部门人员往往需要从头熟悉案情、核查证据、评断案件实体与程序是否公正，控告检察部门应加强与相关部门沟通，争取配合支持。（1）建立健全内部衔接配合机制。控告检察部门发挥好组织协调作用，在各有关部门设兼职联络员，建立内部情况通报、信息共享、线索移送、结果反馈制度，定期召开联席会议，互通情况、分析形势、研究解决问题。特别对涉及多部门的案件处理、职能管辖交叉的协调、衔接以及信访案件的答复及善后处理等方面要协商达成共识，发挥整体效能。（2）完善涉检信访内部联合接访机制。检察机关内部成立涉检信访联合接访服务中心，由执法办案部门、控告检察部门、纪检监察部门等相关部门组成，分别负责受理、审查、交办、监督、反馈等职责，在联合接访中探究破解涉检信访难题的具体操作制度和经验。

2. 省、分州市、县三级检察长联合接访机制。云南省检察机关较早建立了省、分州市、县三级检察长联合接访机制，把检察长接待日制度予以完善和延伸，与其他接访制度相结合，取得了良好的信访工作效果。接访程序主要为：（1）公示三级检察长接访信息。检察机关通过新闻媒体或其他方式向社会公示三级检察长接待日的时间和地点，方便信访群众了解参与。（2）建立台账，跟踪落实。对接待的信访事项，控告检察部门指定专人记录，逐件登记，建立工作台账，详细登记问题发生时间地点、责任单位、产生原因、接待处理意见、办理结果等情况，以便督办落实和回复来访群众。（3）现场办公，领导包案。联合接访结束后，立即组织召开现场办公会议，对每一起接访案件提出具体办理意见，确定负责人和承办部门。对疑难复杂问题，还分别由省、分州市检察院院领导亲自包案，研究化解方案，重点督办，限期解决。

3. 外部联合接访机制。河北省政法委推出的涉法涉诉联合接访模式在2010年得到了中央政法委的高度评价。这种模式是建立省、分州市、县三级涉法涉诉联合接访服务中心，融受理、交办、督导、反馈为一体的涉法涉诉信访工作机构，集中接待处理群众的涉法涉诉信访问题。涉检信访办理工作应借鉴该模式，对于需要其他单位配合解决的，同信访、公安、法院、司法以及基层等加强信息沟通、通报和工作联系协调，由政法委牵头，协调解决，促使当事人息诉罢访。

（三）人文关怀机制

经济发展并不会必然带来幸福感和尊严感的增加和问题的解决。从具体层面上，安置访民的不应是地方政府的接访人员，而需要更多包括社会救助、心理治疗等社会工作者的介入。[①] 作为检察官更要注重人文关怀。

1. 开展心理疏导。在处理信访案件时，检察官要避免简单机械地、生硬地解释法律答复了事。要引入心理疏导机制，探索建立心理咨询与涉检信访工作相结合的长效机制，从认知和心理层面解决来访人员的心理误区。（1）疏导对象。由于老上访户、缠访、闹访的心理障碍，表现为偏执性精神病、偏执性人格障碍和一般心理问题和心理紊乱。只有轻度心理障碍者，即一般心理问题和心理紊乱者，才是心理疏导的对象。[②]（2）人员组成。可以吸纳律师、心理专家、谈判专家等志愿者加入，吸收社会组织参与到信访处理工作中来，如对信访人的心理疏导、法律援助、政策咨询和社会关怀等，承担起原本就不需要政府过多介入的社会领域中的社会责任。（3）基础工作。检察机关信访人员要注重和加强心理学知识的学习和培养；建立心理专家库，从心理学上提供专业支持和帮助，与心理咨询机构建立合作机制。

2. 完善刑事赔偿。严格执行国家赔偿法，提高刑事赔偿决定的执行率。

3. 强化刑事被害人救助工作。对于检察机关作出不起诉决定的刑事案件，刑事被害人因刑事犯罪导致生活确有困难的，应加强救助工作。除按照相关规定拨付刑事被害人救助金外，还可以积极协调民政、社保、医疗卫生等部门，帮助解决低保、医疗保险等，消除刑事被害人的对立情绪。

4. 探索建立涉检信访救助机制。对于对检察机关处理决定不服导致长期上访、生活又确有困难的上访人，可以适当提供必要的生活、医疗费等紧急救助；还可以根据具体情况协调相关部门帮助落实社保、提供就业机会等，体现人文关怀。

（四）公开审查机制

法制的权威在很大程度就是程序权威，程序公正与否在很大程度上决定了事后服从的态度。[③] 公开审查处理涉检信访案件，将推进法律权威的树立。

1. 公开听证。扩大公开听证的范围，对于重大涉检信访案件、当事人拟不同意检察机关复查决定的案件、信访人提出公开听证申请的涉检信访案件，

---

① 参见侯猛：《最高法院访民的心态与表达》，载《中外法学》2011年第3期。
② 参见窦秀英：《论检察信访之心理疏导机制》，载《法学杂志》2008年第3期。
③ 参见季卫东：《论法制的权威》，载《中国法学》2013年第1期。

在案件办理过程中，可以启动公开听证程序，由作出决定的检察院对决定过程和结果进行说明，信访人陈述问题及要求，有关涉案人员答辩，公开有关证据及相关法律依据，与会代表依据法律法规和政策进行公开评议，形成听证结论。公开听证可以邀请人大代表、政协委员、法律专家、律师和当事人及其近亲属、所在单位或者基层组织的代表参加，依靠社会力量做好化解矛盾纠纷工作，达到息访息诉的目的。

2. 推行律师介入。以尊重和保障上访群众的知情权和法律救济权为出发点，建立律师介入涉检信访常态机制，充分发挥律师专业特长和职业优势，引导信访人依法行使权利和通过正确救济途径主张诉求。可以按照履行告知义务、信访人书面申请、检察院商请司法行政部门指派律师、律师查阅案卷、律师从案件证据和法律适用等方面对信访人释法说理等程序进行构建。

（五）案件终结机制

2009年中办、国办转发了中央政法委员会《关于进一步加强和改进涉法涉诉信访工作的意见》，首次在最高层提出建立涉法涉诉信访终结制度，最高人民检察院和地方检察院也先后出台了《人民检察院信访案件终结办法》、《涉检信访案件终结若干暂行规定》等规定和实施办法。要进一步规范终结程序，探索信访终结和退出的条件和程序，建立公开透明、刚柔结合的信访终结机制，审慎做好涉检信访案件的终结退出工作。

1. 终结案件类别。对于检察机关的处理决定认定事实清楚，证据充分，程序完备，定性准确，适用法律准确，处理意见合法适当，当事人又提不出新的证据的信访案件；当事人"法度之外、情理之中"的合理诉求已经依政策、法律法规妥善解决但仍坚持信访，所提出的要求超出政策、法律法规规定的涉检信访案件；信访反映的问题已妥善处理，当事人明确表示接受处理意见，又以同一事由重新信访的涉检信访案件。

2. 终结程序。申报信访案件终结的检察院应当是作出最终有效决定的检察院，由该院控告检察部门具体负责启动申报程序、主持听证会等程序。经过公开听证、公开质证、公开答复，按有关规定报上一级检察院审查批准后作出终结决定，并将终结处理情况向有关信访部门通报，以维护司法裁判的权威性和终局性，解决"重复访"、"纠缠访"、"涉诉访"问题。

（六）恶意信访防范机制

当前，由于检察机关对无理缠访缠诉、"牟利型上访"、以进京赴省上访或越级上访作为威胁施压手段、利用上访聚众寻衅滋事等恶意信访行为缺乏有效的处置手段，造成信访人顽固闹访、缠访。应探索建立对恶意信访的防范和处置机制，维护正常社会秩序。

1. 依法处理恶意上访。对于恶意上访，一是要区别性质，因势利导，对于极少数煽动闹事，有意破坏信访工作秩序的上访者和组织、策划者，要依法追究刑事责任；对于以暴力、威胁、侮辱、诽谤、诬陷或其他恶劣方法妨碍检察官执行职务的极个别信访人，要依法予以惩处；对极少数长期无理缠访闹访，对以上访为借口缠访缠诉的或者正常信访中冲击党政机关，聚众扰乱社会秩序的，根据有关法律和法规，予以必要的行政或刑事处罚。二是要及时固定证据，全面分析评估，准确把握时机，依法进行处理，争取实现惩处一人、教育一片的良好法律效果和社会效果，以此规范涉诉信访秩序，促进社会和谐稳定。

2. 及时公布违法闹访处理情况，引导舆论导向。有学者提出，真正意义上解决中国上访问题，出路在于民权与治权的平衡。从基层治权建设，到治权话语建设，而不至于使信访机制面对上访者束手无策。涉检信访案件的办理中，要适时向媒体和社会公布无理上访、谋利型上访等恶意信访行为，纠正片面、已形成成见的舆论风气，让社会全面理解信访，增强务实态度，重构法治秩序，构建有利于涉诉信访解决的社会环境，引导和纠正社会上存在的权大于法和信访不信法的错误认识。

（七）监督制约机制

监督制约机制导向将直接决定涉检信访工作的手段和方法，不正确的导向将导致不正确的处理方式和适得其反的效果。

1. 改革责任倒查机制。在涉检信访案件责任追究中，如果基于稳定的压力而处理检察官，虽然从个案上可以削弱缠访、闹访的压力，但从长远看却极大地加剧了司法公信力的危机。检察官也将屈服于压力，不再坚持法律，将维稳与息诉作为工作的主要目标，公平让位于摆平。这种着重于眼前问题解决的方式，对法治的损害却是根本无法挽回的。不能让检察官成为化解维稳压力的牺牲品，对确实因工作不负责任、工作方法简单、执法行为不当、徇私枉法等引起的涉检信访案件，实行责任倒查；对处置信访不力人员、引发错案、瑕疵案的办案人员，严格落实信访责任。

2. 改革考评机制。涉诉信访的考核指标设计必须要在宪法和法律框架内考量，同时还要考察结果是否符合公平正义，是否有损司法权威、破坏法的程序正义与稳定，还应当与案件是否依法查处、案件终结引用的程序、处置信访的手段与结果、社会效果如何等辅助性指标有机地结合起来。① 涉检信访考核机制的价值导向应该是重视矛盾的真正解决、保障公民权利的真正实现、法治

---

① 参见天津市检察机关联合课题组：《涉诉信访存在的问题与解决路径》，载《法学杂志》2009年第2期。

中国的真正实现。因此，应该以此导向改革考核指标，以信访案件的错案比率作为考核指标，而不是信访的规模和次数。只有建立科学的、针对不同类型信访案件的分类考评机制，检察机关不再"唯稳定马首是瞻"，而是会根据上访案件的不同类别而寻找适合的治理方法，主观积极性得到了提高、创造活力可以被激活。

3. 强化督办机制。（1）强化上级检察院督察督办责任。上级检察院采取明察暗访、分片包干、听取汇报、定期通报、下督办令等各种形式，加强对下级检察院领导干部接访、案件终结、责任落实和责任查究等工作的督促指导。（2）强化控告检察部门对办理涉检信访案件部门的督办，对本院涉检信访工作加强监督、管理，要明确落实督办机构和人员的职责以及督办的程序、方式、措施，推动责任落实。（3）强化内部监督制约。对符合立案条件的申诉案件及时进入立案复查程序；对认定事实和适用法律确有错误的案件，该纠正的坚决予以纠正；对定性和结论没有错误但存在执法瑕疵的案件，提出整改意见，改进工作；对因执法瑕疵损坏申诉人合法权益的，切实解决申诉人的实际困难；对长期缠诉闹访的申诉人，进行心理疏导教育，善于从办案中发现原执法环节存在的问题，及时反馈，充分发挥申诉复查的对内监督作用。

（八）建立涉检信访信息库

最高人民检察院《"十二五"时期检察工作发展规划纲要》指出："要加强社会稳定形势、重要敏感案件和热点敏感问题的分析研判，把排查、预防和化解矛盾纳入执法办案的每个环节。"对检察机关在执法办案中化解矛盾、处理风险提出了更高要求。要按照底数清、事实清、责任清的要求，对本辖区涉检信访案件数量、来龙去脉、信访原因等建立涉检信访案件信息库，探索建设涉检信访风险研判信息化平台，为风险评估预警积累情报信息，有效应对和处理涉检信访。

首先，建立重点人员、老上访户，以及有上访倾向人员信息资料库，全面把握矛盾、家庭情况、个人思想、日常表现、当前动向等，跟踪监控，及时获取涉检信访案件最新动态。

其次，通过定期下访巡访，对倾向性、苗头性、预警性信息进行广泛的收集整理，及早掌控情报信息。

最后，各执法办案部门要形成办案与息诉一体的意识，考察案件影响、当事人情绪、是否会上访等因素，发现有信访倾向和可能，及时通报控告检察部门，控告检察部门在信息库建档，并采取相应措施。

（本文荣获女检察官学习贯彻落实"两法"征文活动三等奖）

聚焦刑事诉讼法修改

女性、未成年人犯罪

女性犯罪心理浅析

谢 菲[*]

有哲人曾经说过,男性为人类"勇敢的一半",女性为人类"美好的一半"。自从有"犯罪"的概念以来,就表面现象而言,女性犯罪的比率一直是很低的。[①] 然而,近年来世界范围内女性犯罪的比率迅速上升,犯罪的类型也呈现多元化的趋势。[②] 尤其是最近国内频频曝光的女性涉罪事件,诸如黑龙江桦南县孕妇替夫猎艳、杀人案,山西"8·24"恶性伤害儿童案,陕西富平医生贩婴案等,极大地损害了女性在人们心目中慈爱、善良的形象,让人惊诧、愤慨的同时,也令人唏嘘和深思。到底是什么样的因素影响和支配着她们犯下如此罪行?笔者认为,影响和支配女性实施犯罪行为的因素绝不单一,而是包括生理、心理和社会文化因素等各个方面。其中,心理因素对于女性是否进行犯罪行为以及其犯罪行为特征起着决定性的影响。正如著名社会学家费孝通教授所言,"心理健康者往往具有较高的道德品质,不致违法乱纪、触犯法律;而有许多犯罪者往往是心理不健康者或不很健康者"。基于此,笔者在分析近3年辖区内女性犯罪现状的基础上,对女性犯罪心理及其特征进行阐述,并选取女性较为常见的物欲型犯罪和性欲型犯罪进行犯罪心理结构的剖析,进而提出女性犯罪心理预防和矫治的建议,以期为打击和预防女性犯罪以及女犯的司法改造工作有所裨益。

---

[*] 作者单位:重庆市合川区人民检察院。

[①] 美国犯罪研究者奥拓·波拉克提出的"骑士精神假说"理论,认为女性在生物学上天生具有掩饰性,并且在社会化过程中形成和稳定了这种行为方式,进而使得女性犯罪受到很大的掩饰,被司法机关处理的犯罪行为很少。

[②] 有资料表明,在我国,20世纪60~70年代,女性犯罪只占犯罪总数的2%;70~80年代占整个犯罪的6%~7%;而进入21世纪后,女性犯罪在整体犯罪中占10%~20%,且呈现上升的趋势。发达国家女性犯罪率的上升趋势更为明显,如德国的女性犯罪占整个犯罪的20%,美国的女性犯罪占整个犯罪的30%。

一、探源——女性犯罪心理结构及其特征

犯罪心理，是影响和支配犯罪人实施犯罪行为的各种心理因素的总称。涵盖认识、情感、意志、性格、兴趣、需要、动机、世界观、价值观及心理状态等诸多因素。"守法者与犯罪人心理上质的区别，在于犯罪人具有犯罪心理。"[①] 女性犯罪以女性为犯罪主体，是犯罪学领域中一个较为特殊的类别，也是当今世界备受关注的一种特殊社会现象。犯罪女性也具有犯罪心理，且这种犯罪心理是多种因素有机联系、共同起作用的复合体，这个复合体在犯罪女性的头脑中以犯罪心理结构的形态存在。

所谓犯罪心理结构，是指行为人在犯罪行为实施前已经存在的，在犯罪行为实施时起支配作用的那些畸变心理因素有机而稳定的组合。它是行为人个性心理结构中社会心理缺陷的总和，是其发动犯罪行为的内部心理原因和根据。[②] 犯罪心理结构是多层次、多维度的，包括许许多多的成分，具体可分为动力亚结构（畸形的观念、畸变的需要、不良的兴趣等），调节亚结构（偏颇的自我意识、扭曲的道德意识、错误的法律意识等），特征亚结构（气质特征、性格特征、能力特征等）。女性犯罪心理结构具有犯罪心理结构一般的特质，也是由上述三个亚结构组成，但同时也具有不同于男性的、独特的心理特征。

（一）动力亚结构方面

主要表现为犯罪女性具有特殊的畸变需要和特殊的犯罪动机。

1. 需要特征。按照美国心理学家马斯洛的观点，"需要是形成动机的基础，动机是需要的现实表现"。犯罪女性的需要和守法者的需要不同，突出地表现在其对需要强烈程度的失控和需要方式与社会关系的对立上。高层次的需要是建立在正确的人生观、世界观基础上的。犯罪女性由于受不良社会环境的影响，形成了较为低级、庸俗的人生观和世界观，在得不到高级需要的调节和控制的时候，低级需要就会恶性膨胀发展。如物欲型犯罪中的女性，往往是贪图钱财、追求享受的需要占统治地位；性欲型犯罪中的女性，或者是对金钱财物占有的需要恶性膨胀，或者是性欲的畸形发展，导致其盲目追求性刺激。

2. 动机特征。犯罪动机是驱使犯罪人实施犯罪行为的内心起因，它是在

[①] 罗大华主编：《犯罪心理学》（第2版），中国政法大学出版社2007年版，第29页。

[②] 参见罗大华主编：《犯罪心理学》，中国政法大学出版社1999年版，第33页。

犯罪人强烈、畸变的需要基础上，在外界诱因的刺激作用下产生的。女性犯罪动机的产生在很大程度上与所处的诱因有直接关系。如较为典型的女性情绪型杀人案件中，处于受害地位的女性，对加害人有着很深的仇恨，极力希望摆脱其控制或虐待，当看见加害人处于酣睡状态，暂时失去反抗能力时，便迅速产生杀人动机，并在这种动机的驱使下实施残暴的杀人、伤害行为。

（二）调节亚结构方面

主要表现在认识活动方面，犯罪女性具有不同于犯罪男性的认识特征。犯罪女性通常认识范围较为狭窄，社会化认识系统薄弱。由于家庭和社会对女性所提出的要求通常低于男性，使得女性对自己的社会要求也相对较低。除少数女性敢于同男性竞争以外，大多数女性的兴趣点在于家庭生活或身边发生的琐碎小事，而对国家大事、科技发展兴趣不高。这种狭小的认识范围使她们的社会认识系统较为薄弱，首先表现为她们评价事物不倾向于完全以社会道德和法律准则为标准，而是以自己的低级需要、情绪情感体验和直接经验为标准，这就容易被小恩小惠所诱惑。其次表现为女性透过现象看本质的能力较差，很容易被表面现象所迷惑。最后表现为看问题往往带有很大的片面性、局限性，不能或者不习惯从事物的相互联系中，多角度地客观地认识事物的本质。在这种情况下，犯罪女性容易产生"吃苦一辈子、不如享乐一阵子"，"两厢情愿、性自由不犯罪"等扭曲的道德意识和错误的法律观念。这些意识和观念虽然支离破碎、杂乱无章，但对其犯罪行为起着支撑作用，对其内部心理冲突起着调节作用。

（三）特征亚结构方面

主要表现为犯罪女性的性格特征、情感特征及能力特征具有异于犯罪男性的"轨迹"。

1. 性格特征。通常来说，普通女性具有如下的性格特征：（1）温柔，文静；（2）感情色彩浓，情绪的稳定性差；（3）细心，但思路较狭窄，行为易受心境的影响和支配；（4）胆小，信心不足，有较强的依从性。女性的这些特征，使她们在遇到挫折或不快时，容易走上极端，任性，感情用事，去实施某些在正常状态下不可理喻的犯罪行为。以性欲型犯罪女性为例，其典型的性格特征是爱虚荣，好表现。

2. 情感特征。女性的感情丰富，遇事容易动感情，这和她们高级神经的兴奋程度较强、抑制较弱有一定关系。[1] 这一特征使女性发生情绪型犯罪的情

---

[1] 参见罗大华主编：《犯罪心理学》（第2版），中国政法大学出版社2007年版，第185页。

况较多，如激情状态下实施伤害、杀人等突发性犯罪行为。同时，女性情绪波动大，除了与她们的认识水平、意志品质相关外，还与女性生理上的变化有关。有研究表明，当女性处于青春期、月经期或者更年期时，其情绪易烦躁、抑郁、激动而难以自控。

3. 能力特征。传统心理学研究表明，男女在智力发展整体水平上并没有明显的优劣之分，在能力上各有长短，只是女性在体力上一般不如男性。现实生活中，女性所取得的成就低于男性多是由传统思想对女性发展的限制以及女性角色社会化不当造成的。现实中，女性在就业谋生中比男性显得更为艰难。由此也使得少数女性弃难从易，选择诈骗、组织卖淫、拐卖妇女儿童、盗窃等犯罪行为。同时，由于体力上的差异，使女性的犯罪活动带有明显的性别特点。尤其是在暴力犯罪中，她们较多使用投毒、诱使他人报复等手段，或将仇恨转移到相关或不相关的幼童、家庭成员身上。[①]

二、实证——女性犯罪现状及两种典型犯罪的心理分析

处于社会转型期的女性，随着社会的不断发展进步和经济的增长，在经济独立的同时，精神也相应独立，视野更宽，追求更高，人生观、价值观更新。与之而来的女性犯罪也具有了新的特征和趋向。

（一）对重庆市 H 区检察院近 3 年办理女性犯罪案件的分析[②]

1. 案件数量分析。与男性犯罪案件相比，女性犯罪案件所占比例较小（见表 1、图 1）。

表 1：近 3 年办理案件数量男女对比表

年度	批捕（人）		起诉（人）	
	男性	女性	男性	女性
2011 年度	641	48	1045	112
2012 年度	563	53	974	100
2013 年度（1~8 月）	432	43	660	55

---

① 山西"8·24"恶性伤害儿童案即是典型的例证。犯罪嫌疑人张某某因为家庭矛盾，采取"挖眼"的极端手段伤害侄子，后跳井自杀。

② 重庆市 H 区幅员面积 2356 平方公里，总人口 152 万；H 区检察院作为西部基层检察院，近 3 年来批捕犯罪嫌疑人年均 593 人，起诉案件年均 982 人。

图 1：近 3 年办理案件性别比例图

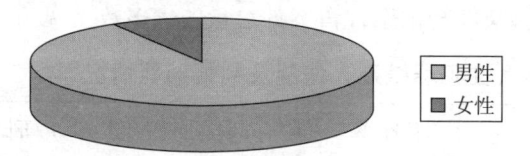

2. 犯罪类型分析。

（1）女性犯罪涉及罪名种类明显增多。传统的女性犯罪案件呈现出单一化的特点，一般以侵财类案件为主，以 2011 年为例，盗窃，开设赌场，引诱、容留、介绍卖淫，诈骗，贩毒五类案件排列前位，共计 70 人，占案件总数的 62.5%，其中盗窃等侵财类案件居首位。但随着女性参与陌生社会关系强度的增大，女性犯罪种类明显增多。以 2013 年为例，女性犯罪的罪名扩大到非法行医、危险驾驶、生产销售不符合安全标准的食品等 23 个，由传统的盗窃等侵财类案件扩大到出售非法制造的发票、行贿等破坏社会主义市场经济秩序罪，侵犯公民人身权利、民主权利罪，侵犯财产罪，妨害社会管理秩序罪，贪污贿赂罪六大类型。

（2）性犯罪问题仍然突出。通过对近 3 年女性犯罪案件的分析，性犯罪案件所占比例较大，成为女性犯罪案件中的突出问题。以引诱、容留、介绍卖淫类犯罪为例，2011 年 14 件，2012 年 10 件，2013 年 6 件，仅次于盗窃案件，位于女性犯罪的第二位（见图 2）。

究其原因，一方面，体力方面处于弱势地位的生理特征决定女性特别是低文化素质的女性就业途径较窄，易走上性犯罪的道路。另一方面，社会转型时期治安管理工作的能见度降低，社会对个体行为的控制机能弱化，女性的性犯罪率明显提高。

图 2：近 3 年性欲型犯罪案件比率表

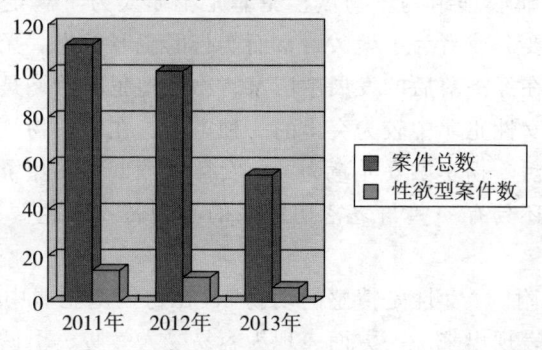

3. 犯罪暴力程度分析。女性犯罪总体呈现恶性较小，暴力程度不强的特点。2011 年以来，女性轻微案件占案件总量的大多数（见表2）。

表2：近3年女性犯罪嫌疑人逮捕及判处刑罚情况

年度	不捕率	在有期徒刑3年以下量刑率	缓刑适用率
2011 年度	37.8%	45.6%	41.2%
2012 年度	21.9%	37.5%	45.5%
2013 年度（1~8月）	28.9%	42.5%	57.5%

3年间，故意伤害、抢劫等暴力性犯罪案件只有6件，且大多女性都是与男性共同犯罪，并在共同犯罪中处于从犯地位的案件多达50%。此点与女性自身生理特征有关，女性由于体力等方面的劣势，很难实施对身体要求比较高的犯罪。

4. 犯罪主体因素分析。与男性犯罪相比，女性犯罪主体的年龄偏大。以2013年为例，在女性的犯罪年龄构成中，25岁以上40岁以下的人最多，占总数的92%。究其原因，主要是大多数家庭对女性强制力较强，在女性未成年之前，很少在社会中独立工作、生活，犯罪几率明显较少，而在45岁以后，社会活动的能量下降，多数以晚年生活有保障和精神有依托就满足了，犯罪行为发生较少。25~40岁年龄段的女性家庭负担较重，就业更易受到歧视，连门槛较低的服务业也很难进入。在家庭和社会的双重压力下，往往比年轻女性更易产生挫折感和焦虑情绪，这种失衡的心理更有可能驱使产生越轨行为。

（二）女性两种常见犯罪的心理分析

通过以上的分析可知，物欲型犯罪、性欲型犯罪是女性犯罪中常见的类型，也是反映犯罪女性心理结构特殊性的典型犯罪。

1. 物欲型犯罪心理结构。物欲型犯罪是犯罪人为了满足衣、食、住、行等方面的物质需要，或者为了聚敛财富而实行的犯罪行为。无论在发达的资本主义国家，还是在经济落后的发展中国家，物欲型犯罪始终是刑事案件的主要类型，同时也是女性犯罪中较为突出的一种类型。在女性物欲型犯罪中，多以盗窃、诈骗、贪污、拐卖妇女儿童为主。女性物欲型犯罪除了一般女性犯罪的心理特征之外，还具有一些与之密切联系的心理特点，主要表现为以下几个方面：

（1）情感依附。"女性是情感的动物"，在物欲型犯罪中，女性的这一基本特征也明显地表现出来。一方面表现为容易受人教唆、引诱、胁从参与各种犯罪活动，另一方面表现为容易偏重感情，而难以预料，甚至不顾将来，为了表明自己对所爱的人痴心和钟情，而不顾及他们的关系和行为是否符合伦理观念和法律规范。

（2）自我显示。自我显示这种心理特点，主要表现为虚荣心很强，常常使自己的表现超出实际水平。在物欲型犯罪活动中，尤其是在诈骗、贪污犯中，这种心理特征尤其明显。这种女犯产生犯罪的内在动力，是要出人头地，赢得人们的尊敬和爱慕，这些女犯不仅在经济上贪得无厌，而且用钱来抬高自己的身价，用钱来证明自己存在的价值，用钱来买得虚荣心理的需要。如重庆市H区检察院曾经办理的宋某贪污、挪用公款案，被告人犯罪的动机就是为了"搞钱整容"，其所侵吞的公款全部用于整容、美容和购买化妆品等。

（3）贪图安逸。在物欲型犯罪中，犯罪女性只有极少数是由于"饥寒起盗心"。她们犯罪的原因，基本上不是为了温饱，而是为了享乐。她们的共同特点是好逸恶劳，贪图享受。如重庆市H区检察院办理的在校大学生陈某某盗窃案，嫌疑人本身家境一般，看见同宿舍女生多有智能手机、笔记本电脑后产生不平衡、嫉妒心理，遂盗走同舍女生笔记本电脑，意欲转卖后用于个人消费。

2. 性欲型犯罪心理结构。性欲型犯罪行为的实施，主要是行为人生理方面的欲望与自身控制、调节这种欲望的能力失去平衡而导致的。女性性欲型犯罪的基本类型主要是性淫乱、组织、容留卖淫等。

（1）女性性犯罪动机。多表现为性欲亢进的纵欲型动机，腐朽享乐观支配的玩乐型动机，性爱至上动机，受变态虚荣心理支配的逞能型动机和出于对异性的好奇而产生的动机。

（2）错误的人生观、价值观和恋爱观。一般倾向性的观点认为"女人的价值，在于追求她的男人多"。同时，该类犯罪女性往往没有贞操观念和社会责任感，常把交朋友、谈恋爱和发生性关系混为一谈，把人类的性心理、性行为降低到完全的、纯粹的性生理冲动水平上。

（3）异常的性爱心理。这种心理仅以满足性生理冲动为目的，无视感情基础，较易产生于女性青春期前后。不良诱因的影响、父母的纵容、大量性刺激的信息，都会诱使她们脱离常规的、正常的性爱心理，向纯动物性、生理性方向发展。

（4）否认有罪的心理。性欲型犯罪的女性，在犯罪前多有受害的经历，受害后不知或不敢告发以致自暴自弃成为害人者。这使她们表面化地感到害人的人未受到法律制裁而自己却被判刑入狱，于是容易产生否认罪责的心理。如重庆市 H 区检察院办理的王某某介绍卖淫案中，90 年代出生的嫌疑人自身就从事过卖淫等违法活动，后在自己经营的所谓"理发店"中多次介绍他人从事卖淫活动，被抓获后仍然辩称"这是两厢情愿的事，自己没有责任"。

三、求索——女性犯罪心理预防及矫治建议

女性的身心健康不仅关系到每个家庭，关系到下一代的身心健康，更关系到国家与民族的素质。女性犯罪对家庭、社会的稳定以及未成年人的教育都有很大的负面影响。因此，做好女性犯罪心理的预防及矫治具有重要的现实意义。具体而言，应当做好女性犯罪心理预防和女性犯罪心理矫治两个方面的工作。

（一）女性犯罪心理预防

女性犯罪心理预防是指在研究女性犯罪心理结构形成、发展和变化规律的基础上，为家庭、学校和社会提供犯罪心理预防的建议，以便更好地培养和保护社会成员。在这方面，笔者认为着重是做好未成年少女的心理预防，促使她们身心的健康成长。

1. 减少外部消极因素。"近朱者赤，近墨者黑"，个体犯罪心理的形成与不良的环境因素密切相关。整个国家、社会都应当大力弘扬社会主义精神文明建设，净化社会环境，使女性不致受到暴力文化、色情文化等消极因素的污染。尤其是对"易感群体"，诸如留守妇女、儿童，流动打工女性群体等，更应当进行针对性的心理辅导和教育。

2. 有效的社会支持。大量的研究证实，给予和接受社会支持在保持良好的心理健康和帮助人们应对压力事件中扮演重要角色。而对于女性，这种关系就显得更加密切，因为在压力面前女孩比男孩更喜欢寻求社会支持。美国最近的一项研究也显示，那些从朋友、亲属和子女那里获得更多关爱和支持的女性抑郁症的发病率较低。因此，无论是对未成年少女负有教育责任的家庭、学校，还是对女性负有保护、疏导责任的妇女组织、村（居）民组织，在发现家庭关系、邻里关系中出现纠纷时，应及时调解，避免因矛盾激化而产生突发性事件或预谋性犯罪行为。

3. 坚持防微杜渐的原则。常言道，"勿以恶小而为之"。人们应当时刻反省自己的言行，即使是"小恶"，也应当深挖根源，及时更改，防止积累转变为"大恶"。尤其是对心理处于成长期，世界观、人生观尚未完全树立的未成年少女，防微杜渐显得更为重要。一方面，家庭、学校、社会应当切实关系这

一群体，对她们的错误及时指出并进行正确的引导。[①] 另一方面，个体也要进行犯罪心理的自我预防，尽量避免做那些极微小的损人利己的事情，防止积小过为大过。

（二）女性犯罪心理矫治

据最近的资料显示[②]，1997年年底至2002年年底的5年间，全国在押女犯人数净增2.9万名，平均每年增加13%，大大超出了在押犯平均增长数。这些女犯之中有相当一部分存在不同程度的心理障碍。而在我国现有的犯罪心理矫治体系中，并没有区分男女，制定针对女犯心理矫治的规程和制度。针对男女犯罪心理的差异性，应当运用心理学的知识和技术，深入剖析女犯独特的犯罪心理结构，并采取相应的措施和方法，改造其犯罪心理结构，完善其人格。

1. 女犯心理评估。首先，对新入监的女犯，通过心理测验、观察、调查等方法，全面了解其个性特征、社会心理缺陷及心理问题，为建立心理档案和实施矫治提供依据。其次，对服刑到一定阶段或即将刑满释放的女犯，通过心理考核评定，了解矫治成效，为改进矫治计划提供依据。

2. 女犯心理咨询。对经过心理评估后，认为心理基本正常或有一定心理问题的女犯，可以采取心理咨询的方式，帮助其发现自身问题，挖掘内在潜力，改变认知和行为，提高对监狱生活的适应性。

3. 女犯心理治疗。对经过心理评估后，认为适应不良和患有各种心理疾病的女犯，就要采取心理分析法、行为疗法、认知疗法等手段，帮助其消除心理疾病、消除不良行为，增强自我控制和社会适应能力，重塑健康人格。

[参考文献]

［1］［美］Curt R. Bartol, Anne M. Bartol：《犯罪心理学》（第7版），中国轻工业出版社2013年版。

［2］罗大华主编：《犯罪心理学》（第2版），中国政法大学出版社2007年版。

［3］［美］克莱儿·A. 埃奥、朱迪斯·S. 布里奇斯：《心理学：关于女

---

① 在这方面，重庆市检察机关针对未成年人犯罪的"莎姐"青少年维权岗就是很好的尝试。她们以富有爱心、亲和力强的"莎姐"检察官群体为主体，以"法律援助、心理疏导、法制宣传、犯罪预防"为主要内涵，在保护未成年人合法权益、教育挽救涉罪未成年人方面卓有成效。

② 该组资料是2003年在南京召开的女犯改造工作座谈会上提供的，也是笔者能找到的"最近"的数据。由此也可见女犯研究工作的滞后性和不受重视性。载http://news.enorth.com.cn/system/2003/10/17/000652152.shtlm，访问日期：2013年9月2日。

性》，上海人民出版社2012年版。

［4］［美］斯宾塞·A.拉瑟斯：《心理学》，中国人民大学出版社2012年版。

［5］张劲松主编：《女性心理健康与疾病治疗》，四川科学技术出版社2006年版。

［6］巴莺乔、洪炜主编：《女性心理学》，中国医药科技出版社2006年版。

［7］姚建龙：《论性犯罪女性的心理特征》，载《贵州警官职业学院学报》2002年第1期。

［8］刘建清：《论女性犯罪及其心理特征》，载《中华女子学院学报》1997年第3期。

（本文荣获女检察官学习贯彻落实"两法"征文活动一等奖）

试论当前我国农村女性犯罪特点、心理及其对策

程 雨[*]

  一直以来,我国农村女性由于各方面因素犯罪率都是很低的,但是随着改革开放的不断深入,城市与农村之间不断的交流融合。一方面城市的发展需要大量的劳动力,导致农村富余劳动力流入城市,冲击着城市的各种政策和文化;另一方面这种交流融合,开阔了农村女性原本极其狭隘的视野,对于整个农村的社会发展都有极大的促进作用。然而事物总是具有两面性,这种日新月异的社会变迁也不可避免地带来很多负面的东西,其中女性犯罪就是其中之一。本文笔者将从当前我国农村女性犯罪的特点、现状、犯罪心理、预防对策等方面对农村女性这一特殊群体的犯罪情况进行探讨,以期对现实预防犯罪和罪犯改造有些许借鉴意义。

一、农村女性犯罪特点

  中国是一个传统的农业大国,女性在农村的生产生活中占据着很重要的作用,帮助男性从事农业活动,家庭生活中做家务、照顾老人、抚育儿女,在人们的心目中,她们善良隐忍、安分守己、胆小软弱,原本这些形象很难将她们与杀人抢劫、穷凶极恶的罪犯联系到一起。然而,一方面随着城乡人口的快速频繁流动,很多女性在城市光怪陆离的生活中增长了见识、增加了胆量;另一方面权利意识和自由精神都得到了极大的解放。不容忽视的是,也沾染了很多不良的社会习俗,原本的价值观念悄然变化,因此农村女性极易在各种观念碰撞中引起行为的失范,堕入犯罪的深渊。近年来,经济社会的发展可谓一日千里,农村女性犯罪也呈现出一些新的特点。

---

[*] 作者单位:安徽省凤阳县人民检察院。

（一）女性犯罪数量逐年上升

整体上，犯罪率是不断下降的，但是女性犯罪数量呈缓慢上升趋势，尤其是女村女性犯罪。本文笔者将以自己所在的安徽省凤阳县检察院从 2008 年至今所办理的案件情况分析为依据。

年份	女性犯罪总量	农村女性犯罪数量	农村女性犯罪嫌疑人文化程度
2013 上半年	20 件 29 人	13 人	文盲 6 人
			小学 3 人
			初中 3 人
			中专 1 人
2012	23 件 34 人	24 人	文盲 6 人
			小学 10 人
			初中 7 人
			高中 1 人
2011	17 件 25 人	16 人	文盲 6 人
			小学 8 人
			初中 1 人
			中专 1 人
2010	17 件 24 人	15 人	文盲 5 人
			小学 4 人
			初中 4 人
			高中 2 人
2009	22 件 29 人	14 人	文盲 7 人
			小学 6 人
			初中 1 人
2008	20 件 30 人	8 人	文盲 5 人
			小学 3 人

从上表可以清晰地看出，近 5 年来，凤阳县女性犯罪数量呈和缓上升之势，尤其是农村女性犯罪的人数从 2008 年的 8 人，上升到 2012 年的 24 人，至本院共办理女性犯罪嫌疑人 171 人，其中农村女性 90 人，占女性犯罪嫌疑

人总数的52.63%,已经过半数。从数量上来看,俨然成为不容忽视的犯罪群体,通过下面这个趋势图更为清晰。

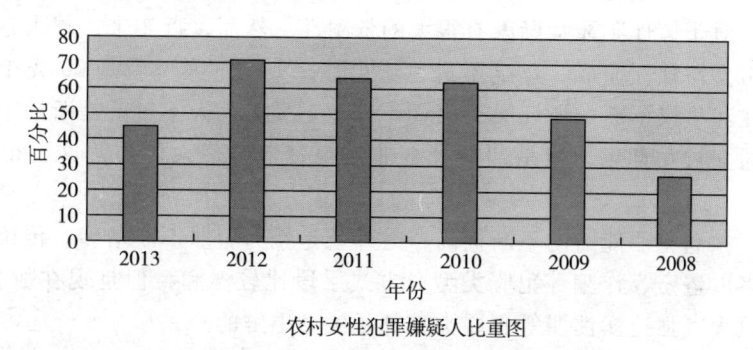

农村女性犯罪嫌疑人比重图

(二)犯罪主体年龄集中在中青年且文化素质低

农村女性犯罪主体的年龄结构呈现出最大的特点就是集中在18到50岁之间的中青年。首先,那些城市外来的年轻打工妹,单纯无知、涉世未深、年轻气盛再加上受到城市各种物欲横流现象的影响,同时在虚荣心、盲目攀比心理的影响之下,欲壑难填,就容易走上歧途,付出欲望的代价;其次,对于中年农村女性而言,她们正处于人生负担重担最大的时候,上有老下有小,精神压力巨大,物质生活的匮乏,遇事很容易走极端。

农村女性犯罪者普遍文化水平不高,大部分是文盲半文盲、小学、初中学历,从上表中的数字,可以看出90名农村女性犯罪嫌疑人中文盲35人,占总数的38.89%,小学学历的34人,占总数的37.78%,初中学历的16人,占总数的17.78%,初中以上学历的只有6人,占6.67%。

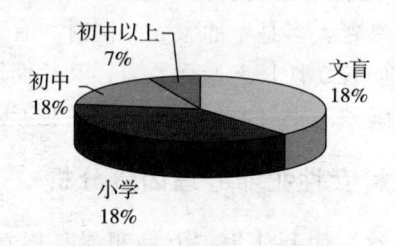

农村女性犯罪嫌疑人文化程度图

笔者认为上述这种情况是由多方面原因造成的:一是农村生活贫困,教育资源匮乏,难以做到普及教育;二是农村家庭子女多,多数都在两个以上,对于60后、70后来说更甚,有限的家庭经济不可能让每个子女都接受教育;三是传统的重男轻女思想根深蒂固,认为"女子无才便是德",女性大都上了几年学就辍学回家帮助父母完成生产生活任务。

(三) 越来越趋向于独立犯罪，暴力倾向增强

女性由于其独特的生理特点，在过去的犯罪活动中往往处于从属地位、次要地位，对于男性犯罪嫌疑人有很大的依附性。然而，近年来，越来越多的犯罪可以由女性独立完成，丝毫不逊色于男性，典型的案例就是2012年的引起广泛关注和争议不断的浙江吴英集资诈骗案，吴英其人不过就是浙江东阳农村的一普通女村女青年，但是却向社会非法集资7.7亿人民币，这不得不令人震撼。

除了独立犯罪能力的不断提高，另外就是暴力犯罪不断增多。传统的女性犯罪大多以盗窃、诈骗等犯罪类型，方式手段比较温和，但是现在故意伤害、投毒、放火、强迫卖淫罪等犯罪类型都是屡见不鲜的。

(四) 城乡结合部的农村犯罪高发

由于城市规模的不断扩大，城市空间不断向四周拓展，放射状发展模式使原本属于农村的空间纳入城市圈，尤其是那些城市周围的农村，已经不再是传统的封闭的农村。这里距离城市近，生活习惯、村民的价值观念都已经极大靠近城市，同时，这里聚集了大量的流动人口。这些流动人口多为外来务工者，他们在难以承受市中心高昂的生活成本，于是生活成本相对低廉的城乡结合部就成为他们最佳的选择。但是，大量的流动人口，尤其是农村打工者，陌生的环境和迥异的地域差异，极易导致各种矛盾摩擦，进而引发犯罪的多发。

(五) 犯罪起因中家庭暴力为主要诱因

家庭暴力问题是一项严重的社会问题，业已成为诱发刑事犯罪的重要因素之一，尤其是在农村，农村女性犯罪往往是由家庭暴力引发的。根据1997年联合国《国家的进步》报告中指出，世界范围内至少有1/3以上的妇女在她的一生中遭遇暴力，施暴者大多是她的家人。同时，有1/4的家庭都有家庭暴力，尤其是农村家庭。倘若女性长期遭受暴力，又长期压抑得不到释放，一旦爆发就容易极端，产生强烈的报复心理，从而引发犯罪。

二、当前我国农村女性犯罪心理因素分析

美国犯罪学家路易丝·谢利认为"女性犯罪是妇女参与社会活动的范围和卷入社会活动的程度的晴雨表，独女犯罪行为的多样化以及参与犯罪活动的增多与她们的社会作用扩大直接相关"。诚如其所言，随着社会的发展，女性一改过去依附性、从属性，在历史活动中的主动性不断增强，但是随着也带来了女性犯罪的横向扩张和纵深发展。因此，我们必须与时俱进的研究女性犯罪心理。所谓犯罪心理，是指那些影响和支配犯罪人实施犯罪行为的各种心理因

素，包括犯罪动机、目的等等，我们把其称之为犯罪心理。① 下面笔者将从以下几个方面探讨农村女性的犯罪心理原因。

（一）从个人因素来说

农村女性自身的独特性是形成其独特的犯罪心理的主要因素，主要表现在以下几个方面：第一，生活环境相对闭塞，文化教育水平低，法律意识淡薄。农村相对闭塞的生活环境，让她们的认知能力水平有限，法律知识匮乏，犯法却不知法。第二，容易受到生理因素的影响。尤其是当女性处于青春期、更年期、例假等特殊时期时，情绪容易受到影响导致心情烦躁、莫名愤怒，易忧郁，由其容易导致激情犯罪。第三，女性天性敏感、感情用事，容易受到情感伤害，思想偏激而走极端。女性的神经系统比男性具有更大的兴奋性，因此女性天生就比男性更具有情感性，可以说是天生的感情动物。细腻的内心情感世界，使其对于外界加诸于其身的事情，她们具有更加强烈的反应，例如对于夫妻感情的背叛，女性往往比男性要受到伤害多，因此可能因爱生恨，报复心强。第四，强烈的虚荣心导致欲壑难填，进而铤而走险。城市多姿多彩的物质生活对于那些来自农村的女性来说，有着极大的诱惑，加上与城市白领女性的比较，更使得其产生不平衡的心理。但是，她们文化水平不高，又没有一技之长，在城市中大都从事服务行业或者依靠出卖劳动力维持生活，有限的工资根本就难以满足其对于物质的需求。因此，就会通过旁门左道非法手段敛财，导致违法犯罪。

（二）从家庭因素来说

家庭暴力是女性犯罪最主要的原因之一。在农村家庭中更为普遍，农村家庭男性占据了绝对强势的地位，他们往往承担了养家糊口的重任，大多数农村女性是没有经济来源的。她们要依靠男性生活，在家庭中没有地位，例如现在在农村的有些地方，妇女吃饭是不可以上桌子的。"家丑不可外扬"的心理让农村女性对家庭暴力选择隐忍，但是长期容忍、忍无可忍时就会采取"以暴制暴"来结束暴力侵害的生活，对丈夫寻机伤害甚至杀害。

此外，婚变引起的情感危机也是女性犯罪原因之一。当今社会，找小三、包二奶等有违社会善良风俗的现象给夫妻之间的信任机制带来很大的挑战。根据统计资料，目前我国的离婚率正在成倍的增长，主要是集中在40岁到50岁之间的年龄段，处于这个阶段的人基本上事业和家庭的相对稳定期，子女成家立业，自己事业稳定，有一定的经济基础和空闲时间，加上多年婚姻生活早已

---

① 参见薛明哲：《当前我国农村女性犯罪的现状、心理原因及预防对策》，载《警官论坛》2008年第4期。

平淡如水，婚姻关系极端脆弱。尤其在农村，男性常年在城市打工，夫妻一年聚少离多，生理和心理的双重因素使男性容易出轨。在遭到男人背叛、遗弃后，女性往往思想消极、报复心理强烈。在婚姻和感情方面，女性往往因处于弱势地位，难以改变自身处境而采取犯罪手段。①

（三）从社会因素来说

从整个社会心理因素来看，由于传统思想一般认为女性相对于男性更善良、更有同情心、更有母性，因而女性更容易引起人们的信任和好感。② 因此，很多诈骗犯、拐骗儿童犯都是农村女性，而且她们也容易被利用作为诱饵犯罪。我国是社会主义法治国家，公民的法律意识决定了我们的法治进程。虽然近年来，随着农村生存环境的改变，农民通过电视媒体对基本的法律知识有了一定的认知，但是在那些偏远的乡村，村民的法律意识依旧不高。文盲的同时，更是法盲。正所谓无知者无畏，根本就不知道所做的事是违法的。这种现象是经济发展不平衡导致的。同时，由于城乡之间的大交流、大融合，大量的农村人流入城市，但是他们并不能真正地融入城市生活，被排斥、被边缘，不适应，往往无所适从，容易受到不良因素的影响，走上犯罪之路。大量性犯罪中，农村女性越来越多。

三、农村女性犯罪的预防对策

农村女性已经成为不容忽视的犯罪群体，犯罪本身也是一种及其复杂的社会现象，"与其各种因素的聚合体之间存在着紧密的内在联系"③。犯罪原因总是随着社会的变迁而改变，农村女性的生存环境也在不断的改变，犯罪心理也呈现出很多新的特点，因此，对之的预防对策也应该因时而变、因势而变，及时有效地更新措施，而不能墨守成规、固守某一模式。笔者认为预防农村女性犯罪的时候必须与其犯罪原因紧密的结合起来，才能行之有效。

（一）根据农村女性的特点，建立综合系统的大预防机制

预防农村女性犯罪不仅仅是公检法等司法机关的职责和任务，而是需要全社会共同努力的方向。刑罚的目的是预防犯罪，而犯罪预防包括一般预防和特殊预防。前者针对的对象是社会上那些不稳定分子产生威慑而阻止其犯罪的作

---

① 参见陈异慧：《治理农村女性犯罪构建和谐社会》，载《学术论坛》2006年第6期。
② 参见魏新华、李洁：《农村女性犯罪的特点、心理及对策》，载《农业考古》2007年第6期。
③ ［意］恩里科·菲利：《犯罪社会学》，郭建安译，中国人民公安大学出版社2004年版，第162页。

用，后者是指通过对犯罪人适用刑罚，使其永久抑或在一定时间内丧失再犯能力。刑罚本身是对犯罪的一种恶报。[1] 张明楷教授在《刑法格言的展开》一书中提到："与恶行发生后期待恶报相比，人们肯定愿意期待没有恶行。显然，恶有恶报是不得已的，而没有恶行才是最理想的状态。"诚如贝卡利亚在《犯罪与刑罚》中所言："刑罚的目的既不是要摧残折磨一个感知者，也不是要消除业已犯下的罪行……刑罚的目的仅仅在于阻止罪犯再重新侵害公民，并规诫其他人不要重蹈覆辙。"[2] 即刑罚除了要惩罚犯罪，更要预防犯罪，因此预防农村女性犯罪预防体系的建立是不可或缺的。

首先，在思想上，必须改变传统的男尊女卑的思想，从生理上和心理上去关怀农村女性，尤其是家人、亲属等在日常生活中注意包容、体贴女性，从心理上关心，从人格上尊重，从身体上照顾。其次，公检法等部门可以定期或者不定期的开展下乡送法，普及法律知识，进行法律宣传，妇联等组织也可以与每个村组织建立联系，告知其联系方式，以便提供咨询和寻求帮助。通过这些形式，提高农村女性的法律意识和维权意识，在权利遭受侵犯的时候不再通过暴力方式，而是寻求法律途径。再次，充分发挥社区、街道、居（村）委会的积极作用，与公安、司法部门的基层单位的紧密配合，参与建立预防农村女性犯罪管理和帮教网络。我国农村的基层组织曾经对于调解邻里纠纷和家庭矛盾发挥着重要作用，而且农村人对于"村干部"有着极大的信任度，有事找村干部，而不知有法官。近年来，随着基层村民自治组织权力的削弱，这种对于村里纠纷矛盾的调解作用有所弱化，但是仍然有着举足轻重的地位。因此，基层妇联、治保组织、调解委员会应当履行职责，及时的化解村民之间的矛盾，控制诱发犯罪的因素。一旦调解无效，也要引导受害者维权的正确方式，拿起法律武器解决纠纷，防止矛盾激化进而导致犯罪。最后，大力发展农村经济，为农村女性提供更多的就业机会，提高妇女地位。经济条件的改变为精神文明生活的丰富多彩提供物质基础，也能够给妇女带来更多的就业机会。同时，政府也可以通过技术培训、夜校等方式，使妇女学得一技之长，为其顺利就业甚至创业打下基础。拥有自己的事业，自食其力，不再依附男性，对于预防和减少农村女性犯罪的有效途径。

（二）以乡镇为单位成立心理辅导机构，积极化解农村女性心理难题

农村女性由于其特殊的生活环境和独特的生理特征，生活和心理双重压力

---

[1] 参见陈异慧：《治理农村女性犯罪构建和谐社会》，载《学术论坛》2006年第6期。
[2] ［意］贝卡利亚：《论犯罪与刑罚》，黄风译，中国大百科全书出版社1993年版，第42页。

下，很容易导致心理障碍和精神疾病的存在，但是中国目前只有城市才有心理辅导机构的存在或者在医院中才有精神科。因此，在乡镇成立心理辅导机构，随时为农村女性提供心理咨询，疏导不良情绪，缓解精神压力，对于预防和减少犯罪来说不仅是非常需要的，而且也是势在必行的。虽然，在广大的农村该机构并不是一个小工程，但是农村女性的心理健康的重要性已经被越来越多的人所关注，那么该机构的成立也就指日可待了。

（三）大力完善保障妇女权益的法律规定

1. 完善程序法规定

我国历史上"重实体、轻程序"，在立法和司法过程中，追求实体公正甚于程序公正。对于禁止家庭暴力，保护妇女权益这方面来说，虽然我国《妇女权益保护法》第46条规定："禁止对妇女实施家庭暴力"；"公安、民政、司法行政等部门以及城乡基层组织群众性自治组织、社会团体，应当在各自的职责范围内预防和制止家庭暴力，依法为受害妇女提供救助"。但是，在三大诉讼法并没有任何关于家庭暴力的救济程序，笔者认为这是不科学的，尤其是在《民事诉讼法》、《刑事诉讼法》中，笔者建立设立专章对于家庭暴力相关问题进行规定。在刑事诉讼法的"特别程序"一章中有关于未成年人犯罪的规定，笔者认为也可以把家庭暴力相关程序规定在该章。对于家庭暴力的处理程序和责任，笔者认为可以借鉴加拿大的做法，"该类案件不分轻重必须立案，司法人员要想处理其他刑事案件一样进行勘查现场、提取物证、讯问当事人、询问证人并制作笔录，使家庭暴力受害人能够及时向司法机关反映，寻求有效的司法保护。"

2. 完善实体法律规定

一方面是完善刑法的相关规定。整部刑法中关于家庭方面的罪名只有虐待罪定罪的标准较高，并且家庭成员之间的轻微伤害案件及虐待均属于"告诉才处理"，很多家庭暴力行为被排除在刑事干预范围之外了，因此，为了更好地保护家庭暴力中被害人的利益，笔者建议在刑法中设立家庭暴力罪、婚内强奸罪等罪名。笔者也同时认为，应该将情感因素纳入女性的罪过心理。因为从强度上，女性的情感更容易表现为激情。女性在家庭暴力犯罪中尤其表现为激情犯罪。正如曹日昌在《普通心理学》中所讲的，处于激情状态下，人的认识活动范围会缩小，人被引起激情体验的认识对象所局限，理智分心能力受到抑制，控制自己的能力减弱，往往不能约束自己的行为，不能正确评价自己的行动意义及后果。因此，激情对于主观罪过程度有一定影响，但是传统的罪过理论忽略了情感因素，陈兴良教授也认为："情感对于认识与意志具有不可忽视的影响这一原理已经不可动摇，因而将情感纳入罪过心理是势在必行的。"

对于女性罪犯来说，情绪化、激愤犯罪是非常常见的，对于文化水平低、缺乏法律知识的农村女性来说，故意杀人、故意伤害等暴力犯罪，基本上都属于激情犯罪。从国际上的其他国家刑事立法中都可以看到罪过心理中情感因素的存在。

此外，笔者认为可以增设保安处分，所谓保安处分是指针对行为人的所具有的危险性格，为了保持社会治安，同时以改善行为人为目的而实施的一种国家处分。对已经犯罪的人处以保安处分，能够防止其再危害社会，同时矫正不良人格、不良癖习、不良生活习俗，在一些对社会有严重危害的隐患没有发生之前就予以处理。所以，在刑法中规定人民法院对于可能实施家暴的人或者实施家暴情节轻微不需要判处刑罚的人适用保安处分是很有必要的。

另一方面，应该将婚姻法中有关反对家庭暴力的规定更加具体化。修改后的婚姻法总则中规定禁止实施家庭暴力和各基层组织、机关对于家暴的职责等相关规定。这些规定为反对家庭暴力提供了法律依据，但是却不够明确具体，可操作性值得商榷，例如家庭暴力与虐待如何区分、家庭暴力何种程度为犯罪，都是空白。法律具有滞后性，因此立法者应该填补这些空白。

四、结语

农村女性犯罪已然引起了很多学者的注意和研究，对其进行研究探讨，对于预防和减少犯罪，维护农村乃至社会的和谐稳定都有着积极的理论和现实意义，而且这一现象本身的普遍性也足以引起人们的关注。本文笔者仅就农村女性犯罪的特点、心理因素、预防等几个方面提出几点看法，以期能够对现实农村女性犯罪现象的预防与罪犯教育提供些许借鉴，不足之处，还望各位同仁批评指正。

[参考文献]

[1] 罗大华、何为民：《犯罪心理学》（修订本），中国政法大学出版社1999年版。

[2] 康树华：《当代中国犯罪主体》，群众出版社2005年版。

[3] 陈兴良：《刑法哲学》，中国政法大学出版社2004年版。

[4] 张明楷：《外国刑法纲要》，清华大学出版社1999年版。

[5] 王金玲：《社会转型中的妇女犯罪》，浙江人民出版社2003年版。

[6] 王牧：《新犯罪学》（第2版），高等教育出版社2011年版。

[7] 郑碧爽：《女性犯罪的个体原因探析》，载《经济与社会发展》2011年第6期。

［8］陈劲松、潘娟、伍淑：《近20年中国女性犯罪研究综述》，载《妇女研究论丛》2012年第12期。

［9］邱格屏：《当代女性犯罪心理分析》，载《妇女论丛》2000年第1期。

［10］屈武学：《保安处分与中国刑法改革》，载《法学研究》1996年第5期。

［11］袁海花、杨磊：《特殊时期妇女犯罪的法律规避浅议》，载《江苏法制报》2011年4月18日。

［12］吴满峰：《当代女性犯罪的社会学思考》，福州大学2003年硕士学位论文。

（本文荣获女检察官学习贯彻落实"两法"征文活动一等奖）

女性职务犯罪与预防对策

杨 静[*]

随着经济的发展，社会的进步，职业女性群体日益庞大，她们在各行各业中奉献着自己的聪明才智，发挥着独特的、不可替代的作用。与此同时，女性职务犯罪也呈逐年上升趋势，成为不容忽视的社会问题。

一、近五年来女性职务犯罪案件基本情况及其特点

2009年至2013年11月，全国检察机关共立案侦查各类女性职务犯罪案件22083人，其中贪污贿赂犯罪案件17916人，渎职侵权犯罪案件4167人。通过对这些案件的分析研究，发现当前女性职务犯罪呈现出"三集中、三突出、三隐蔽、三严重"特点：

（一）"三集中"——犯罪主体主要集中在三种类型上

在查办的女性职务犯罪案件中，犯罪主体涉及的职业范围很广，级别跨度较大，大部分男性职务犯罪发生的职业，同样也发生了女性职务犯罪；既有普通女性职员，也有女性高级领导干部。但总的来看，女性职务犯罪主体主要集中在三种类型上：一是女性领导干部。比如查办的黑龙江省原副省长韩桂芝、中山市原市长李启红、江苏省财政厅原副厅长张美芳等。二是女性财务人员。[①] 基于女性较之男性特有的认真负责、仔细耐心的性别特征，国家机关、国有企事业单位中的会计、出纳等财务管理岗位多由女性负责，客观上为女性实施职务犯罪提供了平台，创造了条件。三是配偶和情人。在这种类型中，有的涉案女性甚至并不是公职人员，而主要是利用男性手中的权力进行职务犯罪，与男性成立共同犯罪。她们或打着丈夫（情夫）名义拿佣金、吃回扣、主动索贿受贿或充当丈夫（情夫）受贿的经纪人，成为男性职务犯罪的"黄

---

[*] 作者单位：最高人民检察院职务犯罪预防厅。
[①] 参见朱雅琴：《犯罪经济学视角下的女性职务犯罪》，载《山西警官高等专科学校学报》2006年第4期。

金搭档",甚至是"幕后推手"。

（二）"三突出"——犯罪上升态势突出、财产性犯罪突出、权色交易突出

首先，从女性职务犯罪发生数量看，近5年来，全国检察机关立案侦查职务犯罪案件227039人，女性职务犯罪人数占立案查处职务犯罪案件总人数的9%，犯罪率大大低于男性。但值得注意的是，女性职务犯罪人数逐年上升，分别为2009年4125人，2010年4169人，2011年4214人，2012年4459人，2013年1～11月5516人，2013年前11个月的职务犯罪人数比2009年全年上升了33%，快速增长的态势十分明显。其次，从女性职务犯罪类型和罪名看，贪污贿赂类案件明显多于渎职侵权类，且罪名较为集中。2009年贪污贿赂类3505人，渎职侵权类620人；2010年贪污贿赂类3458人，渎职侵权类711人；2011年贪污贿赂类3456人，渎职侵权类758人；2012年贪污贿赂类3548人，渎职侵权类911人；2013年1～11月，贪污贿赂类3949人，渎职侵权类1167人，2009～2013年11月，女性贪污贿赂类犯罪人数是渎职侵权类犯罪人数的4.3倍。所涉罪名主要集中在贪污贿赂类犯罪中的贪污罪、受贿罪、挪用公款罪等财产性犯罪。最后，权色交易现象突出。从查处的案件看，女性职务犯罪中很多涉及两性问题，但较之男性职务犯罪中的性问题有明显的不同，男性利用权力攫取金钱美色，是为了满足自己的占有欲、成就感，即拥权贪色，权色交易。女性则以性为工具获得官位（权力），以性为阶梯往上攀爬，即以色谋权，拥权腐败。这方面典型的案例是以性贿赂闻名的湖南省建筑工程集团总公司原副总经理蒋艳萍，① 她屡屡利用自己的色相去对付在她看来有利用价值又意志薄弱的人，以此不断获得升迁，反过来利用谋来的权大肆贪污受贿。再如辽宁省鞍山市国税局原局长刘某某靠着整容整来的年轻漂亮，让很多有权势的男人都拜倒在她的石榴裙下，为她所驱使，让她在短短的几年时间里，从一名普通的税管员到税务所副所长、所长、市国税税政科副科长、科长，最后坐上了正处级的鞍山国税局长的第一把交椅。

（三）"三隐蔽"——主体身份隐蔽、犯罪手段隐蔽、社会认知不足导致的隐蔽

首先，主体身份隐蔽。在贪内助和情妇类型中，女性依附于男性公职人员，站在男性身后，利用男性手中的职权进行权钱交易，具有一定的间接性和隐蔽性，一般只有当男性贪官落马时，才会牵出身后的女性共犯。其次，犯罪手段隐蔽。在女性财务人员的职务犯罪中，往往采取少量多次的手法，

---

① 参见《湖南女巨贪蒋艳萍现身说法　悔泪双流》，载 http://www.sina.com.cn，访问日期：2003年12月20日。

堪比蚂蚁搬家，表现出女性特有的细腻与耐心，同时在实施职务犯罪时往往想方设法地掩盖，比如在女性职务犯罪特有的美容腐败中，美容消费入账报销在金额上采用化整为零的手法，每次金额都不是很大，报销的形式多种多样，如果没有线索举报，很难在账面上发现问题。最后，在人们的传统观念中，认为大多数女性生活中循规蹈矩、心地善良，工作中认真负责、踏实肯干，不会过于关注女性职务犯罪问题，这些观念使得女性职务犯罪隐蔽性较强，不易被发现，以至于很多女性职务犯罪人员被揭露后，领导和同事们都非常意外。

（四）"三严重"——对工作、家庭、社会造成的伤害严重

首先，对工作而言，很多女性职务犯罪人员是领导干部和业务骨干，承担着重要工作职责，她们发生违法犯罪对一个单位、一个部门的工作会造成严重干扰和破坏。其次，对家庭而言，女性在家庭中扮演女儿、妻子、母亲的角色，一旦发生职务犯罪，不仅是巨大的个人悲剧而且还严重动摇家庭的稳定结构，导致家庭支离破碎甚至家破人亡。尤其是对于有未成年子女的家庭而言，女性母亲的角色和职务犯罪嫌疑人身份发生强烈的反差，对未成年子女身心造成巨大的伤害。最后，对社会而言，一方面，女性职务犯罪不仅使政府形象在公众中受到极大破坏，而且给经济发展造成重大损失。另一方面，部分女性职务犯罪人员不正常的奢华生活、屡屡出现的贪内助、情人、二奶等现象给良好道德风气带来巨大冲击，对社会价值观念、大众心理等产生广泛的消极影响。

二、女性职务犯罪原因分析

女性职务犯罪的发生是多因素综合作用下的产物，既有社会大环境的影响，也有女性自身的各种问题，概括起来有以下几个方面：

（一）权力运用失控

权力是把"双刃剑"，不受约束的权力必然产生腐败或者滥用问题。近年来，党和国家十分重视对女干部的培养和使用，越来越多的女性走上领导岗位，有的担任单位的"一把手"。权力让女性实现自身价值的同时，也是一种巨大的诱惑，女性对权力并不具有特殊的免疫力。对很多领导干部包括女性领导干部而言，官做得越大，各方面的约束却越来越小，出现上级监督太远、同级监督不好、下级监督不了的问题。权力过于集中和监督的缺失，使权力的行

使逐渐偏离了正常的轨道,失去了控制。如黑龙江原省委副书记韩桂芝①担任黑龙江省委组织部副部长和部长长达8年,担任省委副书记后仍然分管组织工作,手中握有人事上巨大的权力,但各方面对她的监督制约力度却没有跟上,使得韩桂芝在干部选拔和任用上独断专行,想用谁就用谁,以权谋私,大搞权钱交易,其在干部职务晋升、职务调整等事项中先后400余次收受他人贿赂共计人民币736万元,自己最终也由省级领导干部沦落为阶下囚。

(二) 外部环境失范

当前,我国正处于社会转型时期,旧的体制已被打破,新的体制尚未完全建立起来,造成了制度断层和管理上的漏洞和真空,很多方面存在不规范、不正常的现象。以权力寻租形式出现的腐败行为呈多发态势,甚至在有的地方、有的部门屡见不鲜。这些现象对一些女性公职人员造成了很大的负面影响。"办事拿好处、没有好处不办事","大家都捞、不捞白不捞","有权不用过期作废"等错误观点,在一些人心目中成为至理名言。面对社会转型、经济转轨造成存在利用权力进行寻租的空间,女性公职人员特别是女性领导干部同样利用转型过程中存在的弊端和漏洞,进行着权力和财富的交换。如在浙江省财政厅副厅长张美芳受贿一案中,张美芳收受的贿赂主要是银行给予的吸储回扣。银行之所以给予张美芳巨额的吸储回扣,主要是因为财政体制改革过程中对非税财政收入如何保管的规定不明确,动辄上百亿的财政收入对于银行来说是块大肥肉,而放到哪家银行的决定权就掌握在张美芳的手中。面对巨大的利益诱惑,张美芳没有经得住考验,利用制度上的漏洞进行寻租,也把自己送进了监狱。

(三) 制度规定失效

从制度方面看,造成女性职务犯罪的原因主要有两点:一是制度规定不健全、不完善,存在漏洞;二是有制度但落实不到位,致使制度形同虚设。从具体案件中看,主要原因还在于后者,这一点在女性财物人员的职务犯罪中表现突出。有的单位虽然财务制度比较完善,但实际操作中,完善的财务制度变成一纸空文,甚至连钱票分离、日清月结等基本规定都没有得到有效落实,财务人员可以长时间掌握大量现金,很容易利用职务便利实施贪污或挪用公款犯罪。如原总参管理局某干休所的王彩云贪污一案,② 就是因为该单位在财务人

---

① 参见《女贪官"风采集锦"》,载 http://shanguyou00.blog.163.com/blog/static/489485320071304473123/,访问日期:2013年11月5日。

② 参见张淼淼、李京华:《透视女性职务犯罪》,载《中国社会报》2004年12月9日。

员管理方面严重违反了我国会计法关于"记账人员与经济业务事项和会计事项的审批人员、经办人员、财务管理人员的职责权限应当明确,并相互分离,相互制约"的规定,由王彩云一人担当会计和出纳两个职务,才使王彩云有机可乘,利用职务之便贪污公款31.8万元。安徽省滁州市国税局原办公室主任徐建秋,① 在担任单位财务科长的10年间,既管钱又管账,多头设立了数十个账户时停时用,先后侵吞公款356万余元。

(四)法律观念缺失

很多职业女性的知识结构具有"精而窄"的特点,一方面,很多女性对与自身存在关联的事情较为关注,对与自身关系不大的事情则不太关心,反映在知识结构中,很多女性对专业领域了解较多,但知识结构较为单一。另一方面,一些职业女性在成家生育后,把大量精力转移到家庭孩子身上,忽略了自身的学习。以上这些因素造成了很多职业女性对法律知识的学习和了解不够,法律意识淡薄,甚至分不清罪与非罪的界限。比如有的认为收点礼物是正常的人情往来,顶多算是违纪行为,和受贿犯罪沾不上边;有的认为挪用公款3、5个月,只不过将资金借用一下,尽管做法有些不合适,但不是什么大问题,只要自己不贪不占就行。辽宁省抚顺市国土资源局顺城分局原局长罗亚平贪贿1.45亿,被称为"级别最低、数额最大、手段最恶劣的"辽宁"三最"女贪官。她敛财过亿,却在庭审时说"我不是贪污,是借钱。"② 中国气象局的下属企业北京华风气象影视信息集团有限责任公司原总经理石永怡,创办了中央电视台《天气预报》栏目,创业10年集团资产超20亿,三年贪污110万用于个人美容消费,石永怡最不能接受的是"贪污"二字,认为自己为公司付出的多,拿钱美容是为了维系关系,为了公司发展,为了维持企业效益,根本没有意识到自己是在犯罪。她在总结犯罪原因时说,"我平时太看重业务建设,轻司法建设,过于看重企业效益,没有意识到是在犯罪"。③

(五)生活追求失道

通常来讲,多数女性注重生活品质和外在形象,对服装、发饰、装饰品较之男性更为偏爱,消费欲望也比较强。对美、对生活品质追求本无可厚非,但"君子爱财,取之有道",如果不能正确处理物质生活和自身收入水平的关系,偏离了获得物质报酬的正道,就变得危险起来。受腐败观念和拜金思想的影

---

① 参见杨炀:《女性职务犯罪研究》,苏州大学2012年硕士专业学位论文。
② 《建国后第一个获死刑的女贪官》,载人民网,访问日期:2013年6月30日。
③ 荆剑:《有一种腐败叫为了美丽——白宏特大贪污案及系列美容腐败案深度解析》,载《检察风云·预防职务犯罪》2013年第1期。

响，一些意志薄弱的女性公职人员经不住高档物质生活的诱惑，为了满足自己虚荣攀比的心理，利用手中职权大搞权钱交易换取生活上的享受，也因此滑向了犯罪的深渊。辽宁省抚顺市政府原副秘书长江润黎在职期间，① 利用负责国土规划的职权为开发商在审批、规划等方面获取利益，大肆收受手表、服饰、金银首饰等。共有 48 块劳力士等名牌手表、253 个 LV 等手提包、1246 套高级名牌服饰和 600 多件金银首饰并专门有套 190 平米的房子存放奢侈品。这个有着"LV 女王"之称的副秘书长也因为自己的贪婪、虚荣被判处无期徒刑。北京一家媒体曾随机抽取部分受贿案件进行调查，结果表明，受贿女性官员收受的礼单中，"小件奢侈品"名列第一。在女性职务犯罪特有的"美容腐败"中，为了光鲜动人的脸和婀娜多姿的身材，有些女性公职人员不惜大肆贪污受贿。2012 年，北京市检察机关查处了北京市卫生局工会主席白宏（副局级）特大贪污案和北京市财政局农业处处长杨苹、国家科工局兵器管理处处长江莉、神华煤制油化工有限公司总会计师魏淑清、北京住总集团公司吴桂彩、中央气象局直属企业中国华风气象影视公司总经理石某某等 12 起女性官员系列美容腐败案。其中，白宏 2006～2011 年 5 年间为美容贪污公款共计 399 万余元，平均每年 70 多万，超过北京市卫生局工会每年活动经费总额的 10%。杨某利用担任农业处处长的职务之便收受 70.8 万元贿赂款中的 55.8 万元用于个人美容，约占 8 成。更有甚者，有着女贪官第一"美女"之称的辽宁省鞍山市国税局原局长刘某某不仅美容，还花了 50 万元整臀，号称整出了"全鞍山最美丽的屁股"。

（六）心理状态失衡

应当看到，虽然"男女平等，重视女干部培养"的理念正在全社会逐渐形成，女性地位日益提高，越来越多的女性担任重要职务，但隐形的性别歧视仍然存在。有人总结，女性从政，存在着副职多正职少，虚职多实职少，边缘部门多主干线少的"三多三少"问题。② 女性干部配备仅仅当作完成任务，女性进入领导岗位只是一种陪衬。与此同时，女性要取得工作上的成绩，往往比男性付出更多，女性退休时间早于男性，"年轻化"的压力相对更大，看到自己的付出、贡献与回报不对等，仕途晋升又无望时，很多人失去心理平衡，转而利用自己手中的职权捞取好处，作为对自己付出的补偿。贪内助、小蜜现象中也存在心理失衡问题，有的贪官妻子认为男人在外花天酒地，自己既然管不

---

① 参见高斌、汪蕾、曹瑜、王波峰、姚光银：《是什么让"女神"变成"女贪"》，载《检察日报》2013 年 5 月 14 日第 7 版。

② 参见《女性从政面临"三多三少"》，载《新文化报》2010 年 3 月 9 日第 3 版。

住他们的心就利用他们手中权去捞钱,让自己生活得舒服些。特别是所谓的二奶、小蜜,有的人本身与贪官交往的动机就不纯,有的人刚开始没有想到利用对方的权力攫取利益,但随着交往时间长了,生活轨迹的偏移自然造成心理状态的失衡,认为自己把大好的青春都给了这些贪官,捞些钱财作为青春补偿费才是正道,在这样的心理支配下,她们或者主动利用对方权力攫取利益,或者积极配合男性贪腐犯罪行为,成为男性职务犯罪者的共犯。

(七)维系情感失当

女人天生感性,对很多女性而言,亲情、爱情是她们生活的重心。为家所累、为情所困是女性职务犯罪的重要原因之一。很多女性职务犯罪人员为了亲情和爱情而迷失自己,丧失理性,放弃道德底线,丢失了冷静思考、独立判断的能力,走上了职务犯罪的道路。如广东省中山市原市长李启红,触犯内幕交易罪、泄露内幕信息罪和受贿罪一案就是源于为家族谋取非法经济利益。某管理干部学院教务处长李某为了供女儿上学,为了给老母亲治病,截留学员学费自己侵吞。原中国农村杂志社财务科长徐桂兰离婚后结识了情人王某某,为了讨好情人,长久维系二人的情感,私自将300万元公款用作质押担保为王某某贷款,满足其用款需要。

(八)家庭功能失调

通过对大量女性职务犯罪案例分析发现,相当数量女性职务犯罪者的家庭功能都存在一定的缺陷,有的夫妻感情不和,有的家庭破裂。在传统观念中,好女人的定位是操持家务、相夫教子,社会要求女性成为一个"贤妻良母"甚于"女强人"。对待男女工作持截然不同的态度,男性做好工作是有出息、本事大的表现,会获得支持赞许;女性专注工作就是不顾家、瞎逞能,成为被说三道四的对象。对女性工作中成绩、事业成功的评价主观臆断为是基于不正当的关系,对女性相貌、婚姻的关注程度远远高于对女性自身的辛勤付出、工作能力和职业素养的关注。对女性而言,在承担和男性相同工作任务的同时还要照顾家里的老人、丈夫、孩子,每个人的精力毕竟有限,不能很好地兼顾工作与家庭在所难免。这样一来,很多女性在取得事业成功的同时往往付出了家庭破裂的代价。然而,家庭在女性生活中占据着非常重要的位置,作为女性,天生较为脆弱、敏感,更容易受到家庭因素的影响。一方面缺少了亲人的提醒和家庭的监督,另一方面没有了家庭这个避风的港湾和情感上的依靠,女性在家庭之外寻找感情的寄托与慰藉,在金钱上寻找平衡和栖息,以致丧失对荣誉、廉耻和人生价值的基本判断,从而诱发职务犯罪。

三、女性职务犯罪的预防对策

女性发生职务犯罪的原因是多方面的,预防也要采取综合手段和措施,多管齐下,建立长效机制,消除产生女性职务犯罪滋生的土壤,方能取得实实在在的预防成效。

(一)强化权力监督,保障女性公职人员正确行使职权

孟德斯鸠所说:"一切有权力的人都容易滥用权力,这是万古不易的一条经验。有权力的人使用权力一直遇到有界限的地方才休止。"① 对女性领导干部职务犯罪的预防,同样要把加强对其权力有效监督和制约作为重中之重,通过加强权力制约和监督,保证权力的正确行使,不能因性别而降低监督的标准和强度。要按照分解权力、加强监督的原则,构建科学合理的权力监督制约结构和运行机制,推进权力运行公开化、规范化,完善各领域办事公开制度,让权力在阳光下运行,增加职务犯罪的阻力,从根本上遏制女性职务犯罪的发生。

(二)加强制度建设,减少和消除制度漏洞与管理缺陷

预防女性职务犯罪,重点在制度建设。邓小平同志曾说,有了一个好的制度,好人可以充分做好事,坏人无法做坏事,没有一个好的制度,好人不仅无法做好事,有时还会变坏。如前所述,社会转型时期,制度上的漏洞和管理上的缺陷也是女性职务犯罪发生的重要因素。因此,要把预防女性职务犯罪与深化经济管理体制、行政管理体制改革有机结合起来。深入研究和准确把握女性职务犯罪状况,案件发生的特点和规律,分析预测女性职务犯罪情况变化趋势的基础上,提出完善体制机制和加强法律制度建设的意见建议,促进重点领域、关键环节的深化改革,减少体制障碍和制度漏洞。实现完善市场机制,转变政府职能,真正把权力和市场分开,堵塞从市场封锁到权力寻租中获得不法利益的漏洞,通过社会大环境的改变来实现对女性职务犯罪的有效预防。

(三)抓好制度落实,减少女性职务犯罪条件和机会

制度的生命在于执行,再好的法规制度,如果不去执行,也会形同虚设。要树立"执行制度与建设制度同样重要"的理念,强化制度的执行,在狠抓制度落实上下功夫。针对女性职务犯罪财务案件多发的状况,落实财务主管、会计、出纳多方制约相互监督的制度,定期审核财务账目,保障内部审计和财务监督制度的落实。重视技术预防在职务犯罪预防中的运用,减少制度执行过程中人的主观随意性,增强对职务犯罪及其隐患的监控能力和预测预警能力。

---

① [法]孟德斯鸠:《论法的精神》(上),张雁深译,商务印书馆1986年版,第151页。

对于抑制女性职务犯罪的各项法规制度的落实情况进行经常性的督促检查。严厉查处违反法规制度的行为，做到令行禁止，违者必究，使法规制度成为女性党员干部必须遵守的行为准则。

（四）开展经常教育，筑牢尽职防腐的思想防线

教育是预防女性职务犯罪有效的治本之策。针对女性职务犯罪特点，一是要加强政治思想教育，使职业女性尤其是居于领导和重要岗位的女性，能够正确认识和对待手中的权力，牢记职责使命，自觉抵制个人主义、拜金主义、享乐主义。二是要加强职业女性的"自尊、自强、自立、自爱"理念教育，提高职业道德修养，形成良好的职业操守和生活习惯。正确处理工作与感情、金钱与私欲、家庭与事业的关系，洁身自好。三是加强对职业女性的法治教育，使她们学法、知法、懂法、守法，分清罪与非罪的界限，通过法制宣传和警示教育，强化女性公职人员学法用法意识和依法办事意识，始终做到遵纪守法，廉洁奉公。

（五）加强心理干预，细化春雨润物的人文关怀

心理疏导在预防女性职务犯罪中有特殊的作用和价值。一是结合廉政教育及其他组织活动，定期为女性公职人员举办心理健康知识讲座，增强女性公职人员抵御金钱物欲的自觉性，以积极健康的心态面对工作和生活。二是重视并强化对女性的心理引导。要特别关注女性领导干部、关注忙于工作而家庭解体女性等特殊女性群体，细化人文关怀，通过经常开展各种思想交流活动，了解她们的思想动态，针对女性细致、内敛，对周围变化敏感反应性较高的心理特点，及时进行疏导，消除自私、贪婪、压抑、空虚、虚荣等不良心理。三是开展职务犯罪心理预测，注意观察女性夫妻感情、消费方式、交友情况等重大变化，及早发现职务犯罪的苗头，积极进行心理干预，增强女性公职人员抵御社会压力和各种风险的自我调节和控制能力，从内心稳定有效地抵御腐败。

（六）推进家庭建设，发挥家庭和亲人的纠偏预防作用

家庭是社会的细胞，家庭是人生的港湾，家庭是事业的摇篮。女性公职人员要珍惜工作，珍惜家庭，理顺夫妻、朋友、同事以及上下级的关系，兼顾好家庭和事业。男性要在家庭中给予女性更多的关注与关爱，体恤她们的辛劳，充分肯定她们在家庭中的巨大贡献和重要作用，夫妻之间要相互理解、相互信任和相互体谅，共同经营婚姻，共建和谐家庭。推动廉政文化进入家庭，培养家庭美德，使廉洁成为家庭生活重要的内容和规范，充分发挥家庭成员间提醒、感化、监督的作用，营造珍惜幸福生活，自觉抵制腐败的家庭氛围，有效预防和减少女性职务犯罪的发生。

(七) 优化发展环境，营造有利于女干部健康成长的良好氛围

加强对女干部的培养选拔使用，建立健全女干部科学合理的选拔任用机制，使那些德才兼备的女干部能够脱颖而出，破除限制女性发展的玻璃天花板。充分发挥妇联组织在依法保障女性就业、晋升、待遇、报酬、培训以及福利各方面的平等权等方面的作用，提高女性公职人员的福利待遇，从经济基础层面上构筑起抵御职务犯罪的物质防线。建立正确的舆论导向，在全社会范围内营造职场上男女平等、一视同仁的氛围，以能力而非性别等作为评价工作的标准。消除女性利用性别优势甚至色相才能晋升的流言，弘扬正确的婚恋观，营造适宜女性发展的社会氛围，确保女性在职业的道路上健康顺利地发展。

（本文荣获女检察官学习贯彻落实"两法"征文活动二等奖）

未成年人刑事案件附条件不起诉制度的理论和实践

卢绪美[*]

附条件不起诉制度是介于起诉与不起诉之间的一种制度，能够处理好犯罪嫌疑人与被害人、惩罚犯罪与矫正罪犯、诉讼效率与公平正义之间的关系，实现了法律效果和社会效果的统一，从而成为我国刑事司法制度改革的热点问题。2012年3月14日第十一届全国人民代表大会第五次会议通过了《关于修改〈中华人民共和国刑事诉讼法〉的规定》，新修订的《刑事诉讼法》设置了未成年人刑事案件附条件不起诉制度，可以说是对附条件不起诉制度的一次有益尝试。

一、附条件不起诉的含义和特征

所谓附条件不起诉，是指检察机关对于已经触犯刑法、应当负刑事责任的、罪行较轻的犯罪嫌疑人，综合考虑其自身状况、犯罪性质和情节、悔罪表现、公共利益等，作出暂时不起诉的处分，同时规定一定期限的考验期，并要求履行附加义务，期满后根据考察情作出不起诉或者起诉决定的一项制度。

刑事诉讼法修正案出台以前，我国存在三种不起诉，即法定不起诉、酌定不起诉和存疑不起诉。附条件不起诉显然不是法定不起诉和存疑不起诉，但是与酌定不起诉也不相同：附条件不起诉设有特定条件和考验期，结果具有不确定性，能否被不起诉要视其在考验期内的表现而定；酌定不起诉不附加任何条件，也无考验期，不起诉决定一旦公布，则具有终结诉讼的效力。

依据附条件不起诉的含义，笔者认为附条件不起诉具有以下特点：第一，实施主体的专属性。附条件不起诉的决定只能由检察机关作出。第二，适用对象的特定性。附条件不起诉只能适用于那些行为已触犯刑法，应当予以起诉，

---

[*] 作者单位：新疆维吾尔自治区和硕县人民检察院。

但犯罪情节较轻、悔罪态度好的犯罪嫌疑人。第三，附加条件的特殊性。对犯罪嫌疑人规定一定期限的考验期，并要求履行附加义务是附条件不起诉的最大特点。第四，结果的非终结性。附条件不起诉存在考察帮教期限，其诉讼程序并未完全终结，而是处于一种待定状态，案件的最终处理结果具有不确定性。

二、未成年人刑事案件附条件不起诉制度的立法现状

新修订的《刑事诉讼法》第271条规定："对于未成年人涉嫌刑法分则第四章、第五章、第六章规定的犯罪，可能判处一年有期徒刑以下刑罚，符合起诉条件，但有悔罪表现的，人民检察院可以作出附条件不起诉的决定。"第272条规定了附条件不起诉的考验期以及被附条件不起诉的未成年犯罪嫌疑人应当遵守的规定。第273条规定了撤销附条件不起诉决定的情形。

新修订的《刑事诉讼法》设置的未成年人刑事案件附条件不起诉制度主要包括以下几个方面：第一，适用范围：涉嫌侵犯公民人身权利、民主权利罪、侵犯财产罪、妨害社会管理秩序罪的未成年人。第二，适用条件：可能判处一年有期徒刑以下刑罚、符合起诉条件、有悔罪表现。第三，决定机关：人民检察院。第四，决定程序：在作出附条件不起诉的决定以前，应当听取公安机关、被害人的意见。第五，异议程序：未成年犯罪嫌疑人及其法定代理人对附条件不起诉有异议的，应当作出起诉的决定。第六，考验期限：6个月以上1年以下。第七，监督考察：人民检察院对被附条件不起诉的犯罪嫌疑人遵守有关规定的情况进行监督考察，未成年犯罪嫌疑人的监护人予以配合。第八，撤销情形：实施新的犯罪或者发现决定附条件不起诉以前还有其他犯罪需要追诉的；违反治安管理规定或者考察机关有关附条件不起诉的监督管理规定，情节严重的。在考验期内，有上列情形之一的，应当撤销附条件不起诉的决定，提起公诉。第九，作出不起诉决定：在考验期内，没有应当撤销附条件不起诉决定的情形的，考验期满，应当作出不起诉的决定。

三、未成年人刑事案件附条件不起诉制度存在的问题

新修订的《刑事诉讼法》对未成年人刑事案件附条件不起诉制度作出的有关规定比较合理，内容比较完备，可操作性强，对遏制和预防未成年人犯罪具有重要意义。但是，笔者认为还存在以下缺陷：

1. 对附条件不起诉适用案件范围的规定存在缺陷。根据新修订的《刑事诉讼法》第271条的规定，附条件不起诉适用的案件范围为未成年人实施的可能判处1年有期徒刑以下刑罚的"侵犯公民人身权利、民主权利罪"、"侵犯财产罪"、"妨害社会管理秩序罪"三类犯罪案件。笔者认为，首先，该规

定的案件适用范围较窄。表现在：将犯罪类型限于三类犯罪，排除了其他犯罪适用附条件不起诉的可能性，难以适应实践的客观需要，且有对犯罪"不同对待"的嫌疑；将犯罪主体限于未成年人和将刑罚限于1年有期徒刑以下刑罚，与各地的试点差距较大，各地基本上不对犯罪主体进行限定，将附条件不起诉的适用范围限定在可能判处3年以下有期徒刑的轻微犯罪。其次，与相对不起诉的逻辑关系仍未清晰。对于一些轻罪案件，附条件不起诉与相对不起诉从理论上讲都可以适用，在适用案件范围上存在重合，而且对于具体个案应当如何选择适用，并没有解决方案。

2. 对附条件不起诉适用前调查的规定存在缺陷。能否对犯罪嫌疑人适用附条件不起诉，应将其成长经历、一贯表现、家庭情况等作为考量因素，因此，需要对犯罪嫌疑人的某些方面进行调查，以此来判断能否适用附条件不起诉。而新修订的《刑事诉讼法》对此并没有作出规定。

3. 对附条件不起诉中的附加条件的规定存在缺陷。附条件不起诉的关键内容是检察机关在作出附条件不起诉时应当附加一定的条件，只有所附加的条件是合理的，附条件不起诉决定才具有正当性，也才能被社会认可和接受，因而必须明确规定附条件不起诉应当附加的条件。新修订的《刑事诉讼法》并没有对附条件不起诉的附加条件作出明确规定，只是规定了一些应当遵守的法定义务，且与为了防止逃避侦查或妨碍侦查活动而对被采取取保候审或监视居住的犯罪嫌疑人所规定的义务几乎相同，因此，这些规定从严格意义上讲不属于附条件不起诉中的附加条件。

四、司法实践中适用附条件不起诉应注意的几个问题

附条件不起诉制度是程序性的刑事制度，在司法实践中具有很强的可操作性，具体适用时应注意以下几个问题：

1. 附条件不起诉的适用范围

在理论上，关于附条件不起诉的适用对象，有三种观点：第一种观点认为，附条件不起诉只能适用于未成年人，这是一种严格限定的主张；第二种观点认为，附条件不起诉作为刑事诉讼中的一项制度，应该适用于所有人，这是一种广泛适用的主张；第三种观点认为，附条件不起诉制度的适用对象不能局限于未成年人，但也不宜范围过大，这是一种折中说。新修订的《刑事诉讼法》采用了第一种观点，即严格限定了附条件不起诉的适用对象为未成年人。

根据新修订的《刑事诉讼法》第271条的规定，附条件不起诉适用的案件类型为刑法分则第四章侵犯公民人身权利、民主权利罪、第五章侵犯财产罪、第六章妨害社会管理秩序罪规定，且可能判处1年有期徒刑以下刑罚的

犯罪。

笔者认为，附条件不起诉不应适用于以下犯罪情形：（1）累犯、惯犯或具有黑恶、恐怖组织性质的；（2）杀人、抢劫、强奸、绑架等严重暴力犯罪；（3）犯罪集团的首要分子、主犯、教唆犯；（4）在缓刑、假释期间又犯罪的。

2. 影响附条件不起诉适用的因素

在适用附条件不起诉时，除了满足适用对象及案件类型的限制条件外，还应慎重考虑以下三个方面的因素：

（1）犯罪行为人方面的因素。包括：犯罪嫌疑人的年龄、身份、职业、平时的行为表现、有无前科或不良习惯、生活环境、社会关系、有无双亲或其他监护人、有无固定居所等。

（2）犯罪行为方面的因素。包括：犯罪的动机、目的、方法、手段、对社会的影响、有无法定或酌定的从轻、减轻或从重、加重情节等。

（3）犯罪后的态度方面的因素。包括：认罪态度、对被害人的赔偿情况、有无逃跑或毁灭、隐藏证据的行动等。

3. 附条件不起诉的附带条件

附条件不起诉的最大特征是设有附带条件，关于附带条件具体有哪些，新修订的《刑事诉讼法》未作出相关规定，笔者认为包括以下几个方面：

（1）遵纪守法。在规定的考验期内遵纪守法是附带条件中的首要条件，犯罪嫌疑人改过自身的重要表现为不再做违法乱纪的事情。

（2）赔礼道歉。通过赔礼道歉，犯罪嫌疑人能认识到自己的错误，作出明确悔改的意思表示。同时也是犯罪嫌疑人愿意接受教育、进行改造的表现。

（3）经济赔偿。对被害人遭受的损失给予物质上的赔偿，使其获得一定的弥补，是犯罪嫌疑人履行义务、进行悔罪的重要表现。

4. 附条件不起诉的适用程序

为了防止权力滥用，附条件不起诉在有着严格适用范围的同时，也要有规范的适用程序。笔者认为需要从以下几个方面把握好附条件不起诉的适用程序：

（1）严格审查案件，提出适用意见。在案件属于事实清楚、证据确实充分的轻微刑事案件的前提下，承办人应对犯罪嫌疑人的犯罪动机、目的及家庭背景、一贯表现等进行调查，了解其主观恶性情况；同时还要看是否具备帮教条件，犯罪嫌疑人的悔罪表现等，经综合分析论证后提出适用附条件不起诉的意见。

（2）规范审批程序，保证处理公正。承办人提出适用附条件不起诉的意见，经承办部门集体讨论后报检察长或检察委员会决定。

（3）公开宣布，及时送达。决定作出后，应公开宣告，并将附条件不起诉书送达被附条件不起诉人所在的单位、社区或村集体。有被害人的案件中，也应向被害人送达。

（4）落实帮教措施，着力教育挽救。宣布附条件不起诉的同时，犯罪嫌疑人应与帮教人签订帮教协议书，并向检察机关出具保证书，保证在考验期内履行保证书所规定的义务。承办人须定期回访，听取帮教人、犯罪嫌疑人所在基层组织或单位及其近邻、朋友的意见，及时了解、掌握犯罪嫌疑人在考验期间的表现情况。考验期满后根据考察情况作出不起诉或起诉的决定。

五、完善附条件不起诉的建议

附条件不起诉制度是来源于司法实践的一种新制度，在具体操作的过程中难免会显现出一些缺陷，需要我们去不断完善。在此，笔者提出以下完善建议：

1. 取消附条件不起诉只适用于未成年人的规定。附条件不起诉是起诉便宜主义的体现，要求尽量采用非剥夺自由的制裁方法，符合我国现行的宽严相济刑事政策。可见，是否适用附条件不起诉并非取决于犯罪嫌疑人是否具有特定主体身份。

2. 明确相对不起诉与附条件不起诉的适用顺序。规定不能直接作出相对不起诉决定的，才考虑适用附条件不起诉，如果符合相对不起诉的适用条件，就应当优先考虑适用相对不起诉。

3. 将"过失犯罪案件"纳入附条件不起诉的适用范围。过失犯罪中犯罪嫌疑人的主观恶性较小，社会危害程度不大，一般属于轻微刑事案件的范畴，因此建议将"过失犯罪案件"纳入附条件不起诉的适用范围。

4. 具体规定适用附条件不起诉前的调查内容。笔者认为，社会调查的内容至关重要，对判断犯罪嫌疑人的人身危险性有着重要的影响，调查内容应当规范化，具体包括：犯罪嫌疑人的个人情况，如道德修养、生活习惯、兴趣爱好等；犯罪嫌疑人的家庭环境，如家长的管理教育方式等；成长背景，如社会生活经历等；犯罪后的表现，如悔罪态度、赔偿情况等。

5. 增加"向被害人赔礼道歉"、"经济赔偿"及"不得请求返还"等附带义务的具体规定。使被破坏的社会关系得以最大限度的修复是附条件不起诉追求的效果之一，对犯罪嫌疑人规定"向被害人赔礼道歉"、"经济赔偿"等附带义务，可以使被害人的损失得以弥补，恢复社会关系。增加"考验期满后被撤销附条件不起诉决定而被提起公诉的，其支付的损害赔偿不得请求返还"的规定。犯罪嫌疑人对被害人进行的经济赔偿不得请求返还。

六、结语

附条件不起诉着重于对被害人和社会所受损害的补偿以及对犯罪行为人的改造,所体现的人性化司法理念与我国构建和谐社会的理念相互交融,在刑事诉讼中设计出比较完备的附条件不起诉的方法和程序,对我国刑事司法制度改革有着十分重要的积极意义。

(本文荣获女检察官学习贯彻落实"两法"征文活动二等奖)

浅议未成年人附条件不起诉制度

陈 琳[*]

修改后的刑事诉讼法在特别程序中明确规定了未成年犯罪嫌疑人附条件不起诉的内容，正式确立了我国的附条件不起诉制度，这标志着我国刑事诉讼法的发展进入到了一个新的高度。

所谓未成年人附条件不起诉，是指检察机关对某些符合起诉条件但情节较轻的未成年犯罪嫌疑人暂不提起公诉，而是规定一定的考察期限和考察义务，并根据其在考察期的表现再作出起诉或不起诉决定的制度。它不属于不起诉，也不属于起诉，而是在起诉与不起诉之间设立的一个缓冲地带，增加一段进行全面考察的时间。它的产生有着深厚的理论基础与现实价值，当然，现行的附条件不起诉制度在实践中亦存在许多不足和困惑，有必要在今后予以完善。

一、未成年人附条件不起诉的理论基础及现实价值

（一）未成年人附条件不起诉的理论基础

1. 附条件不起诉源于刑罚目的

关于刑罚的目的，报应刑论和目的刑论有着不同的观点。19世纪20年代以前，报应刑论占主导地位。报应刑论的法学家们认为犯罪是恶，犯罪是人的自由意志的表现，有罪必罚，刑事处罚是对这种恶行的反击和对抗。故在这种理念的支配下，对查明有犯罪事实的犯罪嫌疑人必须依法提起公诉，没有选择的余地，此时附条件不起诉没有产生的土壤。

但随着社会发展进程的加快，社会矛盾越来越多，刑事犯罪态势日益严重，报应刑论者依靠惩罚抑制犯罪的努力越来越乏力，学者们开始从社会方面来寻找犯罪的原因，此时刑法近代学派应运而生，认为犯罪的产生不只是个人意志自由，社会也是有责任的。刑罚观念也从报应刑论转到目的刑论，认为刑

---

[*] 作者单位：江苏省南京市江宁区人民检察院。

罚的目的不仅在于惩罚犯罪人,而且在于教育犯罪人,且刑罚的最终目的是预防犯罪。由于每个人的犯罪有着自身的意志自由,同时社会也是有责任的,故在处罚犯罪人时也应考虑不同的原因,亦即刑罚个别化。这反映在刑事诉讼领域就表现为检察官自由裁量权的行使,附条件不起诉正是这种自由裁量权行使的重要体现。检察官行使自由裁量权,对符合条件的犯罪嫌疑人适用附条件不起诉,实现了刑罚个别化,且结合犯罪嫌疑人的具体情况开展矫治帮教活动,经过一段时间的考察最终作出不起诉处理决定,既有效地使犯罪嫌疑人承担了犯罪应承受的后果,也教育了其身边的人,使其感受到法律的尊严,同时也有效地预防了犯罪的再次发生。

2. 附条件不起诉符合诉讼经济原则

"迟来的正义非正义",法律在追求公正的同时,不可忽略效率的价值,西言经济学家波斯纳认为:"法律程序的运作过程中会耗费大量的经济资源,为了提高司法活动的经济效益,应当最大限度地减少这种经济资源的耗费作为对法律程序进行评价的一项基本价值标准,并在具体的司法活动中实现这一目标。"① 国际发展趋势更是要求迅速、经济地终结案件。如联合国《少年司法最低限度标准规则》第 20 条规定,每一案件从一开始就应迅速处理,不应有任何不必要的拖延。《公民权利和政治权利国际公约》也规定,任何因刑事指控或拘禁的人,应被迅速带见审判官或其他经法律授权行使司法权力的官员,并有权在合理时间内受审判或者释放。② 我国目前处于社会转型时期,各种社会矛盾不断出现,刑事犯罪率不断上升,案多人少、司法资源紧张的问题凸显,而附条件不起诉制度,可以使一些轻微的刑事案件能够依据犯罪情节轻重和悔改表现在审查起诉阶段被分流,可以促进司法资源的科学合理配置,将有限的司法资源用来严重的、重大的犯罪案件的追究和审判上,从而实现诉讼经济原则。

3. 附条件不起诉源于恢复性司法理论

恢复性司法是在 20 世纪 70 年代后英美法系国家兴起的一种思潮,2000 年第十届联合国预防犯罪与罪犯待遇大会通过了《关于犯罪与司法:迎接二十一世纪的挑战的维也纳宣言》,明确提出恢复性司法的概念。恢复性司法强调消除仇恨,化解矛盾,使当事方都能够不因犯罪和被害而影响融入社会重新生活和工作,建立公正、负责、讲道德和有效率的刑事司法系统,真正促进经

---

① 张巍巍:《未成年人不起诉相关制度之浅析》,载《中国司法》2006 年第 2 期。
② 参见刘杰:《未成年人附条件不起诉制度之实践探微》,载《太原城市职业技术学院学报》2011 年第 7 期。

济及社会发展和人民安全。① 附条件不起诉正是恢复性在审查起诉阶段的有效运用,一是可以有效地教育考察犯罪嫌疑人,二是促使双方达成和解,被害人得到人身或财产上的补偿,破坏的社会关系得到修复。

(二) 附条件不起诉运用的现实价值

1. 有利于未成年犯罪嫌疑人的教育改造

"罪犯"是一个极具标签性的术语,特别对于未成年人而言,这种标签效应更为强烈。未成年人由于生理、心理尚处于生长发育期,既有可塑性大、易接受教育改造的一面,又有易被影响、引诱滑向犯罪的一面。附条件不起诉制度能够最大限度消除涉案人员的犯罪影响,使其不用背负罪犯的标签,也不用在监禁的环境中生存,避免了"二次污染",有助于其教育改造、回归社会。

2. 有助于充分体现宽严相济的刑事政策

实施宽严相济刑事政策,是党的十六届六中全会提出的明确要求。修改后的刑事诉讼法规定,对犯罪的未成年人,实行教育、感化、挽救的方针,坚持教育为主、惩罚为辅的原则。最高人民检察院在《关于在检察工作中贯彻宽严相济刑事司法政策若干意见》中指出:"检察机关在批捕、起诉等各项工作中,都要根据案件情况,做到该严则严,当宽则宽,宽严适度。"近年来,未成年人犯罪呈逐年递增的趋势,如何有效遏制和预防未成年人犯罪已成为当下比较关注的焦点。而修改前的刑事诉讼法仅规定诉与不诉两种处理方式,不能很好地应对现行日趋增长的未成年人犯罪形势,必须进行创新,而增设的附条件不起诉制度正好迎合了发展的趋势,兼具教育和挽救的功能,充分体现了我国宽严相济的刑事政策,对于有效遏制和预防未成年人犯罪起到了很好的作用。

3. 有助于我国公诉制度的完善

刑事诉讼法修改前,检察机关对案件审查起诉后有两种处理方式,即起诉和不起诉,其中不起诉分为三种,即法定不起诉、酌定不起诉和证据不足不起诉。而检察机关起诉裁量权仅限于酌定不起诉中,即"对于犯罪情节轻微,不需要判处刑罚或者免除刑罚"的情形,可以行使一定的起诉裁量权对其作出酌定不起诉的决定。酌定不起诉体现出诉讼经济理念与起诉便宜主义精神以及非犯罪化刑事政策,但其中能够为检察官所裁量的因素仅仅指犯罪事实、情节,并不包含犯罪人个体特殊性与犯罪后表现,更没有直接体现不起诉适用时的公共利益考量,适用范围非常狭窄。并且,不起诉决定的作出具有终止诉

---

① 肖九生、钟鸣:《浅议未成年人附条件不起诉制度》,载《法制与社会》2012年第8期。

讼、原则上禁止再诉的效力，一旦被宣布不起诉，被不起诉人即刻便获得了不起诉利益，缺少行之有效地促使被不起诉人悔改的机制。① 附条件不起诉的增设，在起诉与不起诉之间设立了一个缓冲，扩大了检察机关的起诉裁量权，弥补了起诉与不起诉的空间，有效实现程序分流功能，有助于发展和完善我国刑事公诉制度。

二、现行未成年人附条件不起诉的不足及实践困惑

现行刑事诉讼法关于附条件不起诉制度的内容比较完备，可操作性强，突出体现了对未成年犯罪嫌疑人的关爱，具有积极的意义，但笔者认为其规定仍有诸多待完善的地方，主要表现在：

（一）适用范围过窄、前提条件模糊

新刑诉法第271条第1款规定："对于未成年人涉嫌刑法分则第四章、第五章、第六章规定的犯罪，可能判处一年有期徒刑以下刑罚，符合起诉条件，但有悔罪表现的，人民检察院可以作出附条件不起诉的决定。人民检察院在作出附条件不起诉的决定以前，应当听取公安机关、被害人的意见。"可见对未成年人附条件不起诉，在罪名上只能是涉嫌侵犯公民人身权利、民主权利罪，侵犯财产罪和妨害社会管理秩序罪三类犯罪，从立法原意上看，附近条件不起诉仅适用于涉嫌犯罪的情节较轻，并且在未成年犯罪嫌人人身危险性较低的案件。在上述三类罪名之外，其他类罪名中也可能存在符合增设附条件不起诉立法意图的罪名，如危害公共安全罪中的过失犯罪。且从世界各国附条件不起诉的立法规定来看，大都也并没有限定适用附条件不起诉的罪名种类。② 在刑罚要求上，只能是可能判处1年以下有期徒刑。这一条件过于苛刻，从司法实践上看，既符合罪名条件又同时符合可能判处1年以下有期徒刑的案件数量很少，这将导致单为未成年犯罪嫌疑人设置的附条件不起诉制度适用几率将会很小，必将大大地限制附条件不起诉制度功能的发挥，立法预期难以真正实现。

新刑诉法第271条规定："符合起诉条件，但有悔罪表现的。"但至于何种表现是悔罪表现，是犯罪嫌疑人向被害人认罪道歉，还是向被害人积极赔偿损失，或者两者兼具，均没有明确。并且，对于符合上述条件的案件，检察院也只是"可以"而不是"应当"作出附条件不起诉的决定，也就是检察机关

---

① 彭玉伟：《未成年人刑事案件附条件不起诉制度探析》，载《预防青少年犯罪研究》2012年第5期。

② 彭玉伟：《未成年人刑事案件附条件不起诉制度探析》，载《预防青少年犯罪研究》2012年第5期。

对是否作出附条件不起诉的决定有着完全的自由裁量权,这会导致适用上的障碍,也会使该制度功能的发挥大打折扣。

(二)考察规定无针对性,不能与教育、挽救未成年犯罪嫌疑人的立法精神相结合

新刑诉法第272条第3款规定:"被附条件不起诉的未成年犯罪嫌疑人,应当遵守下列规定:(一)遵守法律法规,服从监督;(二)按照考察机关的规定报告自己的活动情况;(三)离开所居住的市、县或者迁居,应当报经考察机关批准;(四)按照考察机关的要求接受矫治和教育。"从上述规定看,这四项规定太过空洞和宽松,基本上是照搬缓刑犯、假释放在考察期间应遵守的规定,没有结合未成年犯罪嫌疑人的犯罪原因、自身特点及状况,不具有针对性,难以充分发挥附条件不起诉制度对未成年犯罪嫌疑人的教育与改造作用。

(三)检察机关作为考察主体的角色定位不当

新刑诉法规定,人民检察院对被附条件不起诉的未成年犯罪嫌疑人进行监督考察,即考察主体为人民检察院,明显存在角色定位不当。根据新刑诉法的规定,附条件不起诉的决定机关系检察机关,监督考察机关亦为检察机关,存在检察机关既是裁判员,又是运动员的现象,这样的规定影响了司法机关的中立性,且检察机关自身的检察资源是有限的,进行矫治、教育、考察等繁重的工作也不现实,即便勉为其难,亦会影响监督效果、矫正效果及预防效果的实现。

(四)监督制约机制及相关当事人权利救济机制的缺失

新刑诉法第271条规定人民检察院在作出附条件不起诉的决定以前,应当听取被害人的意见。从司法实践上看,人民检察院仅是履行法定程序,被害人意见并不影响附条件不起诉决定的作出;另第273条规定:"被附条件不起诉的未成年犯罪嫌疑人,在考验期内有下列情形之一的,人民检察院应当撤销附条件不起诉的决定,提起公诉:(一)实施新的犯罪或者发现决定附条件不起诉以前还有其他犯罪需要追诉的;(二)违反治安管理规定或者考察机关有关附条件不起诉的监督管理规定,情节严重的。被附条件不起诉的未成年犯罪嫌疑人,在考验期内没有上述情形,考验期满的,人民检察院应当作出不起诉的决定。"根据规定,检察机关撤销附条件不起诉的决定还是作出不起诉的决定,都没有规定相关监督制约机制,尤其没有为附条件不起诉相关当事人的权利设置必要的救济程序,这极易导致检察机关滥用权力,侵害犯罪嫌疑人与被

害人的合法权益。①

三、完善未成年人附条件不起诉制度的建议

一种法律制度的存在需要法律土壤予以支撑，什么样的法律土壤决定了什么样法律制度，什么样的法律土壤决定了一种法律制度的发展趋势。附条件不起诉制度虽然被引入到了我国的刑事诉讼法之中，但是由于我国在法律土壤方面依然存在着一些不足之处，所以立法者秉持谨慎的原则，严格限制了附条件不起诉制度的适用。②但笔者相信，随着我国社会的进一步发展，法治环境的进一步改善，公民权利意识进一步提升，附条件不起诉制度亦会进一步地完善。

（一）扩大附条件不起诉的适用范围与条件

1. 罪刑条件要放宽。罪刑条件若限定太窄，会抑制附条件不起诉价值的彰显，故应适当放宽附条件不起诉的罪刑条件要求：一方面，取消对三类罪名的限制，即删除"未成年人涉嫌刑法分则第四章、第五章、第六章规定的犯罪"；另一方面，放宽刑罚条件，即将"可能判处一年有期徒刑以下刑罚"修改为"可能判处三年有期徒刑以下"，当然此时亦需对考察期进行一定的调整。同时规定不得适用的情形，如对杀人、放火、爆炸等严重危害社会管理秩序的暴力性犯罪；惯犯、累犯的；共同犯罪中主犯。

2. 明确"有悔罪表现的"内容。悔罪是犯罪嫌疑人主观心态的外化表现，认定犯罪嫌疑人是否"有悔罪表现的"，必须借助较为明确、客观的判断标准。应当增加"有悔罪表现的"的具体情形，如归案后犯罪嫌疑人如实供述自己的犯罪事实并决心悔改的；积极退清赃款、赃物的；向被害人认罪道歉，积极赔偿损失，取得被害人的谅解等。

（二）设置较为具体的、有针对性的行为准则

被附条件不起诉人能否履行规定的义务，是检验检察机关作出的附条件不起诉决定正确与否的决定性因素，也是被附条件不起诉人能否被不起诉的关键。虽然新刑诉法第272条第3款列举了四项规定，但是比较笼统，可操作性较差且针对性不强。笔者认为，对于被附条件不起诉人在考察期间应当履行哪些义务，应当根据案件的具体情况和未成年犯罪嫌疑人的自身特点来决定，每个案件应当有所区别，但主要的行为准则有以下几种：一是向被害人道歉并支付一定数额财产或非财产上损害赔偿；二是提供一定的社会公益劳动；三是完

---

① 刘少军：《附条件不起诉制度的改革与完善》，载《东方法学》2012年第3期。
② 刘妍韵：《附条件不起诉制度研究》，载《法制与社会》2012年第6期。

成一定的心理、精神或戒瘾治疗；四是根据案件情况，责令其禁止进入特定区域、场所，接触特定人；五是不得对被害人的安全构成侵害及其他预防再犯行为的禁止性规定。

（三）监督考察主体应调整为社区矫正机构

对于被附条件不起诉人的监督考察，建议由司法行政部门的社区矫正机构来完成，理由：第一，检察机关既当运动员，又做裁判员，会影响社会公众对司法公正性的判断，同时检察机关自身资源的有限性，考察任务的繁重性，会导致这项制度适用率极低，背离立法者的初衷；第二，司法行政部门的社区矫正机构有着成熟的经验积累及良好的做法。目前我国社区矫正工作日趋专业化，教育矫正手段多样，对未成年犯罪嫌疑人的监督考察工作有明显的优势。虽然被附条件不起诉的未成年犯罪嫌疑人系非罪犯，但他们的行为事实上已经构成犯罪，只是基于多方因素考虑对其进行非犯罪化处理，故将其纳入社区矫正并无不妥。建议最高检会同最高法、公安部、司法部修改《社区矫正实施办法》，将附条件不起诉考察对象纳入社区矫正范畴，建立检察机关、公安机关、司法部门、基层组织四位一体的考察体系，由司法行政部门来负责对附条件不起诉对象的考察，检察机关对帮教考察活动实施法律监督。

（四）设置救济程序与监督制约机制

1. 对案件当事人的救济程序。附条件不起诉直接影响的首先就是被害人的利益。在决定附条件不起诉前，检察机关应征得被害人的同意，并且促成被害人与犯罪嫌疑人的和解，在犯罪嫌疑人取得被害人谅解并达成协议后，才可以启动附条件不起诉程序。而且被害人对附条件不起诉有异议的，还可以向上级检察机关申诉。对犯罪嫌疑人而言，附条件不起诉并非对其完全有利，如果犯罪嫌疑人事实上无罪，而受到了不实指控，他就可能被剥夺了由法院作无罪判决的机会，并且，在附条件不起诉考验期内还对其设定了一系列义务、保留了起诉权。因此在作出附条件不起诉前，应征得犯罪嫌疑人及其法定代理人的同意，以更好地保护犯罪嫌疑人的权利。

在附条件不起诉决定作出后，如果检察机关撤销附条件不起诉决定，对案件予以起诉或在考验期满后作出不起诉决定，犯罪嫌疑人或被害人权益受侵害的，可以向上级检察机关申请复议。

2. 对检察机关行使自由裁量权的监督。一是内部监督。主要是指上级检察院对下级检察院的监督。下级检察院作出附条件不起诉决定后，应向上级检察院备案。上级检察院审查后认为不当，可以撤销该决定，并通知下级人民检察院提起公诉。二是外部监督。可以考虑设置由法院对检察机关附条件不起诉决定进行审查的监督程序，这既是公诉程序完善和自治的需要，也是法院司法终结性的内在要求,还是防范检察机关滥用附不起诉权力的关键所在。在审查程序的构建上,可以由当事人提出申请,由法院启动一个包括检察机关与犯罪嫌疑人或被害人共同参与的审查程序,在充分听取检察机关与当事人对有关附条件不起诉决定的意见后,法院着重对检察机关适用附条件不起诉的"合法性"进行审查。因为"合理性"属于检察机关自由裁量权的范围,法院不应干涉。①

总之,新刑诉法中附条件不起诉制度的确立,是刑事诉讼法的一大突破,对遏制和预防未成年人犯罪有着重要意义,在不远的将来附条件不起诉制度一定会继续发展,以适应社会的发展变化,更好地满足时代发展要求。

(本文荣获女检察官学习贯彻落实"两法"征文活动三等奖)

---

① 刘少军:《附条件不起诉制度的改革与完善》,载《东方法学》2012年第3期。

在检察环节建立未成年人心理评估和干预机制探讨

邝健梅[*]

20世纪70年代以来,未成年人犯罪问题已成为一个世界性的严重社会问题。许多国家的未成年人犯罪人数上升,犯罪率增高。未年人犯罪成为影响社会治安的突出社会问题,越来越成为国家与社会的关注问题。未成年人处于人生发展的起步阶段,他们能否健康成长,关系到自身的前途、家庭的幸福、社会的发展以及祖国的未来。我国历来重视未成年人犯罪问题,中央司法体制和工作机制改革将探索处理未成年人犯罪的司法制度作为一项重要内容。全国人大及其常委会先后颁布、修改了一系列法律,特别是修改后的刑事诉讼法专章规定了"未成年人刑事案件诉讼程序",为办理未成年人犯罪案件提出了新的更高要求。笔者认为,为全面贯彻对涉罪未成年人的"教育、感化、挽救"方针、"教育为主、惩罚为辅"原则和"两扩大、两减少"政策,依法保护未成年犯罪,保障未成年人健康成长,维护社会和谐稳定,应在未成年人检察制度中探索建立心理评估和干预机制。

一、在未成年人刑事案件办理中建立心理评估和干预机制的必要性

心理干预又称"心理学干预"、"心理矫治"、"矫正治疗"、"改造干预"。[①] 未成年人心理评估和干预是指在未成年人刑事案件办理过程中对其心理进行评估,并开展促使未成年罪犯的心理和行为发生积极变化的心理咨询、心理治疗、行为矫正等活动的总称。

(一)降低未成年人犯罪率刻不容缓

近年来,未成年人犯罪率居高不下。以笔者所在市为例:

---

[*] 作者单位:广东省江门市人民检察院。
[①] 参见李志芳:《未成年人犯罪心理成因及矫治策略》,载 http://snfz.nj.gov.cn/www/njsp/qsnw/fzsl-mb_a3911122844161.htm。

2009年至2011年连续3年全市侦监部门办理的未成年人犯罪案件为受案总数的8%以上,2010年更占8.9%。其中案件量最多的一个区检察院公诉部门,2010年审查起诉的未成年犯罪嫌疑人99人,占审查起诉总人数的7.8%,2011年135人,占审查起诉总人数的8.1%,2012年114人,占审查起诉总人数的7%。2009年至2011年,该院共批捕未成年犯罪嫌疑人313人,提起公诉334人。2009年至2011年提起公诉的未成年人案件涉及罪名共22项,主要集中在抢劫(147人,占43.8%)、盗窃(98人,占29.2%)、故意伤害(26人,占7.8%)、抢夺(21人,占6.3%)等犯罪案件。2009年至2011年该院提起公诉的未成年人案件,一是外来人员多,共199人,占59.6%;二是无业人员多,共261人,占78.1%;三是16周岁至18周岁的未成年人多,共287人,占85.9%;四是在校未成年学生犯罪增多,2009年、2010年均为2人,2011年激增到16人;五是文化层次偏低,小学、初中文化程度的共306人,占91.6%。降低未成年人犯罪率成为社会关注焦点,作为法律监督机关的检察机关也责无旁贷。

(二)心理评估和干预可以有效解决未成年人犯罪诱因

当前未成年人犯罪呈现低龄化、暴力化、团伙性、作案工具成人化、智能化、再犯罪率高、侵财型犯罪居多、激情犯罪为主等特点。未成年人犯罪是外在诱因和内在动因相互作用的结果。外在诱因包括学校、家庭、社会环境中的不良因素。内在动因主要是指犯罪主体的心理因素。长期不良的外因刺激导致未成年人心理状态的变化,加之未成年人本身心理等特点,导致未成年人实施了犯罪行为。一般来说,内在动因是基础,外在诱因是条件。任何犯罪行为都受其犯罪心理的支配和制约。根据未成年人犯罪心理的变化和变化的过程,可以看出犯罪心理的滋生是在一定条件下,受环境影响,从点滴的心理变化开始。犯罪心理是犯罪行为的前提,要防止犯罪行为的发生,必须从心理入手。"少年犯罪首先是心理学问题。"中国政法大学青少年犯罪与少年司法研究中心主任皮艺军认为,未成年人犯罪不但是道德问题、法律问题,还是生理学、心理学问题。通过心理评估和干预,对症解决未成年人犯罪成因中的心理因素,可以起到较好的效果。

(三)心理评估和干预是落实"教育、感化、挽救"方针的有效措施

未成年人处在一个人成长发育变化的高峰期,具有思想尚未定型,可塑性大的特点。因此,我们党和国家提出了"教育、感化、挽救"基本方针,体现了党和国家从未成年人的特点出发,对他们的教育、保护原则。未成年人因为其心理、生理的特点,使他们既有盲目性、破坏性、反复性大、难于管教的一面,也有自尊心强、上进心强、世界观尚未定型、可塑性强,因而易于改造

的一面。此外，违法犯罪未成年人除极少数堕落为不可救药的严重刑事犯罪分子外，绝大多数是在外界环境的不良影响和他人的诱惑之下，实施了违法犯罪行为。应当看到，他们中绝大多数人主观恶性不深，而且在实施了违法犯罪行为后，大都有悔改之意，有重新做人的愿望。因此，掌握未成年人的心理、生理特点，在刑事办案过程中进行心理评估和干预，通过心理测试、心理辅导、行为矫治等一系列的活动，帮助他们分析犯罪的根源和危害性，帮助他们树立起正确的人生观和世界观，使他们感到有出路、有前途，会收到较好的"教育、感化、挽救"效果。

（四）心理评估和干预有利于减少再犯罪的可能

为把"教育、感化、挽救"方针贯穿于刑事办案的始终，最高人民检察院《关于进一步加强未成年人刑事检察工作的决定》等相关规定要求坚持"教育为主、惩罚为辅"原则和"两扩大、两减少"政策，坚持依法少捕、慎诉、少禁监。① 但是目前未成年人再犯罪人员增多，二进宫、三进宫的人员增多。如笔者所在市某区检察院在办理一名15岁刘某涉嫌盗窃犯罪的批捕案件时，承办人发现刘某未达刑事责任年龄，该院因而依法对其作出不批准逮捕决定。可是不到1年，他又因涉嫌参与抢劫再次被提请批捕。对此，他却若无其事，认为自己不够年龄，检察院不会批捕他。恰巧，这一次虽然他已满16岁，但因证据不足，依法仍不逮捕。再过半年，刘某再因抢劫落入法网。第三次进看守所，他已变得玩世不恭，对检察人员的教育听不进去。"挽救"是对失足者进行帮助、教育、改造的归宿。一切教育、感化、改造的目的，都是挽救失足者。挽救，标志着社会行为的质的转变。笔者认为，对待未成年人"宽大"处理是需要的，但是仅靠单纯的判决和简单的说教，不能解决他们的根本问题，关键是抓住问题的本质，针对未成年人犯罪的心理因素进行更深层次探究、治疗和行为矫治，才能实现挽救未成年人的最终目的。

二、在未成年人刑事案件办理中建立心理评估和干预机制的可行性

（一）国内外都有相关的规定和法律依据

1. 国际规定。《联合国少年司法最低限度标准规则》第16条规定："所有案件除涉及轻微违法行为的案件外，在主管当局作出判决前的最后处理之前，应对少年生活的背景和环境或犯罪的条件进行适当的调查，以便主管当局对案件作出明智的判决。"

---

① 参见最高人民检察院《关于进一步加强未成年人刑事检察工作的决定》（高检发诉字〔2012〕152号）。

2. 国内规定。2012年《人民检察院刑事诉讼规则（试行）》第498条规定："人民检察院可以要求被附条件不起诉的未成年犯罪嫌疑人接受下列矫治和教育：（一）完成戒毒治疗、心理辅导或者其他适当的处遇措施……"2009年3月，在最高人民法院颁布的《人民法院第三个五年改革纲要（2009—2013）》中，要求完善未成年人案件审判制度和机构设置，推行适合未成年人生理特点和心理特征的案件审理方式及刑罚执行方式的改革。2010年10月1日最高人民法院、最高人民检察院、公安部、国家安全部联合出台的《关于规范量刑程序若干问题的意见（试行）》第11条规定："人民法院、人民检察院、侦查机关或者辩护人委托有关方面制作涉及未成年人的社会调查报告的，调查报告应当在法庭上宣读，并接受质证。"2011年3月2日广东省高级人民法院《关于进一步加强未成年人刑事审判工作的指导意见》第19条明确要求完善心理评估干预制度。"各级法院应当对涉案未成年人进行心理疏导，帮助消除不良心理和情绪。具备条件的法院可以委托专业机构建立心理测评和辅导机制，提出专业评估意见，为正确适用非监禁刑和对未成年罪犯进行个性化矫治提供科学参考。"

（二）我国台湾地区的做法可以借鉴

在我国台湾地区，所有进入法庭的少年案件都会交由调查官做心理测验。心理测验员由法院聘雇，需要有心理、社工的背景，通过考试成为法院的公务员。心理测验的方法经过信度和效度的科学认证，测验结果不作为量刑轻重的标准，而是为了更加了解少年身心状况，更有针对性地处理。如果通过初步的心理测验，调查官发现异常，法官将委托精神科医师对其做更加深入的心理测验，了解其家庭成长史、生活状况等。法官可以此结论为基础裁判哪种处遇对孩子合宜，协助其复原，而不是处罚。①

（三）部分法院的成功实践可以前置到检察环节

目前，在全国法院系统已经有多地法院在探索未成年人心理评估和干预机制，并且取得较好效果。如北京市法院自2002年起，就开始探索将心理评估和干预机制引入到涉及未成年人的刑事、民事案件审理中。北京市统一将心理评估干预的适用范围确定为，包括刑事、民事案件在内所有需要心理干预的未成年人，不仅有刑事被告人、被害人还有被害人的子女及民事被侵权人。目前，已相继对70多名未成年当事人引入心理辅导工作中。2007年以来，浙江省宁波市海曙区人民法院推行以社会调查、心理鉴定、公益代理人等为内容的

---

① 参见《心理干预：挽救失足少年的良方》，载 http://www.bj148.org/fgmm/jyen_1/201209/t20120904_264539.html。

心理评估和干预机制,通过对未成年人成长环境和心理健康状况的考察,来综合评价其人身危险性和再犯可能性等,以此作为定罪量刑尤其是缓刑适用的参考,有效提高缓刑适用的比例。该院2007年至今已有45件案件委托了心理鉴定。未成年人适用的缓刑比率上升,从2008年的32%上升到2011年的53.8%。[1] 最近,江门市蓬江区法院在审理一宗未成年人盗窃案件中成功引入"心理评估和干预"机制,使法官及时科学地掌握了未成年被告人作案、监禁、待审、判后多个阶段的心理状况,有针对性地制定挽救教育工作方案。

三、在未成年人检察制度中建立心理评估和干预机制的建议

目前,在刑事案件办理过程中建立心理评估和干预机制的多数是在法院系统,且针对这方面规定比较多的也是法院系统。检察机关在这方面探索的相对较少。但笔者认为,如前文分析,在未成年人刑事检察制度中建立心理评估和干预机制是有必要也是可行的,尤其针对拟作出附条件不起诉和相对不起诉的案件。佛山市检察院未检科自行培养了一些国家级的心理咨询师辅助办理未成年人犯罪案件,起到了一定的效果。江门市蓬江区检察院于2012年成立了未成年人心理辅导室,并聘请了一些心理辅导师,已开始由心理辅导师对未成年犯罪嫌疑人进行心理辅导。这些探索和尝试都很好,但并没有形成一种长期的制度加以规范。笔者所指的在未成年人检察制度中建立的心理评估和干预机制是指在审查起诉、附条件不起诉、不起诉后跟踪帮教等阶段,结合未成年犯罪嫌疑人的生理、心理特点,由人民检察院内部或者聘请的国家级心理咨询师,对未成年犯罪嫌疑人进行社会调查、心理评估、辅导、行为矫治,分析未成年人犯罪原因,帮助未成年犯罪嫌疑人缓解紧张、焦虑、害怕、抵触等不正常心理,运用科学手段,矫治其不良行为。同时,心理评估的结果作为检察官判断犯罪嫌疑人的人身危险性和再犯罪可能性的参考,从而有利于检察机关作出更合理的处理。针对机制的建立笔者有以下建议:

(一)未成年人心理评估和干预工作应形成合力

检察机关的心理评估和干预工作最好能与公安、法院、司法部门三家衔接开展,并争取得到教育部门、妇联、共青团、社区、街道、村委、社会团体的参与。按照职能分工的要求,侦查阶段由公安机关负责、审查起诉阶段由检察机关负责、庭审阶段由法院负责、附条件不起诉的考察由检察机关负责、不诉

---

[1] 参见张丹丹、陈泉鑫:《心理评估和干预机制在未成年人刑事审判中的应用——以海曙法院少年审判的实践和探索为样本》,载 http://www.nbcourt.org/html/spyj/fydy/20130131/697092.html。

后的帮教回访由检察机关、司法部门共同负责，判处缓刑后由司法部门负责。要明确各司法机关对未成年人心理评估和干预的职责，强化责任。

（二）要制定出切实可行的工作制度

根据《刑法》，《刑事诉讼法》，《未成年人保护法》，最高人民法院、最高人民检察院制定的相关规定，结合检察工作的实际，制定明确的工作制度。同时，为便于公、检、法三家对这一工作的衔接，也应由三家联合制定相关的工作制度。另外，为使帮教矫治落到实处，应与教育部门、妇联、共青团等制定相关的工作制度。使该项工作做到有章可循，有制度可依，防止不规范、不统一等不良现象的出现。

（三）要抓紧培养一批具有资质的心理咨询师

检察院内部培养一些国家级的心理咨询师，同时聘请专业的高级国家级的心理咨询师或委托专门的心理咨询机构。心理咨询师主要担负起心理评估、辅导和矫正的职责。由于目前专业心理咨询师较缺乏，同时检察官了解案件的具体情况便于较直接地作出判断，因此笔者认为在检察队伍中培养并鼓励检察官考取国家级的心理咨询师是有必要的。但是在过渡时期，建议聘请专业心理咨询师或委托专门的心理咨询机构。另外，可仿效前文所提到的台湾的做法，当受过专业培训具有一定心理学知识的检察官通过初步的心理测验，发现未成年人有异常，可委托专门的机构对其做更加深入的心理测验，从而作出正确的处理。

（四）要建立一套个性化帮教矫治模式

按照程序启动—结合社会调查报告进行初步心理测试—处理前心理辅导和评估—附条件不起诉期间或不诉后实施个性化帮教矫治的模式开展工作。具体包括：

1. 程序启动。笔者认为，不是所有未成年人犯罪案件均启动心理评估和干预，对心理存在问题较明显、帮教挽救可能性大，有可能作出附条件不起诉、不起诉处理、判处缓刑或免予刑事处罚的案件应作为重点考虑的对象。另外，如果公安机关已经启动心理干预的案件应衔接继续进行。程序启动具体应由承办检察官提出，经主管检察长审批，并经犯罪嫌疑人本人及其监护人同意。

2. 结合社会调查报告进行初步心理测试。社会调查报告主要是由司法部门在侦查阶段联合公安部门以及犯罪嫌疑人所在的学校或社区、街道、村委会联合进行的有关未成年人基本情况以及一贯表现的书面报告，但是该书面报告并没有结合未成年人心理方面作出分析，因此在程序启动后，要由心理咨询师与未成年犯罪嫌疑人进行初次见面，通过了解未成年人的心理现状、悔罪心理、性格特征及成长经历，帮助其缓解紧张、不安、抵触等的心理状态，并进行心理测试及制定心理辅导方案。

3. 处理前心理辅导和评估。在进行初次见面后根据具体的心理辅导方案，由心理咨询师对未成年犯罪嫌疑人进行辅导，帮助其认识自己的错识认真悔改，树立重新开始的信心。并且对其心理变化进行跟踪监控，同时作出《心理评估报告》，报告主要针对犯罪嫌疑人的心理状态、性格特征、不良心理根源、犯罪行为产生的原因、有无悔罪表现进行分析后，对未成年犯罪嫌疑人的人身危险性和再犯可能性进行评估，为检察机关作出最后处理提供有效参考。

4. 附条件不起诉期间或不诉后实施个性化帮教矫治。个性化帮教矫治主要是指，检察机关在对未成年人作出附条件不起诉或相对不起诉后，通过整合社会资源，联合司法部门、教育部门、社区、街道、村委会、社会团体等，主要由检察机关的检察室工作人员与心理咨询师一起强化对每名未成年犯罪嫌疑人实施个性化帮教矫治。针对每名未成年犯罪嫌疑人，设计具体的帮教矫治方案，落实帮教回访措施，使未成年人开始新的健康生活，避免其重新走上犯罪道路。

（本文荣获女检察官学习贯彻落实"两法"征文活动三等奖）

我国未成年人涉嫌犯罪后个人信息披露之思考

肖素云[*]

2011年9月15日,年仅15岁的我国知名歌唱家、将军之子李某,因寻衅滋事被收容教养一年。之后,又于2013年2月,因涉嫌强奸罪被刑事拘留。该案经某媒体编辑通过网络方式将其推到公众视野,引起全国公众、国内外媒体的持续关注和舆论讨论,并引起公众对李某未成年人身份的强烈质疑。随之,有关李某的姓名、照片、简历等个人信息一一被详细披露,其中不乏我国某些权威媒体的追踪报道、公安机关对李某身份的证实及司法机关对李某未成年人身份向公众的一再确认。作为公众人物之子的李某,虽其成长环境可能优越或异于普通人,但若其触犯刑法,在法律面前应"一律平等"(即"一般平等")地承担刑事责任,但作为未成年人其亦应"特殊平等"地获得个人信息不被披露的司法保障,社会公众不应仅因其是公众人物之子就剥削其所享有的"特殊平等"而科以"一般平等"。

一、其他国家及地区有关涉罪未成年人个人信息保护之比较

涉罪未成年人个人信息作为未成年人权益保护的重要内容,许多国家及地区的法律都将其列入禁止披露的范畴,并对其禁止披露的范围、内容等作了详细的规定。联合国及其他相关国际性刑事法律文件也有相关的规定。

(一)我国台湾地区法律对涉罪未成年人个人信息披露之规定

我国台湾的刑法学主要是以德日"大陆法系"为基本逻辑结构,在刑事案件中,其刑法精神、处断原则及内容规范等较多地借鉴或移植了德日刑法,而有关涉罪未成年人的相关法律规定亦如此。我国台湾地区针对未成年人的犯罪,于1954年起草了"少年事件处理法",并于1971年施行。在办理涉及未

---

[*] 作者单位:广东省陆丰市人民检察院。

成年人犯罪的案件中,该法将未成年人分为少年触刑者和少年虞犯。虽第2条将适用主体的"少年"称为12岁以上18岁未满的人,[①] 但凡未满18岁的少年犯(包括7岁以上未满12岁的触法儿童),一律由少年法院审理。除非少年所犯为最轻本刑5年以上有期徒刑的罪(如杀人、重伤害),少年已满20岁否则少年法院都可能依"少年保护事件"处理。[②] 其中,与涉罪未成年人个人信息保护相关的是"少年保护事件"第83条(即少年事件的保密条款)"任何人不得以媒体、资讯或以其他公示方式揭示有关少年保护事件或少年刑事案件之记事或照片,使阅者由该项资料足以知悉其人为该保护事件受调查、审理之少年或该刑事案件之被告。违反前项规定者,由主管机关依法予以处分"。该法条禁止披露的主体是针对知悉有关少年保护事件或少年刑事案件的"任何人",包括个人和单位;禁止披露的手段是"任何媒体、资讯或以其他公示方式";禁止披露的内容是"记事或照片,使阅者由该项资料知悉其人为该保护事件受调查、审理之少年或该刑事案件之被告";禁止披露的程度是达到"知悉或足于知悉"的可能标准,不管披露者所披露的信息是如何的模糊或者隐晦,只要达到"足以知悉"的可能,就意味着属于"少年保护事件"禁止披露的范围,这种"可能标准"也是目前世界大多数国家所采用的;披露信息的责任后果是由主管机关依法予以处分。笔者认为,我国台湾地区法律本着保护管束和感化教育处分的态度对待未成年人,在保护涉罪未成年人个人信息方面的规定,尤其是禁止披露的主体、手段囊括的范围较为全面、清晰,但对信息披露的后果规定较为模糊,至于情节严重的情况能否达到我国台湾地区"刑法"中第28章规定的妨害秘密罪的定刑标准,则值得商榷。

(二)日本法律对涉罪未成年人个人信息披露之规定

1948年,日本颁布了《少年法》。日本《少年法》以当时的美国少年司法制度为蓝本,理念上吸收了美国少年法的国家亲权思想,[③] 对罪错少年采取保护主义原则。[④]《少年法》将适用本法的非法少年区分为犯罪少年、犯法少年和虞犯少年。[⑤] 该法第61条规定:"报纸及其他印刷品不得刊登被提起公诉者的姓名、年龄、职业、住所、相貌等资料,也不得刊登可能推断出该人是被

---

① 未满12岁的人,适用"儿童福利法"。
② 参见林东茂:《刑法综览》,中国人民大学出版社2009年版,第23页。
③ 国家亲权源于西方思想,主要是指以国家公权力干预失职的父母亲或法定监护人,进而扮演父母的角色以保护儿童。
④ 参见齐文远、刘娥:《日本少年法理念与日本少年司法晚近变革》,载《云南大学报学报》2012年3月第25卷第2期。
⑤ 日本刑法规定的刑事责任年龄为14岁,未满14岁的适用《儿童福利法》。

交付家庭裁判所审判的少年的消息或照片。"虽从文义理解该法条"报纸及其他印刷品不得刊登"的限制范围过窄，但日本在多年司法实践中，对非法少年的个人信息禁止披露除法律明确规定外，对该规定的遵守，各媒体及公众已达成较为统一的共识。在办理涉罪未成年人刑案时是不具名的，仅用代号指称，如1988年的"名古屋情侣杀人事件"，由于犯罪嫌疑人涉及多名未成年人，为清楚辨别用少年A、少年B、少年C、少女D、少女E区分；"女高中生水泥藏尸案"的涉案未成年人则用少年A、B、C、D、E、F、G区分。而我国对待未成年人案件一般冠于姓氏指称，如李某某、王某某等，相比而言，日本用代号指称更有利于未成年人个人信息的秘密保护。

（三）德国法律对涉罪未成年人个人信息披露之规定

德国刑法分为少年刑法和普通刑法，少年刑法是指《德意志联邦共和国少年法院法》（以下简称《少年法院法》），《少年法院法》以教育原则为其立法宗旨，希望通过教育而非刑罚（特别是自由刑）来对少年犯进行教育与矫正，为此，规定了若干种教育处分措施作为刑罚的替代措施。① 根据第1条规定，该法适用于行为时已满14岁不满18岁的少年或已满18岁不满21岁未成年青年。根据第43、70条的规定，有关涉罪少年案件的诉讼程序开始后，为准确判断案件需启动预审调查程序，调查其生活和家庭状况、成长过程、现在的行为及其他有关事项，并需告知（仅限于）监护人、法定代理人、学校及教师、职业培训中的师傅及少年法院帮助机构，以其他应告知之人应保护的法益大于不予转告者为限，如将上述调查情况告知上述人员将会对少年造成不利后果，可不予告知。另外，《德国少年保护法》为防止载体媒体和电子媒体不适当披露危害少年的信息，专门规定了危害少年媒体目录，并将目录区分为ABCD四个级别，危害少年媒体目录收入、过滤、删除工作由联邦危害少年媒体检查署负责。

（四）联合国对涉罪未成年人个人信息披露之规定

1985年联合国通过的《联合国少年司法最低限度标准规则》在总则中明确指出：应充分注意采取积极措施，这些措施涉及充分调动所有可能的资源，包括家庭、志愿人员及其他社区团体以及学校和其他社区机构，以便促进少年的幸福，减少根据法律进行干预的必要，并在他们触犯法律时对他们加以有效、公平及合乎人道的处理。第8条规定：应在各个阶段尊重未成年犯享有隐私的权利，以避免不适当的宣传或加以点名而对其造成伤害；原则上不应公布

---

① 参见刘灿华：《德国、日本少年司法制度的变迁及启示》，载《时代法学》2011年12月第9卷第6期。

可能会导致使人认出某一少年犯的资料。1989年11月获得联合国大会通过的《儿童权利公约》确定了"儿童最大利益原则",并在第40条规定儿童其隐私在诉讼的所有阶段均得到充分尊重。①《公民权利和政治权利国际公约》第14条也规定,对少年的案件,在程序上应考虑到他们的年龄和帮助他们重新做人的需要。上述规定表明了联合国对涉罪未成年人个人隐私权的认可与保护,这也是涉罪未成年人进入司法程序应该最先获得的司法权益保障。

二、我国对涉罪未成年人个人信息披露之规定

根据我国《预防未成年人犯罪法》第45条规定:对未成年人犯罪案件新闻报道、影视节目、开出版物不得披露该未成年人的姓名、住所、照片及可能推断出该未成年人的资料。根据修改后的《未成年人保护法》第58、60、69条规定:对未成年人犯罪案件,新闻报道、影视节目、公开出版物、网络等不得披露该未成年人的姓名、住所、照片、图像以及可能推断出该未成年人的资料,违反规定,侵害未成年人的合法权益可予以行政处罚、承担民事责任或依法追究刑事责任。该条与《预防未成年人犯罪法》第45条相比,内容较为全面和细化,并明确了违反规定的责任后果。若单从上述法条的内容看,法条制定得较为科学合理,但实践上,取得的司法效果却比不上我国台湾地区、日本和德国,这主要是因为我国台湾地区、日本和德国多年来针对未成年人犯罪专门制定了完善的少年司法制度与之配套,而这恰是我国目前所欠缺的。另外,对于披露涉罪未成年人信息的责任后果虽纳入刑法的调整范围,但并没有相应的罪名与之相对应,法无明文规定不为罪。至于民事责任或行政处罚的程序又应该如何启动,谁又有权启动程序?事实上,迄今为止,我国并未出现过因披露涉罪未成年人信息而需承担责任例子,这就意味着个人或媒体披露涉罪未成年人信息的责任后果是"零风险"的。相比而言,澳大利亚违法成本则高得多,如2008年,澳大利亚悉尼一家电台主持人阿兰·琼斯因在其节目中透露了一起杀人案件中某个少年犯的名字,结果被法庭判决有罪。该电台也被判处罚金。

三、我国涉罪未成年人个人信息禁止披露之必要性分析

我国禁止披露涉罪未成年人个人信息的立法,既是对1985年联合国通过的《联合国少年司法最低限度标准规则》的尊重与践行,也是作为法治国家需要履行的基本要求。

---

① 儿童系指18岁以下的任何人,除非对其适用之法律规定成年年龄小于18岁。

(一) 禁止披露是公平与效率价值的兼顾

"存在着犯罪的必然性，也就存在着防卫和处罚的必要性"，但对所有的犯罪应当科处与之相适应的罪责刑。未成年人的年龄一般在12岁到18岁的范围，是介于儿童与成年人之间的一个特殊群体。根据美国心理学家埃里克森的分析，这个年龄段的人主要矛盾是角色认同和角色混乱，对自己在社会上的定位不明确，对自己的多重社会身份无法统一。同时，未成年人自身的自控能力较弱，在外界的不利影响下容易产生违法犯罪的行为。因此，世界各国对未成年人适用的刑罚一般有别于成年人的普通刑法，这是"法律面前人人平等"的原则体现。另外，从经济效益成本上看，已教育改造好的涉罪未成年人对社会所创造的价值会远大于成年人，尽管所需投入的司法成本可能会更多。

(二) 禁止披露体现对涉罪未成年人的宽容与挽救的决心

未成年人年龄、心智都不成熟，但并不意味着其作案手段残忍度必然会更轻于成年人，如日本"酒鬼蔷薇圣斗事件"的少年犯，施罪时年仅14岁，已残忍地进行包括分尸、破坏尸体、寄送挑战信等罪行，而"高中生水泥藏尸案"的手段则残忍得让人匪夷所思。未成年人视生命为玩物、对生命漠视，一方面是其心智不成熟，另一方面则是法律意识淡薄所导致。作为法治国家，应该本着善良、宽容、接纳的态度对待涉罪未成年人，为此，对于触法未成年人，法律给予其"个人信息禁止披露"的特别优待，这是对犯错未成年人的宽容体现，也是为避免其之后进入社会被贴上标签和难以融于社会而做的准备。

(三) 禁止披露有利于矫正改造与次生犯罪的预防

社会公众对待受过刑事处罚的犯罪人的态度总是或排斥或歧视或畏惧，如此不对等地对待触法者更容易滋生犯罪。我国修改后的《刑事诉讼法》第275条为帮助触法未成年人顺利回归社会，专门规定了犯罪记录封存制度，即一旦犯罪记录被封存后，除司法机关为办案需要或者有关单位根据国家规定进行查询的外，不得向任何单位和个人提供。然而，对于在诉讼阶段个人信息已过度曝光的涉罪未成年人，犯罪记录封存制度的初衷对其已形同虚设。禁止披露涉罪未成年人个人信息是从源头上对犯罪记录先予封存的表现，这有助于行刑中的未成年人更容易接纳矫正改造，便于未成年人出狱后更生保护，防止其次生犯罪。

四、完善我国涉罪未成年人个人信息禁止披露应注意的几个问题

我国立法对涉嫌犯罪未成年人个人信息披露持绝对禁止的态度，但在司法实践上取得的效果却不尽如人意，甚至出现对涉罪未成年人个人信息禁止披露

的要求公然践踏现象。而法律的相关规定又很模糊。如发现有人或单位披露涉罪未成年人信息后，应该如何寻求司法救助？权益被侵害的涉罪未成年人是否可以主动申请执法机关消除影响、请求司法保护抑或只能被动等待司法救济？有权受理的机关又有哪些？如果受理机关因疏忽不当地披露了涉罪未成年人信息，又有何机制予以补救？对于引起社会公众争议的涉罪未成年人案件，受理机关是否有必要对舆论予以回应或介绍案情所在诉讼阶段？而信息被披露的涉罪未成年人，可能会造成其心理负担，必要时是否应该介入心理辅导员或其他帮助人员给以帮助呢？对于这些内容都应出台相关规定予以细化，并完善相关配套制度。具体而言，在完善过程中应当注意以下几点：

（一）理念认识的统一

执法机关、社会公众对待涉罪未成年人要始终坚持"教育、感化、挽救"的方针、坚持刑法处罚的轻刑化，对触刑未成年人更多地立足于权益保护和恢复性司法的基本理念。尤其对于身份背景较为特别的涉罪未成年人，社会公众也应一视同仁地尊重其应享有的司法权益保障，不可公然践踏。

（二）网络媒体的信息过滤

"德国联邦危害青少年媒体检查处"是德国政府内专门负责媒体信息安全的机构，自2003年起，该处开始负责识别和检查所有互联网青少年不宜接触的媒体内容。[①] 对于涉嫌披露涉罪未成年人个人信息的网络媒体，我国可借鉴德国，设立专门信息媒体机构负责，并赋予其检索、过滤、删除信息的权限。

（三）明确侵害后果的责任

如前所述，我国立法对披露涉罪未成年人个人信息责任后果的规定较为模糊，可操作性不强。在完善涉罪未成年人个人信息禁止披露的内容时，必须正视我国司法实情，进一步明确和细化违法披露涉罪未成年人个人信息的责任后果，建议如故意或重大过失，导致信息披露并造成严重后果的，应追究个人的刑事责任，而单位则实行双罚制。涉罪未成年人的个人信息如被曝光，有关部门应及时删除信息，并避免扩大化外传。

（本文荣获女检察官学习贯彻落实"两法"征文活动三等奖）

---

① 参见佚名：《关于国际儿童互联网安全管理管理的调查研究报告》，载http://wenku.baidu.com/view/0ac892778e9951e79b8927b9.html。

合适成年人参与刑事诉讼规定之理解与适用

吴 玥[*]

一、合适成年人参与刑事诉讼制度的起源与现状

合适成年人参与刑事诉讼制度起源于1972年英国的肯费特案件,当时一名叫 Maxwell Confait 的男子被谋杀,3名男少年在招供证据的基础上被判处犯有谋杀罪,之后上诉法院在对这一案件进行审查时,发现3名男少年的权利受到侵犯,警察在没有任何独立成年人在场的情况下对他们进行了讯问,也没有告知他们享有可以与律师或朋友联系的权利。上诉法官认为,正是这种违法行为导致了男少年的虚假供述,遂宣布判决无效,并建议应当设立一个专门委员会来考虑警方权力和嫌疑人权利之间的平衡问题。1981年英国刑事诉讼皇家委员会第一次提出应当设立合适成年人参与制度,该份文件指出:"未成年人可能不能很好地理解询问的重要性或他们自己所说的内容,并且可能比成年人更受到他人建议的影响,他们可能需要成年人在场的支持,一些友好的成年人,以建议和帮助他们作出自己的决定。"[①] 之后,"合适成年人"(the appropriate adult)一词正式出现在英国1984年制定的《警察与刑事证据法》中,该规定明确:除非在某个紧急情况下,警察在对被拘留的未成年人进行讯问时,必须有合适的成年人在场,否则即为违法。为确保该制度的实施,1998年英国《犯罪与骚乱法》规定合适成年人参与讯问是一种法定要求,明确规定每一个地方当局必须提供合适成年人服务。目前,美国、澳大利亚、新西兰以及中国香港等国家和地区均有关于此项制度的立法。

合适成年人参与刑事诉讼制度于2003年正式引入我国,首先在上海市、云南昆明盘龙区、福建厦门市进行了试点,均取得了良好的成效。2008年12

---

[*] 作者单位:江苏省苏州市人民检察院。
[①] 姚建龙:《英国适当成年人介入制度及其在中国的引入》,载《中国刑事法杂志》2004年第4期。

月 18 日至 19 日,"合适成年人参与未成年人刑事诉讼的理论与实践研讨会"在华东政法大学举行,针对三个地区的试点工作进行了总结与交流,与会代表普遍认为尽管合适成年人参与制度引入中国不过几年的时间,但是已经展示了在维护未成年人合法权益、促进我国少年司法制度与刑事诉讼法完善等方面的重大作用。① 之后,部分地区进一步推进了该制度的探索,如上海市人民检察院、上海市高级人民法院、上海市公安局、上海市司法局于 2010 年 4 月联合发布了《关于合适成年人参与刑事诉讼的规定》,对合适成年人的定义、任职条件、权利义务、工作程序等作了专门规定,规范了合适成年人在不同诉讼阶段,辅助未成年人参与刑事诉讼、保障未成年人权益的活动。

2012 年 3 月 14 日,新修改的《刑事诉讼法》虽未明确使用"合适成年人"这一用语,但在特别程序编中实质上对合适成年人参与刑事诉讼制度予以了规定:"对于未成年人刑事案件,在讯问和审判的时候,应当通知未成年犯罪嫌疑人、被告人的法定代理人到场。无法通知、法定代理人不能到场或者法定代理人是共犯的,也可以通知未成年犯罪嫌疑人、被告人的其他成年亲属,所在学校、单位、居住地基层组织或者未成年人保护组织的代表到场,并将有关情况记录在案。"同时规定了询问未成年被害人、证人也适用该款规定。至此,合适成年人参与刑事诉讼制度的立法地位在我国正式予以确立。

二、合适成年人参与刑事诉讼制度的立法意义

(一) 能够符合未成年人身心特点需要以保障合法权益

未成年人由于自身智识有限、社会经验缺乏,导致他们往往并不能够充分理解司法机关在讯问、审判时所使用的法律术语及所提问题的含义;同时,相较于成年人来说,未成年人语言表达能力欠缺,心理承受能力较差,而刑事诉讼所特有的强制性、威慑性特点,常常使他们陷入惶恐不安的状态。未成年人的身心特点决定了他们或者是对警察的提问理解得不够透彻,甚至误解;或者由于记忆能力的欠缺而缺乏对整个事件的完整记忆;或者由于语言能力的不完善而表达欠佳,从而导致被误解;等等。② 对此,联合国少年司法准则对未成年人获得特殊保护和帮助均作出了明确的要求,如《儿童权利公约》第 37 条规定:"所有被剥夺自由的儿童应当受到人道主义待遇,人格尊严应受到尊

---

① 参见田相夏、赖毅敏:《"合适成年人参与未成年人刑事诉讼的理论与实践研讨会"会议综述》,载《青少年犯罪问题》2009 年 3 月刊。
② 参见徐美君:《"适当成年人"讯问在场制度研究——以未成年犯罪嫌疑人为例》,载《现代法学》2003 年第 5 期。

重,并应考虑到他们这个年龄的特殊需要的方式加以对待","所有被剥夺自由的儿童均有权要求获得法律及其他适当帮助"。为此,合适成年人参与制度的确立则能够及时妥善地解决上述问题,他们的参与不仅能够有效缓解未成年人紧张、焦虑的情绪、避免未成年人在惶恐不安等不良状态下接受讯问和审判,还能提供咨询帮助、协助未成年人与司法机关进行沟通,有效地保障未成年人的合法权益。

(二)能够有效监督司法机关执法行为以维护程序公正

根据英国《警察与刑事证据法》规定,他(合适成年人)应当被告知他并非只作为一名旁观者在场,他在场的目的首先是为被讯问的人提供意见并观察讯问是否进行得公平合理;其次是协助该未成年人与警察沟通。可见,合适成年人在场,除了向未成年人提供咨询建议、协助沟通外,还承担着监督司法机关公正办案的重要职能。我国也将这一职能明确写入新刑诉法:"到场的法定代理人或者其他人员认为办案人员在讯问、审判中侵犯未成年人合法权益的,可以提出意见。讯问笔录、法庭笔录应当交给在场的法定代理人或者其他人员阅读或者向他宣读。"未成年人作为相对弱势的社会群体,在刑事诉讼中理应享有成年犯相同的诉讼权利,与此同时法律更应当赋予他们一些特殊的诉讼权利,以弥补他们的弱势达到维护程序公正的目的。合适成年人参与讯问和审判,可以及时监督和制止司法机关在执法过程中发生的违法行为,防止对未成年人采用不正当手段获取口供,以程序公正确保司法公正。同时,合适成年人参与讯问从另一方面也增强了口供的证明力,有助于提高公众对证据、司法的信任程度。

(三)能够进行有效的教育引导以最大程度地挽救涉罪未成年人

根据近年来我市未成年人犯罪情况分析,未成年人大多由于交友不慎、法律意识淡薄、是非判断能力较差等原因而轻易走上违法犯罪道路,但同时他们的可塑性又较强,经矫正回归社会的可能性也相对较大,可见对未成年人进行正确的教育引导显得尤为重要。公安机关、检察机关、审判机关在办理未成年人案件时,承担着一定的教育感化挽救职能,但由于处于涉罪未成年人的对立面容易引起他们的情绪抵触而导致教育效果往往不尽理想。合适成年人则作为未成年人的权益保护者,不仅不易引起他们的抵触情绪,还能够有效缓解甚至消除那些负面的情绪与对抗的心理,在帮助他们分析犯罪原因、提供咨询建议的同时,有效地开展法制宣传、正确地引导是非观念,提高他们法律意识和社会责任感。合适成年人参与刑事诉讼,有利于最大限度地教育感化挽救涉罪未成年人,起到良好的教育引导实效。

三、合适成年人参与刑事诉讼制度的具体内容

（一）合适成年人参与刑事诉讼的主体范围

1. 合适成年人的主体范围是否包括法定代理人

我国关于合适成年人的主体范围长期存在着争议，主要体现在法定代理人是否应当属于合适成年人范畴。对于合适成年人与法定代理人的关系，有人认为未成年人的父母才是最好的合适成年人，因为在了解未成年人的性格、平常表现以及如何与未成年人沟通等方面，父母都有很大优势；也有人认为由于父母是案件的利害关系人，很难做到公平理性地维护未成年犯罪嫌疑人的合法权益，因此不适合作为合适成年人的人选。① 自合适成年人参与刑事诉讼制度引入以来，理论界初步形成了三种模式：一是救济模式，即合适成年人是法定代理人的补充，只有在法定代理人不能到场的情况下才可以到场；二是独立模式，即合适成年人是独立的诉讼参与人，即使法定代理人到场，合适成年人也可以到场；三是包容模式，即法定代理人是合适成年人的一种，在同等条件下，应优先邀请法定代理人或者亲属到场，如果法定代理人不能或不适宜到场时才邀请其他成年人到场。② 新刑诉法显然采用了第一种救济模式，即将合适成年人作为一个独立的概念与法定代理人加以区别，规定只有在法定代理人不能到场或不宜到场的情况下，合适成年人才参与未成年人的刑事诉讼程序。

2. 哪些人员可以担任合适成年人

司法实践中各试点单位规定的合适成年人虽未将法定代理人涵盖在内，但在具体人员方面也存在着一定的差异，如上海市检察机关确定的合适成年人范围包括专业社会工作者、学校教师、共青团干部、青保干部、关心下一代工作委员会工作人员或离退休干部；③ 昆明市盘龙区试点的合适成年人主要从以下人员中选任：盘龙区内青少年专干、办事处综治专干及其他退休人员、社区居委会成员、社会工作者、司法所司法助理员、志愿者，以有利工作、就近参加工作为准。④ 新刑诉法对合适成年人的范围作了一个明确的界定，规定涉案未成年人除法定代理人外的其他成年亲属、所在学校、单位、居住地基层组织

---

① 参见田相夏、赖毅敏：《"合适成年人参与未成年人刑事诉讼的理论与实践研讨会"会议综述》，载《青少年犯罪问题》2009年3月刊。

② 参见佟晓琳：《未成年人刑事检察工作应探索建立合适成年人参与制度》，载《中国检察官》2011年第1期。

③ 参见樊荣庆主编：《未成年人刑事检察实务教程》，上海交通大学出版社2012年版。

④ 参见祁涛：《引进"合适成年人"制度初探》，载《云南大学学报》2005年第2期。

或者未成年人保护组织的代表可以作为合适成年人参与讯问和审判。其中，未成年人保护组织代表主要是指青保办、关代会、共青团等组织的工作人员及专业社工等。

（二）合适成年人的参与条件

联合国《少年司法最低限度标准规则》（以下简称《北京规则》）第15条明确指出："一般情况下，未成年犯罪嫌疑人的父母或监护人与他们的子女接触较多，更了解他们子女的性格及心理活动，因此，他们的到场可能会收到比较好的效果。"正因如此，新刑诉法将未成年人被讯问和审判时法定代理人到场由"可以"改为"应当"，进一步加强了对未成年人权益的保护，更是贯彻落实联合国少年司法准则的体现。然而，实践中法定代理人参与刑事诉讼不可避免地会存在无法到场或者不宜到场等情形。《北京规则》也考虑了这种情况的发生，"如果父母或监护人的出席带来了反作用，例如，如果他们对少年表现出仇视的态度，那么这种关怀就会受挫；因此必须规定有排除他们的可能性。"基于以上考虑，合适成年人参与刑事诉讼的条件主要包括：第一，法定代理人身份、住址或联系方式不明，无法通知的；第二，法定代理人经通知表示无法及时到场的；第三，法定代理人已死亡的；第四，法定代理人不具备或不完全具备监护能力的；第五，法定代理人是共犯到场可能有碍侦查的；第六，法定代理人具备其他不能到场或不宜到场情形的。

（三）合适成年人的任职资格

为有效保障未成年人的合法权益，除"其他成年亲属"、"所在单位代表"等特定人员以外，合适成年人队伍应当建设为一支包括学校教师、社区基层组织、青保办、关工委、共青团工作人员以及社工在内的相对稳定的专业力量。为此，合适成年人的选任标准就显得极为重要，对此不少学者有着各自的见解。有学者提出合适成年人的选任标准主要包括：第一，品德良好，为人正派；第二，熟悉法律，学识渊博；第三，富有爱心，热于助人；第四，年龄合适，性格搭配；第五，善于表达，思路清晰；第六，身体健康，身份合适。[1]有学者认为，一个称职的合适成年人应当：第一，具备一定的青少年心理辅导方面的经验；第二，合适成年人担负着维护未成年人合法权益和监督讯问过程公正的职责，因此合适成年人必须要具备一定的法律知识，尤其是关于刑事实体法和程序法的专门知识；第三，合适成年人应当有比较充裕的时间参加刑事

---

[1] 参见田相夏、赖毅敏：《"合适成年人参与未成年人刑事诉讼的理论与实践研讨会"会议综述》，载《青少年犯罪问题》2009年第2期。

诉讼程序。①

结合我国司法实践现状，笔者认为合适成年人的选任需要具备以下条件：第一，年龄和阅历适格，即应当是具有一定社会阅历和工作经验的成年人，他们更擅于从事未成年人工作，擅于理解未成年人的行为和思想；第二，具备良好的道德品质、热心于未成年人工作，这是有效教育、正确引导涉案未成年人的最基本条件；第三，具有良好的沟通协调及语言表达能力，以承担获取未成年人信任以及帮助他们与司法机关进行沟通的重要职责；第四，具备一定的法律常识及相关的心理学、教育学知识，以达到监督司法人员的执法行为是否合法以及有效缓解、消除涉案未成年人紧张、焦虑等负面情绪和对抗心理等目的；第五，有充裕的时间参与诉讼程序，一般情况下作为同一名涉案未成年人的合适成年人应当从侦查阶段一直参与至审判结束，如果由于工作繁忙而不能全程参与导致经常更换合适成年人则显然不利于未成年人的保护。

（四）合适成年人的权利义务

新刑诉法规定"到场的法定代表人可以代为行使未成年犯罪嫌疑人、被告人的诉讼权利。到场的法定代理人或者其他人员认为办案人员在讯问、审判中侵犯未成年人合法权益的，可以提出意见。讯问笔录、法庭笔录应当交给在场的法定代理人或者其他人员阅读或者向他宣读"。为落实新诉讼法关于合适成年人参与制度的规定，应当进一步明确合适成年人在参与刑事诉讼过程中所享有的权利和应当履行的义务。

合适成年人参与刑事诉讼的权利主要包括：第一，知情权。合适成年人只有在对基本案情以及未成年人的犯罪情节、成长经历、家庭教育、日常表现等情况充分了解的基础上，才能真正发挥保护未成年人的作用。第二，交流权。除了讯问和审判时在场，合适成年人还应当有权要求与涉案未成年人进行必要的沟通与交流，使未成年人能够尽量在讯问和审判之前缓解甚至消除紧张焦虑的情绪和消极对抗的心理，并通过交流了解其健康状况及合法权利的行使状况等。第三，提出意见权。合适成年人参与诉讼的一个重要作用就是监督司法机关的执法行为是否公正合法，如果发现司法人员在讯问和审判过程中有刑讯逼供、骗供诱供或其他侵犯未成年人合法权益的情形时，应当有权及时提出意见，并将该意见记录在案。第四，签字确认权。根据英国《警察与刑事证据法》的规定，没有合适成年人签名的讯问笔录将视为具有程序违法性而应当予以排除。签字确认作为合适成年人的一项重大程序性权利，讯问和审判结束后，合适成年人有权阅读相关笔录，对笔录中所记载内容的正确性、完整性提

---

① 参见王明森：《浅谈"合适成年人"的选任》，载《法制与社会》2009年第6期。

出意见,并在笔录上签字。第五,解释权。合适成年人有权就司法机关工作人员所提问题及相关法律术语向涉案未成年人进行解释,以帮助未成年人更好地理解需要回答的问题和相关的法律后果。

合适成年人参与刑事诉讼的义务主要包括:第一,及时参与的义务。合适成年人接到司法机关的通知后应当及时参与相关诉讼程序,这是一项最基本的义务。第二,保证刑事诉讼程序顺利进行的义务。合适成年人参与诉讼,应当尽职履行职责以维护涉案未成年人的合法权益为己任,除了在监督司法机关讯问、审判过程中对侵犯未成年人合法权益的状况提出意见外,不得非法干涉司法机关正常的诉讼活动,不得利用其参与的便利帮助涉案未成年人毁灭、伪造证据或者串供,否则应承担相应的法律责任。第三,教育的义务。合适成年人还承担着对涉案未成年人开展正确的人生观、价值观引导以及有效的法制教育等重要职能,帮助教育感化挽救未成年人亦是合适成年人参与刑事诉讼的基本义务。第四,保密的义务。合适成年人参与诉讼,对于知悉的案情、证据等案件情况以及涉案未成年人的个人信息应当予以保密,不得以任何形式对外公开。

(五)合适成年人参与刑事诉讼的程序

基于我国司法体制的现状,新刑诉法区别于英国《警察与刑事证据法》等将合适成年人参与仅限于讯问过程的规定,而将合适成年人参与延伸至审判阶段,即合适成年人可以参与侦查、检察和审判整个刑事诉讼的讯问、审判过程。

1. 参与讯问程序

(1)当涉案未成年人到案后,司法机关工作人员首先应当通知法定代理人到场,在法定代理人无法到场或不宜到场的情况下,及时确定合适成年人人选并书面通知其到场,合适成年人在接到通知后应当准时到场。

(2)在合适成年人到场后,司法机关工作人员应先向其告知担任合适成年人所享有的权利和应当履行的义务,并向合适成年人介绍基本案情和涉案未成年人的基本情况。

(3)在正式讯问前,应允许合适成年人先向涉案未成年人表明身份,与未成年人进行必要的沟通和交流,以获取未成年人的信任、安抚他们的情绪。

(4)在对未成年犯罪嫌疑人进行讯问时,合适成年人应在场旁听并尽职履行自己的职责,讯问结束后,合适成年人有权查阅讯问笔录,对笔录中所记载内容的正确性、完整性提出意见,然后在讯问笔录上签名。

(5)合适成年人应当如实填写司法机关统一制作的《讯问在场情况记录表》等文书,详细记录未成年犯罪嫌疑人在讯问中的表现以及讯问人员是否有违法或者损害未成年人合法权益的行为。

2. 参与审判程序

（1）未成年被告人在接受审判时，其法定代理人仍然无法到场或者不宜到场的，审判人员应当书面通知原来参与侦查、检察阶段讯问程序的合适成年人到场参与法庭审理过程，合适成年人接到通知后，应当准时参加法庭审理。

（2）合适成年人到场之后，审判人员同样应当先告知其在法庭审判阶段所享有的权利和应当履行的义务。

（3）考虑到很多未成年被告人往往是初犯，第一次接受审判难免会加剧内心的恐慌与不安，因此在正式开庭之前，仍然应当安排合适成年人与未成年被告人进行必要的沟通与交流，以安抚其紧张不安的情绪、鼓励其正视即将到来的审判。

（4）在法庭审理过程中，合适成年人应当在场旁听并尽职履行自己的职责，此外，还应当允许合适成年人在法庭教育环节对未成年被告人开展当庭教育，帮助其分析犯罪原因、正视犯罪危害后果、坦然接受法庭即将作出的判决、提出改过自新的方法等。

（5）庭审结束后，合适成年人有权查阅庭审笔录，对笔录中所记载内容的正确性、完整性提出意见，然后在庭审笔录上签名。

（6）合适成年人应当如实填写审判机关统一制作的《审判在场情况记录表》等文书，详细记录未成年犯罪被告人在庭审中的表现以及司法人员是否有违法或者损害未成年人合法权益的行为。

四、合适成年人参与刑事诉讼应当注意的问题

（一）辩护人能否担任合适成年人

由于合适成年人参与制度在我市尚处于探索阶段，部分基层检察机关在案件办理过程中尝试建立了法定代理人无法到场情形下的救济机制，如太仓市人民检察院、工业园人民检察院在涉罪未成年人的法定代理人无法到场时，为他们聘请法律援助律师作为"临时监护人"到场参与讯问，使辩护人在某种程度上充当了合适成年人的角色。

笔者认为，涉案未成年人的辩护人不应当同时担任合适成年人，辩护人与合适成年人在诉讼程序中的职责、作用、参与方式等方面均存在较大的差别，主要体现在：第一，辩护人虽然也具有维护犯罪嫌疑人合法权益的职责，但主要是围绕着为犯罪嫌疑人作无罪或罪轻辩解这一目的而进行；合适成年人主要职责在于保障涉案未成年人在诉讼程序中的合法权益，同时还承担着沟通、抚慰、监督、教育等多项职能。第二，辩护人参与诉讼主要是为犯罪嫌疑人提供

法律专业知识方面的帮助，其到场虽然也能发挥一定的抚慰犯罪嫌疑人心理的作用，但常常会增强讯问的对抗性；合适成年人的作用则不在于为涉案未成年人提供专业的法律知识，而是帮助未成年人更好地理解司法人员的问题，协助双方进行沟通，有利于诉讼程序的顺利进行。第三，辩护人一般是受未成年犯罪嫌疑人或其法定代理人委托而参与刑事诉讼，即使是法律援助律师也是法律援助机构委派的；而合适成年人则是因办案的司法机关通知而参与刑事诉讼。鉴于二者的上述差别，辩护人应当作为一个独立的诉讼参与人存在，而不宜与合适成年人概念混同。

（二）合适成年人是否需要参与诉讼过程的每一次讯问

审判过程无可厚非，合适成年人应当参与始终，但讯问涉及侦查、审查批捕、审查起诉等多个环节，其间的讯问次数较多，不同的讯问场次可能涉及的内容却是基本一致的。目前，我国尚不具备条件培养专职的合适成年人，无论是学校教师、专业社工还是青保办、关工委、共青团工作人员，他们在担任合适成年人的同时均需从事其他工作，如果每一次讯问都要随传随到，则不仅可能影响诉讼效率，还会大大打击合适成年人参与诉讼的积极性。笔者认为，合适成年人无须参与每一次的讯问程序，只需选择重要场次通知合适成年人参与，具体包括：第一，侦查机关的第一次讯问；第二，检察机关作出是否批准逮捕决定前的讯问；第三，检察机关作出是否起诉决定前的讯问；第四，未成年犯罪嫌疑人供述出现明显反复或翻供时的讯问；第五，未成年犯罪嫌疑人提出要求合适成年人参与的；第六，具有其他可能存在侵犯未成年人合法权益或将对未成年人作出重要决定等情形的。

（三）能否保证同一名合适成年人参与刑事诉讼程序始终

为了最大程度地保护未成年人的身心健康、保障他们的合法权益，对于一名未成年人所涉案件的讯问、审判，一般应当通知同一名合适成年人参与。只有在特殊情况下才可以更换合适成年人：第一，合适成年人由于生病、出差等原因实在无法及时参与的；第二，未成年人有合理理由提出更换合适成年人要求的，但更换应以两次为限；第三，发现合适成年人实在不能胜任的；第四，合适成年人出现不适宜再继续参与等情形的。

要想尽可能地减少合适成年人的频繁更换、有效地保障未成年人的合法权益，建立一支专业的合适成年人队伍显得尤为重要。对此，检察机关可以联合公安、法院、司法等机关，在辖区内的学校、青保办、共青团、关工委、社工群体中选拔一批符合条件、热心未成年人工作的合适成年人，形成较为稳定的合适成年人队伍。专业稳定的队伍建设，不仅能够通过定期开展专业的培训来加强合适成年人在心理疏导、情感沟通、教育引导、程序监督、沟通协调等方面的工作能力，还能使他们借助经常性的实践参与不断地积累工作经验。同时，相关部门应当根据他们的参与情况和工作效果及时调整该支队伍，以保证队伍的专业化、规模化。

（四）未成年人明确拒绝合适成年人参与该如何处理

实践中存在这样一种情况，涉案未成年人明确拒绝合适成年人参与其案件的刑事诉讼过程，究其原因，或是某些未成年人无法接受并信任一个陌生人来了解自己所犯罪行及相关的个人信息，或是认为该名合适成年人无法保障自己合法权益，或是抵抗逆反心理较为严重等。面对该情况，办案人员应当首先向未成年人进行耐心的解释工作，使其真正明白合适成年人参与其所涉案件刑事诉讼程序的目的与初衷；如该名未成年人经解释仍然拒绝合适成年人的参与，可以为其更换另一名合适成年人；在更换后，如未成年人仍然坚持拒绝合适成年人参与的，则应当准许，并将其拒绝情况记录在案；未成年人在拒绝之后，仍然允许其随时向办案人员提出需要合适成年人参与刑事诉讼程序的要求。

五、结语

合适成年人参与刑事诉讼制度虽早在2003年已经引入我国，但仅在个别地区实行，此次新刑诉法将该制度正式纳入不得不说是我国少年司法制度的一大进步。然而，新生事物的确立和发展总需要一定的时间去适应、落实，我市各级检察机关已在为即将实施的新刑诉法的贯彻落实进行着紧张的探索与试行，平江区人民检察院目前就已设立了"公益代理人"制度，积极推行合适成年人参与审查批捕、审查起诉阶段的讯问程序。当然，司法实践中还会存在很多本文尚未提到的问题，但在未成年人保护意识日益加强的今天，我们会进一步在加强专业调研、借鉴其他地区先进做法以及吸取实践经验的基础上，努力将合适成年人参与制度在我市各级检察机关一一贯彻落实。

（本文荣获女检察官学习贯彻落实"两法"征文活动三等奖）

以国际公约为视角评我国未成年人刑事诉讼制度

吴春波[*]

未成年人犯罪作为一种社会病态现象，已经成为继毒品犯罪、环境犯罪之后的第三大世界公害，未成年人犯罪数逐年增长这一问题在我国也日益凸显。[①] 新刑事诉讼法针对未成年人刑事案件设置相对独立的特别诉讼程序，符合国际未成年人刑事诉讼制度发展的趋势，但仍与《北京规则》要求的设立独立的少年司法特别是少年刑事司法体制的要求有相当的距离。[②] 我国已签署或批准一系列的保护未成年人的国际人权公约，这些公约为我国进一步完善未成年人诉讼权利保障提出了具体要求。我们就参照这些公约，探讨我国未成年人刑事诉讼程序的不足和完善。

一、未成年人刑事诉讼程序的确立具有划时代的意义

与1996年刑事诉讼法比较，新刑事诉讼法的亮点之一是以专章的形式，规定了未成年人刑事案件诉讼程序，使办理未成年人案件的程序更有针对性，也为犯罪的未成年人改过自新和回归社会创造有利条件。

1. 第一次在刑事诉讼法中明确"教育、感化、挽救"的方针和"教育为主、惩罚为辅"的原则。未成年人犯罪有未成年人自身的原因，但更多的是

---

[*] 作者单位：黑龙江省人民检察院。

[①] 1998年，我国未成年刑事罪犯人数为33612人，占总犯罪人数的6.36%，到2008年，人数上升到88891人，占总犯罪人数的8.81%。参见陈珉桦：《未成年人附条件不起诉制度研究》，载《科教导刊》2011年第11期。

[②] 自1899年美国伊利诺斯州制定了世界上第一部《少年法庭法》以来，经过100多年的发展，美国等发达国家已经建立了一整套与刑事（成人）司法并列的少年司法体系。我国于1984年在上海市长宁区法院建立了国内第一个专门审理未成年人刑事案件的少年法庭，同西方国家相比，少年司法相对落后。

来自家庭、学校和社会等多方面的原因，在某种程度上，在未成年人犯罪中，未成年人本身也是受害者。从保护未成年人的角度而言，国家有必要在制定刑事诉讼制度时赋予未成年人更多的诉讼权利并设置更全面、更有效的权利保障措施。

2. 明确规定了"办案人员专业化"。《联合国少年司法最低限度标准规则》（以下简称《规则》）规定："应利用专业教育、在职培训、进修课程以及其他各种适宜的授课方式，使所有处理少年案件的人员具备并保持必要的专业能力。"为了更好地体现对犯罪的未成年人实行"教育、感化与挽救"方针和"教育为主、惩罚为辅"原则，这就要求办案人员熟悉未成年人的特点、善于做未成年人的教育工作，具有一定的专业性。应当设立专门机构或者设立相对稳定的专门人员办理未成年人案件，这一要求与联合国司法准则是一致的。

3. 明确了法律援助制度。《联合国儿童权利公约》明确提出"缔约国应确保所有被剥夺自由的儿童均有迅速获得法律及其他援助"，这体现在新刑事诉讼法中的法律援助制度。由于未成年人年龄、智力发育程度的限制，通常很难理解控辩双方争辩的实质内容，不知道如何行使诉讼权利。有辩护人的参与能为其及时提供需要的法律帮助，有效保护其合法权益。与1996年刑事诉讼法相比，新刑事诉讼法将法律援助从审判阶段向前延伸至侦查阶段，将义务机关扩大到公检法机关。根据规定，"没有委托辩护人"是未成年犯罪嫌疑人、被告人获得法律援助的唯一条件。只要未成年犯罪嫌疑人、被告人没有委托辩护人，公安、司法机关就必须通知法律援助机构指派律师为其辩护。

4. 实行社会调查制度。社会调查是许多国家办理未成年人刑事案件的惯例，是未成年人刑事诉讼程序贯彻刑罚个别化和全面调查原则的具体表现。《规则》要求"所有案件除涉及轻微违法行为的案件外，在主管当局作出判决前的最后处理之前，应对少年生活的背景和环境或犯罪的条件进行适当的调查，以便主管当局对案件作出明智的判决。"进行社会调查不仅可以有针对性地对违法犯罪的未成年人进行教育挽救，促使其认罪悔改。社会调查报告还是侦查机关采取取保候审，检察机关批捕、起诉，法院定罪量刑以及刑罚执行和社区矫正的考量依据。

5. 严格适用逮捕措施和分案处理。"严格限制适用逮捕措施"是指对未成年犯罪嫌疑人、被告人应当尽量不适用逮捕措施，可捕可不捕的不捕。《规则》第13条规定："审前拘留应仅作为万不得已的手段使用，而且时间应尽可能短"；"如有可能，应采取其他替代办法，诸如密切监视、加强看管或安置在一个家庭或一个教育机构或环境内。"《联合国儿童权利公约》也明确规定:"不得非法或任意剥夺任何儿童的自由。对儿童的逮捕、拘留或监禁应符合法律规定并仅应作为最后手段,期限应为最短的适当时间。"

严格适用逮捕措施并与成年人分别处理,体现了对未成年人的特殊保护,有利于减少关押带来的弊端,使未成年人能顺利回归社会。对被拘留、逮捕和执行刑罚的未成年人与成年人应当分别关押、分别管理、分别教育,这是分案处理原则的要求。分案处理原则不仅是办案机关在采取拘留、逮捕时应当遵守的原则,而是贯穿刑事诉讼始终的原则性规定。

6. 确立了讯问和审判未成年人时的合适成年人在场制度。新刑事诉讼法将1996年刑事诉讼法的"可以通知"改成"应当通知",并扩大了到场人的范围。合适成年人在场制度的确立,不仅可以帮助未成年人与讯问人沟通,还可以对讯问过程是否合法、合适进行监督,保护未成年人的合法权益不受侵害。如果被害人、证人是未成年人,询问时也应当通知其法定代理人到场,法定代理人无法到场时应通知合适的成年人到场。

7. 设立了附条件不起诉制度和犯罪记录封存制度。附条件不起诉制度充分体现了未成年人刑事司法非刑罚化的处理原则。犯罪记录封存制度充分考虑到未成年人"一失足成千古恨"的不良影响,消除对其今后生活和工作中的不良记录,给犯罪未成年人顺利回归社会提供机会,减少社会对立面,有利于社会长久稳定。

二、未成年人刑事诉讼程序仍有不足

1. 非刑替代措施缺位

新刑事诉讼法中未成年人刑事诉讼程序最大的不足之处是没有跳出刑罚中心主义的思路,离现代少年司法的理念还有较大的差距。尽管新刑事诉讼法专章明确规定了"教育、感化、挽救"方针和"教育为主、惩罚为辅"原则,但是却没有规定非刑罚处罚措施(保护处分)的适用程序,这是立法的一大疏漏。

现代少年司法的一个显著特点是主张"以教代刑",以福利性干预措施(保护处分)替代刑罚,刑罚是一种不得已的最后手段。未成年人问题尽量少用司法干预也是一系列国际公约共同确认的一项基本原则。近年来,除罪化、除机构化、正当程序化及分流处理已成为欧美少年司法改革重要动向,尤以分流进展最大,效果最为明显。①

---

① 比如,日本《少年法》的原则是尽量回避刑罚,使保护、处分及其他非刑事措施处于优先地位。

2. 社会帮教体系不健全

非刑替代措施缺位与社会帮教体系的不健全互为因果。西方国家之所以在推动不捕、不诉、不判的非刑罚化未受到社会大众较大负面反应,根本原因在于未成年社会帮教体系特别是政府儿童福利的落实对实现这些目标具有举足轻重的全局性作用。作为相对独立的两套社会体系,未成年人社会帮教体系是少年司法得以健康、有序运转的基石。

检察官在作出批捕未成年犯罪嫌疑人决定时,除逮捕必要性以外,通常需要考虑"是否具备对该嫌疑人进行家庭、学校及社区帮教的现实可能性"。与批捕成年犯罪嫌疑人相比,检察官在考量时还会结合初步的社会调查加强论证,这实际上涉及未成年人帮教社会化体系与少年司法的有序对接。缺乏帮教体系、社区参与及父母配合的配套机制,对于简单作出不逮捕决定是难以想象的,也偏离了实事求是的基本原则。

目前,检察机关及审判机关承担着对未成年人刑事案件的司法处理,实际承担一定程度的社会管理职能及社会福利职能。原本应由专门性、专业性政府机构及社会福利机构承担的部分教育感化、就业辅导、家庭辅助等职能由司法机关承担,造成现实生活中未成年人检察审判负担过重、职能过大。社会管理职能与司法职能界限不甚清晰,这也是近30余年来我国少年司法长期未得到跨越式发展的重要原因之一,直接影响到现代少年司法在我国的建立。①

3. "少捕慎诉"缺乏行之有效绩效考评体系

在检察环节,我国对未成年人适用"少捕慎诉"的刑事政策,即"能不捕的不捕"、"能不诉的不诉"、"能不判的不判",这是美好的愿景和理念,但是如果司法机关没有行之有效的绩效考评体系,则实现难度不小。在社会帮教体系、司法机关绩效考评机制尚不健全的情况下贸然一味追求对未成年人犯罪批捕率、起诉率或判决率的降低,不但有违司法规律之嫌,亦可能揠苗助长、欲速不达,甚至可能会导致司法作假及司法腐败。

检察院对"可不捕的不捕"刑事政策的把握,对那些仍具有一定人身危险性的、介于"捕"或"不捕"之间的未成年犯罪嫌疑人,承办检察官认为可能"不捕"对其更为妥当。虽然检察官内心确信少年涉案性质尚不足以批捕,但是如果该未成年犯罪嫌疑人出现逃跑、毁损证据、自伤等,又或者被他人报复等时,检察官是否需承担责任。这造成了实际上对未成年人逮捕的适用率与成年人相差并不悬殊,对未成年人逮捕的适用率仍然高居不下。比如,

---

① 张鸿巍:《刑事诉讼法修订后的未成年人刑事政策》,载《预防青少年犯罪研究》2012年第5期。

2011 年全国检察机关对涉罪未成年人的批捕率和起诉率较 2007 年也只是分别下降了约 5 个百分点和 1 个百分点。① 西部某省会城市 2006~2010 年 5 年中成年人平均逮捕率为 91.4%，未成年人逮捕率为 86.17%。②

4. 前科封存制度宣誓意义大于实质意义

俄罗斯、意大利、瑞典等许多国家均在立法上明确规定了前科消灭制度，《联合国保护被剥夺自由少年规则》和《联合国少年司法最低限度标准规则》两项公约中也对前科消灭制度加以明确规定。我国作为两个公约的签署和加入国，近年来在相关法律中对未成年人前科消灭制度作出了很大努力。③ 但新刑事诉讼法规定的前科封存制度无论是在实践中实施的效果还是距离国际标准，都有相当大的距离。《东京规则》规定"所有报告包括法律记录、医疗记录和纪律程序记录以及与待遇的形式、内容和细节有关的所有其他文件，均应放入保密的个人档案内……非特许人员不得查阅……释放时，少年的记录应封存，并在适当时候加以销毁。"《北京规则》规定"对少年罪犯的档案应严格保密，不得让第三方利用。少年罪犯的档案不得在其后的成人诉讼案中加以引用。"《联合国保护被剥夺自由少年规则》规定"释放时少年的记录应封存，并在适当时候加以销毁。"这些规定明确了只要犯罪时系未成年人，其后果不应对其成年以后的生活有影响，实际是确立了前科消灭的原则。④

与前科消灭制度相比，前科封存是对犯罪记录的限制公开，未成年犯罪人的前科在一般情况下对外界保密，但仍然可以作为对其再犯罪时定罪量刑的加重情节，即没有消灭对其的法律评价。这种保护对未成年犯罪人来说是不彻底不全面的，明显不足以保护未成年犯罪人顺利再社会化。目前我国部分省市司法机关正在试点未成年人犯罪记录封存制度。试点工作中遇到的最大难题就是该制度与现行民事、行政法律之间存在较大冲突。如根据我国《公司法》、《会计法》、《公务员法》、《检察官法》、《法官法》、《律师法》等法律的规定，有犯罪前科的人不得或在一定期限内不得从事公司的董事、监事、经理、会计师、公务员、检察官、法官、律师等职业。在这些法律未作出修改之前，犯罪

---

① 参见黄河：《刑事诉讼法修改与未成年人刑事检察制度建设》，载《预防青少年犯罪研究》2012 年第 5 期。

② 参见黄建波：《未成年人逮捕率的实践考察与分析》，载《广西大学学报》2011 年第 6 期。

③ 参见汪建成：《论未成年人犯罪诉讼程序的建立和完善》，载《法学》2012 年第 1 期。

④ 参见赵建：《国外未成年人前科消灭制度之简析》，载《铁道警官高等学院学报》2010 年第 6 期。

记录封存制度的作用会大打折扣。① 而且新刑事诉讼法并没有规定封存的主体是法院还是其他的司法机关，主体不明确，可能会造成各个机关互相推诿，不利于前科封存的实施。

5. 合适成年人在场制度实践中面临困境

新刑事诉讼法对于合适成年人在场的规定对于"未成年犯罪嫌疑人、被告人的其他成年亲属，所在学校、单位、居住地基层组织或者未成年人保护组织的代表"使用的"也可以通知"，但如果出现都不愿意到场的情形该怎么处理？现在有些未成年犯罪人的父母没有尽到照管子女义务，在子女出现问题时不闻不问甚至作壁上观。在司法实践中，因父母或监护人不愿意到场的案件不在少数。既然父母或监护人都不愿到场，有没有足够的法理及强制措施要求未成年犯罪嫌疑人、被告人的其他成年亲属，所在学校、单位、居住地基层组织或者未成年人保护组织的代表到场，如果都不到场，如何落实未成年人保护。

6. 附条件不起诉制度适用范围过小

刑法分则第四章、第五章、第六章中可能判处刑罚在一年以下的罪名只有两条，一条是侵犯公民通信自由罪，另一条是危险驾驶罪。在实践当中可能判处一年以下的案件也比较少。未成年人犯罪大都属于暴力重大犯罪，主要集中在抢劫、盗窃、故意伤害、故意杀人、强奸、故意斗殴六项罪名。有相关调查，2011年18岁以下的抢劫和抢夺两类犯罪比例占全部犯罪的21%，还有激情犯罪在未成年人犯罪当中比较普遍。② 新刑事诉讼法排除了其他犯罪适用附条件不起诉的可能性，难以适应实践的客观需要，该项制度很可能会流于形式。

7. 社会调查报告制度规定过于原则

新刑事诉讼法规定了社会调查的主体包括公安司法机关。但该条实际上仅确立了公安机关、检察院和法院的审查义务，并未规定三机关该如何调查未成年人的相关信息，即社会调查的主体仍不明确。是依据职权调查，还是委托中立第三方进行调查，抑或是通过控辩双方举证，法律并没有明确。自上海长宁区检察院1997年开展社会调查工作以来，各地司法机关也相继开展该项工作，但各地做法却存在明显差异，在理论和实践中引发诸多争议。

---

① 例如部队相关部门在征兵时审查某人是否曾经犯过罪，去司法机关要求查询其犯罪记录，这依据法律规定完全是合法的，我国很多法律法规都对曾经犯罪的人的权利进行了限制，例如《教师法》规定受到剥夺政治权利或者故意犯罪受到有期徒刑以上处罚的，不能取得教师资格，这实质上是前科制度的一种形态。

② 参见张亚宏：《刑事诉讼法修改与未成年人警务制度建设》，载《预防青少年犯罪研究》2012年第5期。

三、未成年人刑事诉讼程序完善的建议

1. 建立非刑处罚措施

对于未成年人犯罪，惩罚不是目的，通过惩罚的手段教育未成年人改过自新才是对未成年人施加刑罚的最终目的。立法上应当树立"恢复性司法"的理念，通过教育、耐心细致的感化、挽救未成年犯罪嫌疑人、被告人，促进被害人、犯罪人和其他受犯罪影响的个人或社区成员积极参与解决犯罪产生的后果的过程，在矫治未成年人犯罪方面探索和建立能够体现人性化、社会化、轻刑化特点的非刑罚处置的措施和制度。[1] 这种做法不仅是挽救失足未成年人的需要，也是构建我国社会主义和谐社会的需要。

同时，在对未成年人犯罪实施非刑罚处理的过程中，对被害人权利保障应该做得更好一些，不能顾此失彼。在对犯罪的未成年人建立各项制度进行教育、挽救，从宽处理的同时，立法应该应对因未成年人犯罪行为而遭受伤害或损失的被害人提供救济，包括前科封存（消灭）及附条件不起诉时应当取得被害人的谅解和同意，特别是刑事和解的审慎适用。不仅控辩双方在诉讼过程中达成和解，更重要的是诉讼程序启动前被害人与犯罪人的和解。刑事和解能充分体现出对当事人的尊重，在此基础上双方达成谅解，可以增加被害人的满意度和安全感；有利于恢复因犯罪而受损害的社会关系，化解当事人之间的矛盾；减少因审前羁押和适用短期自由刑导致的交叉感染，有利于加害人的复归社会。[2]

2. 完善社会帮教体系

对未成年人犯罪的特殊处理不应强调司法机关的帮教、帮扶作用，应强调政府的儿童福利责任的强制落实。无论是检察环节还是审判环节，无论如何延伸司法职能，都必然面临着一定界限的现实问题：司法职能不能无限度延伸，未成年人犯罪问题或早或晚要面对重返社会的压力，政府的社会管理及福利职能必须及时全程跟进，不能缺位。政府有关部门应当以"国家亲权"原则介入，如依托各级团组织建立"青少年事务局"或"儿童福利局"代行监护权。同时积极推动和促进共青团职能转化，增添并扩充共青团社会管理的职能，全面负责对青少年事务的管理、协调与监督，使具有政府授权的执法权与监督

---

[1] 参见陈娅：《宽严相济政策在未成年人犯罪案件中的适用》，载《西南政法大学学报》2007 年第 5 期。

[2] 参见宋英辉、茹艳红：《刑事诉讼特别程序立法释评》，载《苏州大学学报》2012 年第 2 期。

权,增强其处理未成年人权益保障及未成年人违法犯罪预防的专业化建设程度。

3. 实事求是适用"少捕慎诉"

司法实践并不能绝缘于现实生活之外,在社会帮教体系尚不健全的时候,应更加务实而审慎地对待未成年人犯罪问题,处理好未成年犯罪人特殊化处理与社会防卫之间的关系。在两者出现冲突时,在现阶段未成年人犯罪居高不下的现实背景下,对未成年犯罪嫌疑人及被告人的特殊保护不应让位甚至牺牲防卫社会和保护被害人,而是应当在犯罪未成年人最佳利益、被害人合法利益及社会安宁秩序三者之间尽可能寻求平衡点。一味地强调未成年人宽缓政策,其结果可能恰恰是导致问题少年引发更多的社会问题。对未成年犯罪嫌疑人或被告人权利的特殊关爱并不能成为单纯追求降低批捕率、起诉率、有罪判决率、实刑率的唯一考量。还应该考量该未成年人应当被放回社区、学校还是父母,后者应承担的责任与义务。

4. 以前科消灭制度逐步取代前科封存制度

最高人民法院在《人民法院第三个五年改革纲要(2009—2013)》中明确地提出,要有条件地建立未成年人轻罪犯罪记录消灭制度,作为落实宽严相济刑事司法政策的重要内容。我国应构建一个层次性的前科消灭制度,即对于被判处五年有期徒刑以下刑罚的未成年犯罪人,符合条件(应当包括"认罪态度良好"和"五年之内没有故意犯罪")的,就对其相关犯罪记录予以封存。然后在刑罚执行完毕或者释放后,如果再满足一定的条件,就应该将其犯罪记录予以消灭。前科一旦消灭,法律就将其视为未犯过罪的人,即使以后再犯罪,也不得加重处罚。公安司法机关的相关犯罪记录和材料也应被彻底销毁,使未成年犯罪人能够真正意义上毫无心理负担地重新融入社会。

5. 明确父母或监护人的到场义务

鉴于家庭特别是父母对子女教养及其健康人格塑造的不可替代的重要作用,一系列国际公约均明确家长责任。《儿童权利宣言》规定儿童教育与辅导责任"首应由父母负责之"。《儿童公约》要求各缔约国"应尽其最大努力,确保父母双方对儿童的养育和发展负有共同责任的原则得到确认"。《巴厘共识:关于在东亚及太平洋地区与儿童并为儿童建立伙伴关系》指出"儿童的保护、养育和发展其主要责任在家庭"。除了刑事司法机关依法依程序介入、政府儿童福利落实外,父母监护的强制落实对有效实现对未成年犯罪人教育、感化和挽救具有直接的现实意义。

我们建议,在后续司法解释中应明确父母或监护人的到场义务,必要时应采取强制措施强迫其到场并履行相关法定义务。若实在无法找到父母或监护人，应当由政府有关部门以"国家亲权"原则介入，如依托各级团组织建立"青少年事务局"或"儿童福利局"代行监护权。为了保障未成年人在刑事诉讼中能够得到有效代理，完善国家监护制度非常重要。国家监护制度体现的是一种理念，即当父母或家庭不能保护未成年人权利时，政府或司法机关将进行干涉。也就是说将未成年人的照顾和保护看作是国家的责任，而不是传统意义上完全看作父母的义务或家庭内部事务。①

6. 扩大附条件不起诉制度适用范围

将附条件不起诉的案件适用范围扩大到"可能判处三年有期徒刑以下刑罚"。根据新刑事诉讼法，适用附条件不起诉的犯罪仅限于"侵犯人身权利、民主权利罪、侵犯财产罪和妨害社会管理秩序罪"这三类，《刑法》规定的有十类犯罪，贪污贿赂罪、渎职罪、军人违反职责罪这三类犯罪由于犯罪主体不适格而直接排除适用，但是其他四类犯罪中也有一些犯罪情节较轻，从理论上讲也是可以适用附条件不起诉的。如未成年人参加分裂国家的活动，构成了分裂国家罪，但是他并非首要分子，罪行也不重大，而且也没有积极参加的情形；失火罪、危险驾驶罪的情形；强迫交易罪的情形等。从目前各地实践情况来看，也都没有限制附条件不起诉适用犯罪类型。

7. 细化社会调查报告制度

统一社会调查报告性质的认识。社会调查报告在很大程度上证明了未成年犯罪嫌疑人、被告人的品格及可信度，是司法机关作出裁决的重要参考因素，为保证其真实性，应当允许控辩双方就此进行询问和发表意见；明确社会调查的主体。结合我国司法实践情况，以社区矫正工作人员为社会调查工作的主要承担者比较适宜，他们具有较强的专业性，进行社会调查符合其监管工作职责且能获得相应的工作经费支持。有条件的地区还可以聘任社会工作人员，或委托未成年人保护委员会等有关社会团体与组织作为辅助力量开展社会调查工作；扩大社会调查的异地适用。从司法实践来看，社会调查的适用一般只限于具有当地户籍的未成年人，对于外地户籍的未成年人适用得比较少。随着人口流动的增多，尤其是在发达地区，这一问题日益变得突出。针对流动人口，可以依托网络平台建立异地委托社会调查协作机制，使社会调查制度能惠及外地户籍的未成年人。

（本文荣获女检察官学习贯彻落实"两法"征文活动三等奖）

---

① 参见聂阳阳：《我国未成年人刑事诉讼法定代理人制度之探析》，载《北京青年政治学院学报》2009年第18期。

聚焦民事诉讼法修改

民事审判程序的检察监督标准与方式探析

——以民事审判的程序性和民事检察监督的功能为视角

姚 红[*]

2012年8月31日,十一届全国人大常委会第二十八次会通过了《关于修改〈中华人民共和国民事诉讼法〉的决定》。此次《民事诉讼法》主要涉及七个方面的修改和完善:完善调解与诉讼相衔接的机制;进一步保障当事人的诉讼权利;完善当事人举证制度;完善简易程序;强化检察机关的法律监督职能;完善审判监督程序;完善执行程序。此次修法程序性条款所占比例较以往修法有了大幅度提升,民事诉讼的科学化水平得到很大程度的提高,增强了民事诉讼的可操作性、可适用性。民事诉讼法学界对民事审判程序违法有着较多的研究,但从检察机关民事监督的角度研究各种具体民事审判程序违法行为的共性与个性,及其对民事检察监督标准和监督方式选择的影响等进行系统研究的较为少见,司法实务中也因缺乏可操作性标准而出现宽严尺度掌握失衡的现象。本文试图以民事审判行为的程序性和民事检察监督的功能为视角,对民事审判程序违法行为的检察监督标准和方式进行探析,期望能为民事诉讼程序理论与民事检察实务研究,为民事检察监督的司法实践活动更加规范开展提供新的思路。

一、民事审判行为的程序性

民事审判行为是人民法院的审判组织及法官在具体民事案件中,相对当事人依法实施的各种民事审判活动的总称。审判主体的法律身份和法定权力决定了这种具有法律意义的活动必须置于法律的调控之下。社会实践证明,恶魔与天使有如一枚硬币的两面,追求自由的本性加上权力的能量足以使人类行为成为社会的恶魔,必要而科学的程序正是制约权力的魔性、发挥其天使作用的法

---

[*] 作者单位:湖南省人民检察院。

门所在。因此，附加了审判权力的审判（身份）行为如果缺乏约束，将使国家的审判活动成为一场灾难。审判程序就是审判权力的法门，其原理在于通过最具稳定性和制约恣意属性的法律规范的约束、调控，使审判（身份）行为具有程序性和吻合人类理性（正当性）。审判行为的程序性就是指审判行为在多大程度上表现为程序以及表现为程序的特征的多少和强弱。①

1. 民事审判行为的程序法律属性。

因控制民事审判活动而形成的体系化的全部法律规则，构成了特定的民事审判程序，其中每一个具体规则都属于程序性法律规则，因而民事审判程序具有程序性法律属性。

传统的法律程序正当性问题着眼于程序的实体价值判断，属于立法者在制定法律程序时要考量的价值趋向；程序性问题则是设置或者组成一个法律程序所需要的程序规则在数量上、质量上以及彼此之间的关系状态所达到的程度，是特定的社会活动科学、正当、适度的法律程序。

我国长期以来奉行"摸着石头过河"，体现在立法中的"宜粗不宜细"的立法理念，导致大量的法律、法规原则性强而可操作性弱，即缺乏"程序性"，也使得大量的法律、法规沦落为"看"法。根据内容的不同，程序规则可以区分为权利性规则和义务性规则。民事审判行为在不同规定的约束下会表现出不同的程序性，其中法定的权利规则的设置对程序性的影响要小于法定的义务和责任规则的设置。因为权利性规则意味着可以选择和自由，是尊重行为主体个人意愿、情感的自由规则；义务性规则则意味着服从和受约束，是要求行为主体受法律控制的程序规则。② 在民事程序立法文献中，关于民事审判行为的立法是主要内容之一，这种规则的多少以及其中义务性规则和权利性规则的分布比率，反映出民事审判行为程序性的强弱。

2. 民事审判行为程序性在我国诉讼法中的体现。

我们把法律程序规则中包含有"可以"或"有权"或"享有"词义要素的条文，看作是标志意义的"权利性"法律程序规则；把法律程序规则中包含有"应当"或"必须"或"不得"词义要素的条文，看作是标志意义的义务性法律程序规则。按照这一标准统计，2007年修订的《民事诉讼法》中民事审判行为的"义务性规则"和"权利性规则"分布情况为：在全部268个条文中包含有"应当"一词205个，"必须"一词44个，"不得"一词23个，共计272个义务性词汇；包含有"可以"一词148个，"有权"一词25个，

---

① 参见黄捷：《论审判行为的程序性和科学化》，载《政法论丛学刊》2010年第4期。
② 参见黄捷：《论审判行为的程序性和科学化》，载《政法论丛学刊》2010年第4期。

"享有"一词1个,共计有174个权利性词汇。其中,针对人民法院的条款和断句,共计涉及171个条文,包含有"应当"一词139个,"必须"一词28个,"不得"一词14个,共计181个义务性词汇;同时包含有"可以"一词83个,"有权"一词12个,"享有"一词0个,共计有95个权利性词汇。另外,还有99处使用了与审判程序相关的"由"字词汇系授权性规则。笔者认为,与审判程序相关的包含"由"字的法律程序规则,从我国民事诉讼法职权主义的特征来看,可以看成是授权性规则,但是从审判程序主要是约束审判主体行为的法定权力的立法目的来看,更适于将上述包含"由"字的法律规则认定为"义务性规则"。

人民法院在民事诉讼中确立的义务性词汇总计181个,约占该法总义务性词汇272个的66.5%,权利性词汇共计95个,约占该法总权利性词汇174个的54.5%,人民法院的权利性词汇(95个)和义务性词汇(181)之比约为52.5%。由此可见,民事审判行为程序是以义务规则为主体构成的规则集合体。① 2012年修改后的《民事诉讼法》增加了26个义务性词汇、18个权利性词汇,删除了6个义务性词汇、3个权利权利性词汇,义务性规则的范围进一步扩大,突出了民事审判行为较强的程序性。

3. 民事审判程序适度是审判程序科学正当不可或缺的要素。

正当程序有两项基本价值目标:一是"任何人不能做自己的法官",要求司法"中立"与"公正";二是"公平听取所有人的陈述",要求"公平"、"平等",这是所有程序活动的最低正义标准。功能完整的法律程序,其程序性、程序度、程序规则彼此关系均应当与其实体性质、实体价值目标相适应,用以满足法律程序存在的价值。否则,该法律程序就有缺陷。当审判主体依据有缺陷的程序开展民事审判活动时,要么参与主体的行为可以溢出程序所限定的时空范围而无所制约;要么审判程序以外的主体可以随意切入程序活动对特定程序主体的意志和行为施加不当影响,最终导致审判程序偏离自己的实体目标,使审判程序成为带病程序,审判结果成为畸形结果。因此,民事审判程序要最大效益地实现程序正义的价值目标,需要审判程序适度。

程序性适度是在判断法律程序已经具有"程序性"的基础上提出的程序性强弱状态。它是一个历史性指标体系,随着社会发展进步,法律程序总的发展趋势是程序性逐步增加,程序设计会越来越密,程序度越来越高,程序规则的数量和质量直接影响到程序性的状态。衡量程序性适度有两个指标:程序的

---

① 参见黄捷:《论适度的法律程序》,载《湖南师范大学学报》2010年第4期。

密度和韧度。①

程序密度指标是程序规则的数量。考量特定的社会活动的法律程序在密度方面是否适度,可以综合特定社会活动的性质、专业属性,活动参与主体的社会性,长期实践活动获得的经验教训等因素。司法审判活动的司法属性和专业属性以及审判主体的特定性决定了其为密度较高的社会活动,如《民事诉讼法》、《刑事诉讼法》关于人民法院审判活动的规定要比其他诉讼主体参与诉讼活动的规定多得多;而民事活动由于只约束双方当事人、一般无专业技术要求,活动主体具有普遍性,因而民事活动大多为授权性规则和任意性规则,属于密度最低的社会活动。在法律规范的表现形式上,对人民法院审判活动的法律规则应当以义务性规则为主,对民事活动的法律规则应当以权利性规则为主。

程序韧度指标是程序规则的质量。韧度较强的法律程序,对外具有较高的防御性,程序编排和运行往往严密而高效,不易受外部因素滋扰和干涉,程序的自我调控能力强。程序主体(如审判人员)在该类程序运行过程中,会感受到不自由、高度紧张和容易疲劳,但纪律强、效率高。韧度较弱法律程序,对外一般具有开放性,其程序规则之间编排松散,程序外的主体容易切入或侵入程序活动(如民事活动)。民事审判活动的司法属性要求程序规则衔接紧密,程序主体无暇且无机会参与其他程序活动,程序高度自闭,因而属于程序韧度较强的法律程序。②

二、民事检察监督的功能

民事审判程序的程序性特征决定了民事审判程序是程序性、密度和韧度较强的封闭性程序。受"重实体轻程序"、"宜粗不宜细"等法律传统思想的影响,我国民事审判行为程序性不足,程序密度不够,韧度不强,以往的民事程序立法显得原则性过强、抽象性过重、操作性较差、程序性不足,司法实务中暴露出同案不同判、一案多判、越权下判、越级审判等弊端,审判主体无法抵御大量"黑客"(如案件当事人对审判主体请客送礼等)的侵入和"病毒"(如审判主体带"病"断案)的攻击,难以达到立法者制定法律程序的初衷。

检察机关是我国宪法规定的法律监督机关,其对民事审判进行监督的基本方式是对生效裁判依法提出监督意见,由人民法院依法启动再审程序,对确有错误的生效裁判进行纠错。显然,民事检察监督本质上是一种程序性监督,是

---

① 参见黄捷:《论审判行为的程序性和科学化》,载《政法论丛学刊》2010年第4期。
② 参见黄捷:《论审判行为的程序性和科学化》,载《政法论丛学刊》2010年第4期。

在尊重审判权、维护司法权威和生效裁判既判力等审判规律的前提下，以检察权监督民事审判权，防止审判主体恣意滥权、维护当事人的合法权利以及国家法制统一的宪政制度安排，天然地担负着对民事审判程序违法的救济与纠错功能。因此，在我国民事审判程序存在诸多"先天"设计（科学化）不足、"后天"环境（审判主体的自由裁量权过宽）不够的情形下，民事检察监督不可或缺、不可替代，结合检察机关法律监督机关的宪法定位，应当说，面对民事审判程序中的"黑客"、"病毒"，民事检察监督是攻击的最好"防火墙"和"杀毒"者。

在司法实践的推动下，最高人民法院《关于适用〈中华人民共和国民事诉讼法〉审判监督程序若干问题的解释》（2008年12月1日），最高人民检察院、最高人民法院《关于对民事审判活动和行政诉讼实行法律监督的若干意见（试行）》（2011年3月10日）等规范性文件以及2012年8月31日第十一届全国人大常委会第二十八次会议通过的《民事诉讼法》第二次修改，着力强化了检察机关的法律监督职能。这次修改共有60处，涉及80多个条文的调整，约占整部法律1/4，与检察监督直接相关的有8条，涉及总则、分则，在监督范围、方式、对象上均有重大修订。在监督原则上，从监督"民事审判活动"到监督"民事诉讼"（包括执行监督）；在监督方式上，从单一的抗诉发展为抗诉、再审检察建议、检察建议、纠正违法通知等多种监督手段并行的多元化监督格局；在案件来源上，从检察机关自行"发现"生效民事裁判错误，到当事人可以依法申请检察机关抗诉；在抗诉对象上，从对生效民事裁判抗诉，到可以对调解书抗诉；在监督范围上，从对生效裁判的案件监督，到对审判监督程序以外的其他审判程序中审判人员的违法行为的监督，把对案监督与对人监督相结合。对于适用检察监督手段的标准，或者说启动民事检察监督程序的标准，总体上讲，笔者以为，除了按照民事诉讼法的规定，抗诉要求由上级检察机关提出、再审检察建议由同级检察机关提出的层级监督外，检察机关具体采取何种监督方式，还是取决于被监督对象违法行为的严重程度、对司法公正、司法权威的破坏性程度以及违法行为的时效性。就审判程序违法而言，如果审判行为违反的法定程序涉及程序正当性价值判断，即违反了最低的自然正义要求的基本程序，如审判组织组成不合法或者审判主体应回避未回避，剥夺当事人充分表达自己意见的诉权、辩论权、申请调查取证权等基本诉权，违反不告不理原则等严重程序违法行为，应当采取抗诉或者再审检察建议的"全面杀毒"监督方式启动再审程序；如果审判行为违反的法定程序不涉及程序正当性价值判断，仅为纯技术性法律程序，但可能影响案件公正判决的，也应当采取抗诉或者再审检察建议的监督方式启动再审程序；如果审判行为程序违法不涉及程序正当性价值判断，对于案件判决也没有影响的，应当采取检察建议、纠正违法通知等"部分杀毒"的监督方式，这类监督方式一般不能救济案件本身，重点在于对审判机关在以后的审判活动起到"敬畏"之情。

三、民事审判程序的检察监督标准及方式选择

民事审判程序的检察监督标准，实际上也就是运用检察监督方式对违法的民事审判程序进行监督纠错的最低限度，简单地说就是《民事诉讼法》第200条、第208条第3款（第235条为执行程序监督，不是本案的论述范围）的程序违法条件。但从民事检察监督方式的多元化出发，为了更好地平衡纠正错误裁判、尊重审判规律、尊重当事人处分权之间的关系，对于不同的民事检察监督方式，应当进一步细化其具体的适用标准。如前所述，总体而言，对案的监督中，抗诉与再审检察建议的监督方式，由于其要求全面否定原审判程序，因此其标准应确定为原审判程序违反了最低的自然正义要求，包括违反了"每个人不能做自己的法官"与"公平听取所有人的陈述"原则。纠正违法通知、检察建议的监督方式，由于其不必全面否定原审判程序，而只是"头痛医头"、"脚痛医脚"，因此其标准应确定为原审判程序只是违反了技术性的民事审判程序，对审判结果也无影响，不涉及程序的基本价值判断，但该类监督对之后的审判行为有良性引导作用。当然，具体的民事审判程序检察监督标准及方式选择，因具体情形不同仍需具体斟酌。下面以现行《民事诉讼法》第200条4、5、7至11项，第208条第3款的规定为线索，对上述标准在司法实践中的具体把握详述之：

1. 关于"原判决、裁定认定事实的主要证据未经质证的"监督标准与方式选择。

关于证据质证的审判程序规定主要有《民事诉讼法》第68条"证据应当在法庭上出示，并由当事人互相质证"，最高人民法院《关于民事诉讼证据的若干规定》第47条"证据应当在法庭上出示，由当事人质证。未经质证的证据，不能作为认定案件事实的依据"。质证主要是合议庭组织当事人双方围绕证据的"三性"，即真实性、关联性、合法性，发表意见的审判活动，是当事人行使诉权的重要内容。通过质证程序，法官对证据的真伪、证明力有无及大小作出认定，进而形成对案件事实的认定，其中主要证据的采信将直接决定案件基本事实的认定。如果判决、裁定认定事实的主要证据未经质证，审判组织就未充分保障当事人的基本诉权，未"公平听取所有人的陈述"，违反了最低的自然正义要求，检察机关应当以抗诉或者再审检察建议启动再审程序。

值得说明的是，尽管未经质证的主要证据也可能是真实的，但不能以追求所谓的客观真实为由牺牲"公平听取所有人的陈述"最低自然正义的程序正当性价值。当然，对于与认定案件基本事实关系不大的非主要证据，即使人民法院未组织质证，也不宜采取启动再审程序的监督方式，而是可以提出相应的检察建议，指出人民法院审理中的违法之处。此外，应当注意"未经质证"与"拒绝质证"不是同一概念。"拒绝质证"是在人民法院按审判程序组织双方当事人进行质证的过程中，一方当事人对另一方当事人提出的证据主动放弃质证的诉权；"未经质证"则是人民法院未组织双方当事人进行质证，剥夺了当事人在民事审判活动中享有的对证据进行质证的诉讼权利。司法实践中，在依法组织的缺席审判程序中，被告或者反诉被告经传票传唤无正当理由拒不到庭，已放弃参加诉讼、质证、辩论的诉讼权利，原告或者反诉原告提供的证据因对方当事人缺位而质证不能。对此，人民法院依法定程序作出缺席判决，检察机关不得以主要证据未经质证为由抗诉。同时，对于民事诉讼中存在多个诉讼主体的，包括有独立请求权的第三人和无独立请求权的第三人，在质证活动中，审判组织应当充分听取任何一方诉讼主体的质证意见，诉讼主体的质证权未予保证的，都属于未经质证的范围。

2. 关于"对审理案件需要的主要证据，当事人因客观原因不能自行收集，书面申请人民法院调查收集，人民法院未调查收集的"监督标准与方式选择。

最高人民法院《关于适用〈中华人民共和国民事诉讼法〉审判监督程序若干问题的解释》虽未将该项归入程序违法之列，但根据《民事诉讼法》第64条第2款规定："当事人及其诉讼代理人因客观原因不能自行收集的证据，或者人民法院认为审理案件需要的证据，人民法院应当调查收集"，依申请调查收集证据是法律赋予人民法院对于超出当事人举证能力范围的事实的查证职责，不涉及当事人实体权利处分，应属于民事审判程序的组成部分。根据该规定，负有举证责任的一方当事人因客观原因不能自行收集证据而向人民法院提出申请时，人民法院负有收集该部分证据的作为义务。因此，该规定属于义务性程序规则。人民法院对此不作为的，实际上剥夺了当事人申请查明案件事实的诉权，是违反最低自然正义的严重程序违法行为，检察机关可以采取抗诉或者再审检察建议方式进行监督。

司法实践中，检察机关以人民法院未依申请收集证据提出抗诉或者再审检察建议，应当同时具备三个条件，即实质要件、客观要件和形式要件。实质要件是所申请收集的证据是审理案件需要的证据，结合上文关于未予质证证据的抗诉事由规定，所申请收集的证据还应是涉及案件基本事实认定所必需的证据；客观要件是当事人系基于客观原因不能自行收集证据，需由人民法院行使公权力据以查证，如果当事人系由于主观原因而申请，则不属于此情形；形式要件则是当事人应当在举证期限届满前 7 日向人民法院书面申请调查取证，当事人以口头方式或迟于举证期限届满前 7 日向法院申请调查取证，人民法院未举证查证责任的，不符合形式要件。

3. 关于"违反法律规定，管辖错误的"监督标准与方式选择。

最高人民法院《关于适用〈中华人民共和国民事诉讼法〉审判监督程序若干问题的解释》第 14 条规定：违反专属管辖、专门管辖规定以及其他严重违法行使管辖权的，人民法院应当认定为《民事诉讼法》第 179 条第 1 款第 7 项规定的"管辖错误"。管辖包括地域管辖和级别管辖，地域管辖又包括专属管辖和专门管辖。"专属管辖"是指《民事诉讼法》第 34 条规定的因不动产纠纷、港口作业中发生的纠纷和继承遗产纠纷而提起的诉讼的管辖。"专门管辖"是特定的一审民事案件按照法律特别规定由专门法院管辖。我国专门法院有铁路法院、军事法院和海事法院三类，分别由铁路法、军事法、海事法作出相应规定。"其他严重违法行使管辖权"主要是指没有任何管辖上的连接点而行使管辖权的情形。笔者以为，关于管辖的程序规定，从属性上看应为技术性程序性规定，违反管辖规定，不必然损害程序应有的最低自然正义标准。因此，对于违反管辖规定的审判程序违法，应同时考查其是否导致了不公正的审判结果。根据《民事诉讼法》第 127 条之规定，当事人未提出管辖异议，并应诉答辩的，视为受诉人民法院有管辖权，但违反级别管辖和专属管辖规定的除外，新法赋予当事人对管辖错误一定的处分权。如果管辖错误没有影响公正审判，则可以检察建议方式，指出原审审判中的违法之处，需要追究有关人员法律责任的，还可就此进行司法人员渎职行为调查，追究相关人员法律责任，但不一定提出抗诉或者再审检察建议。如果案件还未作出裁判，检察机关可以在审判机关作出裁判前发出检察建议或纠正违法通知，纠正违法审判行为。

4. 关于"审判组织的组成不合法或者依法应当回避的审判人员没有回避的"监督标准与方式选择。

关于审判组织和回避制度的程序规定，主要来自《民事诉讼法》第三章、第四章以及最高人民法院关于审判组织、回避制度相关司法解释的规定，是对审判人员在民事审判程活动中身份的约束，属于义务性程序规则，体现了民事审判程序要最大效益地实现"每个人不能做自己的法官"所追求的程序正义价值目标，违反这一规定，应当通过抗诉或者再审检察建议进行监督。

具体到司法实务中，根据《民事诉讼法》第 39 条的规定，一审案件的审判组织中至少应有一名审判员，且审判组织的组成人数必须是单数，但没有像刑事诉讼法一样限定人数多少，只要是 3 人及以上的单数就不违反法定程序，

512

简易程序只能由审判员独任审理,这说明民事审判程序相对于刑事审判程序自由度稍高一些。该法第40条规定"人民法院审理第二审民事案件,由审判员组成合议庭。合议庭的成员人数,必须是单数。发回重审的案件,原审人民法院应当按照第一审程序另行组成合议庭。审理再审案件,原来是第一审的,按照第一审程序另行组成合议庭;原来是第二审的或者是上级人民法院提审的,按照第二审程序另行组成合议庭",由于二审程序一般不涉及对证据的质证等事实问题的审查,要求审判组织具有更高的专业知识,因此二审程序只能由审判员组成合议庭,陪审员不能成为二审合议庭成员。我国《民事诉讼法》第44条明确规定了审判人员应当回避的情形,即使当事人没有提出回避申请,审判人员亦应主动回避。设置回避制度的主要目的在于通过技术性措施保持审判人员作为中立裁判者的立场,确保公正审判,同时,它还承担着为审判人员减轻责任负荷的作用,使法官免受人伦亲情与司法公正理念的双重压力,是程序正义的最低正义标准,一旦违反上述规定,检察机关无须对实体判决的公正性作出评判即可直接以程序违法提出抗诉或者再审检察建议。

但对于依法应当回避的书记员、翻译人员、鉴定人、勘验人而没有回避的情形能否成为抗诉事由法律未作规定,笔者认为,根据《民事诉讼法》第44条第3款"前款规定,适用于书记员、翻译人员、鉴定人、勘验人"之规定精神,这些人员对于案件的审理或者事实的认定有着重要影响,是"每个人不能做自己的法官"的价值理念要求的必要延伸,因此,如果其应当回避而未回避,检察机关应当以抗诉或再审检察建议方式进行监督。

5. 关于"无诉讼行为能力人未经法定代理人代为诉讼或者应当参加诉讼的当事人,因不能归责于本人或者其诉讼代理人的事由,未参加诉讼的"监督标准与方式选择。

参加诉讼是民事诉讼当事人最重要、最基本的一项诉讼权利,是当事人依法陈述的前提所在,审判组织必须充分保证当事人参加诉讼的基本诉讼权利,因此该类审判程序规则也都属于义务性程序规则。我国《民事诉讼法》第125条至第128条、第132条对此进行了规定。审判组织非法剥夺当事人参加诉讼的权利,就不能听取当事人的陈述,因此其实质是违背了最低自然正义之"公平听取所有人的陈述"所追求的"公平"价值,属于严重程序违法行为,检察机关应当以抗诉或者再审检察建议监督方式进行监督。

《民事诉讼法》第57条规定,无诉讼行为能力人由他的监护人作为法定代理人代为诉讼。法定代理是基于亲权关系为了维护无诉讼行为能力人的合法权益而由法律直接规定的代理制度,法定代理人在诉讼中的法律地位相当于无诉讼行为能力人本人。审判人员非法剥夺无诉讼行为能力人的法定代理人参加诉讼的权利，实际上剥夺了无诉讼行为能力人本人参加诉讼的基本权利，构成严重程序违法。当然，如果法院通知了其法定代理人，但法定代理人无正当理由未出庭，则属于当事人放弃诉讼权利，而不构成程序违法。

"应当参加诉讼的当事人，因不能归责于本人或者其诉讼代理人的事由而未参加诉讼"的情况，除了因人民法院未依法送达等原因导致当事人未参加诉讼的以外，值得注意的是必要共同诉讼的部分当事人没有参加诉讼的情况。在必要共同诉讼中，由于诉讼标的是共同的，当事人必须共同起诉或者共同应诉，若未一同起诉或应诉，人民法院应当依法追加。如果因为人民法院未依法追加而导致部分必要共同诉讼人未参加诉讼，检察机关应当以抗诉或者再审检察建议的方式进行监督。司法实践中，如因原告提供错误住址（包括故意写错或被告住址已搬迁）导致被告未收到传票因而未参加诉讼的，能否抗诉，目前未有定论。笔者以为，该类情形系基于一方当事人的原因导致客观上剥夺了另一方当事人的诉讼权利，但依法通知被告应诉是人民法院的职责所在，如果原告提供的住址有误，人民法院应当穷尽其他送达方式，否则即构成对"公平听取所有人的陈述"的最低自然正义价值的损害，检察机关应当以抗诉或者再审检察建议的方式进行监督。

6. 关于"违反法律规定，剥夺当事人辩论权利的"监督标准与方式选择。

辩论权是当事人参加民事诉讼的一项最基本、最重要的诉讼权利。我国《民事诉讼法》第12条明确规定"人民法院审理民事案件时，当事人有权进行辩论"，辩论原则亦成为民事诉讼的一项基本原则。剥夺当事人的辩论权利，同样违背了设置民事诉讼程序所要达到的最低正义标准之"公平听取所有人的陈述"所追求的"公平"价值，检察机关应当采用抗诉或者再审检察建议的监督方式进行监督。

剥夺当事人的辩论权主要情形包括：一是在案件审理前的准备阶段，人民法院没有告知被告有权提出答辩状。《民事诉讼法》第125条规定，人民法院应当在立案之日起5日内将起诉状副本发送被告，被告在收到之日起15日内提出答辩状。被告不提出答辩状的，不影响人民法院审理。是否提交答辩状是当事人诉讼权利，但是人民法院没有告知被告有权进行书面答辩的，就是剥夺被告的辩论权，但是被告方在法庭辩论阶段主张权利并提出答辩意见的，视为审判组织已允许被告方行使辩论权，不认为剥夺当事人的辩论权。二是人民法院在开庭审理阶段没有按照《民事诉讼法》第141条规定的辩论程序组织诉讼当事人进行辩论，直接在法庭调查之后径行作出裁判的，未充分保障当事人发表意见、相互辩论的权利。

7. 关于"未经传票传唤，缺席判决的"监督标准与方式选择。

传票传唤是保证当事人出庭应诉主张权利或提出答辩意见的法定程序，是当事人参加诉讼权利的程序保障，是人民法院组织民事诉讼的一项重要义务。《民事诉讼法》第 136 条、第 137 条、第 143 条至第 145 条对审判组织传票通知当事人出庭应诉以及缺席判决的条件作了明确要求，审判组织违反上述程序规定未经传票传唤的，违反的是涉及程序价值判断的基本程序规则，损害了"公平听取所有人的陈述"所追求的"公平"价值，因此检察机关应当采用抗诉或者检察建议的监督方式进行监督。实务中出现的非公告送达的情况下，人民法院没有在开庭前 3 日以传票传唤当事人参加庭审，就在当事人未到庭的情况下作出缺席判决的，属于未经传票传唤而缺席判决，检察机关可以抗诉或提出再审检察建议。

8. 关于"原判决、裁定遗漏或者超出诉讼请求的"监督标准与方式选择。

原告提起民事诉讼必须有具体的诉讼请求、事实和理由，且应当在起诉状中予以列明。当事人对自己的诉讼请求或抗辩有责任提供证据加以证实。人民法院应当根据举证责任分配规则，通过组织双方当事人质证，判断双方当事人所提供的证据是否足以采信，以此作出是否支持当事人诉讼请求的民事裁判。人民法院没有对当事人提出的全部或部分诉讼请求进行法庭调查、法庭辩论，或者在裁判中遗漏或超出了当事人诉讼请求的审判行为，都是审判组织漏判或多判的重大失职行为。因为遗漏诉讼请求，构成剥夺原告就该项请求要求司法裁判的权利，超出诉讼请求则剥夺了双方当事人就该裁判事项进行辩论的权利，二者均违反了不告不理的司法原则，其实质均是损害了"公平听取所有人的陈述"所追求的"公平"价值，属于严重程序违法。

司法实践中，基于民事诉讼的私权纠纷性质，检察机关以抗诉或再审检察建议方式进行监督应当考虑当事人的处分权。如果超出诉讼请求作出的裁判得到双方当事人的认可且负有义务一方当事人未提出异议的，不承担义务一方当事人无权申请再审，检察机关也应当基于当事人的处分权维护人民法院生效裁判的既判力。当事人处分原则不仅是人民法院审理民事案件的一个原则，也是仲裁机构仲裁民事案件的准则。依照我国法律的规定，如果仲裁裁决的事项不属于仲裁协议的范围或者仲裁委员会无权仲裁的，人民法院可以裁定不予执行，当事人可以向仲裁委员会所在地的中级人民法院申请撤销该仲裁裁决。有一点需要明确的是：人民法院或者仲裁机构在当事人的诉讼请求之外认定合同无效，不属于超出当事人的诉讼请求，而是体现了国家对违反法律强制性规定以及公序良俗交易行为的干预。例如，某杂志社为某饭店制作的广告中出现了赌博的内容，后因为该饭店未支付全部广告费，该杂志社将该饭店告上了法庭。人民法院在审理该案件时，认定双方的合同违反了广告法不得作赌博广告的强制性规定，从而判决双方的广告合同无效，并判决将杂志社已收取的部分广告费予以没收并上缴国库。本案中法院的裁判虽然不在当事人诉讼请求范围之内，但不构成审判程序违法。此外，不少判决书以兜底判项判决"驳回原告的其他诉讼请求"，但未在"本院认为"部分就驳回的诉讼请求进行说理，对此，应当认定为遗漏当事人诉讼请求的情形。

9. 关于"对审判监督程序以外的其他审判程序中审判人员的违法行为"监督标准与方式选择。

新法修改时将2007年修订的《民事诉讼法》第179条第2款"人民法院在审理案件时有其他违反法定程序的情形"删除，本款属于涉及价值性判断的审判程序规则之外其他违反法定程序规则的情形。这些程序规则基本上都属于技术性程序规则，规则本身并不包含程序价值判断，但因违反该类技术性程序规则而涉及当事人正当诉讼权利行使，最终可能影响案件公正裁判的，这种违法行为通常会发生在审判活动中或者审判活动结束后，检察机关的法律监督一般包括诉中的程序监督和诉后的程序监督，笔者以为对该类违法行为适宜采用对人的监督模式，即适用《民事诉讼法》第208条第3款的规定，对审判人员的违法行为向同级人民法院发出一般检察建议或者纠正违法通知。对于诉中的监督，如对审判人员对当事人的起诉应当受理逾期不送达受理通知书的程序违法行为，通过检察监督使民事审判程序回归正轨，这种监督可以达到对审判人员、对案件本身同时纠错的法律效果；对于诉后的监督，基于对生效裁判既判力的尊重，案件本身纠错已无实际意义，通过检察监督只能对审判人员违法行为的确认和处分达到类案监督的法律效果，对以后类似审判行为的"以儆效尤"。比如：人民法院将起诉状、受理案件通知书、应诉通知书送达给被告，送达人员、被告在送达回证上签收或者未由两人以上的审判人员送达的，都是违反送达程序规则的违法行为。如果被告出庭应诉并提出答辩意见的，审判组织送达法律文书所涉及的被告享有的答辩权、应诉权、举证权并未剥夺，对案件的公正裁判没有实质影响，对于这种情形的违反法定程序的审判行为，检察机关不宜采用抗诉或再审检察建议的监督方式进行监督，而适宜采用较为灵活的发出一般检察建议或者纠正违法通知的检察监督方式。但是如果因为人民法院送达程序有瑕疵导致被告未提出答辩意见或者超过举证时限提出证据未被采信的，实质上剥夺的是被告依法享有涉及程序价值判断的答辩权、举证权，可能影响到案件的公正裁判，检察机关应当采用抗诉或再审检察建议监督方式。

10. 关于特别程序、公示催告程序、执行程序的法律监督。

关于特别程序、公示催告程序是否应当纳入检察监督范围，现行民事诉讼法没有明确规定。但修改后的《民事诉讼法》第235条,明确了检察机关对人民法院执行程序的检察监督,但对执行程序的监督方式、监督条件均未作具体规定。笔者认为,按照《民事诉讼法》第14条规定的"人民检察院有权对民事诉讼实行法律监督",检察机关对民事审判活动的监督应当是全方位的监督,特别程序、公示催告程序是与第一审普通程序、第二审程序并行的审判程序,都属于人民法院组织的审判活动,基于检察机关法律监督机关的宪法定位和法律授予检察机关的法律监督职责,检察机关对于违反特别程序、公示催告程序的审判行为应当进行法律监督,具体的检察监督方式取决于该审判程序自身的特点。对于可以适用再审程序进行救济的特别程序,包括宣告失踪、宣告死亡、认定公民无民事行为能力、限制民事行为能力、认定财产无主等特别程序案件,如果确有错误,检察机关可以抗诉或检察建议的方式进行监督;对于本身不适用再审程序的特别程序案件,如选民资格案件、督促程序案件以及公示催告程序案件,如果确有错误,检察机关可以检察建议的方式提出类案监督意见。

(本文荣获女检察官学习贯彻落实"两法"征文活动一等奖)

对民事抗诉中"新证据"的若干思考

米 蓓[*]

2012年8月31日,第十一届全国人大常委会第二十八次会议通过了全国人民代表大会常务委员会《关于修改〈中华人民共和国民事诉讼法〉的决定》。修改后的民事诉讼法仍将"有新的证据,足以推翻原判决、裁定"作为再审和抗诉事由之一,但对"新证据"的认定标准、涉新证据抗诉案件的审查、检察机关的调查核实权等未作具体细化规定,导致现有法律、司法解释之间的冲突未能解决,实践中涉新证据抗诉案件办理质量不高。本文通过梳理现行法律和司法解释对"新证据"的规定,分析了当前以"新证据"为由提起抗诉存在的问题,对完善涉新证据抗诉案件办理机制提出了粗浅的建议。

一、"新证据"纳入抗诉事由的合理性

1991年民事诉讼法只将"新证据"作为当事人申请再审的事由之一,而排除在抗诉事由之外,2007年修改的民事诉讼法则将该事由同时作为再审和抗诉事由,2012年新修订的民事诉讼法同样将"有新的证据,足以推翻原判决、裁定"作为法定抗诉事由之一,其立法本意在于不论是裁判当时的证据还是裁判之后出现的证据,只要能证明原裁判确有错误,即可纳入抗诉监督范围,着眼于更广泛意义上的司法公正,切实体现了抗诉制约裁判权的监督属性。[①] 在办理涉新证据的抗诉案件中,检察机关通过审查判断、调查取证,发现了法院在审判过程中的疏漏和错误,以新证据为由提起抗诉,维护了当事人的合法权益和国家法律的正确统一实施,取得了良好的法律效果和社会效果。

(一)将"新证据"纳入抗诉事由,符合中国司法领域一直奉行的"有错必纠"原则

所谓有错必纠,是指在司法过程中,如果产生了错误裁判,就应当予以纠

---

[*] 作者单位:最高人民检察院法律政策研究室。
[①] 参见王水明:《民事抗诉事由解析》,载《法治研究》2008年第7期。

正，同时应当提供司法制度和司法程序上的保障。有错必纠是人类认识事实真相、追求科学真理的必然手段，任何"冤假错案"得以平反昭雪，都是缘于我们"有错必纠"的司法情结。① 虽然在原有证据的基础上对案件作出的裁判符合证据规则和法律原则，但是"新证据"的出现能够证明原审认定的事实与案件客观事实不符，在此基础上作出的裁判必然存在错误和偏差。这种情况下，我们的态度取向至关重要，它直接涉及司法是坚持"求真"还是维护"错误"。"有错必纠"为我们传统的价值观念、思维方式所理解与接受，同时，"有错必纠"也是法治建设必须尊崇的规律，可以说，我国民事诉讼检察监督制度的重要任务就是在民事诉讼活动中贯彻和落实"有错必纠"的法律规律。② 因此将"新证据"纳入抗诉事由，迎合了社会公众对"有错必纠"的强烈诉求，符合我国法制传统中"有错必纠"的司法原则。

（二）将"新证据"纳入抗诉理由，符合现阶段广泛存在的对实体正义的价值追求

随着西方法律观念的传播和我国法治建设的不断深入，法律界对程序正义的呼声越来越高，由此产生了程序本位主义，认为程序正义决定着实体正义，程序正义是眼前的正义，是可靠的正义，是可以依赖的正义，是优先于实体正义并说明、解释和决定实体正义的正义。③ 笔者认为，由于我国的司法理论和司法实践中长期以来形成了"重实体、轻程序"的现象，导致程序违法行为不断发生，严重损害当事人的利益，程序正义应当在我国的司法改革和法治建设中获得越来越高的地位，因为"迟到的正义就是非正义"。但是，实体问题直接关系到当事人利益的予夺和重新分配，如果处理不公，即使程序再严谨、完美，当事人也不会信服。④ 正由于在社会民众心中长期存在"重实体"的司法观念，在目前的司法环境下，一个案件如果被证明在实体上存在裁判不公，即使其在审判程序上给予了当事人充分的保护，也不能为当事人甚至社会公众所接受。如果在裁判发生效力之后出现的新证据能够证明原审裁判在实体上的错误，那么就应当赋予当事人救济的机会和渠道。笔者调研发现，目前当事人申诉所提交的"新证据"大多都是证明案件事实与原审认定的事实不符，如果这些"新证据"成立并具有证明力，那么原审裁判就或多或少存在实体不

---

① 参见张文志等：《民事诉讼检察监督论》，法律出版社2007年版，第24~25页。
② 参见张文志等：《民事诉讼检察监督论》，法律出版社2007年版，第24页。
③ 参见汤维建：《民事诉讼法全面修改专题研究》，北京大学出版社2008年版，第7页。
④ 参见童建明：《加强诉讼监督需要把握好的若干关系》，载《国家检察官学院学报》2010年第5期。

公正。将"新证据"纳入抗诉事由，能够纠正实体裁判的错误，给予当事人权利救济，保障当事人的合法权益，符合民事诉讼制度对实体正义的价值追求，也是在当前社会公众对实体正义存在特殊偏好的现实下，解决"申诉难"的有效措施。

二、当前以"新证据"为由提起抗诉存在的问题

新民事诉讼法对法院再审制度和检察监督制度进行了改革和完善，但对再审和抗诉事由之一的"新证据"未作任何改动，仍然采取"足以"推翻原判决、裁定的标准，并且新民事诉讼法实施已近10个月，相关司法解释仍未出台，如何对"新证据"进行审查判断没有统一标准，导致实践中以"新证据"为由提起抗诉存在困境。

（一）立法方面的问题

1. 现行法律和司法解释对以"新证据"为由提起抗诉的标准规定过于笼统

根据民事诉讼法第200条和第208条的规定，将"有新的证据，足以推翻原判决、裁定的"作为检察机关抗诉理由之一，但相关法律对"新的证据"的证明力要达到什么程度才"足以"推翻原判决、裁定没有具体界定。笔者认为，"足以"本身就是一个不确定的概念，具有很强的主观性，不同的人对此的理解和评判标准可能千差万别，因此，在实践中检察机关对"足以推翻原判决、裁定"的标准很难把握，极易出现随意扩大抗诉范围的情况。

2. 现行法律和司法解释对"新证据"的规定存在冲突

最高人民法院《关于民事诉讼证据的若干规定》（以下简称《证据规定》）第44条规定："《民事诉讼法》第一百七十九条第一款第（一）项规定的'新的证据'，是指原审庭审结束后新发现的证据。"

最高人民法院《关于适用〈中华人民共和国民事诉讼法〉审判监督程序若干问题的解释》（以下简称《审监程序解释》）第10条对"新的证据"予以了进一步明确：对于"（一）原审庭审结束前已客观存在庭审结束后新发现的证据；（二）原审庭审结束前已经发现，但因客观原因无法取得或在规定的期限内不能提供的证据；（三）原审庭审结束后原作出鉴定结论、勘验笔录者重新鉴定、勘验，推翻原结论的证据；（四）当事人在原审中提供的主要证据，原审未予质证、认证，但足以推翻原判决、裁定的"，均可认定为新证据。

继《审监程序解释》出台后，最高人民法院随即于2008年12月11日发

布了《关于适用〈关于民事诉讼证据的若干规定〉中有关举证时限规定的通知》(以下简称《举证时限通知》),其中第 10 条对如何认定新证据作出了规定。按照该条的规定,法院在识别是否为新证据时,应当考虑两个因素:一是证据是否在举证期限或者《证据规定》第 41 条、第 44 条规定的其他期限内已经客观存在;二是当事人未在举证期限或者司法解释规定的其他期限内提交证据,是否存在故意或者重大过失的情形。

对于《审监程序解释》中第 4 种情形,如果证据是当事人在原审中已经提出的因超过举证期限而未被质证的证据,按照《审监程序解释》的规定,此类证据是可以视为新证据的。那么,《举证时限通知》与《审监程序解释》设定的新证据的标准就存在着实质性的差异。按照《举证时限通知》的规定,当事人超过举证期限提交证据如果主观上存在故意或重大过失,该证据不能成为新证据,存在着被失权的可能,而按照《审监程序解释》的规定,只要是该证据能够推翻原审裁判,不管当事人在原审中因何种原因未能在举证期限内提交,都可以作为新证据启动再审。① 由此可以看出,司法解释对"新证据"的界定存在矛盾之处,这必然会导致实践中对"新证据"的判断和认定产生混乱。

3. 现行法律和司法解释对"新证据"界定的范围过窄

《审监程序解释》对"新证据"界定了四种情形,其中第三种情形将作为新证据的鉴定意见、勘验笔录严格限定在由原作出鉴定意见、勘验笔录者重新作出的范围之内,以此规定,原审庭审结束后由其他鉴定机构重新鉴定作出的鉴定意见不属于新证据。然而,在实践中却大量存在申诉人重新委托鉴定后以鉴定结论作为新证据向检察机关申诉的情形。笔者认为,如果按照《审监程序解释》的规定,将此类证据排除在新证据之外,当事人既不可能以"新的证据"另案起诉(法院很可能会以一事不再理驳回起诉),又不能通过法院对生效判决的自身补正来改变原有判决,当事人的合法权益会面临着因为当时证据不足得不到法律的保障和救济,而在重新获得充足"新证据"的情况下仍然救济无门的境地。② 如果因为此类证据不符合《审监程序解释》规定的新证据情形而无法提起抗诉,从而使存在实体错误的判决得不到纠正,不仅不符合公众正义观,而且也有悖诉讼制度设立的根本目的和

---

① 参见李浩:《民事诉讼法典修改后的"新证据"——〈审监解释〉对"新证据"界定的可能意义》,载《中国法学》2009 年第 3 期。

② 参见陶明、郭锐:《民事抗诉中"新的证据"的界定》,载《中国检察官》2010 年第 2 期。

最终价值追求。

(二) 实践方面的问题

1. 对新证据是否符合相关司法解释确立的标准审查不严

根据相关法律和司法解释的规定,民事诉讼法第 200 条规定的"新的证据"应属于以下几种情形:(1) 原审庭审结束前已客观存在庭审结束后新发现的证据;(2) 原审庭审结束前已经发现,但因客观原因无法取得或在规定的期限内不能提供的证据;(3) 原审庭审结束后原作出鉴定结论、勘验笔录者重新鉴定、勘验,推翻原结论的证据;(4) 当事人在原审中提供的主要证据,原审未予质证、认证,但足以推翻原判决、裁定的。

实践中,检察机关在审查申诉人提交的"新证据"时,并没有严格审查该"新证据"是否属于以上几种情形,尤其是对于当事人在原审中没有提交过的证据,不问证据出现的时间和当事人在原审中没有提交的原因,只要是当事人在原审中没有提交过的证据,无论是"新发现"[①] 的还是"新形成"的,检察机关都一律认定为新证据。例如:某市人民检察院农行某支行借款合同纠纷申诉案中,申诉人提供了 2002 年 4 月 16 日《债务逾期催收通知书》、2003 年 3 月 20 日就该笔借款第一次起诉的资料和 2005 年 12 月 15 日撤诉并达成还款协议的资料,以此作为"新证据"向检察机关申诉。而申诉人该案一审起诉时间为 2006 年 9 月 6 日,申诉人提交的一系列"新证据"在其起诉前就客观存在,并且按照常理其也应当知晓并能够在原审中提供,但当事人在原审中并没有提供,而是在申诉时才提交。笔者认为,对于此类证据不应认定为"新证据",因为这些证据是原审庭审结束前就已存在,当事人应当知晓并且能够提供的,其不符合法律规定的新证据的情形。但该市检察机关将申诉人提交的该一系列证据认定为新证据并以此提出抗诉。这种对新证据认定的不严格,将导致抗诉程序启动的随意性,从而影响法院生效判决的既判力和动摇司法机关的权威。

2. 对申诉人提交的新证据,缺乏对证据的真实性、合法性和关联性的审查

实践中,以证人证言作为新证据申诉的占较大比例。证人证言属于言词证据的范畴,是证人对案件有关情况感知的陈述,具有不可避免的主观性,极易

[①]《审监程序解释》中第 1 种情形可界定为"新发现"的证据,第 2 种情形可界定为"新取得"的证据,第 3 种情形可界定为"新形成"的证据,但以鉴定结论和勘验笔录两种证据形式为限。参见李浩:《民事诉讼法典修改后的"新证据"——〈审监解释〉对"新证据"界定的可能意义》,载《中国法学》2009 年第 3 期。

受到证人主观因素和其他人误导的影响，导致与客观事实不符，因此其证明力一般要弱于其他种类的证据。在法院审判中，对证人证言的证明力，通常是通过证人出庭接受询问和当事人间的质证来予以确认。但是，由于修改前民事诉讼法没有授予检察机关组织当事人听证质证的权力，修改后民事诉讼法虽规定检察机关可以向当事人或者案外人调查核实有关情况，但没有明确规定组织当事人听证质证的程序，因此，检察机关在审查证人证言作为新证据申诉的案件时，对于申诉人提交的证人证言，通常未审查其是否符合证据的"三性"而直接予以认定，并以此向人民法院提出抗诉，使得检察机关在新证据的认定上显得过于草率。例如：某市人民检察院江某某中介服务费申诉案中，证人黄某某在原审庭审中证明当事人争议欠条中的费用为"信息费"，法院最后也认定该笔费用为"中介费"，而申诉人申诉时又提供同一证人黄某某的证言证明争议费用为欠条上载明的"租赁费"。对于同一证人作出的与此前证言矛盾的证言，检察机关未审查其真实性而直接认定，认为其足以推翻原判决认定的事实，并以此作为抗诉理由之一向人民法院抗诉，而法院再审后并未采纳检察机关认定的"新证据"。这种对证据真实性、合法性和关联性的审查不严格，将导致检察机关对案件事实认定的偏误和对案件是否符合抗诉条件判断失当，从而错误地提起抗诉启动再审，不仅浪费司法资源，而且影响检察机关作为法律监督者的形象。

3. 检察机关调查取证和委托鉴定没有统一的程序规范

对于检察机关在民事检察监督活动中的调查取证权和委托鉴定权一直存在较大争议，修改后民事诉讼法虽赋予了检察机关向当事人或者案外人调查核实的权力，但没有具体的程序规范，检察机关的委托鉴定权则未予规定。最高人民检察院至今尚未出台相关司法解释对检察机关的调查取证权和委托鉴定权予以规范。然而实践中，检察机关进行调查取证和委托鉴定的情况大量存在，并且检察机关调取的证据和委托鉴定的鉴定结论确实能够证明原审判决的错误，检察机关的调查取证权和委托鉴定权对于监督民事审判活动、纠正错误裁判具有积极的作用。但是笔者也发现，由于法律和司法解释没有对检察机关调查取证权和委托鉴定权作出明确且详细的规定，导致不同检察院在调查取证和委托鉴定中做法极不统一。如在调查取证和委托鉴定的启动方面，有的检察院是依申诉人的申请启动，而有的检察院是依职权启动。同时在调查取证和委托鉴定的具体程序方面，如调查取证和委托鉴定的决定权由谁行使、调查取证的范围、人员、措施和委托鉴定中鉴定机构的选择、鉴定材料的提交等，都没有统一的程序规则可供遵循，实践中各有各的做法，也没有形成统一规范的材料对其调查取证和委托鉴定的过程和结果予以记载。由此可见，在调查取证权和委托鉴定权的行使中，检察机关具有较大的自由空间，这就很可能会导致检察机关对权力的滥用，不仅不能起到纠正错误判决、维护合法权益的作用，而且极易造成新的司法不公和司法腐败。

三、对完善"新证据"抗诉案件办理机制的思考

"新证据"作为抗诉事由有着积极的意义，但由于法律和司法解释对"新证据"的规定存在模糊和冲突，导致实践中涉新证据抗诉案件的办理标准不一，操作混乱。因此，有必要完善涉新证据抗诉案件办理机制，促进检察机关依法正确履行法律监督职责。

（一）制订人民检察院对"新证据"的认定标准

目前，人民检察院涉新证据抗诉案件的审查主要参考适用最高人民法院的相关司法解释，但最高人民法院的司法解释主要解决的是法院审判工作中具体应用法律、法令的问题，① 属于对审判权行使的规范；检察权由于权力的制度价值、权力的行使对象、权力的运行程序均与审判权存在较大差异，适用最高人民法院的司法解释来规范检察工作只是现实条件下的无奈之举，也对检察权的行使带来了困扰。因此，建议最高人民检察院尽快出台相关司法解释，明确人民检察院在民事申诉案件中认定"新证据"的标准。结合相关法律的规定与民事检察实践，笔者认为人民检察院认定的新证据标准应当涵盖以下几个方面：

第一，原审庭审结束前已经客观存在，在庭审结束后新发现的证据；

第二，原审庭审结束前已经发现，但因当事人自身不能克服的客观原因无法取得，或在人民法院规定的期限内不能提供，或当事人书面申请人民法院调查收集，人民法院应当调查收集而未调查收集的证据；

第三，原审庭审结束后，原作出鉴定意见、勘验笔录者重新鉴定、勘验，所作出的推翻原意见的鉴定意见、勘验笔录；

第四，当事人有证据证明原鉴定意见有严重程序问题或明显依据不足，向人民检察院提供的或者申请人民检察院委托其他鉴定机构作出的推翻原意见的鉴定意见；

第五，当事人在原审中未超过举证时限提供的主要证据，人民法院未予质

---

① 全国人民代表大会常务委员会《关于加强法律解释工作的决议》第2条规定："凡属于法院审判工作中具体应用法律、法令的问题，由最高人民法院进行解释。凡属于检察院检察工作中具体应用法律、法令的问题，由最高人民检察院进行解释。"最高人民法院和最高人民检察院的解释如果有原则性的分歧，报请全国人民代表大会常务委员会解释或决定。

证、认证，且该证据足以推翻原判决、裁定的，应当视为新证据。

（二）制订和完善关于人民检察院涉新证据抗诉案件审查工作的司法解释和工作机制

民事诉讼法对于新证据的抗诉标准仅为"足以推翻原判决、裁定"，对于新证据的证明力要达到何种程度才"足以"推翻原判决、裁定，没有具体细化的评判标准，实践中难以把握，故笔者建议最高人民检察院针对人民检察院涉新证据抗诉案件审查的工作实际，尽快出台相应的司法解释和工作规则，对涉新证据案件的抗诉标准予以细化，增强可操作性。笔者认为，新证据是否"足以"推翻原判决、裁定至少应当从以下几方面来判断：新证据能够证明原判决、裁定认定的主要事实错误的；新证据能够证明原判决、裁定对权利人或义务人认定错误的；新证据能够证明原判决、裁定对法律责任的认定错误的。

此外，新民事诉讼法赋予了检察机关在履行法律监督职责过程中调查核实的权力，但是对调查核实权行使的条件、案件范围、程序等未作明确规定，因此建议最高人民检察院对检察机关调查核实权行使的具体程序，包括听证、调查取证、委托鉴定的适用条件和范围、行使流程、结果的运用等，制定统一的程序规则，使人民检察院的相关工作有章可循。

（三）改善人民检察院民行部门的人员配备，提升办案人员专业素质，畅通上下级民行部门间的业务沟通渠道

当前人民检察院办理涉新证据申诉案件过程中存在的审查标准把握不严、案件办理质量不高等问题，与各地人民检察院普遍存在的民行部门人员数量不足、年龄老化、知识结构落后等现象有着密切的联系。对此，笔者建议，各地人民检察院应当加强民行部门的人员配备，制定严格的考录和选拔标准，从法律专业水平、业务能力、职业道德等多方面进行考察，选拔出法律专业水平高、业务能力强、职业道德优的人才进入民行检察队伍。针对现有民行工作人员知识更新不足的问题，要加强法律理论和实务的培训，并建立相应的考核机制，不断提升检察人员的职业素质和办案水平，使检察机关的监督工作真正体现出专业性和准确性。另外，上级人民检察院民行部门，特别是省院民行处应当加大对下级院涉新证据申诉案件的指导力度，及时掌握涉新证据案件办理过程中出现的新情况、新问题；各下级人民检察院民行部门在办理涉新证据案件过程中，对经常、普遍出现的问题或疑难、复杂案件，应当主动向上级人民检察院请示汇报，努力保证涉新证据申诉案件的办理质量。

（本文荣获女检察官学习贯彻落实"两法"征文活动三等奖）

民事诉讼法修改后民事执行检察监督的制度架构

胡卫丽[*]

根据修改后民事诉讼法第 14 条规定，人民检察院有权对民事诉讼实行法律监督。根据第 235 条规定，人民检察院有权对民事执行活动实行法律监督。争论多年的检察机关是否有权对民事执行活动实施监督的问题终于尘埃落定，民事执行活动的检察监督，已从试点全面推开，从探索走向规范。但缺乏具体明确的制度安排，对执行监督的范围和方式仍然未予以明确。"两高"《试点通知》所限定的五类案件，[①] 均属于当事人反映不强烈且司法实践极少出现，大量的"执行乱"并未纳入《试点通知》限定的范围。[②] 在当前背景下，检察机关如何将民诉法的规定落到实处，切实承担起法律监督的职责和任务，是

---

[*] 作者单位：浙江省人民检察院。

[①] 2011 年 3 月"两高"《关于在部分地方开展民事执行活动法律监督试点工作的通知》规定了检察机关执行监督的五种情形：第一，人民法院收到执行案款后超过规定期限未将案款支付给申请执行人的，有正当理由的除外；第二，当事人、利害关系人依据《中华人民共和国民事诉讼法》第 202 条之规定向人民法院提出书面异议或者复议申请，人民法院在收到书面异议、复议申请后，无正当理由未在法定期限内作出裁定的；第三，人民法院自立案之日起超过两年未采取适当执行措施，且无正当理由的；第四，被执行人提供了足以保障执行的款物，并经申请执行人认可后，人民法院无正当理由仍然执行被执行人其他财产，严重损害当事人合法权益的；第五，人民法院的执行行为严重损害国家利益、社会公共利益的。

[②] 依据高检院统计，2011~2012 年间，《试点通知》所列举的五种情形的案件在案件总量中所占比例较小，如福建省检察机关为 7.3%，上海市检察机关则只有 1 件。2011 年 3 月至 2012 年 9 月，浙江省办理执行监督案件共 241 件，属于"两高"会签文件规定的五种情形的执行监督案件 38 件，不足 16%。实践中，大多执行监督案件不属于上述五种情形。在执行中违法问题突出的查封、扣押、冻结、拍卖、变卖、裁定执行终结等恰恰是监督的盲区。

一个迫切需要解决的问题。笔者以民事执行监督制度设计为出发点和落脚点，结合司法实务中的探索和实践，探讨检察机关在民事执行监督中的地位和作为。

一、民事执行检察监督的理论基础和现实要求

司法的公正，不仅需要公正的审判，更需要公正的执行。民事案件的执行程序是民事诉讼中一个重要而又相对独立的程序，是生效法律文书确定的权利义务实现的过程，是当事人借助国家强制力实现其民事权利的过程。民事执行检察监督是人民检察院依据法律规定对人民法院民事执行活动进行的法律监督。作为一种专门的外部监督，人民检察院通过监督活动规范人民法院的民事执行权的合法性，通过纠正民事执行中的违法行为来保护当事人的权利不受不当执行行为的侵害。在我国，对民事执行活动进行检察监督有着坚实的理论基础和迫切的现实要求。

（一）检察机关的性质决定其对民事执行进行监督具有合法性[1]

《宪法》第129条规定，人民检察院是国家的法律监督机关。检察机关作为行使国家法律监督权的专门机关，有权监督国家法律的统一实施与执行。与西方多党制、联邦制和三权分立政体下的司法体制不同，我国的司法权分别由法院与检察院行使，法院侧重实体的司法裁判，检察机关侧重程序的司法裁判，通过检察权对司法权的制约分权，不仅有助于法律的统一实施，更有助于实现司法公正、保障人权。[2] 检察权作为一项专门的法律监督职权，它和法院的审判权共同构成我国司法权的完整内容。按照这种二元司法体制的要求，有法律实施的领域就必须有法律实施的专门监督。执行权作为法院审判权的权能之一，检察机关当然有权对法院民事裁判执行活动进行监督。

（二）民事执行权的性质决定检察机关有权对民事执行活动进行监督

在民事执行活动中，执行权是一种运用国家强制力对义务人的财产和人身自由进行干预，强制义务人履行义务的权力，具有主动性、单项性等特征。[3] 一般理论认为，民事执行活动包括三个方面的内容：一是执行决定行为，即决

---

[1] 我国法、检两院共同行使司法权，并由此形成了具有我国特色的二元司法体制。二元司法体制决定检察机关有权对民事执行活动进行监督。

[2] 参见冯仁强：《法理辨析：民行执行行为检察监督制度论的思考》，载 http://www.voc.com.cn/article/200810/20081029145429 7523.html。

[3] 参见王学成：《检察监督是民事执行工作的重要保障》，载《民事行政检察指导与研究》第7集。

定采取执行措施、决定执行程序的开始、停止和结束;二是执行裁定行为,即对民事裁判执行活动出现的异议进行裁决;三是执行实施行为,即具体执行措施的采取。从民事执行权的构成来看,执行裁决权是一种司法裁判权,而执行实施权则具有明显的行政权属性。执行法律关系与民行审判法律关系有非常大的质的区别,法院与被执行人之间的执行关系具有单向性、强制性、主动性等特点。① 由于民事执行主体权力过大且缺乏有效约束,导致民事执行活动失范严重。以权力制约权力,才能防止权力滥用。因此,有必要设置一种权力制衡民事执行权,确保民事执行权在合法的框架内运行,而检察监督无疑是较为合适的选择。

(三) 执行现状对检察机关民事执行监督提出现实要求

违法执行成为近年来司法腐败的一个重要因素。在执行案件中,法官的个人权力过大,既有权处理执行中的程序问题,也有权处理执行中的实体问题,在外部监督缺失,内部监督不理想的情况下,案件执行的正确与否完全取决于执行人员的水平和素质,必须建立和强化外部监督。从理论上讲,民事执行活动的外部监督涵盖人大监督、党政监督、群众监督、新闻舆论监督等。但这些监督主要是对法院整体工作的监督,无法保障个案公平。以检察监督为突破口,把人民法院封闭运行的执行权置于有效的监督之下,是解决违法执行的必由之路。检察权对审判权的适度介入,不仅无碍于审判权的独立性和权威性,反而有助于司法权独立性的健康、顺利成长。② 检察机关的执行监督不是职权的扩张,而是维护司法公正、维护司法权威的需要;不是对审判权的限制,而是对滥用权力的制约。民事裁判执行检察监督对法院民事裁判执行的补强功能主要体现为三个方面:一是增强执行的抗干扰能力,有利于人民法院对抗地方保护主义、熟人社会等形成的执行干扰;二是增强执行的公信力和权威性,有利于当事人乃至整个社会接受人民法院的执行结果;三是增强执行的自我预防和纠正错误的能力,有利于人民法院执行工作人员提高依法执行的自觉性。③

可见,检察机关依法对民事裁判执行进行监督,是通过排除民事执行的障碍、纠正不当执行行为等监督措施,保障民事执行的法律效果,具有充分的法

---

① 参见肖建国:《自治性监督不足是民行执行检察监督的理论依据》,载《中国检察官》2009 年第 1 期。

② 参见汤维建:《我国民行检察监督模式的定位及选择》,载《国家检察官学院学报》2007 年第 1 期。

③ 参见谭秋桂:《民事执行检察监督机制分析》,载《人民检察》2008 年第 22 期。

理依据和现实依据,是减少"执行乱"和缓解"执行难"的有效制度设计。①

二、民事执行检察监督应遵循的基本原则

民事执行检察监督基本原则的确立必须立足于民事执行权的基本属性。从民事执行权的性质看,兼有司法性和行政性的性质。司法权具有被动性、中立性和终局性的特点,必须公正、客观、全面地去实现;行政权具有主动性、单方面性和非终局性的特点,必须迅速、适当地予以实现,因此,民事执行检察监督应遵循以下基本原则:

(一) 合法性原则

检察机关对民事执行活动的合法性、正当性进行监督,要建立在自身合法的基础上,做到检察监督的程序合法,实体合法。首先,检察机关的民事执行检察监督必须有明确的法律依据,只有法律明文授权监督的事项,检察机关才能进行监督;其次,检察机关对民事执行进行监督时,应当依照法律规定的方式、范围进行。

(二) 同级监督原则

在实施民事执行监督时,应由同级检察院受理对同级法院执行裁定、决定、通知和具体执行行为进行监督的案件,由受理的检察院对同级法院实施具体的监督。坚持做到有理有利有节,确保监督效率和效果。在地域管辖上,采取执行法院所在地人民检察院管辖的原则。②

(三) 事后监督原则

只有执行违法行为发生后,检察机关才依法介入监督,不提倡现场监督、

---

① 明确规定检察机关除了对法院的民事判决、裁定和决定有权以抗诉的方式进行监督外,还对法院执行民事判决的活动享有监督权的还有俄罗斯联邦共和国。根据《俄罗斯联邦民事诉讼法》第428条和第431条的规定,检察长可以对法院执行判决时提起抗诉的情况包括:第一,对法院执行员执行判决的行为或拒绝实施判决的行为,可以提出抗诉;第二,对法院关于法院执行员行为问题作出的裁定可以提出单独抗诉;第三,对于法院作出的执行回转问题的裁定可以单独抗诉。可见俄罗斯有关检察机关在执行程序中的职能和有权监督的范围应值得我国在修订民事诉讼法或制定民事强制执行法时予以借鉴。此外,还有大陆法系的典型代表法国《民事执行程序改革法》第11条及第12条的规定。

② 参见杨荣馨:《论强制执行的检察监督》,载《人民检察》2007年第13期。个人认为,对于异地执行案件,基于当事人等申请,执行行为地人民检察院有管辖权;当事人等未同时申请,执行地人民检察院或执行行为地人民检察院认为必要时,可移送执行行为地、执行地人民检察院管辖;因当事人等同时申请,两个或两个以上人民检察院都有权管辖的,可通过检察机关的内部移送配合或由共同的上级人民检察院决定管辖。

同步监督。当然，执行程序的事后监督，绝不是指整个案件全部执行完毕之后，而是指某一阶段程序之后，监督所指向的具体执行活动已经发生，如执行裁定或执行命令已经生效，具体执行行为已经发生。

（四）必要性原则

民事裁判执行主要涉及私权的实现问题，作为公权力的检察权不宜主动介入和干涉，而应当保持适当的谦抑和克制，应当被控制在必要的和合理的范围内。启动民事裁判执行监督程序，应以当事人申诉为主，依职权主动监督为辅，如当事人主动放弃实体权利或执行和解等权利，检察机关不应干预。只有出现严重损害国家利益、社会公共利益的情况，检察机关才依职权主动干预。对法院裁判正确、执行行为正确的申诉案件，要配合法院做好当事人自觉履行裁判确定义务的服判息诉工作。

（五）监督和支持并重原则

民事裁判执行监督的目的在于通过排除民事裁判执行的障碍、纠正不当执行行为等监督措施，保障民事裁判执行的法律效果。① 因此，要处理好民事执行检察监督与维护法院正常执行活动的关系，明确人民法院依职权对生效民事裁判实施执行活动，不受外界的非法干扰，检察机关实施执行监督不应影响人民法院的正常执行活动。对于法院正确的执行裁定和执行行为，要做好对申诉人的释法说理，当事人有和解意愿的，配合法院做好执行和解；对于因地方或部门保护主义造成的法院执行难问题，尽力做好协调，支持法院的依法执行，赢得法院的理解和信任。检察机关应与法院分工协作，共同构筑并维护司法权威、司法公正。

三、民事执行检察监督范围和方式

（一）民事执行检察监督的范围

要构建合理的执行检察监督制度，执行监督的范围是首先要规范的对象，它不仅影响监督方式、程序、保障机制等的设定，更是直接关乎检察监督权力行使的正当性基础。然而民事执行检察监督的边界在哪里？其范围究竟要有多大？笔者认为，民事执行的检察监督范围不宜过宽，过宽可能影响法院执行活动的正常进行，甚至导致检察权对执行权的不当干预。民事执行检察监督的范围重点要应放在民事执行的裁决、实施的内容、程序、期限等明确违反法律规定，或者与生效的民事裁判不符的执行行为上，即限于合法性的问题。

---

① 参见张剑文：《民行执行监督应定位于保障执行效果》，载《检察日报》2009年6月30日第3版。

从类型化的角度分析，可以将监督范围分为以下几类：一是对民事执行裁决权的监督。主要针对人民法院作出的错误裁定、决定进行检察监督。执行裁决一般包括：不予受理裁定、变更执行裁定、中止执行裁定、终结执行裁定、强制执行措施裁定和执行过程中法院作出的其他裁决。二是对民事执行实施权的监督。主要针对人民法院及其工作人员采取的具体执行措施行为进行检察监督。执行实施行为包括：冻结、划拨存款、扣留、提取收入、扣押、查封、拍卖、变卖、拘留、罚款等具体强制措施，对采取错误的执行措施或采取执行措施违反法定程序、超越执行范围的执行行为、执行人员严重不负责任或者滥用职权的行为、不履行法定职责或其违法行为致使当事人、其他人的利益遭受重大损失的行为等，都应划入检察监督的范围。三是职务违法犯罪行为。主要针对执行人员的职务廉洁性行为进行检察监督。职务违法行为一般包括：通过违法调解或怠于执行、假执行等方式来达到办关系案、人情案、金钱案；为谋取私利或者一方当事人利益与相关中介机构勾结，指使其违反规定压低或者抬高价格，侵害相关当事人利益的行为；执行中索取、收受当事人财物及其他贿赂，或者贪污、私分执行款及孳息或者其他财产的行为；故意不执行、拖延执行和执行不力等执行不作为的情形；挪用、截留执行款物归自己使用的行为等。一旦发现存在涉嫌职务犯罪的，应当及时移送侦查部门立案侦查。

（二）民事执行检察监督的方式

1. 检察建议。检察建议是对人民法院在民事审判和行政诉讼活动中存在的一般程序性错误，或人民法院在民事审判、行政诉讼活动中应予以改进的问题，提出纠正意见的一种监督方式。这是现阶段采用最多、最主要的方式，据高检院发布的 2011 年以来全国执行检察工作情况报告，采用检察建议监督方式的占所报案例总数的 68.9%，是最主要的监督方式。原因在于，在实践中，检察建议更利于法院接受，在很大程度上也符合减少讼累、简化程序、缓解矛盾的效果。[①] 但在需要进一步规定检察建议的法律效力。

2. 纠正违法通知书。对于人民法院在执行判决过程中作出的裁决文书本身没有问题，但是在民事执行活动中作出的如中止执行、查封、扣押、拍卖等程序性违法行为，必要时可以采取向法院发纠正违法通知书的方式进行监督，要求人民法院限期纠正。该种方式主要适用于人民法院有明显错误的执行案件，或者发出检察建议法院不予采纳的案件。

---

① 参见张志文等：《民事诉讼检察监督论》，法律出版社 2007 年版，第 210 页。

3. 抗诉。① 检察机关在办理民事行政执行检察监督案件过程中，发现人民法院在执行过程中所作的具有实体性终局性的裁决（如变更、追加被执行主体、案外人提出执行异议等）确有错误的，对执行过程中损害国家利益、公共利益的错误裁定，对在执行过程中存在贪污受贿、徇私舞弊而作出的裁定，检察院可提起抗诉实施民事执行检察监督。抗诉后，执行法院应当中止民事执行裁定或其他民事执行措施的实施。

4. 现场监督。最高人民法院、最高人民检察院《关于开展民事经济行政诉讼法律监督试点工作的通知》规定的法律监督方式包括，应人民法院邀请或当事人请求，派员参加对判决、裁定的强制执行，发现问题，向人民法院提出。实践中，通常是由法院邀请，或者由地方党委、人大安排，对民事裁判执行中的重大、疑难、复杂等案件，由检察机关派员到执行现场，支持法院依法执行，对发现的问题及时向法院提出。现场监督是一种事中监督方式，一定高度上能够制约和支持法院的执行工作，增强了检察机关的监督公信力。此方式在初期对推动执行检察工作的开展能起到很好的作用，但在实际操作中也出现了一些问题，如法院只在执行出现困难时邀请检察人员出席现场；又如现场监督可能遇到突发事件难以处理等问题。因此应慎用现场监督方式为宜。②

5. 要求说明理由及依据。对于申诉人不服执行的申诉案件，如全部进行阅卷、调查取证，既浪费有限的检察资源，也不符合执行工作可逆转性差的特点。检察机关可以对申诉线索进行初步审查后，认为法院执行可能存在问题但原因不明的，采用要求法院说明执行情况、理由及依据的方式。③ 此方式主要适用于案件的开展之初，目的为确定执行违法行为是否存在，以便采取下一步

---

① 王鸿翼指出，抗诉的概念并不科学，应称之为抗告。笔者认为，虽然严格界定，在执行检察监督案件中，检察机关并不处于诉的地位，行使的并非诉权，因而不应称之为诉，但笔者这里还是从传统习惯及大多数学者的普遍用法称之。目前，司法实践中，尚无采用抗诉的方式对执行裁决进行监督，因此还是理论上的讨论。参见王鸿翼：《谈民行行政检察权的配置》，载《河南社会科学》2009年第2期。

② 笔者认为，除涉及国家和社会公共利益的案件、涉及社会和谐稳定的群体性或热点案件、涉及事关地方经济社会发展且党委政府明确要求检察机关监督的执行活动外，民事行政执行检察监督不宜采用现场同步监督的方式进行。

③ 例如，北京市检察机关于2011年首次运用要求法院说明函，就是此种方式的典型做法。

措施能够迅速了解案情，这不仅易为执行人员接受，也是程序正当性的必然要求。①

四、民事执行检察监督的程序设计

民事执行检察监督的程序目前无明确的法律规定，"两高"试点通知也未涉及具体程序，执行检察监督的程序处在摸索阶段，必须围绕民事执行检察监督的基本原则、民事执行权的基本属性进行程序设计。

（一）程序开启

民事执行的私权性质决定了民事执行以自愿执行为原则、强制执行为例外。这是因为民事执行涉及私权的处分，处分原则作为民事诉讼的基本原则，在民事执行程序中也应当同样得到体现和贯彻执行。为了避免不当干预当事人的处分权、妨碍执行程序的高效运行，检察机关在实行民事执行监督时应采取"不告不理"的原则，除了个别执行案件涉及国家、社会公共利益外，检察机关不应像刑事执行监督那样，采取积极主动的方式。换言之，民事执行的检察监督应当以当事人或案外人的申请启动为前提，一般不依职权监督。对当事人提出的监督申请，由控告申诉部门审查受理，可以责令申请人提供受理需要的证据材料，防止检察机关不当干预法院正常的执行活动。法律明确规定当事人对执行违法行为有其他救济途径和方式的，应当告知当事人直接行使法定权利；对不属于检察监督对象，或其申请不符合规范要求而坚持申请的，决定不予受理。

（二）立案审查

控告申诉部门受理申请后，一般应将案件及相关材料尽快移送民事行政检察部门进行立案审查。立案审查是检察机关受理监督案件后，依职权进行程序和实体审查。立案应严谨慎重，要把握好立案条件，围绕当事人或利害关系人的申诉请求和理由进行书面审查。由于执行卷宗包含着执行案件的许多重要信息，能够反映执行程序、执行方式、执行内容的全貌，是检验执行行为是否合法的重要资料。因此，赋予检察机关向执行机构调阅执行案卷的权力一定程度上决定了执行检察监督职能的正常发挥。

---

① 此外，对于部分学者提出暂缓执行建议的监督方式，笔者这里认为应尽量慎用，这是由执行权具有行政权的属性所决定的。而对于查处相关人员职务犯罪的方式，笔者认为，不应纳入监督方式中。执行检察监督指向的是与检察权相对的执行权，是形成对执行权力机关的制约。追究执行人员的职务犯罪只能是执行检察监督的周边制度范畴，不能构成执行检察监督的本体。

(三) 调查核实

较之抗诉案件的书面审查，执行案件的办理需要较多的调查工作，是其案件办理程序的一个突出特点。《民事诉讼法》第210条规定，人民检察院因履行法律监督职责提出检察建议或者抗诉的需要，可以向当事人或者案外人调查核实有关情况。依据法律规定，为保障检察机关履行执行监督职责的需要，检察机关对与执行行为以及执行案件有关的情况有进行调查的权力。根据监督需要，对民事执行行为是否构成违法及其违法性质、情节、后果等进行必要的调查核实（已有确实充分证据的除外），或展开违法行为调查。要求调查内容具有关联性，调查对象具有针对性，调查程序具有规范性，调查方式具有灵活性，调查材料具有完整性。注意不能代替当事人的举证，更加不能干扰人民法院正常的执行活动。调查核查的主要措施为：向有关单位查询、调取、复制相关证据材料；询问诉讼当事人、证人、知情人；咨询专业人员、相关部门或行业协会等对专门问题的意见；委托鉴定、评估、审计；勘验等。①

(四) 作出决定

民事行政检察部门应当提高审查效率，作出是否提出监督意见和监督意见的方式、内容等，制作监督文书并送达，同时送案件管理部门备查。

(五) 制约机制

检察监督体现的是被监督者与监督者之间的一种制衡关系，它要求被监督者必须重视监督者的意见，重新审视自己的行为，其本身不具有实体处分权力。因此，必须建立必要的制约保障机制，避免有错不纠对于实现有效监督的目标来说甚为重要。既包括建立法检两院有效沟通机制以化解不必要的意见分歧，也包括在两院不能通过正常沟通解决意见分歧时建立由上级机关进行监督解决机制。②

"执行乃法律之终局及果实，因而法律的生命在于执行。"在民事诉讼法明确规定了检察机关民事执行监督职权职责的大前提下，接下来需要做的是尽快、尽可能完善监督机制，并通过"两高"联合制定司法解释明确具体操作程序，建立健全民事诉讼中的执行检察监督制度架构，真正做到职能配置明确，监督程序明确，监督成效显著，让法律的生命之树常青。

（本文荣获女检察官学习贯彻落实"两法"征文活动三等奖）

---

① 采取调查核实措施，注意不得采取限制人身自由和查封、扣押、冻结财产等强制措施。

② 参见孙家瑞：《需要什么样的执行检察监督立法》，载 http://www.legaldaily.com.cn/2007jdwt/2007-09/20/content_705141.htm。

民事调解检察监督程序论

张晓华[*]

一、引言

随着构建和谐社会的时代背景在国内确立,以及域外 ADR 的兴起,[①] 民事诉讼调解再度成为我国司法领域关注的焦点。新修改的《民事诉讼法》(以下简称新民诉法)更是将调解确立为民事诉讼的基本原则之一。据统计,全国法院民事案件的调撤率已达到 66% 以上。[②] 笔者所在市人民法院 2008~2010 年全市民事案件审结数由 22090 件上升至 29036 件,调撤率则保持在 46% 左右。[③] 不断攀升的民事案件基数,和居高不下的调撤比率,凸显出调解程序的力度和重要性。然而,调解率高涨的同时,"强制调解"、"恶意调解"等危害司法公正的现象也在不断复苏和蔓延。

为修正调解程序中存在的缺漏,新民诉法将损害国家利益和社会公共利益的调解纳入检察监督范围,赋权检察机关对该类案件提出抗诉。同时还规定,

---

[*] 作者单位:安徽省合肥市人民检察院。

[①] ADR,即指替代性纠纷解决机制(Alternative Dispute Resolution),其概念最早源于美国,1998 年美国在《ADR 法》中提出替代性纠纷解决方法包括任何主审法官审判以外的程序和方法,在这种程序中,通过诸如早期中立评估、调解、小型审判和仲裁等方式,由中立第三方在争论中参与协助解决纠纷。随着西方国家司法改革进程的不断加深,ADR 因为程序灵活而简便、费用低廉等优点受到法律人士的青睐。ADR 包括两大类内容:一类是与法院无关的"社会主导 ADR",即争议的主体直接寻求诉讼外的其他纠纷解决渠道而不是诉讼手段,我国的人民调解、劳动调解、行政调解、当事人协商等可归入该类别。另一类是与法院有关的"法院主导 ADR",即争议的主体起诉到法院后再由法院移交或指定不行使审判职能的特定人先行解决,但这种 ADR 与我国的诉讼调解、当事人(诉讼期间)和解还是有着较大的区别。

[②] 参见《人民日报》2010 年 12 月 12 日。

[③] 上述数字出自合肥市中级人民法院各年度工作报告。

检察机关对于违反法律规定情形,但不适用再审程序的案件,有权以检察建议的方式实行监督。立法撬开了民事诉讼调解免受检察监督的冰山一角,也使人们感受到强化民事诉讼调解监督的迫切性。然而,作为公权力,检察权介入民事诉讼应当有严格的程序规范和程序保障,否则监督就会变成纸上空谈。新民诉法虽然在调解的检察监督方面作了有力的突破,但在程序设置上仍然较为原则,操作性不强,对可抗诉的调解事项更是严格限制,这些都对检察监督的充分开展设置了障碍。对此,本文从民事诉讼调解检察监督的困境分析和目的研究入手,对新民诉法中检察监督的范围、模式、方式、保障程序等给予充实和部分重构,尝试构建更具可操作性、有效性的民事诉讼调解检察监督程序。

二、民事诉讼调解检察监督的现实困境

民诉法修订之前,最高人民法院和最高人民检察院会签了《关于对民事审判活动和行政诉讼实行法律监督的若干意见(试行)》(以下简称《意见》),对民事诉讼调解的检察监督进行了规定。《意见》一经下发,全国检察机关纷纷开展了调解监督的积极探索,但总体来看,这种尝试受到会签文件本身内容的约束,成效并不明显。① 新修订的民诉法虽然在立法层次上对民事诉讼调解的检察监督给予了肯定,但从条文表述来看,也仅是对"两高"《意见》的法律化,并无新的突破。民事诉讼调解的检察监督仍在各个领域内面临着现实的困境。

(一)理论分歧

对于检察机关能否对民事诉讼调解进行监督的问题,学理和实务上一直存

---

① 民诉法修改前,未在法律上赋予检察机关对民事诉讼调解实行监督的权力。对于不服生效调解的申诉案件,检察机关要么不予受理,要么只能尝试以再审检察建议的方式进行监督。而人民法院对于检察机关针对错误调解提出的再审检察建议,多以无法律依据为由拒绝启动再审程序。2011年,"两高"会签文件下发,检察机关可根据文件规定对民事诉讼调解提出抗诉。但同时,该文件将抗诉的范围圈限在调解违反国家利益和社会公共利益两个方面。文件下发后,全国检察机关纷纷开展了调解监督的大力尝试,但从各地公布的具体案例来看:首先,检察机关把调解监督的目光主要集中在具有刚性的抗诉程序之上。其次,对调解提出抗诉的整体数量较少。再次,检察机关抗诉的错误调解中,存在违反国家利益、社会公共利益的情形极少。最后,检察机关提出抗诉的错误调解中,以虚假调解和违法调解为主。从上述案例的特点可以看出,出现错误的调解绝大多数并不涉及国家利益、社会公共利益,而法院系统内部大多坚持将调解抗诉的范围限定在侵害国家利益和社会公共利益两方面。虽然少数地区检察机关的尝试得到了法院的支持,但这种现象并不具有普遍性,这也是调解监督案件量并未大幅上升的主要原因。在此意义上,可以说调解监督突破的成效并不明显。

在着不同意见。反对论者认为：① 第一，对调解进行检察监督不符合当事人处分原则；第二，调解监督不符合诉讼经济原则，会增加当事人讼累；第三，对民事诉讼调解进行检察监督缺乏法律依据。

针对上述观点，支持论者提出了相反的意见：第一，法院调解往往难以体现当事人真实意思。行使检察监督权，正是为了防止法院违法调解和当事人在调解中滥用或不当行使处分权；第二，对法院调解的检察监督非但不会增加诉累，更是有效的救济渠道。诉讼经济原则的前提必须是诉讼是合法、正义的，如果诉讼本身就存在问题，诉讼经济无从谈起。② 此外，即将实施的新民诉法业已为民事诉讼调解的检察监督开启了程序之门。

学理上的争议固然有利于加深人们对相关问题的思考，但长时间的莫衷一是在另一方面却加大了人们对检察权监督民事诉讼调解的质疑，进而无法统一认识、达成共识。

（二）立法缺陷

立法缺位一直是阻碍民事诉讼调解检察监督的重要因素，新民诉法对此进行了突破，其第208条的赋权性规定，使检察权的行使变得有法可依。然而，撇开这一突破的局限性不谈，单就检察监督的具体程序而言，立法依旧语焉不详，即便是对抗诉程序的规定，也并无多少完善，缺乏可操作性。法治语境下，程序对于公权力的行使无异于一把"双刃剑"，同时兼具约束和保障的双重作用，检察权的行使亦是如此。缺乏程序规定，检察权一方面丧失了规范和约束，公正性难以体现；另一方面缺少方式和力度，监督的权威性也难以保障。

（三）实践局限

新民诉法尚未实施，检察机关对民事诉讼调解的监督工作目前仍徘徊在有限探索阶段，主要体现出以下特点：一是案件受理难。由于监督依据不明确，检、法两院对调解监督的认识分歧较大，检察机关对于调解申诉案件受理极少。以笔者所在市级检察院的受案情况来看，2010年之前，对于调解申诉案件基本不予受理。二是监督方式单一。按照最高人民法院司法解释的规定，检察机关无法对存在错误的调解提出抗诉，当事人只能根据民诉法的规定向法院申请再审，由法院自行决定是否启动再审程序。为弥补监督方式的欠缺，结合高检院对再审检察建议方式的大力推行，各地检察机关在尝试对民事诉讼调解

---

① 相关观点参见黄有松：《对现行民事检察监督制度的法理思考》，载《人民法院报》2005年5月9日；高宏宾、朱旭伟：《民事检察监督不宜强化》，载《人民法院报》2000年6月27日。

② 范卫国、郭魏：《论民事调解的检察监督制度》，载《江南论坛》2010年第6期。

实行监督时，往往采取单一的再审检察建议方式。三是监督范围狭小。实践中，民事诉讼调解监督的范围被局限于民事诉讼法所规定的两种情况，即调解违反自愿原则或内容违法，其他违法情形由于无法构成法院的再审理由，故而在实质上被排除在监督范围之外。"两高"《意见》下发后，虽然允许检察机关对侵害国家利益、社会公共利益的调解提出抗诉，但由于监督范围的过度狭窄，抗诉并未成为民事诉讼调解检察监督的主要方式。

（四）监督困境的原因分析——监督目的模糊

目的，指一物的存在是为了它物，是一事物对另一事物的适应性。"目的是全部法律的创造者，每条法律规则的产生都源于一种目的，即一种事实上的动机。"[①] 合目的性是法律规则产生的基础，同时也决定了法律规则的形式和内容。民事诉讼调解监督之所以一直在理论、实践和立法上备受争议，究其根本原因，在于监督目的模糊不清。理论上，由于监督目的未予厘清，检察权与当事人的处分权一再被视为不可融合的对立面，检察机关的法律监督被视为对私权自治和民事诉讼平衡的破坏。实践中，由于监督的目的不明，检察机关即使是在自己制定的司法解释和规范性文件中，也不能结合监督目的进行有效的程序设置，只能简单套用当事人申请再审的事由，单一追求启动再审这一监督结果，难以在公正和效率之间找到较为理想的平衡。立法上，由于调解监督的制度设计处于无的放矢状态，条文的产生无以为据，导致立法在实践的迫切需求下也只能止步不前。可见，厘清民事诉讼调解检察监督的目的，是确保该项制度的生命力并使之最终得到立法认可的关键所在。

三、民事诉讼调解检察监督的目的

民事行政检察工作的性质是检察机关为保障民事行政法律统一正确实施而进行的法律监督，其核心是对公权力的监督。[②] 作为国家的法律监督机关，检察机关在民事诉讼中的职能并非直接干预民事法律关系本身，而是通过监督审判权的行使保障民事诉讼各项制度的机能得以本质性的发挥，进而维护司法的统一和威严。有相当一部分学者认为，检察权在民事诉讼过程中

---

① 转引自［美］E. 博登海默：《法理学——法哲学及其方法》（中文版），华夏出版社1987年版，第104页。

② 曹建明检察长在全国第二次民事行政检察工作会议的讲话中强调，民行检察工作必须立足并坚持法律监督属性，民行检察监督在性质上是对公权力的监督，民行检察监督的基本目标是通过依法监督纠正诉讼违法和裁判不公问题，维护司法公正，维护社会主义法治统一、尊严、权威。参见曹建明：《坚持法律监督属性，准确把握工作规律，努力实现民事行政检察工作跨越式发展》，载《检察日报》2010年7月26日。

还对当事人的处分权进行了监督和干预,该种认识有失偏颇。民事诉讼中,当事人处分权行使是否合法有效系审判权审查的范围。如果当事人违法行使处分权的行为被审判权错误认可,检察机关也只能针对审判权的错误而启动监督。可见,检察监督的对象是审判权,检察权介入民事诉讼调解不是为了干预当事人的处分权,而恰恰是通过对审判权的监督,保障当事人充分、有效、合法地行使处分权。基于监督对象的特定化,在探讨民事诉讼调解检察监督的目的之前,有必要首先明确民事诉讼调解的本质,进而确定审判权在调解中的行使方式。

(一)民事诉讼调解的本质

本质是一事物区别于它事物的内在特性,民事诉讼法之所以对裁判和调解设置了不同的程序,其关键就在于两者有着不同的本质特性。对于民事诉讼调解的本质,学说主要有三种观点:

1. "审判权说",认为法院调解的性质应当界定为人民法院在当事人自愿基础上的职权行为和人民法院的一种审理活动,具有职权性和审理性质,审判人员在调解中充当着主动的、主导的、必不可少的调解人兼审者的角色,并使调解成为活动的一部分。

2. "合意说",又称"当事人处分权说",认为调解本质就是当事人充分行使处分权达成的合意,合意是调解的核心所在。

3. "结合说",该学说认为调解是当事人意思自治与法院审判权的结合,"除了是程序保障的对话和商谈以及充分对话基础上的契约之外,它还体现了个人自治和法律调整互动中形成的平衡"。[①]

笔者同意民事诉讼调解的本质系当事人合意与审判权的结合。但两者的结合方式仍值得深究。民事诉讼调解的合意性体现为调解程序因调解协议的达成而具有实体和程序意义。调解协议本身是当事人意思表示一致的结果,当事人有决定是否订立调解协议的自由,有决定调解协议内容的自由,故调解协议的性质实为合同,是当事人意思自治的合意性产物。"调解同其相反的程序之间的主要区别在于它们的目的不同。调解的目的是使争议双方在第三者的协助下友好地解决他们的争议。第三者的建议只有在双方当事人采纳时才对他们有拘束力。另外,相反程序的目的是通过强制性的条件,即有拘束力的裁决,使争议得到解决。在相反的程序中,友好地解决当事人之间的争议也不是罕见的,但正如该程序中仍存在有争议的体制与规则所强调的那样,和解并不是该程序

---

① 李全文:《民事诉讼调解一般理论研究》,吉林大学 2007 年博士学位论文,第 55 页。

的目的。"① 调解的合意性可见一斑。但同时,我国的诉讼调解因其"审调合一"的设计,② 也内含有审判性的特质。对于调解的审判性,笔者认为其体现为对调解协议的实质性审查,并在确认后赋予调解协议强制执行的效力。正如有学者认为,审判权包括审查权、判断权、确认权、决定权,审判权的行使并不一定是所有的权能都同时兼容,以民事诉讼调解方式终结诉讼,一般并不要行使判断权,肯定不行使决定权,但必须行使审查权和确认权。③ 这也正是民事诉讼调解和非诉讼调解的区别所在。

(二) 审判权在民事诉讼调解中的行使方式

民事诉讼调解内含性的融合了两个环节,即合意(调解协议)的达成以及对合意合法性的审查确认。这两个环节并非在任何情况下都能截然区分,比如法官在主持当事人调解的同时已对当事人合意的过程及内容进行了合法性审查。但可以肯定的是,任一调解过程都必然包含了这两个环节。合意的达成以当事人意思自治为主宰,审判权在该环节应体现为消极的不作为。多数学者认为审判权在调解协议的达成中并非无所作为,而是居中斡旋、提供信息、促成谅解,从而主动引导当事人达成一致意见。但是,考察我国现有的诉讼外调解制度,无论何种调解,调解人都具有居中斡旋、主持引导的作用,这并非诉讼调解的特有表现。④ 而诉讼调解的合意环节中,审判权的行使恰恰是要剔除其职权性质的影响,还原当事人意思自治的本色。至于对合意的合法性进行审查

---

① 施米托夫:《司法外解决争议的方法》,载《国际贸易法论文选》,中国大百科全书出版社1993年版,第664页。

② 这里的审调合一,不仅指审判人员与调解人员在身份上的同一,还可指审判和调解居于同一诉讼程序,并与裁判一起作为同一程序的终结方式。

③ 吴海龙:《民事诉讼调解控权论略》,载曹建明主编:《程序公正与诉讼制度改革》,人民法院出版社2002年版,第588页。

④ 尽管学理上对调解概念的表述多种多样,但其核心思想是趋于一致的。在一般含义上,调解又称"调停",是指具有中立性的第三人,通过当事人之间的意见交换或者提供正确的信息,从而帮助当事人达成合意、解决纠纷的活动。"调",取协调沟通之意,是手段、过程;"解",指纠纷解决,是结果、目的。调解的一般含义中,已经能够体现出居中斡旋、主持引导的特点。在以立法形式确立的诉讼外调解规则《人民调解法》中,立法明确规定,"人民调解员调解民间纠纷,应当坚持原则,明法析理,主持公道。""人民调解员根据纠纷的不同情况,可以采取多种方式调解民间纠纷,充分听取当事人的陈述,讲解有关法律、法规和国家政策,耐心疏导,在当事人平等协商、互谅互让的基础上提出纠纷解决方案,帮助当事人自愿达成调解协议。""明晰法理"、"主持公道"、"耐心疏导"、"提出纠纷解决方案"等,都明确显示了人民调解与法院调解一样,都具有居中斡旋、主持引导的作用。

确认,则是审判权充分行使的环节。根据最高人民法院《关于人民法院民事调解工作若干问题的规定》第12条的规定,人民法院须审查调解协议的以下情形后,才能确认其合法有效,即是否侵害国家利益、社会公共利益、案外人利益;是否违背当事人真实意思;是否违反法律、行政法规禁止性规定。事实上,作为合同,对调解协议效力的审查还应当依据《合同法》、《民法通则》等的相关规定。

(三) 民事诉讼调解检察监督的目的

在我国民事诉讼中,民诉法将宪法赋予检察机关的法律监督权客体具体化为民事审判活动,也即审判权的行使。从宏观上讲,检察权对审判权进行监督的目的是保障审判权的依法行使,维护司法公正。从微观上讲,民事诉讼的各项制度具有不同的机理、机能,审判权在各项制度中表现出不同的行使方式,检察监督的具体目的也必然存在针对性的差异。民事诉讼调解合意性与审判性结合的本质,要求审判权在调解的合意环节抽身隐退,而在审理确认环节依法行使。但在现行法包括新民诉法中,调解程序的制约机制都十分有限。一经调解成功,诉讼即告终结,当事人不能上诉,上诉审的监督作用不复存在。调解以诉讼当事人的意思自治和处分权为基础,在实体法的适用上具有相当大的灵活性。同时,以调解方式解决纠纷时,程序要求上不如判决那样严格,更具有某些非程序化的特点。可见,在民事诉讼调解中,实体法与程序法对审判权的约束都较为薄弱。检察权介入民事诉讼调解的具体目的无疑就是要纯化民事诉讼调解的本质属性,监督审判权的合法行使,消除当事人合意过程的职权色彩,保障调解协议审查确认的合法性。

三、对民事诉讼调解检察监督程序的充实与重构——以新民诉法为基点

(一) 监督范围

新民诉法虽然对可抗诉的调解进行了严格限制,但其第208条第3款却以兜底条款的形式允许检察机关对审判监督程序以外的其他审判程序中审判人员的违法行为提出检察建议。这样的立法规定,将检察监督的范围实质性地延伸到了整个民事诉讼调解过程。由于检察监督以审判权为客体,从审判权违法行使的角度界定民事诉讼调解检察监督的范围,可将其分为以下几种具体情形:

1. 审判权干涉当事人调解自由的

《合同法》赋予了民事主体订约的自由,而根据民诉法及相关司法解释的规定,人民法院的调解活动也应根据当事人自愿的原则进行,即使法官依职权径行调解,也必须征得各方当事人的同意;当事人同意调解时,可以延长调解

期限；一方或者双方当事人在任何时间段不愿调解时，必须及时判决。目前司法实践中存在的所谓"以拖压调"现象，即在当事人不愿调解时，故意将案件搁置起来，使当事人为求得纠纷的早日解决，不得不接受调解，这是强制调解的表现形式之一，是审判权不当干涉当事人订约自由的结果，也是检察监督的应有内容。

2. 审判权影响当事人意思表示真实性的

意思表示真实是当事人充分行使处分权的表现，也是调解协议的有效要件。法官采取"以判压调"、"以诱促调"等方式，即暗示当事人如果不同意调解解决，判决结果必定对他不利或利用法律上的优势地位和当事人对他的信赖，故意向当事人发出不真实的信息，迫使当事人或欺诈、误导当事人作出非真实意思表示，都是审判权不当行使的行为，违反了调解自愿原则，应纳入检察监督的范围。

3. 审判权在审查确认调解协议效力时认定事实、适用法律错误的

调解协议的实质为合同，属民事法律行为，须符合民事法律行为的各有效要件。法官行使审判权对调解协议的效力进行审查时，应正确认识其合同本质，严格按照《合同法》及相关法律的规定，审查调解协议全部或部分条款是否存在无效、效力待定，或者可撤销、可变更的情形。审判权如在上述审查过程中存在认定事实、适用法律不当，错误认定了调解协议的效力，则应纳入检察监督范畴。

（二）监督模式

新民诉法对民事审判活动的检察监督仍然采取被动监督与事后监督的模式，即检察监督须依当事人的申诉启动，须在相应审判活动结束后进行监督。对此，笔者认为，检察权因具有司法性，规定其行使应采取被动方式是符合法理的，但是，对于检察权应在何阶段介入监督的问题，则要具体分析。民诉法确认的事后监督不能适应调解监督的特点和需要，应根据监督客体——审判权在调解程序中的行使方式和特点来确定相应的监督模式。

1. 事中监督

在调解的合意环节，法官以居中身份促成当事人达成一致意见，该居中身份不应具有任何职权主义色彩，换句话说，审判权在调解的合意环节不应发挥任何职权性作用。然而当前的司法实践显示，法官往往通过行使审判权促成调解，达到趋利避害的目的。与判决相比，调解至少可以给法官带来三方面的利益：① 第一，缩短办案时间；第二，使法官回避作出困难的判断；第三，调解

---

① 参见李浩：《民事审判中的审调分离》，载《法学研究》1996年第4期。

案件不可上诉，不存在法院依职权主动启动再审，当事人申请再审的成功率较小，是一种风险小的案件处理方式。出于利害关系考虑，多数法官倾向于选择快速、省力、风险小的调解是不难理解的问题。同时，调解的程序规范十分弱化，在灵活性的要求下，我国立法对当事人合意过程中审判权如何行使基本上未作规定。法官主持调解时，普遍将唯一可证明调解过程的调解笔录尽量简化，有的甚至只记录调解协议内容，没有任何调解过程。程序失范为"隐性违法"提供了屏障，也让事后监督显得无力。审判权在该环节的行使特点客观上要求检察权的事中介入，通过公权力之间的相互监督、制约，保证审判权的规范行使。

2. 事后监督

而在调解的审查确认环节，应该说，审判权对调解协议的确认与审判权在确认之诉中以判决形式对合同效力的确认并无本质不同。那种认为调解协议是在法官主持之下达成，因此无须全面审查，只需审查协议内容是否合法的观点，忽视了调解的合意属性，否定了调解协议同样可能存在与合同一样的各种效力瑕疵情形，失之片面。法官应当根据当事人提供的证据和达成的协议，从主体、客体、内容入手全面审查调解协议的效力，并最终以调解书的形式对成立、有效的调解协议予以确认。故而，在该环节，检察监督应与审判权的行使方式相对应，监督依据也应当来自于诉讼中的书面材料、当事人的举证以及适当的调查核实。这种情况下，事后监督已能满足监督的需要，不宜采取事中监督。

（三）监督方式

1. 抗诉

新民诉法虽然扩大了检察机关的监督方式，除抗诉之外，对检察建议（包括再审检察建议）也给予了立法肯定。但从监督效果来看，抗诉因具备必然启动再审程序这一刚性后果，一直被检察机关视为最有力的监督手段。对于错误调解的抗诉，新民诉法采取有限肯定的态度，仅允许检察机关对损害国家利益和社会公共利益的调解提出抗诉，对此，笔者认为该立法规定缺乏相应的法理和实践支持，范围过于狭隘。

从法理角度来看，调解程序因调解协议的达成而具有实体和程序意义，调解协议的本质为合同，如果人民法院确认的调解协议存在法律规定的合同无效情形，则法院的调解活动存在错误，应纳入检察机关的抗诉范围。《合同法》明确规定了五种合同的无效情形，损害国家利益和社会公共利益仅体现了合同无效的部分情形。① 我国传统民法理论中，所有的无效合同是当然、自始、确定和绝对的无效，合同无效不需要当事人主张，也不管是否经过人民法院或者仲裁机构的确认，不问当事人意思如何，当然不生效力。② 合同无效与合同的效力待定、合同的可撤销之间存在根本区别。后两者归根结底是意思表示上的瑕疵，可由合同当事人自行决定是否对合同的效力进行弥补或者是否撤销合同，进而决定合同有效还是无效，任何其他人不能代行合同当事人的这一权利。但合同无效则是法律对合同效力给予的否定性评价，其效力瑕疵不能由合同当事人加以弥补，也不应由当事人或者案外人行使选择权，使无效合同继续保有其法律效力。③ 可见，调解协议作为合同，一旦出现无效情形，审判权就应当对其予以否定，而不应当以当事人是否申请确认调解协议无效为前提。若审判权以调解书的形式对存在无效情形的调解协议给予肯定，则属于审判权的错误行使，应当纳入检察监督的范围，通过检察机关的抗诉启动再审，撤销错误的调解书。

从实践角度而言，当事人以调解协议形式处分的皆为民事权利，极少涉及国家利益和社会公共利益，反而是损害他人合法权益的虚假调解目前在司法实践中呈上升趋势。所谓虚假调解，往往是指诉讼当事人互相串通，虚构民事法

---

① 《合同法》第52条规定，有下列情形之一的，合同无效：第一，一方以欺诈、胁迫的手段订立合同，损害国家利益；第二，恶意串通，损害国家、集体或者第三人利益；第三，以合法形式掩盖非法目的；第四，损害社会公共利益；第五，违反法律、行政法规的强制性规定。

② 参见郭明瑞：《民法》，高等教育出版社2003年版，第375页。

③ 我国目前的合同法研究中，学者开始对合同无效进行划分，将合同无效分为绝对无效和相对无效。该划分源于罗马法。绝对无效指当然、确定的无效，当事人无须申请法院作出无效宣告，也不因事后情况的变更、利害关系人的追认或时间的经过而变为有效，任何人对任何人的这种行为都可主张无效；相对无效，是指法律行为不是当然无效，须经利害关系人申请撤销才能使之无效。我国《合同法》采取了合同可撤销与合同无效的划分，但未认可相对无效与绝对无效的分类，学者在理论上对于相对无效和绝对无效的区分标准以及相对无效的范围认识也存在较大分歧。如有学者认为，可撤销合同时相对无效合同之一种，是典型的相对无效合同。参见李永军：《合同法》，法律出版社2004年版，第391~393页。而有的学者则认为，合同可撤销制度独立于无效合同制度，不应包含在相对无效制度之中。参见崔健远：《合同法总论》，中国人民大学出版社2008年版，第258页。对此，笔者认为，我国《合同法》之所以将合同无效、合同的可撤销、合同的效力待定加以明确区分，已经在立法角度考虑了对上述合同的法律价值评判，并充分考虑的当事人的自由意志。由于我国地域广阔，市场机制尚不完善，社会诚信和民事主体信用机制缺乏，因此，不宜再对合同无效情形进行绝对和相对的划分。

律关系或法律事实,通过法院的调解程序,促使法院作出错误的调解书并付诸强制执行,旨在以合法的调解形式掩盖非法目的或损害案外人合法利益的非诚信诉讼行为。"由于各地法院均要求提高民事案件调解率,广大法官也热衷于调解,相当比例的民事案件也通过法院调解解决。与此同时,一批恶意诉讼案件也被调解了结,不夸张地说,调解已经成为恶意诉讼的重灾区。"① 可见,将检察机关抗诉的范围规定为调解侵害国家利益或社会公共利益,这一限制性条款与司法实践的客观要求也不能适应。② 由于检察机关对存在无效情形的民事诉讼调解行使抗诉权,既符合合同法的基本法理,也符合司法实践的客观要求,笔者认为,应按照《合同法》第52条的规定,扩大检察监督范围,明确规定民事诉讼调解具有以下情形之一的,检察机关应当提出抗诉:(1)一方以欺诈、胁迫的手段订立合同,损害国家利益的;(2)恶意串通,损害国家、集体或者第三人利益的;(3)以合法形式掩盖非法目的的;(4)损害社会公共利益的;(5)违反法律、行政法规的强制性规定的。

2. 检察建议

根据《检察大辞典》的解释,检察建议是人民检察院履行法律监督职责和参与社会治安综合治理的一种形式。这样的解释标识了检察建议"履行法律监督"的重要功能。与抗诉相比,检察建议在诉讼监督中发挥的作用具有更大的灵活性。抗诉程序因具有审后监督和上级监督的特点,在阶段和耗时上具有明显的滞后性,不能适应事中监督灵活、便捷的要求,而检察建议则能较好地避免这一尴尬。检察机关收到当事人认为同级人民法院调解活动违法的申诉,通过审查,梳理违法行为的主体,确定违法行为的环节,采取《检察建议书》的形式直接向同级人民法院提出建议,并直接参与相应调解程序,这种方式既简捷又有效,可最快速地维护当事人的合法权益,不失为一种有效的事中监督方式。关于检察机关直接参与调解程序的构想,将在下文具体论述。

---

① 李莉等:《规制恶意诉讼,净化司法空间——西安法院"恶意诉讼的识别与治理"研讨会综述》,载《人民法院报》2010年6月23日。
② 以笔者所在市检察机关2009年至2011年办理共计25件虚假调解申诉案件为例,其中24件系诉讼当事人双方恶意串通转移财产、损害案外人合法权利,1件系当事人双方以诉讼调解的合法形式掩盖非法目的。办理的案件中无一涉及国家利益、社会公共利益。这种情形在其他地区也广泛存在,如三峡门市检察院2010~2012年受理的14件调解申诉案件中,除1件涉及国家利益、社会公共利益以外,其余13件皆为公民个人利益被侵害。参见曹祥婷、海娟:《从14起民事调解案件看检察机关如何履行对调解案件的监督权》,载 http://www.sanmenxia.jcy.gov.cn/llyj/201211/t20121102_ 977034.shtml。

（四）监督的保障程序

1. 赋予检察机关相应的调解参与权

调解参与权，是检察机关直接参与调解程序的权力。赋予检察机关调解参与权，首先面临的质疑便是检察权是否会干涉审判权的独立行使。然而，审判权在调解的合意环节本应褪去其公权色彩，与之相应，审判独立原则在该环节并没有强调的必要性。也正因如此，民诉法及相关司法解释一直明确规定人民法院可以邀请案外人协助调解。检察机关对调解案件本身不具有任何利害关系，如职权设置恰当，检察机关的介入比任何其他利害关系人的介入更能确保当事人的平等地位和调解的自愿性。当然，检察机关的调解参与权应当被限定在调解的合意阶段，且参与调解的职责并非保障任何一方当事人的自身权利，而是监督审判权的合法行使，只有当审判权对任何一方当事人的意思自治产生不当影响时，检察机关才应当要求纠正。在具体的监督程序设置上，笔者的基本构想是，人民法院在调解过程中，任何一方当事人认为法官不当行使审判权影响其自由意志的，皆可向检察机关提出法律监督申请。检察机关对当事人之间的案情不作实质性审查，在确认该案正处于调解程序后即可向人民法院发出检察建议，建议法院接受检察机关参与调解。人民法院则应根据检察建议的要求在今后的调解程序中邀请检察机关参与。检察机关监督所有调解过程，如认为调解过程存在审判权违法行使，则应在相应的调解程序结束后，向人民法院提出检察建议或纠正违法通知书。人民法院应在规定的期限内予以纠正。检察机关也可以根据人民法院的邀请，在征得双方当事人同意的情况下担任调解人，为当事人达成调解协议提供法律和事实上的合法、中肯意见，并作为调解人在笔录上签字，此时人民法院与检察机关应互相监督，以司法建议和检察建议的形式要求对方纠正违法行为。

2. 明确检察机关调查权的具体内容

新民诉法第210条虽规定了检察机关因履行法律监督职责的需要，可以行使调查权，但对调查权的具体内容未作明确规定，且调查的对象也仅限于当事人或案外人。一些学者认为，赋予检察机关调查权，不利于保证诉讼当事人的诉讼地位平等。诚然，如果检察机关没有任何限制地调查取证，势必会造成民事诉讼结构的失衡，但不能因此全盘否定检察机关在民事诉讼调解监督中行使调查权的必要性。① 实践中，到检察机关申诉的案件，由于当事人欠缺必要的法律知识以及调解程序受实体法、程序法约束较少等原因，大多证据较少。如果调解活动确实存在违法，而当事人举证困难、检察机关又不能调查取证，就势必会造成当事人的合法权益得不到维护，法律监督权无法充分行使，司法公信力也将随之大打折扣。因此，赋予检察机关明确、具体的调查权是十分必要的。在民事诉讼调解的事中监督程序里，由于检察机关无须对当事人之间的案情作实质审查，故调查权应当仅限于两个方面，即核实违法行为主体是否为审判人员，以及确定违法行为是否发生在调解的合意环节。对于事后监督，检察机关的调查权不应局限于对当事人或案外人的调查，而是应当赋予检察机关调阅审判卷宗、询问或要求有关单位和个人提供证据、鉴定、勘验以及对于违法审判人员的初查、侦查等权力。但检察机关所调查的证据并不能当然成为法院审理的依据，而是应当按照我国民事诉讼法第63条规定，"证据必须查证属实，才能作为认定事实的根据。"

3. 对抗诉后再审过程中适用调解的必要限制

新民诉法对再审程序中适用调解没有任何限制性规定，然而对于检察机关抗诉的调解案件，尤其是涉及"恶意诉讼"、"虚假调解"的案件，应在再审程序中对当事人能否再次进行调解设置一定的限制。由于虚假调解系当事人利用诉讼程序，恶意损害他人利益或者掩盖非法目的而进行的所谓调解，当事人之间往往没有真实的债权债务关系，或者缺乏债权债务成立的合法依据，因此当事人即便在再审过程中也仍然缺乏合意产生的合法性基础，故而应对该类抗诉案件再审中适用调解加以必要的限制，以切实保障检察监督的效果。

（本文荣获女检察官学习贯彻落实"两法"征法活动三等奖）

---

① 最高人民法院、最高人民检察院《关于对民事审判活动与行政诉讼实行法律监督的若干意见（试行）》第3条规定："人民检察院对于已经发生法律效力的判决、裁定、调解，有下列情形之一的，可以向当事人或者案外人调查核实：（一）可能损害国家利益、社会公共利益的；（二）民事诉讼的当事人或者行政诉讼的原告、第三人在原审中因客观原因不能自行收集证据，书面申请人民法院调查收集，人民法院应当调查收集而未调查收集的；（三）民事审判、行政诉讼活动违反法定程序，可能影响正确判决、裁定的。"该条规定肯定了检察机关的调查权的范围，但在新修订的《民事诉讼法》中，只对检察机关的调查权进行了原则性的规定。笔者认为，新民诉法这一原则性规定存在三方面的问题：一是对检察机关调查权的范围不作限定，会过分扩大调查权对民事案件的影响，进而损害民事诉讼举证责任的平衡；二是不宜限制检察机关调查的对象范围，否则会限制检察机关对审判人员违法行为的调查核实；三是对调查权的具体权能、行使方式以及保障程序应作出明确、具体的规定，否则立法的可操作性较差。

实践中的行动者

——我国民事检察监督发展进路的思考与选择

谷 涛[*]

独立、公正、专业、效率,是我国民事诉讼制度一直以来渴望展示给世人的形象,然而,经济的高速运转使我国社会日益感到前所未有的司法压力,其中既有对抗诉讼模式在全球司法中的共同困境,也有本土法律制度的自身局限。民事诉讼制度的不堪重负使司法界选择积极顺应法治进程的"自然选择"规律。这种"迷信"和理性的交糅,是作为一名法律执业者所秉持的固有态度。2012年8月31日,民事诉讼法修改草案获全国人大常委会正式通过,加强检察机关对民事诉讼的法律监督是此次修改的重要内容,这场里程碑式的"改革运动"历时5年,[①] 于2013年1月1日正式施行。修订后的民事诉讼法实施已近半年,但过渡期内新旧规则交替所产生的震荡并未完全消退。民事检察监督改革的各项举措能否实现公众所期待的诉讼景观,目前尚难进行全面的评价,但实际效果以及由此带来的变化已经初现端倪。

一、变迁与革新:民事检察监督的特点

西谚有云:"上帝的磨盘转得慢,但是磨得很细"[②],借以总结民事检察监督的发展阶段颇为贴切而富有哲理,民事检察监督历经酝酿起步、理念成熟、制度成型三个阶段,固然,该制度成型并不等同于"推倒重来"的积木游戏,更不可能是某位智者灵光一现的主观产物,其经过历年艰苦细致的准备,最终提出以公平正义为中心,辐射民事诉讼的各个基本制度及外围。围绕修法的基

---

[*] 作者单位:新疆维吾尔自治区巴音郭楞蒙古自治州人民检察院。

[①] 2008年中央司法改革文件明确提出要求"完善检察机关对民事行政诉讼实施法律监督的范围和程序"。

[②] 参见《圣经》。

本目标,修订旨在提高民事诉讼的成本效益,降低程序的复杂性,减少不必要的诉讼拖延。同时又一再强调必须遵从实体公正与程序公正的基本要求。基于民事检察监督的视角,新法主要呈现出如下特点:

(一) 从固有意识形态的胎衣中析离,走独立与科学、经验与学理相结合的发展道路

由于历史上的原因,新中国的法学一直深受政治意识形态的左右,在这个母体中孕育的法学胎儿本身始终存在着营养不良的问题。综观数年来林林总总的学术资料时便可发现,民事诉讼法学教材里充满了"资本主义"、"社会主义"等意识形态的话语,研究内容意识形态色彩浓厚。随着学界不断反思和社会经济体制的市场转型,民事诉讼法学研究逐渐摆脱意识形态之争,开始探索民事诉讼法学自身规律,据此,学界将"民事诉讼基本理论问题的研究提上日程",围绕"民事诉讼目的、价值、诉权、诉讼标的、既判力进行了深入而广泛的探讨研究",经过近十年的努力,初步形成了我国民事诉讼法学基本理论体系。民事诉讼法不再以民事诉讼法学的体系和内容为依归,如民事诉讼法学基本原则,以前把"国家干预"、"支持受害人起诉"等都视为基本原则,民事诉讼基本原则多达十余项,多而杂,现在则对民事诉讼基本原则进行了纯化,数量大大减少。如修订后的民事诉讼法诚实信用原则被作为基本原则。作为一般性规定的诚实信用原则,涵盖整个民事诉讼法,其具体的制度规定是就特定诉讼行为的规制,其抽象原则的规制意义体现在可以作为法院裁判的解释基础和根据,[①] 此其一。其二,经验和理性犹如车之两轮,不可或缺。即坚持既有的立法传统,积极发挥检察机关的作用,注重从司法实践中总结经验,将实践中行之有效的做法提炼上升为制定法,同时注重理性建构形成专家立法的模式。在整个新法修订过程中,一方面,允许检察机关进行探索、试点、总结经验,[②] 但以此为主导的改革不过是司法机关自身内部的改革,难以超脱部门利益之争,无法摆脱"头痛医头脚痛医脚"的短视之见。因此,另一方面,又吸纳了民事诉讼法学家参与司法改革,求诸专家、学者之理性,实现整体性理性建构。

(二) 司法便利化

由于程序理念的根深蒂固,繁复的诉讼制度已然将诉诸司法异化为一种富

---

① 参见张卫平:《关于修改后〈民事诉讼法〉决定概览》,载《检察日报》2012 年 9 月 7 日。

② 以"两高"会签文件为指导,全国各地检察机关开展的执行检察监督、公益诉讼、督促起诉等。

含"尖端科技"的奢侈品,致使有限的社会资源根本无力消化日益扩张的司法需求。固有的民事诉讼程序秉持传统,形成了复杂多样、分散繁琐以及令人眼花缭乱的抗诉、再审程序。① 不但普通民众难以理解,即使是专业人士也时常遭遇无所适从的尴尬。市民实效性以及"接近正义"的困境激发了社会在传统司法途径或诉讼程序之上进行救济方式平民化和便利化的探索和努力。修订后的新法,程序精简、成本低廉的制度构造处处可见。例如,在民事诉讼法修改以前,一直以抗诉的方式作为检察监督的方法,由于调整此类法律程序开展监督方式的规则过于单一,修订后新法将诉讼程序的监督方式增加了检察建议,检察建议的方式不仅相对柔和易于被法院采纳,更重要的是缩短了办案期限,满足了公众短期内化解纠纷的愿望。又如,在争议领域,为了防止诉讼欺诈或虚假诉讼不当侵害第三人利益,新法引入了第三人撤销之诉。凡此种种,在修订后"方便大众、易于操作、成本较低、温暖而富有人性"的民事司法制度之下,公众"消费"法律的能力和热情必将大为提高。②

(三) 价值均衡化

反复的价值调试与均衡是司法制度渐趋理性的必经之途,也是全球司法改革共同面对的艰难主题。沿袭普通法系的司法传统是首重程序,但程序正义的矫枉过正或程序无限度地周延化容易挤压甚至吞噬程序效益的生存空间,③ 加之纠纷频繁、资源稀缺,致使司法出现了一定程度的应对失灵。由此,诉讼程序的过度放任是滋生程序繁琐、诉讼拖延、成本高昂等弊病的主要原因。为挣脱普通法对抗制的弊端,此次民事诉讼法的修订着眼于多元化价值的反思性整合。由于司法的内生资源严重不足,必须依靠稳定而充足的外部资源提供保障,如以诉讼过程、诉讼结果、执行等三位一体的多元化监督方式释放了裁判权运行的制度空间,刺激了公众对于新的理想司法形象的渴望。又如,赋予检察机关一定的调查核实权,以强化检察机关对案件的合理掌控。总之,修改后的民事诉讼程序进一步收紧了法院主导程序的权限范围,伴随着协同主义因素在诉讼制度中的渗透,新法在确保程序公正的前提下重新张扬了程序效益的价值内涵,使得有限资源的分配更为公平和合理。

---

① 参见田平安:《民事诉讼原理》(修订版),厦门大学出版社2005年版,第459页。
② 参见蒋健鸣:《转型社会的司法:方法、制度与技术》,北京大学出版社2008年版,第258页。
③ 参见苏永钦:《司法改革的再改革》,台北月旦出版社1998年版,第327页。

二、影响与预测：民事检察监督的现状

新的民事诉讼法施行后，其实施情况得到社会各界的高度关注。由于新旧规则更替所牵涉的各种因素十分复杂，直接导致对新法所"波及"的影响及评估难度系数显著提升，仅凭个案的关注或数月的调研或有管中窥豹之嫌，但最高检就新法所陆续出台的一系列细则与规定以及全国各级检察机关所做努力，毫无疑问检察机关的民事检察监督工作正朝着正确的方向推进。大体而言，新法给检察机关带来的影响主要有以下几方面：

（一）"再审前置"对民事检察监督提出新的挑战

这种挑战首先表现为检察机关民事申诉案件受案数短期内呈大幅下降趋势。2013 年 1～3 月，全国 12 个省（直辖市）① 检察机关受理案件数量与 2012 年同期相比均出现大幅下降，平均降幅为 40.7%。其中，最大下降幅度为 66.3%。详见下表②：

	上海	江西	广东	贵州	海南	辽宁	山东	江苏	河南	吉林	甘肃	四川
2012 年 1～3 月	442	412	1067	438	360	459	748	1381	1035	618	420	899
2013 年 1～3 月	237	278	980	335	212	216	343	839	514	208	335	415
同比（±%）	-46.4	-32.5	-8.2	-23.5	-41.4	-52.9	-54.1	-39.2	-50.3	-66.3	-20.2	-53.8

造成上述现象的主要原因：一是修改后民事诉讼法第 209 条规定的影响。该条将当事人不服人民法院生效裁判的救济途径由"法检并行"变更为"法先检后"，即当事人不服人民法院生效裁判，必须先向人民法院申请再审后，在人民法院驳回再审申请或者逾期未对再审申请作出裁定后，才可以向检察机关申请监督，而法院审理则需要一定期限。

二是检察机关息诉工作压力增大。仍基于第 209 条的规定，当事人把检察机关作为其权利救济的最后途径，往往将全部希望寄托在检察机关，一旦检察机关不支持其监督申请，就会对检察机关施加压力，甚至演变为涉检信访。实践中，检察机关依照修改后民事诉讼法受理的案件，绝大部分为法院已裁定再

---

① 包括上海、江西、广东、贵州、海南、辽宁、山东、江苏、河南、吉林、甘肃、四川 12 个省（直辖市）。

② 参见 2013 年最高人民检察院民事行政检察厅《对全国部分省市〈民事诉讼法〉实施以来的情况的调研报告》。

审或被法院驳回再审申请的案件,一方面这类案件经过法院再审程序的筛选,大多数不存在明显错误或仅有程序瑕疵,检察机关的抗诉如无过硬的理由作为支撑,很难得到法院支持;另一方面由于已被法院的自我纠错程序过滤,故当事人向检察机关申请监督的案件多数不符合监督条件,检察机关要对大量的案件开展息诉工作。多数检察院反映,新诉讼法实施后,当事人在检察机关闹访、缠访的现象明显增多,检察机关息诉压力普遍增大。此外,各地还普遍存在人民法院引导信访案件到检察机关的情况,只要当事人在再审后向人民法院申诉,人民法院就会告知其向检察机关申请监督,将原本应当由人民法院负责的息诉信访工作全部转移给检察机关,加剧了检察机关的息诉工作压力。[①]

(二)对基层检察机关的民行检察工作提出新的挑战

长期以来,基层检察院民事检察工作主要是办理提请和建议提请抗诉案件,工作内容较为单一。首先,民事诉讼法修改后,基层检察院的工作任务发生了重大转变,赋予其新的工作任务,如调解监督、审判人员违法行为监督、执行活动监督都将主要由基层检察院来完成。实践中,由于一些基层检察院对修改后民诉法赋予检察机关新监督职责和任务理解掌握不够,存在观望心态。有的基层检察院领导和民行检察人员工作思路还没有跟上形势的发展,未能按照高检院的要求及时调整工作格局。[②] 其次,修改后民事诉讼法将检察建议作为检察机关的法定监督方式予以明确,从立法角度解决了民事检察监督"同级抗"的问题,从客观上解决了民事案件检察监督"倒三角"的难题。但立法中却未对检察建议的效力作出规定。实践中,多数检察院反映运用检察建议对人民法院生效裁判进行监督难以发挥作用,主要理由在于:在当事人的再审申请被上级人民法院驳回后,检察机关向作出原生效裁判的人民法院提出检察建议,由于上级人民法院在申请再审程序中已经对案件作出了实体审查,作出原生效裁判的人民法院如果采纳检察建议启动再审程序,实际上相当于否定了上级人民法院的裁定。据此,很多人民法院表示无权自行启动再审程序,甚至有的法院以此为由明确拒绝接收再审检察建议,要求检察机关对符合监督情形的案件提请上级人民检察院抗诉。最后,虽然法律明确了检察机关对法院执行情况可以予以监督,但由于缺少具体系统的法律规定,有些检察机关为迎合工作考核的需要,在没有全面审查案件以及同法院进行沟通的前提下贸然监督,

---

[①] 参见2013年最高人民检察院民事行政检察厅《对全国部分省市〈民事诉讼法〉实施以来的情况的调研报告》。

[②] 参见2013年最高人民检察院民事行政检察厅《对全国部分省市〈民事诉讼法〉实施以来的情况的调研报告》。

发出检察建议或纠正违法通知书，监督效果可想而知，这种"临时抱佛脚"的做法存在诸多弊端。不仅浪费了司法资源，一旦监督效果不如人意，还会加重人们对法律权威性的信仰缺失。因为无论哪种监督方式，一旦正式启动，就作为一种法律行为模式开始输入到了社会中，但这并不意味着从实施开始就得到了公众和法院的普遍认同，而是需要经过一段时间的理解和消化，才会被所信仰和尊奉。

（三）对法检两家关系提出新的挑战

一直以来，法检两家自个案到司法解释，从理念到实务，从观念性到现实性的冲突不断。检察机关监督职能的进一步加强，势必给法检两家关系增添一份新的色彩。虽然法检两家也曾有过一时兴起的"闪婚"，在部分认识上达成过一定共识，但更多的是"闪婚"后的"闪离"。由于不能达成共识，双方的"联姻"就缺乏稳固的基础和机构，很容易遭受法学之外知识界的攻击，更容易受到政治话语的冲击。这种"联姻"更类似于"法学的积木"，哪怕一个咿呀学语的稚童，只轻轻一推，这个被搭建的积木立刻坍塌。当把这种关系带进立法、执法和司法实践中，所遇到的"稚童推积木"的尴尬局面是可想而知的。实践中，各地人民法院普遍对检察监督存在认识误区，不愿接受监督，甚至对检察机关依法履行法律监督职责的行为设置障碍。有的人民法院对检察机关在民事诉讼法修改前已经受理的抗诉案件，以当事人未向人民法院申请再审为由不予受理；有的人民法院对抗诉案件实行受理审查，认为不符合受理条件的不予受理；有的人民法院以民事诉讼法未作规定为由拒绝检察机关调阅诉讼卷宗，较为普遍的是检察机关在办理执行监督案件中调阅执行卷宗不够顺畅；有的人民法院以"两高"会签的执行监督试点文件未被废止为由限制检察机关的监督范围，认为检察机关只能对试点文件中规定的五种违法情形实行监督，对执行程序中其他违法行为拒绝接受监督。[①]

（四）对民事检察人员配置和队伍专业化程度提出新的挑战

修改后民事诉讼法就民事检察工作职责和工作提出了更高要求。现实是，部分检察干警在追求法之安定与一致性的理念推动下，守护着经年相沿的行为方式和语言体系，不大情愿在法律之外寻求问题求解的视角，甚至抵触来自正统法学之外的思想方式、概念和知识。同时，长期"重刑轻民"的历史风尘中堆积起来的观念沉岩，也构成了对民事检察进一步掘进的障碍。由此，民行检察干警若不能完全懂得民事法律的专业知识，那么其对法律的学问就只能止步

[①] 参见2013年最高人民检察院民事行政检察厅《对全国部分省市〈民事诉讼法〉实施以来的情况的调研报告》。

于隔窗窥室，而要经由此厅堂建造民事检察监督法律体系的大厦并实际影响检察制度的建构则无异于痴人说梦。全国检察机关所面临的共同问题，民事检察人员数量不足、专业化程度不高、民事行政检察人员在检察队伍中的比例偏低、民事行政检察部门负责人多数还没有被任命为检察委员会委员，现有的民事检察队伍不能适应民事检察工作发展的需要。

三、路径与图景：民事检察监督的未来

整体就诉讼法的修改而言，中国法学似乎正在由政策定向的法学，经立法定向的法学转向司法定向的法学，进而转向实践法学。在此意义上，笔者更愿意把有关民事检察监督的法学笼统地称为"转向中的诉讼监督"，以执业者的视角所关心的不仅是相关制度的明确性和法治的安定性，同时致意于：在具体的细节上，以逐步进行的工作来实现"更多的正义"。

（一）准确把握检察机关民事检察监督的职能定位

理性对待民事检察监督职能定位的目的在于对民事检察监督的立法目的及法理基础进行考量，以找到对其制度内涵进行辨析的理论工具，并在此基础上对制度边界进行重新构画，对职能形式的重要标准进行合理判定。毕竟，检察权能之权威不仅源于其司法的理性，更主要是法理权威，在行使职权的背后，重要的不仅是其价值功能作用，更是其身后所体现的国家之力量。修改后的民诉法进一步扩大了检察机关的监督范围，增加了检察监督的方式，虽然权利属性差异、诉讼模式及权利使用方面的原因导致民行检察监督作为一种公权与当事人私权处在角色和功能上的混淆、重叠和错位进而引发冲突，但只要准确把握民行检察工作的法律监督属性和职能定位，就能够深化对民行工作规律性的认识：第一，民事检察监督作为检察机关法律监督的重要组成部分，在性质上是对公权力的监督，监督对象是民事诉讼活动。第二，民事检察监督是居中监督，检察机关代表国家行使法律监督权，在当事人之间保持客观、中立、公正立场，不代表任何一方当事人。第三，民事检察监督的基本目标是通过依法监督纠正诉讼违法和裁判不公问题，维护司法公正，社会主义法制统一、尊严、权威，[①] 进而达致监督体系完善、法治理念融贯、权利配置协调的目标。在具体开展监督的过程中，还应坚持正确处理加强法律监督与维护裁判稳定的关系，既反对把裁判的既判力绝对化，又充分考虑维护生效裁判既判力的需要，准确行使抗诉、检察建议权，努力寻求公正和效率的合理平衡。

[①] 参见曹建明：《坚持法律监督属性、准确把握工作规律、努力实现民事行政检察工作跨越式发展》，载《人民检察》2010年第15期。

(二) 发挥"排头兵"作用，构建多元化的民事检察监督机制

从更为深远的角度观之，相信民行案件的受案数经过法院一定周期的审查和监督范围的夸大必定会有一定程度的回升。在我国加速推进司法体制改革的背景下，可尝试将多元化的民事检察监督机制作为行使民事检察职能的"排头兵"，跳出监督就是抗诉，这一以往固有的、单一的监督手段，综合考量每起案件的特殊性、整个诉讼过程的多变性。所谓多元化监督机制，是指一种特定的、相对稳定的诉讼监督结构，其主要包含以下三个方面：一是对错误的生效判决、裁定和违反自愿、合法原则的生效调解书的监督；二是对审判活动中违法情形，包括普通程序、简易程序、小额诉讼程序、特别程序、督促程序、公示催告程序、破产程序中的违法情形及送达、调查收取证据等诉讼活动中的违法活动的监督；三是全面开展民事执行监督，进一步完善对民事执行活动实施监督的范围、措施和程序。通过这种监督机制的架构，以更准、更快、更好地维护当事人的权益，真正做到案结、事了、人和。

(三) 发挥主力军作用，实现基层检察机关的工作重点的适度转移

按照民事诉讼法的规定，基层民行检察的业务权限实际上获得了扩张性放大，非抗诉工作的大量开展将成为今后民行检察工作的新动向，基层检察院不仅成为监督的主体，还必将成为民行检察工作的主力军。对于基层检察机关而言，首先，其监督对象外延多于其上级检察院。如新规定的小额诉讼、公示催告等对象，又如，对执行的监督。其次，非抗诉监督手段的行使机率自基层开始呈递减趋势。最后，全国的民行检察部门，80%系基层的民行部门，如果每个基层检察部门办理一件案件，相信整体也将是一个客观的数字。由此，基层检察机关可以"大胆、全面、准确"为目标，以"同级监督"为原则，以"严格审批手续"为程序要求，相信定能走出目前的低迷状态，穿越迷雾迎接新的春天。

(四) 发挥联合作用，携手新时期的检法关系

人民检察院与人民法院在民事诉讼中存在合作关系不仅具有可能性，而且具有必然性。不论是人民检察院，还是人民法院，在民事诉讼中，都要通过履行法律赋予的职责，达到维护社会公平正义这个价值目标，因此，二者之间，价值追求可谓"殊途同归"，不存在根本利益冲突，从这个角度来说，人民检察院对于人民法院的监督制约，从本质上说，是对人民法院工作的支持和配合。具体实践中，首先，应当注重构建双方共同的司法理念。其次，要健全、完善检法冲突的解决机制。检法之间要建立起有效的沟通、协调和决策制度，就冲突问题及时进行充分的讨论、协商，努力寻求共识，弥合分歧。再次，由于立法上的过于简略，以及法检两家作出司法解释时缺乏沟通，才导致了民

事抗诉中的法检冲突,这严重影响了法律的统一、有效实施。"解铃还须系铃人",对于这些问题,仍应通过立法的途径来解决。最后,要确立法院与检察院的信息沟通制度。监督必须建立在知情的基础上,检察院要想对民事诉讼活动进行有效的监督,就必须通过多种渠道了解法院的民事审判活动。同时要建立民事再审案件判决情况要及时通知送达检察院制度。确立法院与检察院的信息沟通制度,就是让法院将抵制监督的态度转变为主动接受监督,让检察院的监督成为有本之木,有源之水。

(五)发挥生力军的作用,打造过硬素质的民行检察队伍

卡多佐有句名言:"过夜的小旅馆绝非行程的目的地。法律,就像一个旅行者,必须准备翌日的行程。"同理,随着立法力度的加大和立法进程的加快,以及与民行检察工作密切相关的新法律法规不断出台,民行检察干警要随时准备更新以应对社会变迁。在此想到两点:一是检察官学者一体化。"如果说职业有值得夸耀之处的话,那就是能代表这些职业的人应当拥有一定的才能或专业技能。法律职业也是如此。"① 无论是检察官、法官还是学者,本是法律的共同体。但我国目前则是相互割裂,理论界和实践界"两界"彼此隔离,未形成良性互动和沟通,大有"老死不相往来"之感。民事检察只是单纯谈发展、做研究是不足以打通两界的界限,仍然会出现"自说自话、各说各话"的局面。检察官不仅是法律的实践者,更应是理论的践行者,应集经验与理性于一身。民行检察干警不仅能为当事人化解纠纷,还应能为法学院学生写教材。从我国目前情况来看,民诉法学教材清一色为学者所垄断。要改变这一现状,根本上取决于检察干警自身的成长与争取。检察官不能影响法学教材,学者同样不能影响检察官的抗诉书。在多年的审结报告、抗诉书中,我们甚至极少看到检察干警引用学理。因此,民事检察监督制度的发展,有待于检察官学者的一体化。二是真诚是最好的治世良言。表现在做到有信守,坚守执业者的良知,即信守知识、忠于良心;能观瞻,充当社会的眼睛。由于社会分工和专业化分化的原因,检察干警的工作、生活被纳入到固有的小格格里,伴随检察制度与职能研究的精细化作业,难免失去社会关怀。这就要求民行检察干警既要耐心在小格格里的精耕细作,又要适时跳出小格格,进入社会,既表达专家的声音,又作为社会的眼睛,目光流于专业领域与广阔社会之间。

行文至此,该当结束,值此之际,笔者不由想起诗人舒婷的著名诗句:"你在我的航程上 我在你的视线里……"

---

① 怀效锋:《司法职责再讨论》,法律出版社2006年版,第364页。

法学之于我辈,乃安身立命之地,① 经年谨心守望这一片土地,我们看到一线曙光从远方的地平线缓缓映射而来。

(本文荣获女检察官学习贯彻落实"两法"征文活动三等奖)

---

① 参见舒国滢:《我们时代的法学为什么需要重视方法》,载《现代法学》2006年第5期。

图书在版编目（CIP）数据

修改后诉讼法贯彻实施中的检察工作研究：全国女检察官征文活动获奖文集/中国女检察官协会编．—北京：中国检察出版社，2014.8
ISBN 978－7－5102－1262－8

Ⅰ.①修… Ⅱ.①中… Ⅲ.①检察机关－工作－中国－文集
Ⅳ.①D926.3－53

中国版本图书馆CIP数据核字(2014)第180714号

修改后诉讼法贯彻实施中的检察工作研究
——全国女检察官征文活动获奖文集
中国女检察官协会 编

出版发行	：	中国检察出版社
社　　址	：	北京市石景山区香山南路111号（100144）
网　　址	：	中国检察出版社（www.zgjccbs.com）
电　　话	：	(010)88960622(编辑)　68650015(发行)　68636518(门市)
经　　销	：	新华书店
印　　刷	：	保定市中画美凯印刷有限公司
开　　本	：	720 mm×960 mm　16开
印　　张	：	35.75印张
字　　数	：	654千字
版　　次	：	2014年8月第一版　2014年8月第一次印刷
书　　号	：	ISBN 978－7－5102－1262－8
定　　价	：	76.00元

检察版图书，版权所有，侵权必究
如遇图书印装质量问题本社负责调换